普通高等教育"十一五"国家级规划教材

刑法原理与实务

（第四版）

主　编　贾　宇

副主编　齐文远　杨兴培

撰稿人　（以撰写章节先后为序）

贾　宇　齐文远　舒洪水

李　健　刘　鹏　杨兴培

段战平

中国政法大学出版社

2017·北京

作 者 简 介

贾　宇　西北政法大学校长、教授、博士生导师、法学博士。兼任中国法学会常务理事、国际刑法学协会中国分会副主席、中国刑法学研究会副会长、中国法学教育研究会副会长、中国行为法学研究会副会长。获"十大杰出青年法学家"、中国当代法学名家、教育部"新世纪优秀人才"、全国司法行政系统"优秀教师"、陕西省"有突出贡献专家"、陕西省高校首届"教学名师"等荣誉称号。主要作品有《国际刑法学》（独著）、《罪与刑的思辨》（独著）、《死刑研究》（主编）、《中国刑法》（主编）、《刑法学》（主编）、《扰乱公共秩序罪办案一本通》（主编）、《走私、贩卖、运输、制造毒品罪办案一本通》（主编）等 37 部，在《国际刑法评论》《法学研究》《中国法学》《法律科学》等学术刊物上发表学术论文一百余篇。

齐文远　中南财经政法大学党委副书记、教授、博士生导师、法学博士。兼任中国法学会理事、中国刑法学研究会副会长、中国法学教育研究会理事、中国人民大学国际刑法研究所特邀研究员、北京师范大学刑事法律科学研究院兼职教授、河南大学兼职教授，享受国务院颁发的政府特殊津贴。主要作品有《刑法、刑事责任与刑事政策》（合著）、《国际犯罪与跨国犯罪研究》（合著）、《刑法学》（主编）、《新刑法概论》（主编）等十多种教材、专著，在《法学研究》《中国法学》和丹麦《哥本哈根大学犯罪学年刊》等国内外学术刊物上发表学术论文六十余篇。

杨兴培
（杨新培）　华东政法大学教授、博士生导师、法学硕士。主要作品有《犯罪构成原论》（专著）、《刑法新理念》（专著）、《破坏市场经济秩序犯罪概论》（专著）、《刑事疑难案例法理分析》、《中国刑法教程》、《刑法学》（参编）、《中国刑法概论》（参编）等多种教材、专著，在《法学研究》《中国法学》《法律科学》等国内外学术刊物上发表学术论文一百余篇。

李　健　最高人民法院法官，西南政法大学副教授、硕士生导师。兼任重庆市法学会刑法学专业委员会委员、律师，曾在挪威奥斯陆大学做访问学者。主要作品有《刑法学》（副主编）、《经济刑法学》（副主编）、《新编刑法学》（副主编）等多种教材、专著，在《现代法学》《法学与实践》等学术刊物上发表学术论文十余篇。

舒洪水　西北政法大学教授、法学博士，《法律科学》副主编。兼任中国犯罪学研究会常务理事、中国案例法学研究会常务理事、陕西省法学会学术委员会副秘书长、陕西省刑法学研究会常务理事。主要作品有《危险犯研究》（专著）、《死刑研究》（副主编）、《刑法学》（副主编）、《走私、贩卖、运输、制造毒品罪办案一本通》（副主编）等教材、著作多部，在《中国法学》《法律科学》等学术刊物上发表学术论文六十余篇。

刘　鹏　贵州警官职业学院副院长、教授、硕士生导师。兼任中国犯罪学研究会未成年人法制教育专业委员会副主任委员、中国刑法学研究会理事、贵州省法学会常务理事、贵州省法学会刑法学分会会长、贵州省人民政府法律顾问室专家咨询委员。主要作品有《新罪导论》（专著）、《黑恶势力犯罪研究》（专著）、《中国刑法教程》（主编）等多种教材、专著，在《法学》《刑事法学》《法学杂志》等学术刊物上发表学术论文四十余篇。

段战平　陕西警官职业学院副院长、教授。兼任陕西省刑法学研究会常务理事、律师。主要作品有《中国刑法教程》（主编）、《新刑法教程》（副主编）等多种教材、专著，在《法律科学》等学术刊物上发表学术论文多篇。

出 版 说 明

　　中国政法大学出版社是教育部主管的，我国高校中唯一的法律专业出版机构。多年来，中国政法大学出版社始终把法学教材建设放在首位，出版了研究生、本科、专科、高职高专、中专等不同层次、多种系列的法学教材，曾多次荣获新闻出版总署良好出版社、教育部先进高校出版社等荣誉称号。

　　自 2007 年起，我社有幸承担了教育部普通高等教育"十一五"国家级规划教材的出版任务，本套教材将在今后陆续与读者见面。

　　本套普通高等教育"十一五"国家级规划教材的出版，凝结了我社二十年法学教材出版经验和众多知名学者的理论成果。在江平、张晋藩、陈光中、应松年等法学界泰斗级教授的鼎力支持下，在许多中青年法学家的积极参与下，我们相信，本套教材一定会给读者带来惊喜。我们的出版思路是坚持教材内容必须与教学大纲紧密结合的原则。各学科以教育部规定的教学大纲为蓝本，紧贴课堂教学实际，力求达到以"基本概念、基本原理、基础知识"为主要内容，并体现最新的学术动向和研究成果。在形式的设置上，坚持形式服务于内容、教材服务于学生的理念。采取灵活多样的体例形式，根据不同学科的特点通过学习目的与要求、思考题、资料链接、案例精选等多种形式阐释教材内容，争取使教材功能在最大限度上得到优化，便于在校生掌握理论知识。概括而言，本套教材是中国政法大学出版社多年来对法学教材深入研究与探索的集中体现。

　　中国政法大学出版社始终秉承锐意进取、勇于实践的精神，积极探索打造精品教材之路，相信倾注全社之力的普通高等教育"十一五"国家级规划教材定能以独具特色的品质满足广大师生的教材需求，成为当代中国法学教材品质保证的指向标。

中国政法大学出版社

2007 年 7 月

第四版说明

本教材是普通高等教育"十一五"国家级规划教材，是中国政法大学出版社推出的系列教材之一，由西北政法大学、中南财经政法大学、华东政法大学、西南政法大学、贵州警官职业学院、陕西警官职业学院等高校教师共同编著，供高等院校法学本科学生使用。

本教材自2001年出版以来，受到用书师生的肯定。2007年，本教材被遴选为普通高等教育"十一五"国家级规划教材。之后，十个年头过去了。期间，全国人大常委会推出了3个刑法修正案即《刑法修正案（七）》《刑法修正案（八）》《刑法修正案（九）》，最高人民法院、最高人民检察院出台了四十多个刑事司法文件，刑法理论与刑事司法实践也取得了很大的进步。为了配合教学的需要，我们根据刑法发展的新情况，修订了这部教材。

本教材在修订过程中，我们力求正确、全面地阐述刑法学的基本原理和基本知识，反映刑事立法、刑事司法和刑法学研究的最新成果，以提高教材的学术水平和应用价值。

本教材始终坚持如下三点：

第一，避免学术争论，坚持通说，全面介绍，突出重点。本教材的内容，基本不涉及新旧刑法比较、中外刑法比较、复杂的刑法理论争议。在坚持我国刑法通说理论的基础上，全面介绍刑法学界已成定论的理论，针对重点问题，例如犯罪客观方面、犯罪主观方面、犯罪停止形态、共同犯罪、罪数的论述，我们则加大论述分量，力求说清说透。

第二，紧跟立法，贴近司法。刑法学是规范法学、实践法学，教材理所当然要及时反映新的刑法修正案、新的立法与司法解释，紧密结合刑事司法实践。我们力求用简单的案例或例子，辅助论述，深入浅出，使复杂的理论浅显易懂，分论中各罪均单列目次，介绍该罪的司法实务问题。

第三，精练文字，精简内容。在刑法分则个罪写作上，在涉及相似罪名的犯罪构成要件上，在涉及此罪与彼罪对比部分，以及在具体犯罪的司法认定上，我们尽量做到重点突出，避免重复，详略得当。

　　本教材由主编、副主编统稿、审定，武汉大学刑法学博士研究生刘娜，西北政法大学刑法学研究生钟明辉、段阳伟等承担了书稿的校对工作。各章撰稿分工如下：

　　贾　宇　第一、四、五、六、七、八、十七章；

　　齐文远　第二、十一、十九、二十二章；

　　舒洪水　第三、十八、二十六章；

　　李　健　第九、十六、二十三章；

　　刘　鹏　第十、十五、二十四、二十五、二十七章；

　　杨兴培　第十二、二十章；

　　段战平　第十三、十四、二十一章。

编　者

2017 年 9 月

| 目　录 |

第
一
章

第一章

刑法概述

> **学习目的与要求**　掌握刑法的概念、性质、根据、任务和体系，了解刑法学的概念和体系。

■　第一节　刑法的概念和性质

一、刑法的概念

刑法是规定犯罪、刑事责任和刑罚的法律。具体说，刑法是掌握政权的阶级即统治阶级，为了维护本阶级政治上的统治和经济上的利益，根据自己的意志，以国家名义颁布的规定犯罪、刑事责任和刑罚的法律、法规的总和。

刑法有广义和狭义之分。

广义刑法，是指一切规定犯罪、刑事责任和刑罚的法律规范的总和。它主要包括以下三部分内容：

1. 刑法典，即专门、全面、系统地规定犯罪、刑事责任及刑罚的法律文件。这是刑法的主要表现形式。我国的刑法典就是全国人民代表大会 1979 年颁布、1997 年修订的《中华人民共和国刑法》。之后，全国人民代表大会常务委员会公布了 9 个刑法修正案，对修订后的刑法又进行了必要的修正。

2. 单行刑法，即专门规定某种犯罪及其刑事责任、刑罚的法律文件。这是刑法典的重要补充形式。我国自 1979 年刑法颁布以来，全国人民代表大会曾先后颁布 23 部单行刑法，对 1979 年刑法作了重要的补充和修改。例如，1998 年 12 月 29 日全国人大常委会通过的《关于惩治骗购外汇、逃汇和非法买卖外汇犯罪的决定》（以下简称《惩治外汇犯罪决定》）对 1997 年修订后的刑法的有关内容又进行了必要的补充。

3. 附属刑法，即民法、行政法、经济法等非刑事法律文件中有关具体犯罪、刑事责任及刑罚的法律规范。这是刑法的辅助形式。我国大多数民事、行政、经济等法律文件中的法律责任部分，均设有与刑法典和单行刑法相呼应或起补充作用的刑法规范，共计 130 余条。如《中华人民共和国专利法》第 71 条等。

狭义刑法，即指系统规定犯罪、刑事责任和刑罚的刑法典，它仅是广义刑法的内容之一。

二、刑法的性质

刑法的性质有两层含义，即刑法的阶级性质和刑法的法律性质。

（一）刑法的阶级性质

1. 刑法的产生和发展是一个历史的范畴。刑法和其他法律一样不是自古就有的，也不会永远地存在下去，它属于历史的范畴，是在原始社会末期，随着私有制、阶级和国家的产生而产生的。

2. 刑法是统治阶级根据自己的意志和利益制定的，是统治阶级对被统治阶级实行专政的工具。掌握了国家政权的统治阶级，为了维护本阶级的经济利益和政治统治，以国家的名义制定法律，将那些严重破坏统治秩序的行为规定为犯罪，并用刑罚的手段予以惩罚。由于掌握政权的统治阶级不同，他们的意志和利益不相同，刑法所反映的阶级内容自然也不相同。刑法的阶级内容主要通过刑法的具体规定表现出来。刑法具体规定的基本内容是犯罪、刑事责任和刑罚，也就是通过对犯罪人追究刑事责任和适用刑罚来为统治阶级服务。

3. 刑法的阶级本质是由国家的阶级本质决定的。一切剥削阶级国家的刑法，包括奴隶制国家刑法、封建制国家刑法和资本主义国家刑法，尽管因国家类型不同和朝代更替而使刑法的内容和形式有所差异，但它们都是以生产资料私有制为基础，反映剥削阶级意志并为剥削阶级利益服务的，它们都是镇压人民的工具。这就是剥削阶级国家刑法的共同阶级本质。当然，剥削阶级国家刑法为了剥削阶级的整体利益，同样处罚统治阶级内部的某些犯罪人，也规定了一些所谓保护全体人民利益的条款，但这并不能掩盖剥削阶级国家刑法的阶级性。与剥削阶级国家刑法不同，我国刑法是社会主义类型的刑法。我国刑法建立在以生产资料公有制为主体、多种经济成分共同发展的经济基础之上，反映工人阶级和广大人民群众的意志，保卫社会主义的政治经济制度，保护广大公民当前及长远的利益。我国刑法是保护人民、打击敌人、惩罚犯罪、服务国家建设的有力武器，是人民民主专政的重要工具。这一切都反映了我国刑法的社会主义本质。

（二）刑法的法律性质

刑法作为法律体系的重要组成部分，其法律性质是指刑法区别于其他法律的特有属性。具体而言，刑法与其他部门法如民法、经济法等比较起来，有三个显著的特性：

1. 刑法所规定内容的特定性。刑法是规定犯罪、刑事责任和刑罚的法律规范，它所涉及的内容也大都是如何认定犯罪、追究何种刑事责任的问题。换言之，刑法以规定犯罪为主要内容，而其他部门法中涉及违法及法律后果问题的部分，针对的对象主要是一般违法行为，法律后果也主要是民事、经济和行政责任等。

2. 刑法所保护社会关系范围的广泛性。刑法所保护的是所有受到犯罪侵害的社会关系，这些社会关系涉及社会生活的各个方面，既涉及经济基础，也涉及上层建筑。也就是说，任何社会关系的任何方面受到严重的侵害，刑法都要去发挥它的调节作用，而民法、经济法等部门法所保护和调整的只是某种特定的社会关系。例如，民法所调整的只能是一定范围内的财产关系和与财产关系相联系的人身关系；经济法所调整的只能是一定的经济关系。还必须指出的是，所有这些部门法所保护和调整的社会关系，也都同时借助刑法的保护和调整。例如，一般性的走私、假冒注册商标、逃税、抗税、盗伐林木、滥伐林木，分别属于违反海关法、商标法、税收征收管理法、森林法的行为，由海关、工商行政管理部门、税务部门、林业部门来处理；但如数量大、情节严重的，则分别构成相应的走私罪、假冒注册商标罪、逃税罪、抗税罪、盗伐林木罪、滥伐林木罪，应由司法机关依照刑法的有关规定论处。又如，侵犯婚姻家庭关系的违法行为，凡不履行结婚登记手续，或者不支付赡养费、抚养费的，属于违反婚姻法的一般违法行为，由婚姻法调整；如果有配偶而重婚的，或者明知他人有配偶而与之结婚的，以及有赡养、抚养义务而拒绝赡养、抚养，情节恶劣的，则触犯刑法，分别构成重婚罪、遗弃罪，也应依照刑法的有关规定定罪量刑。可见，从这个意义上讲，刑法是其他部门法的保护法，没有刑法做后盾、做保障，其他部门法往往难以得到彻底的贯彻实施。

3. 刑法强制的严厉性。任何法律都有强制性，任何侵犯法律所保护的社会关系的行为人，都必须承担相应的法律后果，受到国家强制力的干预。例如，违反民法的，要承担民事责任；违反治安管理处罚法的，要受到治安管理处罚；等等。但是，所有这些强制措施，都不及刑法对犯罪分子适用刑罚这种强制方法严厉，因为刑罚不仅可以剥夺犯罪分子的政治权利和财产权利，还可以剥夺、限制犯罪分子的人身自由，在最严重的情况下甚至还可以剥夺犯罪分子的生命。刑法强制的严厉性，是任何其他法律所没有也不可能有的。

正因为刑法具有以上特点，所以刑法的法律性质不同于其他法律，它是直接用来同犯罪作斗争的法律。其规定是否完备、适用是否正确，也往往是衡量一个国家法制是否健全、法治状况达到何种程度的重要标志。

■ 第二节　刑法的根据和任务

一、刑法的根据

（一）法律规定

《刑法》第 1 条规定："为了惩罚犯罪，保护人民，根据宪法，结合我国同犯罪作斗争的具体经验及实际情况，制定本法。"

（二）刑法根据的内容

具体来说，我国刑法制定的根据主要有以下两方面的内容：

1. 我国刑法制定的法律根据是《中华人民共和国宪法》。宪法作为刑法制定的根据体现在诸多方面：①宪法序言或条文中全局性、方向性和根本性的规定是刑法制定的根据之一。例如，关于以马克思列宁主义、毛泽东思想和建设中国特色社会主义的理论为指导；关于坚持人民民主专政，坚持社会主义道路，坚持改革开放，实现四化建设。这些原则性的规定，对刑法的立法有着重要的指导作用。②宪法条文中保护性、义务性或禁止性的规定也是刑法制定的根据。例如，社会主义制度是中华人民共和国的根本制度，禁止任何组织或个人破坏社会主义制度；中华人民共和国各民族一律平等，禁止对任何民族的歧视和压迫，禁止破坏民族团结和制造民族分裂的行为；等等。

宪法规范是规定刑法分则各章有关犯罪的直接根据。宪法规范是基础规范，一般是高度概括的原则条款，往往不明确规定违反该规范的具体情况和具体措施，而是留待其他法律加以规定。刑法分则有关犯罪的条文，是上述宪法规定的延伸、补充和具体化。刑法正是以其特殊的功能保护宪法规定的国家的根本制度、根本任务、基本国策和公民的基本权利的。因此刑法在国家的法律体系中占有重要的地位，是国家的基本法律。

宪法作为国家的根本大法，在国家法律体系中处于最高地位，具有最高法律效力，是国家法制的统一和稳定的重要保障。《宪法》第 5 条第 3 款明确规定：一切法律、行政法规和地方性法规都不得同宪法相抵触。刑法也不例外。因此，刑法的制定绝不能违背宪法的规定。否则，就是违宪，或者全部无效，或者同宪法相抵触的部分无效。对刑法是否违宪的审查，是对人权的重要保障。

2. 我国同犯罪作斗争的具体经验及实际情况，是刑法制定的实践根据。我国在同犯罪作斗争中积累了非常丰富的经验。主要表现为：①我国同犯罪作斗争的基本方针、政策、策略，即社会治安综合治理的方针，惩罚与宽大相结合的基本刑事政策，区别对待、打击少数、争取教育多数、孤立分化瓦解犯罪分子的策略，同时还表现为同各种犯罪作斗争的具体方针政策，如"三禁并举，堵源截流，严格执法，标本兼治"的禁毒方针、"一要坚决，二要慎重，务必搞准"的打击经济犯罪的政策等。这些方针、政策和策略都是制定刑法的依据。②我国在同犯罪作斗争中还有许多具体的经验。如关于自首、立功、共犯、正当防卫、累犯、减刑、假释等刑法总则方面处理各种问题的经验，关于各种犯罪的罪名、特征、情节轻重、处理原则等刑法分则方面打击各种具体犯罪的经验等。这些具体的经验，都是制定刑法各个具体条文的重要根据。

刑法制定的又一根据是我国的实际情况。实事求是、一切从实际出发，这是制定刑法必须遵循的根本原则。所谓实际情况，是指社会主义初级阶段的中国国情，即中国的政治、经济、社会、文化等实际情况。刑法是国内法，任何国家的刑法都必须以本国的国情为根据，只有适合于本国国情，才能为本国所用。

当然，实际情况也包括我国的治安状况，特别是犯罪状况。刑法是惩罚犯罪、保护人民的锐利武器，它肩负着保护人权、维护社会稳定、保卫国家安全、保障改革开放和四化建设顺利进行的历史重任，因此，制定刑法必须从我国社会治安和犯罪的实际情况出发。这里所讲的社会治安和犯罪的实际情况，不是一时一地的情况，而是一定时期内全国的社会治安和犯罪情况。我国的基本刑事政策是惩罚与宽大相结合，它包括从严和从宽两个方面，而且是宽中有严、严中有宽、宽严结合、宽严相济，这是任何时候都不能改变的，但是在政策指导上，要从社会治安形势和犯罪情况出发，在治安形势严峻、犯罪活动猖獗的时候，要强调从严的方面；反之，则要强调从宽的方面，这是我国数十年同犯罪作斗争经验的总结。鉴于我国的治安形势有待加强，有些犯罪还很严重，例如，在改革开放和建设社会主义市场经济的新形势下，经济犯罪比较严重，贪污、贿赂犯罪滋长蔓延，黑社会性质的组织犯罪也十分猖獗。因此，在一些具体的刑法制度上，我国刑法针对上述犯罪强化了从严的方面。又如，在共同犯罪中，对组织、领导犯罪集团的首要分子，要按照集团所犯全部罪行处罚，对其他主犯也要按照其所参与的或组织、指挥的全部犯罪处罚。再如，关于减刑和假释，也规定了必要的条件和严格的法定程序，并且明确规定，非经法定程序不得减刑和假释；此外，对于假释还作了更严格的限制，规定对累犯以及因故意杀人、强奸、抢劫、绑架、放火、爆炸、投放危险物质或者有组织的暴力性犯罪被判 10 年以上有期徒刑、无期徒刑的犯罪分子，不得假释；等等。这些规定，都是根据社会治安形势和犯罪的实际情况作出战略决策的具体体现，其目的在于更有力地惩罚犯罪，保护人民。

二、刑法的任务

（一）法律规定

《刑法》第 2 条规定："中华人民共和国刑法的任务，是用刑罚同一切犯罪行为作斗争，以保卫国家安全，保卫人民民主专政的政权和社会主义制度，保护国有财产和劳动群众集体所有的财产，保护公民私人所有的财产，保护公民的人身权利、民主权利和其他权利，维护社会秩序、经济秩序，保障社会主义建设事业的顺利进行。"

（二）刑法任务的内容

《刑法》第 2 条明确阐明了我国刑法任务的具体内容，归纳起来，主要有以下四个方面：

1. 保卫国家安全、保卫人民民主专政的政权和社会主义制度。这是我国刑法的首要任务。中华人民共和国、人民民主专政的政权和社会主义制度，是在中国共产党领导下，经过无数革命先烈和仁人志士长期浴血奋战和艰苦卓绝斗争而取得的革命胜利成果，是我国人民根本利益的集中体现，是我国建设社会主义并在将来逐步向共产主义过渡的基本保证。因此，掌握了国家政权的无产阶级必须运用刑法武器同各种危害国家安全和企图推翻人民民主专政的政权、破坏社会主义制度的犯罪分子作坚决的斗争，维护国家安全，捍卫和巩固人民民主专政的政权和社会主义制度。

　　2. 保护社会主义经济基础。这是我国刑法的主要任务之一。这个任务集中表现在两个方面：①保护公共财产和公民私人所有的合法财产不受侵犯；②保护正常的社会主义经济秩序。马克思主义认为，经济基础决定上层建筑，上层建筑为经济基础服务。我国刑法是社会主义上层建筑的一部分，它必然要担负起保护社会主义经济基础的任务。经济基础是与一定社会的历史阶段的生产力水平相适应的生产关系的总和，其主要内容是生产资料所有制形式以及与生产资料所有制形式相联系的生产、分配、流通的形式。我国现阶段的生产资料所有制形式是以生产资料公有制为主，多种所有制并存，并在此基础上实行社会主义市场经济。相应地，我国刑法对经济基础的保护也就是对以公有制为主的多种所有制和社会主义市场经济的保护。所以，我国刑法分则专章规定了"破坏社会主义市场经济秩序罪"和"侵犯财产罪"，从而使社会主义经济基础获得了有力的保障。国有财产和劳动群众集体所有的财产是社会主义的公共财产，是巩固人民民主专政和进行社会主义现代化建设的物质基础，是提高广大人民生活水平和走向共同富裕的物质保证。因此，保护社会主义公共财产不受侵犯，是关系坚持社会主义道路、保卫社会主义成果的重大问题。公民私人所有的合法财产是公民生产、工作、生活不可缺少的物质条件，也必须予以保护。近年来发展起来的城乡劳动者个体经济和私营经济，以及随着对外开放政策而产生的中外合资企业、合作经营企业和外商独资企业，都是社会主义经济必要的和有益的补充，对于他们的合法权利和利益，都应予以重视和保护。

　　3. 保护公民的人身权利、民主权利和其他权利。我国刑法坚决保护公民所享有的人权。公民的人身权利、民主权利和其他权利，都属于人权的基本范畴，因此应予保护。人身权利是指与人身有关的各项权利，如生命权、健康权、名誉权、人身自由权等。只有人身权利不受侵犯，才能行使民主权利和其他权利。所以，侵犯公民人身权利的犯罪是侵犯公民个人权利犯罪中最严重的犯罪。我国刑法对严重侵犯公民人身权利的犯罪如故意杀人、故意重伤、强奸妇女等都规定有严厉的刑罚，直至适用死刑。民主权利是指依法参加国家管理和社会政治生活的权利，如选举权与被选举权等。我国《宪法》规定，中华人民共和国公民"都有选举权和被选举权"（第34条），"有宗教信仰自由"（第36条），"各民族……都有保持或者改革自己的风俗习惯的自由"（第4条），"通信自由和通信秘密受法律的保护"（第40条）。我国刑法坚决维护宪法的这些规定，在分则第四章中明确规定了破坏选举罪、非法剥夺公民宗教信仰自由罪、侵犯少数民族风俗习惯罪、侵犯通信自由罪等及其相应的刑事责任，从而体现了对公民民主权利的切实保护。其他权利，是指公民人身权利、民主权利以外的权利，如婚姻自主权，年老、年幼、患病的家庭成员有受扶（抚）养的权利等，对严重侵犯公民其他权利的行为，刑法也要予以追究刑事责任。

　　4. 维护社会秩序、经济秩序。这些秩序，是同社会主义建设的顺利进行密切相关的，也是与每个公民的切身利益密切相关的。没有这些正常的秩序，社会主义现代化建设就无法正常进行，国家的管理活动也无法正常实施，公民的一切权利也就失去了必要的保障。因此，刑法分则规定了"危害公共安全罪""妨害社会管理秩序罪""渎职罪"等各类犯罪，就是为了维护社会秩序和经济秩序，以保障社会主义现代化建设事业的顺利进行。

从以上四个方面可以看出，刑法的根本任务，概括起来就是通过用刑罚惩罚犯罪为社会主义建设扫除障碍，保障社会主义建设事业的顺利进行。刑法的全部规定，刑事立法和刑事司法的全部活动，都是为实现这个总的任务而进行的。

■ 第三节　刑法的体系

刑法的体系，是指刑法的组成和结构。我国刑法从总体上分为总则、分则和附则三个部分。其中总则、分则各为一编，各编之下，再根据法律规范的性质和内容有次序地划分为章、节、条、款、项等层次。刑法附则部分仅一个条文，即《刑法》第452条。该条的内容，一是规定修订后的刑法典开始施行的日期；二是规定修订后的刑法典与以往单行刑事法律的关系，宣布在修订刑法典生效后某些单行刑事法律的废止以及某些单行刑事法律中有关刑事责任的内容的失效。

如上所述，我国刑法的体系通过总则、分则、附则，通过编、章、节、条、款、项把刑法涉及的各个方面有机地结合在一起，具体分述如下：

一、编

我国刑法首先把各种刑法规范科学而系统地列入总则和分则之中，并使两者有机结合起来。刑法总则是关于刑法的指导思想、任务和适用范围，以及关于犯罪和刑罚一般原理原则的规范体系，这些规范是定罪量刑所必须遵守的共同的规则。刑法分则是关于具体犯罪和具体法定刑的规范体系，这些规范是解决具体定罪量刑问题的标准。刑法总则与刑法分则的关系是一般与特殊、抽象与具体的关系。总则指导分则，分则是总则某些原理、原则的具体体现，二者相辅相成。只有把总则和分则紧密地结合起来，才能正确地认定犯罪、确定刑事责任和适用刑罚。

二、章

编下是章，章是总则和分则两编之下的单位。刑法总则和分则各自独立设章，刑法第一编总则分设5章，即刑法的任务、基本原则和适用范围；犯罪；刑罚；刑罚的具体运用；其他规定。第二编分则分设10章，即危害国家安全罪；危害公共安全罪；破坏社会主义市场经济秩序罪；侵犯公民人身权利、民主权利罪；侵犯财产罪；妨害社会管理秩序罪；危害国防利益罪；贪污贿赂罪；渎职罪；军人违反职责罪。各章的排列有一定顺序，形成一个有机整体。

三、节

章下是节，节是刑法总则和分则的某些章根据需要而设的单位，反映某章内部的有机联系。刑法总则除第一章和第五章外，其余各章下均设若干节；刑法分则大多数章下不设节，但由于第三章破坏社会主义市场经济秩序罪和第六章妨害社会管理秩序罪两章涉及具体犯罪众多、内容庞杂，因而该两章下均又分设了若干节。

四、条

节下是条，条是表达刑法规范的基本单位。刑法规范通常都是以条文形式出现的，因而条是刑法规范的基本构成元素。配置在各编、章、节中的刑法条文，全部用统一的顺序号码进行编号。刑法条文采用统一编号，既可以达到系统化的目的，又可以保证查阅方便、引用准确。

刑法中有的条文在同一款中只有一个意思，有的条文在同一款里包含有两个或两个以上意思。后者如《刑法》第 56 条第 1 款规定，"对于危害国家安全的犯罪分子应当附加剥夺政治权利；对于故意杀人、强奸、放火、爆炸、投毒、抢劫等严重破坏社会秩序的犯罪分子，可以附加剥夺政治权利"。[1]该款包含两个意思，用分号隔开。《刑法》第 53 条规定："罚金在判决指定的期限内一次或者分期缴纳。期满不缴纳的，强制缴纳。对于不能全部缴纳罚金的，人民法院在任何时候发现被执行人有可以执行的财产，应当随时追缴。由于遭遇不能抗拒的灾祸等原因缴纳确实有困难的，经人民法院裁定，可以延期缴纳、酌情减少或者免除。"该条包含三个意思，用句号隔开。一个条文的同一款中包含两个或两个以上意思的，在学理上称为前段、后段，或者前段、中段、后段，或者第一段、第二段。在具有这种结构的条款当中，如有用"但是"这个连接词来表示转折关系的，则从"但是"开始的这段文字，学理上称为"但书"。

我国刑法条文中的"但书"所表示的意义大致有以下几种情况：①"但书"是前段的补充。如《刑法》第 13 条在规定了什么是犯罪之后，接着"但书"指出"情节显著轻微危害不大的，不认为是犯罪"。这是从什么情况下不认为是犯罪的角度，来补充说明什么是犯罪。这个"但书"对于划清罪与非罪的界限，具有重要的意义。②"但书"是前段的例外。如《刑法》第 246 条在规定侮辱罪、诽谤罪"告诉的才处理"的同时，又"但书"指出"但是严重危害社会秩序和国家利益的除外"。③"但书"是对前段的限制。如《刑法》第 20 条第 2 款规定："正当防卫明显超过必要限度造成重大损害的，应当负刑事责任，但是应当减轻或者免除处罚。"在这里，"但书"对防卫过当人负刑事责任作了限制性的规定。

五、款

条下是款，款是设于某些条之下的单位。有些条文表达的内容比较简单，只有一段，因而没有必要设款。但有些条文所要表达的内容比较丰富，有若干层次，因而需要分为若干款。对条下的款，某些国家的刑法以顺序号码或字母来表示，我国

---

[1]　由于 2001 年 12 月 29 日全国人大常委会《刑法修正案（三）》已经将《刑法》第 114、115 条中的投毒罪修改为投放危险物质罪。因此，《刑法》第 56 条第 1 款中的"投毒"目前应指"投放危险物质"。

刑法采用另起一行的办法来表示，而不采用顺序号码或字母来表示。如《刑法》第25条规定，"共同犯罪是指2人以上共同故意犯罪"；接着另起一行，"2人以上共同过失犯罪，不以共同犯罪论处；应当负刑事责任的，按照他们所犯的罪分别处罚"。前一部分为第1款，后一部分为第2款。

六、项

条与款之下还有项。项是某些条或款之下设立的单位。有些国家的刑法只有条、款，而无项的规定。我国刑法的某些条或款中保留了项的规定，并对之采取了基数号码进行编号，如《刑法》第54条规定的"剥夺政治权利是剥夺下列权利：①选举权和被选举权；②言论、出版、集会、结社、游行、示威自由的权利；③担任国家机关职务的权利；④担任国有公司、企业、事业单位和人民团体领导职务的权利"，就是在条下面设项。

【思考题】

　　1. 什么是刑法？什么是刑法学？

　　2. 如何理解刑法的根据？

　　3. 如何理解刑法任务与刑法目的的关系？

第二章

刑法的基本原则

学习目的与要求　掌握罪刑法定原则、适用刑法平等原则和罪责刑相适应原则的含义及立法体现，领会罪刑法定原则的理论基础及价值。

■　第一节　刑法基本原则概述

一、刑法基本原则的概念及特征

刑法基本原则，是指贯穿于整个刑法、具有指导和制约全部刑事立法和刑事司法意义并直接体现一个国家刑事法治的基本精神的根本准则。

刑法基本原则的特征是：①刑法基本原则必须贯穿于刑法始终。只有在整个刑法中具有全局性、根本性价值，即其作用贯穿于全部刑法规范的准则，才能成为刑法的基本原则。刑法为解决某些局部性问题而采用的原则，如对国际性犯罪的普遍管辖原则、对一人犯数罪进行合并处罚的数罪并罚原则等，都不属于刑法的基本原则。②刑法的基本原则必须具有指导和制约全部刑事立法和刑事司法的意义，即必须得到刑事立法和刑事司法以及相关活动的普遍遵循。③刑法基本原则必须直接体现一国刑事法治的基本精神，即体现宪法对刑法提出的要求，而不能与这种精神相背离。

刑法的基本原则是近现代刑法的产物。在反对封建专制的大革命中，资产阶级启蒙思想家和法学家针对封建社会的罪刑擅断、轻罪重判和惩罚残酷等特点，提出了罪刑法定主义、罪刑等价主义和刑罚人道主义的主张。这些主张在革命胜利后建立起来的资本主义国家刑法里得到了一定的体现，因而被称为刑法的三大基本原则。资产阶级刑法中这三大原则相对于封建社会刑法而言，无疑是人类文明史上的一个明显的进步。

一个国家将哪些准则确定为本国刑法的基本原则，是根据本国的国情和实际需要决定的。我国 1979 年的《中华人民共和国刑法》未规定刑法的基本原则，1997

年修订的《中华人民共和国刑法》在第 3～5 条中明确地规定我国刑法的基本原则为罪刑法定原则、适用刑法平等原则和罪责刑相适应原则。

二、刑法基本原则的意义

刑法的基本原则是刑法以宪法为根据的具体体现，是整个刑法的方向所在。刑法中许多重大问题，如犯罪概念的界定、犯罪构成要件的确立、刑事责任程度的衡量、刑罚方法的设置、刑罚裁量与执行制度的设计以及具体犯罪及其法定刑的确定，都是在刑法基本原则的指导下进行的。总而言之，刑法的基本原则直接反映了宪法的精神和刑法的目的，规范着刑法的基本制度，决定着刑法的体系和适用。因此，不了解我国刑法的基本原则，就不能深刻理解和准确适用我国现行刑法。

刑法基本原则不仅体现在现行刑法中，而且还对以后的刑事立法具有指导意义。今后的刑法修改、补充工作，也必须严格遵循 1997 年修订的《刑法》所确立的刑法基本原则，绝不能有丝毫的违背，即如果因社会需要而对刑法规范加以废、改、立的，一定要以刑法的基本原则为指导并使刑法的修改与完善工作受到这些原则的制约，确保罪刑规范更加明确、具体，刑法的适用更加平等、公正，罪与刑的关系更加均衡、相称，从而既有利于进一步维护社会的秩序，又有利于保障个人的人权。

刑事司法工作也必须始终贯彻刑法的基本原则。换言之，刑事司法人员应在刑法基本原则的指导下，强化法治意识、平等观念和公正无私的思想，严格依法办事，公正司法和准确裁量，使所办理的案件能经得起历史的检验。

总之，刑法的基本原则必将促进我国刑事立法的更加完善、科学和刑事司法的更加公正、文明，从而使我国刑法能更好地保障中国特色社会主义建设事业的顺利进行以及建立和谐社会目标的真正实现。

■ 第二节　罪刑法定原则

一、法律规定

《刑法》第 3 条规定："法律明文规定为犯罪行为的，依照法律定罪处刑；法律没有明文规定为犯罪行为的，不得定罪处刑。"

二、罪刑法定原则的含义与要求

罪刑法定原则的基本含义是：什么是犯罪，哪些行为属于犯罪，各种犯罪的构成要件是什么，有哪些刑罚方法，各种刑罚方法如何适用，以及对各种具体犯罪应在什么样的幅度内裁量决定刑罚等，均只能由刑法明文加以规定。对于刑法分则没有明文规定为犯罪的行为，不得认定为犯罪和给予刑罚处罚。对于刑法没有明文规定为刑罚的处罚方法，不能当成刑罚来使用。概括起来讲，即"法无明文规定不为罪，法无明文规定不处罚"。

由上述可见，罪刑法定原则具有以下要求：①要求排斥习惯法，即禁止对刑法没有明文规定为犯罪的行为通过适用习惯来定罪判刑；②罪刑法定原则要求排斥事后法，即禁止根据行为后开始实施的法律对行为人定罪处罚，除非适用这种事后法比适用行为时的法律对被告人更有利；③罪刑法定原则要求排斥类推定罪，即禁止对刑法分则没有明文规定为犯罪的行为比照类似的刑法分则条文定罪判刑；④罪刑法定原则还要求排斥绝对不确定刑，即禁止对被告人适用完全不确定具体刑种与刑期幅度的刑罚。综上，排斥习惯法、禁止重法溯及既往、禁止有罪类推、排斥绝对不确定刑，是罪刑法定原则的四项基本要求，背离其中任何一项要求，都意味着对罪刑法定原则的破坏。

应当指出的是，上述四项基本要求主要是从罪刑法定的字面意思出发来展开的，只是强调了罪刑法定原则形式侧面的含义，因此被认为只是对这一原则内容的传统理解。实际上，仅仅只是对罪刑法定作上述形式的理解并不能完全实现民主主义和尊重人权主义的要求。例如，如果由立法机关制定的成文刑法用语含糊不清，意义不明确，使人无法据以判断自己行为的法律后果，仍然可能严重损害国民的自由；再如，如果成文刑法的规定不适当，将不应当作为犯罪来处罚的行为规定为犯罪或者为犯罪配置了不人道、不均衡的刑罚，也必然违反民主主义与尊重人权主义。因此晚近以来，主张也应当从实质层面来理解罪刑法定原则的含义的见解得到了广泛的赞同。国内外刑法理论界现在一般都认为，明确性和适当性是罪刑法定原则实质侧面的要求。明确性，是指刑法规定的用语必须明确易懂，意义不能含糊不清，以便国民能够根据刑法比较准确地预测自己行为的法律后果。适当性则包含刑法处罚的范围必须适当和惩罚的手段必须适当两个方面，即既不能将不应当用刑罚处罚的行为规定为犯罪，也不能规定不人道或者与犯罪行为不均衡的刑罚方法。

因此，排斥不明确的和不适当的刑罚法规，也属于罪刑法定原则的应有含义。

三、罪刑法定原则在我国刑法中的具体体现

我国《刑法》第 3 条明文规定了罪刑法定原则。相应地，罪刑法定原则的思想和内在要求，也在刑法中得到较为全面、系统的体现。

1. 刑法在 1979 年刑法规定的基础上进一步加强了犯罪的法定化和刑罚的法定化，并尽可能做到详细、完备，从而排除了适用习惯法处理刑事案件的可能性。犯罪的法定化体现为，不仅在总则条文中规定了构成犯罪的共同性要件即成立各种犯罪均必须具备的条件，而且在分则条文中对每一种犯罪的具体构成要件作了尽可能详细的描述；在刑罚的法定化方面，则表现为确切限定了刑罚的种类，详细规定了量刑的原则和各种刑罚制度以及周密设定了各种犯罪的具体法定刑幅度。另外，修订后的刑法克服了过去刑事立法上简单粗疏的缺陷，而力求周详、完备，将分则条文由 1979 年刑法中的 103 条增加到 350 条，其中的罪名数量由 1979 年刑法中的 130 个增加到 413 个。这些加上全国人民代表大会常务委员会于 1998 年 12 月 29 日通过的《关于惩治骗购外汇、逃汇和非法买卖外汇犯罪的决定》和 1999 年 12 月 25 日以来通过的数个刑法修正案的补充、修改的内容，不仅反映了罪刑法定原则关于规范应当详备的要求，而且也因其准确地反映了现实犯罪情况及同犯罪作斗争的实际需要而增强了这一原则的现实可行性。

2. 刑法重申了 1979 年刑法为解决刑法溯及力问题而确定的从旧兼从轻规则，纠正了过去的一些单行刑法中所出现的对这一规则的偏离倾向，杜绝了根据事后法作出不利于当事人的处理决定的现象。

3. 刑法取消了 1979 年《刑法》第 79 条关于对刑法没有明文禁止的危害行为可以比照类似的刑法分则条文认定为犯罪和判处刑罚的类推规定，废止了这一和罪刑法定原则的内容相冲突的具体制度。

4. 刑法在坚持 1979 年刑法中所确立的为犯罪配置相对确定的法定刑的思路基础上，在法定刑的设置上进一步细化量刑幅度以降低刑罚的不确定性，这在我国目前的政治、经济、文化背景下无疑是具体贯彻罪刑法定原则的内在要求的有力举措。

5. 刑法在罪刑规范的表述方面力求尽可能地清楚、确切，以体现罪刑法定原则的明确性要求。表现在：改变 1979 年刑法中所采用的规定一些笼统的不明确的"口袋罪名"的做法，[1] 使所规定的每一种犯罪内涵具体，外延明确；对于具体犯罪的描述，尽量使用叙明罪状，并注意用语含义的清晰度；在具体犯罪的处罚规定上，注重量刑情节的具体化，尽可能地少用意义含糊不清的概括性的表述。

6. 刑法在 1979 年刑法规定的基础上进一步强调刑法规定的适当性，很好地贯彻了罪刑法定原则这一实质要求。表现为：①《刑法》第 13 条明文规定了犯罪是危害社会的、依照法律应当受刑罚处罚的行为，同时还规定"情节显著轻微危害不大的，不认为是犯罪"，从而严格限定了刑法的处罚范围；②在对 1979 年刑法中规定的"口袋罪名"进行分解的时候，将一些不应当作为犯罪处理的情形排除出刑法禁止之列，即进行非犯罪化处理；③通过刑种（刑罚方法）的规定禁止采用残虐的、不人道的刑罚手段，并将罪责刑相适应明文规定为我国刑法的另一项基本原则。

四、罪刑法定原则的司法适用

在刑法中规定和体现了罪刑法定原则，还不能说这一原则已经得到了实现。罪刑法定原则的最终实现，还有赖于司法机关的实际司法活动。如果不能在司法实践中得到适用，那么罪刑法定原则就仅仅只是一句空洞的口号而没有实际意义。从我国的刑事司法实践来看，切实贯彻执行罪刑法定原则，必须注意以下几个问题：

1. 严格依法认定犯罪。就整个刑事司法工作而言，认定行为人的行为是否成立某种犯罪是最基本的一个环节，因为这是处理每一起刑事案件首先必须解决的问题。是刑罚裁量与刑罚执行环节的基础，也是最容易引起争议的环节。在这一环节，司法机关必须强化法律至上的观念，以事实为根据，以法律为准绳，坚决抵制以言代法、以权压法的错误做法，严格依据法律的规定来认定犯罪；对于刑法明文规定的各种犯罪，必须认真把握犯罪的本质特征和构成要件，准确区分罪与非罪、此罪与

―――――――――――

〔1〕　参见王汉斌 1997 年 3 月 6 日在第八届全国人民代表大会第五次会议上所作的《关于〈中华人民共和国刑法（修订草案）〉的说明》。

彼罪的界限，做到定性准确，不枉不纵，于法有据，名实相符。这里需要特别指出的是，强调严格依法认定犯罪的意义在于，当受理的是具有严重危害性而刑法又没有明文规定为犯罪的行为时，司法人员必须明确：由于社会的发展变化及人类认识的局限性，任何一部刑法都不可能对社会上所有应当判处刑罚的行为均详尽地加以规定而毫无遗漏，罪刑法定原则是建立在承认刑法存在不完整性这一缺陷基础之上并以此为代价的，因此，无论面临多大压力，都必须坚定不移地对这样的行为作无罪处理。

2. 准确裁量执行刑罚。刑罚的裁量是认定犯罪存在后的必经环节，刑罚执行则是将对犯罪判决的刑罚由宣告变成现实的具体途径。而这两个环节也都必须符合罪刑法定原则中刑之法定的要求。具体而言，刑事审判部门在对犯罪裁量决定刑罚时，必须严格遵循刑法对具体犯罪所规定的量刑幅度，根据刑罚裁量原则，仔细考虑量刑情节及对社会的危害程度，确定适当的处罚，刑罚执行机关在执行刑罚时也必须严格遵守法律规定的刑罚执行制度与程序。需要指出的是，由于刑法规定的抽象性，在刑罚裁量与执行过程中离不开司法人员的自由裁量，罪刑法定原则本身不应当而且也并没有完全否定司法人员在一定范围内的自由裁量权，如刑法关于量刑幅度、量刑情节以及刑罚执行制度的规定等，都为司法人员预留了自由裁量的空间。但这种自由裁量空间是有边界的，司法人员只能在罪刑法定原则认可的范围内行使自由裁量权，任何超越刑法规定的自由裁量都是不被允许的。

3. 正确进行刑事司法解释。如前所述，在我国刑法中，目前还存在某些罪刑规范不够具体明确的问题，在立法机关作出修改完善之前，这样的问题只能由最高司法机关通过司法解释来解决。只有这样，才能弥补立法的不足，统一规范和指导全国有关定罪量刑的司法实务，以防止下级司法机关随心所欲、各行其是的现象发生。但必须强调的是，司法解释权也并非是无限的，即最高司法机关在进行刑法司法解释时亦必须受罪刑法定原则的制约而不能随心所欲，无论是限制解释，还是扩张解释，都不得曲解法律规定的真实意图，更不能以司法解释变更、取代刑事立法。

■ 第三节 适用刑法平等原则

一、法律规定

《刑法》第 4 条规定："对任何人犯罪，在适用法律上一律平等。不允许任何人有超越法律的特权。"

二、适用刑法平等原则的含义

适用刑法平等原则是宪法所确立的法律面前人人平等原则的具体化。我国宪法明确规定，任何组织或个人"都必须遵守宪法和法律"，"都不得有超越宪法和法律的特权"，"一切违反宪法和法律的行为，必须予以追究"，"中华人民共和国公民在法律面前一律平等"。为了使宪法的要求得到贯彻执行，国家在一些具体法律中也规定了这一原则，如我国的《刑事诉讼法》《民事诉讼法》都规定了公民在适用法律上一律平等。刑法作为惩罚犯罪、保护人民的基本法律，更应当贯彻这一宪法要求，因此，修订后的刑法将适用刑法平等原则确立为我国刑法的一项基本原则。

适用刑法平等原则的含义是：任何人犯罪，都应当受到法律的追究，任何人都不得享有超越法律规定的特权；对一切犯罪行为，不论犯罪人的社会地位、家庭出身、职业状况、财产数额、政治面貌、才能业绩如何，都应一律平等地适用刑法定罪处罚，不允许任何人有超越法律的特权。

三、适用刑法平等原则的具体体现

作为刑法的一项基本原则，适用刑法平等当然也具有指导立法的意义，实际上我国刑事立法也不应背离这一原则。不过从用语上看，这一原则主要还是就刑事司法而言的。如前所述，刑事司法活动包括认定犯罪、裁量刑罚和刑罚执行三个环节，而适用刑法平等原则也具体体现在这三个环节上：

1. 在认定犯罪上应一律平等。任何人犯罪，无论其身份、地位等如何不同，应一律平等对待，适用相同的定罪标准。绝不能因为行为人地位高、功劳大而不予定罪，任其逍遥法外；也不能因为被告人是普通百姓就胡乱追究，任意定罪。

2. 在刑罚裁量方面应一律平等。对性质和严重程度相同的犯罪，应当给予相同的处罚，即做到同罪同罚。当然，同罪同罚并不意味着只要犯同一性质的罪就判处完全相同的刑罚。虽然触犯相同的罪名，但犯罪情节不同，如有的是累犯或具有其他法定从重处罚的情节，有的是从犯或具有其他法定从轻、减轻或者免除处罚的情节，因此在量刑时也应当有所区别。这种差别是正常的、合理的，并不违背适用刑法平等的原则，因为对任何犯罪来说，都有一个具体情况具体分析、针对不同情节实行区别对待的问题。但如果是因为权势、地位或财力方面的差别而导致同罪不同罚，则是违背适用刑法平等原则的，因为这等于承认某人享有超越法律的特权。

3. 在刑罚执行上应一律平等。即在行刑时，对于所有的受刑人平等对待，凡罪行相同、人身危险性相同的，刑罚处遇也应相同，不能因为贫富差距、权势地位不同而对一部分人给予特殊待遇或对另一部分人给予歧视待遇。另外，在掌握法律规定的减刑、假释的条件时也应力求平等，谁符合条件，谁不够条件，都必须严格以法律为准绳，不能分亲疏贵贱。当然，因罪行轻重不同、人身危险性程度不同或改造表现不同而给予差别处遇，这是"行刑"一语的题中之意，体现了相同情况相同对待而不同情况区别对待的司法公正精神，因而从实质上体现了行刑平等，即从行刑环节体现了适用刑法平等这一刑法的基本原则。

■ 第四节　罪责刑相适应原则

一、法律规定

《刑法》第 5 条规定："刑罚的轻重，应当与犯罪分子所犯罪行和承担的刑事责任相适应。"

二、罪责刑相适应原则的含义

罪责刑相适应原则的基本含义是：犯多大的罪，就应承担多大的刑事责任，人民法院亦应判处相应轻重的刑罚，而在确定刑事责任大小时，除必须以罪行轻重为基础外，还应当考虑其他各种影响刑事责任的因素。

由上述可见，决定刑罚的轻重时不能单纯考虑犯罪分子所犯罪行的轻重，还必须与犯罪人所承担的刑事责任程度结合起来考虑，即犯罪与刑罚之间以刑事责任为中介并通过这一中介来调整罪刑关系。刑事责任大小主要是由犯罪行为与犯罪人两方面的因素决定的：首先，刑罚的轻重应与实际发生的犯罪行为轻重相适应，即重罪应当重判，轻罪应当轻判；其次，刑罚还应当与犯罪人的个人情况（主要是指反映犯罪人主观恶性和人身危险性的个人情况）相适应，即对行为人主观恶性和人身危险性大的犯罪应重判，反之，则应轻判。这样，既认真考量到了实际发生的犯罪对社会的危害，体现了刑法规范的正义属性；又充分注意到了犯罪人改造的难易程度及未来的危险，从而有利于实现刑罚预防犯罪的目的。

因此，依据罪责刑相适应原则的要求，一方面，刑事立法对具体犯罪处罚的原则性规定以及对刑罚裁量、执行制度及个罪法定刑的设置，不仅要考虑犯罪行为的社会危害性，而且要考虑行为人的人身危险性；另一方面，司法实践中的刑罚裁量、执行，不仅要考虑犯罪行为及其危害结果，而且应综合分析整个犯罪事实和犯罪分子个体的各方面因素，力求刑罚个别化。

三、罪责刑相适应原则的立法体现

作为刑法规定的基本原则，罪责刑相适应的精神被贯彻到整个刑法之中，具体体现在以下几个方面：

1. 确立了科学严密的刑罚体系。我国刑法总则所确立的刑罚体系由各种不同的刑罚方法构成。从性质上，这一体系包括生命刑、自由刑、财产刑和资格刑；从程度上讲，有重刑也有轻刑；从种类上分，该刑罚体系中既有主刑又有附加刑。因此，各种刑罚方法既相互区别又互相衔接，完全能够根据犯罪的各种情况被灵活地加以运用，从而为刑事司法实现罪责刑相适应原则奠定了基础。

2. 确定了区别对待的量刑原则。我国刑法总则根据各种犯罪行为的社会危害性程度和人身危险性的大小，分别规定了轻重不同的刑罚裁量原则，例如，规定对于防卫过当、避险过当而构成犯罪的，应当减轻或者免除处罚；对于预备犯，可以比照既遂犯从轻、减轻或者免除处罚；对于未遂犯，可以比照既遂犯从轻或者减轻处罚；对于中止犯，没有造成损害的，应当免除处罚，造成损害的，应当减轻处罚；对共同犯罪的主犯应当按其所参与的或者组织、指挥的全部罪行处罚；对从犯应当从轻、减轻处罚或者免除处罚；对胁从犯应当按照他的犯罪情节减轻处罚或者免除处罚；对教唆犯应当按照他在共同犯罪中所起的作用处罚；等等。凡此种种，都是罪责刑相适应原则在刑罚裁量原则中的具体体现。

　　3. 规定了宽严有度的刑罚制度。刑法总则根据犯罪人人身危险性的大小，规定了一系列刑罚裁量与执行制度，如累犯制度、自首制度、立功制度、缓刑制度、减刑制度、假释制度等。根据这些刑罚制度的规定，累犯因再犯可能性大而应被从重处罚；自首和立功因人身危险性小而应受到从宽处理；适用缓刑的根本条件是根据犯罪分子的犯罪情节和悔罪表现认为适用缓刑没有再犯罪危险；被判处一定刑罚的犯罪人如果在刑罚执行期间确有悔改或者立功表现的，可以对其予以减刑或者假释。上述刑罚制度的确立，无疑为罪责刑相适应原则的具体实现提供了法律上的操作标准。

　　4. 设置了轻重不同的量刑幅度。我国刑法分则根据犯罪行为的轻重及其情节的不同，为每一种犯罪设置了有一定幅度的法定刑，其中不少犯罪具有两个或者两个以上的量刑幅度。这种幅度较宽的法定刑，为司法人员按照犯罪人的罪行轻重和刑事责任的大小从而决定相适应的刑罚处罚留出了充分的空间。如《刑法》第234条规定："故意伤害他人身体的，处3年以下有期徒刑、拘役或者管制。犯前款罪，致人重伤的，处3年以上10年以下有期徒刑；致人死亡或者以特别残忍手段致人重伤造成严重残疾的，处10年以上有期徒刑、无期徒刑或者死刑。本法另有规定的，依照规定。"可见，在这样的法定刑的基础上，审判机关完全可以根据犯罪人犯罪的性质、情节的轻重和犯罪人主观恶性的大小等，依法判处具体体现罪责刑相适应原则要求的刑罚。

四、罪责刑相适应原则的司法适用

　　上述刑事立法的规定是将罪责刑相适应由原则变为现实的一个不可或缺的前提，但罪责刑相适应的最终实现还有赖于刑事司法活动。因此，强调司法实践中应严格贯彻罪责刑相适应原则同样具有非常重要的意义。根据这一原则的基本要求，结合我国刑事司法实践情况，司法实践部门在处理具体刑事案件时，应当着重解决好以下问题：

　　1. 纠正重定罪轻量刑的错误倾向，把量刑与定罪置于同等重要的地位。一般而言，我国司法机关在刑事审判活动中，普遍重视对案件的定性，而对量刑工作的重要性，部分司法人员则重视不够。有人甚至错误地认为，我国刑法对犯罪规定的量刑幅度颇大，故只要定性正确即可，至于多判几年或少判几年则无关紧要。现实中存在的对性质相同情节类似的案件量刑轻重差别很大的现象，大多与这种错误看法有关。这显然违背了罪责刑相适应原则，也不利于各地法院或法官刑事司法的平衡和协调统一。因此，必须提高司法机关和司法人员对量刑工作重要性的认识，把定性准确和量刑适当作为衡量刑事审判工作质量好坏不可分割的统一标准，以此来检验每一个具体刑事案件的处理结果。

　　2. 克服重刑主义思想，强化量刑公正的意识。由于种种复杂的历史和现实的原因，作为古代刑法思想重要表现的重刑主义传统，至今在一部分公民中还根深蒂固。这种思想也在一定程度上反映在刑事审判工作中。少数司法人员崇尚重刑，迷信重刑的功能，认为刑罚愈重愈能有效地遏制犯罪。特别是在社会治安不好的时期，重刑主义呼声尤为强烈。必须指出，重刑主义是一种与时代要求不相符的刑法观念，这种观念是与罪责刑相适应原则直接对立的，也是不符合刑罚预防犯罪的目的的。因此，司法人员必须清醒地认识重刑主义的危害，确立社会主义现代刑法观念，强化量刑公正的意识，排除各种干扰，切实做到罪责刑相适应。

3. 调整过分注重惩罚的思路，树立宽严相济的刑罚理念。过去，我国司法机关被视为专政的工具，所强调的是对犯罪的刑罚惩罚，而就某些犯罪人而言，不加区别的惩罚不仅不利于他们认罪服法，反而会强化他们及其亲属的抵触情绪，增加社会的不安定因素，因此，对他们必须做到惩办与宽大处理相结合，而建立在罪责刑相适应原则基础上的宽严相济的刑罚理念是实现这种宽大的一个非常恰当的途径，因为这样既可以防止重罪轻判以至放纵犯罪分子，也可以避免对所有犯罪人都一律判处刑罚或不加区别地一概执行原判刑罚的不策略做法。但现实中由于传统观念的影响，在严惩严重犯罪方面力度很大而在对犯罪人依法宽大处理方面则显得不够，表现为在量刑时对应当免除处罚的没有一概依法免除，缓刑的适用率与其他国家相比也较低，而在行刑时因为种种顾虑对应当减刑与假释的没有及时减刑假释的情况也是存在的。为了切实贯彻执行罪责刑相适应原则，必须改变这种片面强调刑罚惩罚的思路，在准确认定事实的基础上对犯罪人当判则判，不当判则免除处罚而采取非刑罚的处理方式，并在量刑时注意缓刑的适用，在行刑时注意依法及时减刑与假释。当然，按照罪责刑相适应原则的要求，那些在量刑与行刑中片面强调从宽，对不应当免除刑罚的犯罪适用免除处罚或者滥用缓刑、减刑、假释制度的做法，也是应当予以防止的。

【思考题】

1. 简述罪刑法定原则的含义及其立法体现。
2. 如何理解我国刑法确立罪刑法定原则的价值取向？
3. 简述罪责刑相适应原则的含义及其立法体现。
4. 如何理解适用刑法人人平等原则？

第三章

刑法的效力范围

学习目的与要求 掌握我国刑法对地、对人、对时的效力，以及刑法的溯及力。

■ 第一节 刑法的效力范围概述

刑法的效力范围，亦称刑法的适用范围，是指刑法适用于什么地方、什么人和什么时间，以及是否有溯及既往的效力问题。刑法的效力范围包括两方面的内容：一为刑法的空间效力；二为刑法的时间效力。

一、刑法效力范围的意义

刑法的效力范围问题，在立法、司法上都是一个比较复杂而又关系重大的问题，它涉及国家的主权及其对公民的保护等问题。具体而言，涉及确认刑法效力范围所应遵循的基本原则、一个国家的刑事管辖权、刑罚权和国家、民族、新旧法之间的关系，同时又攸关法律适用对社会的效应，因此在立法上必须采取正确的原则加以解决。特别是近年来，随着我国政治体制改革的逐步深化、市场经济体制的渐趋完善、对外开放政策的深入实行和国际交往的日益发展，在司法实践中出现的刑法的空间效力、时间效力方面的新情况、新问题日渐增多，这些新情况、新问题的处理与解决又直接关系到我国政治、经济等多方面改革的顺利进行。因此，正确理解和掌握我国刑法的效力范围，对于准确适用刑法与各种犯罪作斗争，保证追究刑事责任的准确性，避免定罪量刑上的错误，保护国家和人民的利益，具有十分重要的意义。

二、刑法的空间效力的概念和原则

刑法的空间效力，是指刑法在什么地域、对什么人具有拘束力。它涉及国家的刑事管辖权问题，其中包括对地域的管辖和对人的管辖。对于刑法的空间效力，理论上有各种不同的主张和学说，各个国家的立法例也不尽相同，各国根据本国的国情，采用了不同的刑事管辖原则。概括起来，主要有以下几种：

（一）属地原则

属地原则又称领土原则，即以地域为标准，规定凡在本国领域内犯罪的，不论犯罪人或被害人国籍如何，都适用本国刑法；反之，在本国领域外犯罪的，都不得适用本国刑法。由于对"在本国领域内犯罪的"存在不同的理解，属地原则在适用过程中，有行为地原则、结果地原则、行为结果择一地原则之争。行为地原则认为，只要犯罪行为发生在本国领域内，不论犯罪结果发生在哪国领域，都应视为"在本国领域内犯罪"而适用本国刑法；结果地原则认为，只要犯罪结果发生在本国领域，不论犯罪行为发生在哪国领域，都应视为"在本国领域内犯罪"而适用本国刑法；行为结果择一地原则认为，犯罪行为与结果只要有一项发生在本国领域内，就应视为"在本国领域内犯罪"而适用本国刑法。

属地原则所确立的刑事管辖范围往往与国家的主权管辖范围具有高度的一致性，能直接维护领土主权，是国家主权的重要体现，因而为各国刑法普遍采用。然而，仅仅根据这一原则来确定刑法的效力范围是不全面的。因为按照这一原则，刑法的效力只能局限在本国领域内，而对在本国领域外侵害本国国家和公民利益的犯罪则不能适用，不能全面地保护本国国家和公民的利益，所以各国在确立属地管辖原则时，往往还会辅之以其他方式的管辖原则。

（二）属人原则

属人原则又称国籍原则，即以人的国籍为标准，规定凡是本国人犯罪，不论犯罪地点或被害人如何，都适用本国刑法；反之，对于外国人，无论其是在本国领域内犯罪还是在本国领域外犯罪，也不论其犯罪行为侵害的是本国利益还是他国利益，都不得适用本国刑法。

属人原则以本国公民有遵守本国法律的义务为根据，将刑法的适用范围延伸至本国领域外，弥补了属地原则的某些不足，而为世界各国普遍采用。然而，这一原则也存在两个明显缺陷：①和他国属地原则的冲突使本国的刑事管辖发生困难；②对外国人在本国领域内的犯罪没有管辖权，显然有悖于国家的主权原则。

（三）保护原则

保护原则又称自卫原则，即以保护本国利益为标准，规定凡侵害本国国家或者公民利益的，不论犯罪人、犯罪地如何，都适用本国刑法；反之，对没有侵害本国国家或公民利益的犯罪，不得适用本国刑法。

保护原则全面保护了本国国家和公民的利益，可谓周密，但也有两点明显缺陷：①对本国领域内侵犯外国国家或者公民利益的犯罪无权管辖，从而不利于维护国家主权和社会秩序；②与属地原则、属人原则的冲突，必然涉及国与国之间的关系和刑事法律的冲突，因此，彻底实行这个原则会受到他国主权的限制，也使这一原则的实际实施发生困难，所以各国都是有条件地适用该原则。

第三章

（四）普遍管辖原则

普遍管辖原则又称世界原则，即以有效惩罚犯罪、保护各国利益为标准，认为一切犯罪都是对全人类共同利益的侵害，都是对世界犯罪，因此只要有犯罪行为发生，不论犯罪人、犯罪地及侵害利益的归属如何，都适用本国刑法。

普遍管辖原则有利于同劫机、贩毒等国际犯罪作斗争，能够促进世界各国在打击一些众所公认的有损各国利益的犯罪上的协调与合作，但也有明显缺陷，即各国关于犯罪的规定不尽一致，因而无法统一，而且还有可能导致国家间刑事管辖权的冲突。因此，它只能适用于国际公约的缔约国。

上述各原则，孤立来看，各有所长，又各具其短，因而现代世界上多数国家的刑法都采用以属地原则为主，以其他原则为补充的空间效力原则。我国刑法采用的也是这样的原则。

三、刑法的时间效力的概念和原则

刑法的时间效力，是指刑法的生效时间、失效时间以及对刑法生效前的行为是否具有溯及力，也就是刑法在时间上的拘束力。

刑法的生效时间，通常有两种情况：①自刑法公布之日起施行。如1999年12月25日第九届全国人民代表大会常务委员会通过并于当日公布的《中华人民共和国刑法修正案》第9条规定：本修正案自公布之日起施行；2002年12月28日公布的《中华人民共和国刑法修正案（四）》第9条也明确规定：本修正案自公布之日起施行。②公布一段时间后再施行。如1997年3月14日公布修订后的《中华人民共和国刑法》，自1997年10月1日起施行。

刑法的失效时间，是指刑法效力的终止时间。有以下两种情况：①由立法机关明确宣布废止。通常是在新法公布后，在新法条文中或有关新法施行的法律中明文宣布废止，或宣布与新法相抵触的原有法律即行失效。如我国现行《刑法》第452条第2款规定，列于《刑法》附件一的15个单行刑法，自1997年10月1日，即修订后的刑法施行之日起予以废止。②自然失效。由于新法代替了同类法内容的原有法律，原有法律便自行失效，或者由于立法时一些特殊的条件已不存在，旧法自然失效。

刑法的溯及力，即刑法溯及既往的效力，是指刑法生效后，能否适用于其生效以前发生的未经审判或判决未确定的行为。如果能够适用，新的刑法就有溯及力；否则，无溯及力。世界各国刑事立法关于刑法溯及力的规定，主要有四种原则：

1. 从旧原则。即新法无溯及力，对新法生效前的行为，适用行为时的旧法。

2. 从新原则。即新法有溯及力，对新法生效前的行为，只要未经审判或者判决尚未确定，一律按照新法处理。

3. 从新兼从轻原则。即新法原则上有溯及力，但旧法不认为是犯罪或处罚较轻时，适用旧法。

4. 从旧兼从轻原则。即新法原则上无溯及力，但新法不认为是犯罪或处罚较轻时，适用新法。这一原则既符合罪刑法定的要求，又兼顾到新法的情况，为多数国家所采用。

■ 第二节　刑法的空间效力

在我国《刑法》中，第6条是属地原则的规定，第7条是属人原则的规定，第8条是保护原则的规定，第9条是普遍原则的规定。以上4条的规定，归根结底都涉及刑法的空间效力问题。根据刑法的上述规定，分述如下：

一、我国刑法的属地管辖权

（一）法律规定

《刑法》第6条规定："凡在中华人民共和国领域内犯罪的，除法律有特别规定的以外，都适用本法。凡在中华人民共和国船舶或者航空器内犯罪的，也适用本法。犯罪的行为或者结果有一项发生在中华人民共和国领域内的，就认为是在中华人民共和国领域内犯罪。"

（二）我国刑法属地管辖权的内涵

1. 《刑法》第6条第1款的内涵。《刑法》第6条第1款规定的属地原则，是我国刑法的空间效力的主要的和基础的管辖原则。

《刑法》第6条第1款所称的我国"领域"是指我国主权管辖的国境以内的全部地域。具体包括：①领陆，即国境线以内的陆地，包括地下的地层。《中华人民共和国领海及毗连区法》第2条第2款规定："中华人民共和国的陆地领土包括中华人民共和国大陆及其沿海岛屿、台湾及其包括钓鱼岛在内的附属各岛、澎湖列岛、东沙群岛、西沙群岛、中沙群岛、南沙群岛以及其他一切属于中华人民共和国的岛屿。"领陆是我国领域最主要的组成部分。②领水，即内水（内河、内湖、内海，以及同外国之间界水的一部分，这一部分通常以河流中心线为界，如果是可通航的河道，则以主航道中心线为界）和领海（我国政府于1958年9月4日发表声明，宣布我国的领海宽度为12海里）。③领空，即领陆、领水之上的空间，它只及至空气空间，不包括外层空间。④底土，即一国领陆和领水的下层土。

本款所称的"法律有特别规定"，主要指：①《刑法》第11条关于"享有外交特权和豁免权的外国人的刑事责任，通过外交途径解决"的规定。②《刑法》第90条关于"民族自治地方不能全部适用本法规定的，可以由自治区或者省的人民代表大会根据当地民族的政治、经济、文化的特点和本法规定的基本原则，制定变通或者补充的规定，报请全国人民代表大会常务委员会批准施行"的规定。③《香港特别行政区基本法》及《澳门特别行政区基本法》作出的例外规定。根据上述两个法律规定，中国内地的绝大部分法律如民法、刑法、刑事诉讼法等都不适用于香港特别行政区和澳门特别行政区。但是，当全国人民代表大会常务委员会决定宣布战争状态或因香港或澳门特别行政区内发生香港或澳门特别行政区政府不能控制的危及国家统一或安全的动乱而决定香港或澳门特别行政区进入紧急状态时,《中华人民共和国刑法》将适用于香港或澳门特别行政区。

2.《刑法》第6条第2款的内涵。根据国际惯例,一国在悬挂其国旗的船舶和航空器内享有主权。为了维护我国的主权,同时也是根据国际惯例,我国刑法规定,凡在中华人民共和国船舶或者航空器内犯罪的,都适用我国刑法。这里所说的中华人民共和国船舶或者航空器,既可以是军用的,也可以是民用的;既指航行途中,也指停泊状态;既指公海或公海的上空,也指在别国的领域内。总之,凡在我国船舶或航空器内犯罪的,不论船舶或航空器在任何地点,我国均对之享有刑事管辖权。另外,根据我国承认的1961年4月18日《维也纳外交关系公约》的规定,各国驻外大使馆、领事馆及其外交人员不受驻在国的司法管辖,而受本国的司法管辖。因此,凡在我国驻外大使馆、领事馆内犯罪的,也应适用我国刑法。

3.《刑法》第6条第3款的内涵。本款是我国刑法关于犯罪地标准的具体规定。按照属地原则,一国刑法适用的前提是行为人在本国领域内犯了罪。但是,如何确定在一国领域内犯罪即犯罪地问题,各国的刑法理论有行为地主义、结果地主义和行为与结果择一地主义(也称折中主义)之争。其中,折中主义的观点现已为世界大多数国家所接受。我国刑法采纳的是折中主义。根据这个规定,所谓在我国领域内实施的犯罪包括三种情况:①犯罪行为和结果都发生在我国领域以内;②犯罪行为发生在我国领域以外,而结果发生在我国领域以内;③犯罪行为发生在我国领域以内,而结果发生在我国领域以外。

在中国领域内犯罪的,大多是中国人,即具有中华人民共和国国籍的人,也就是中国公民。但也有一些是外国人。我国刑法中所说的外国人,是指具有外国国籍的人和无国籍的人。凡在中国领域内实施犯罪的外国人,就要受到我国的刑事追究。我国司法机关对于在我国境内从事各种犯罪活动的外国人,依法追究刑事责任,有利于维护国家主权和法律的权威。

但是,对于犯罪的外国人适用我国刑法也有例外情况,这即《刑法》第11条规定的"享有外交特权和豁免权的外国人的刑事责任,通过外交途径解决"。这个规定,是依照国际惯例,根据国家之间相互尊重主权和平等互利原则作出的。这样,既尊重了驻在国的主权和法律尊严,又保障了派遣国的权利和两国之间的正常外交关系。外交特权和豁免权,指的是一个国家为了保证和便利驻在本国的外交代表机关以及外交人员执行职务而给予他们的一定范围内的特殊权利和优遇。为了界定外国驻中国使馆和使馆人员的外交特权与豁免权,便于外国驻中国使馆代表其国家有效地执行职务,第六届全国人民代表大会常委会在1986年9月5日通过了《中华人民共和国外交特权与豁免条例》。该条例详细规定了外国使馆和外交代表享有的外交特权与豁免权内容。根据规定,享有外交特权和豁免权的外国人是不受我国刑事管辖的。但是,该条例第25条也规定,享有外交特权与豁免权的人也应该履行下列义务:①尊重中国的法律、法规;②不得干涉中国的内政;③不得在中国境内为私人利益从事任何职业或者商业活动；④不得将使馆馆舍和使馆工作人员寓所充作与使馆职务不相符合的用途。

因此，必须明确，我国《刑法》第 11 条规定的精神，不是说享有外交特权与豁免权的外国人有权胡作非为，犯了罪也不予追究，而是说他们的刑事责任问题应当通过外交途径解决。解决的办法，可以是建议派遣国依法处理；也可以是宣布为不受欢迎的人，令其限期出境；罪行严重的也可以由中国政府宣布驱逐出境；等等。具体使用什么办法合适，根据其实际情况，由有关部门考虑决定。所以，享有外交特权和豁免权的人犯罪不受中国的刑事管辖并不影响其犯罪的成立，这表明：①尽管这些人不受我国刑事管辖，其本国对他仍有刑事管辖权。对此《维也纳外交关系公约》第 31 条第 4 款有明确的规定。②为了阻止这类人员的现行犯罪行为和便于外交交涉，可以对现行犯进行临时性的人身自由限制，以便通过外交途径解决其刑事责任问题。这也是国际社会通行的惯例之一。③对于享有刑事管辖豁免权的外国人正在实施的犯罪行为，可以依法行使正当防卫的权利。

二、我国刑法的属人管辖权

（一）法律规定

《刑法》第 7 条规定："中华人民共和国公民在中华人民共和国领域外犯本法规定之罪的，适用本法，但是按本法规定的最高刑为 3 年以下有期徒刑的，可以不予追究。中华人民共和国国家工作人员和军人在中华人民共和国领域外犯本法规定之罪的，适用本法。"

（二）我国刑法属人管辖权的内涵

1. 《刑法》第 7 条第 1 款的内涵。本款是我国现行刑法关于属人管辖权的具体规定。根据该规定，我国公民在国外犯我国刑法所规定之罪的，一律适用我国刑法。也就是说，根据属人原则，我国对所有的在国外的中国公民的一切犯罪行为，均享有刑事管辖权，而废除了过去从罪名上对属人管辖权所作的限制。《刑法》第 7 条第 1 款但书规定，"但是按本法规定的最高刑为 3 年以下有期徒刑的，可以不予追究"。这说明，我国公民在国外犯我国刑法所规定之罪的，按我国刑法规定最高刑为 3 年以下有期徒刑时，一般不予追究。上述规定，有力地捍卫了我国的国家主权原则；同时，考虑到属人原则在具体适用中可能出现的种种复杂情况，也留有余地。因此，在主张刑事管辖权的前提下，对这类案件如果不予追究更符合实际情况，我国司法机关依法可以不予追究。

2. 《刑法》第 7 条第 2 款的内涵。本款是我国刑法对国家工作人员和军人的无条件属人管辖权的规定。我国刑法处理国家工作人员、军人犯罪与普通公民犯罪有所区别，对前者一直采取从严的原则，这个原则在我国刑法对我国公民在国外犯罪问题的处理上也有体现。一般公民在我国领域外犯较轻之罪，只要所犯之罪的法定最高刑不超过 3 年有期徒刑，可以不追究其刑事责任，但对国家工作人员和军人，则没有这种选择余地。刑法专门设立这一规定，主要是因为国家工作人员和军人的身份特殊，他们在国外犯罪，会给我国的国家形象及声誉带来极为恶劣的影响，给我国日益频繁的国际交往造成损害。因此，国家工作人员和军人，作为特殊身份的公民，他们在国外犯罪，无论罪名如何，也不管依法规定的刑种和刑度如何，一律适用我国刑法，这也是保护我国的国家利益所必需的。

三、我国刑法的保护管辖权

（一）法律规定

《刑法》第 8 条规定："外国人在中华人民共和国领域外对中华人民共和国国家或者公民犯罪，而按本法规定的最低刑为 3 年以上有期徒刑的，可以适用本法，但是按照犯罪地的法律不受处罚的除外。"

（二）我国刑法保护管辖权的内涵

本条是我国刑法关于保护管辖权的主要规定，它是以保护我国利益为标准而设立的，因此对于保护我国国家及国民的利益，当然极其有利。但是，在适用此条规定的保护管辖原则时，因为罪行发生在国外，罪犯不是我国公民又不在我国境内，因此，这一原则的贯彻实施有时会存在一定的现实困难。同时由于保护管辖权毕竟是对在国外犯罪的外国人行使管辖权，如果把握失当，极易损害相关外国的主权。这正是各国在采用保护管辖原则时，一般均在法律上设置一定限制的原因。我国也不例外。根据我国《刑法》第 8 条规定，外国人在中国领域外实施犯罪，必须同时满足下列三项条件，我国司法当局才予以追究：①这种行为必须侵犯了我国国家利益或我国公民的利益，并且按我国刑法规定已经构成犯罪；②这种行为所触犯的罪名必须是我国刑法所规定的最低刑为 3 年以上有期徒刑的犯罪；③这种行为必须是根据犯罪地的法律规定也应受到刑事处罚的。

同时，即使犯罪人的行为符合我国刑法规定的上列三个条件，我国要对其予以刑事追究也还要受到客观情况上的极大限制。因为只要犯罪的外国人不来中国，不在中国境内被拘捕，我国在事实上很难实现保护管辖权。犯罪地不在我国领域内，犯罪人也没有我国国籍，通过外交途径予以引渡同样不容易办到。因此，按照保护原则行使刑事管辖权，就实质意义而言，其事实的限制甚于法律的限制。但是，我国作为一个主权国家，为了维护国家安全，保护国家和公民的利益不受侵犯，刑法设立保护管辖权还是必要的。

四、我国刑法的普遍管辖权

（一）法律规定

《刑法》第 9 条规定："对于中华人民共和国缔结或者参加的国际条约所规定的罪行，中华人民共和国在所承担条约义务的范围内行使刑事管辖权的，适用本法。"

（二）我国刑法普遍管辖权的内涵

20 世纪 60 年代以来，劫机、贩毒不断加剧，受到国际社会的高度关注。在有关国际组织的主持下，国际上先后制定了一系列旨在加强国际合作，有效地防止和惩处国际罪行的国际条约。

为顺应国际社会打击犯罪的需要，同时也为了向世界展示我国政府同犯罪作斗争的决心，我国政府先后参加了一系列有关惩处国际犯罪的国际条约。因此，为了从法律上确认我国对国际犯罪所行使的刑事管辖权，我国《刑法》第9条明文规定了普遍管辖原则。

普遍管辖原则的基本含义是指世界上每个主权国家都有权对国际犯罪实行刑事管辖。在国家主权所及的范围内对国际犯罪实行管辖，不仅是每个主权国家的权利，也是有关国际公约缔约国的国际义务。在规定国际犯罪的国际公约中，一般都明文规定，缔约各国承诺采取必要措施对这类犯罪确立刑事管辖权。因此，对于参加这些国际公约的缔约国来说，当实施相应国际犯罪的罪犯在本国领土上出现时，采取积极有效的措施引渡罪犯或者行使对这类犯罪的刑事管辖权并按照本国刑法对其进行起诉和审判，就成了每个缔约国在同国际犯罪作斗争中应当履行的国际义务。普遍管辖原则要求每个相关国际公约的缔约国对所规定的国际犯罪实行"或引渡或起诉"的原则。也就是说，实施了国际犯罪的罪犯，在某国领域内被发现时，如果犯罪地国按照属地原则、犯罪人国籍国按照属人原则、受害国或受害人所属国按照保护原则，要求引渡该罪犯以便对其进行起诉和审判，罪犯在其领域之内的国家应该采取必要的刑事强制措施以便及时将罪犯引渡给请求引渡的国家。如果不将罪犯引渡给请求引渡的国家，在其领域内发现该罪犯的国家，就应当毫无例外地对该罪犯进行起诉和审判，而不得推卸追究国际犯罪分子刑事责任的义务。

根据《刑法》第9条的规定，我国对国际犯罪行使刑事管辖，设定了以下两个条件：①必须是由国际条约所规定的罪行；②必须是我国缔结或者参加的国际条约，并且我国承担了该国际条约的义务。

对于不符合上述两个条件的国际犯罪，只在其符合我国《刑法》第8条之规定时，我国才对其行使刑事管辖权。例如，我国参加了惩治劫机罪行的海牙、东京、蒙特利尔三个公约，有权利也有义务对一切劫持民航飞机的罪行行使刑事管辖权。

■ 第三节   刑法的时间效力

如前所述，刑法的时间效力，是指刑法的生效时间、失效时间以及刑法对生效前的行为是否具有溯及力。关于刑法的生效时间、失效时间问题，前文有所提及，不再赘述。在此着重介绍刑法的溯及力问题。

一、法律规定

《刑法》第12条规定："中华人民共和国成立以后本法施行以前的行为，如果当时的法律不认为是犯罪的，适用当时的法律；如果当时的法律认为是犯罪的，依照本法总则第四章第八节的规定应当追诉的，按照当时的法律追究刑事责任，但是如果本法不认为是犯罪或者处刑较轻的，适用本法。本法施行以前，依照当时的法律已经作出的生效判决，继续有效。"

二、我国刑法溯及力规定的内涵

我国 1979 年公布的刑法，在溯及力问题上，采用的是从旧兼从轻原则。1997 年修订的刑法，在溯及力问题上基本遵循了 1979 年刑法的规定，采用从旧兼从轻原则。该原则具体体现在《刑法》第 12 条的规定中，根据该条规定，对于从中华人民共和国成立时起，到新修订的刑法生效时止，这段时间内发生的未经审判或者判决未确定的行为，按以下办法解决：

1. 当时的法律不认为是犯罪，而新修订的刑法认为是犯罪的，适用当时的法律，即不认为是犯罪。例如，1979 年通过的刑法没有规定发布虚假广告，情节严重的，应负刑事责任。而新修订的刑法则规定了这一犯罪，如果发布虚假广告的行为在修订刑法施行前实施，则适用原刑法的规定，不认为是犯罪。

2. 当时的法律认为是犯罪，而修订后的刑法不认为是犯罪的，只要该行为未经审判或判决未确定，就不认为是犯罪。例如，依照原刑法的规定，对实施行凶、杀人等暴力侵害行为的犯罪分子采取防卫行为，造成其伤亡后果的，在认定是防卫过当的情况下，确定防卫者应负刑事责任。而新修订的刑法则明文规定，对实施行凶、杀人等暴力侵害行为的犯罪分子采取防卫行为，造成其伤亡后果的，不属于防卫过当。因此，对上述情况下防卫者的防卫行为，即使造成侵害者伤亡的后果，也应该适用新修订的刑法，不认为是犯罪。又如，1979 年《刑法》第 117 条规定的投机倒把罪，包括一切违反工商、外汇、金融等行政管理法规，投机倒把，情节严重的行为。但 1997 年刑法根据罪刑法定原则，将 1979 年刑法规定的部分投机倒把行为，具体分解为非法经营罪等几个具体的罪名，1979 年刑法中认为可以构成投机倒把罪的哄抬物价牟取暴利且情节严重的行为，因 1997 年刑法未作规定而不能再将之以犯罪论处。

3. 当时的法律和修订后的刑法都认为是犯罪，并且该行为又没有超过追诉时效的，如果新修订的刑法处罚较轻，则适用新修订的刑法；反之，则适用当时的法律。例如，原刑法和新刑法都规定有过失杀人（致人死亡）罪，但原刑法规定的法定刑最高为 15 年有期徒刑，而新刑法规定的法定刑最高仅为 7 年有期徒刑。对于新刑法施行前实施而未经审判或判决未确定的过失杀人（致人死亡）行为，则应当按新刑法论处。

另外，根据《刑法》第 12 条第 2 款的规定，在新修订的刑法施行以前，依照当时的法律进行审判已经生效的刑罚处罚，继续有效。即使按新刑法的规定，其行为不构成犯罪或处刑较当时的法律为轻，也不例外。这主要是基于维护人民法院生效判决的严肃性和稳定性的需要。

为了正确地适用新刑法，最高人民法院于 1997 年 9 月 25 日发布了《关于适用刑法时间效力规定若干问题的解释》。根据该解释，在实践中应注意以下问题：

1. 对于行为人 1997 年 9 月 30 日以前实施的犯罪行为，在司法机关立案后，行为人逃避侦查或者审判，超过追诉期限或者被害人在追诉期限内提出控告，司法机关应当立案而不立案，超过追诉期限的，是否追究行为人的刑事责任，适用旧《刑法》第77条的规定。

2. 犯罪人在1997年9月30日以前犯罪，不具有法定减轻处罚情节，但是根据案件具体情况需要在法定刑以下判处刑罚的，适用旧《刑法》第59条第2款的规定。

3. 前罪判处的刑罚已经执行完毕或者赦免，在1997年9月30日以前又犯应当判处有期徒刑以上刑罚之罪的，是否构成累犯，适用旧《刑法》第61条的规定；1997年10月1日以后又犯应当判处有期徒刑以上刑罚之罪的，是否构成累犯，适用新《刑法》第65条的规定。

4. 1997年9月30日以前被采取刑事强制措施的人或者在1997年9月30日以前犯罪，1997年10月1日以后仍在服刑的罪犯，如实供述司法机关还未掌握的本人其他罪行的，适用新《刑法》第67条的规定。

5. 1997年9月30日以前犯罪的人，有揭发他人犯罪行为，或者提供重要线索从而得以侦破其他案件等立功表现的，适用新《刑法》第68条的规定。

6. 1997年9月30日以前犯罪被宣告缓刑的犯罪分子，在1997年10月1日以后的考验期内又犯新罪、被发现漏罪或者违反法律、行政法规或者国务院公安部门有关缓刑的监督管理规定，情节严重的，适用新《刑法》第77条的规定。

7. 1997年9月30日以前犯罪，1997年10月1日以后仍在服刑的犯罪分子，因特殊情况，需要不受执行刑期限制假释的，适用新《刑法》第81条第1款的规定，报经最高人民法院核准。

8. 1997年9月30日以前犯罪，1997年10月1日以后仍在服刑的累犯以及因杀人、爆炸、抢劫等暴力性犯罪被判处10年以上有期徒刑、无期徒刑的犯罪人，适用旧《刑法》第73条的规定，可以假释。

9. 1997年9月30日以前被假释的犯罪人，在1997年10月1日以后的考验期内，又犯新罪、被发现漏罪或者违反法律、行政法规或者国务院公安部门有关假释的规定的，适用新《刑法》第86条的规定，撤销假释。

10. 按照审判监督程序重新审判的案件，适用行为时的法律。

【思考题】

1. 什么是刑法的空间效力？我国刑法对空间效力作了哪些规定？
2. 为什么我国刑法对于溯及力问题采取从旧兼从轻原则？
3. 如何理解刑法立法和司法解释的法律效力等级和司法解释的溯及力问题？

第四章

犯罪概念与犯罪构成

学习目的与要求 掌握犯罪的概念及特征，犯罪构成的概念、特征及分类。了解犯罪的分类，理解犯罪的本质。

■ 第一节　犯罪概念与犯罪构成概述

一、犯罪概念概述

马克思主义法学认为，犯罪具有鲜明的阶级性，当某种行为危害到统治阶级的利益和统治秩序时，统治阶级以国家的名义用法律的形式把它规定下来并用刑罚来对之进行惩罚。犯罪是由物质生活条件所决定的，所以，犯罪的一般概念可以表述为：犯罪就是危害统治阶级利益，以国家意志的形式在刑法中规定的应受刑罚处罚的行为。

各国刑法学者有关犯罪的一般概念的主张可以表述为两类：一是形式的犯罪概念；一是实质的犯罪概念。

所谓形式的犯罪概念，就是指从犯罪的法律特征而不是从犯罪的社会阶级本质上给犯罪所下的定义。形式意义上的犯罪概念的表述可能多种多样，但其基本的、共同的特点，是将犯罪概括为违反刑事法律并且应受刑罚处罚的行为。这种概念在立法上最典型的表现是1810年的《法国刑法典》第1条的规定："法律以违警刑所处罚之犯罪，称轻罪。法律以身体刑或名誉刑所处罚之犯罪，称重罪。"

形式的犯罪概念具体表述主要有以下几种：①犯罪是违反刑事法律的行为。如美国联邦法院的判例解释道："犯罪是一种违反公法上禁止的作为或不作为。"②犯罪是依法应当受到刑罚处罚的行为。如意大利《刑法》第39条规定："本法规定应处罚之可罚性行为为犯罪行为及违警行为。"③犯罪是违反刑法，依法应受刑罚处罚的行为。如1937年瑞士《刑法》第9条规定："犯罪是法律所禁止的并以刑罚来制裁的行为。"④犯罪是违反刑事法律、符合法定犯罪构成要件并有责任的行为。这是大陆法系刑法上的通说概念。根据这一概念，犯罪需具备该当性、违法性和有责性这三个要素。

所谓实质的犯罪概念，就是从犯罪的社会属性或者社会、法律属性的视角给犯罪所下的定义。其表述主要有下列几种：①从犯罪的社会特征的视角来确立的犯罪概念。认为犯罪是危害社会公共生活秩序和利益的行为。如德国刑法学家李斯特认为，犯罪的本质在于"对社会共同法益的侵害"。这样未成年人和精神病人所实施的危害社会行为也被涵括在内。②从社会特征和法律特征结合上立论。认为犯罪是违反刑事法律并应受刑罚处罚的危害社会的行为。如英国刑法学者肯尼认为，犯罪有三个特点：一是行为对国家造成了一定的危害；二是国家通过刑罚来预防并制止这种行为；三是该行为依法应受刑罚处罚。③从犯罪的阶级特征来揭示犯罪行为。马克思主义刑法学家认为，犯罪是孤立的个人反对阶级统治的斗争。

二、犯罪构成概述

犯罪构成，是指我国刑法所规定的，决定某种行为构成犯罪所必须具备的客观要件和主观要件的总和。犯罪构成理论，在刑法学理论体系中居于中心地位，是正确认定犯罪的理论基础，具有极其重要的理论和实践意义：

1. 犯罪构成是区分罪与非罪的标准。犯罪构成在犯罪的规格和具体条件上为区分罪与非罪提供了具体标准。这些标准有些规定在刑法总则中，更多的规定在刑法分则中，从而为追究犯罪人的刑事责任提供了法律依据，也为无罪的人不受非法追究提供了法律保障。

2. 犯罪构成是区分此罪与彼罪的标准。各种犯罪既有危害社会并依法应受刑罚处罚的共性，又在行为的性质、特征、危害程度等方面存在着个性。不同个性具体的体现是犯罪构成要件上的区别，不同的犯罪有不同的犯罪构成要件，因此，犯罪构成是正确区分此罪与彼罪的具体标准。

3. 犯罪构成是正确量刑的前提。各种具体犯罪的犯罪构成，反映着该罪的社会危害程度，而社会危害程度对量刑具有重要影响，因此，犯罪构成对于正确量刑具有重要意义。

4. 犯罪构成是研究犯罪问题的理论指导。对刑法总则中的许多基本问题和刑法分则中具体犯罪的若干重要问题的研究，都离不开犯罪构成的理论。如防卫过当、避险过当的刑事责任问题，犯罪预备、犯罪未遂、犯罪中止等故意犯罪的形态问题，一罪与数罪的区分问题等，都是以犯罪构成的理论为指导来解决定性和责任问题的。我国刑法分则对犯罪的分类以及对犯罪特征及法定刑的规定，也都离不开犯罪构成理论的指导。

三、犯罪概念与犯罪构成的关系

犯罪概念回答的是什么是犯罪及犯罪有哪些基本特征，因此，犯罪概念为我们认定犯罪提供了原则标准。但是，在定罪方面，仅仅有犯罪概念这个原则标准是不够的，因为在现实生活中，任何犯罪都是具体的犯罪，它除了具有犯罪概念所需的一定的社会危害性、刑事违法性和应受刑罚惩罚性的共同属性外，还有各自的特殊性，所以，要正确认定罪名和适用刑罚，就要将犯罪概念具体化，这就必须借助于犯罪构成。

犯罪构成回答的是具体犯罪是怎样成立的，即它的成立需要具备哪些法定要件。也就是说，犯罪概念的各个基本特征是通过犯罪构成来具体说明的，如某些行为具备了某罪的犯罪构成诸要件，就说明它具有一定的社会危害性、刑事违法性和应受刑罚惩罚性，就能被认定为某一具体犯罪。

犯罪构成与犯罪概念是两个既有区别又有联系的概念。二者的主要区别在于：犯罪概念是从行为的社会、政治本质上说明什么是犯罪，犯罪有哪些基本属性。从而将犯罪这一社会现象同不道德行为、违纪行为、一般违法行为等社会现象区别开来，它是划分罪与非罪的总标准。犯罪构成则是在犯罪概念的基础上，进一步回答具体犯罪是怎样成立的，构成犯罪需要具备哪些法定要件。它是认定具体犯罪成立的标准或者规格。二者的联系主要表现为：犯罪概念是犯罪构成的基础，犯罪构成是犯罪概念的具体化。犯罪概念从宏观上揭示犯罪的本质和特征，而犯罪构成则从微观上确认某一具体危害行为构成某种犯罪的成立要件。明确二者关系，是正确认定犯罪的关键。

概言之，犯罪概念与犯罪构成的关系，是抽象和具体的关系。犯罪概念从宏观上来认识、确定某些社会现象所具有的犯罪本质特征，即从原则上划清罪与非罪的界限；而犯罪构成则从微观上来确定某一具体行为是否具备了某种犯罪的成立要件，是具体划清罪与非罪、此罪与彼罪界限的标准。如果具备这种要件，某种犯罪就成立；如果不具备这种要件，某种犯罪就不能成立。因此，犯罪构成是衡量具体犯罪的规格和尺度。

■ 第二节 犯罪概念

一、法律规定

《刑法》第13条规定："一切危害国家主权、领土完整和安全，分裂国家、颠覆人民民主专政的政权和推翻社会主义制度，破坏社会秩序和经济秩序，侵犯国有财产或者劳动群众集体所有的财产，侵犯公民私人所有的财产，侵犯公民的人身权利、民主权利和其他权利，以及其他危害社会的行为，依照法律应当受刑罚处罚的，都是犯罪，但是情节显著轻微危害不大的，不认为是犯罪。"

二、犯罪的特征

《刑法》第13条规定了我国法定的犯罪概念。它是以马克思主义关于犯罪的一般概念作为理论基础，对我国社会上存在的各种犯罪现象所作的科学概括，是我们认定犯罪、划分罪与非罪界限的总标准。这一法定犯罪概念表明，在我国，犯罪具备以下三个基本特征：

（一）社会危害性

行为具有一定的社会危害性，是犯罪最基本的、具有决定意义的特征。我国是社会主义国家，人民是国家的主人，国家和人民的利益是完全一致的。所以，犯罪的社会危害性，也就是对我国国家和人民利益的危害性。具体表现为《刑法》第13条所列举的各种危害社会的行为。如果行为不具有社会危害性，则必然不是犯罪行为；行为虽然具有社会危害性，但是"情节显著轻微，危害不大的"，也不是犯罪行为。例如，小偷小摸，数额不大的，则不能按盗窃罪来处理。行为的社会危害程度，是由行为所侵害的社会关系，行为的手段、后果、时间、地点，以及行为人的自身情况、主观罪过等因素决定的；行为的社会危害性既可以表现为有形的、物质性的损害，又可以表现为无形的、非物质性的损害。具体来说，社会危害性的基本内容主要表现在以下几个方面：①危害社会主义的国体、政体和国家安全；②对社会秩序和经济秩序（尤其是财产权利）的危害；③对公民权利（人身权利、民主权利和其他权利）的危害；④对社会秩序的危害。这几个方面概括地反映了犯罪的社会危害性的基本内容。危害其中的任何一个方面，都是对我国社会主义社会关系的侵犯，都是对社会主义建设事业的阻碍。

（二）刑事违法性

犯罪是危害社会的行为，但并非所有危害社会的行为都是犯罪。如果行为虽然具有社会危害性，但仅仅违反了党纪政纪或者是违反了行政、民事、经济等法律，还没有达到触犯刑律的严重程度，就不是犯罪。也就是说，犯罪不仅具有社会危害性，还应具有刑事违法性。刑事违法性是指行为违反刑法规范的特征。它是行为的社会危害性在刑法上的体现，因为国家制定和实施刑法的目的在于禁止实施某些特定的行为，之所以作出禁止，就恰好在于行为是危害或"蔑视社会秩序的最明显最极端的表现"（恩格斯语），具有对统治关系的社会危害性，所以社会危害性是刑事责任的前提。犯罪的刑事违法性这一特征强调行为对法律的违反。因此简言之，犯罪也是一种违法行为，但它不是一般的违法行为，而是已经严重到相当程度、直接危及统治秩序和统治关系，民法、行政法等其他法律本身已经无法调整的行为，是违反刑法、触犯刑律的行为。强调这一点是为了将犯罪与民事违法行为、行政违法行为区别开来。

（三）应受刑罚处罚性

这是指犯罪行为应当受到刑法的否定性评价和处罚。犯罪作为一种违法行为，应当承担相应的法律后果，这种法律后果就是刑罚。犯罪的应受刑罚处罚性包含两方面的含义：①犯罪的必然后果是刑罚，国家通过利用刑罚惩治犯罪，使刑法目的得以实现；②刑罚只能加诸犯罪，它不能适用于民事违法行为和行政违法行为，否则将失去刑罚处罚的合理性。犯罪的这一特征将犯罪与刑罚两种社会现象联系起来，从而阐明犯罪这个现象的特性。这一特征表明，如果某一行为不应当受到刑罚处罚，也就意味着它不是犯罪，因此，应受刑罚惩罚性是犯罪的一个必备特征。

第四章

应当指出，《刑法》第 13 条还利用"但书"规定指出了区分罪与非罪的一般标准，即"但是，情节显著轻微危害不大的，不认为是犯罪"。这一"但书"规定将那些虽然具有一定程度的社会危害性，但情节显著轻微社会危害不大的行为排除在犯罪范畴之外，既提供了区分罪与非罪的宏观标准，也反映了刑法规定的科学性，有助于指导司法实践，准确实现刑法既打击犯罪、绝不放纵犯罪又保障人权、绝不伤及无辜的双重机能。当然，司法实践中对如何掌握和运用"情节显著轻微危害不大"这一区分罪与非罪界限的标准，人们远未达成共识。一般认为，在认定罪与非罪时，应将情节和危害情况结合起来考虑。这里的情节显著轻微，是指情节明显地不严重、不恶劣，而危害不大，则指无实质危害或影响。

上述三个方面是犯罪的基本特征，它们是一个有机联系的整体，缺一不可。社会危害性是犯罪最本质的属性，是刑事违法性和应受刑罚处罚性的基础；刑事违法性和应受刑罚处罚性则是严重社会危害性的法律表现和法律后果。

三、犯罪的分类

犯罪的复杂性决定了犯罪类别的多样化，以不同的标准，从不同的角度，可以把犯罪分成多种。以下分述几种具有代表性的犯罪分类：

（一）犯罪的理论分类

1. 自然犯与法定犯。自然犯也称刑事犯，是指违反公共善良风俗和人类伦理，由刑法典或单行刑事法律所规定的传统性犯罪。如故意杀人、抢劫、强奸、放火、盗窃等犯罪。法定犯也称行政犯，是指违反行政法规中的禁止性规范，并由行政法规中的刑事罚则所规定的犯罪。如由行政法、经济法的刑事罚则所规定的职务犯罪、经济犯罪等。

2. 身份犯与非身份犯。身份犯是指以国家工作人员，公司、企业管理人员，科学技术人员等一定身份作为犯罪主体条件的犯罪。非身份犯是指身份犯以外的，刑法对其犯罪主体条件未作特别限定的犯罪。前者如受贿罪、滥用职权罪等；后者如故意杀人罪、故意伤害罪、聚众斗殴罪、盗窃罪、诈骗罪等。

3. 行为犯与结果犯。行为犯是指并不要求危害结果的发生，只要实施了犯罪构成所规定的犯罪行为即为既遂的犯罪。如强奸罪、诬告陷害罪、伪证罪、偷越国（边）境罪等。结果犯是指以发生某种特定的危害结果作为犯罪既遂的要件的犯罪。如玩忽职守罪、交通肇事罪、过失致人死亡罪、故意杀人罪、盗窃罪、贪污罪等。

4. 实害犯和危险犯。实害犯是指以出现法定的实际危害结果为构成要件的犯罪。危险犯是指以出现足以发生严重危害后果的危险作为构成要件的犯罪。前者如《刑法》第 119 条第 2 款规定的过失损坏交通工具罪等；后者如第 125 条规定的非法制造、买卖、运输、邮寄、储存枪支、弹药、爆炸物罪。

（二）犯罪的立法分类

1. 国事犯罪与普通犯罪。国事犯罪是指危害国家政权、社会主义制度和国家安全的犯罪。普通犯罪是指除国事犯罪以外的其他各类普通刑事犯罪。

2. 故意犯罪与过失犯罪。故意犯罪是指明知自己的行为会发生危害社会的结果，并且希望或者放任这种结果发生因而构成的犯罪。过失犯罪是指应当预见自己的行为会发生危害社会的结果，因疏忽大意而没有预见或已经预见而轻信能够避免以致发生危害结果的犯罪。

3. 亲告罪与非亲告罪。亲告罪是指告诉才处理的犯罪，除此之外其他犯罪都属非亲告罪。亲告罪主要包括侮辱罪、诽谤罪、暴力干涉婚姻自由罪、虐待罪、侵占罪等。在我国，从全面保护被害人利益出发，当被害人因受强制、威吓而无法告诉时，法律允许人民检察院和被害人的近亲属进行告诉。

■ 第三节　犯罪构成

一、犯罪构成的概念和特征

犯罪构成，是指依照我国刑法规定，决定某种行为构成犯罪所必需的客观要件和主观要件的总和。

1. 犯罪构成是一系列客观要件和主观要件的总和。我国刑法规定的每一种具体的犯罪，都是由一系列要件构成的。这一系列要件，归纳起来，就是客观要件和主观要件。我国刑法既反对只根据客观危害不考虑主观罪过的"客观归罪"，也反对只根据主观罪过不考虑实际危害的"主观归罪"，而是坚持主观要件和客观要件的有机统一。即犯罪的主观要件与犯罪的客观要件是相互依存、互为前提、缺一不可的，只有犯罪的主观要件和客观要件同时具备时，犯罪才能成立。

2. 犯罪构成的要件都是对成立犯罪有决定意义的事实。任何犯罪都可以由很多事实特征来表明，但是，并非每一个事实特征都是犯罪构成的要件。对于某一事实特征来说，成为犯罪构成的要件，就要看其对于决定行为的性质及其社会危害性有无意义，是不是该行为构成犯罪所不可缺少的。如果该事实特征对于决定行为的性质及社会危害性无意义，对于该行为构成犯罪来说可有可无，那么，该事实特征即不为该犯罪构成的要件。例如，某人白天抢劫外国人的钱物，尽管该人白天抢劫以及抢劫的对象是外国人，这两个事实特征对侦查破案及量刑有一定的作用，但是它们对于该人构成抢劫罪，却不起决定作用，因而这两个事实特征不能认为是抢劫罪的构成要件。

3. 犯罪构成的要件，是依照刑法所确定的。我国刑法对犯罪构成要件的规定方式有的详细，有的简单。例如，《刑法》第192条比较详细地规定了集资诈骗罪的构成要件，而《刑法》第232条则仅规定了故意杀人罪的罪名，未对故意杀人罪的构成要件予以描述。但是，这不是说故意杀人罪无确定的构成要件，可以由人们去随意确定。这实质上是一个立法技术问题。因为，从立法角度看，故意杀人罪的构成要件是不言自明的，在司法实践中，审判人员是可以把握的，因此无须具体化。

二、犯罪构成的要件

根据刑法总则、分则的规定及刑法理论的抽象与概括，可以发现，各种犯罪的成立都必须具备以下四个方面的要件：

（一）犯罪客体

犯罪客体是指刑法所保护的，而为犯罪行为所侵害的社会主义社会关系。我国《刑法》在总则第2、13条概括地列举了我国刑法所保护的社会主义社会关系的各个方面，而在刑法分则中则具体地规定了犯罪所侵犯的社会关系的某一方面。例如，故意杀人罪侵犯的是他人的生命权利，诈骗罪侵犯的是公私财产权利，非法拘禁罪侵犯的是他人的人身自由权利。以上被侵犯的权利、利益，就是故意杀人罪、诈骗罪和非法拘禁罪的客体。可以说，犯罪的社会危害性就表现为对一定的客体造成了或可能造成某种侵害，不侵害任何客体的行为是不会构成犯罪的。因此，犯罪客体是任何犯罪成立都不能缺少的要件。

（二）犯罪客观方面

犯罪客观方面，即某种犯罪是在什么条件下，用什么样的行为使客体受到侵害的。首先，犯罪的客观方面是指行为人所实施的是什么样的危害社会的行为。如行为人实行了伤害行为、盗窃行为等。其次，犯罪的客观方面是指危害行为对社会造成或可能造成的危害结果。没有而且也不可能给社会造成危害的行为，不是刑法规定的犯罪行为。如某人踢人一脚，但只使受害人疼痛片刻而已，没有造成其他的危害结果，因此该踢人的行为就不可能构成犯罪。最后，在特定的时间、地点或用特定的方法实行的某些行为，也是某些犯罪成立所不可缺少的要件。例如，《刑法》第340条规定的非法捕捞水产品罪及第341条规定的非法狩猎罪，对犯罪时间、地点和方法都有特殊的要求，即不能在禁渔区或禁猎区、禁渔期或禁猎期使用禁用的工具、方法进行捕捞或捕猎。

（三）犯罪主体

犯罪主体，是指实施了刑法所禁止的危害社会的行为并依法应负刑事责任的人，其中包括自然人犯罪主体和法人（单位）犯罪主体两类。自然人犯罪主体主要是指达到法定刑事责任年龄，具有刑事责任能力，实施了危害社会行为的自然人。这是所有自然人主体的共同要件，是构成犯罪的必备要件。自然人主体又可分为一般主体和特殊主体。只要求具备法定的刑事责任年龄和刑事责任能力的自然人犯罪主体，就是一般主体。犯罪的特殊主体，是指除具备上述条件之外，还要求具备特定的职务或者身份的人，才能构成的犯罪主体。一般说来，我国刑法中某些犯罪必须具备的特殊主体有：①军人；②国家机关工作人员；③公司、企业工作人员；④单位中的直接责任人员；⑤从事特定职业者；⑥具有特定法律身份者；⑦共同生活的家庭成员；⑧依法被关押的罪犯、被告人、犯罪嫌疑人；⑨从事非法职业者等。

此外，单位也可以成为某些犯罪的犯罪主体。单位犯罪主体即指实施了危害社会行为的公司、企业、事业单位、机关、团体。例如，单位明知是走私、贩卖毒品的犯罪分子而向其提供国家管制的麻醉药品、精神药品而构成犯罪的，单位非法运输、携带制造麻醉药品和精神药品的物品而构成犯罪的，等等。

（四）犯罪主观方面

犯罪主观方面，即刑法要求行为人在实施某种犯罪时必须具备的主观心理状态。根据我国刑法的规定，犯罪的主观要件包括两种形式，即故意和过失，以及有些犯罪构成所要求的有特定的目的和与目的紧密相关的动机。犯罪的故意或过失是一切犯罪所必备的要件，统称为罪过，目的与动机则是选择性要件，即为某些犯罪构成所要求的必备要件。如果行为人的行为虽然在客观上造成了损害结果，但是其主观上既无故意，也无过失，则该行为不构成犯罪，而属于刑法上规定的意外事件。

三、犯罪构成的分类

犯罪构成由于其不同的形态、性质和特点，可以进行多种类的划分。其分类有助于我们全面理解、掌握和运用各种类型的犯罪构成，有助于指导定罪量刑。

（一）基本的犯罪构成和修正的犯罪构成

基本的犯罪构成，是指刑法条文就某一犯罪基本形态所规定的犯罪构成。基本形态的犯罪是单独犯罪的既遂状态。修正的犯罪构成，是指以基本的犯罪构成为前提，为适应行为犯罪形态的变化，或基于共同犯罪各类形式的需要，而对基本的犯罪构成加以修改、变更的犯罪构成。预备犯、未遂犯、中止犯和主犯、从犯、胁从犯、教唆犯的犯罪构成，就是两类不同的修正的犯罪构成。由于修正的犯罪构成规定在刑法典总则性规范之中，而它又要以基本的犯罪构成为基础，所以，在确定这类犯罪构成时，要把分则规范和总则规范结合起来加以认定。这种分类的意义，在于说明预备犯、未遂犯、中止犯和主犯、从犯、胁从犯等类型的犯罪也有犯罪构成，只是在实际认定时，要同时引用刑法总则和分则的有关规定。

（二）叙述的犯罪构成和空白的犯罪构成

叙述的犯罪构成，又称完结的犯罪构成或封闭的犯罪构成，是指刑法条文对犯罪构成要件予以简单或者详细地描述，完整表明犯罪事实特征的犯罪构成。我国刑法规定的犯罪构成，绝大多数属于这种类型。在认定这种犯罪构成时，只需要根据刑法的已有规定。空白的犯罪构成，又称为待补充的犯罪构成或开放的犯罪构成，是指刑法条文对犯罪构成要件没有予以明确描述，而仅仅指出应援引其他法律规范来说明的犯罪构成在我国刑法分则条文中，这种类型的犯罪构成通常是用"违反……法规""违反……规定"等形式来表述的。这种分类的意义，在于告诉人们，全面把握犯罪构成，不仅要了解刑法条文的相应规定，还要熟悉有关的经济、行政等方面的管理法规。

（三）简单的犯罪构成和复杂的犯罪构成

简单的犯罪构成，又称单一的犯罪构成或单纯的犯罪构成，是指刑法分则规定的各个要件均属于单一的犯罪构成。诸如由单一客体、单一行为、单一罪过形式所成立的犯罪构成即是如此。复杂的犯罪构成，又称混合的犯罪构成，是指刑法条文规定的犯罪构成诸要件并非均属单一，有可供选择或者互有重叠的犯罪构成。复杂的犯罪构成可以划分为两类：一类是选择的犯罪构成；另一类是重叠的犯罪构成。按照选择要件的不同，前者又可以分为以行为、对象、结果、主体、目的等为选择要件的犯罪构成；而后者则可以包括两个客体、两个行为、两种罪过形式互有重叠的犯罪构成。这种分类的意义在于帮助人们认识各种犯罪构成的内部结构，防止混淆罪与非罪和一罪与数罪的界限。

【思考题】

1. 什么是犯罪？
2. 我国刑法中犯罪的特征是什么？
3. 如何理解犯罪的社会危害性？
4. 什么是犯罪构成？犯罪构成与犯罪概念是什么关系？
5. 如何理解犯罪构成分类的意义？
6. 如何理解规范的犯罪构成与罪刑法定原则的关系？

第四章

第五章

犯罪客体

学习目的与要求　掌握犯罪客体的概念及种类，掌握犯罪客体与犯罪对象的联系与区别，了解犯罪客体的立法形式。

■　第一节　犯罪客体概述

一、犯罪客体的概念和特征

犯罪客体，又称犯罪客体要件，是我国刑法所保护的并且被犯罪行为所侵犯的社会主义社会关系。犯罪客体作为犯罪构成必须具备的要件之一，说明犯罪行为危害了什么社会利益，是犯罪行为具有严重的社会危害性这一本质的集中体现。任何一种犯罪，都必然要侵害一定的客体，不侵害客体的行为就是不具备社会危害性的行为，当然也就不可能构成犯罪。由此看来，犯罪客体是决定犯罪社会危害性的首要条件，没有犯罪客体，就没有犯罪问题可言。犯罪客体的概念揭示了犯罪的本质，说明了它在犯罪诸构成要件中的重要地位。具体而言，它有以下一些主要特征：

·(一) 犯罪客体是一种社会关系

社会关系是人们在生产和共同生活中所形成的人与人之间的相互关系。这种关系，是人类社会存在的必要条件。社会关系分为物质关系和思想关系。物质关系是社会的生产关系，即经济关系，它是人们在社会生产过程中形成的，是一切社会关系的基础。人们的政治、法律、道德、宗教、文化、教育、科学艺术等关系，都是建立在社会生产关系基础之上，并受其制约和决定的。思想关系是由经济基础所决定的上层建筑，是建立在生产关系基础之上的政治关系和意识形态关系。马克思、恩格斯指出，"直到现在存在着的个人的生产关系也必须表现为法律的和政治的关系"。政治关系在阶级社会中主要表现为人们在国家政权中所处的地位以及在法律上的权利与义务；意识形态关系是纯粹的精神生活，是由一定的政治、法律、哲学、宗教、艺术等概念所形成的人与人之间的关系。而犯罪行为正是以不同的方式、在不同的场合、从不同的程度侵犯了这种社会关系。由于社会关系是人与人之间的一种相互关系，这就决定了它具有鲜明的阶级属性，任何侵害占统治地位的社会关系的行为，都将必然危害统治阶级的统治利益及秩序，因而也就必将被统治阶级认定为犯罪。

（二）犯罪客体是刑法所保护的社会关系

社会关系是人们在生产和共同生活中所形成的人与人之间的相互关系，因此，其内容十分丰富，范围也十分广泛，涉及社会生活的所有领域和不同层次，如政治、经济、思想、道德、文化、宗教、伦理等方面都有人与人之间的关系。作为犯罪客体的社会关系并不是社会主义社会关系的全部，而只是其中的一部分，如邻里关系、财产租赁关系由民事法律来调整、保护；市场经营管理、商品买卖关系由工商行政管理法规来调整、保护；同事关系、友谊关系、爱情关系等，则由人们共同生活中形成的道德规范进行调整、保护。只有我国刑法所保护的那些社会主义社会关系，才可能成为犯罪侵害的客体。具体说来，就是我国《刑法》第2、13条所明确规定的国家主权，领土完整和安全，人民民主专政的政权和社会主义制度，公私财产所有权，公民的人身权利、民主权利和其他权利，社会秩序和经济秩序等，以及刑法分则规范予以保护的具体社会主义社会关系。上述刑法所保护的社会关系是社会主义社会关系中最重要的部分，只有这些社会关系才可能成为犯罪客体。

（三）犯罪客体是被犯罪行为侵犯的社会关系

我国刑法所保护的社会主义社会关系，无论是物质关系还是思想关系，不论其是否受到侵害，总是客观存在的。我们不能说我国刑法所保护的社会关系就是犯罪客体，只有当刑法所保护的社会关系受到犯罪行为侵犯时，才能成为犯罪客体。犯罪客体与犯罪行为是紧密联系的，没有犯罪行为就谈不上犯罪客体。例如，故意杀人罪的直接客体是人的生命权利，而生命权利是客观存在的，如果没有被犯罪行为所侵犯，就不能说生命权利是犯罪客体。在刑法理论上，有人把刑法所保护的尚未受到犯罪行为侵犯的社会关系称作"可能的犯罪客体"，而把已为犯罪行为所侵犯的社会关系称作"现实的犯罪客体"。事实上，只有"现实的犯罪客体"才是我们刑法意义上的犯罪客体。

二、犯罪客体的意义

犯罪之所以有社会危害性，首先是由行为侵犯的犯罪客体决定的。行为侵犯的犯罪客体的社会政治意义越大，犯罪的社会危害性也就越大；行为侵犯的社会关系的性质不同，犯罪的性质也就随之不同。因此，研究犯罪客体对于我们认识犯罪的本质、揭示犯罪的阶级性、理解犯罪的社会危害性、鼓励人们积极地与犯罪作斗争有着重要的意义。具体而言，其意义主要体现在以下几个方面：

1. 研究犯罪客体，有助于认识犯罪的本质特征，便于确定惩罚刑事犯罪的重点，提高人民群众与犯罪作斗争的积极性。

2. 研究犯罪客体，有助于确定犯罪的性质，分清此罪与彼罪的界限，正确地进行定罪。

3. 研究犯罪客体，有助于客观地评价犯罪的社会危害程度，正确地制定法定刑和准确地量刑。

■ 第二节　犯罪客体的层次与类型

根据犯罪客体侵犯的社会关系范围或性质的不同，刑法学上对犯罪客体进行了不同层次与类型的划分，从而形成了犯罪客体的理论分类。在刑法理论上，通常将犯罪客体分为三个层次，即一般客体、同类客体和直接客体。它们之间是一般与特殊、共性与个性的关系。

一、犯罪的一般客体

犯罪的一般客体，又称犯罪的共同客体，是指一切犯罪行为所共同侵犯的客体，也就是我国刑法所保护的社会主义社会关系的整体。这是对犯罪客体的高度概括，体现了一切犯罪的共性，揭示了犯罪行为的共同本质。所谓一切犯罪所共同侵犯的客体，并不是说每一个犯罪都侵犯了刑法所保护的社会主义社会关系的整体，而是说我国刑法规定的各式各样的犯罪，不管它们的具体表现形式如何，社会危害性大小，但有一点是共同的，即都危害了国家和人民的利益，都侵犯了我国刑法所保护的社会关系。正是基于这共同的基础，才把一切犯罪联成一个整体。通过对犯罪客体的研究和分析，深化了对犯罪概念及其社会政治意义的理解，明确了犯罪社会危害性的基本含义，可以使人们充分认识与犯罪作斗争的重要性和必要性，并在总的方向上为区分罪与非罪提供了原则界限。当然，犯罪的一般客体揭示的是刑法所保护的社会关系的最高层次，反映的是一切犯罪的共性，而每一犯罪行为所侵犯的社会关系是不同的，因此，为了正确地定罪量刑，还必须了解犯罪客体的特殊性问题，犯罪的同类客体和直接客体就是解决这一问题的。

二、犯罪的同类客体

犯罪的同类客体，又称犯罪的分类客体，是指某一类犯罪行为所共同侵犯的客体，也就是我国刑法所保护的社会主义社会关系的某一部分或某一方面。为了进一步认识各种犯罪的社会危害性，刑法将具有共同性的犯罪侵犯的客体归为一类，而这一类犯罪所共同侵犯的那部分社会关系，就是这类犯罪所侵犯的同类客体。例如，故意杀人、故意伤害、过失致人死亡、强奸、绑架、拐卖妇女儿童、侮辱、诽谤、重婚等犯罪，尽管它们在客观行为方式、主观罪过形式及社会危害程度等方面存在着差别，但它们侵犯的客体的性质却有共同性，都与人身有紧密联系，不可分离，我国刑法就将这些犯罪集中规定在侵犯公民人身权利、民主权利罪一章，而人身权利就是上述各罪的同类客体；又如盗窃、抢劫、抢夺、诈骗、聚众哄抢、敲诈勒索等犯罪，它们侵犯的客体都是或主要是公私财产的所有权，我国刑法就将这些犯罪规定在侵犯财产罪一章，公私财产的所有权就是这些犯罪的同类客体。我国刑法典根据不同的同类客体，将形形色色的犯罪划分为 10 类，并在分则中规定了 10 个罪章，依次是：

第一章，危害国家安全罪，它的同类客体是中华人民共和国的国家安全。

第二章，危害公共安全罪，它的同类客体是我国的社会公共安全，即不特定或者多数人的生命、健康或重大公私财产的安全。

第三章，破坏社会主义市场经济秩序罪，它的同类客体是社会主义市场经济秩序，即市场经济的正常管理活动。

第四章，侵犯公民人身权利、民主权利罪，它的同类客体是公民的人身权利、民主权利。

第五章，侵犯财产罪，它的同类客体是公私财产的所有权。

第六章，妨害社会管理秩序罪，它的同类客体是我国正常的社会管理秩序。

第七章，危害国防利益罪，它的同类客体是中华人民共和国的国防利益。

第八章，贪污贿赂罪，它的同类客体是国家的廉政制度和公私财产所有权。

第九章，渎职罪，它的同类客体是国家机关的正常职责活动。

第十章，军人违反职责罪，它的同类客体是国家的军事利益。

研究犯罪的同类客体，对犯罪进行分类，为建立科学的刑法分则体系提供了理论依据和标准；同时，依照同类客体的理论，在很大程度上把多种多样的犯罪行为从性质上和社会危害程度上互相区别开来，便于我们理解各类犯罪的基本特点及其危害性，确定刑法的打击重点，保持社会的稳定。

三、犯罪的直接客体

犯罪的直接客体，也称犯罪的具体客体，是指某一种具体犯罪行为所直接侵犯的，由我国刑法所保护的具体的社会主义社会关系。我们知道，犯罪行为是复杂多样的，是具体的，一种具体的犯罪行为不可能侵犯刑法所保护的所有的社会关系，它只能侵犯一种或有限的几种具体的社会关系。这种被某一犯罪行为所直接侵犯的具体的社会关系，就是犯罪的直接客体。如损害商业信誉、商品声誉罪直接侵犯的是他人的商誉权，强奸罪直接侵犯的是妇女性的自由权利，重婚罪直接侵犯的是一夫一妻制的婚姻关系。这里的商誉权、性的自由权利与一夫一妻制的婚姻关系便分别是损害商业信誉、商品声誉罪、强奸罪与重婚罪侵犯的直接客体。直接客体是每一个具体犯罪构成的必要要件，是决定犯罪性质的重要因素，每一犯罪的性质首先就是由它侵犯的直接客体的性质决定的。犯罪直接客体是立法上每个具体犯罪构成建立并规定相应的法定刑的基础，对于刑事审判工作中正确定罪和准确量刑具有十分重要的意义。如果不了解犯罪的直接客体是什么，在实践中就无法将某些犯罪的界限区别开来。例如，同样是盗窃行为，盗窃公私财物的行为规定在《刑法》第264 条，盗窃枪支、弹药、爆炸物的行为规定在《刑法》第 127 条，盗窃公文、证件、印章的行为规定在《刑法》第 280 条。这三种行为之所以各自成立不同的罪名，就是因为它们各自侵犯的直接客体不同。盗窃公私财物的行为侵犯的是公私财产所有权；盗窃枪支、弹药、爆炸物的行为侵犯的是公共安全；而盗窃公文、证件、印章的行为则侵犯了国家机关的正常管理活动。可见，正确认定每一犯罪行为所侵犯的直接客体，对正确定罪具有决定性的意义。当然，这并不等于说，了解了直接客体，就能把所有的犯罪都区分开来，特别是当某些犯罪的直接客体与同类客体相同时，往往须根据其他的犯罪构成要件来认定。如敲诈勒索罪、抢夺罪、诈骗罪与侵占罪等侵犯的直接客体和同类客体是一致的，都是公私财产的所有权。在这种情况下，就主要根据各种具体犯罪行为的表现方式的不同来划分此罪与彼罪的界限。敲诈勒索罪表现为使用威胁或要挟的方法逼迫被害人当场或限期交付财物的行为；抢夺罪表现为乘人不备公然夺取财物的行为；诈骗罪表现为以虚构事实或隐瞒真相的方法骗取公私财物的行为；侵占罪表现为将代为保管的他人财物非法占为己有，拒不退还的行为。

　　犯罪客体除分为上述三个层次外，刑法学理论上还对直接客体进行了专门的分类研究，这是因为，犯罪直接客体是司法实践凭借客体对罪与非罪、此罪与彼罪进行区分的关键，是犯罪客体问题研究的一个重点。我国刑法学理论界一般将犯罪直接客体划分为以下几个类型：

　　1. 简单客体和复杂客体。这是根据犯罪侵犯直接客体的不同数量所进行的一种分类。简单客体，又称单一客体，是指一种犯罪行为仅仅侵犯一种具体的社会关系，即只有一个直接客体。我国刑法中所规定的绝大多数犯罪，都是只有一个直接客体的犯罪。复杂客体，又称复合客体，是指一种犯罪行为同时侵犯两种或者两种以上具体的社会关系，即有多个直接客体。在多个直接客体的情况下，因为涉及犯罪行为的立法归类，因此，又可以具体分为主要的直接客体和次要的直接客体。而"主要"与"次要"的划分标准，是看被侵犯的该种具体社会关系为刑法保护的重要性程度和遭受犯罪侵害的程度。由于事物的性质是由矛盾的主要方面决定的，因此，在通常情况下，人们是按照犯罪所侵犯的主要的直接客体的性质去进行犯罪的立法归类的。

　　2. 现实客体和可能客体。这是根据犯罪侵犯直接客体的不同状况所作的一种分类。现实客体，是指已经受到犯罪行为现实侵害的具体的社会关系，即实害犯的直接客体。可能客体，是指仅仅受到犯罪行为威胁的具体的社会关系。前者如已经致人死亡的故意杀人罪所侵犯的直接客体；后者如各种危险犯、行为犯和未完成形态的犯罪所侵犯的直接客体。

■　第三节　犯罪客体与犯罪对象

一、犯罪对象的概念

　　从词源和语意上看，客体与对象是相同的，因而在哲学上客体与对象并无区别。但由于刑法科学的特殊要求，在刑法理论上，客体和对象都有其各自特定的含义，是既有联系又有区别的两个概念。犯罪客体已如前述，是指刑法所保护而为犯罪行为所侵犯的社会主义社会关系。而犯罪对象则是犯罪行为对之施加某种影响的具体的人或物。如故意杀人罪中的被害人、绑架罪中的被绑架者、虐待罪中的被虐待者、故意毁坏公私财物罪中的公私财物、走私罪中的走私物品以及毒品犯罪中的毒品等，都是犯罪对象。

二、犯罪客体与犯罪对象的关系

犯罪对象与犯罪客体是现象与本质、具体与抽象的关系，二者有着密切的联系，但在我国刑法中，两者在法律意义、地位、表现形式等各方面都有着重要的区别。这些区别主要表现在以下几点：

1. 对犯罪性质的影响不同。犯罪客体决定犯罪的性质，而犯罪对象一般不决定犯罪的性质。当某一犯罪行为发生时，如果仅从犯罪对象去考察，其犯罪性质难以确定，因为同一犯罪对象可因其所处的位置、状态、行为主体及其主观心理的不同而体现不同的社会关系。只有通过分析犯罪对象所体现的社会关系即犯罪客体，才能正确认定该行为构成何罪。例如，某甲盗窃了某仓库备用的电线，某乙盗割正在使用中的电线，虽然甲、乙二人行为的犯罪对象都是电线，但各自行为所侵犯的相同对象却体现了不同的社会关系，即不同的犯罪客体，从而也就成立不同性质的犯罪。甲的行为侵犯了公私财产所有权，构成《刑法》第264条规定的盗窃罪；乙的行为则危害了公共安全，构成《刑法》第118条规定的破坏电力设备罪。又如，同样是武器弹药，若是普通公民盗窃，是侵犯公共安全，构成《刑法》第127条的盗窃枪支弹药罪；若是现役军人盗窃，则侵犯了国家军事利益，构成《刑法》第438条的盗窃武器装备罪。

2. 在犯罪构成中的地位不同。犯罪客体是犯罪构成的必备条件之一，没有犯罪客体，就说明某种行为不可能对刑法所保护的社会关系形成危害，也就不存在犯罪的社会危害性，该种行为自然不能构成犯罪；而犯罪对象并不是每一种犯罪构成的必备条件，刑法在设置犯罪构成的要件时，常常没有对其侵害的对象作出规定，只有当刑法明文规定犯罪对象时，这种对象才有可能成为该种特定犯罪的构成要件。例如，《刑法》第382条第1款规定："国家工作人员利用职务上的便利，侵吞、窃取、骗取或者以其他手段非法占有公共财物的，是贪污罪。"在这里，"公共财物"这一特定对象，就成为刑法该条款所设定的贪污罪的必备条件。同时，也并不是所有犯罪都具备犯罪对象，如叛逃罪、脱逃罪、偷越国（边）境罪等，就很难说有什么犯罪对象。

3. 是否受到实际的损害不同。任何犯罪行为都具有严重的社会危害性，这表明，每一种犯罪行为都必然侵犯一定的客体，都使刑法所保护的社会关系受到了实际的损害；而作为犯罪客体表现形式的具体的人或物，则并不一定毫无例外地都遭到实际的损害。例如，盗窃、诈骗、抢夺等犯罪行为的发生，致使我国刑法所保护的公私财产所有权受到了侵害，但作为犯罪对象的一定量的财物本身，则依然存在，

第五章

有时并没有因为犯罪行为的发生而受到实际毁损。当然，在有些犯罪行为中，客体和对象是同时受损的，如故意毁坏财物的犯罪，就通常表现为既侵害财产的所有权，又使他人的财物遭受到实际的损坏或者毁灭。

4. 对犯罪分类的意义不同。犯罪客体是犯罪分类的基础，而犯罪对象则不是。由于犯罪客体是每一犯罪构成的必要要件，它的性质和范围是确定的，可以按一定的逻辑合理地进行分类和排列，所以它可以成为犯罪分类的基础。我国刑法分则规定的 10 类犯罪，正是依据犯罪客体划分的。而犯罪对象并不是一切犯罪构成的必要要件，有些犯罪有特定的对象要求，有些犯罪没有特定的对象要求，有些犯罪甚至没有犯罪对象。另外，同一对象可以出现在不同的犯罪中，不同对象可以出现在同一犯罪中。可见，犯罪对象具有不确定性，因此，它不能成为犯罪分类的基础。

【思考题】

1. 如何理解犯罪客体在犯罪构成中的地位？
2. 如何理解犯罪客体的内容？
3. 犯罪对象与犯罪客体的关系是什么？

第五章

第六章

犯罪客观方面

学习目的与要求 理解犯罪客观方面的概念和意义，掌握危害行为、危害结果的概念和种类，理解刑法上的因果关系，了解犯罪客观方面的其他要件。

■ 第一节 犯罪客观方面概述

一、犯罪客观方面的概念和特征

犯罪客观方面，又称犯罪客观要件，是指刑法规定的构成犯罪所必须具备的客观上的条件或者要素，或者说是犯罪活动的客观外在表现。犯罪客观方面，是犯罪构成的要件之一，在诸要件中居于核心地位。其内容比较广泛，包括危害行为、由危害行为引起的危害结果、犯罪时间、犯罪地点、犯罪方法等。不同的犯罪，其客观方面的内容也不尽相同，因此，在刑法理论上把它们概括为两类：一类是犯罪客观方面的必要要件，即危害行为、危害结果、危害行为与危害结果之间的因果关系；另一类是犯罪客观方面的选择要件，它们只是在刑法条文有明确规定时，才能成为构成某种犯罪的必要要件。具体而言，犯罪客观方面有以下一些主要特征：

1. 犯罪客观方面是行为对客体的侵犯。犯罪客观方面与犯罪客体具有密切的联系。在犯罪构成的各个要件中，犯罪客体是用以说明犯罪社会危害性之有无、我国刑法所保护的哪一部分社会关系受到犯罪行为侵犯的要件，它是犯罪本质特征最集中、最明显的反映；而犯罪客观方面则进一步说明了我国刑法所保护的社会关系是如何受到侵害以及受到了何种程度的侵害。因此，犯罪客观方面其实就是犯罪危害性的外在表现，对其准确认定有助于人们从客观上去把握犯罪的本质特征。

2. 犯罪客观方面是表现于客观的具体事实。犯罪的事实特征是多层面的，其表现形态同样千差万别，作为一个完整的犯罪，它既是主观的，也是客观的，是主客观事实特征的统一体。不过，作为犯罪构成要件之一的犯罪客观方面，则是犯罪主观心理的客观外化，是从"客观事实"这样一个侧面对犯罪所作的说明。犯罪客观方面的诸种事实并不是抽象的，通常可以具体划分为危害行为、危害结果以及实施具体危害行为的特定方法、时间或者地点等。因此，刑法学在犯罪构成要件涉及犯罪客观方面的研究中，就必须具体研究危害行为、危害结果（包括它们之间的因果关系），以及行为的方法、时间和地点。

3. 犯罪客观方面是刑法规定的客观事实。犯罪行为发生之后，表现于客观外在的事实特征常常千姿百态。但是，并不是所有事实特征都能成为犯罪客观方面的事实因而成为犯罪的构成要件。从理论上讲，只有那些能够从客观上说明客体受到侵害及其受到侵害程度的事实，才有可能被我国刑法明文规定为犯罪客观方面的事实特征。反过来说，我们只有根据刑法的明文规定，主要是刑法分则的具体规定，才能确定犯罪客观方面的构成要件，对于刑法中没有明文规定的客观事实，绝对不能以犯罪客观方面的要件认定。

二、犯罪客观方面的意义

1. 它是区分罪与非罪的界限。所有犯罪的成立都必须具有犯罪的客观方面（尤其是必须具有危害行为这一最基本的要件），否则就失去了构成犯罪和承担刑事责任的客观基础，也就谈不上其他要件，谈不上犯罪。例如，没有非法剥夺他人生命的行为（包括预备行为和实行行为），就不能构成《刑法》第 232 条的故意杀人罪；捕捞水产品的行为若不是在禁渔区、禁渔期或者使用禁用的工具、方法实施的，就不能构成《刑法》第 340 条的非法捕捞水产品罪。

2. 它是区分此罪与彼罪的界限。我国刑法规定的犯罪很多，其中有一些犯罪在客体、主体和主观方面都是相同或者基本相同的。犯罪的客观方面，特别是危害行为方式上的差异，往往才是区分此罪与彼罪的重要界限。如放火罪、爆炸罪、投放危险物质罪、决水罪之间或者抢劫罪、盗窃罪、诈骗罪、抢夺罪之间，它们的区别主要就是犯罪的客观方面不同，因而才构成了不同的罪名。所以，弄清不同犯罪构成所要求的不同的客观要件，常常是正确区分不同犯罪的重要方法。

3. 它是确认行为人罪过的客观依据。任何犯罪都是犯罪主观条件和客观条件的统一。罪过是行为人承担刑事责任的主观基础，可是，行为人的罪过是一种心理态度，在通常情况下不易暴露，甚至有人为了逃避罪责，把故意说成过失，把重罪说成轻罪。因此，要正确分析和认定行为人的罪过内容与形式，就必须考察行为人实施的行为、造成的结果以及行为的时间、地点、方式等，才能得出正确结论，从而有力地打击犯罪。

4. 它是确定刑罚轻重的依据。犯罪的客观方面，如危害结果的程度以及犯罪时间、犯罪地点、犯罪方法的不同，都影响着其社会危害性的大小，因而影响刑罚轻重的裁量。

■ 第二节　危害行为

一、危害行为的概念和特征

危害行为，又称危害社会的行为，是指行为人在其意识与意志支配下实施的危害社会的行为。它具有以下特征：

1. 从客观上看，行为具有社会危害性。这包含两层意思：①这表明我国刑法坚决摒弃"思想犯罪"，而只是同人的特定行为作斗争。因为单纯的思想活动如果不同人的行为联系起来，就不可能对社会产生实际的影响，不可能在实际上危害社会。只有人的行为才可能对社会产生实际作用。②我国刑法所惩罚的行为，不是任何其他性质的行为，而只是危害社会的行为。人的行为对社会的影响形形色色，各不相同，但从其性质上区分，不外乎有害于社会的行为和无害于社会的行为两大类。无害于社会的行为，尤其是其中有益于社会的行为，正是法律要予以保护的行为。只有那些从根本上或者在某个方面损害我国社会主义社会的行为，才可能成为我国刑法所惩罚的对象，可能成为我国刑法中犯罪构成的客观要件。

2. 从主观上看，行为表现人的意志或意识。行为不仅应是人的行为，还必须受人的意志和意识支配。只有这样的人体外部动作即危害行为，才可能由刑法来调整并达到刑法预期的目的。因此，人的无意志和无意识的身体活动，即使客观上造成了损害，也不是刑法意义上的危害行为，不能认定这样的人构成犯罪并追究其刑事责任。这类无意志和无意识的行为主要是：

（1）人在睡梦中或精神错乱状态下的举动。这些情况下的举动并不是其意志或意识的表现，因而即便其在客观上损害了社会，也不能认定为刑法中的危害行为，不能构成犯罪。

（2）人在不可抗力作用下的举动。这种情况下的行为并不表现他的意志，甚至往往是直接违背他的意志的。因而这种行为即使对社会造成危害，也不能视为刑法中的危害行为。例如，消防队员在执行救火任务中，因惟一通道上的桥梁被水冲断，而未能及时赶到对岸起火的工厂灭火，因而造成严重的损失。这里，消防队员未履行救火义务的举动，就是由不可抗力造成的，就是违背其意愿的，因而不能认定为刑法中的危害行为，不能让消防队员负责任。

（3）人在身体受强制情况下的行为。这种情况下的行为，是违背行为者的主观意愿的，客观上他对身体强制也是无法排除的，因而此时的行为不能视为刑法意义上的危害行为，对行为造成的损害结果也不能让行为者负刑事责任。例如，某仓库保管员在正常发货时，被三个冒充领货的抢劫犯突然一拥而上，将其捆绑起来并堵住嘴，保管员因身体被强制，既无法与抢劫犯搏斗，也无法报警，眼看着抢劫犯抢走了巨额物资。这就不能认定保管员未履行特定义务的行为构成刑法中的危害行为，不能让其对物资被抢的后果负责。又如，盗窃犯甲潜入某高级研究所实验室盗窃时，被工作人员乙发觉而将之堵在屋内，二人展开搏斗，乙因身单力薄，被盗窃犯甲猛力推倒在仪器台上，乙的身体碰坏了十分贵重的仪器。这种情况下也不能让乙对损坏贵重仪器负刑事责任，因为乙碰坏仪器的动作并不表现其意志和意识，是他在身体受强制情况下的行为，因而不是刑法中的危害行为。

　　但是，人在受到精神强制、威胁时实施某种损害社会行为的情况下，除了符合紧急避险条件的属于合法行为以外，其他不符合紧急避险条件而达到触犯刑法程度的，都应当认定为犯罪并追究其刑事责任，因为这时行为人的行为是受到他的意志和意识支配的。我国《刑法》第28条之所以规定对被胁迫实施犯罪的人也应追究刑事责任，道理也正在于此。

二、危害行为的基本表现形式

　　我国刑法所规定的危害行为，其表现形式可以说是多种多样的。从它们违背刑法要求的特点加以概括，可以分为作为和不作为两种基本表现形式。

　　（一）作为

　　1. 作为的概念。作为，是指行为人以身体活动实施的违反禁止性规范的危害行为。我国刑法中规定的绝大多数犯罪，都可以由作为实施，而且有许多只能以作为形式实施，如抢劫罪、抢夺罪、诈骗罪、贪污罪、强奸罪、诬告陷害罪、脱逃罪等都是如此。作为危害行为的基本形式之一，它自然具有危害行为的三个基本特点。此外，作为的行为形式还表现为行为人只能是以身体活动来实施，身体的静止不可能实施作为犯罪；作为违反的是禁止性规范，即法律禁止去做仍去做。例如，用刀砍人而构成的故意杀人罪，行为人的作为就是直接违反了"不得杀人"的禁止性规范。

　　2. 作为的实施方式。作为的实施一般表现为一系列的身体动作，但这一系列身体动作并非仅指以身体的特定部位作用于犯罪对象，以身体动作操纵各种工具实施行为仍然可以视为作为的实施方法，而且这是人这种有理智的高级动物活动的根本特征。如果从行为人是单以身体动作作用于犯罪对象还是利用一定的工具来实现犯罪意图上看，作为主要有以下几种实施方式：

　　（1）利用自己身体实施的作为，这是作为的常见形式之一。身体活动既可以表现为四肢的活动，也可以表现为五官的活动。例如，拳打脚踢的伤人、杀人是典型的以身体活动实施的作为方式，而口出秽言的侮辱、眼神示意的教唆等，也是常见的以五官动作实施的危害行为。无论是身体哪个部位的动作，只要符合作为的特点，就是作为的具体实施方式。

　　（2）利用物质性工具实施的作为，这也是作为最常见的实施方式。这种作为形式的特点是，人的身体活动和犯罪对象之间有了工具这一介入因素，由工具的某种属性作用于犯罪对象并造成对象的某种改变以侵害或威胁犯罪客体。在这类作为中，人的身体活动仍然是必需的，但身体活动的作用不在于直接改变犯罪对象，而在于操纵工具。物质性工具是多种多样的，有刀枪棍棒、绳索毒剂这类小型简单的工具，也有现代交通工具、通信设备这样的比较大型且较为复杂的工具，还有电脑及其技术以及化学药剂、病毒等这样的高科技产品工具。

（3）利用自然力实施的作为。自然力是指水火雷电等自然现象，利用自然力进行犯罪的并不少见，如放火、决水等均属此类。利用自然力实施的作为与利用物质性工具实施的作为在性质上基本相同，所不同的，只在于前者利用的东西为自然形式，后者利用的为人工创造的工具。

（4）利用动物实施的作为。如利用毒蛇、恶犬伤害、杀害他人。只要行为人以身体活动驱使动物，就是利用动物实施的作为。

（5）利用他人实施的作为。这是指将他人作为工具加以利用而实施的危害行为，其特点在于由他人的身体动作或操纵工具作用于犯罪对象，而他人的活动是由行为人的身体活动引起的，如教唆不满14周岁的人杀人、医生令不知情的护士为病人注射毒药等。

（二）不作为

所谓不作为，是指行为人消极地不实施法律所要求实施的行为。成立不作为需要具备以下三个条件：

1. 行为人必须负有实施某种行为的特定义务。这是成立不作为的前提。所谓的"特定义务"，同一般的道德义务和社会义务不同，它是指法律要求的义务，即行为人在特定的社会关系范围内，处于特定的事实和条件下所产生的义务。其产生的根据或者来源一般认为有以下四个：

（1）法律明文规定的义务。法律明文规定的义务，不仅仅是指刑法明文规定的义务，而是指由国家制定或认可，并由国家强制力保证其实施的一切行为规范规定的义务，这些规范包括宪法、法律（狭义的）、行政法规、条例、规章，等等。例如，我国宪法和婚姻法规定了家庭成员之间有相互扶养的义务，并由我国《刑法》第261条予以认可，若行为人不履行该义务而遗弃家庭成员，就成立犯罪的不作为。需要说明的是，违反非刑事法律明文规定的义务，并非都构成作为的义务根据，只有经刑法认可或要求的，才能视其为作为义务的根据。换言之，在这种情况下，法律明文规定的义务，一方面要求其他法律、法规有规定，另一方面要求刑法的认可，若只有其他法的规定而无刑法的认可或要求，行为人即使不履行这种义务，也不成立犯罪的不作为。另外，应当注意，在司法实践中，对于行为人有无法律明文规定的义务，不能机械地着眼于法律条文上的直接规定，对于没有法律直接规定的，要根据案件的具体事实，运用法理分析有关法律规范的内涵以及行为人同所发生的法律事件的关系，加以确定。

（2）职务或业务上要求的义务。在我国，职务或业务上要求的义务相当广泛。例如，值班医生有抢救危重病人的义务，值勤消防队员有消除火患的义务，扳道工有按时扳道岔的义务，等等。严格地讲，职务或业务上要求的义务亦属法律明文规定的义务，因为这类义务一般都表现于各种法规、条例、规章甚至某些司法解释中，而其效力的根据仍在于法律的规定。但是，职务或业务上要求的义务，则以担任相应的职务或从事相应的业务为前提，因此，与一般法律明文规定的义务相比，又有其显著的不同特征。

认定职务或业务上要求的义务，一要注意义务的时限；二要注意义务的对象。如果并非行为人应执行职务或从事业务之时，便不可能产生义务。此外，作为义务的对象，必须仅限于职务或业务范围之内。

（3）法律行为引起的义务。法律行为是指在法律上能够产生一定权利义务的行为。若一定的法律行为产生某种特定的积极义务，行为人不履行该义务，以致使刑法所保护的社会关系受到侵害或威胁，就可以成立不作为形式的危害行为。例如，受雇为他人照顾小孩的保姆，负有看护小孩使其免受意外伤害的义务。如果保姆不负责任，见危不救，致使小孩身受重伤，就应当承担相应的责任。在司法实践中，法律行为引起的义务，大多数情况下是指合同行为引起的义务。

（4）由于行为人先行行为而引起的义务。由于本人所实施的行为而使法律所保护的某种利益处于危险状态，行为人对此负有排除危险、阻止危害后果发生的义务。这种义务是由行为人的先行行为派生而来的。例如，驾驶汽车将他人撞倒致重伤危及生命，对此，行为人就有义务救护被害人。倘若行为人不尽救护义务，弃之不顾而导致被害人死亡，就要负不作为犯罪的刑事责任。

2. 行为人有履行特定义务的实际可能而不履行。负有特定义务的人必须在能够履行特定义务的条件下不履行义务，即有能力履行并且有条件履行而不履行，才能构成刑法上的不作为。否则，不能构成。例如，家庭成员之间确因经济条件限制或者身体条件限制而不具备扶养能力，未履行扶养义务的，就不能认定为遗弃罪。

3. 行为人不履行特定义务，造成或可能造成危害结果。不作为的核心是行为人没有履行应当履行的义务，行为人在此期间实施的其他行为，不是不作为的内容，也不影响不作为的成立。例如，锅炉工在当班时，负有给锅炉加水的义务，但他是否实行了其他行为则不是不作为的内容，也不影响不作为的成立。不作为之所以能成为与作为等价的行为，在于他造成或可能造成危害结果。

我国刑法规定的各种犯罪，绝大多数是以作为形式构成的，只有少数以不作为形式构成。我们大致可将危害行为的表现形式概括为三种情形：①只能由不作为形式构成的犯罪。如《刑法》第261条规定的遗弃罪、第444条规定的遗弃伤病军人罪等。②既可以由作为形式也可以由不作为形式构成的犯罪。如《刑法》第232条规定的故意杀人罪，第119条规定的破坏交通工具罪、破坏交通设施罪、破坏电力设备罪、破坏易燃易爆设备罪，以及第133条规定的交通肇事罪等。③只能由作为形式构成的犯罪。如伪证罪、抗税罪等。

■ 第三节 危害结果

一、危害结果的含义

关于刑法中的危害结果即犯罪结果，刑法理论上存在着不尽一致的论述。有的认为，犯罪结果作为犯罪行为对客体的损害，是构成任何犯罪在客观方面的必备要件之一，它既包括客观上已经造成的危害结果，也包括可能造成的危害结果。有的则认为，犯罪结果是指犯罪行为已经造成的实际损害。还有些论著认为，有些行为一经实施即构成完整的犯罪（如侮辱罪、诽谤罪等），没有犯罪结果或者说没有物质性犯罪结果；有些犯罪情况，如犯罪的预备、未遂和中止，也没有犯罪结果。

1. 根据我国刑法的规定和有关的刑法原理，刑法意义上的危害结果可以有广义与狭义之分。所谓广义的危害结果，是指由被告人的危害行为所引起的一切对社会的损害，它包括危害行为的直接结果和间接结果、属于犯罪构成要件的结果和不属于犯罪构成要件的结果。例如，甲诈骗了个体经营户乙的大量钱财，乙因而愤然自杀身亡。这里甲的诈骗行为所引起的危害结果即广义的危害结果，就包括了财物损失这个直接结果和被害人自杀这个间接结果，这两种危害结果都与行为的危害程度有关，因而在处理案件时都应加以考虑。所谓狭义的危害结果，是指作为犯罪构成要件的结果，通常也就是对直接客体所造成的损害。狭义的危害结果是定罪的主要根据之一。如在上例中，行为人诈骗了钱财，造成了被害人的自杀。我们认定为诈骗罪的既遂，只能以所发生的狭义危害结果即财物损失为根据，而被害人的自杀后果只是在量刑时考虑的情节。因此，研究刑法上的危害结果，首先要把作为犯罪构成要件的狭义的危害结果同广义的危害结果区别开来。

2. 从司法实践中定罪的实际需要出发，在狭义的危害结果中，应当进一步把有形的、可以具体测量确定的危害结果，同无形的、不能具体测量确定的危害结果加以区别。我国刑法上的任何犯罪行为，都是会给一定的直接客体造成某种损害的。从这个意义上说，犯罪结果与犯罪客体密不可分。通过这种结果，可以从客观方面反映犯罪行为与犯罪客体的联系，并且揭示不同犯罪行为所侵害的合法权益的特定性。但是，由犯罪客体的性质所决定，上述犯罪结果又可以分为有形的、可以具体测量确定的结果与无形的、不能具体测量确定的结果两类。后一类犯罪结果都是非物质性的，往往是犯罪行为一经实施，这种犯罪结果就同时发生了（虽然人们一般不能凭直观感知它）。因此，对这种犯罪案件，只要查明被告人已经实施了犯罪行为，就可以认定为犯罪既遂，而不存在未遂问题，也无须去查明行为与结果之间的因果关系，刑法理论上称之为"举动犯"，如侮辱罪、诽谤罪、传授犯罪方法罪等就是这样。但是，给直接客体造成的有形的、可以具体测量确定的犯罪结果，在具体案件中可能发生，也可能由于某种原因而没有发生，而且往往并非犯罪行为一着手实施就立即发生。对这种犯罪来说，要认定是犯罪既遂还是未遂，就要在查明被

第六章

告人实施了刑法分则规定的某种犯罪行为的同时，再查明是否发生作为构成要件的犯罪结果。没有产生这种结果的，一般应以未遂论处。这类有形的、可以具体测量确定的犯罪结果，是所有过失犯罪在客观方面必备的要件，是区分过失犯罪与非犯罪的客观标志；这类结果也是相当数量的故意犯罪构成既遂所必备的要件，是区分这些犯罪的既遂、未遂与中止的重要客观标志。因此，虽然从总体上看，有形的、可以具体测量确定的犯罪结果并非一切犯罪都必备的要件，但这种结果的有无和大小，对认定有关的犯罪和量刑具有重要的意义，在办案中必须注意查明。

二、危害结果的种类

在刑法理论上，可对危害结果作如下划分：

1. 属于构成要件的危害结果与不属于构成要件的危害结果。这是以危害结果是否属于具体犯罪构成要件要素为标准所作的分类。属于构成要件的危害结果，是指成立某一具体犯罪所必须具备的危害结果，或者说，该危害结果是具体犯罪客观要件的内容，如果行为没有造成这种结果，就不构成犯罪。例如，根据《刑法》第397条的规定，国家机关工作人员的滥用职权或玩忽职守行为，只有造成了公共财产、国家与人民利益的重大损失，才构成滥用职权罪或玩忽职守罪。这里的"重大损失"，就属于构成要件的危害结果。根据《刑法》总则第15条以及分则条文的有关规定，过失犯罪均以发生特定的危害结果为构成要件；根据间接故意的基本特征，间接故意的成立也要求发生特定的危害结果；大多数直接故意犯罪不以发生危害结果为构成要件，只有少数直接故意犯罪的成立要求发生危害结果。属于构成要件的危害结果，均有其特定内容。例如，在过失致人重伤罪中，致人重伤是属于构成要件的危害结果；在某种意义上说，致人轻伤与致人死亡也是危害结果，但它们不可能是过失致人重伤罪的构成要件的危害结果。反之，在过失致人死亡罪中，致人死亡是属于构成要件的危害结果；致人轻伤或重伤则不可能是过失致人死亡罪的构成要件的危害结果。

不属于构成要件的危害结果，意指不是成立犯罪所必需的、构成要件之外的危害结果。这种危害结果是否发生以及轻重如何，并不影响犯罪的成立；只是在行为构成犯罪的基础上，对反映社会危害性大小起一定作用，因而影响法定刑是否升格以及同一法定刑内的量刑轻重。例如，抢劫罪的成立并不要求发生致人重伤、死亡的结果，故重伤、死亡不属于抢劫罪构成要件的结果；即使抢劫行为导致他人重伤、死亡，该结果也不属于构成要件的危害结果；但由于发生该结果的抢劫行为比未发生该结果的抢劫行为的社会危害性严重，故刑法对前者规定了较重的法定刑。

2. 物质性危害结果和非物质性危害结果。这是以危害结果的表现形式为标准所作的分类。物质性危害结果是指有形的、看得见的、可测量和计算的危害结果。如盗窃数量的大小、伤害程度的轻重等。非物质性危害结果通常是无形的、不能具体测量和计算大小的危害结果，其主要表现为精神方面的损害，如煽动颠覆国家政权罪、侮辱罪、诽谤罪等，主要表现都是非物质性危害结果。两种危害结果之间还相互转化、交叉。如侮辱、诽谤的对象自杀，由非物质性的危害结果转化为物质性的危害结果；盗窃他人财物后，受害人在精神上也受到了损害。

3. 已经发生的危害结果和可能发生的危害结果。这是以危害结果的存在状态为标准所作的分类。犯罪行为对犯罪客体的侵犯，通常是通过一定的犯罪对象表现出来的，但是通过犯罪对象表现出来的危害结果都有一个发展过程，有的尚未发生或可能发生，有的已经发生。例如，故意杀人罪，无论是既遂、未遂，还是预备或中止，都侵犯了他人的生命权，但是，对于作为犯罪对象的被害人来说，有的已经死亡，有的尚未死亡，有的则可能安然无恙。所以，危害结果不仅有已经发生的，而且有可能发生的。这种可能发生的危害结果，仍然体现了犯罪行为对犯罪客体的侵犯，是一种客观存在的犯罪事实。但是，它与已经发生的危害结果相比只是一种正在发生或者将要发生的危害结果，在一定条件下存在着防止其发生的可能性，所以，它比已经发生的危害结果的社会危害性小，是量刑时应予以考虑的情节。

4. 直接危害结果与间接危害结果。这是根据危害结果与危害行为的联系形式所作的分类。直接危害结果，是危害行为直接造成的侵害事实，它与危害行为之间具有直接因果关系，即二者之间没有独立的另一现象作为联系的中介。如某甲开枪击中某乙胸部，致某乙死亡，乙的死亡便是甲的杀人行为的直接危害结果。

间接危害结果，是由危害行为间接造成的侵害事实，在危害行为与间接危害结果之间存在独立的另一现象作为联系的中介。"独立的另一现象"既可能是第三者的行为，也可能是被害人的行为或其他现象。前者如，甲开车将乙撞倒在公路上，乙被随之而来的另一车辆轧死。乙的死亡是甲行为的间接危害结果。后者如，甲男强奸乙女后，乙因羞愤而自杀身亡。乙的死亡是甲行为的间接危害结果。

区分直接危害结果与间接危害结果的基本意义在于：前者主要对定罪起作用（当然也影响量刑）；后者主要对量刑起作用。

■　第四节　刑法上的因果关系

一、刑法上因果关系的概念

刑法意义上的因果关系，是指危害行为规律性地引起某种危害结果的内在联系。它以哲学上的一种现象在一定条件下引起另一种现象的普遍因果关系为基础，目的在于解决行为人是否应当对某种危害结果承担刑事责任的问题。在通常情况下，危害行为与危害结果之间的因果关系是清晰可辨的，并不会发生认定上的困难。如某人基于杀人的目的，手持利斧猛砍他人头部，致被害人当场死亡。在这一事件中，被害人的死亡结果（危害结果）是某人举斧砍杀行为（危害行为）直接造成的。人员死亡是"果"，砍杀行为是"因"，原因引起结果，因果关系十分清楚。但在有些案件中，虽然危害结果同样十分显见，但这种结果是否由行为人的危害行为所引起，却并非一目了然。特别是在多因一果、一因多果、多因多果等情况下，因果关系将表现得更加错综复杂，常常会给行为人刑事责任的正确认定带来一定的困难。如果事实证明，危害结果与危害行为之间没有因果关系，行为人就不应对这种危害结果承担刑事责任。

二、刑法上因果关系的特性

（一）因果关系的客观性

因果关系作为客观现象之间引起与被引起的关系，它是客观存在的，是不以人的意志为转移的。这是司法人员认定刑事案件中的因果关系首要的和最基本的要求。因此，办案人员应从实际出发，客观地加以判断和认定。例如，一位服务态度恶劣的女售货员辱骂一买东西的老年人，致使该老年人气愤之下突发脑溢血而当场死亡。女售货员的辱骂行为与老年人死亡结果之间即具有客观性，不能以女售货员不知道老年人有脑溢血疾病而否认这种客观性。也就是说，上例中的行为与结果之间具有因果关系。当然，我们认为该例虽存在因果关系，但也只具备了犯罪构成的客观要件，没有涉及行为人的主观内容。是否构成犯罪，还要看行为人是否具备了犯罪构成的全部要件。

（二）因果关系的相对性

事物是普遍联系的，一切现象都处在无限的相互联系的因果链条之中。因此，同一现象在一种关系中是原因，在另一种关系中又可能是结果，所以在整个事物的发展过程中，原因和结果总是处在一种不确定的位置上的。但是，刑法上研究因果关系的目的，是要解决行为人对所发生的危害结果应否负刑事责任的问题，因此，这就有必要将这一对因果关系的现象从该行为人的行为到危害结果之间的一系列的客观普遍现象中抽出来加以研究，从而确定哪个是原因，哪个是结果。例如，甲偷了乙的钱包，乙回家后因受妻子一再埋怨，一赌气打了妻子，不慎失手致妻子摔伤死亡。从这个例子看，前前后后各种现象，一环扣一环。但要确定一个现象是原因而不是结果，另一个现象是结果而不是原因，就必须把刑法中所规定的危害行为与危害结果这两个现象从种种现象中抽出来，单独地进行考察，然后才能认定前面一个现象是原因，后面一个现象是结果。如上述例子中，乙打妻子和妻子死亡之间的关系，撇开乙打妻子的原因，可以清楚地认定乙打妻子是妻子死亡的原因，而妻子死亡是乙打妻子的结果。这表明因果关系是相对的，而不是绝对的，因此，在具体的司法实践中，应当把行为人危害社会的行为和行为后的危害结果这一对现象从案件过程中前前后后大量的现象中抽出来加以研究，从而确定行为人的行为和行为后的结果，哪个是原因，哪个是结果。

（三）因果关系的时间顺序性

因果关系的时间顺序性，就是从时间上看，原因必定在前，结果只能在后，二者在时间上先后相继，不能颠倒。在处理刑事案件时，对于危害结果发生以后的行为，就不能认为是结果发生的原因，当然也不存在刑法上的因果关系。例如，甲在酒中投毒给乙喝，乙喝后中毒死亡，甲逃离现场后，丙路过此地时看见仇人乙，以为乙喝醉了，便将乙推入河中。在此案中，丙的危害行为是在乙死亡后实施的，因而与乙的死亡结果之间无因果关系，丙的行为只能构成故意杀人罪（未遂）。另外，时间顺序性并非简单的时间先后，先于危害结果出现的危害行为，也不一定是危害结果产生的原因。例如，甲将乙打成轻伤，乙被送医院治疗时，因丙医生的误诊造成医疗事故而致死。乙的死亡原因是丙的行为，而不是甲的行为。所以，在危害结果之前的若干危害行为中，引起和决定危害结果发生的危害行为与危害结果之间才具有刑法上的因果关系。

（四）因果关系的必然性与偶然性

刑法上的因果关系最本质的问题是必然性还是偶然性的问题。一般认为，刑法上的因果关系是必然因果关系，即危害行为与危害结果之间存在着内在的、必然的、合乎规律的引起与被引起、决定与被决定的联系。例如，甲用枪抵住乙的头部开了一枪，致使乙当场死亡。这种情况，发生在任何时间、地点所产生的结果都是一样的，结果发生是必然的、合乎规律的。而偶然因果关系则是指一行为本身并不包含产生某种危害结果的必然性，只是在其发展过程中偶然地介入了另一原因，并由后来介入的原因合乎规律地决定和引起了这种危害结果。例如，前面所举的甲故意将乙打成轻伤，乙被送医院治疗，却由于丙医生的误诊造成医疗事故而致使乙死亡。甲的行为与乙的死亡之间就是偶然因果关系，丙的行为与乙的死亡之间则是必然因果关系。显然，甲只对乙的伤害结果负刑事责任，丙则承担致使乙死亡结果的刑事责任。因此，刑法上的因果关系主要表现为必然因果关系，在司法机关确定罪名时尤其要考虑到这一点。如前例中的甲只能定故意伤害罪，而不能定故意伤害致死罪或故意杀人罪。应该特别指出的是，绝大多数刑事案件中的因果关系是必然因果关系，在极少数的案件中，刑法上的因果关系也可以表现为偶然因果关系。

（五）因果关系的复杂性

由于犯罪的多样性和复杂性，刑法因果关系显得极为复杂，仅就因果关系的联系形式来说就有四种：①一因一果，如甲持刀杀死乙；②一因多果，如甲投放炸药包将厂房炸塌，并炸死、炸伤若干人；③多因一果，如甲、乙、丙三人各自的过失行为导致一次重大责任事故的发生；④多因多果，如甲、乙、丙强奸戊、己。此外，在司法实践中，因果关系还具有特殊性。例如，在偏僻的村庄，甲将乙打伤，乙被送医院，因距离遥远而死于途中。假如距离近，则可抢救脱险。此案中，甲的行为与乙的死亡之间仍有刑法上的因果关系。由此可见，无论因果关系如何复杂，如何特殊，只要我们掌握解决刑法因果关系的原则和方法，对于危害行为与危害结果之间有无刑法上的因果关系，是能够认定的。

■　第五节　犯罪客观方面的其他要件

犯罪客观方面的其他要件，是指犯罪特定的时间、地点和方法（手段）等因素。所谓犯罪时间，是指犯罪行为实施的时间。所谓犯罪地点，是指犯罪发生的场所或地理位置，即危害行为发生的空间区域。所谓犯罪方法，又称犯罪手段，是指行为人在实施犯罪时所采用的具体方式。

犯罪是一种复杂的社会现象，其表现形态常常纷繁复杂。但无论是哪一种形态的犯罪行为，都是由行为人在一定的时空条件下、采用特定的方法实施完成的。因此，行为的时间、地点和方法与犯罪具有必然的联系，社会上不可能存在缺乏时间、地点和具体行为方法的犯罪。但是，这种"必然联系"并不意味着行为的时间、地点和方法就成了任何犯罪在客观方面都必须具备的条件。恰恰相反，从犯罪构成条件上分析，我们发现，对绝大多数危害行为而言，刑法并没有将特定的时间、地点和方法作为其构成犯罪的必备条件。也就是说，行为人在何时作案、在何地作案、采用何种方法作案，这些对犯罪是否成立并不产生直接的影响。如一起行凶伤害案件，总是有具体的行凶时间和地点的，行为人实施行凶伤害也总是采取了一定的方法甚至使用了作案工具的，但是，不管伤害案件发生在白天还是夜晚，不管发生在室内还是户外，也不管行为者是拳击伤害还是采用棍棒、刀枪等器物伤人，对其犯罪的构成并不产生影响。我国《刑法》第234条规定的"故意伤害罪"，其构成条件中并没有包含伤害的时间、地点和伤害方法的内容。因此，这些内容对故意伤害罪的犯罪构成没有任何意义。

不过，在我国刑法中，有时对某些犯罪行为的时空条件和行为方法又作出了明文规定。这表明，对于这些特定犯罪而言，行为的时间、地点和方法则成为其犯罪构成的必备条件。例如，我国《刑法》第340条规定："违反保护水产资源法规，在禁渔区、禁渔期或者使用禁用的工具、方法捕捞水产品，情节严重的，处3年以下有期徒刑、拘役、管制或者罚金。"第341条第2款规定："违反狩猎法规，在禁猎区、禁猎期或者使用禁用的工具、方法进行狩猎，破坏野生动物资源，情节严重的，处3年以下有期徒刑、拘役、管制或者罚金。"又如，按照《刑法》第257条的规定，只有用暴力方法干涉他人婚姻自由，才构成暴力干涉婚姻自由罪。由此可见，对上述非法捕捞水产品罪、非法狩猎罪和暴力干涉婚姻自由罪来讲，行为的时间、地点或者方法在其犯罪构成中处于至关重要的地位。如果捕捞水产品或者狩猎行为或者干涉婚姻自由的行为不符合刑法规定的时间、地点或者方法条件，就不能构成相应的犯罪。再如，《刑法》第291条规定的聚众扰乱公共场所秩序、交通秩序罪，是以车站、码头、民用航空站、商场、公园、影剧院、展览会、运动场或者其他公共场所为构成该罪的地点要件的，在这些法定场所以外的地点实施破坏行为的，则不构成本罪。此外，《刑法》第236条规定的强奸罪、第263条规定的抢劫罪、第277条规定的妨害公务罪等，都规定了只有以特定的方式和手段实施的行为，才能构成上述各种犯罪。所以，我们认为，危害行为实施的时间、地点和方法，是犯罪构成在客观方面的"选择条件"，而不可能成为任何犯罪在客观方面都必须具备的条件。只有当刑法分则对其作出明文规定时，它们才能成为某些特定犯罪构成的必备条件。

应当指出，虽然对大多数犯罪来说，犯罪的时间、地点、方法等因素不是犯罪构成的要件，但这些因素往往影响到犯罪行为本身社会危害程度的大小，因而考察它们对正确量刑也有重要意义。以故意杀人罪为例，虽然时间、地点、方法等因素并不影响其成立即定罪问题，但是，战时、社会治安状况不好时期与正常时期相比，公共场合、要害部门、单位内与偏僻地区相比，肢解、碎尸、活埋、活活打死、采用技术手段杀人等方法与一刀杀死、一枪打死的方法相比，前者的社会危害性显然大于后者，因而对适用刑罚的轻重也应有一定的影响。此外，在刑法中，也有直接而明确地把特定的方法、地点作为对某些犯罪从重处罚情节的规定。如《刑法》第237条规定，聚众或者在公共场所当众强制猥亵妇女、侮辱妇女的，应从重处罚。

【思考题】

1. 如何理解犯罪客观方面的要件在犯罪构成中的地位？
2. 如何理解"无行为则无犯罪"？怎样区分刑法中的危害行为与其他危害行为？
3. 如何理解不作为的行为性？不作为的成立条件是什么？
4. 哪些危害结果对定罪有意义？哪些危害结果对量刑有意义？
5. 如何区分刑法上因果关系中的原因与条件？
6. 如何理解刑法因果关系的中断和断绝？
7. 如何理解犯罪客观方面中的其他要件对定罪量刑的影响？

第六章

第七章

犯罪主体

　　学习目的与要求　掌握自然人和单位犯罪主体的概念与特征，掌握刑事责任能力及其制约因素，了解自然人、单位犯罪主体的特殊条件。

■　第一节　犯罪主体概述

　　犯罪主体，又称犯罪主体要件，是犯罪构成中的一个必备条件，它要解决刑法规定的犯罪人本身所必须具备的各种基本要件问题。任何犯罪都有主体，也就是说，每一种犯罪都有实施犯罪行为的具体的人，即刑事责任的承担者。没有犯罪主体就没有犯罪行为，更没有刑事责任可言。犯罪主体，就是依照刑事法律规定，能够对自己的行为承担刑事责任的人。具体而言，犯罪主体包括达到法定责任年龄、具备刑事责任能力、实施了严重危害社会行为的自然人和符合刑法规定的条件、实施了严重危害社会之行为的单位。

　　社会关系是人与人之间的相互关系，人不仅是社会关系的参加者，也是社会关系的承受者。犯罪行为首先表现为人的一种有意识、有意志的行为，即使是法律上拟制的人即单位，也有自己独立的意志形态。当然，这并不是说，所有的自然人和单位实施了危害社会的行为便都构成犯罪。刑事立法对犯罪主体的条件有一些具体的要求，只有符合这些要求，才能使其成为犯罪主体，也才能追究其犯罪的刑事责任。具体而言，它有以下一些主要特征：

　　1. 犯罪主体是自然人或单位。所谓自然人，是指有生命的人类个体，其生命始于出生，终于死亡。所谓单位，是法律上人格化了的组织，既包括具有民事权利能力和民事行为能力，并独立享有民事权利和承担民事义务的法人，也包括不具有法人资格的企业、事业单位和机关、团体。由此可见，一切动物、植物、物品和死亡的人等非自然人，都不能成为自然人犯罪主体；而不能体现单位意志、假借单位名义犯罪的人，也不能成为单位犯罪的主体。当然，在自然人和单位犯罪主体中，自然人主体是普遍的。单位犯罪主体目前只适用于刑法有规定的一部分犯罪，不能适用于所有的犯罪行为。但无论其适用的范围多大，由于刑法采用了总则与分则相结合的规定模式，表明我国刑法中的犯罪主体，已经从 1979 年刑法所确认的单纯自然人主体向自然人主体和单位主体并行的方向发展。

2. 犯罪主体是具备刑事责任能力的自然人或者单位。刑事责任能力是人的意识和意志能力的表现，是一种对行为辨认、控制的能力。刑事责任能力在犯罪主体中处于核心的地位，没有刑事责任能力，就不能成为犯罪主体，更不能追究行为者的刑事责任。自然人的刑事责任能力是受自然人个体年龄和精神状况等多种因素影响和制约的，只有当其达到一定年龄、具备正常精神状态时，才能认为其具备刑事责任能力，可以成为犯罪主体。单位主体的刑事责任能力是通过单位意志来体现的。单位意志在本质上是单位内个人意志的集合。它虽然源于个人意志，但又高于个人意志，一旦形成，便成为超越纯粹个人意志之上的独立的集体意志，表现为单位负责人或领导机构的决定。因此，单位犯罪主体的成立同样以单位刑事责任能力的存在为前提条件。

3. 犯罪主体是实施了严重危害社会行为的自然人或者单位。犯罪主体与严重危害社会的行为是密不可分的，具备刑事责任能力的自然人或者单位，并不是理所当然的犯罪主体，只有当这些自然人或者单位实施了刑事法律中所规定的严重危害社会的行为时，才能成为犯罪的主体。因此，强调犯罪主体概念必须包含有严重危害社会行为的特征，是十分重要的；否则，它就无法与普通正常的自然人、单位相区别，也就难以形成"犯罪主体"这一犯罪构成要件中的一个独立概念。

■ 第二节 自然人犯罪主体

一、自然人犯罪主体的概念

自然人犯罪主体，指的是达到法定刑事责任年龄、具有刑事责任能力的自然人。所谓自然人，指的是有生命存在的人类的独立个体。

刑法所规定的一切犯罪行为，无一例外都是自然人实施的，不能离开具有生命和意识的自然人来谈有无犯罪行为。即使是单位犯罪，虽然是在单位集体意志和罪过支配下的危害行为，但这种集体意志和罪过也必须首先经过具体的自然人的大脑，再由自然人来实施。因此自然人犯罪主体是犯罪构成赖以存在的基础。自然人作为犯罪主体，必须具备如下三个条件：

1. 必须达到法定的刑事责任年龄。自然人的生命始于出生，终于死亡。但人并非自一有生命起，就可以成为犯罪主体，因为犯罪行为本身是在人的意识和意志支配下所为的行为，而健全的意识和意志是随着自然人年龄的不断增长而逐步形成的。只有当人成长到某个年龄阶段时，对社会的认识，对是非的辨别能力，对自己行为的性质、后果，才能有比较明确的把握，进而才能对自己的行为进行有效控制。也只有在这种情况下，人才能对自己的行为承担社会责任。刑法对达到某个年龄阶段的人规定应当承担刑事责任，正是根据人成长的自然规律，根据社会对打击犯罪的需要而确定的。

2. 必须具备相应的刑事责任能力。刑事责任能力，主要指的是自然人所具有的辨别和控制自己行为的能力，而且这种能力必须达到社会大多数成员的正常水平。换言之，如果某人的精神不健全，辨别和控制自己行为的能力较差，其刑事责任能力就会受到影响。一个自然人，即使达到刑事责任年龄，若无刑事责任能力，仍然不能成为犯罪主体。

3. 必须是实施了危害行为的依法应当承担刑事责任的自然人。这一条件体现的是罪刑法定原则的精神。只有在刑法明确规定了行为人的某种行为是犯罪，并应科以刑罚的前提下，才能要求行为人承担刑事责任。

二、刑事责任年龄

（一）法律规定

《刑法》第17条第1、2款规定："已满16周岁的人犯罪，应当负刑事责任。已满14周岁不满16周岁的人，犯故意杀人、故意伤害致人重伤或者死亡、强奸、抢劫、贩卖毒品、放火、爆炸、投放危险物质罪的，应当负刑事责任。已满14周岁不满18周岁的人犯罪，应当从轻或者减轻处罚。因不满16周岁不予刑事处罚的，责令他的家长或者监护人加以管教；在必要的时候，也可以由政府收容教养。"第17条之一规定，已满75周岁的人故意犯罪的，可以从轻或者减轻处罚；过失犯罪的，应当从轻或者减轻处罚。

（二）刑事责任年龄阶段

根据上述规定，我国刑法中的刑事责任年龄可分以下几个阶段：

1. 不满14周岁为完全不负刑事责任年龄阶段。根据刑法的精神，不满14周岁的人，对其所实施的任何危害行为都不负刑事责任。也就是说，不满14周岁为完全不负刑事责任年龄阶段。其原因在于：不满14周岁的人，其身心和智力发育尚未成熟，知识欠缺，不具备辨别是非善恶的能力，自我控制能力也极差，因而无相应刑事责任能力。他们实施具有社会危害性的行为，主要是出于无知，因而对于这一部分人重在教育。

2. 已满16周岁为完全负刑事责任年龄阶段，即已满16周岁的人犯罪，应当负完全刑事责任。这是因为已满16周岁的人，随着生理机能发育的成熟，心理和智力也得到了重要发展，已熟知社会道德规范及具备一定的法制观念，并基本可以根据它们的要求来选择、约束自己的行为。从法律的观点来评价，他们已具备辨认和控制自己行为的能力，即刑事责任能力，因此对其实施的任何犯罪行为都应当负刑事责任。

3. 已满14周岁不满16周岁为相对负刑事责任年龄阶段，即这一年龄阶段的行为人只对法律明文规定的某几类极端严重的犯罪承担刑事责任，对其他犯罪行为，法律未明确规定的，则不承担刑事责任。根据《刑法》第 17 条第 2 款的规定，已满 14 周岁不满 16 周岁的人对下列 8 种犯罪行为要负刑事责任：①故意杀人；②故意伤害致人重伤或死亡；③强奸；④抢劫；⑤贩卖毒品；⑥放火；⑦爆炸；⑧投放危险物质。

这里值得注意的是，法律对相对负刑事责任年龄的人应承担刑事责任的犯罪行为采用的是明确的列举式规定，而没有作概括式的规定。这说明相对负刑事责任年龄阶段的人，所为危害行为若不在这 8 种犯罪之列，则刑法上不认为是犯罪，不承担刑事责任。例如，3 个 12～15 周岁的流浪少年，因衣食无着，受一成年扒手引诱，随其扒窃，沿街行窃半年有余，且数额巨大，后被警察一一抓获。这三个少年的行为是具有社会危害性的盗窃行为，但盗窃不在刑法规定的已满 14 周岁不满 16 周岁的人应负刑事责任的 8 种犯罪行为之内，因而其行为不构成犯罪，不能以盗窃罪定罪量刑。刑法规定的 8 种犯罪，都是危害性质和危害后果非常严重的犯罪，而且是非对错的界限非常明显。这一年龄阶段精神正常的人对这些行为所体现的道德价值取向，已有足够的识别辨认能力，并可选择、控制自己不去实施，因而法律规定行为人对这些犯罪应当承担刑事责任。刑法作出上述规定，既有利于更有效、更准确地惩治严重危害社会的犯罪，又充分体现了国家对有越轨行为的未成年人重教育、轻处罚的刑事政策。

4. 从宽承担刑事责任年龄阶段。对已满 14 周岁不满 18 周岁的未成年人的犯罪行为应当从宽处罚。未成年人犯罪，一般是指已满 14 周岁不满 18 周岁的人犯罪。《刑法》第 17 条第 3 款规定："已满 14 周岁不满 18 周岁的人犯罪，应当从轻或者减轻处罚。"《刑法》第 49 条第 1 款规定："犯罪的时候不满 18 周岁的人和审判的时候怀孕的妇女，不适用死刑。"该条规定自然也包括不能对未成年人适用死缓。第 49 条第 2 款规定："审判的时候已满 75 周岁的人，不适用死刑，但以特别残忍手段致人死亡的除外。"在附加刑的适用上，对未成年犯不应单独适用剥夺政治权利。

值得注意的是，法律对未成年人犯罪的处理精神是"应当"从轻或减轻处罚，从定罪量刑的角度看这是一种必然性的选择，不存在任意性，而是必须从宽处理。理由在于：犯罪的未成年人，虽然已有刑事责任能力，即辨认和控制自己行为的能力，但行为人毕竟尚未成年，一方面，其思想不成熟，易受环境中不良行为、不良现象的影响；另一方面，正由于其不成熟，因而可塑性较大，易于接受教育改造，对他们进行从宽处罚是比较适当的。

此外，对未成年人所实施的不构成犯罪但具有严重危害性行为的处理，《刑法》第 17 条第 4 款规定："因不满 16 周岁不予刑事处罚的，责令他的家长或者监护人加以管教；在必要的时候，也可以由政府收容教养。"这是家庭教育与社会教育相结合的处理方法。刑罚的目的在于预防犯罪，由于未成年人犯罪行为心理的特殊性，对这一部分人预防的主要措施，是家庭和社会联手对其进行积极的教育改造，使其以不良行为为耻，在思想上建立起符合社会道德规范的价值体系，并能够以此为基础确定自己的行为准则，痛改前非，重新做人。

第七章

（三）刑事责任年龄的认定

1. 刑事责任年龄的计算。根据有关司法解释，刑法所规定的年龄是指实足年龄，刑法特别使用"周岁"一词，就是为了限定在实足年龄，而不是指虚岁。实足年龄以日计算，并且按公历的年、月、日计算。例如，已满 14 周岁，是指过了 14 周岁生日，从第二天起，才是已满 14 周岁。如行为人 1980 年 1 月 1 日出生，1994 年 1 月 2 日即认为已满 14 周岁。对于已满 16 周岁、已满 18 周岁年龄的计算，也与此相同。

2. 刑事责任年龄计算的基准。即法定年龄以实施行为时为基准进行计算，还是以结果发生时为基准进行计算？在行为与结果发生在同一天的情况下，这个问题没有意义；但在行为与结果不发生于同一天的情况下，则直接影响是否追究刑事责任。例如，行为人在实施行为时不满 14 周岁，但结果发生时已满 14 周岁；或者在实施行为时不满 16 周岁，但结果发生时已满 16 周岁。对此，有一种观点认为，行为与结果是一个不可分割的整体，在这种情况下，为了保护国家与人民利益，应以结果发生的时间为基准进行计算，从而追究刑事责任。但是，犯罪是行为，辨认、控制能力是辨认与控制自己"行为"的能力，因此，辨认、控制能力也必须是"行为时"的辨认控制能力；行为与结果虽然密切联系，但二者毕竟不是一回事，不是一个包含关系，行为不包含结果，结果也不包含行为。因此，刑事法定年龄应以行为时为基准进行计算。

3. 关于跨刑事责任年龄阶段的犯罪问题。有两种情况需要注意：①行为人已满 16 周岁后实施了某种犯罪，并在已满 14 周岁不满 16 周岁期间也实施过相同的行为。至于应否一并追究刑事责任，则应具体分析。如果在已满 14 周岁不满 16 周岁期间所实施的是《刑法》第 17 条第 2 款规定的特定严重犯罪，则应一并追究刑事责任；否则，就只能追究已满 16 周岁以后犯罪的刑事责任。已满 14 周岁不满 16 周岁期间所实施的行为，如果与已满 16 周岁后实施的犯罪行为具有密切联系，则说明行为人的人身危险性较大，可以作为量刑情节予以考虑。②行为人在已满 14 周岁不满 16 周岁期间，实施了《刑法》第 17 条第 2 款规定的特定严重犯罪，并在未满 14 周岁时也实施过相同行为，对此不能一并追究刑事责任。同样，如果未满 14 周岁时实施的行为与已满 14 周岁后实施的犯罪行为具有密切联系，则说明行为人的人身危险性严重，量刑时应予以考虑。

三、刑事责任能力

（一）法律规定

《刑法》第 18 条规定："精神病人在不能辨认或者不能控制自己行为的时候造成危害结果，经法定程序鉴定确认的，不负刑事责任，但是应当责令他的家属或者监护人严加看管和医疗；在必要的时候，由政府强制医疗。间歇性的精神病人在精神正常的时候犯罪，应当负刑事责任。尚未完全丧失辨认或者控制自己行为能力的精神病人犯罪的，应当负刑事责任，但是可以从轻或者减轻处罚。醉酒的人犯罪，应当负刑事责任。"第 19 条规定："又聋又哑的人或者盲人犯罪，可以从轻、减轻或者免除处罚。"

（二）刑事责任能力的概念

刑事责任能力，是指行为人对自己行为的辨认能力与控制能力。这是自然人犯罪主体的另一个一般要件。

能力，是人的自觉能动性的表现，是人认识现实世界与改造现实世界的特征。刑法上的辨认、控制能力，由辨认能力与控制能力组成。辨认能力，是指行为人认识自己特定行为的性质、后果与意义的能力，因而也可以称为认识能力。能够认识自己行为的性质、后果与意义的，就具有辨认能力；反之，则没有辨认能力。控制能力，是指行为人支配自己实施或者不实施特定行为的能力。行为人实施犯罪行为时，总是处于既可以实施也可以不实施的状态，行为人在认识到特定行为的性质、后果与意义后，能够控制自己实施或者不实施该行为时，就是有控制能力；反之，则没有控制能力。

辨认能力与控制能力密切联系。辨认能力是控制能力的基础与前提，没有辨认能力就谈不上有控制能力。控制能力则反映人的辨认能力，有控制能力就表明行为人具有辨认能力。但在某些情况下，有辨认能力的人可能由于某种原因而丧失控制能力，刑法认为这种情况不具有实施犯罪的能力。刑法要求行为人同时具备辨认能力与控制能力，只具有其中一种能力的，属于没有犯罪能力。辨认、控制能力是自然人犯罪主体的质的条件。刑法之所以要求犯罪主体具有辨认、控制能力，是基于以下理由：①人在具有相对意志自由的前提下所实施的行为，才可能成立犯罪，否则就不是犯罪行为。但相对意志自由的具备，是以具有辨认、控制能力为前提的；没有辨认、控制能力的人，不可能有相对意志自由。②行为人只有在故意或者过失心理支配下实施危害行为才可能成立犯罪，而辨认、控制能力是故意与过失的前提，没有辨认能力就不可能有故意或过失的认识因素，没有控制能力就不可能有故意或过失的意志因素。③辨认、控制能力与法定年龄是既统一又矛盾的关系，有的人虽然达到了法定年龄，但由于患精神病而没有辨认、控制能力，这就需要在法定年龄之外另行规定辨认、控制能力。由于达到了法定年龄的人通常具有辨认、控制能力，故刑法是从消极角度规定辨认、控制能力的，即除因精神病而导致没有辨认、控制能力的以外，其他达到法定年龄的人都是具有辨认、控制能力的人。于是，在通常情况下，对于达到法定年龄的人，司法机关无须举证证明其具有辨认、控制能力；只是在行为人患有精神病时，才需要查明是否具有辨认、控制能力。

（三）刑事责任能力的内容

1. 关于精神病人刑事责任能力的问题。《刑法》第 18 条第 1 款规定："精神病人在不能辨认或者不能控制自己行为的时候造成危害结果，经法定程序鉴定确认的，不负刑事责任……"也就是说，不能辨认或不能控制自己行为的精神病人，是无刑事责任能力人。行为人由于精神病理的作用，在行为时不能正确认识其行为的性质、意义和后果，并且不能根据自己的意志自由地选择实施或不实施危害行为。因此，辨认和控制自己行为能力的丧失是精神病人成为无刑事责任能力人的根本条件。但是，如果行为人在实施危害行为时，由于精神病理的作用，辨认和控制能力只是有所减弱而未达到丧失的程度，则不能认定行为人是无刑事责任能力人。

（1）完全无刑事责任能力的精神病人。完全无刑事责任能力的精神病人对所实施的危害行为不承担刑事责任，法律规定的处理方法是：①应当责令其家属或监护人严加看管和医疗；②必要时，由政府强制医疗。这里的"必要时"，指的是实施危害行为的精神病人无家属、无监护人或其病情严重，人身危险性很大，其家属或监护人又无力管束并对其治疗的情况下，政府认为有必要的，可以对精神病人强制医疗。值得注意的是，认定精神病人无刑事责任能力，不负刑事责任，根据《刑法》第18条的规定，应经法定程序确定。

（2）具有完全刑事责任能力的精神病人。有些精神病人虽然患有精神疾病，但在其实施危害行为时，辨认和控制自己行为的能力没有减弱，因而具有完全的刑事责任能力，应对其所实施的危害行为负全部刑事责任，其行为属于犯罪行为。

根据《刑法》第18条第2款的规定，精神病人具有完全刑事责任能力的情况，指的是间歇性精神病人在精神正常的时候犯罪，此时应当负刑事责任。间歇性精神病，是指具有间歇发作特点的精神病，如精神分裂症、癫痫性精神病、周期性精神病、分裂情感性精神病等。而间歇性精神病人的精神正常时候，是指间歇性精神病患者的彻底缓解期及非发病期。由于间歇性精神病人精神正常时，辨认和控制自己行为的能力完全具备，因而对其所实施的犯罪行为应负完全刑事责任。

（3）限制刑事责任能力的精神病人。限制刑事责任能力的精神病人，指的是实施行为时尚未完全丧失辨认和控制自己行为能力的精神病人。换言之，行为人在精神病理或精神障碍作用下，不完全具备辨认和控制自己行为的能力。

根据刑法的有关规定，限制刑事责任能力的精神病人造成危害结果的，应当负刑事责任，但是，可以从轻或减轻处罚。这里特别值得注意的是，法律规定对限制刑事责任能力人只是"可以"从宽处罚，而不是"应当"从宽处罚，如果这类人在实施犯罪行为时，辨认和控制行为的能力只是轻微减弱，而其实施的行为危害性以及危害后果都十分严重，对行为人可以不从宽处罚。换言之，如果所实施的犯罪与辨认控制能力减弱具有直接联系，就得从轻或者减轻处罚；如果没有联系，就可以不从轻或者减轻处罚。

2. 关于聋哑人和盲人刑事责任能力的问题。《刑法》第19条规定："又聋又哑的人或者盲人犯罪，可以从轻、减轻或者免除处罚。"又聋又哑的人，就是同时丧失听能和语能的人，包括先天性的聋哑人和后天形成的聋哑人。盲人指双眼都丧失视觉能力的人，失去视力的若只是一只眼，不属于刑法所指的盲人。盲人也包括先天性失明的盲人及后天造成失明的盲人。聋哑人由于听能和语能失去较早，盲人由于视力失去较早，因而在学习知识、开发智力、认识世界方面，困难比正常人大得多。

第七章

这常使他们的认识能力由于残疾的缘故较正常人低。从刑法意义上看，就是由于聋哑人和盲人辨认和控制行为的能力较正常人有不同程度减弱而成为限制刑事责任能力人。

这里要注意的是：聋哑人和盲人是限制刑事责任能力人，而不是无刑事责任能力人。因为他们通过社会提供的正规特殊教育，其智力和知识水平可以得到很大提高，因其辨认和控制能力不会因为聋哑或盲的生理缺陷而完全丧失，所以他们对所实施的行为应负刑事责任。但另一方面，由于社会原因，相当多的聋哑人和盲人没有条件接受或完全地接受正规的特殊教育，即使有幸完整地接受了特殊教育，由于教育手段的局限和受教育者生理功能缺陷，其智力和知识仍不同程度地低于正常人。而且生理缺陷也影响到心理健康，自卑心理使得思想易于偏激，尤其在受到某些不利因素的刺激时，这些弱点必然使得聋哑人和盲人的辨认和控制行为的能力较正常人有不同程度的减弱，因而刑法规定聋哑人和盲人是限制责任能力人并在其犯罪时可以从宽处罚。

3. 关于醉酒人的刑事责任问题。《刑法》第18条第4款规定："醉酒的人犯罪，应当负刑事责任。"

醉酒分为两种：一为生理醉酒；二为病理醉酒。病理醉酒又名异体性质酒精中毒，是饮酒后突然出现的短暂的严重意识障碍的现象，现代科学尚无法解释其原因，这种情况只发生在少数人身上。病理醉酒属精神病范畴，是国际公认的无责任能力状态。我国刑法中规定的"醉酒的人"应不包括病理醉酒的情况，而专指生理醉酒。

生理醉酒指一般人在大量饮酒后，由于酒精作用而出现的兴奋症状。生理醉酒在兴奋症状明显时可有轻度意识障碍，但一般不影响辨认能力。

根据刑法规定的精神，醉酒的人应对其在醉酒情况下实施的危害行为承担完全的刑事责任，也就是说刑法视醉酒的人为完全刑事责任能力人。理由在于，醉酒的人实施刑法禁止的危害行为，具备犯罪构成要件。这里较难把握的是醉酒人的主观方面。

醉酒可能使行为人自身辨认和控制行为的能力有所降低，但实施刑法所禁止的危害行为的醉酒人，在醉酒前不仅能控制自己的饮酒行为和饮酒程度，而且能够预见甚至已经预见自己醉酒后可能或必然要实施的危害行为。而行为人在应当预见到或明知自己醉酒后会实施一定危害行为时，不采取措施防止危害结果的发生，而是希望或放任自己醉酒并最终实施危害行为，因此对醉酒人的犯罪行为应当追究刑事责任。同时，醉酒本身也是一种有害于社会道德风尚的陋习，是多种恶性犯罪的诱因。如果对醉酒犯罪不严惩而是从宽处理，就会给犯罪分子以可利用的借口。

四、犯罪的特殊主体

犯罪的特殊主体，是指刑法规定除符合一般主体的条件外，构成某种犯罪还必须具有特定身份或者职务的自然人犯罪主体，即法律附加其他条件的犯罪主体。在我国刑法中，根据所要求的特殊身份条件，由特殊主体构成的犯罪主要划分为以下几种情况：

1. 军人违反职责的犯罪。根据《刑法》第 450 条的规定，只有中国人民解放军的现役军官、文职干部、士兵及具有军籍的学员和中国人民武装警察部队的现役警官、文职干部、士兵及具有军籍的学员以及执行军事任务的预备役人员和其他人员，违反军人职责，实施危害国家军事利益行为的，才能构成此类犯罪。

2. 国家工作人员违反职责的犯罪。其中又可以分为两类：①一般国家工作人员违反职责的犯罪。例如，《刑法》第 109 条的叛逃罪，第 251 条的非法剥夺公民宗教信仰自由罪和侵犯少数民族风俗习惯罪，第 254 条的报复陷害罪，第 382 条的贪污罪，第 385 条的受贿罪，第 397 条的滥用职权罪和玩忽职守罪，第 398 条的故意泄露国家秘密罪，等等。②特定国家工作人员违反职责的犯罪。其中，一是司法工作人员违反职责的犯罪。如《刑法》第 247 条的刑讯逼供罪和暴力取证罪，第 399 条的徇私枉法罪和民事、行政枉法裁判罪，第 400 条的私放在押人员罪和失职致使在押人员脱逃罪以及第 401 条的徇私舞弊减刑、假释、暂予监外执行罪等。二是邮政工作人员违反职责的犯罪。如《刑法》第 253 条的私自开拆、隐匿、毁弃邮件、电报罪，第 304 条的故意延误投递邮件罪等。三是税务机关工作人员违反职责的犯罪。如《刑法》第 404 条的徇私舞弊不征、少征税款罪，第 405 条的徇私舞弊发售发票、抵扣税款、出口退税罪，违法提供出口退税凭证罪等。四是海关工作人员违反职责的犯罪。如《刑法》第 411 条的放纵走私罪等。

3. 单位的直接责任人员违反职责的犯罪。如《刑法》第 138 条的教育设施重大安全事故罪，第 161 条的违规披露、不披露重要信息罪，第 201 条的逃税罪，第 202 条的抗税罪，第 273 条的挪用特定款物罪等。

4. 公司、企业的工作人员违反公司法而构成的犯罪。如《刑法》第 163 条的非国家工作人员受贿罪等。

5. 从事特定职业人员在职业活动中的犯罪。如《刑法》第 129 条的丢失枪支不报罪，第 131 条的重大飞行事故罪，第 132 条的铁路运营安全事故罪，第 134 条的重大责任事故罪以及强令违章冒险作业罪等。

6. 具有特定法律身份的人员才能构成的犯罪。如《刑法》第 305 条的伪证罪，第 306 条的辩护人、诉讼代理人毁灭证据、伪造证据、妨害作证罪，第 313 条的拒不执行判决、裁定罪等。

7. 被逮捕被关押的犯罪分子才能构成的犯罪。如《刑法》第 315 条的破坏监管秩序罪，第 316 条的脱逃罪，第 317 条的组织越狱罪等。

8. 共同生活的家庭成员违反法定扶养义务的犯罪。如《刑法》第 260 条的虐待罪，第 261 条的遗弃罪。

9. 非法从事某种特定职业的人员才能构成的犯罪。如《刑法》第 336 条的非法行医罪、非法进行节育手术罪等。

此外，有的犯罪虽然刑法没有标明其主体应为特殊主体，但是，根据法律条文的内容进行分析和推理，也可确认其犯罪主体只能是特殊主体。例如，《刑法》第102条的背叛国家罪、第108条的投敌叛变罪、第112条的资敌罪，其犯罪主体只能是中国公民。又如，以参与某种活动为内容的特定身份，如《刑法》第140条中的生产者、销售者；《刑法》第223条中的投标人；《刑法》第159条的公司发起人、股东等。再如，以患有特定疾病为内容的特定身份，如《刑法》第360条的严重性病患者等。再如，以居住地和特定组织成员为内容的特定身份，如《刑法》第294条中的境外黑社会组织的人员等。

■ 第三节　单位犯罪主体

一、单位犯罪主体概述

将单位作为犯罪主体，在刑法中确定其承担刑事责任的制度，是首先在17世纪的英国开始的，迄今为止，单位犯罪已渐渐被英美法系和大陆法系的绝大多数现代法治国家所普遍采用。

单位犯罪的实质就是传统理论中的"法人犯罪"。在我国刑法中，用"单位犯罪"而不用"法人犯罪"的理由是：①在我国，法人制度起步较晚，法人制度的形成、完善尚需时日。一部分实施危害行为须处以刑罚的企业、机关、团体没有取得法人资格，因而用"单位犯罪"更为确切。②从世界其他国家的刑法规定来看，法人犯罪的实质在于，它是一种区别于自然人的、不具有人的自然属性的、社会组织体的犯罪。相对自然人犯罪主体而言的非自然人犯罪主体，并不仅指具有法人资格的经济实体，许多国家刑法典中的"法人犯罪"是一种约定俗成的称谓，其实质内容与我国刑法中的"单位犯罪"无异。

我国首次在立法中确定单位犯罪刑事责任，是1987年1月22日全国人大常委会通过的《中华人民共和国海关法》。该法明文规定，单位犯走私罪的，要追究单位的刑事责任。这一规定，标志着我国刑法的巨大突破。由于我国单位犯罪给社会造成的危害日益严重，在此之后，全国人大常委会颁布的一系列刑法规范中都规定了单位犯罪及其应负的刑事责任。在1997年3月修订的《刑法》中，更吸收了以往单位犯罪理论的成果和实践经验，对单位犯罪作了明确和详尽的规定，进一步完善了我国单位犯罪的立法。

二、单位犯罪主体的概念和特征

《刑法》第30条规定："公司、企业、事业单位、机关、团体实施的危害社会的行为，法律规定为单位犯罪的，应当负刑事责任。"这是关于单位在多大范围内可以成为犯罪主体的规定。根据这一规定，所谓单位犯罪主体，是指具备刑事责任能力的、实施了刑法分则明文规定应当承担刑事责任的危害社会行为的公司、企业、事业单位、机关、团体。单位犯罪主体具有如下基本特征：

1. 单位犯罪的主体包括公司、企业、事业单位、机关、团体。公司，是指以营利为目的从事生产和经营活动的经济组织。我国《公司法》规定的公司包括有限责任公司和股份有限公司。企业，是指公司以外的，以从事生产、流通、科技等活动为内容，以获取赢利和增加积累、创造社会财富为目的的营利性社会经济组织。事业单位，是指依法成立的从事各种社会公益活动的组织。公司、企业、事业单位，是指所有的公司、企业、事业单位，既包括国有的公司、企业、事业单位，也包括集体所有制的公司、企业、事业单位，以及合资或独资、私人所有的公司、企业、事业单位。机关，是指履行党和国家的领导、管理职能和保卫国家安全职能的机构，包括国家各级权力机关、行政机关、审判机关、检察机关、军队。在我国，党的组织也视为机关。团体，主要是指人民团体和社会团体。

2. 只有法律明文规定单位可以成为犯罪主体的犯罪，才存在单位犯罪及单位承担刑事责任的问题，而并非一切犯罪都可以由单位构成。规定单位犯罪的"法律"，指的是刑法分则性条文，包括刑法分则及其颁行后国家最高立法机关又根据实际需要制定的单行刑法及有关附属刑法规范。从我国刑法分则的规定来看，单位犯罪广泛存在于危害公共安全罪、破坏社会主义市场经济秩序罪、妨害社会管理秩序罪、危害国防利益罪和贪污贿赂罪等章中，具体罪种约有 120 个。这些单位犯罪多数是故意犯罪，但也有少数属于过失犯罪。

3. 单位犯罪主体具有整体性的特点。单位犯罪不是单位内部成员实施的共同犯罪，而是单位作为一个整体、一个"拟制"的人的犯罪。单位犯罪主体的整体性表现在，这种犯罪是单位集体研究决定或者由负责人员决定，并由直接责任人员实施的，体现了单位的整体犯罪意志。

单位犯罪是在集体意志支配下，为集体的非法利益而实施的危害社会的犯罪行为。例如，某酒厂厂长李某，自 2004 年起接手经营一家濒临倒闭的国有企业酒厂，为了使工厂能积累资金，李某多次指使工厂财会人员采取收入不记账、变造记账凭证、把销售收入作集资款入账等手段，从 2004 年到 2006 年 3 月共隐瞒含税收入 529 万余元，从中逃税 117 万余元。后因群众举报被检察机关查获归案。在本案中，李某并未将逃税款占为己有，据其自辩完全是为了使企业摆脱困境，但由于逃税是违法犯罪行为，逃税所得即为非法利益。李某为使单位获得非法利益而指使财会人员逃税，而法律明确规定单位可成为逃税罪主体，所以其行为使该厂构成逃税罪。

三、单位犯罪主体的刑事责任能力

单位犯罪主体与自然人犯罪主体一样，也必须具备刑事责任能力。否则，它们将无法承担相应的刑事责任。但是，单位刑事责任能力的形成与表现，却与自然人主体有所不同：①其刑事责任能力是有期限的（正如自然人主体的刑事责任年龄那样），即始于成立、终于撤销或者解散。在单位尚未正式成立或者在撤销、解散之后，不存在刑事责任能力问题。②单位刑事责任能力的形成源于自然人，是单位内部自然人个人辨认、控制能力的一种集合。但它一经形成，又会超越自然人，成为超个人辨认、控制能力的一种集体意志。因此，单位刑事责任能力，常常表现为单位集体或者单位负责人为了本单位眼前利益或者长远利益所作出的决定、授权或者事后追认等。从这个意义上来讲，单位刑事责任能力相对于自然人刑事责任能力，既有独立性，又有依附性，是独立性与依附性的辩证统一。③单位刑事责任能力又具有明显的限定性：一方面，它受制于单位的总体利益驱动（哪怕是刑法规定的单位过失犯罪）；另一方面，又受制于刑法所规定的犯罪范围。对于刑法规定以外的危害社会的行为，一般认为单位缺乏刑事责任能力，也就不能以单位犯罪定罪处刑，这是罪刑法定原则的基本要求。

四、单位犯罪主体的处罚原则

我国《刑法》第31条规定："单位犯罪的，对单位判处罚金，并对其直接负责的主管人员和其他直接责任人员判处刑罚。本法分则和其他法律另有规定的，依照规定。"这是我国刑法关于对单位犯罪处罚原则的规定。

根据这一规定，对单位犯罪，一般采取双罚制的原则，即单位犯罪的，对单位判处罚金，同时对单位直接负责的主管人员和其他直接责任人员判处刑罚。但是，刑法分则和其他法律（特别刑法）另有规定不采取双罚制而采取单罚制的，则属例外情况。这是因为，单位犯罪的情况具有复杂性，其社会危害程度差别很大，一律采取双罚制的原则，并不能全面准确地体现罪责刑相适应原则和对单位犯罪起到警诫的作用。在我国刑法分则中，有少数几种单位犯罪，采取的即是单罚制，如《刑法》第161条规定的违规披露、不披露重要信息罪和《刑法》第162条规定的妨害清算罪，不处罚作为犯罪主体的公司、企业，而只处罚其直接责任人员。

【思考题】

1. 区分刑事责任能力程度的根据及意义是什么？
2. 如何理解相对刑事责任年龄阶段行为人承担刑事责任的范围？
3. 跨刑事责任年龄阶段的犯罪人如何处罚？
4. 如何理解身份对定罪和量刑的意义？
5. 对比自然犯，如何理解单位犯罪的立法、概念、特征和处罚？

第七章

第八章

犯罪主观方面

学习目的与要求　理解犯罪主观方面的概念及意义，掌握犯罪故意与犯罪过失的种类和特征，了解犯罪目的和犯罪动机的概念和意义，掌握认识错误对定罪量刑的影响。

■　第一节　犯罪主观方面概述

一、犯罪主观方面的概念和特征

犯罪主观方面，又称犯罪主观要件，是指我国刑法规定的、行为主体对其危害行为已经或者可能引起的危害社会的结果所具有的心理态度。犯罪主观方面作为犯罪构成必须具备的要件之一，体现了行为人在怎样的心理状态的支配下实施危害社会的行为，以及刑法对犯罪构成的心理状态有哪些具体的要求。犯罪主观方面与犯罪主体具有十分密切的联系，是行为人构成犯罪并进而承担相应的刑事责任的主观基础。犯罪主观方面是行为人主观恶性的体现，它从主观心理的角度，揭示了犯罪行为反社会的性质及其程度。因此，它也是犯罪社会危害性的一个方面的体现。具体而言，它有以下一些主要特征：

1. 犯罪主观方面是支配危害行为的心理状态。这反映了犯罪主观方面与危害行为的必然联系，即只有当行为人的主观心理表现为外在的危害行为时，这种心理活动才具有刑法上的意义，才能成为该行为构成犯罪的要件。如果某种心理状态还没有表现为外在的行为，或者尚未对危害行为起到直接的支配作用，说明它仍然处于单纯思想活动的范畴，当然不能作为犯罪主观方面的要件对待。

2. 犯罪主观方面是对危害社会的结果的心理状态。犯罪主观方面是行为人对其行为危害社会的结果所具有的心理状态。这是对这种心理状态基本内容的实质性定位。我们之所以没有将"危害行为"也纳入犯罪主观方面的认识内容之中，是因为有些过失犯罪（特别是过于自信的过失犯罪），行为人对其行为和结果的态度并不完全一致，通常表现为对前者是故意，对后者则是过失。如果我们将行为人对危害行为与危害结果的态度同时纳入到犯罪主观方面的认识内容中去，则必然会引起心理状态究竟是故意还是过失的认定上的矛盾与困惑。因此，只有将其确定为危害社会结果的心理状态，才是比较科学可行的。

3. 犯罪主观方面是刑法明文规定的心理状态。这表明，犯罪主观方面作为犯罪的构成要件之一，具有"法定性"。我国《刑法》第14、15条所规定的"故意犯罪""过失犯罪"的定义中，分别包括了犯罪故意与犯罪过失的心理内容。而在分则条文中，刑法更以"故意……""明知……""以……为目的""为……"和"过失……"来表明所列各条犯罪的特定心理状态。如果行为人不具备这些特定的心理状态，就不能构成相应的犯罪。

4. 犯罪主观方面是一切犯罪都必须具备的要件。之所以如此，从实质上说，是由主客观相统一的社会危害性决定的。不是在罪过心理支配下实施的行为所造成的客观损害，如同自然灾害、自然事故所造成的损害一样，不具有刑法意义的社会危害性。只有在罪过心理支配下实施的危害行为，才具有刑法意义上的社会危害性。犯罪构成是犯罪的社会危害性的法律标志，主客观相统一的社会危害性，决定了犯罪构成的主客观统一性，决定了成立犯罪必须具备主观要件。从刑法规定上看，我国刑法坚持主客观相统一的原则，明文规定没有故意与过失时不成立犯罪（《刑法》第16条），这便肯定了故意与过失是成立犯罪的主观要件。

对于犯罪主观方面的要件内容，我们同样可以划分为"必备条件"和"选择条件"两个层次。其中，犯罪故意和犯罪过失是犯罪主观方面的必备条件；犯罪目的，则是犯罪主观方面的选择条件。至于"认识错误"，并不是犯罪构成的要件内容，只是由于它的出现有可能改变行为人故意或者过失的心理，从而对刑事责任发生重大影响，才有必要专门研究。

二、犯罪主观方面的意义

1. 犯罪主观方面是区分罪与非罪的重要标准。犯罪主观方面是用以说明行为人在怎样的心理状态的支配下实施危害社会行为的。犯罪的成立，不仅要证明行为人在客观上已经实施了严重危害社会的行为，而且必须同时查明行为人在主观上存在着罪过，如果只有危害行为而缺乏罪过（故意或者过失），则不能成立犯罪，否则便会陷入客观归罪的泥潭。因此，在犯罪构成的其他要件基本具备的情况下，是否存在着犯罪主观方面，就成为某种行为能否成立犯罪的一个重要判断标准。正因为如此，《刑法》第16条才规定："行为在客观上虽然造成了损害结果，但是不是出于故意或者过失，而是由于不能抗拒或者不能预见的原因所引起的，不是犯罪。"在刑法明文规定必须以某种特定目的作为犯罪成立的主观方面的要件的场合，有无这种目的，对能否构成该种特定的犯罪，同样具有决定性的作用。

2. 犯罪主观方面是区分罪与罪之间界限的重要标准。罪与罪的区分可以有不同的标准，但就犯罪主观方面的内容而言，罪过形式不同，反映出行为人主观恶性的程度就有差别，因此，也就决定了行为性质上的差异。所以，犯罪主观方面就能够成为区分此罪与彼罪的重要标准。如同样是一个在客观上造成被害人死亡的行为，如果行为人是基于故意心理而实施的，就应当认定为故意杀人罪；如果由于主观上的过失而形成，则应以过失致人死亡罪论处。因此，查明犯罪行为人实施行为时的心理状态，对于准确区分罪与罪之间的界限，具有十分重要的意义。

3. 犯罪主观方面也是影响量刑轻重的重要根据。量刑的轻重取决于多种不同的因素，关键在于这些因素是否影响行为人的主观恶性和对社会的客观危害。由于行为人主观恶性的不同，刑法上对其评价自然有别，这就必然会影响到实际量刑的轻重变化。例如，同样是犯罪故意，通常认为直接故意（即希望危害结果发生的故意）的恶性要大于间接故意（即放任危害结果发生的故意）；同样是犯罪过失，过于自信过失的恶性也常常要大于疏忽大意过失。因此，在客观危害基本相同的情况下，对于前者的量刑往往会略重于后者，这是犯罪主观方面影响量刑轻重的一个通例。

■ 第二节　犯罪故意

一、犯罪故意的概念

《刑法》第 14 条第 1 款规定："明知自己的行为会发生危害社会的结果，并且希望或者放任这种结果发生，因而构成犯罪的，是故意犯罪。"我们必须注意，犯罪故意与故意犯罪是两个不同的概念，前者是一种罪过心理，而后者是一种犯罪行为方式。由此可以得知，所谓犯罪故意，是指行为人明知自己的行为会造成危害社会的结果，并且希望或者放任这种结果发生的心理态度。这个概念表明，构成犯罪的故意，要具备两个条件：一是行为人的认识因素；二是行为人的意志因素。

1. 从认识因素上讲，行为人必须是明知自己的行为会发生危害社会的结果。认识因素即行为人明知自己的行为会发生危害社会的结果。"明知自己的行为会发生危害社会的结果"与"认识到危害结果会发生"显然不是等同的含义，因为明知自己的行为会发生危害结果，意味着行为人认识到自己以何种行为对何种对象造成危害结果。所以，不能认为直接故意的认识内容就是认识到结果发生，而应认为认识内容包括明知自己行为的性质、对象、结果与意义。

（1）行为人明知自己行为的内容与危害性质。认识到行为的危害性质却仍然实施该行为，就说明行为人具有主观恶性。

（2）行为人明知自己的行为会发生何种危害结果。对危害结果的认识不要求很具体，只要求认识到是什么性质的危害结果。例如，故意杀人时，只要求认识到会有人死亡即可，不要求具体认识到谁在什么具体时刻死亡。对危害结果的明知包括明知危害结果必然发生与可能发生两种情况。行为人所明知的是哪一种情况，应以行为人自身的认识为准，不以客观事实为准。对危害结果的明知表明行为人认识到自己的行为与危害结果之间的因果关系，但只要求行为人认识到因果关系的基本部分，不要求对因果关系发展的具体样态有认识。

（3）某些犯罪的故意还要求行为人认识到刑法规定的特定事实，如特定的时间、地点、方法、对象等。例如，成立掩饰、隐瞒犯罪所得、犯罪所得收益罪要求行为人明知自己窝藏、转移、收购、代为销售的是犯罪所得及其产生的收益，否则不成立本罪。

2. 从意志因素上讲，行为人对其行为将会引起的危害结果必须是希望或者放任发生。认识因素是成立犯罪故意的前提条件，但是，只有认识因素还不能构成故意犯罪。因为在没有认识到危害结果的基础上对行为的支配和控制，其意识是不会有客观社会危害性的。因此，要构成故意犯罪，在主观上还必须具有意志因素，即行为人对自己的行为会引起的危害社会的结果，抱有希望或放任发生的心理态度。根据《刑法》第 14 条的规定，在故意犯罪中，意志对危害行为和危害结果的支配和控制作用，表现为"希望"和"放任"两种形式。所谓希望危害结果的发生，是指行为人希望自己的行为会引起危害社会的结果，并实施一系列的犯罪行为。也就是其对危害结果有目的地、积极地追求的意志状态，如确定犯罪目标、制订犯罪计划、排除犯罪障碍等，从而促使这种结果发生。所谓放任危害结果的发生，是指行为人虽然不是希望、追求危害结果的发生，但是采取听之任之、不加控制和阻止的意志状态。这种态度对结果的发生，虽然不像"希望"的态度那样积极追求，但也没有表明行为人确实不希望甚至阻止危害结果发生。即使危害结果发生了，也在他的意料之中，并不完全违背他的意愿。例如，某甲捅了某乙腹部一刀之后，不顾乙的死活便扬长而去，结果造成乙的死亡。此时某甲的心理态度就是"放任"。这种放任是对危害结果发生的有意放任，而不是放任危害结果的不发生。

二、犯罪故意的种类

（一）犯罪故意的法定分类

根据行为人的认识程度和对危害结果所持态度的不同，即其意志的表现形式不同，刑事立法上把犯罪的故意分为直接故意和间接故意两类。

1. 直接故意。直接故意是指行为人明知自己的行为会发生某种危害社会的结果，并且希望这种结果发生的心理态度。构成直接故意须具备两个条件：一是"明知"；二是"希望"。二者必须同时具备，缺一则不构成直接故意。根据行为人对其行为发生社会危害性预见的程度不同，可以把直接故意分为两种形式：一种是行为人明知自己的行为必然发生某种危害结果，并且希望这种结果发生，即"必然性"的直接故意。例如，甲欲杀死乙，他用枪对准乙的后脑部位射击，明知其行为的结果是致乙死亡，但仍为之。另一种是行为人明知自己的行为可能发生某种危害结果，并且希望这种结果发生，即"可能性"的直接故意。例如，甲欲杀乙，但与乙相距较远且射击技术不佳，至于能否把乙杀死，没有充分把握，可是甲还是开枪射击了。即使乙没有死亡，也属于直接故意。在司法实践中，故意犯罪的案件，绝大多数是直接故意。

另外，在直接故意的情况下，行为人常常有明确的犯罪目的。正是这种目的，逐渐变成犯罪的意志力量，从而去支配和控制行为人进行犯罪活动。因此，直接故意犯罪，往往取决于犯罪目的。

2. 间接故意。间接故意是指行为人明知自己的行为可能发生某种危害社会的结果，并且放任这种结果发生的心理态度。构成间接故意也须具备两个条件：一是"明知"；二是"放任"。二者须同时具备，缺一不能构成间接故意。行为人对危害结果发生的明知程度仅限于明知其可能性；倘若明知危害结果必然发生则属于直接故意的范畴。所谓"放任"，不同于"希望"，是指行为人对危害结果的发生，不是希望，也不去阻止，而是放任自流、任凭发生的一种心理态度。例如，甲乙二人有仇，甲放火烧乙的房屋，以示报复。他明知乙的老母在屋内睡觉，可能被火烧死，此时他虽然不希望烧死乙母，但因报复心切，却置乙母的死亡于不顾，仍然放火，结果乙母被火烧死。在本案中，甲对乙母可能烧死的结果所持的就是放任的态度。

如果行为人对可能发生的危害结果，没有放任发生，而是设法加以制止，在这种情况下即使发生了危害结果，也不能认定行为人是间接故意犯罪。可见，确定间接故意的关键，就在于行为人是采取放任危害结果发生的态度，还是想避免危害结果发生。如果未设法避免和制止危害结果发生，而是任凭危害结果发生，就是间接故意犯罪。

在司法实践中，故意犯罪多数为直接故意犯罪，间接故意犯罪的案件为数较少，但具有复杂性。通常认为间接故意在以下三种情况下发生：

（1）行为人在追求某一犯罪目的时，放任其行为可能引起的另一个危害结果发生。例如，甲投毒杀害其妻，甲将毒药放入其妻饭碗内。此时甲对杀妻无疑是直接故意。但是甲也应预见到其妻可能用该饭喂其幼子，他虽然不希望毒死儿子，但一心要毒死其妻，则不顾其幼子的死活，仍然投毒，结果其子果然中毒死亡。这一结果的发生虽不是甲所希望的，但其子有可能被毒死又是在其意料之中的。甲为了杀死妻子，却放任了其幼子死亡结果的发生。

（2）行为人在追求某一非犯罪目的时，而放任其行为可能引起的另一个危害结果发生。例如，甲乙两青年在某小学附近用气枪打鸟，甲发现有一只小鸟落在学校门口的石阶上，便举枪瞄准。乙说"别打，有人出来。"甲说："打死活该，谁让他这时出来。"结果打中因课间休息在校园内打闹而跑出校门的一个小学生。此案中，甲用气枪打鸟并非犯罪行为，但对小学生死亡结果的发生，却已构成间接故意杀人。这就是因为甲对可能打死他人的危害结果持放任态度。

（3）行为人实施某些突发性犯罪，不计后果，放任严重结果的发生。例如，甲因上车不排队而被乙干预，二人发生口角，甲拔刀将乙刺倒在地，扬长而去，结果乙经抢救无效死亡。甲虽然明知乙可能被刺死，但并非希望乙死亡，而是抱着放任的态度，所以甲构成间接故意杀人。

第八章

（二）犯罪故意的学理分类

1. 确定的故意与不确定的故意。确定的故意，是指行为人明知自己的行为会发生危害社会的结果，在行为对象和具体侵害目标十分确定的情况下，仍然决意实施的心理状态；不确定的故意，则是指行为人虽然明知自己的行为会发生危害社会的结果，但在对行为对象和侵害目标尚缺乏明确和特定认识的情况下，决意实施的心理状态。不确定的故意，根据其不确定程度的不同，又可以进一步划分为概括的故意、择一的故意和未必的故意等。这种学理分类，对于深化对犯罪故意的认识，尤其是在认定共同犯罪的故意内容时，具有十分重要的意义。

2. 预谋的故意与突发的故意。预谋的故意，又称为熟虑故意，是行为人在事先对整个犯罪过程进行过深思熟虑之后才形成的故意心理状态；突发的故意，又称为激情故意或者偶发故意，是行为人在没有任何预谋情况下，基于内外因素的一时激发而瞬间产生的故意心理状态。就犯罪主观方面而言，通常情况下，具有预谋故意的犯罪人，其主观恶性要大于突发故意的犯罪人。所以，预谋故意将成为刑事审判实务中酌情从重的量刑情节。

三、犯罪故意的司法认定

1. 直接故意与间接故意的区别。作为故意犯罪，直接故意与间接故意，行为人在认识因素上都是明知其行为会发生危害社会的结果。但是，二者仍然存在着明显区别：

（1）从认识因素上看，二者对行为导致危害结果发生的认识程度有所不同。犯罪的直接故意既可以是行为人明知自己的行为必然发生危害结果，也可以是明知其行为可能发生危害结果。而犯罪的间接故意只能是行为人明知自己的行为可能发生危害结果。

（2）从意志因素上看，二者对危害结果发生的心理态度显然不同。直接故意是希望即积极追求危害结果的发生。在这种心理支配下，行为人就会想方设法克服困难，创造条件，排除障碍，积极地甚至顽强地实现犯罪目的，造成犯罪结果。间接故意对危害结果的发生则不是持希望的心理态度，而是持放任的心理态度。"放任"就是对结果的发生与否采取听之任之、满不在乎、无所谓的态度，不发生结果他不懊悔，发生结果也不违背他的本意。在放任心理支配下，行为人就不会想方设法排除障碍，或是努力阻止特定危害结果的发生。意志因素的不同，是两种故意区别的关键所在。

2. 犯罪故意与一般生活意义上的"故意"的区别。犯罪故意具有社会危害性的特定内容，具体表现为对自己实施的危害行为及其危害结果的认识持希望或放任态度。一般生活意义上的"故意"只是表明行为人有意识地实施某种行为，但不具有上述犯罪故意的内容。例如，行为人在黑暗处实施盗窃行为时，为了物色盗窃对象而划火柴，结果造成火灾。在一般意义上说，划火柴的行为显然是"故意"的；但行为人在划火柴时并没有认识到可能发生火灾，并不是希望或者放任危害结果发生，因而不是刑法上的犯罪故意。又如，行为人面对正在进行的不法侵害实施正当防卫时，在一般意义上说是"故意"的，但它绝不是刑法上的犯罪故意。

3. 犯罪故意与单纯的认识或目的的区别。故意是认识因素与意志因素的统一，因此，既不能用意志因素代替故意，也不能用认识因素代替故意。用"具有……目的"代替故意，或者认为"认识到违反规章制度时是故意"，都是不妥当的。前者会缩小故意的范围，后者会扩大故意的范围。因为间接故意没有追求犯罪结果的目的，用目的代替故意可能将间接故意排斥在故意之外；而认识到行为违反规章制度，并不表明行为人一定认识到了危害结果发生，更不表明行为人希望或者放任危害结果发生，故"认识到违反规章制度时是故意"的观点，会将过失心理归入故意。

■ 第三节　犯罪过失

一、犯罪过失的概念

《刑法》第 15 条第 1 款规定："应当预见自己的行为可能发生危害社会的结果，因为疏忽大意而没有预见，或者已经预见而轻信能够避免，以致发生这种结果的，是过失犯罪。"犯罪过失与过失犯罪是两个不同的概念，前者是一种罪过心理，后者是一种犯罪行为方式。由此可以得知，所谓犯罪过失，是指行为人应当预见自己的行为可能发生危害社会的结果，因为疏忽大意而没有预见或已经预见但轻信能够避免，导致危害结果发生的一种心理态度。从这个定义看，犯罪过失也兼有认识因素和意志因素两个条件。

二、犯罪过失的种类

犯罪过失依据不同的分类标准也可以进行多种类的划分。例如，根据意识因素和意志因素的差别，可将其分为"疏忽大意的过失"和"过于自信的过失"；根据认识状况的不同，可将其分为"无认识的过失"和"有认识的过失"；根据主体及其违反的规范内容，可将其分为"普通过失"和"业务过失"；根据过失的程度可分为重过失与轻过失。由于疏忽大意的过失犯罪和过于自信的过失犯罪已在我国刑法中作出了规定，因此，这种划分也被刑法学上称为犯罪过失的法定分类。后三种分类则被称为学理分类。

（一）犯罪过失的法定分类

1. 疏忽大意的过失。疏忽大意的过失，指行为人应当预见自己的行为可能发生危害社会的结果，因为疏忽大意而未预见，以致发生这种结果的主观心理状态。疏忽大意的过失有以下特征：

（1）行为人对危害结果的发生没有预见。换言之，行为人在实施危害行为时对自己行为可能会引发的危害结果没有认识。行为人既不希望也未放任这种结果的产生，危害结果的产生违背行为人自己的意愿。如果行为人意识到会出现这一结果，他将不会继续实施该行为或会及时采取必要措施以防止危害结果的发生。

（2）行为人应当预见到行为可能发生危害结果。换言之，行为人有义务预见并且避免危害结果的发生。行为人预见义务产生的依据是：①法律、法令、规章制度规定的注意义务；②社会共同生活准则即习惯常理所要求的注意义务，包括职务上或地位上的要求。行为人如果缺乏预见义务，就不存在疏忽大意的过失。对于行为人基于认识水平所不能预见的事物，或在行为当时的客观条件下无法预见的事物，行为人无预见义务。

（3）行为人在实施行为时因疏忽大意而未能履行预见危害结果的义务，以致行为产生了危害社会的结果。例如，谢某是某乡民兵，一日与同乡携猎枪进山打猎。远远地看到一棵大树上有白影翻动，谢某以为是只白鹤，遂举枪射击。枪响后传来一声惊叫，方知误伤了人。急忙跑过去，原来是一个穿白衣的初中女生李某在林间树上摘野果。子弹穿过左胸，李某送医院不治身亡。在本案中行为人因疏忽大意，没有预见行为可能产生的危害结果，在有责任预见时，没有履行预见义务，致危害结果发生，谢某主观上属疏忽大意过失。

2. 过于自信的过失。过于自信的过失，指行为人已经预见到自己的行为可能发生危害社会的结果，但轻信能够避免，以致发生这种结果的心理态度。行为人就过于自信的过失承担刑事责任的原因在于未履行避免危害结果发生的义务。过于自信的过失有以下特征：

（1）行为人已经预见到行为可能发生危害社会的结果。对危害结果是否有预见，是疏忽大意的过失与过于自信的过失的主要区别。在过于自信的过失中，行为人对危害结果的发生已有了不同程度的预见认识，准备承担一定的风险，但这种预见认识是较为模糊的。究竟会发生何种结果、结果如何发生等，行为人并不清楚。

（2）行为人轻信自己可以避免危害结果的发生，危害结果的出现违背行为人意愿。行为人之所以在有预见认识的情形下，仍继续其行为，原因在于行为人根据一定条件，相信自己能够避免危害结果的发生。这些条件如主观条件（行为人自己的经验技能、知识等）、客观条件、他人条件（行为人以外的其他人所能提供的避免危害结果发生的帮助能力）等，并非行为人凭空捏造的，而是真实存在的，只是这些条件并不如行为人所想的那样足以避免危害结果的发生。正是由于行为人过高估计有利条件，过低估计不利条件，因而未采取有效措施避免危害结果，终致这种结果发生。

例如，某油漆仓库保管员文某，平时工作一贯勤勤恳恳，但抽烟成癖，烟瘾极大。有时上班时实在忍不住，也偷偷地抽。文某当保管员多年，知道工作时抽烟有火灾隐患。但他一直以为只要自己小心些，就可以防止这一结果。一日，终因其抽烟不慎引起仓库大火，致人员二死三伤，财产损失巨大。在本案中，文某主观上属于过于自信的过失。

3. 疏忽大意的过失与过于自信的过失的区别。疏忽大意的过失和过于自信的过失中，行为人的认识因素和意志因素的内容都有所不同。

（1）从认识因素上看，疏忽大意的过失是行为人应当认识自己的行为可能发生危害结果，而行为人没有认识到；过于自信的过失是行为人已经认识其行为可能发生危害社会的结果。如果事实表明，某种危害结果确实是由行为人造成的，但他缺乏预见能力，不可能对此有认识，则不成立过失犯罪。

（2）从意志因素上看，前者之所以应当认识而没有认识，是因为"疏忽大意"，表现为缺乏认识状态下的决意行事，常常显示出无所顾虑的行为倾向；后者已经认识到危害结果，之所以会发生危害结果，是因为行为人"轻信能够避免"。"轻信"则是一种有认识的意志表现，往往会在行为过程之中，在危害结果发生之前，反映出行为人焦虑不安、无可奈何等心理状态，甚至出现尽力避免危害结果发生的行为倾向。因此，行为人既不希望也不放任危害结果的发生，而是否定危害结果的发生，即行为人的主观愿望与客观效果是不一致的。

（二）犯罪过失的学理分类

1. 根据行为人对行为产生的危害结果是否有认识，可以将过失分为无认识过失与有认识过失。这种类别划分，事实上是犯罪过失法定分类的学理概括。因为前者以行为人缺乏对自己行为所造成的危害结果的认识为前提，故称无认识过失；后者则是行为人在已经预见到行为产生危害结果可能性的基础上才构成的，故称有认识过失。在构成无认识过失的场合，行为人究竟是没有认识到行为事实本身还是没有认识到这种事实的性质，是一个值得研究的问题。就无认识过失的性质及立法对其作否定性评价的目标而论，我们认为，这种"无认识"显然不是指对行为及其结果本身的无认识，而应当是指行为人对其行为结果危害社会的性质缺乏认识。例如在防卫过当致人死亡的场合，行为人虽然也认识到防卫行为致人死亡的结果状态，但由于其只认识到防卫行为的合法性，而未认识到过当致死的非法性质。所以，其主观上仍然是一种无认识过失。因此，对行为及其结果的社会危害性缺乏应有的认识，是无认识过失的核心所在。与此相反，有认识过失是一种违反回避结果发生义务的犯罪心理状态，它以行为人业已预见到自己行为产生危害社会结果的可能性为先决条件，其实也是一种过于自信的过失。

2. 根据行为人所违反的是否为业务上的注意义务，可以将过失分为普通过失与业务过失。普通过失，是指行为人在日常生活或一般社会交往中，违反一般注意义务，造成危害结果的心理态度。普通过失的主体是一般主体，其违反的是一般的社会生活准则，发生在日常生活或一般社会交往中。过失致人死亡罪、失火罪等均为普通过失。业务过失，是指行为人在业务活动中，违反业务上的注意义务，造成危害结果的心理态度。业务过失的主体是从事业务的人员，其违反的是业务上的特别注意义务，注意义务的具体内容由业务性质与范围决定。业务过失发生在业务活动中，这里的"业务"是指具有危险性的、在性质上是反复实施的技术性或技能性活动。我国刑法规定的交通肇事罪、重大责任事故罪等属于业务过失犯罪。

由于业务过失罪的发案率高、危害性大、行为人违反义务的程度重，故在外国

第八章

刑法中，业务过失犯罪的法定刑均重于普通过失犯罪。但我国刑法则相反。这在立法当时或许具有一定理由，但从现实情况来看，规定业务过失犯罪的法定刑重于普通过失的法定刑才是合适的。

3. 根据过失的程度，可以将过失分为重过失与轻过失。重过失是指违反注意义务的程度严重的过失，即只要行为人稍加注意就可以避免结果的发生，但行为人违反了这种起码的注意义务。例如，在油库抽烟却没有预见到发生火灾，或者已经预见而轻信能够避免，就属于重过失。业务过失实际上都应属于重过失。轻过失是指违反注意义务的程度轻微的过失，即较难预见或避免的结果，行为人因为不注意而没有预见或避免。轻过失反映的主观恶性明显轻于重过失，故前者的刑事责任轻于后者。当然，在量刑时还要考虑其他事实与情节。

三、犯罪过失的司法认定

（一）如何认定"疏忽大意"

1. 应当把行为人的知能水平，与行为本身的危险程度以及行为时的客观环境结合起来考虑。有些行为人，按其本身的知能水平来说，能够预见危险程度高的行为可能发生危害结果，但不能预见危险程度低的行为可能发生危害结果；有些行为人，在一般条件下能够预见某种行为可能发生危害结果，但在某种特殊条件下，受客观环境的限制，却不能预见某种行为可能发生危害结果，例如，在油库划火柴抽烟的危险性很大，在稻谷仓库划火柴抽烟的危险性相对小一些。故实施前一行为的人预见发生火灾的可能性就大，应当预见的义务就高。再如，白天在有人通行的地方锯树，就能预见可能致人死亡；但夜间在没有人通行的地方锯树，就难以预见致人死亡。离开行为本身的危险程度与行为时的客观环境，仅仅考虑行为人的知能水平，显然不能得出正确结论。

2. 应当把行为人的知能水平与客观要求联系起来进行考虑。法律、法令、规章、准则给人们提出了客观要求，提出了预见义务。但如前所述，这种预见义务是针对一般人提出来的（如果是特殊行业中的预见义务，则是针对该行业中一般人提出的义务），判断行为人能否预见，就要将行为人的知能水平与这种客观要求联系起来，看行为人所具有的主观能动性，是否达到了足以符合客观要求的程度。如果一般人能够根据客观要求预见危害结果，而行为人的知能水平决定了他不能根据客观要求预见危害结果时，行为人就不应当预见危害结果；反之，如果一般人不能根据客观要求预见危害结果，而行为人的知能水平决定了他能够根据客观要求预见危害结果时，行为人就应当预见危害结果。

（二）如何认定"过于自信"

1. 不能把遵循了行为规则的行为认定为过于自信的过失。随着社会生活的复杂化，危险行为明显增多；许多危险行为不仅不可避免地存在，而且对社会发展具有必要性与有用性；实施这种危险行为的人，如果遵守了其行为所必需的规则，以慎重的态度实施其行为，即使造成了侵害合法权益的结果，也不能追究行为人的刑事责任。例如，从事科学试验的人总是预见到了试验失败可能造成的危害后果，但只要他们遵循了科学试验规则，以慎重态度从事科学试验，即使试验失败带来了损失，也不能认定为过于自信的过失。因此，凡是遵循了行为规则的，就不得认定为轻信能够避免。

2. 不能将不可避免的结果认定为因轻信能够避免而造成的结果。在某些情况下，行为人预见到了结果发生的可能性，但不可能采取措施避免结果发生，或者虽然采取了避免结果发生的措施，但结果仍然不可避免，对此显然不能认定为过于自信的过失。

（三）如何区别过于自信的过失与间接故意

1. 认识因素上有所不同。二者虽然都预见到了行为发生危害结果的可能性，但它们对这种可能性是否会转化为现实性，即实际上发生危害结果的主观估计是不同的。间接故意的心理对可能性转化为现实性并未发生错误的认识和估计，并不是认为这种可能性不能转化为现实性，因而在可能性转化为现实性即发生危害结果的情况下，行为人的主观认识与客观结果之间并未产生错误，主观与客观是一致的。而过于自信的过失心理则不同，具有这种心理者虽然也预见到了危害结果发生的可能性，但其主观上认为，由于他的自身能力、技术、经验和某些外部条件，实施行为时，危害结果发生的可能性不会转化为现实性，即他对可能性转化为现实性的客观事实发生了错误认识，在危害结果发生的情况下，其主观与客观是不一致的。

2. 意志因素上有重要区别。过于自信的过失与间接故意虽然都不希望危害结果的发生，但深入考察，二者对危害结果的态度仍是不同的。间接故意的行为人虽不希望结果发生，但也并不反对、不排斥危害结果的发生，因而也就不会凭借什么条件和采取什么措施去防止危害结果的发生，而是听之任之，有意放任危害结果的发生。过于自信过失的行为人不仅不希望危害结果的发生，同时也不放任危害结果的发生，而是希望危害结果不要发生，希望避免危害结果的发生，即排斥、反对危害结果的发生。在预见到自己的行为可能发生危害结果的情况下，行为人仍然相信能够避免危害结果的发生，并因而实施该种行为，他必然是凭借一定的自认为能够避免危害结果发生的因素，如行为人自身能力方面的技术、经验、知识、体力等因素或他人的行为预防措施，以及客观条件或自然力方面的有利因素等。

■ 第四节 犯罪目的与犯罪动机

一、犯罪目的

犯罪目的，是指行为人通过实施犯罪行为所希望达到的某种危害社会的结果。它也是行为人主观上的一种心理态度，是构成某些犯罪主观方面的必备要件，只存在于直接故意犯罪之中。但并非直接故意犯罪都以犯罪目的为构成要件，只有在刑法分则有明文规定的具有特定目的的犯罪中，它才能成为犯罪构成的必备要件。如

《刑法》第 126 条规定的违规制造、销售枪支罪的构成，须具有非法销售的目的；第 152 条规定的走私淫秽物品罪的构成，必须具有牟利或传播的目的；第 192 条规定的集资诈骗罪的构成，必须具有非法占有他人财物的目的；第 239 条规定的绑架罪的构成，必须具有勒索财物或绑架他人作为人质的目的；等等。在法律标明犯罪目的的犯罪中，特定的犯罪目的是犯罪构成的必备要件，对法律未标明犯罪目的的直接故意犯罪来说，犯罪目的也是其犯罪直接故意中必然存在的一个重要的内容。因此，查明有无犯罪目的，对于正确确定犯罪性质具有重要意义。

二、犯罪动机

所谓犯罪动机，是指刺激犯罪人实施犯罪行为以达到犯罪目的的内心冲动或者内心起因。犯罪动机是人的行为动机，它产生于物质、生理或精神的需要。它不仅是形成犯罪目的的前提，而且是刺激、推动危害行为围绕实现犯罪目的进行活动的动力。因此，行为人某种犯罪目的的确定，绝不是无缘无故的，而是始终以一定的犯罪动机作指引的。例如，就直接故意杀人罪来讲，非法剥夺他人生命是其犯罪目的，而促使行为人确定这种犯罪目的的内心起因即犯罪动机，可以是贪财、奸情、仇恨、报复或者极端的嫉妒心理等。可见，只有搞清行为人的犯罪动机，才能真正了解其为什么追求某种犯罪目的。

例如，同样出于嫉妒的动机，有的通过杀人来满足，有的通过伤害来满足，还有的通过诬陷来满足，等等。不同的犯罪动机往往不直接影响犯罪构成的性质，但却可以反映出行为人主观恶性程度的差别。因此，它对于准确量刑具有重要意义。在某些情况下，犯罪动机对直接故意犯罪的定罪也具有一定的意义。这主要表现在按《刑法》第 13 条规定的情节对成立犯罪与否具备重要影响的场合。在刑法分则的某些条文中，如《刑法》第 246 条的侮辱罪和诽谤罪、第 248 条的虐待被监管人罪、第 260 条的虐待罪、第 275 条的故意毁坏财物罪、第 322 条的偷越国（边）境罪等，明确规定以情节是否严重、是否恶劣作为划分罪与非罪的界限。这样，作为重要犯罪情节之一的犯罪动机，自然在一定程度上，尤其是在这些"情节犯"的情况下，可以成为影响犯罪能否成立的一个因素。

三、犯罪动机与犯罪目的的关系

（一）二者的区别

1. 犯罪动机是犯罪的内心起因，是犯罪的内在动力，较深层、抽象；犯罪目的是行为人追求的客观犯罪在主观上的反映，较具体。

2. 同一犯罪目的可以有不同的犯罪动机。例如，故意伤害罪的目的是非法侵害他人的身体健康，动机可能是报复，也可能是争风吃醋。一些青少年甚至可以因为看某人不顺眼而实施伤害行为。不同的犯罪动机不直接影响构成性质，却能反映行为人主观恶性程度的差别。

3. 相同的犯罪动机也可能导致不同的犯罪目的。例如，满足贪欲是动机，这种动机可刺激犯罪人实施贪污、受贿行为以达到谋取非法利益的目的，实施盗窃行为

第八章

来达到非法占有公私财物的目的，实施走私行为以达到非法牟取暴利的目的。

（二）二者的联系

1. 犯罪动机与犯罪目的可以在一定条件下互相转化。例如，非法占有公私财物是抢劫罪的犯罪目的，但当抢劫者实施抢劫行为遭到被害人反抗时，为夺取财物使用暴力杀害被害人，贪财便成为杀人的动机。

2. 犯罪动机与犯罪目的都是犯罪人在实施犯罪过程中存在的主观心理活动，其形成和作用反映行为人主观恶性及社会危害程度。

3. 犯罪目的以犯罪动机为前提，先有犯罪动机，后有犯罪目的，犯罪动机促使犯罪目的的形成。

■ 第五节 认识错误

刑法上的认识错误，是指行为人对于自己行为的法律性质和事实情况的认识发生错误。它是犯罪主观方面的一项内容。这种认识错误有可能影响行为人主观上的心理态度。因此，学习和研究这一问题的意义就在于解决在行为人主观上发生认识错误的情况下，如何确定其刑事责任。

一、对法律认识的错误

对法律认识的错误，是指行为人对自己的行为在法律上的性质和后果认识有错误。这种错误一般是由行为人不知法律和误解法律造成的，包括对自己的行为是否构成犯罪、构成何种犯罪、是否要受处罚以及受何种处罚等，在认识上发生错误。这种错误大致有以下三种类型：

1. 行为人将无罪误认为有罪。即行为人的行为依照法律并不构成犯罪，但行为人误认为构成了犯罪。例如，有的人把自己轻微斗殴、少量偷窃、通奸、恋爱中的越轨行为等一般的违法行为或不道德的行为误认为是犯罪，甚至向公安局、法院等司法机关"自首"。这在刑法理论上叫做"假想的犯罪"。对此，不能追究行为人的刑事责任。

2. 行为人将有罪误认为无罪。即行为在法律上被规定为犯罪，而行为人却误认为不构成犯罪。如甲抓住与其妻通奸的乙，便把乙捆绑起来吊打致重伤。这一行为本是刑法所禁止的犯罪行为，而甲却误认为吊打奸夫是情理所容，不算是犯罪。甲对法律的认识错误并不影响其故意伤害罪的成立。

3. 行为人对其应成立的罪或应处刑罚的轻重认识上有错误。即行为人认识到自己的行为已经构成犯罪，但对自己的行为触犯了刑法规定的何种罪名，应当被处以什么样的刑罚，存在不正确的理解。例如，某甲出于贪财，偷割正用于通信的电线，非法占为己有，自以为犯的是一般的盗窃罪，殊不知刑法将上述罪行规定为破坏广播电视设施、公用电信设施罪，该罪的法定刑高于盗窃罪。对此，不能因行为人不知法律而影响其行为的性质及处罚的轻重，仍应按刑法的规定追究其破坏广播电视

第八章

设施、公用电信设施罪的刑事责任。

总之，行为人对法律认识的错误，一般情况下不影响定罪，但根据案件的具体情况可作为量刑的酌定情节予以考虑。

二、对事实认识的错误

对事实认识的错误，是指行为人对于自己的行为是否属于犯罪构成要件的事实情况的认识错误。这种认识错误大致有以下几种：

1. 客体的错误。即行为人意图侵犯一种客体，而实际上侵犯了另一种客体。例如，某甲在公共场所侮辱妇女，遭一位老人斥责后又辱骂、殴打老人，恰有外出执行任务的两个身着便服的公安干警路过，即上前将甲扭获，出示证件后将甲带往附近派出所。行至途中，被甲的三个酒肉朋友乙、丙、丁遇见。三人认为甲是与人打架而被对方拿获，三人边走边小声商定要打对方个措手不及，救出甲来。待走近时，三人齐声一喝，即上前用拳头、酒瓶猛击两个便衣公安干警，将两个干警打倒在地，造成轻伤，甲乙丙丁四人一起逃走。在这个案件中，如果乙丙丁三人知道对方是正在执行职务的公安干警，就构成了《刑法》第277条的妨害公务罪。但他们不知道对方是公安干警，以为对方是与甲打架的公民，因而应认定他们构成了《刑法》第234条的故意伤害罪。就是说，乙丙丁三人意图侵犯的是他人的健康权利，却由于其认识错误，而实际上侵犯了国家工作人员正在执行的正常公务活动。对这种客体错误的案件，应当按照行为人意图侵犯的客体定罪。

2. 对象的错误。

（1）具体目标的错误，两个对象的法律性质不同，行为人误以人为兽而实施杀伤行为，这类情况显然不是故意犯罪，应根据实际情况确定为过失犯罪，或是意外事件。还有一种情况是误以兽为人，这种情况则属犯罪未遂。

（2）具体目标的错误，两个对象的法律性质相同，即把一个人当做另一个人而加以侵害。例如，行为人想杀害或伤害甲，于夜晚持刀潜入甲家，对睡在甲床上的人实施了杀害或伤害行为，不料甲当夜不在家，睡在甲床上的是甲的弟弟乙。这种对具体目标的错误认识，对行为人的刑事责任不发生任何影响，行为人仍应负故意杀人罪或故意伤害罪的刑事责任。因为甲乙的生命、健康在法律上的价值一样，同样受到法律保护。

3. 行为实际性质的错误。行为实际性质的错误，即行为人对自己行为的实际性质发生了错误的理解。例如，盗窃犯某甲盗窃了一辆摩托车，谎称是朋友委托转让而请求修理摩托车的个体户某乙代为销售，讲明销售后给乙一笔劳务费。乙听信了甲的谎言，想办法把摩托车销售出了。后来买主骑摩托车外出时，正好被原来的失主发现，遂加以追问并告发。经公安机关追查，查清了案件事实。此案中，乙的行为的实际性质是代为销售赃物，但由于他不知道摩托车是甲盗窃来的，从而对自己行为的实际性质产生了误解，这就排除了他代为销售赃物的犯罪故意，不能认定为销售赃物。

4. 工具的错误。理论上有的称为手段的错误、方法的错误。所指的大致是这样一些情况：行为人误把白糖、碱等无毒物当作砒霜等毒药去毒杀人，误用空枪、坏枪、臭弹去射杀人，从而未能发生致人死亡的结果。我们认为，这些情况并不是行为人对所选择的犯罪手段、方法本身不能造成犯罪结果有误解，而是行为人对实际用来犯罪的工具的性质发生了误解，即行为人对投毒手段、方法所用的毒药以及枪杀手段、方法所用的枪支、弹药这些犯罪工具的实际效能发生了错误认识，从而导致犯罪结果未能发生。因此，这类情况称为对工具效能认识的错误更为确切。在这类情况下，行为人具备犯罪的主客观要件，只是由于对犯罪工具实际效能的误解而致使犯罪行为未发生犯罪既遂时的犯罪结果，应以犯罪未遂追究行为人的刑事责任。

5. 因果关系的错误。即行为人对自己所实施的行为和所造成的结果之间的因果关系的实际发展过程有错误认识。对此应按照主客观相统一的刑事责任原则的要求，分析和解决这种错误认识是否影响行为人的刑事责任。因果关系的认识错误主要包括以下四种情况：

（1）行为人误认为自己的行为已经达到了预期犯罪结果，事实上并没有发生这种结果。例如，甲欲杀乙，便持棒将乙击昏，以为已致乙死亡而离去，后乙遇救未死。这种情况不影响甲构成故意杀人罪，但属于犯罪未遂。

（2）行为人所追求的结果事实上是由于其他原因造成的，行为人却认为是自己的行为造成的。例如，甲蓄意杀乙，某晚趁乙外出途中，潜在路边树林中开枪击中乙，乙当时倒地昏迷过去，甲看到乙不再动弹，以为已将乙杀死而潜逃。过了一段时间，乙苏醒过来，慢慢往家里方向爬，爬到公路一拐弯处，一辆卡车高速驶来，司机因疏忽大意，发现爬行的乙时已来不及刹车躲避，汽车从乙身上轧过，致乙死亡。这里司机当然构成了交通肇事罪，甲虽然相信自己的枪杀行为已致乙死亡，却不能认定他构成故意杀人罪的既遂，因为乙死亡结果的发生并不是其枪击行为直接造成的，因而应当让甲负故意杀人未遂的刑事责任。

（3）行为人的行为没有按照他预想的方向发展和预想的目的停止，而是发生了行为人所预见所追求的目标以外的结果。例如，甲想伤害乙，持刀向乙大腿扎了一刀，随即逃走，不料扎中乙的动脉血管，又因当时无人到场抢救，乙因流血过多而死亡。这种情况下，虽然甲的行为发生了致乙死亡的危害结果，但甲并无杀害乙的故意，因而不能认定甲构成故意杀人罪，而只能让甲负故意伤害致人死亡的刑事责任。

（4）行为人实施了甲、乙两个行为，伤害结果是由乙行为造成的，行为人却认为是由甲行为造成的。例如，行为人意图扼杀被害人，将被害人扼昏后，误以为被害人已死亡。为逃避罪责，遂将被害人抛"尸"河中，或者用绳子套住被害人颈部吊起，制造被害人自杀的假象。殊不知，后实施的抛"尸"河中的行为或吊起被害人的行为，却淹死或勒死了被害人。这种情况下，犯罪人主观上存在着杀人的故意，客观上也实施了杀害行为，被害人死亡结果的发生也确实是由他的行为直接造成的，因而其错误认识不应影响行为人的刑事责任，行为人仍应负故意杀人既遂的刑事责任。

【思考题】

1. 为什么说罪过是行为人承担刑事责任的主观基础？
2. 如何区分刑法中的犯罪故意与日常生活中的故意？
3. 如何理解犯罪故意中的"明知"？
4. 如何理解间接故意中的"放任"？
5. 如何理解和把握犯罪过失中的"应当预见"？
6. 如何理解犯罪目的和动机的关系？
7. 事实认识错误对定罪量刑有何影响？
8. 如何理解间接故意和过于自信过失的区别？

第八章

第九章

故意犯罪形态

学习目的与要求　掌握犯罪停止形态的概念、特征，掌握各种犯罪停止形态的概念、特征、类型及处罚原则。

■ 第一节　故意犯罪形态概述

一、故意犯罪形态的概念和特征

犯罪形态有广义和狭义之分。广义的犯罪形态包括故意犯罪过程中的停止形态、共同犯罪形态和数罪形态。狭义的犯罪形态仅指故意犯罪过程中的停止形态。本章以狭义的犯罪形态为研究对象。

故意犯罪往往要经历一个发展过程，即行为人决意实施犯罪后，一般要为实现其犯罪目的进行一番准备，然后着手实行犯罪，最终完成犯罪。在这一发展过程中，行为人可能顺利地经过每一阶段，最终完成犯罪，也可能由于主观或者客观方面的原因，在其中的某一阶段其犯罪行为便告终结。刑法理论就将这些因各种原因致犯罪终结所形成的不同状态，称为故意犯罪形态。准确地讲，故意犯罪形态或故意犯罪过程中的停止形态，是指故意犯罪在其发展过程中，由于主观或客观原因所形成的犯罪的不同结局状态。

以故意犯罪终结时是否已达到完成状态为标准，可将故意犯罪形态分为两类，即完成形态和未完成形态。完成形态，是指故意犯罪顺利地经过每一阶段，已经达到了刑法要求的完成状态的情形。故意犯罪的完成形态只限于犯罪既遂。未完成形态，是指故意犯罪在其发展过程中，尚未达到刑法要求的完成状态，就由于主观或者客观原因而终结的情形。故意犯罪的未完成形态包括犯罪预备、犯罪未遂、犯罪中止。

故意犯罪形态具有以下特征：

1. 结局性，即故意犯罪的所有形态都是某人所实施的某一具体犯罪的最终结局状态。如果只是故意犯罪过程中出现的暂时的停顿状态或者中断状态，就不能称之为故意犯罪形态。如甲某晚正在撬某单位财务室的保险柜时，被巡逻的保安抓获。这种情形就具有结局性，应属于犯罪未遂。但如果是甲前晚未撬开保险柜，空手而归，但第二晚再次前往，终将保险柜撬开，盗走现金 5 万元。其中前晚空手而归的状态就不具有结局性，而只是其盗窃行为的暂时中断，故不能称之为故意犯罪形态。

2. 排他性，即就同一行为人所实施的同一故意犯罪而言，只可能是一种犯罪形态，而不可能同时存在几种犯罪形态，或者从一种犯罪形态又转化为另一种犯罪形态。这实际上是由故意犯罪形态的结局性决定的，因为既然各种犯罪形态已是一种最终的结局，它们之间就不可能是一种相互包含或者转化的关系。如甲故意杀乙的行为一旦形成犯罪预备，就不可能再往前发展，形成犯罪未遂。再如，甲将乙的 5 万元盗回自己家里两天后，最终突发悔改之意，又悄悄送回了乙家。这里由于甲将乙的 5 万元盗回自己家后，已经形成了犯罪完成的结局状态，即构成了犯罪既遂，因而不能因为甲将乙的钱送回，而使其犯罪由犯罪既遂转化为犯罪中止。甲还乙钱的行为，只能视为犯罪既遂后的悔罪表现，在量刑时予以考虑。

3. 局限性，即故意犯罪形态只存在于直接故意犯罪之中，间接故意犯罪和过失犯罪都不存在此处所讲的犯罪形态问题。间接故意犯罪不存在犯罪形态，主要是由于行为人主观上对危害结果的放任态度，其行为只有在所放任的危害结果发生的情况下才构成犯罪，危害结果如果没有发生就根本不构成犯罪。一般而言，过失犯罪是结果犯，刑法所要求的结果发生了就构成犯罪，反之则不构成犯罪。由此可见，间接故意犯罪和过失犯罪都只存在是否构成犯罪的问题，而无所谓犯罪完成与否的犯罪形态问题。

二、故意犯罪形态与故意犯罪过程、故意犯罪阶段的关系

故意犯罪过程，是指故意犯罪所经过的从开始预备到着手实行，进而最终完成的整个进程。故意犯罪阶段，是指根据行为的不同内容对故意犯罪过程划分的不同段落。理论上通常将故意犯罪过程分为预备阶段和实行阶段。

故意犯罪形态与故意犯罪过程、阶段既相互联系又相互区别。联系表现在故意犯罪形态只能发生在故意犯罪过程或阶段之中，离开犯罪过程或阶段，就无所谓故意犯罪形态可言。同时，在一定程度上，犯罪阶段有助于犯罪形态的认定，如犯罪预备只能发生在预备阶段，犯罪未遂只能发生在实行阶段。

它们之间的区别主要是：①犯罪形态是一种静止状态，其一经形成就不能再发展变化。犯罪过程、阶段则属于动态，在犯罪形成结局状态以前，其处于不断的发展变化之中。②就一个人所犯的一种具体犯罪而言，可以经过两个犯罪阶段，但只可能存在一种犯罪形态。这是由犯罪形态的排他性决定的。

三、故意犯罪形态的意义

研究故意犯罪形态，无论在理论上还是在司法实践中都具有重要意义：

1. 有助于分清罪与非罪。故意犯罪形态的划分告诉人们，故意犯罪并非只在完

第九章

成的情况下才构成，犯罪预备、犯罪未遂和犯罪中止虽然并未完成犯罪，但按照刑法的规定已经构成了犯罪，行为人应承担相应的刑事责任。因此，不能把故意犯罪的未完成形态当作非犯罪处理。

2. 有助于区分此罪与彼罪。根据故意犯罪形态的理论，不能简单地以发生的结果确定犯罪的性质，而应以行为人本想实施的犯罪认定其行为的性质。如甲故意用刀将乙砍成重伤，就不能简单地以结果定甲故意伤害罪，而应查明其主观故意的内容，如果甲只想伤害乙，定故意伤害罪（既遂）；如果甲是想致乙于死地，但由于其意志以外的原因未得逞，就应定故意杀人罪（未遂）。

3. 有助于准确量刑。不同的故意犯罪形态的社会危害性的大小也不一样。一般而言，犯罪既遂危害最大；离完成犯罪仅一步之遥的犯罪未遂的危害次之；虽为实行犯罪作了准备，但尚未着手实行犯罪的犯罪预备的危害比犯罪未遂又小一些；而犯罪中止由于行为人主观上发生了由想犯罪到不想犯罪的根本改变，其主观恶性已大大降低，犯罪的危害性更小。正因为如此，刑法对故意犯罪的不同形态规定了不同的处罚原则，通过准确认定犯罪形态，就能为正确量刑奠定基础。

■ 第二节　犯罪既遂

一、犯罪既遂的概念和特征

所谓犯罪既遂，是指行为人所故意实施的犯罪行为，已经符合了刑法规定的完成该种犯罪所要求的全部构成要件的情形。简单地讲，犯罪既遂就是刑法规定的具体犯罪的完成状态。准确理解和把握犯罪既遂须注意下列几点：

1. 行为人故意实施一定的犯罪行为是构成犯罪既遂的前提条件。因为犯罪既遂是犯罪的完成形态，只有已经开始实施犯罪，才有所谓完成犯罪的问题。如甲有想杀乙的犯罪意图，但始终未将这种犯罪意图转化为犯罪行为，按照主客观相统一的原则，甲根本就不构成犯罪，当然更谈不上犯罪既遂。

2. 判断某人实施的犯罪是否既遂，不能以行为人的犯罪目的是否实现，或者以其追求的危害结果是否发生为标准，而只能看行为人实施的犯罪行为是否符合刑法规定的完成某种犯罪的基本构成要件。因为作为故意犯罪完成形态的犯罪既遂，其犯罪之完成并非一种事实上的完成状态，而应是刑法所规定的完成状态。根据我国刑法的规定，即使行为人的犯罪目的未实现或者其追求的危害结果未发生，在某些情况下仍然可视为完成了犯罪，应当认定为犯罪既遂。如甲意图利用列车脱轨制造人员伤亡的恶性事件，于是在铁路上设置障碍，但其所设障碍被巡道工及时排除，并未发生其希望的结果。该案中，甲的行为就已构成破坏交通设施罪的既遂。因为按照《刑法》第117条的规定，本罪的完成或既遂只要求有造成严重后果的危险，而不要求实际发生严重后果，本案中甲的行为已完全符合这一要求。

3. 是否犯罪既遂和是否构成犯罪是两个不同的问题，不能混为一谈。是否犯罪既遂解决的是犯罪是否完成的问题，是否构成犯罪解决的则是罪与非罪的问题。犯罪既遂肯定构成犯罪，但构成犯罪不一定是犯罪既遂，其可能是已经构成犯罪但尚未完成犯罪的犯罪预备、犯罪未遂或犯罪中止。如甲用尖刀猛刺乙的心脏，企图致乙死亡，但最终只造成乙重伤。案中甲的行为肯定构成犯罪，但并非犯罪既遂，而属于故意杀人罪的未遂，因为根据《刑法》第232条的规定，故意杀人罪的既遂以被害人死亡为标志。

二、犯罪既遂的类型

根据我国刑法的规定，犯罪既遂主要表现为下列类型：

1. 结果犯的既遂。所谓结果犯，是指按照刑法的规定，必须发生某种特定的犯罪结果才构成既遂的犯罪。结果犯的既遂以法定犯罪结果的发生为标志。因此，当行为人故意实施的犯罪属于结果犯时，只有在该种犯罪的法定犯罪结果发生的情况下，才能认定为犯罪既遂，否则，只能是犯罪的未完成形态。如故意杀人罪就是典型的结果犯，只有在被害人被杀死的情况下，才成立犯罪既遂。我国刑法规定的结果犯较多，如故意伤害罪、盗窃罪、诈骗罪、抢夺罪等都属于结果犯。

2. 行为犯的既遂。所谓行为犯，是指按照刑法的规定，只要行为人实施完毕法定的犯罪行为即构成既遂的犯罪。行为犯的既遂以法定的犯罪行为实施完毕为标志。因此，认定行为犯的既遂，不要考虑行为人的犯罪目的是否实现或者其追求的结果是否发生，关键看其是否已将法定的犯罪行为实施完毕。如诬告陷害罪就是典型的行为犯，按照《刑法》第243条的规定，只要行为人在使他人受刑事追究的意图支配下，完成了捏造他人犯罪的事实，并向司法机关作虚假告发的行为，就构成犯罪既遂，而不论被诬陷者是否实际受到刑事追究。

3. 危险犯的既遂。所谓危险犯，是指按照刑法的规定，只要行为人实施了一定的犯罪行为，有发生某种法定犯罪结果的危险即构成既遂的犯罪。危险犯的既遂以出现法定犯罪结果的危险状态为标志。因此，认定危险犯的既遂，关键看这种危险状态是否出现。如破坏交通工具罪就属于危险犯，行为人只要对法定的几种交通工具进行了破坏，并出现了足以使交通工具发生倾覆、毁坏的危险，即使最终严重后果并未发生，仍构成本罪的既遂。

4. 举动犯的既遂。所谓举动犯，是指按照刑法的规定，行为人只要着手实施法定的犯罪行为即构成既遂的犯罪。举动犯的既遂以着手实施法定的犯罪行为为标志。所谓着手实施，就是开始实施。因此，认定举动犯的既遂，关键看行为人是否开始实施某种犯罪法定的实行行为。如煽动颠覆国家政权罪即属举动犯，行为人一经开始煽动颠覆国家政权的行为，不论实施到何种程度，也不论是否发生危害结果，都构成本罪的既遂。

三、既遂犯的处罚原则

所谓既遂犯，是指犯罪行为的结局属于犯罪既遂形态的犯罪人。由于刑法总则未对犯罪既遂的处罚作出专门规定，而刑法对各种犯罪的法定刑都是以既遂犯罪为

第九章

标准设置的,对于既遂犯应直接按照相应犯罪的法定刑处罚。当然,在具体适用时应注意,对同种犯罪的既遂犯不能一概判处同样的刑罚,而应视具体情况而定。首先应确定该适用的量刑幅度,然后根据危害程度、主观恶性及其他量刑情节,确定具体适用的刑种及刑期。这样才能做到罪责刑相适应。

■ 第三节　犯罪预备

一、法律规定

《刑法》第22条规定:"为了犯罪,准备工具、制造条件的,是犯罪预备。对于预备犯,可以比照既遂犯从轻、减轻处罚或者免除处罚。"

二、犯罪预备的概念和特征

犯罪预备,是指行为人已经开始实施犯罪的预备行为,但由于其意志以外的原因,而被迫在犯罪预备阶段终结的犯罪未完成形态。犯罪预备具有以下三个特征:

（一）行为人已经开始实施犯罪的预备行为

这是成立犯罪预备的前提条件。已经开始实施犯罪的预备行为,是指行为人基于一定的犯罪故意,已经进入了作为犯罪过程组成部分的犯罪预备阶段,开始实施了为犯罪进行准备的行为。这里应注意两点:

1. 犯罪预备行为不同于犯意表示。犯罪预备行为,是指行为人在其犯罪故意支配下,为实行犯罪进行准备的行为,其属于犯罪行为的组成部分,或者说是实现其犯罪故意的行为,因而具有犯罪意义上的社会危害性。犯意表示,是指行为人以一定方式表露其犯罪意图的行为。它只是单纯的犯罪意图的流露,而非实现其犯罪意图的行为,因而属于犯罪思想的范畴,不具有犯罪意义上的社会危害性。如甲为实施爆炸准备炸药属于犯罪预备行为,如果甲仅告诉他人自己想搞爆炸,则属于犯意表示。一句话,犯罪预备行为可能构成犯罪,但犯意表示不可能构成犯罪。

2. 根据《刑法》第22条第1款的规定,犯罪预备行为包括以下两类:

（1）准备犯罪工具,即为实行犯罪置备各种物品。犯罪工具不仅仅局限于专门用于犯罪的物品,而且包括一切可以用于犯罪的物品,如刀枪、棍棒、绳索、毒药、交通工具、通信工具等。准备犯罪工具的行为多种多样,可以是制造、改造,也可以是购买、借用,还可以是通过盗窃等方式取得。

（2）制造犯罪条件,即为实施犯罪创造各种有利条件。严格地讲,准备犯罪工具也是在为实施犯罪创造有利条件,但此处应是指准备犯罪工具以外的条件。根据刑法理论和司法实践,制造犯罪条件的行为通常表现为:调查犯罪场所;了解被害人行踪或活动规律;排除实施犯罪的障碍;前往犯罪场所,接近犯罪对象,追踪、守候被害人或者诱骗被害人到犯罪场所;勾结犯罪同伙,拟订犯罪计划;练习犯罪技能,筹集犯罪经费等。行为人只要实施上述行为之一,即可认定其已经开始实施犯罪预备行为。

（二）犯罪行为在预备阶段终结

这是成立犯罪预备的时间条件。即从时间上讲，犯罪预备只能发生在从开始实施犯罪预备行为至着手实行犯罪以前的犯罪预备阶段，而不能发生在已着手实行犯罪的实行阶段。也就是说，犯罪行为必须最终在着手实行犯罪前停止。如故意杀人的已准备好刺刀，但还未动手杀所要杀的人就被抓获，盗窃犯还未开始撬门就因形迹可疑被抓等。犯罪行为在预备阶段终结可表现为两种情况：①在实施犯罪预备行为中停止，如甲正在家里磨刀准备杀乙即被他人阻止；②犯罪在预备行为已实施完毕，但还未着手实行犯罪前停止，如甲已经磨好刀，并携刀来到乙面前正欲砍杀乙时，被他人抓获。

（三）犯罪行为在预备阶段终结是由于行为人意志以外的原因

这是成立犯罪预备的主观条件。这一特征表明，犯罪行为在预备阶段终结是违背行为人主观愿望的，即行为人本想继续进行并完成犯罪，但是出现了一些意想不到的原因，使其犯罪行为被迫在着手实行前停止。从司法实践看，促成犯罪预备的意志以外的原因，通常包括：被害人或他人告发；被司法机关或他人发现而阻止；因被害人防范严密而不能着手实行等。

三、预备犯的处罚原则

预备犯，是指犯罪行为的结局呈犯罪预备形态的犯罪人。预备犯虽然尚未着手实行犯罪其行为即告终结，但其主观上有犯罪故意，客观上实施了犯罪的预备行为，如果又符合主体条件，就完全满足了修正的犯罪构成的要求。因此，原则上讲，预备犯应当负刑事责任。但是，犯罪预备毕竟只是对刑法保护的社会关系构成了威胁，而未造成实际的损害，其社会危害性相对较小。所以，《刑法》第22条第2款规定，对预备犯可以比照既遂犯从轻、减轻处罚或者免除处罚。对于这一处罚原则，在适用上应注意下列几点：

1. 由于刑法在上述规定中用的是"可以"从轻、减轻处罚或者免除处罚，而不是"应当"，因此，不能认为预备犯一律要比照既遂犯从宽处罚。具体讲，应分别三种情况处理：①一般情况下，对预备犯应比照既遂犯从轻、减轻处罚或者免除处罚；②对于一些犯罪性质严重，情节特别恶劣，主观恶性大的预备犯，也可以不从轻、减轻处罚或者免除处罚；③根据《刑法》第13条但书的规定，对于"情节显著轻微危害不大的"预备行为，不能认定为犯罪。

2. 在决定对预备犯是从轻、减轻处罚，还是免除处罚时，应综合考虑其所实施的犯罪的性质、预备行为进行的程度、致使其未能着手实行犯罪的原因，以及其人身危险性的大小。

3. 所谓"比照既遂犯"从轻、减轻处罚或者免除处罚，是指首先要确定行为人的预备行为的犯罪性质，然后根据可能形成的既遂犯的情节、危害程度等方面，确定该适用相应条文的哪个量刑幅度，最后参照在该幅度内既遂犯可能判处的刑罚，决定对预备犯如何处罚。

■ 第四节 犯罪未遂

一、法律规定

《刑法》第23条规定："已经着手实行犯罪，由于犯罪分子意志以外的原因而未得逞的，是犯罪未遂。对于未遂犯，可以比照既遂犯从轻或者减轻处罚。"

二、犯罪未遂的概念和特征

根据《刑法》第23条的规定，犯罪未遂，是指行为人已经着手实施具体犯罪的实行行为，但由于其意志以外的原因而未能完成即告终结的犯罪形态。犯罪未遂具有以下三个特征：

（一）行为人已经着手实行犯罪

这一特征是区分犯罪未遂与犯罪预备的关键。所谓已经着手实行犯罪，简单地讲就是行为人的行为已经超出犯罪预备阶段，进入了犯罪的实行阶段。具体是指行为人已经开始实施刑法分则规定的，作为某种犯罪构成客观要件的实行行为。理解该特征应注意以下几点：

1. "着手"不是犯罪行为的起点，因为"着手"以前的犯罪预备行为，已经意味着犯罪行为的开始。准确地讲，"着手"应当是犯罪实行行为的起点，它标志着犯罪预备阶段的结束和犯罪实行阶段的开始。

2. 犯罪的实行行为，是指刑法分则规定的各种具体犯罪构成客观方面的行为，如故意杀人罪中剥夺他人生命的行为，盗窃罪中秘密窃取财物的行为，抢夺罪中夺取财物的行为等。犯罪实行行为不同于预备行为的重要特征是：预备行为仅仅是为实行犯罪准备工具或者创造有利条件，其本身不能直接对客体造成侵害，而实行行为则是在预备行为的基础上开始实施的直接的犯罪行为，这种行为具有能够使客体遭受直接侵害或面临直接威胁的性质。如为杀人准备刀这种预备行为本身，无论如何也不可能致他人死亡，但用刀朝他人头上砍的实行行为，则能直接致他人死亡。

3. 判断行为人是否着手实行犯罪，首先应根据案情结合刑法的规定确定行为人所实施的犯罪的性质，然后以刑法规定的该罪的实行行为为标准加以认定。行为人实行了该行为即为已经着手，反之则为尚未着手。由于刑法规定的具体犯罪的实行行为有其相当的复杂性，具体认定时应分不同情况把握：①单一实行行为的犯罪，行为人只要开始实施该行为，就属于已经着手实行犯罪。如故意杀人行为只要开始实施剥夺他人生命的行为，即为着手。②复合实行行为的犯罪，行为人只要开始实施其中的任何一种行为，就属于已经着手实行犯罪。如抢劫罪，行为人只要实施以暴力、胁迫或其他方法劫取财物的行为之一，即为着手。③同一种实行行为，其着手实行的时间，可能因为行为人所使用的具体方式不同而有所差异。如同是盗窃，扒窃以将手伸向被害人的包时为着手，入室行窃则以撬门、翻窗时为着手；同样是故意杀人，用刀枪棍等杀人，一般以举起刀枪棍时为着手，投毒杀人则以投毒时为着手。

（二）犯罪未完成即告终结，即犯罪尚未达到刑法所规定的完成状态就终止了

这一特征是犯罪未遂与犯罪既遂区别的关键，其表现从时间上讲，犯罪未遂只能发生在犯罪实行阶段，即从着手实行至犯罪完成以前的整个区间。准确把握该特征应注意两点：

1. 结合对犯罪既遂的理解来认定。这里的犯罪未得逞或者未完成犯罪切不可简单理解为行为人的犯罪目的未实现，或者其追求的犯罪结果未发生。

2. 不同犯罪其未得逞的具体表现不同，应分别认定：①结果犯的未得逞表现为法定的犯罪结果未发生，如故意杀人的未得逞表现为虽已着手实行但最终未致被害人死亡；②行为犯的未得逞表现为法定的实行行为尚未实行完毕，如诬告陷害罪的行为人尚未将诬告行为实施完毕即被阻止；③危险犯的未得逞表现为尚未出现法定的危险状态，如实施爆炸的行为人用打火机去点导火索但尚未点燃即被抓获。

应当注意，举动犯因行为人一旦着手实行法定的实行行为即为既遂，因此举动犯不存在犯罪未遂的问题。但是，举动犯存在犯罪预备以及预备阶段的犯罪中止。

（三）犯罪未得逞，是由于行为人意志以外的原因

该特征表明，犯罪行为在完成之前即告终止，是与行为人的主观愿望相悖的。行为人在顺利经过预备阶段进入实行阶段后，本想最终完成犯罪，但出现了一些意想不到的原因，而使其犯罪行为被迫在完成前终结。理解该特征应注意两点：

1. 促成犯罪未遂的意志以外的原因应符合两个特征：①这种原因必须是行为人意想不到的。这里主要强调的是行为人事前未估计到。②这种意志以外的原因必须达到足以防止行为人完成犯罪的程度，如果在实行犯罪中虽然遇到了一些意外因素，但该因素并不足以阻止行为人完成犯罪，而是行为人基于其主观上的某种考虑而自动放弃犯罪，就不属于犯罪未遂。如抢劫犯由于怜悯被害人而放弃犯罪，这种情况虽然出现了不利于实施犯罪的某种因素，但未达到足以使行为人不能继续实施犯罪的程度。行为人放弃犯罪主要还是取决于其主观意志，因而不能认定为犯罪未遂。

2. 意志以外的原因并不完全限于行为人自身以外的原因，从司法实践看，其主要有两类：①行为人自身以外的障碍，具体包括：被害人的反抗，如杀人、伤害等犯罪人因被害人的奋力反抗而未得逞；第三者的阻止，如正在砍杀他人的杀人犯见义勇为者的阻止而未致被害人死亡；自然力的阻碍，如放火犯由于风太大未能点着目的物等。②行为人自身的障碍，具体包括：缺乏完成犯罪的技能，如盗窃犯开不了保险柜只好空手而归；突发疾病，如正在实施抢劫的人因突发心脏病而未能完成犯罪；主观认识产生错误，如错把动物当人加以杀害的，错把白糖当砒霜用于杀人的，开了一枪以为被害人已被击毙而未继续加害，被害人最终未死的等。

上述三个特征是相辅相成的，必须同时符合才成立犯罪未遂。

三、犯罪未遂的类型

我国刑法理论通常以两个标准，将犯罪未遂分为四种：

第
九
章

（一）以犯罪实行行为是否实行终了为标准，将犯罪未遂分为实行终了的未遂和未实行终了的未遂

1. 实行终了的未遂。实行终了的未遂，是指行为人已将犯罪的实行行为实施完毕，但由于其意志以外的原因而未得逞的犯罪未遂。如投毒杀人犯已将毒药投入他人的食物或饮料内，被害人未食用，或者食用中毒后遇救未死；开枪杀人击中被害人后以为其已死而离开，但被他人急送医院抢救未死等情形，即属于实行终了的未遂。实行终了的未遂只可能发生在结果犯中，因为只有结果犯在实行行为实施完之后，法定的犯罪结果发生之前才存在产生实行终了未遂的空间。而行为犯和危险犯实行行为实行完毕就已既遂，举动犯一旦着手即为既遂，故都不可能存在实行终了的未遂。

2. 未实行终了的未遂。未实行终了的未遂，是指行为人尚未将实行行为实施完毕，就因其意志以外的原因而使犯罪终结的犯罪未遂。如杀人犯在用刀砍杀他人的过程中被阻止，盗窃犯正在撬门时被抓获等情形，就属于此种犯罪未遂。未实行终了的未遂既可能发生在结果犯中，也可能发生在行为犯和危险犯中，如诬告陷害他人的在前往告发的途中即被阻止，爆炸犯正在点导火索但还未点燃就被抓获等，同样属于未实行终了的未遂。

区分实行终了的未遂和未实行终了的未遂，其意义在于要明确实行终了的未遂的社会危害性一般要大于未实行终了的未遂的社会危害性，以便在量刑时有所区别。

（二）以犯罪行为客观上能否完成为标准，将犯罪未遂分为能犯未遂和不能犯未遂

1. 能犯未遂。能犯未遂，是指行为人着手实行犯罪后，本有完成犯罪的实际可能，但由于其意志以外的原因而未能完成的情形。如盗窃犯甲开保险柜的技术很好，但还未打开保险柜即被保安发现抓获，军人甲举起有子弹的枪正欲射杀他人时被阻止等情形，就属于能犯未遂。因为这些情况下，不出现行为人意志以外的原因，其完全可能完成犯罪。

2. 不能犯未遂。不能犯未遂，是指行为人虽已着手实行犯罪，但由于其自身的一些因素决定其犯罪实际上不可能完成的情形。不能犯未遂通常又分为两种情况：①因行为人自身缺乏完成某种犯罪的能力而形成的不能犯未遂，如盗窃犯撬不开保险柜只好空手而归，手无缚鸡之力的人用卡脖子的方式杀体格强壮之人等就属于这类不能犯未遂；②由于行为人认识上的错误而导致的不能犯未遂，其中又有工具不能犯未遂和对象不能犯未遂之分。如误把白糖等无毒物当作砒霜等毒物去杀人，误以为空枪有子弹或误用臭弹去射杀他人等，就属于工具不能犯未遂。误以为死人为活人而加以杀害，误把动物当作人加以杀害，误认为空保险柜有钱而盗窃，误认男为女而强奸等，就属于对象不能犯未遂。

区分能犯未遂与不能犯未遂有两个方面的意义：①在一般情况下，能犯未遂的社会危害性比不能犯未遂的要大些，在量刑时应有所考虑；②要将不能犯未遂与"迷信犯"加以区别。所谓迷信犯，是指行为人出于极端迷信、愚昧无知，而用在

第九章

任何情况下都不可能产生实际危害的方法实施所谓犯罪的情形，如用火烧草人、针刺布娃娃、撕毁纸人等方法诅咒他人死亡等。"迷信犯"与不能犯未遂的主要区别在于，"迷信犯"是违背客观规律的，其在任何情况下都不可能对社会产生危害，因而，无论如何都不能作为犯罪处理；不能犯未遂行为人所采用的方式、方法本身都是可能危害社会的，只是由于主客观的一些原因，才未发生危害结果。因此，至少可以说其对刑法保护的某种社会关系构成了现实的威胁，应当属于犯罪的范畴。

四、未遂犯的处罚原则

未遂犯，是指犯罪形态的结局属未遂状态的犯罪人。犯罪未遂较之犯罪预备在犯罪的道路上更进了一步，但其毕竟未达到完成犯罪的程度。因此，刑法规定，对于未遂犯，可以比照既遂犯从轻或者减轻处罚。具体讲，在对未遂犯进行处罚时，应当注意以下几点：

1. 对于未遂犯，一般都可以比照既遂犯从轻或者减轻处罚，但并非一律要比照既遂犯从轻或者减轻处罚。对个别犯罪性质特别严重、情节特别恶劣、主观恶性特别大的未遂犯，也可以不从轻或者减轻处罚。

2. 在决定对未遂犯是从轻还是减轻处罚，以及从轻、减轻的程度时，应当考虑以下因素：①距离犯罪完成的远近程度；②是否有危害结果以及危害结果的大小；③属于犯罪未遂的哪种类型。

3. 刑法虽未规定未遂犯可以比照既遂犯免除处罚，但只要其行为符合《刑法》第37条关于免除刑罚的规定，同样可以免除处罚。

■ 第五节 犯罪中止

一、法律规定

《刑法》第24条规定："在犯罪过程中，自动放弃犯罪或者自动有效地防止犯罪结果发生的，是犯罪中止。对于中止犯，没有造成损害的，应当免除处罚；造成损害的，应当减轻处罚。"

二、犯罪中止的概念和特征

根据《刑法》第24条的规定，所谓犯罪中止，是指在犯罪过程中，由于行为人自动放弃犯罪或者自动有效地防止犯罪结果发生，而使犯罪终结的犯罪形态。犯罪中止具有以下特征：

1. 时间性，即犯罪中止只能发生在犯罪过程中。所谓犯罪过程中，是指从行为人开始实施犯罪预备行为至犯罪既遂前的整个期间。这一特征表明，犯罪中止既可以发生在犯罪的预备阶段，也可以发生在犯罪的实行阶段。在进入犯罪预备阶段以前放弃犯罪意图的，不能叫犯罪中止，而只能称之为放弃犯罪。犯罪既遂以后，也不存在犯罪中止的问题，这是由犯罪形态的排他性所决定的。如在将他人财物盗取

第九章

后又原物送还的，或者将财物损坏后主动赔偿损失的等，都不能认定为犯罪中止，而只能视为犯罪既遂后的一种悔罪表现，在量刑时应适当予以考虑。

2. 自动性，即必须是行为人在自认为完全能够完成犯罪的情况下，出于自己的主观意志而中止犯罪。这是成立犯罪中止的实质条件，也是犯罪中止与犯罪预备、犯罪未遂区别的关键。把握这一特征应当注意以下几点：

（1）自动性成立的前提是行为人自认为能够继续实施并完成犯罪。至于犯罪能否继续实施并完成，应当以行为人自己的认识为标准，而不是以他人认为是否能完成或者事实上能否完成为标准。只要在行为人看来，当时他能够将犯罪继续进行下去直至完成，即使他人认为行为人不可能将犯罪继续进行下去，或者事实上由于某种原因使犯罪根本不可能完成，也不影响其自动性的成立。如甲误把白糖当作砒霜投毒杀乙，在将"毒药"投入乙的饮料后，由于其主观上的转变，在乙饮用前又将其倒掉。此案中，由于事实上投入乙饮料内的是白糖而非砒霜，即使乙饮用了也不会中毒死亡，但甲当时并不清楚这一点，他认为就是砒霜。在此，甲的行为应当是犯罪中止。与此相反，本来事实上犯罪完全能继续进行下去并完成，但行为人却误认为已无法继续进行和完成，并因此而放弃犯罪就不能认为是犯罪中止。因为在行为人看来不能继续和完成而放弃犯罪，就表明其是被迫而非自动地放弃犯罪。

（2）自动性成立的关键是中止犯罪完全出于行为人本人的意志，即行为人是在自认为能够继续进行和完成犯罪的情况下，自己作出中止犯罪的决定。也就是说，在行为人看来，不是其不能继续进行和完成犯罪，而是其不愿再继续实施和完成犯罪，即所谓"非不能，实不愿"。这表明行为人主观上已经发生了从想犯罪到不愿再继续犯罪的根本转变。

应当注意，自动中止犯罪在理解上不要局限于真诚悔悟的完全自愿或者主动中止犯罪。自动性的关键在于停止可能继续和完成的犯罪的决定是由行为人自己作出的，而不在于这种决定是否行为人真诚悔悟的完全自愿或者主动作出的。事实上，行为人决定中止犯罪的原因是各种各样的，有的是因为行为人自己真诚悔悟，而不愿继续犯罪；有的是由于他人的规劝、教育或者斥责，思想上起了变化而放弃犯罪；有的是出于对被害人的同情、怜悯而放弃犯罪；还有的是慑于法律的威严、畏惧惩罚而不再继续犯罪等。很显然，这些情况下行为人停止并非都是主动或者完全自愿的，但是这些区别只反映出行为人不同的悔悟程度，而不影响行为人停止犯罪自动性的成立。

（3）自动中止犯罪具体表现为两种情况：①自动放弃犯罪，即在犯罪并未完成还可继续的情况下停止继续实施犯罪。这种情况可发生在预备阶段如准备犯罪工具时或者已经准备好犯罪工具但尚未着手前，行为人自己决定放弃犯罪的；也可发生在实行阶段，如已经着手实行犯罪并有可能继续下去，行为人自己决定停止实行的。另外，自动放弃可能重复侵害的行为也属于此种情况，如甲用枪杀乙，在开了一枪未将乙击毙，完全有可能继续开枪直至击毙乙的情况下，甲自己决定不再继续开枪，最终乙未死亡。本案中甲的行为就应认定为自动放弃犯罪的犯罪中止。②自动采取措施防止犯罪结果的发生，即行为人已将实行行为实行终了，但在法定犯罪结果发生前幡然悔悟，并积极采取措施防止犯罪结果的发生。这种情况只能发生在实行阶段。因为预备阶段的预备行为本身不可能产生行为人准备实施的犯罪的法定犯罪结果，行为人在该阶段中止犯罪只要停止行为即可，不存在采取措施阻止犯罪结果发生的问题。

3. 彻底性和有效性。彻底性主要针对自动放弃犯罪的情况而言，指行为人放弃犯罪不是暂时的，而是主观上已彻底打消了其原有的犯罪意图，客观上彻底放弃了其自认为本可以继续进行的犯罪行为。如果行为人是由于准备不充分或者认为时机不成熟、条件不具备等，而暂时停止犯罪，意图以后寻机再犯，就因不具有放弃犯罪的彻底性而不能认定为犯罪中止，只能视为犯罪中断。应当注意的是，对这里的彻底放弃犯罪在理解上不能绝对化，即彻底放弃犯罪只意味着行为人彻底放弃其正在进行的某项具体犯罪，而不是指行为人以后任何时候都不再犯同种犯罪，更不能理解为以后任何时候都不再犯任何罪。

所谓有效性，是指不论是自动放弃犯罪还是自动采取措施防止犯罪结果的发生，最终都必须有效地使法定的犯罪结果未发生，即未达到犯罪既遂状态。如果行为人虽有自动放弃犯罪的行为或者自动采取了措施去阻止犯罪结果的发生，但最终法定的犯罪结果还是发生了，都只能按犯罪既遂处理，而不能认定为犯罪中止。如甲开枪杀乙，开了一枪后只将乙打成重伤，在还可能继续开枪的情况下，甲自己决定放弃，但乙最后还是因甲击中的那一枪不治而亡。对于甲就只能按故意杀人罪的既遂处理。再如甲投毒杀乙，在乙中毒后又产生悔悟，赶快把乙送医院抢救。如果乙被抢救过来了，对甲就可定故意杀人罪的中止，如果抢救无效乙最终死了，就应定故意杀人罪的既遂。当然，自动放弃犯罪或者自动采取措施防止犯罪结果的发生的行为，虽然可能因为缺乏有效性而不能认定为犯罪中止，但这些表现体现出行为人主观上一定程度的悔悟，在量刑时应予以考虑。

上述三个特征必须同时符合，缺少其中任何一个，都不能成立犯罪中止。

三、犯罪中止的类型

刑法理论根据不同的标准，对犯罪中止进行了不同的分类。

（一）预备中止与实行中止

这是以犯罪中止发生的时空范围为根据所作的分类。

1. 预备中止。简单讲就是发生在犯罪预备阶段的犯罪中止，具体是指行为人开始实施犯罪预备行为后着手实施犯罪以前，自动停止尚未完成的预备行为或者自动放弃着手实行犯罪的犯罪中止。如甲准备爆炸杀人，正在制造炸药的过程中，由于悔悟，自己决定停止制造炸药，或者炸药已经准备就绪，自己决定不着手实行爆炸行为，就属于预备中止。

2. 实行中止。即发生在犯罪实行阶段的中止。具体指行为人着手实行犯罪后，由于悔悟等原因自己决定停止正在进行的犯罪实行行为；或者在实行行为实行终了后，自动采取措施阻止犯罪结果的发生，并最终使犯罪未完成的犯罪中止。实行中止又可进一步分为实行终了的中止和未实行终了的中止，如甲在往乙的食物内投毒的过程中，由于悔悟而停止投毒行为，就属于未实行终了的中止；如果甲是在乙中毒后，由于悔悟将乙送医院抢救，使乙未死，就属于实行终了的中止。

（二）积极中止与消极中止

这是以成立犯罪中止的不同要求为根据所作的分类。

1. 积极中止。即不但要求行为人自动停止正在进行的犯罪行为，而且还要求其积极采取措施去有效地阻止法定犯罪结果发生才能成立的犯罪中止。如甲投毒杀乙，在其投毒行为已实施完毕以后，由于悔悟将有毒的食物或饮料倒掉，或者将中毒的乙送医院抢救使乙未死，就属于积极中止。这种情况下，没有甲在投毒行为完成后的积极措施，就不可能成立犯罪中止。

2. 消极中止。即仅要求行为人自动停止继续实施犯罪的预备行为或者实行行为，即可成立的犯罪中止。如甲正在撬保险柜盗窃的过程中，由于悔悟而自动放弃继续实施的行为，就属于消极中止。因为这些情况下，行为人一旦自动停止继续实施犯罪，犯罪中止即告成立。

犯罪中止类型的划分，其意义主要在于明确不同类型的犯罪中止，社会危害性的大小有异。一般说来，实行中止和积极中止距离犯罪的完成较近，且往往还可能造成一些非法定的危害结果，因此，它们的社会危害性一般要比预备中止和消极中止大一些。这一点在量刑时应当有所考虑。

四、中止犯的处罚原则

所谓中止犯，是犯罪行为呈犯罪中止形态的犯罪人。由于中止犯在主观上发生了从想犯罪到不想继续犯罪的根本转变，其主观恶性已大大降低，因而刑法对中止犯规定了明显轻于预备犯和未遂犯的处罚原则，即对于中止犯，没有造成损害的，应当免除处罚；造成损害的，应当减轻处罚。对于这一处罚原则，在适用中应注意两点：

1. 与预备犯和未遂犯的处罚原则不同，这里刑法用的是"应当"而不是"可以"，这就意味着，对于中止犯必须减轻或者免除处罚，即中止犯至少应获得减轻处罚。

2. 对于中止犯到底是减轻还是免除处罚，关键看行为人自动中止的犯罪行为是否造成了损害，没有造成损害的一律免除处罚，造成损害则一律减轻处罚。这里所说的造成损害，应当是指行为人的犯罪行为所造成的法定犯罪结果以外的损害，如本准备杀死被害人，但砍了一刀致被害人轻伤，就自动中止杀人行为的，就属于造成损害的犯罪中止，对其行为人就应当减轻处罚。

【思考题】

1. 简述故意犯罪过程、阶段与停止形态的关系。
2. 犯罪预备行为有哪些具体表现？如何理解预备犯的可罚性？
3. 如何理解犯罪未遂的"着手""未得逞"和"意志以外的原因"？
4. 怎样区分"不能犯"和"迷信犯"？
5. 如何理解中止犯的"自动性""有效性"？
6. 比较犯罪中止、犯罪预备、犯罪未遂和犯罪既遂的异同。
7. 如何理解"意志以内"的原因？
8. 如何理解举动犯的既遂和未遂？

第九章

第十章

第十章

共同犯罪

学习目的与要求 掌握共同犯罪的概念、构成、分类及共同犯罪人的种类和刑事责任，了解共同犯罪的范围和停止形态。

■ 第一节 共同犯罪概述

一、法律规定

《刑法》第 25 条规定："共同犯罪是指二人以上共同故意犯罪。二人以上共同过失犯罪，不以共同犯罪论处；应当负刑事责任的，按照他们所犯的罪分别处罚。"

二、共同犯罪的概念和特征

共同犯罪是指二人以上共同故意犯罪。

故意犯罪，既可以由一人独立实施，也可以由二人以上共同实施。当二人以上基于同一故意共同实施某种犯罪时，由于各个共同犯罪人间可能存在的分工不同、作用不同、参与的程度与所处的地位不同等情况，其分别应当承担的刑事责任也要有所不同。而我国刑法分则对于各种具体的犯罪均是依照单独犯罪规定的，这就有必要在总则中设立专章规定共同犯罪问题，以便于在司法实务中把握什么是共同犯罪，共同犯罪有哪些形式，如何划分共同犯罪人，从而做到正确区分责任，准确量刑。

共同犯罪具有以下特征：

1. 构成共同犯罪，主体必须是二人以上。这里所指的"人"，包括自然人和单位。具体讲，共同犯罪的主体表现为三种情况：

（1）自然人与自然人一起构成共同犯罪，其条件是必须要有两人以上达到刑事责任年龄，并同时具备刑事责任能力。如果其中有的人不具备刑事责任能力，或者未达到刑事责任年龄，则该参与人不是共同犯罪人；如果其中只有一人具备主体条件，而其他参与人均不具备这一条件，则不成立共同犯罪。例如，甲、乙、丙三人共同伤害丁，其中甲 16 周岁，精神正常；乙 18 周岁，精神病患者，在实施伤害行为时无刑事责任能力；丙 13 周岁。此例中由于只有甲具备犯罪主体的基本条件，故只能视为甲一人犯罪，而不是共同犯罪。如果本例中乙也是精神正常的人，则甲乙二人成立共同犯罪，丙由于只有 13 周岁，未达到刑事责任年龄，不是共同犯罪人。

（2）单位与单位一起构成共同犯罪。我国刑法规定单位可以成为某些罪的犯罪主体，当两个以上的单位共同实施这类犯罪时，就可能构成单位共同犯罪。能够由单位构成的犯罪刑法分则都有明确规定，但并不是一切可由单位构成的犯罪都能成立单位共同犯罪，其中单位过失犯罪不成立共同犯罪。此外，我国刑法规定的单位乃是指依法组成的公司、企业、事业单位、机关、团体，如果是非法组织间相互勾结实施犯罪的，则不能认为是单位构成共同犯罪，而是自然人相互间构成的共同犯罪。

（3）自然人与单位一起构成共同犯罪。自然人与单位可以构成的共同犯罪，只能是刑法规定的那些可以由单位构成的故意犯罪。刑法没有规定单位承担刑事责任的犯罪，单位与其他个人勾结实施的，以自然人共同犯罪论处。

2. 构成共同犯罪，客观上必须具有共同的犯罪行为。共同犯罪行为系相对于单独的犯罪行为而言的，是指参加共同犯罪的各行为人的行为都是为实现同一犯罪目的，指向共同的目标，并且相互联系、配合而形成一个有机的犯罪行为整体，每个行为人的行为都是共同犯罪行为的一个有机组成部分，并共同造成犯罪的结果。就结果来看，每个人的行为与犯罪结果间都具有因果关系。

共同犯罪行为虽然是由各共同犯罪人的犯罪行为结合而成的行为整体，但由于各共同犯罪人在共同犯罪中所处的地位和所起的作用不同，各个共同犯罪人的犯罪行为在表现形式上会存在差异，比如有的实施的是实行行为，有的实施的是帮助行为，还有的实施的是教唆行为，即使实施的都是实行行为，同样也会存在参与程度和分工的不同。例如，甲乙二人共同抢劫，甲实施暴力，乙夺走财物，虽然甲乙二人的行为表现不同，但二者结合起来便形成了一个完整的抢劫行为。因此这种行为上的差异不影响共同犯罪的成立，而只对区分刑事责任的大小有影响。

3. 构成共同犯罪，主观上必须具有共同的犯罪故意。共同的犯罪故意是指共同犯罪人经过犯意联络，知道自己和他人共同实施某种犯罪，都认识到他们的共同犯罪行为会造成危害社会的结果，并且希望或放任这种危害结果发生的心理状态。具体而言，共同的犯罪故意包括以下三层含义：①各个共同犯罪人在主观上都知道自己不是一个人单独犯罪，而是和其他人共同实施犯罪；②各个共同犯罪人都知道他们的共同犯罪行为会造成危害社会的结果，也都认识到他们的行为和危害结果之间的因果关系；③各个共同犯罪人对危害结果的发生都持希望或放任的态度。例如，甲乙二人合谋抢夺丙的财物，按照约定，甲在靠近丙时故意摔倒在地，以吸引丙的注意，乙则趁丙注意力转移时上前将丙戴在脖子上的项链抓下逃走。本例中，甲乙二人主观上都知道自己不是单独作案，而是在与对方配合作案，而且也知道他们的共同抢夺行为会导致丙的财物被抢走的危害结果发生，同时他们也都希望这种结果发生，因此甲乙二人构成共同犯罪。

只有同时具备上述三个特征，才能构成共同犯罪。以下几种情况不构成共同犯罪：

1. 二人以上的共同过失行为造成一个危害结果的。例如，某单位保卫干事甲与朋友乙到郊外钓鱼，到河边后甲将随身携带的手枪取下放在草地上并忘了卸膛，其朋友乙见后便将枪拿在手上摆弄，结果触动扳机走火，将一钓鱼人击中致其死亡。对此，虽然致人死亡的结果是甲乙二人的共同过失行为造成的，但甲乙二人之间不存在共同犯罪的故意，不构成共同犯罪，而应当分别按其过失行为承担责任。

2. 二人以上犯罪，一人出于故意，另一人出于过失，造成一个危害结果的。例如，甲在值班时插上电炉烤火，因电闸已被拉下，甲的电炉没接通，甲以为停电，便忘了将插头拔下，另一值班员乙因与甲有怨，故意不告诉甲，等甲走后即将电闸合上，致电炉通电，由于电炉摆靠床边，时间一长，引燃了床边垂吊的床单角，造成火灾。在这种情况下，甲乙二人主观上一为过失，一为故意，不具备共同犯罪的故意，不构成共同犯罪，应根据二人的不同罪过形式分别处理。

3. 无罪过帮助他人实施故意犯罪的。例如，某大学教授甲经人介绍认识了商人乙，乙称有一合资企业要收购甲基苯丙胺加到茶叶中作减肥用，自己用苯丙嗣加胺合成了苯丙胺，还想合成甲基苯丙胺，却怎么也试验不成，想请教授帮助攻关。甲听后答应帮忙，乙便向甲付了1万元劳务费。一个月后，甲经反复试验合成了甲基苯丙胺，乙如约前来带走甲所有样品和试验材料。不久，中央电视台焦点访谈节目专题报道毒品问题，甲才得知甲基苯丙胺就是冰毒，自己在无意中成了乙制造冰毒的帮助者。本案中甲主观上并无非法制造毒品的故意，而仅是被乙欺骗利用，甲乙二人不构成共同犯罪。

4. 二人以上共同故意犯罪，在实施共同犯罪中，一方超出共同故意的范围，实施了其他犯罪的。例如，甲乙二人共同盗窃甲看管的仓库，在将东西搬走的途中，甲临时起意返回仓库，用火将库房点燃，企图毁灭现场。甲放火的行为超出了共同故意的范围，应由其单独承担放火罪的刑事责任。

5. 二人以上同时或先后对同一对象实施相同性质的犯罪，但主观上缺乏共同的犯罪故意，客观上缺乏行为间的相互协调、配合的。例如，某处发生地震，一家商场被震垮，多人分别进入现场，趁机打劫，但他们既无主观上的联系，又无行为上的配合，而是各干各的，互不相干，此为通常所说的"同时犯"，而不是共同犯罪。

6. 有共同故意而无共同行为的。例如，甲教唆乙盗窃，乙因甲的教唆产生犯意并同意去盗窃，但过后乙改变了想法没有实际去盗窃，对此应根据《刑法》第29条第2款关于"被教唆的人没有犯被教唆的罪，对于教唆犯，可以从轻或者减轻处罚"的规定，由甲单独承担盗窃罪的刑事责任。

7. 事前无通谋，事后提供帮助的。如为犯罪分子提供隐蔽的场所，帮助毁灭罪证，或者为其窝藏、销售赃物等，这些行为如果事前已与其他犯罪分子通谋，双方实际上具有共同犯罪的故意，而仅是分工不同，构成共同犯罪。但如果事前没有通谋，即没有形成共同犯罪的故意，就不能构成共同犯罪。对此，应根据帮助者的具体行为分别定罪处罚。

■ 第二节　共同犯罪的形式

共同犯罪的形式，是指二人以上共同故意犯罪的结构形式或共同犯罪人之间的结合方式。从刑法理论上划分不同种类的共同犯罪形式，是为了从不同的角度，以不同的标准去认识各种形式共同犯罪的性质及其不同的社会危害程度，从而做到正确适用刑法，准确惩处各种共同犯罪。

共同犯罪的形式是多种多样的，从不同的角度，以不同的标准，从理论上可以将共同犯罪作多种划分，如任意的共同犯罪与必要的共同犯罪、简单的共同犯罪与复杂的共同犯罪、事前通谋的共同犯罪与事前无通谋的共同犯罪、一般共同犯罪与集团犯罪等。其中，集团犯罪是由犯罪集团实施的、一种特殊形式的、社会危害特别严重的共同犯罪。我国刑法对于犯罪集团作了专门的规定。根据《刑法》第26条第2款的规定，犯罪集团是指3人以上为共同实施犯罪而组成的较为固定的犯罪组织。其主要特征是：①人数较多。根据刑法规定，组成犯罪集团最低不能少于3人。②有一定的组织性。即成员比较固定，集团内部存在着一定的领导与被领导关系，有明显的首要分子，有骨干分子，也有一般成员，各犯罪人以首要分子为核心通过一定的方式维系在一起。组织性是犯罪集团最本质的特征。③有明确的犯罪目的性。即集团成员是为了共同实施某一种或某几种犯罪而纠合在一起。如贩毒集团，其目的就是贩毒；而实践中常见的黑社会性质组织，则可能既实施杀人、伤害，又实施抢劫、强迫交易等，兼具多种犯罪目的性。犯罪目的性是区分犯罪集团与基于低级趣味或封建习俗而形成的落后组织的重要标志。④相对的稳定性。即犯罪集团成员是为了在较长时期内进行多次犯罪活动而结合起来的，他们在实施某一次犯罪之后，其组织形式仍然存在，集团成员也并不因某次犯罪的完成而发生较大的变化，更不会在完成一次犯罪后即行散伙，从而表现出相对的稳定性。

对于犯罪集团，必须严格按照上述特征认定。同时，必须严格使用犯罪集团这一概念，长期以来，在司法实务和宣传报道中经常出现"犯罪团伙"这样的称呼。应指出的是，犯罪团伙并不是一个刑法上的概念，一般来讲，它既可能指犯罪集团，也可能指3人以上的一般共同犯罪，即"犯罪团伙"，是一个不确切的概念。故在处理共同犯罪案件时，符合犯罪集团特征的，就按犯罪集团处理，不符合犯罪集团特征的，就按一般共同犯罪处理。司法文书中，要避免出现"犯罪团伙"的提法。

■ 第三节　共同犯罪人的刑事责任

一、法律规定

《刑法》第26条规定："组织、领导犯罪集团进行犯罪活动的或者在共同犯罪中起主要作用的，是主犯。3人以上为共同实施犯罪而组成的较为固定的犯罪组织，是犯罪集团。对组织、领导犯罪集团的首要分子，按照集团所犯的全部罪行处罚。对于第3款规定以外的主犯，应当按照其所参与的或者组织、指挥的全部犯罪处罚。"

《刑法》第27条规定："在共同犯罪中起次要或者辅助作用的，是从犯。对于从犯，应当从轻、减轻处罚或者免除处罚。"

《刑法》第28条规定："对于被胁迫参加犯罪的，应当按照他的犯罪情节减轻处罚或者免除处罚。"

《刑法》第29条规定："教唆他人犯罪的，应当按照他在共同犯罪中所起的作用处罚。教唆不满18周岁的人犯罪的，应当从重处罚。如果被教唆的人没有犯被教唆的罪，对于教唆犯，可以从轻或者减轻处罚。"

二、共同犯罪人的种类及其刑事责任

在共同犯罪中，由于各参与人所处的地位和所起的作用不同，其所应当承担的刑事责任也不同。为此，有必要按照一定的标准对共同犯罪人进行分类，以便区别对待，正确量刑。

我国刑法以共同犯罪人在共同犯罪过程中所起的作用为标准，并适当考虑到共同犯罪人分工的特殊情况，将共同犯罪人分为主犯、从犯、胁从犯和教唆犯四种。

（一）主犯

1. 主犯的认定。主犯是指组织、领导犯罪集团进行犯罪活动或者在共同犯罪中起主要作用的犯罪人。根据法律规定，主犯包括以下几种情况：

（1）组织、领导犯罪集团进行犯罪活动的犯罪分子。这类犯罪人即犯罪集团中的首要分子，他们在犯罪集团中起组织、领导作用，通常表现为组建犯罪集团、制订犯罪计划、策划犯罪行动、指挥其他集团成员实施犯罪行为等。有的除具有上述行为外，还同时亲自参与实施具体的犯罪活动。是否为犯罪集团的首要分子，标准为是否在犯罪集团中实际起组织、指挥作用，如果实际上不起组织、指挥作用，而仅是挂名某种头衔，即"徒有虚名"，不能认定为首要分子，不是主犯。

（2）在共同犯罪中起主要作用的犯罪分子。这类犯罪人指犯罪集团首要分子以外的在共同犯罪中起主要作用的犯罪分子，包括：①犯罪集团中除首要分子以外的其他起主要作用者，即犯罪集团中的骨干分子。骨干分子虽然不起组织、领导犯罪集团的作用，但他们是犯罪集团实施的犯罪活动的直接实行者，并且在实施过程当中起到了主要作用，是犯罪集团的得力成员，因而属于主犯。②在一般共同犯罪中起主要作用的犯罪分子。有两种情况：一是在聚众犯罪中起组织、策划、指挥作用的首要分子。这类犯罪分子因其组织、策划、指挥行为而在聚众犯罪中起到了主要作用，故为主犯。需要注意的是，刑法规定的聚众犯罪有的要求追究全部参与者的刑事责任，如组织越狱罪；有的只要求追究部分参与者的刑事责任，如聚众斗殴罪；有的仅要求追究首要分子的刑事责任，如聚众扰乱公共场所秩序、交通秩序罪。对于前两种情况，其首要分子即为主犯，而第三种情况是将首要分子作为犯罪主体法定构成要件加以规定的，其首要分子是定罪的条件，而不是刑法规定的主犯。二是在聚众犯罪以外的一般共同犯罪中起主要作用的犯罪分子。这类主犯比较常见，他们虽然不是首要分子，不起组织、策划、指挥作用，但他们一般表现为犯罪的主要实行者，或者是在共同犯罪中起着关键作用，直接造成严重危害结果的发生，或者是情节特别严重的犯罪分子等。总之，凡是在共同犯罪中起主要作用的犯罪人，都属于主犯。

在共同犯罪中，主犯可能是一个，也可能是多个。认定时，只要符合主犯特征，不论数量多少，都要按主犯论处。

2. 主犯的刑事责任。分两种情况处理：

（1）对于犯罪集团的首要分子，按照集团所犯的全部罪行处罚。所谓"集团所犯的全部罪行"，应理解为集团策划的全部犯罪行为。一般来说首要分子应该是参加了集团全部犯罪的组织、指挥者，但不排除有的首要分子没有参与某次集团犯罪的组织或指挥，虽然如此，由于首要分子是犯罪集团的组建者，集团策划的全部犯罪在集团组建之初即已存在于组织者概括的犯罪故意之中，因此对于集团所犯的全部罪行，集团的首要分子都要承担责任，这是一个方面。另一方面，对于集团中个别成员所实施的超出集团预谋范围的罪行，因与集团犯罪无关，不能要求犯罪集团的首要分子承担责任，而只能由具体行为人自己单独承担刑事责任。

（2）对于犯罪集团首要分子以外的其他主犯，按照其所参与的或者组织、指挥的全部犯罪处罚。这里所说的"参与"，既指参与犯罪的预备行为，也指参与犯罪的实行行为。同时还可以是参与犯罪后的销赃分赃等行为。所说的"组织、指挥"，主要是指聚众犯罪中的首要分子所组织、指挥的聚众犯罪。同样，如果其中有的参与者实施了超出首要分子组织、指挥范围之外的犯罪，首要分子也不负责，应由行为人自行承担刑事责任。

（二）从犯

1. 从犯的认定。从犯是指在共同犯罪中起次要作用或者辅助作用的犯罪人。根据法律规定，从犯包括两种犯罪人：

（1）在共同犯罪中起次要作用的犯罪分子。这里所说的"次要作用"包括两层含义：①就共同犯罪活动的实施而言，这种犯罪分子的行为是发挥了一定作用的，因此也必须承担相应的刑事责任；②相对于主犯所起的主要作用而言，这种作用是次要的，是不起决定作用的，故而也只应承担次要的刑事责任。具体讲，此种从犯在犯罪集团的犯罪活动中，受首要分子和其他主犯的指挥，罪行较小或者情节不严重；在一般共同犯罪中，虽然直接参与了犯罪的实施，但通常表现为次要的实行行为，不能单独、直接引起严重后果。如在共同盗窃中，在盗窃现场参与接运赃物；在非法拘禁案中，受主犯安排参与看守被害人等。

（2）在共同犯罪中起辅助作用的犯罪分子。这里所说的"辅助作用"，是指不具体参与犯罪行为的实行，而是为犯罪的预备、着手施行和犯罪后的"善后"提供各种帮助，创造有利条件，辅助实行犯罪。在共同犯罪中起辅助作用的犯罪分子，实际上就是指的帮助犯，其帮助行为可以发生在犯罪的全过程。如在犯罪的预备阶段，为实行犯准备犯罪工具、指示犯罪目标、察看犯罪地点、排除犯罪障碍或者传递有利于犯罪实施的消息等。在犯罪着手实施阶段，临场提供犯罪构成客观方面行为以外的帮助，如在劫车犯罪中伪装检查人员拦阻车辆，使随车劫犯得以顺利劫走车辆。在犯罪结束后，根据事前的约定，帮助窝藏、销售赃物，窝藏、包庇实行犯等。需要指出的是，帮助犯并不一定都是从犯，个别情况下，帮助犯的帮助行为在共同犯罪中也可以起到主要作用，对于这种起主要作用的重要帮助犯，应按主犯认定。

2. 从犯的刑事责任。根据《刑法》第 27 条的规定，对于从犯，应当从轻、减轻处罚或者免除处罚。这是一个选择性规定，在审判实务中，究竟如何处罚，应根据案件的实际情况，从整个共同犯罪的严重程度，以及从犯在其中发挥的作用大小等方面综合分析，一般情况下应当从轻处罚。对其中所起的作用不明显或作用很小的，则应当减轻处罚或者免除处罚。

刑法分则中，对有的共同犯罪的主犯和从犯分别按照独立的犯罪作了规定，如《刑法》第 358 条将组织卖淫行为分别规定为组织卖淫罪和协助组织卖淫罪。实际上协助组织卖淫行为是组织卖淫行为的帮助行为，组织者系主犯，协助组织者系从犯，但由于法律已将协助组织卖淫规定为独立的罪名，并设置了远轻于组织卖淫罪的法定刑，因此对于协助组织卖淫罪来说，其协助组织卖淫的帮助行为均应视为协助组织卖淫罪的实行行为，处罚时只能根据各个参与人协助行为所起的作用大小以及其他情节按协助组织卖淫罪的法定刑分别处罚，而不再适用总则关于处罚从犯的原则规定。

（三）胁从犯

1. 胁从犯的认定。胁从犯是指在共同犯罪中被胁迫参加犯罪的人。所谓"胁迫"，是指通过暴力威胁或者精神强制，迫使被胁迫者屈从淫威，被迫参与共同犯罪。如以伤害其本人或家人相威胁，或者以暴露隐私、毁灭财产相要挟等。被胁迫而参加共同犯罪的胁从犯，一方面，虽然受到了一定的精神强制，但并没有丧失意志自由，身体并没有完全受到强制，主观上仍有罪过，同时其行为在共同犯罪中也具有一定的作用，同样是危害结果发生的原因，因此应当承担相应的刑事责任。另一方面，由于他们本意是不愿意参与犯罪的，如果没有外来的压力，他们本来是不会实施犯罪行为的，因此他们的主观恶性远远小于共同犯罪中的主犯和从犯，其所发挥的作用也不大，故其所要承担的刑事责任也有限。

在认定胁从犯时，需要注意以下两个问题：

（1）注意把握精神强制与身体强制的区别。胁从犯受到的强制是精神上的强制，其身体、意志仍是自由的，这同由于身体受到强制而丧失了意志自由的情况是有质的区别的。

（2）注意掌握胁从犯的转化。有的参加共同犯罪的人，在开始时是受到了胁迫的，而一旦参加了后，由于种种原因，如尝到了"甜头"或开始"破罐子破摔"，在以后的犯罪中由被动转为主动，由不自愿转为自愿，由消极转为积极卖力，对此就不能再以胁从犯认定，而应根据其在共同犯罪中所发挥作用的大小和所处的地位，分别以主犯或者从犯论处。

2. 胁从犯的刑事责任。根据法律规定，对于胁从犯，应当按照他的犯罪情节减轻处罚或者免除处罚，可见胁从犯应承担的刑事责任还要轻于从犯。在具体对胁从犯适用刑罚时，是采取减轻处罚还是免除处罚，要根据行为人受胁迫的程度、被迫参与实施犯罪的性质、对危害结果所起作用的大小等情况决定。

（四）教唆犯

1. 教唆犯的特征。教唆犯是指教唆他人犯罪的人。构成教唆犯，必须具备以下特征：

（1）在客观方面具有教唆他人犯罪的行为。所谓"教唆"，是指引起他人产生犯罪意图的行为。实践中教唆的方式是多种多样的，如口头教唆、书面教唆、网上教唆、明示教唆、暗示教唆、直接教唆、间接教唆等，其具体的教唆行为一般可表现为建议、劝说、授意、命令、刺激、引诱、鼓励、收买等。不管采用何种方式方法，只要行为人事实上实施了引起他人产生犯罪意图的行为，即是实施了教唆的行为。

（2）在主观方面具有教唆他人犯罪的故意。所谓教唆他人犯罪的故意，是指明知自己的教唆行为会引起被教唆人产生犯意实施某种犯罪，造成危害社会的结果，并且希望或者放任这种结果发生。如果不是出于这种故意，而是由于言行不慎，行为人并没有意识到自己的行为会使他人产生犯罪意图，即使其行为客观上使他人产生了某种犯罪意图，也不能构成教唆犯。

2. 教唆犯的认定。认定教唆犯应注意下面几方面的问题：

（1）注意把教唆犯与以教唆方法独立构成的犯罪区别开来。我国刑法分则把某些特殊的教唆行为独立规定为犯罪，如煽动分裂国家罪、煽动颠覆国家政权罪等。这些犯罪在客观方面都是以某种教唆行为表现出来的，但由于刑法已经将这些行为规定为独立的犯罪，并设置了独立的法定刑，因而不能再将这些行为认定为教唆犯。

（2）注意把教唆犯与教唆他人违法的行为区别开来。教唆犯教唆的内容是犯罪，而不是一般违法。实践中有的人唆使、引诱别人实施违法行为，但没有教唆他人去犯罪，对此，不能按教唆犯论处。至于是否构成犯罪，应看其具体教唆的是什么行为。如果教唆的是一般违法行为，不构成犯罪；如果教唆的是刑法分则明文规定的特定违法行为，则应按分则规定的罪名认定，如《刑法》第 353 条规定的引诱、教唆、欺骗他人吸毒罪。吸毒虽然在我国法律中被规定为违法行为而非犯罪行为，但由于吸毒蔓延所带来的巨大危害性，刑法将教唆吸毒的行为规定为犯罪，予以刑事制裁，因此对于教唆他人吸食、注射毒品的行为应按教唆他人吸毒罪论处。

（3）注意掌握教唆对象的具体情况。教唆犯所教唆的对象必须是具有刑事责任能力、达到刑事责任年龄的人。如果教唆的对象不具有刑事责任能力，或者未达到刑事责任年龄，由于他们不符合犯罪主体的一般条件，不承担刑事责任，因而在教唆者与被教唆的人之间不存在共犯关系，被教唆的人实际上只是教唆者实行犯罪的工具，对于教唆者应当按单独犯罪论处。此外，教唆的对象一般来讲为尚未产生犯罪意图的人。对于已经产生了犯罪决意的人，如果行为人明知而为其出谋划策提供智力上的帮助促成犯罪的，不是教唆行为，而是帮助行为，可按帮助犯处理。对于已有犯意但尚在犹豫不决的人，行为人通过鼓动打气、撑腰壮胆再予以激发，促其决心犯罪的，以及虽已产生犯罪决意，但行为人并不知晓而进行教唆的，仍属唆使他人犯罪的性质，应成立教唆犯。

（4）注意"教唆犯"不是一个罪名，对教唆犯定罪时应根据其教唆的内容确定，即教唆他人犯什么罪，对教唆犯就定什么罪，并且按该罪的法定刑处罚。如果被教唆的人犯了被教唆的罪，双方成立共同犯罪。如果被教唆的人没有犯被教唆的罪，不成立共同犯罪，对于教唆犯，应按其教唆的内容单独定罪。

3. 教唆犯的刑事责任。关于教唆犯的刑事责任，根据刑法规定分别按以下情况处理：

（1）教唆他人犯罪，被教唆的人接受教唆犯了被教唆之罪的，对于教唆犯，应当按照他在共同犯罪中所起的作用处罚。教唆犯在共同犯罪中是犯罪的起意者和唆使者，往往对共同犯罪的发生起着重大的甚至决定性的作用，故一般应按主犯的处罚原则处罚。但也有少数教唆犯的行为在共同犯罪中不起主要作用，而仅起到次要或辅助作用，如教唆他人帮助犯罪，或者在不知晓别人已有犯罪意图的情况下实施教唆行为，其教唆行为对共同犯罪的发生并不起主要作用，对此，应当按照从犯的处罚原则处罚。亦即对于教唆犯，既可以比照主犯处罚，也可以比照从犯处罚，操作中只能根据其教唆行为在共同犯罪中所起的作用大小来判断。

（2）教唆他人犯罪，被教唆的人没有犯被教唆之罪的，对于教唆犯，可以从轻或者减轻处罚。被教唆的人没有犯教唆的罪包括两种情况：①被教唆的人根本没有去犯罪；②被教唆的人没有犯被教唆的罪，但犯了其他罪。这两种情况都属教唆未遂，因此对于教唆犯可以从宽处理。具体适用刑罚时是从轻还是减轻处罚，应从教唆犯的犯罪动机、实施教唆行为的积极态度和程度以及所教唆的犯罪的性质等方面综合考虑。

（3）教唆不满18周岁的人犯罪的，对于教唆犯，应当从重处罚。未成年人处于身心发育的关键阶段，他们的思想尚不成熟。辨别是非好坏的能力不强，很容易听信坏人的唆使而误入歧途，因此为了加强对未成年人的保护，应当对教唆他们犯罪的人从严惩处。司法实务中有时会出现教唆不满18周岁的人犯罪，而被教唆的人没有犯被教唆的罪的情况，由于刑法规定教唆不满18周岁的人犯罪应当从重处罚，同时又规定被教唆的人没有犯被教唆的罪，对于教唆犯，可以从轻或者减轻处罚，这样在同一行为中就出现了两个宽严相反的处罚情节。对此，由于刑法规定对于教唆未满18周岁的人犯罪"应当"从重处罚，属于义务性规范。对于被教唆的人没有犯被教唆的罪，对教唆犯"可以"从轻或者减轻处罚，属于授权性规范。前者是必须遵照执行的，后者是可以选择适用的，故根据刑法对未成年人特别保护的立法宗旨，应当对教唆犯从重处罚，在此前提下，考虑到教唆未遂的实际情况，可在从重的幅度范围内适当地从宽处理。

【思考题】

1. 共同犯罪的本质是什么？
2. 比较共同犯罪故意与单人犯罪故意、单位犯罪故意的异同。
3. 如何理解共同犯罪的因果关系？
4. 如何理解有组织犯罪与集团犯罪？
5. 如何把握共同犯罪人在共同犯罪中的作用？
6. 教唆犯罪承担刑事责任的根据是什么？
7. 如何理解过失共同犯罪？

第十一章

一罪与数罪

学习目的与要求　掌握数罪的概念及标准，掌握继续犯、想象竞合犯、结果加重犯、结合犯、集合犯、连续犯、牵连犯、吸收犯的概念及处罚原则。

■　第一节　一罪与数罪概述

一、区分一罪与数罪的意义

行为人的行为是构成一罪，还是成立数罪，这在一般的情况下不难区分。但是，由于犯罪现象千姿百态，法律规定错综复杂，以至于有些犯罪形似数罪而实质上为一罪或法律规定为一罪以及在审判实务中被作为一罪来处理。因此，一罪与数罪的问题，并不是一个简单的问题，而是司法实践中常常会遇到的一个难题，也是刑法理论上需要深入研究的一个基本问题。从刑事司法的角度讲，研究一罪与数罪的区分即解决犯罪个数的问题，具有以下重要意义：

1. 有助于准确定罪。定罪准确是刑事审判活动最基本的要求之一。要做到准确定罪，先要查明行为人的行为是否构成犯罪，构成何种犯罪，同时还要确定是成立一罪还是构成数罪。如果本来是一罪而认定为数罪，或者相反，本来为数罪而认定成一罪，都可能会导致定罪上的不准确。

2. 有助于恰当量刑。对犯罪裁量决定刑罚，必须考虑多方面的因素，犯罪个数问题是影响刑罚裁量的重要因素，故在量刑时也不能不对其加以考量。一般而言，对一罪只能一罚，对数罪则应当并罚。如果错误地将一罪认定为数罪或者将数罪当成了一罪，就会导致不合理地加重或减轻行为人刑事责任的情况，造成量刑畸重畸轻的后果。此外，不同的一罪类型，由于构成特征上的原因，其量刑的原则也往往互不相同。如有的是从重处罚，有的是从一重处断，有的只作为一罪来处刑，有的则本为从一重处断而法律却规定应并罚等。可见，如果不能正确区分一罪（包括属于何种类型的一罪）与数罪，就不能做到量刑适当。

3. 有助于正确适用刑法上一些重要制度。在我国刑法中，有些一罪与数罪意义上的犯罪类型如连续犯、继续犯、牵连犯等与刑法的空间效力、时间效力、追诉时效等制度有着密切的关系。因此，只有准确区分一罪与数罪并准确认定各种罪数意义上的犯罪类型，才能正确运用上述刑法制度。例如，《刑法》第 89 条规定，追诉期限从犯罪之日起计算；犯罪行为有连续或者继续状态的，从犯罪行为终了之日起计算。可见，如果不能准确把握连续犯、继续犯等一罪类型，就会影响到追诉时效制度的正确适用。

4. 有利于刑事诉讼程序的依法进行。在刑事诉讼中，犯罪发生地与案件的严重程度是决定诉讼管辖（地域管辖与级别管辖）的根据，确认某一案件为自诉案件还是公诉案件，则直接影响到应采取何种刑事审判程序，而确定犯罪发生地、案件的严重程度以及案件本身是属于自诉案件还是属于公诉范围，往往要以对行为人的行为究竟是一罪还是数罪的判断为前提。故如果不能准确地区分一罪与数罪，就很难正确执行法律所规定的刑事诉讼程序。

二、一罪与数罪的区分标准

一罪与数罪的区分标准，指判断犯罪事实构成一罪还是成立数罪的标准。区分一罪与数罪应以什么为标准，在刑法理论中存在各种不同的学说。我国刑法理论界一般认为，行为所符合或具备的犯罪构成个数，是区分一罪与数罪的标准。换言之，行为人的行为符合一个犯罪构成的，是一罪；行为具备数个犯罪构成的，为数罪。我国刑法学界的通说主张以犯罪构成作为区分一罪与数罪的标准，主要有以下几点理由：

1. 这一标准在罪数区分问题上贯彻了罪刑法定原则。如前所述，罪刑法定原则的首要要求是犯罪与刑罚必须由刑法明文加以规定，而为了体现罪刑法定原则，我国刑法总则和分则全面地规定了构成犯罪的要件即每一种犯罪的犯罪构成。因此，体现罪刑法定原则的犯罪构成既是认定单个犯罪的准绳，也是解决罪数问题即区分一罪与数罪的标准；而且，坚持以犯罪构成作为判断一罪与数罪的标准，有利于罪数认定问题上的统一性和公正性，避免随意性和擅断性，是在罪数判定问题上严格执法的表现和处理公平的保障。总之，在一罪与数罪的区分方面坚持以犯罪构成为标准，是罪刑法定原则在罪数领域的具体体现。

2. 这一标准在罪数区分问题上贯彻了主客观相统一的原则。我国刑法理论认为，由于犯罪行为是行为人在危害社会的罪过（故意或过失）心理支配下实施的危害社会的行为，故在认定犯罪和追究刑事责任时都必须坚持主客观相统一的原则。而主张以犯罪构成作为区分一罪与数罪的标准，正是认定罪数时坚持主客观相统一原则的具体体现。这是因为，我国刑法中的犯罪构成是主客观相统一的，即任何一种犯罪的构成都是由一定的客观要件和主观要件有机结合而成的。因此，运用犯罪构成来区分一罪与数罪，就既为解决罪数问题提供了符合犯罪自身规律的可靠的标准，也使主客观相统一原则在罪数领域得到了具体贯彻落实。

3. 这一标准在罪数区分问题上贯彻了犯罪构成理论。犯罪构成理论是我国刑法学的核心理论，它贯穿于刑法学关于犯罪问题的各个领域，如在故意犯罪形态、共同犯罪以及刑法分则理论的各章中，无不以犯罪构成理论为基石。在罪数领域中当然也不能例外。以犯罪构成作为判断罪数的标准，不仅是犯罪构成理论作为刑法学核心理论的要求，也是发展、完善罪数理论的需要。因为任何一种罪数类型，无论是一罪的类型还是数罪的类型，都具有其客观要件和主观要件，都是主客观要件的统一。所以，只有以主客观相统一的犯罪构成为标准，才能正确区分各种一罪与数罪，才能使犯罪构成理论在罪数领域得到充分的贯彻。

需要指出的是，虽然上面所提到的以犯罪构成作为区分一罪与数罪的标准在理论上是很有说服力的，但在司法实践中运用这种标准来认定罪数时却有与刑法的规定不相一致的情况，例如，牵连犯按犯罪构成标准应属于一罪的类型，但在我国刑法中却对有的牵连犯按数罪来处理，实行并罚。因此，在区分一罪与数罪时，原则上应以犯罪构成为标准，但同时应考虑刑法有无特别规定，对于刑法中有特别规定的，必须依照刑法的规定来处理。

■ 第二节　罪数的类型

一罪是指一个犯罪，就类型而言，可以从大的方面分为单纯的一罪与特殊的一罪两类。单纯的一罪不具有貌似数罪的特征，即无论从形式上，还是从实质上，单纯的一罪都只能是一罪。特殊的一罪是指貌似数罪，而实为一罪的情况。一般说来，单纯的一罪不难认定，但特殊的一罪较为复杂，容易与数罪相混淆。故下面仅对特殊的一罪的具体类型进行分析。

一、继续犯

（一）继续犯的概念与特征

继续犯，也称持续犯，是指作用于同一对象的一个犯罪行为从着手实行到行为终了，犯罪行为与不法状态在一定时间内同时处于继续状态的犯罪。非法拘禁罪是典型的继续犯。继续犯具有以下特征：

1. 必须只有一个犯罪行为。继续犯之所以为一个犯罪行为，是因为：在主观上支配行为的犯意只有一个，并且这种犯意贯穿实行行为的开始到终了；在客观上继续犯自始至终只有一个实行行为，并不因实行行为持续时间的长短而改变；而且即使行为地发生变化，仍然是一个实行行为。例如，行为人第一天将被害人拘禁于甲地，第二天转移拘禁于乙地，第三天再转移拘禁于丙地。尽管此案中拘禁地一再转移，但非法拘禁行为并未间断，仍然是一个非法拘禁行为，而不是数个非法拘禁行为。如果不是只有一个行为，就不是继续犯。如某人在 10 天之内连续在夜间盗窃 8 户人家的大量财物，是连续数行为，应构成连续犯，而不是继续犯。继续犯可以由作为构成，如非法拘禁罪中的非法拘禁行为，就是以作为的形式实施的；但继续犯也可能由不作为构成，如遗弃罪的遗弃行为，即负有扶养义务而拒绝扶养，就表现为不作为的形式。

2. 必须是持续地作用于同一对象。继续犯持续作用的只能是同一对象。例如，行为人非法拘禁某甲 1 个月有余，在持续非法拘禁行为 1 个多月的时间里，非法拘禁的对象始终只是某甲。这是继续犯。但如果第一天非法拘禁某甲，第二天非法拘禁某乙，第三天又非法拘禁某丙，则因三天非法拘禁的对象不同而构成数个非法拘禁罪，不能认定为一个继续犯。

3. 必须是犯罪行为与不法状态同时继续。这是构成继续犯的重要条件，也是继续犯与其他有关情况相区别的显著特征。这一特征包括如下含义：

（1）犯罪行为必须具有继续性，即犯罪行为从着手实行到行为终了在时间上有一个过程。在这个过程中实行行为一直处于不间断进行的状态中。

（2）犯罪行为所引起的不法状态必须具有继续性。所谓不法状态，指由于犯罪的实行行为使客体遭受侵害的状态。这种不法状态不是很快即告消失，而是在时间上处于继续存在的状态中。

（3）犯罪行为与不法状态同时处于持续的过程中，而不只是犯罪行为的继续或者不法状态的继续。如果只是犯罪行为所造成的不法状态处于持续之中，而犯罪行为一经实行即告完成，并不处于继续状态，就不是继续犯。例如，行为人实施盗窃后之占有赃物，是不法状态的继续，但盗窃罪并不是继续犯。因为作为盗窃罪构成要件的盗窃行为已经结束，而不是处于继续状态。而非法拘禁罪在行为人将被害人非法拘禁期间，既是非法拘禁行为的继续，同时也是非法拘禁不法状态的继续，所以是继续犯。

4. 必须是从着手实行时起到行为终了时止继续了一定时间。具有时间上的持续性，是继续犯的又一特征，没有一定的时间过程，就谈不上犯罪行为和不法状态的继续，从而也就构不成继续犯。例如，行为人将被害人非法拘禁一瞬间，就构不成非法拘禁罪。至于构成继续犯的继续时间应以多长时间为准，法律并没有规定，应当根据犯罪的性质和情节，具体分析和认定。

以上四个特征只有同时具备，才能构成继续犯。

（二）继续犯与类似情况的区别

1. 继续犯与状态犯的区别。状态犯，指犯罪既遂后，其实行行为所造成的不法状态处于持续之中的犯罪形态。就不法状态处于持续之中来看，状态犯与继续犯颇为相似。两者的主要区别是：

（1）继续犯的不法状态从犯罪实行那一刻即告发生，并一直存在于犯罪行为终止以前的整个犯罪过程中；状态犯的不法状态则发生于犯罪行为终止之后，其犯罪过程已经结束。

（2）继续犯是犯罪行为与不法状态同时继续；状态犯则只是不法状态的继续，

而不存在犯罪行为的继续。例如，前述的盗窃罪，盗窃犯占有赃物，只是不法状态的继续，而盗窃行为已经结束，因而盗窃罪属于状态犯，而不是继续犯。

2. 继续犯与即成犯的区别。即成犯，指犯罪行为实行终了，犯罪即告完成的犯罪形态，如强奸罪。即成犯与继续犯的主要区别在于：继续犯以犯罪行为和不法状态在一定时间内继续为要件，而即成犯在犯罪构成要件上没有时间的要求。例如，故意伤害罪，可能一枪致人重伤，也可能将被害人持续殴打了两个小时造成重伤。后一种情况下行为人实行犯罪行为时间较为长一些，但这不是故意伤害罪的构成要件。

3. 继续犯与接续犯的区别。接续犯，指行为人在同一时机以性质相同的数个举动接连不断地完成一个犯罪行为的形态。其主要特征有：

（1）在同一机会实施，即在相接近的时间或场所内侵害同一犯罪的直接客体；

（2）接连不断地实施性质相同的数个举动。这要求必须是数个举动，且数个举动必须性质相同且接连不断地实施，例如，行为人意图杀死被害人，每次下少量毒药，经多次下毒后致被害人死亡。这种情形的杀人，就是接续犯。接续犯与继续犯的区别主要在于：接续犯是数个相同的举动组成一个犯罪行为，但没有犯罪行为和不法状态的同时继续；而继续犯则是犯罪行为和不法状态同时处于持续之中。

（三）继续犯的处罚原则

由于刑法分则对属于继续犯的犯罪设立专条加以规定，并配置有相应的法定刑，所以对继续犯应依刑法规定以一罪论处，不实行数罪并罚。但继续犯继续时间的长短在裁量刑罚时应作为量刑情节加以考虑。例如，一般而言，对非法拘禁他人达数月之久的继续犯在量刑时应重于非法拘禁他人一两个星期的继续犯。

二、想象竞合犯

（一）想象竞合犯的概念与特征

想象竞合犯，也称想象的数罪、观念的竞合，是指一个行为触犯数个罪名的犯罪形态。例如开一枪，打死了甲，又打伤了乙，这就是想象竞合犯。我国刑法没有明文规定想象竞合犯，但这一概念在刑法理论上一直是被承认的，并为司法实践所普遍接受。想象竞合犯具有如下特征：

1. 行为人只实施了一个行为。这是构成想象竞合犯的前提条件，如果实施了数个行为，则不可能构成想象竞合犯。所谓一个行为，指在社会生活的意义上被评价为一个的行为。这里所说的行为不单单是狭义的行为，也指包括结果在内的广义的行为。如上例所说的开一枪打死一人并打伤另一人的情形，即一个发生了一死一伤两个结果的行为。想象竞合犯的一行为通常是作为，但也可以是不作为。从实际情况看，想象竞合犯可能是一个故意行为，如故意开枪向人群射击，打死一人，打伤二人；也可能是一个过失行为，如某甲擦枪，不慎走火，打死一人，重伤另一人；还可能是实施一个行为，但主观上既出于故意同时存在过失，如行为人意图杀害某甲，担心伤害了站在某甲旁边的某乙，遂转移位置，选择不易伤害到某乙的角度向某甲射击，结果由于枪法不准，还是将某乙打成重伤，而某甲则幸免于难。这里行为人的行为对某甲而言是出于故意，对某乙则是基于过失。

2. 一个行为触犯了数个罪名。想象竞合犯只能是一个行为触犯数个罪名，触犯一个罪名的，谈不上是想象的竞合，但如果是数个行为触犯数个罪名，也非想象竞合犯。所谓一个行为触犯数个罪名，就是一个行为在形式上或外观上同时符合刑法规定的数个犯罪构成，如上述故意对人群开枪射击而打死一人并打伤另外二人的例子，就是一个行为同时符合故意杀人罪与故意伤害罪两个犯罪构成因而触犯这两个罪名的情况。至于数个罪名是否必须不同，在刑法理论上还有争议。我们认为，想象竞合犯只能是一个行为触犯相互不同的数个罪名，触犯数个相同的罪名的，不成立想象竞合犯。因为只有数个不同的罪名，才是数个罪名；数个相同的罪名，例如数个故意杀人罪，罪名仍然只是一个，也就谈不上是想象的竞合犯。并且承认想象的竞合犯，目的在于解决当行为触犯数个罪名时应按哪一个罪名定罪量刑的问题。一行为触犯数个同种罪名时，在确定行为的罪名上不会发生疑问，因而将它作为想象竞合犯，对审判工作没有实际意义。事实上在我国的审判实践中，对于一个行为触犯同种的数个罪名，例如行为人杀死被害人一家三口，只是以故意杀人罪从重处罚，并未按照想象竞合犯来处理。

（二）想象竞合犯的处罚原则

对想象竞合犯，我国刑法理论界主张按"从一重处断"原则处理，即依照行为触犯的数个罪名中法定刑较重的犯罪定罪处刑，而不实行数罪并罚。《刑法》第329条明文肯定了这一原则。该条第 1 款规定了抢夺、窃取国有档案罪，第 2 款规定了擅自出卖、转让国有档案罪，紧接着第 3 款规定："有前两款行为，同时又构成本法规定的其他犯罪的，依照处罚较重的规定定罪处罚。"我们认为，这一处罚原则不仅适用于本条款规定的犯罪，对其他想象竞合犯同样适用。但是，如果刑法另有特别规定的，则应当依照特别规定处理。

（三）想象竞合犯与法规竞合的区别

想象竞合犯与法规竞合有相同之处，容易混淆，必须加以区别。法规竞合，又称法条竞合，指行为人实施一个犯罪行为同时触犯数个在犯罪构成上具有包容（完全的或部分的）关系的刑法规范，但只适用其中一个刑法规范的情况。这里的实施一个犯罪行为，指基于一个罪过实施一个危害社会的行为。数个刑法规范，可能表现为不同法律中规定的数个刑法规范或者同一法律中不同条款规定的不同罪刑规范。不同刑法规范规定了不同的犯罪构成，同时触犯数个刑法规范，亦即行为同时形式上符合数个犯罪构成，因而触犯数个罪名。但是数个犯罪构成之间在法律上具有包容关系，即一个犯罪构成在法律上为另一个犯罪构成所包括，所以实质上行为只是符合一个犯罪构成，因而只适用其中一个刑法规范论处。例如，某甲出于抢劫枪支、弹药的故意，实行了抢劫枪支、弹药的行为，在触犯了《刑法》第 127 条第 2 款规定的抢劫枪支、弹药罪的同时，也符合《刑法》第 263 条规定的在构成内容上能包容抢劫枪支、弹药罪的抢劫罪，但对某甲实际上只应依《刑法》第 127 条第 2 款的规定以抢劫枪支、弹药罪论处。这就是法规竞合。法规竞合时适用法律的原则是：①特别法优于普通法；②重法优于轻法。如前述的抢劫枪支、弹药罪和抢劫罪的两条规定，后者是普通法，相对于后者而言，前者是特别法。因此，依照特别法优于普通法的原则，对抢劫枪支、弹药的行为，应适用《刑法》第 127 条第 2 款的规定，按抢劫枪支、弹药罪论处。又如，根据《刑法》第 149 条第 2 款的规定，生产销售第 141 ~ 148 条所列的特殊伪劣产品，构成各该条所规定的犯罪，同时又构成第 140 条规定的生产、销售伪劣产品罪的，依照处罚较重的规定定罪处罚。这便是法规竞合情况下重法优于轻法的立法例。

想象竞合犯与法规竞合都是实施了一个行为，都是触犯了数个罪名。两者的区别在于：

1. 法规竞合时的一个行为，只是出于一个罪过，并且是产生一个结果；想象竞合犯中的一个行为，往往是数个罪过和数个结果。如开一枪打死一人，并打伤另一人，只能是想象竞合犯，而不可能是法规竞合。

2. 法规竞合，是由于法规的错综复杂规定即法律条文内容上存在着包容或部分包容关系，以致一个犯罪行为触犯数个刑法规范；想象竞合犯则是由于犯罪的事实特征所导致，即出于数个罪过或产生数个结果，以致一行为触犯数罪名。

3. 法规竞合时，一行为触犯的数个刑法规范之间存在此一规范规定的犯罪构成包容另一规范规定的犯罪构成的关系；想象竞合犯中，一行为触犯的规定数个罪名的法条不存在犯罪构成之间的包容关系。

4. 法规竞合的情况下，在竞合的数法规中，仅仅一法规可以适用于该行为，其法律适用问题，依照特别法优于普通法或重法优于轻法的原则来解决；想象竞合犯的场合，竞合的数法规均可以适用于该行为，其法律适用问题，依照"从一重处断"的原则来解决。

三、结果加重犯

(一) 结果加重犯的概念与特征

结果加重犯，也称加重结果犯，是指实施基本犯罪构成要件的行为，由于发生了基本犯罪构成要件以外的重结果，因而刑法规定加重刑罚的犯罪形态。例如，《刑法》第 260 条规定：犯虐待罪，处 2 年以下有期徒刑、拘役或者管制；致被害人重伤、死亡的，处 2 年以上 7 年以下有期徒刑。这里的虐待致人重伤或死亡的情形，就是结果加重犯。结果加重犯的特征如下：

1. 实施了基本犯罪行为。基本犯罪行为是结果加重犯存在的前提，没有基本犯罪行为就不会有结果加重犯。需要研究的是，这里的基本犯罪是否仅限于结果犯（即以危害结果为犯罪构成要件的犯罪）以及是否必须是故意犯罪。对这两个问题，刑法理论上均有不同见解。关于第一个问题，本书认为，这里的基本犯罪不以结果犯为限，即所实施的不是以危害结果作为犯罪构成要件的犯罪行为，也可以成立结果加重犯。例如，《刑法》第 238 条第 1 款规定的非法拘禁罪的基本犯罪不是结果犯，但非法拘禁致人重伤、死亡的，同样成立本罪的结果加重犯。至于第二个问题，我们的见解是，对结果加重犯的基本犯罪没有理由限定为故意犯罪；从我国刑法规定来看，也存在对基本犯罪持过失罪过的结果加重犯。例如，《刑法》第 136 条规定的危险物品肇事罪以及第 137 条规定的工程重大安全事故罪等，都是过失犯罪，实施这些基本犯罪为过失犯罪的行为造成特别严重后果的，也成立结果加重犯。

2. 产生了基本犯罪构成以外的重结果。构成结果加重犯，以发生重结果为不可缺少的条件，并且重结果必须由基本犯罪的犯罪行为所引起，即重结果与基本犯罪行为之间必须具有因果关系；否则，不构成结果加重犯。例如，甲殴打乙致伤，乙住院治疗时，因病房失火被烧死，这种场合，甲只构成故意伤害罪，而不成立故意伤害致人死亡这一结果加重犯。对此，刑法理论上意见一致。但是，在行为人对这种重结果的罪过形式是仅限于过失还是既可以是过失也可以是故意的问题上，则有不同看法。我们认为，根据我国刑法的规定，在某些结果加重犯中，行为人对重结果的发生只能是过失，如故意伤害致人死亡这种结果加重犯，行为人对他人死亡的结果就只能是过失，否则应成立故意杀人罪；而在其他一些结果加重犯中，行为人对重结果的发生则既可以是过失，也可以是故意，例如在抢劫致人重伤、死亡这种结果加重犯中，行为人对他人重伤、死亡结果的发生就既可以是出于过失，也可以是出于故意。

3. 刑法就严重结果规定加重法定刑。这里的加重法定刑，是相对于基本犯罪的法定刑而言的，即结果加重犯的法定刑高于基本犯罪的法定刑。如果虽然行为人实施了基本犯罪行为并由此产生了超出成立基本犯罪要求的严重结果，但刑法并没有对其单独规定较重法定刑的，那就不是结果加重犯。例如，《刑法》第 247 条规定，刑讯逼供致人伤残、死亡的，依照刑法关于故意伤害罪、故意杀人罪的规定定罪从重处罚。这种情况就不属于刑讯逼供罪的结果加重犯。

（二）结果加重犯的罪名确定与处罚原则

由于结果加重犯仅具有一个犯罪行为，因而从犯罪构成角度分析，依然属于一罪。在其他有些国家，结果加重犯一般成立不同于基本犯罪罪名的独立罪名，如对抢劫致人死亡的，认定为抢劫致死罪；对强奸致人死亡的，则认定为强奸致死罪，但根据我国的刑事立法与司法实践，结果加重犯的罪名与基本犯罪的罪名并无区别。例如，在上述两种情况下，我国仍分别确定为抢劫罪与强奸罪。

在刑罚方面，由于刑法对结果加重犯规定了比基本犯罪要重的法定刑，所以对结果加重犯只能依照刑法的规定，在较重的法定刑幅度内量刑。

四、结合犯

（一）结合犯的概念与特征

结合犯，是指数个各自独立的犯罪行为，根据刑法的明文规定，结合而成为另一个独立的新罪的犯罪类型。例如，《日本刑法典》第 241 条规定的强盗强奸罪就是典型的结合犯。结合犯具有如下特征：

1. 结合犯所结合的数罪，原为刑法规定的数个独立犯罪。这里所说的独立的犯罪，指不依附其他犯罪而符合独立的犯罪构成的行为。并且数个独立的犯罪，是数个罪名不同的犯罪。如上例所举的强盗强奸罪是由强盗罪和强奸罪相结合而成的，强盗罪和强奸罪就是刑法规定的各自独立的罪名不同的犯罪。

2. 结合犯是将数个独立的犯罪结合成为另一个独立的新罪。刑法之所以通过结合犯的形式将数个犯罪结合在一起，往往是由于数个犯罪行为之间具有一定的牵连关系，或者是因为两种犯罪往往同时发生。结合数罪成为一个新罪有两种方式：如果用公式表示，其一为甲罪 + 乙罪 = 甲乙罪，如前面所例举的强盗罪 + 强奸罪 = 强盗强奸罪。这种方式在结合犯中比较常见。其二为甲罪 + 乙罪 = 丙罪，这种方式在结合犯中比较少见。

3. 数个独立的犯罪结合成一个独立的新罪，是基于刑法的明文规定。虽有数罪的结合，如果刑法没有明文规定结合为新罪，而是作为基本犯罪的加重情节或加重结果，那就不是结合犯，而是情节加重犯或结果加重犯。例如，我国《刑法》第263条规定的犯抢劫罪而致人重伤、死亡的情况就不是结合犯，而是抢劫罪的结果加重犯。

（二）结合犯的处罚原则

一般认为，我国刑法中没有结合犯的规定。因此，这里只就海外对结合犯的处罚原则略作介绍。在日本，由于结合犯是刑法规定将原来的数罪结合成一个新罪，并规定相应的法定刑，故对其应当依照刑法规定的新罪一罪论处，而不按原来的数罪规定实行数罪并罚。

五、集合犯

（一）集合犯的概念与特征

集合犯，是指行为人以犯不定次数的同种犯罪为目的，实施了数个性质相同的犯罪行为，刑法却规定作为一罪论处的犯罪形态。对集合犯，日本刑法理论进行了深入的研究。日本学者前田雅英指出："集合犯是构成要件本身预想有数个同种类的行为。例如，常习犯的场合，常习赌博者即使实施数次赌博行为，只能构成常习赌博一罪。又如，营业犯的场合，即使反复实施未经准许的医业行为，仍不过成立未经准许医业罪一罪。"[1]我国刑法理论以往对集合犯缺乏研究，而将有关问题纳入惯犯概念中讨论。考虑到1997年修订的《刑法》取消了惯犯的概念且新增加了一些营业犯的规定，这里借鉴国外刑法理论，对集合犯的问题加以论述。一般而言，集合犯具有如下特征：

1. 成立集合犯，必须是行为人以实施不定次数的同种犯罪行为为目的。这是集合犯主观方面的特征。之所以将集合犯的主观目的归纳为实施不定次数的同种犯罪

---

〔1〕 ［日］前田雅英：《刑法总论讲义》，东京大学出版社1996年版，第537页。

行为，是因为实际中的集合犯均不是意图实施一次犯罪即行结束，而是预期实施不定次数的同种犯罪行为。例如，《刑法》第336条规定的非法行医罪，行为人就是意图实施不定次数的非法行医行为。据此，对主观上明确以实施一次行为为目的的，不能认定为集合犯。

2. 集合犯通常实施了数个性质相同的犯罪行为。集合犯不仅在主观上具有实施不定次数的同种犯罪行为的意图，而且在客观上通常也实施了数个性质相同的犯罪行为，如多次实施非法行医行为、以赌博为业行为等。这里之所以使用"通常"这一修饰词，是因为虽然在大多数情况下集合犯都是实施了多个性质相同的犯罪行为，但也有例外，如非法行医的行为人即便只是一次非法行医，只要有造成就诊人身体健康遭受严重损害等严重情节的，也成立非法行医罪。

3. 集合犯必须是刑法所规定的。集合犯是法定的一罪，故只有在刑法将可能被反复实施的数个性质相同的犯罪行为规定为一罪的场合，才会有集合犯存在。而正因为刑法将可能被反复实施的数个性质相同的行为规定为一罪，才导致行为人虽然实施了数个同种犯罪行为但在法律上仍然受一罪评价的结论。例如，前述非法行医罪，由于《刑法》第336条规定的构成要件包括了可能被反复实施的数个非法行医行为，所以无论行为人实施了多少次非法行医行为，都只成立一罪。需要说明的是，集合犯与前面提到的继续犯以及后面将要论述的连续犯有相似之处。从犯罪在时间上可能存在一定的过程讲，集合犯与继续犯较为近似，区别在于：集合犯在多数情况下由数个性质相同的犯罪行为组成，且行为之间存在时间上的间隔，所以通常而言系数行为因法律的规定而成立一罪；继续犯则是单一行为处于不间断的持续之中，故因其属一行为而成立实质的一罪。就数个性质相同的行为成立一罪来讲，集合犯又与连续犯颇为近似，但集合犯是数个性质相同的行为因刑法的规定而构成一罪，即法定的一罪；连续犯则表现为连续实施的数个性质相同的行为均独立构成犯罪，即实质为数罪而只是作为一罪来处理，所以属于处断上的一罪。

（二）集合犯的种类

根据我国刑法的规定并参考日本刑法理论的研究结论，我们认为，现行刑法中的集合犯可分为两种情况：一种是常业犯，另一种是营业犯。

1. 常业犯。即以一定的行为为常业的犯罪。详言之，常业犯是指行为人意图实施多次性质相同的犯罪行为，而法律也规定以反复实施同种犯罪行为为构成要件的犯罪。就这种集合犯而言，实施一次行为的，还不能成立犯罪，只有反复实施性质相同的行为，才能构成该罪。例如，我国《刑法》第303条第1款规定的因"以赌博为业"而构成的赌博罪就是这样的情况。如果行为人只是偶尔参与赌博，不是以赌博为业的，则不成立赌博罪。

2. 营业犯。这是指意图以反复实施一定的行为为业的犯罪。它与常业犯的区别在于：就常业犯而言，实施一次不能成立犯罪，必须是反复实施性质相同的行为，才构成犯罪；而对于营业犯来说，只要意图以反复实施某种犯罪行为为业，即便实际上只实施了一次犯罪行为，同样可以构成本罪。例如，根据《刑法》第 363 条第 1 款对制作、复制、出版、贩卖、传播淫秽物品牟利罪的规定，只要行为人在牟利目的的驱使下意图反复实施制作、复制、出版、贩卖或者传播淫秽物品行为的，即使实际上仅实施了一次这种行为，也可能构成该种犯罪。

（三）集合犯的处罚原则

由于集合犯属于法定的一罪，刑法分则中明文规定对其以一罪论处。因而对成立集合犯的，无论行为人实施了多少次性质相同的犯罪行为，均应认定为一罪，并在法律明文规定的相应量刑幅度内予以处罚，不能数罪并罚。

六、连续犯

（一）连续犯的概念与特征

连续犯，是指基于同一或者概括的犯罪故意，连续实施性质相同的独立成立犯罪的数个行为，触犯同一罪名的情况。连续犯具有如下特征：

1. 必须实施性质相同的独立成罪的数个行为。这是连续犯成立的前提条件。只实施一个行为的，不可能成立连续犯。例如，行为人以数个举动完成犯罪，而数个举动仅构成一个行为，就不是连续犯，而是前面所提到的接续犯。同时数个行为必须是独立成罪的，即各个行为都独立具备犯罪构成的要件，连续犯才可能成立。如果数个行为由刑法规定作为一罪论处的，也不是连续犯。并且数个行为还必须是性质相同的行为，如实施数个行为，都是杀人行为，构成杀人罪的连续犯。如果实施的数个行为性质不同，例如一次实施盗窃行为，一次实施强奸行为，则不发生连续犯问题。

2. 必须是数个行为基于同一的或概括的犯罪故意。同一的犯罪故意，指行为人预计实施数次同种犯罪的故意，每次实施的具体犯罪都明确地包含在行为人的故意内容之中。概括的犯罪故意，指尽管每次实施的具体犯罪并非都明确地包含在行为人的故意内容之中，但他概括地具有实施数次同一犯罪的故意。例如，某甲与某乙有仇，蓄意报复某乙，准备对某乙及其家人造成伤害，除了明确伤害某乙之外，对其家属中其他人进行伤害只有概括的意思而并无明确的目标。随后，某甲伤害了某乙的儿子，后来又伤害了某乙，不久又伤害了某乙的母亲。这即是基于概括的故意构成的故意伤害罪的连续犯。

3. 性质相同、独立成罪的数个行为必须具有连续性。这是成立连续犯的重要条件。独立成罪的数个行为之间，如果不具有连续性，则只能成立各自独立的数罪，而不构成连续犯。数个犯罪行为具有连续性表现为，数个行为的性质相同、手段类似和时间上前后具有连贯性。例如，前后两次都是实施的抢劫行为，但一次是以暴力相威胁，一次是实施暴力，这就是数个行为的性质上相同和手段类似；如果一次实施盗窃，一次实施抢劫，行为性质不同，就谈不上数个行为的连续性。时间上的连贯性，是指数个犯罪行为在时间上没有发生前后被隔断的情况。例如，某甲在国道上抢劫旅客，一月内接连作案四次，最后一次被抓获。这里数次抢劫行为就具有时间上的连贯性。如果前罪已被判决，服刑期间脱逃后再犯性质相同之罪，这时数个犯罪行为之间，在时间上就因刑事判决所隔断而不具有连贯性，从而不能按连续犯处理。

4. 数个行为必须触犯同一罪名。需要指出的是，这里的同一罪名是指具体罪名，即刑法分则所规定的具体犯罪的罪名而非类罪名。此外，只要能为同一具体罪名所涵盖，即便数行为各自呈现为不同的形态或具有不同的犯罪情节，甚至属于由其他罪转化为本罪的，都应被视为触犯同一罪名。例如，数个抢劫行为中第一次为既遂，第二次为未遂，第三次为教唆抢劫，第四次为实行抢劫并致人重伤、死亡，第五次为《刑法》第269条规定按抢劫罪定罪处刑的转化情形。这五次行为虽然相互间存在诸多差别，但都符合抢劫罪这一罪名，所以就触犯同一罪名这一意义上讲，可以成为连续犯。

（二）连续犯的处罚原则

一般而言，对连续犯应按照一罪处断，不实行数罪并罚。具体讲，对连续犯的处理，应当按照不同情况，在认定为一罪的基础上，依据刑法的有关规定分别从重处罚或者按加重犯的量刑档次处罚：

1. 刑法规定只有一个量刑档次，或者虽有两个量刑档次但无加重犯的量刑档次的，应按照一个罪名从重处罚。例如，《刑法》第262条规定的拐骗儿童罪就只有一个量刑档次，对拐骗儿童罪的连续犯，只能在这个量刑档次内从重处罚。又如，《刑法》第232条规定的故意杀人罪，虽有两个量刑档次，但无加重犯的量刑档次，对故意杀人罪的连续犯，只能在该罪的基本犯的量刑档次内从重处罚。

2. 刑法对多次实施某种犯罪明文规定了重于基本犯的量刑档次的，应对符合这种情况的连续犯，依照该加重犯的量刑档次处罚。例如，《刑法》第263条对"多次抢劫"明文规定了重于抢劫基本犯罪的量刑档次，因而对连续3次以上抢劫的，应依照抢劫罪加重情节的量刑档次处罚。

3. 刑法对多次实施某种犯罪虽然没有明文规定相应量刑档次，但对其中"情节严重"或"情节特别严重"的情形分别规定了不同的量刑档次，在这种情况下，对连续犯应依照相对应的量刑档次处罚。例如，《刑法》第267条对抢夺罪按基本犯、情节严重和情节特别严重分为三个量刑档次加以规定，因而对抢夺罪的连续犯，应根据连续实施抢夺犯罪次数的多少，依据刑法的规定，按相应的量刑档次裁量决定刑罚。

需要指出的是，以上关于连续犯的处罚原则是就审判结束之前所认定的事实而言的，如果行为人连续犯罪的事实中一次或者数次犯罪行为在其服刑期间才被发现，则应作为漏罪单独定罪量刑，然后按照刑法关于数罪并罚的规定合并执行刑罚。对此，请参见本书后面数罪并罚的有关论述。

七、牵连犯

（一）牵连犯的概念与特征

牵连犯，是指为了一定的目的实施某种犯罪，其方法行为或结果行为又触犯其他罪名的犯罪类型。这一类型包括两种情况：一种如，以伪造国家机关公文的方法（方法行为）骗取公私财物（目的行为），分别触犯了伪造国家机关公文罪和诈骗罪。另一种如，为防身而秘密窃取枪支、弹药（原因行为），得逞后又伪造持枪证（结果行为）的，分别触犯了盗窃枪支、弹药罪与伪造国家机关证件罪。牵连犯具有以下特征：

1. 牵连犯以实施一个犯罪为目的。目的行为是牵连犯的本罪，牵连犯是为了实施本罪，其方法行为或结果行为又构成了另一独立的犯罪，即他罪。他罪是为了本罪目的的实现而实施的。如果行为人不是以实施一个犯罪为目的，而是出于实施数个犯罪的目的，并在这样的目的支配下实施了数个犯罪，则不成立牵连犯。

2. 牵连犯具有数个（两个以上的）行为。这是牵连犯与只有一个行为的想象竞合犯的重要区别。如前面举例所示，牵连犯的数个行为之间的关系表现为两种方式：①目的行为与方法行为（或称手段行为）的关系；②原因行为与结果行为的关系。这里的目的行为与原因行为都是指的本罪，只不过是在与方法行为相对应时，称目的行为；在与结果行为相对应时，则称原因行为。需要指出的是，这里的方法行为或结果行为都是指目的行为或者原因行为之外的行为（如前面例子中的伪造公文行为与伪造国家机关证件行为就分别是诈骗行为和盗窃枪支、弹药行为之外的行为），而不是目的行为或原因行为本身的方法或者结果，否则就不是数个行为而仅仅只有一个行为了。如果只有一个行为，那是无论如何也不可能成立牵连犯的。

3. 牵连犯中的数个行为之间具有牵连关系。我国刑法理论上一般认为，判断行为人实施的数行为之间是否存在着牵连关系，应当从主客观两方面考察，即行为人在主观上具有牵连的意思，数行为间在客观上又具有通常的目的与方法或原因与结果关系的，才能认为是有牵连关系。如果行为人主观上不具有牵连的意思，或者数行为间在一般人看来不具有目的与方法或原因与结果关系的，则不能认为是牵连犯。

4. 牵连犯的数个行为分别触犯了不同的罪名。如果数行为触犯的是同一罪名，则不成立牵连犯。例如，甲、乙两人为使盗窃某仓库财物的行为得逞，先盗窃他人一辆客货两用车，然后再盗窃仓库的财物并用该车运走。这两个行为就因同属于盗窃性质即触犯了相同罪名而不成立牵连犯。

（二）牵连犯的处罚原则

对牵连犯如何处理，我国刑法总则没有规定。刑法理论上一般主张，对牵连犯的处理不实行数罪并罚，而应"从一重处断"，即按照数罪中最重的一个罪所规定的刑罚处理，在该最重的罪所规定的法定刑范围内酌情确定执行的刑罚。本书认为，这应当成为对刑法未作特别规定的牵连犯处罚的一般原则。

但是，刑法分则对某些具体犯罪的牵连犯的处理作了特别规定，规定的情况不一：有的规定从一重处断，有的规定从一重后再从重处罚，有的对牵连犯规定了独立的法定刑，还有的对牵连犯规定实行数罪并罚。对这些如何处理牵连犯的问题，刑法分则条款作了特别规定的，只能按照刑法分则有关条款的规定处理。例如，《刑法》第 198 条规定，投保人、被保险人故意造成财产损失的保险事故，骗取保险金或投保人、受益人故意造成被保险人死亡、伤残或者疾病，骗取保险金，"同时构成其他犯罪的，依照数罪并罚的规定处罚"。对这样的牵连犯就应根据刑法规定，依照保险诈骗罪和行为人所实施的方法行为构成的犯罪分别定罪，然后实行数罪并罚。

八、吸收犯

（一）吸收犯的概念与特征

吸收犯，是指数个犯罪行为，其中一个犯罪行为吸收其他的犯罪行为，仅成立吸收的犯罪行为一个罪名的犯罪形态。例如，非法制造枪支、弹药，事后藏于家中。前一行为构成非法制造枪支、弹药罪，后一行为构成非法持有枪支、弹药罪。前一犯罪行为吸收后一犯罪行为，仅仅成立非法制造枪支、弹药罪，非法持有枪支、弹药行为被吸收不再独立被认定为犯罪。这即是吸收犯的情况。吸收犯的特征如下：

1. 吸收犯必须具有数个犯罪行为。这是吸收犯成立的前提。因为吸收犯的特点是一个行为吸收其他行为，如果没有数个行为，就谈不到吸收与被吸收的问题，从而也就无所谓吸收犯了。同时吸收犯的数个行为还必须都是犯罪行为，即每个行为都符合刑法规定的犯罪构成，如果数行为中只有一个是犯罪行为，其余的是一般违法行为，也不可能构成吸收犯。综上，吸收犯是数个犯罪行为，这是吸收犯与想象竞合犯的重要区别。如前所述，想象竞合犯是一行为触犯数罪名，而吸收犯则是数行为触犯数罪名。

2. 吸收犯的数个行为之间必须具有吸收关系。这是吸收犯成立的关键。如果数个犯罪行为之间不存在一个犯罪行为吸收其他犯罪行为的关系，也就不可能成立吸收犯。所谓吸收，即一个行为包容其他行为，只成立一个行为构成的犯罪，其他行为构成的犯罪失去存在的意义，不再予以定罪。一个犯罪行为之所以能够吸收其他犯罪行为，是因为这些犯罪行为通常属于实施某种犯罪的同一过程，彼此之间存在着密切的联系。例如，前一犯罪行为可能是后一犯罪行为发展的所经阶段，或后一犯罪行为可能是前一犯罪行为发展的自然结果，或者在实施犯罪过程中数个行为之间具有其他密切关系。一般认为，吸收关系有如下三种：

（1）重行为吸收轻行为。这里所说的行为的轻重，主要是根据行为的性质来区分的。重行为在行为的性质上较轻行为严重，前后的行为有轻重之别时，轻行为应为重行为所吸收。例如，前述的非法制造枪支、弹药，事后藏于家中的情况，这里的私藏是非法制造的自然结果，非法制造行为在性质上重于私藏行为，所以非法制造枪支、弹药行为吸收私藏枪支、弹药行为，行为人只成立非法制造枪支、弹药罪。

（2）实行行为吸收预备行为。预备行为是实行行为的先行阶段，尽管并非每种具体犯罪都有预备行为，但是许多犯罪往往是经过预备然后转入实行行为的。在这种情况下，预备行为为实行行为所吸收，仅依实行行为所构成的犯罪定罪。例如，为了使用伪造的金融票证诈骗财物，自己先伪造汇票，之后使用伪造的汇票诈骗大量财物。这里的伪造汇票是票据诈骗罪的预备行为，本身又触犯了伪造金融票证罪，其后的使用伪造的汇票诈骗财物的行为是实行行为，触犯了票据诈骗罪，根据实行行为吸收预备行为的原理，对这种情况仅依票据诈骗罪定罪处刑，而不再追究行为人伪造金融票证罪的刑事责任。

（3）主行为吸收从行为。主行为和从行为，是根据共同犯罪人在共同犯罪中的分工或作用来区分的。在我国对共同犯罪人分类规定的情况下，主犯或教唆犯的行为属主行为，从犯的行为是从行为。据此，先教唆他人犯罪，后又帮助他人犯罪，帮助行为为教唆行为所吸收，应以教唆犯罪论处。

（二）吸收犯的处罚原则

我国刑法理论界一致认为，对吸收犯，应依照吸收行为所构成的犯罪处罚，不实行数罪并罚。我国司法实践中在追究吸收犯的刑事责任时也是按照这一原则来操作的。

■ 第三节　数罪的类型

从我国刑法规定的情况看，数罪主要有两种类型，即异种数罪与同种数罪。

一、异种数罪

异种数罪，是指行为人基于不同的犯意，实施数个性质不同的犯罪行为，触犯了数个不同罪名的情况。例如，某甲对妇女某乙实施了抢劫行为后，又强奸了该被害人。在这种场合，某甲所犯的两罪分别为抢劫罪与强奸罪，这即是异种数罪。

根据我国刑法的规定，对异种数罪，除极少数情况外，应分别定罪，实行数罪并罚。这里的例外情况，主要是指前面所讨论的吸收犯以及法律未作并罚规定的连续犯，此外还包括刑法明文规定不按数罪处理的情况。例如，《刑法》第240条将奸淫（在大多数情况下属强奸性质）被拐卖的妇女规定为拐卖妇女罪中加重量刑幅度所适用的情形之一，因而对在拐卖妇女过程中强奸被拐卖妇女的情况不能认定为强奸罪与拐卖妇女罪两罪；又如，《刑法》第318条将组织他人偷越国（边）境的行为人造成被组织人重伤、死亡的情况规定为组织他人偷越国（边）境罪加重量刑幅度的情形之一，故对该种情况也不能在以组织他人偷越国（边）境罪论处的同时再认定为过失致人重伤罪或过失致人死亡罪。

二、同种数罪

同种数罪，是指行为人所实施的数个行为均可独立构成犯罪，但触犯相同罪名的情况。例如，某甲于某日盗窃一次且窃取公私财物数额较大，三个月后又盗窃一次，同样达到了窃取财物数额较大的程度。某甲的这两次盗窃行为均独立构成犯罪，且触犯的罪名相同，即均为盗窃罪。这就属于同种数罪。

一般说来，同种数罪有广义和狭义之分。广义的同种数罪包括狭义的同种数罪以及前面所探讨过的集合犯与连续犯。狭义的同种数罪则是指除集合犯与连续犯之外的同种数罪。这里仅对狭义的同种数罪作些简要分析。

　　狭义同种数罪主观上出于数个独立的罪过，客观上实施了数个独立的触犯同一罪名的行为，且每一次行为均成立犯罪，从犯罪构成上讲完全符合数罪的特征。但是，对这种情况应否认定为数罪从而实行并罚，我国刑法学界却有不同主张。有的学者认为，应将同种数罪认定为一罪，不实行数罪并罚的规定；有的则主张，对同种数罪应当以数罪来处理，实行并罚。我们的见解是，对同种数罪究竟是当成一罪来处理还是认定为数罪予以并罚，不能一概而论，而应具体情况具体分析，予以区别对待。一般而言，在多数情况下，应将同种数罪按一罪来处理；但在特殊的场合，对同种数罪也可以实行数罪并罚。例如，行为人因犯故意伤害罪被判处刑罚，在刑罚执行期间又犯故意伤害罪的，不能因为其所犯新罪与原判之罪属于同种数罪而不实行数罪并罚。

【思考题】

　　1. 确定罪数的标准是什么？

　　2. 比较继续犯、连续犯、吸收犯、牵连犯的异同。

　　3. 如何理解牵连犯的处罚原则？

第十二章

阻却犯罪的事由

> **学习目的与要求**　掌握正当防卫、紧急避险的概念和成立条件，了解其他排除犯罪性的行为。

■ 第一节　阻却犯罪的事由概述

一、阻却犯罪事由的概念及其基本特征

阻却犯罪的事由，也称为犯罪阻却性的行为、刑事违法阻却性的行为或排除社会危害性的行为，它是指某种行为虽然在形式上具备某一犯罪的客观方面要件，但在行为人的主观内容中不存在犯罪的主观罪过要件，或者因某种特定的事由而不具有社会危害性，因而刑法阻却其成立犯罪的情形。阻却犯罪事由的基本特征是：

1. 行为在形式上具备了某一犯罪的客观方面要件，造成了一定的损害结果。例如正当防卫将侵害人击伤击死、紧急避险将他人的财产毁坏、意外事件或不可抗力对他人的人身造成伤害或对他人的财产造成损毁等，在形式上符合了故意伤害罪、故意杀人罪或故意毁坏财物罪的客观方面要件。

2. 行为人在主观内容中不存在犯罪的主观罪过要件，或因某种特定的事由而不具有社会危害性。例如正当防卫、紧急避险是行为人为了保护国家、公共利益、本人或他人的合法权益而加以实施的；意外事件和不可抗力中的行为人在主观上根本不具有故意或过失的犯罪罪过。

3. 刑法明文规定这种行为不构成犯罪，因而阻却其犯罪成立。

二、阻却犯罪事由的立法根据和意义

现代刑法理论表明，犯罪是主观罪过和客观危害的有机统一。只有主观罪过而无客观危害不能构成犯罪；反之，只有客观危害而无主观罪过也不能构成犯罪。我国的刑事立法正是根据这一基本原理，在刑法中设立了一个个犯罪构成；我国的刑事司法也正是根据这一基本原理，在实践中认定了一个个犯罪。当行为人在主观上不具有犯

罪故意或者过失的罪过内容，或者行为在客观上不具有社会危害性的表现特征，那么刑事立法就明确规定阻却其行为成立犯罪，刑事司法也就不能认为其行为构成犯罪。

刑法明文规定阻却犯罪的事由，有着十分重要的理论价值和实践意义。从刑法的理论角度而言，它可以帮助我们进一步理解和掌握任何一种犯罪构成都是主观罪过和客观危害的有机统一，缺乏其中任何一个要件都不能成立某种犯罪。从刑法的实践角度而言，它可以帮助我们确立法律的权威性，确保每一个不符合犯罪构成的行为不受刑事责任的追究。从法律的社会效果角度而言，只要符合刑法明文规定的阻却犯罪的事由，人们就可以大胆、积极地行使法律所赋予的权利，进行必要的正当防卫、紧急避险，以保卫国家、公共利益、本人或者他人的合法权益。

三、阻却犯罪事由的行为形式

在刑法理论上，阻却犯罪事由的行为形式多种多样，通常包括正当防卫的行为、紧急避险的行为、依法履行职务的行为、执行正当命令的行为、经权利人同意的行为等。我国刑法明确规定了三类阻却犯罪的事由，即正当防卫、紧急避险以及意外事件和不可抗力。

■ 第二节 正当防卫

一、法律规定

《刑法》第 20 条规定："为了使国家、公共利益、本人或者他人的人身、财产和其他权利免受正在进行的不法侵害，而采取的制止不法侵害的行为，对不法侵害人造成损害的，属于正当防卫，不负刑事责任。正当防卫明显超过必要限度造成重大损害的，应当负刑事责任，但是应当减轻或者免除处罚。对正在进行行凶、杀人、抢劫、强奸、绑架以及其他严重危及人身安全的暴力犯罪，采取防卫行为，造成不法侵害人伤亡的，不属于防卫过当，不负刑事责任。"

二、正当防卫的概念和意义

根据《刑法》第 20 条的规定，所谓正当防卫，就是指为了使国家、公共利益、本人或者他人的合法权益免受正在进行的不法侵害，对正在实施不法侵害的行为人采取的反击行为。

我国刑法规定正当防卫具有非常重要的理论价值和实践意义。这一规定是为实现我国刑法的既定任务服务的，其目的在于能够及时、有效地同各种违法犯罪行为作斗争，以制止犯罪的进行和预防犯罪的发生。其意义具体表现在：

1. 刑法规定正当防卫，能够使每一个社会成员知道正当防卫是法律赋予公民的一项权利，有利于鼓励和支持社会成员积极地同违法犯罪行为作斗争，以保护国家、公共利益、本人或者他人的合法权益。

2. 法规定正当防卫，能够强化国家观念、社会公共利益观念和法制观念，倡导和鼓励社会成员在遇见不法侵害时，能够见义勇为，挺身而出，共同与违法犯罪作斗争，以维护既定的社会秩序。

3. 刑法规定正当防卫，对正在进行不法侵害的行为人和社会上一些不良分子也是一个严厉的警告，一旦他们实施违法犯罪行为，就有可能遭受社会四面八方的打击，从而有效地遏制违法犯罪行为的发生。

在我国，正当防卫既是法律赋予全体社会成员的一项合法权利，又是法律规定某些特定社会成员应尽的法律义务。例如，1983 年 8 月最高人民法院、最高人民检察院、公安部、国家安全部、司法部联合制定的《关于人民警察执行职务中实行正当防卫的具体规定》第 4 条规定，人民警察在必须实行正当防卫的时候，放弃职守，致使公共财产、国家和人民利益遭受严重损失的，依法追究刑事责任。

三、正当防卫的成立条件与司法认定

由于正当防卫一般是通过对不法侵害人采取一定的人身损害的方法加以实施的，如果行使不当，就有可能背离刑法精神，反而造成不应有的损害。因此，为了保证正当防卫的正确实施，防止滥用防卫手段，我国刑法规定正当防卫的实施必须符合以下几个必备的条件：

1. 正当防卫必须为了保护合法权益才能实施，这是正当防卫的目的条件。也就是说，防卫行为所保护的必须是符合法律规定的应有利益。对于非法利益，不在正当防卫的保护之列。所谓合法利益，就是指受法律保护的国家利益、社会公共利益、本人或他人的合法权益。

在司法实践中，对这一条件的适用，应当注意两个问题：

（1）防卫挑拨不是正当防卫。所谓"防卫挑拨"，是指行为人为了加害他人，事先挑逗对方，使其进行进攻，然后借口正当防卫侵害对方的行为。防卫挑拨是行为人在主观上具有蓄意侵害他人的犯罪故意，缺乏正当防卫的目的，属于一种特定形式的故意犯罪，因而不能认定为正当防卫。

（2）互殴行为不存在正当防卫。所谓"互殴行为"，是指双方行为人都有加害对方的意图而实施相互侵害的行为。由于互殴过程中，双方行为人都有加害对方的意图，都有侵害对方的行为，因而都属于不法侵害人，因此都不拥有正当防卫的权利。但如果其中一方已退让避逃，他方仍然继续攻击，穷追不舍，退让者对正在进行的继续不法侵害，则可以实施正当防卫。

2. 正当防卫必须针对不法侵害才能实施，这是正当防卫的前提条件。所谓不法侵害，是指能够危害到国家、公共利益、本人或者他人合法权益的各种违法犯罪行为，这里既可以包括犯罪行为，也可以包括一般违法行为。这是因为一般违法行为随时可以向着犯罪行为的方向发展和过渡，而这种发展和过渡又不是以防卫人的意志为转移的。但由于正当防卫一般是通过对不法侵害人造成一定的人身损害的方法加以实施的，因此对于不法侵害，其范围应当受不法侵害的性质所限制，即不法侵害必须明显具有危害社会的严重性，且不法侵害必须具有即将产生严重结果的紧迫性。

正当防卫只能针对不法侵害才能实施，意味着对任何合法的行为都不能实施所

谓的防卫。在司法实践中，对这一条件的适用，应当注意三个问题：

（1）对于未达刑事责任年龄的未成年人和不具刑事责任能力的精神病人的侵袭行为，能否实施正当防卫？应当以是否明知侵害人为未成年人或精神病人为判断标准。明知，则不允许实施正当防卫，但可以采取紧急避险；不知，则可以采取反击行为，视为正当防卫。

（2）对于受人驱使的动物的侵袭，可以对驱使人实施正当防卫。这是因为此时的动物侵袭实际上就是驱使人的侵害，动物不过是行为人不法侵害的工具，这就意味着完全可以对工具的使用人进行正当防卫。

（3）对于防卫过当的行为能否实施正当防卫？对此应做严格控制。这是因为在防卫过程中，防卫行为是否超过必要限度，是很难及时认定的，因为不法侵害存在着可以随时加剧的可能性。但是在原先的不法侵害已经明确中止或被制止之后，原先的防卫人仍继续予以打击的，应当承认率先实施不法侵害的人拥有有限的防卫权。

3. 正当防卫必须针对正在进行的不法侵害实施，这是正当防卫的时间条件。所谓正在进行的不法侵害，是指不法侵害不但是实际存在的，而且正处在已经着手进行但尚未结束的过程中。

在司法实践中，对这一条件的运用，应当注意两个层次的内容：

（1）不法侵害必须是实际存在的，而不是防卫人凭主观想象臆造和推测的。由于防卫人认识上的错误，即使出于防卫的意图，对实际上并不存在"不法侵害"的他人，误认为不法侵害人而实施所谓的正当防卫，在刑法理论上称之为"假想防卫"。对于假想防卫，依据对事实认识错误的处理原则，基于"防卫意图"，阻却"防卫人"的犯罪故意成立；对于造成的实际损害结果，有过失以过失论，无过失则以意外事件论。

（2）不法侵害必须是正处在已经着手进行但尚未结束的过程中。不法侵害的这一特征表明：①不法侵害实际上已经着手进行，并正在进行。不法侵害处在尚未着手进行的预备阶段，可以检举揭发，可以通知有关部门进行处置，也可以进行防范措施，但不允许采取预先的防卫行为。②不法侵害事实上仍在进行，尚未结束。不法侵害的结束，意味着正当防卫权的终止。不法侵害的结束，包括：不法侵害人自动、有效地中止违法犯罪；不法侵害的危害结果已经出现而使不法侵害处于既遂状态，不再向前延伸；不法侵害已被制止，不法侵害人已处于被控制之下。对于已经结束的不法侵害，只能由有关部门依法处置，而不允许防卫人任意进行报复惩罚。

对于尚未着手进行或已经结束的不法侵害实行所谓的"正当防卫"，在刑法理论上称之为"防卫不适时"。对于防卫不适时，无论是事先防卫还是事后防卫，如果防卫人存在着对事实的认识错误，基于防卫意图，可阻却其故意的成立。对于已经造成的实际损害结果，有过失以过失论，无过失则以意外事件论。如果防卫人不存在认识错误，则以故意犯罪论，但可以酌情从宽处理。

4. 正当防卫只有针对不法侵害人本人才能实施，这是正当防卫的对象条件。所谓不法侵害人本人,是指不法侵害的实施者及其共犯。实施正当防卫,不能累及无辜,包括不法侵害人的亲朋好友。正当防卫强调对象条件,不但是因为只有对正在进行不法侵害的实施者实施正当防卫,才能制止不法侵害的继续进行,从而实现正当防卫的目的要求,而且也是由我国刑法罪责自负的基本要求所决定的。正当防卫如累及无辜他人,则要承担相应的法律责任。

5. 正当防卫不能明显超过必要限度造成重大损害,这是正当防卫的适当条件。正当防卫是否明显超过必要限度而造成重大损害,是区分正当防卫与防卫过当的重要标准。所谓必要限度,是指防卫行为足以制止不法侵害的继续进行而不造成新的不应有的损害。必要限度在刑法理论上存有"基本适应说""客观需要说""有效制止说"等多种观点。其中"有效制止说"具有较足的理论性和较强的实用性,这种观点在主观上要求防卫人能够准确地判断制止不法侵害的防卫需要,在客观上又强调防卫行为能够恰当地与不法侵害大致保持度的平衡。

需要指出的是,刑法明确规定:"对正在进行行凶、杀人、抢劫、强奸、绑架以及其他严重危及人身安全的暴力犯罪,采取防卫行为,造成不法侵害人伤亡的,不属于防卫过当,不负刑事责任。"这一规定表明,在这些特定的暴力性犯罪面前,不存在防卫过当的问题。刑法理论上将这一规定称为无限度防卫、无过当防卫或特殊防卫、特别防卫。

四、防卫过当及其刑事责任

所谓防卫过当,就是指正当防卫明显超过必要限度造成重大损害的行为。根据我国刑法规定,防卫过当应当负刑事责任。

在刑法理论上,防卫有适当和过当两种情形,两者都以防卫行为为前提。在我国刑法中,防卫适当对不法侵害人所造成的人身伤害乃至于死亡,由于防卫人在排除社会危害性的防卫目的支配下的防卫已具有刑事违法阻却性,因而不负刑事责任。而防卫过当则在对不法侵害人造成的人身损害中剔除了合理、合法的部分后,其不合理、不合法的部分无法被阻却,因而仍要承担刑事责任。

防卫过当要负刑事责任,说明防卫过当已构成犯罪,但防卫过当并非是一个独立的犯罪,应当结合防卫人的主观罪过性质,结合刑法分则的具体罪名加以确定。其罪过性质一般以过失说具有较大的合理性。

根据刑法的规定,防卫过当的刑事责任原则是应当减轻或者免除处罚。在司法实践中,何种防卫过当应当减轻处罚,何种防卫过当应当免除处罚,须具体案件具体分析,综合考虑。

■　第三节　紧急避险

一、法律规定

《刑法》第 21 条规定:"为了使国家、公共利益、本人或者他人的人身、财产和其他权利免受正在发生的危险，不得已采取的紧急避险行为，造成损害的，不负刑事责任。紧急避险超过必要限度造成不应有的损害的，应当负刑事责任，但是应当减轻或者免除处罚。第 1 款中关于避免本人危险的规定，不适用于职务上、业务上负有特定责任的人。"

二、紧急避险的概念和意义

根据《刑法》第 21 条的规定，所谓紧急避险，就是指为了使国家、公共利益、本人或者他人的合法权益免受正在发生的危险，不得已而采取的损害另一较小合法权益的行为。

我国刑法规定紧急避险，具有非常重要的意义，具体表现在：

1. 刑法规定紧急避险，已经明确表明在发生危险的紧急情况下，当两种合法权益发生冲突，又无两全之计时，允许社会成员牺牲一个较小利益而保护另一较大的利益。

2. 刑法规定紧急避险，能够教育和鼓励社会成员在与自然灾害和不法侵害的斗争中，见义勇为，果敢处理，勇于牺牲局部较小的利益以保护全局较大的利益。

3. 刑法规定紧急避险，能够增进社会成员之间的全局观念，切实保护社会的整体利益。因而刑法明确规定阻却紧急避险的刑事违法性，紧急避险行为人不负刑事责任。

三、紧急避险的成立条件

由于紧急避险是以损害一个合法利益来保护另一个较大合法利益的方法，因此，紧急避险只有符合法律规定的基本条件，才能被刑法阻却刑事违法性。这些基本条件是：

1. 紧急避险只能是为了保护合法权益进行，这是紧急避险的目的条件。也就是说，紧急避险所保护的必须是符合法律规定的利益，采取紧急避险，就是为了使国家、公共利益、本人或者他人的合法权益免遭更大的、不必要的损害。

2. 紧急避险只能是面对实际危险才能进行，这是紧急避险的前提条件。所谓实际危险，是指在客观现实中存在足以使各种合法利益遭受严重损害的紧急情况。这种紧急情况，既可来自于自然界，如天灾地祸、暴风洪水、动物侵袭等；也可来自于人类社会，如各种不法侵害、人为事故等。无论何种危险的紧急情况，都必须是实际存在的，而不是避险人凭主观想象臆造和推测出来的。对于本不存在的危险误认为是危险，进而进行所谓的"紧急避险"，在刑法理论上称为"假想避险"。对于假想避险，依据对事实认识错误的原则处理，阻却其故意的成立，有过失以过失论，无过失则以意外事件论。

3. 紧急避险只能针对正在发生的危险进行，这是紧急避险的时间条件。所谓正在发生的危险，是指足以损害合法利益的紧急情况业已出现，尚处在继续之中而未结束的情形。对于尚未出现的危险，人们只能采取相应的预防措施；对于已经过去的危险，即使已经给合法利益造成了损害，人们也只能采取相应的补救措施。紧急避险的权利依据于正在发生的危险而存在，这就决定了紧急避险只能在危险已经发生之后尚未结束之前的过程中才能进行。

对于尚未发生或已经结束的危险进行所谓的"紧急避险"，在刑法理论上称之为"避险不适时"。对于避险不适时，无论是事先避险还是事后避险，如果避险人对事实存有认识错误，依据对事实认识错误的原则处理。如果避险人不存在认识错误，则以毁坏财物或相应的犯罪论，但可以酌情从宽处理。

4. 紧急避险只能在迫不得已、无法排除危险的情况下进行，这是紧急避险的限制条件。所谓"迫不得已"，是指在危险正在发生的紧急情况下，除了进行紧急避险外，已别无他法能够排除危险或者能够避免危险，以致不得不采取损害一个较小利益来保全另一个较大利益的避险方法。

但是根据刑法的规定，"关于避免本人危险的规定，不适用于职务上、业务上负有特定责任的人"。这表明在职务上和业务上负有特定责任的人，即使在无法排除和避免正在发生的针对自己的危险时，也不能进行紧急避险，他们还得依据自己特定的义务，积极地履行职责同危险作斗争。例如，军人面对枪林弹雨的危险，仍须奋勇向前；消防队员面对熊熊烈火，仍须奋力灭火；船长在船只发生海难时，仍须坚守岗位，不能率先逃生；等等。如果在职务上和业务上负有特定责任的人，面对与自己职务、业务有关的危险而擅离职守，造成严重后果的，须承担相应的法律责任。

5. 紧急避险不能超过必要限度造成不应有的损害，这是紧急避险的限度条件。关于紧急避险的必要限度，法律并未作出明确的规定，但根据紧急避险的性质和目的，其限度标准应当是避险行为所造成的损害，必须小于避险行为所保护的利益。这是因为在两种利益发生冲突时，只有牺牲较小的利益来保护另一个较大利益，才能对社会有益，也才能符合法律设立紧急避险的立法意图。

在紧急避险中，人的生命在法律上具有同一价值。因此，不能以牺牲一个生命来保全另一个生命。否则应根据具体情况确定相应的法律责任。

四、避险过当及其刑事责任

所谓避险过当，是指紧急避险超过必要限度造成不应有的损害的行为。根据我国刑法规定，避险过当应当负刑事责任。

在刑法理论上，紧急避险有适当和过当两种情况。两者虽都以紧急避险为前提，但由于避险过当所造成的损害大于所保护的利益，大于所保护利益的部分，不能为刑法所阻却，因而对社会造成不应有的损害，所以刑法规定应当负刑事责任。

根据刑法的规定，避险过当的刑事责任原则是应当减轻或者免除处罚。在司法实践中，何种避险过当应当减轻处罚，何种避险过当应当免除处罚，须结合具体案件，做到具体情况具体分析，综合考虑。

五、紧急避险与正当防卫的异同

紧急避险与正当防卫都属于刑法明文规定的阻却犯罪的事由，它们在法律特征上具有诸多的共同性，具体表现在：

1. 两者在主观目的中，都具有保护社会的正当性要求，即都是为了保护国家、公共利益、本人或者他人的合法权益。

2. 两者在客观效果上，都存在对社会有益的实际效果，都是为了使国家、公共利益、本人或他人的合法权益受到最大限度的保护。

3. 两者在法律规定上，都具有阻却犯罪的属性，即在适当的情况下，都不负刑事责任。在过当的情况下，都不能完全阻却犯罪，都要负刑事责任。

但两者又存在着诸多的区别：

1. 前提条件不同。正当防卫的前提条件仅限于人的违法犯罪等不法侵害；而紧急避险的前提条件虽然包括了人为的危险，但更多的是来自于自然界的危险。

2. 行为指向的对象条件有所不同。正当防卫只能针对不法侵害人本人才能实施；而紧急避险则必然针对合法的第三者利益加以进行。

3. 行为限制条件不同。正当防卫面对不法侵害就可实施；而紧急避险只有在迫不得已、别无他法选择的情况下才能进行。

4. 过当的限度要求不同。正当防卫是正义与邪恶的较量，因此其所造成的损害，既可小于，也可等于、大于不法侵害可能造成的损害，只有在明显超过必要限度造成重大损害时，才构成防卫过当。而紧急避险是两种合法利益的冲突，因此其所造成的损害，必须小于所保护的利益，否则就是避险过当。

5. 主体要求不同。正当防卫不但是每个社会成员的合法权利，而且也是某些特定社会成员的法定义务，必须予以实施，不实施，即违法；而紧急避险虽然也是社会成员的一项合法权利，但是对于某些在职务上、业务上负有特定责任的社会成员来说，不能为了个人安全而进行，这里，不能进行紧急避险是一种法律规定的义务，一实施，即违法。

■ 第四节　意外事件和不可抗力

一、法律规定

《刑法》第 16 条规定："行为在客观上虽然造成了损害结果，但是不是出于故意或者过失，而是由于不能抗拒或者不能预见的原因所引起的，不是犯罪。"

二、意外事件

（一）意外事件的概念和基本特征

所谓意外事件，就是指行为虽然在客观上造成了损害结果，但行为人不是出于故意或者过失，而是由于不能预见的原因所引起的情形。根据刑法的规定，意外事件不是犯罪，不负刑事责任。意外事件具有两个基本的特征：

1. 行为人的行为在客观上已经造成了一定的损害结果。这种损害既可以是指人身伤害甚至死亡，也可以是指财产损失。

2. 行为人在主观上不是出于故意或者过失，而是由于不能预见的原因所引起的，也就是说是一种行为人无意识、无意志的情形。

意外事件中，行为人不能预见、无法预见客观损害的结果，是行为虽造成损害结果仍不能构成犯罪的最本质的特征。所谓不能预见、无法预见，是指行为人在其行为造成客观损害结果的当时，根据客观环境条件和行为人的主观认识能力，根本无法预见到行为引起结果的可能性。例如，行为人甲驾驶日本制造的"三菱"牌帕杰罗越野车在道路上正常行驶，突然由于油管的破裂，导致刹车系统失灵，致使不能及时刹车，撞伤了行人某乙。"三菱"牌帕杰罗越野车油管的突然破裂，是由于制造商的产品质量低下所致。这种产品质量的低下，连汽车检修的机械师都无法正确查明，更不用说像甲这样的一般司机。其驾驶行为造成的对行人某乙的伤害，对于甲来说，就属于不能预见、无法预见的意外事件。

我国刑法明确规定意外事件阻却其犯罪的成立，不负刑事责任，这是我国刑法所坚持的以主客观相统一为内容的犯罪构成理论的一个具体体现。行为在客观上虽然造成了损害结果，但行为人在主观上不存在故意或过失，而完全是由不能预见、无法预见的原因所引起的，说明行为人在主观上还缺乏可以构成犯罪的主观根据，因而刑法阻却其犯罪的成立，不追究刑事责任。

（二）意外事件与疏忽大意的过失的异同

意外事件与疏忽大意的过失存在着一定的相似之处：

1. 两者的行为在客观上都造成了一定的客观损害结果，这种客观损害结果都符合某种犯罪构成的客观方面要件。

2. 两者的行为人在主观上都没有认识到自己的行为有可能引起客观损害结果，这种损害结果都违背了行为人应有的主观意志。

但这两者之间毕竟有着原则性的区别，主要表现在：疏忽大意的过失的行为人对客观损害结果在事实上没有预见，但根据行为时的客观环境条件和行为人的主观认识能力，行为人除了在法律上负有应当预见的义务外，在事实上也具有能够预见的能力。其之所以在事实上没有预见，完全是由于行为人疏忽大意不去预见，以致最终还是发生了实际的损害结果。而意外事件的行为人对客观损害结果，不但在事实上没有预见，而且在法律上也不负有应当预见的义务，更主要的是在行为的当时，根据具体的客观环境条件和行为人的主观认识能力，行为人根本不具有可以预见的能力，以致最终还是因不能预见、无法预见的原因，导致了客观损害结果的发生。

如何在司法实践中正确地区别意外事件和疏忽大意的过失，我们必须以法律规定的行为人是否具有应当预见的义务为基础，紧紧抓住行为时的客观环境条件和行为人的主观认识能力这两个基本标准，特别是以行为人所具有的多种主观要素为来源，并以此为依据，确定社会上与此相同的同一类人的预见能力，再以此为标准确定行为人预见能力的有无，做到不枉不纵。

三、不可抗力

（一）不可抗力的概念和基本特征

所谓不可抗力，就是指行为虽然在客观上造成了损害结果，但行为人不是出于故意或者过失，而是由于不能抗拒的原因所引起的情形。根据刑法的规定，不可抗力不是犯罪，不负刑事责任。不可抗力具有两个基本的特征：

1. 行为人的行为在客观上已经造成了一定的损害结果。这种损害既可以指人身伤害甚至死亡，也可以指财产损失。

2. 对于损害后果，行为人在主观上不是出于故意或者过失，而是由于不可抗拒的原因所引起的，也就是说是一种完全违背行为人意志的情形。

不可抗力中，行为人对客观损害的结果因不可抗拒的原因而无法加以避免，是行为虽造成损害结果仍不能构成犯罪的最主要的特征。所谓不可抗拒，是指行为人在其行为造成客观损害结果的当时，在主观意识上已经预见到了，且其意志因素对损害结果持绝对否定的态度，只是由于违背其主观意志的客观原因已非行为人的主观能力能够加以排除，这一客观原因仍然按照其自身的运动规律发生作用，以致导致了损害结果的最终发生。例如，某列车司机甲驾驶着列车在铁道上正常行驶，行驶至一无隔离道口时，甲按规定及时鸣响喇叭。但见一辆货车正准备跨越道口，甲连忙启动刹车制闸，但强大的列车惯性仍然推动着列车向前滑驶，致使列车与正在跨越道口的货车相撞，导致了一起严重的铁路交通事故。对于这起交通事故，甲在事故发生之前的瞬息之间，在主观意识上对损害结果已有明知，但列车即使在刹车之后仍具有强大的惯性，对于甲来说，属于无法排除的不可抗拒的原因。

我国刑法明确规定不可抗力阻却犯罪的成立，不负刑事责任，和刑法规定的意外事件一样，是我国刑法所坚持的以主客观相统一为内容的犯罪构成理论的体现，这是由行为人在主观上不存在犯罪的故意或过失这一特征所决定的。

（二）不可抗力与过于自信的过失的异同

不可抗力与过于自信的过失存在着一定的相似之处：

1. 两者的行为在客观上都造成了一定的客观损害结果，这种客观损害结果都符合某种犯罪构成的客观方面要件。

2. 两者的行为人在主观上都已经预见到客观损害结果的发生。

但这两者之间有着原则性的区别，主要表现在：过于自信的过失的行为人对客观损害结果虽有预见，但在意志上却轻信能够避免，以致在客观行为上不采取任何有效的预防措施，或者虽已采取一定的预防措施，但这一措施却建立在不科学、不可靠的基础上，以致行为仍然造成了客观损害结果。而不可抗力的行为人虽也对客观损害结果已有所预见，其主观意志也想极力预防这一结果的发生，但由于存在不可抗拒的原因，其客观损害结果的发生已不以行为人的意志为转移，行为人的任何客观努力已无法改变不可抗拒的原因继续发生作用。正因为如此，刑法才阻却其犯罪的成立，不追究行为人的刑事责任。

【思考题】

1. 如何认定假想防卫？它的法律后果是什么？
2. 如何把握正当防卫中的不法侵害"正在进行"？
3. 如何理解防卫行为"明显超过必要限度，造成重大损害"？
4. 如何理解特殊防卫权？
5. 正当防卫和紧急避险的异同是什么？

第十二章

第十三章

刑罚概述

　　学习目的与要求　理解刑罚的概念、目的和功能，掌握我国刑罚的体系及具体的刑罚种类，明确刑罚与其他法律制裁的关系，了解非刑罚处罚方法。

■　第一节　刑罚概念

一、刑罚的概念

刑罚，是刑法明文规定的，由国家审判机关依法对犯罪分子所适用的剥夺或者限制其某种权益的最严厉的法律强制方法。

二、刑罚的特征

1. 刑罚是我国刑法明文规定的制裁方法。在我国众多的法律规范中，对各种违法行为的制裁方法很多，但是只有刑罚是由刑法予以规定的。刑罚是刑事责任的一种实现形式，是以惩罚犯罪为前提的。其他法律规范中对各种违法行为的制裁与刑法中所规定的刑罚制裁方法具有质的区别，不能相互替代。

2. 刑罚适用的主体只能是独立行使审判权的人民法院。在我国，刑罚这种具体制裁方法的适用主体只能是国家审判机关，其他任何国家机关和单位无权适用。

3. 刑罚只能对犯罪人依法适用。刑罚是对犯罪行为所作出的否定评价，是对犯罪人的道义谴责，也是犯罪人对其所实施的犯罪行为必须承担的法律后果，因此刑罚的适用对象只能是犯罪人。

4. 刑罚的属性在于使犯罪人承受一定的剥夺性痛苦。刑罚作为国家要求犯罪人对其犯罪行为承担的法律后果，当然具有身体的、精神的、财产的剥夺性痛苦。我国刑法规定有生命刑、自由刑、财产刑以及剥夺政治权利刑，这些刑种针对犯罪人的具体适用，无疑会对其造成一定痛苦，这正是刑罚自身所体现出的属性，也是刑罚与其他强制措施相区别的最明显之处。在运用刑罚对犯罪人处罚过程中，我国一贯遵行惩罚与教育相结合的方针，因此刑罚所固有的使犯罪人承受一定的剥夺性痛苦的属性，是与我国对罪犯的改造方针相吻合的。当然，我国刑法中所规定的刑罚，并不是将其作为摧残、折磨犯罪人的报复手段，但是如果忽视了刑罚所固有的这一属性，就会混淆刑罚与其他强制方法的区别。

三、刑罚与其他法律制裁方法的区别

一个国家对违法行为的制裁体系，通常是由刑事制裁、民事制裁、行政制裁、经济制裁等制裁措施构成的。刑罚作为刑事制裁措施，与其他法律制裁措施的主要区别在于：

1. 严厉程度不同。刑罚处罚是一种最严厉的法律制裁措施，它涉及对人的生命、自由、财产、资格等重大权益的限制与剥夺，而其他法律制裁则排除对生命的剥夺，一般也不涉及剥夺自由的问题。

2. 适用的对象不同。刑罚只能适用于触犯刑事法律构成犯罪的人，而其他法律制裁方法则分别适用于违反民事、经济、行政等法律规范，且违法行为尚未达到犯罪程度的违法者。

3. 适用的机关不同。刑罚只能由人民法院的刑事审判部门适用，而民事制裁只能由人民法院的民事审判部门适用，行政制裁只能由国家行政机关适用。

4. 适用的根据以及法律后果不同。对犯罪人适用刑罚的法律根据是刑法，对民事违法者适用民事处罚的法律根据是民法，对行政违法者适用行政处罚的法律根据则是有关行政法。另外，从最终接受处罚的法律后果来看，受过刑罚处罚的人，在法律上和事实上被视为有前科的人。根据有关行政法的规定，某些受过刑罚处罚的人，将在一定期限内甚至终身被剥夺从事某种职业或担任某种职务的资格。根据《刑法》第 100 条的规定，依法受过刑事处罚的人，在入伍、就业的时候，应当如实向有关单位报告自己曾受过刑事处罚，不得隐瞒。如果重新犯罪，可能会受到比初犯者较为严厉的处罚。而仅仅受过民事、行政或经济处罚的人，在法律评价和法律后果上，将不会产生上述不利影响。

■　第二节　刑罚的功能和刑罚的目的

一、刑罚的功能

刑罚的功能，是指国家正确制定、裁量和执行刑罚对社会成员所产生的积极作用。国家在制定、裁量和执行刑罚过程中，对不同的对象可能产生的功效与作用是不相同的。一般而言，对刑罚的功能可从以下三方面来论述：

（一）对犯罪人的功能

犯罪分子是刑罚的具体承担者，是刑罚适用的直接对象。刑罚对这部分人的适用应体现人身、财产强制与思想教育、改造并重的精神，不可偏废。具体讲，刑罚对犯罪人适用的功能表现在以下三方面：

1. 限制、剥夺功能。一个人实施了犯罪行为，就表明这种行为对法律所保护的合法权益造成了侵害，对这种犯罪行为必须及时地予以遏制，否则犯罪人就会抱着侥幸心理再次实施犯罪，继续危害社会。刑罚作为一种社会防卫手段，直接表现为限制或剥夺犯罪分子所享有的与其他公民同等的权益，剥夺犯罪分子通过犯罪所获得的非法利益。只有这样，才能够及时遏制犯罪，保障社会的安宁。

任何刑罚都具有剥夺犯罪人权益和限制其再次犯罪的功能，而且不同的刑罚还具有不同的剥夺和限制功能。如对犯罪人判处自由刑，剥夺其一定期限的人身自由或终身自由，将其隔离于正常社会之外，就可以防止犯罪人继续滥用其人身自由实施犯罪；对有些犯罪分子适用财产刑，就可以剥夺其继续实施犯罪的资本和物质基础；对有些实施危害国家安全以及其他严重刑事犯罪的行为人，剥夺其一定期限或者终生的政治权利，就可以防止他们利用法律所赋予的政治权利继续危害社会；对少数罪大恶极、怙恶不悛的严重刑事犯罪分子适用死刑，从肉体上将其消灭，就可以彻底剥夺他们继续犯罪的能力。可见，限制、剥夺犯罪人再次实施犯罪是刑罚的首要功能。

2. 惩罚与个别威慑功能。刑罚的固有属性，就是使犯罪人从自身权益被剥夺、限制中感受到一定痛苦，这种痛苦不仅体现在因犯罪人丧失某种权益而感受到的生理上的痛苦，同时也体现在因其受政治上、道义上的否定评价和严厉谴责而遭受的心理上的痛苦，这就体现了刑罚的惩罚功能。犯罪人因受刑罚处罚亲身体验和承受了这种生理与精神上的痛苦，就会考虑今后避免再遭受类似的痛苦，从而就打消了再犯罪的意念，不敢再去犯罪，这就是刑罚所具有的个别威慑功能。当然，刑罚所具有的这种功能并非对所有的罪犯都奏效，但不能据此而否定刑罚所固有的惩罚与个别威慑功能。

3. 教育改造功能。国家对犯罪分子适用和执行刑罚，不仅是对其的惩罚，也是对其的教育改造。通过对犯罪分子适用刑罚到具体执行刑罚都贯穿着教育改造的内容。一方面，除了对极少数罪行特别严重的犯罪分子判处死刑外，都是通过生产劳动、政治思想教育，矫正犯罪分子的犯罪心理和反社会个性品质，教育他们认罪服法、悔过自新，树立劳动观点，养成守法习惯，从而将他们改造成为遵纪守法、自食其力的公民；另一方面，刑罚在适用上，也贯彻了党和国家惩办与宽大相结合的刑事政策，规定了诸如自首、缓刑、减刑、假释制度和从宽处罚情节等一系列宽大措施，对符合条件的犯罪人依法从宽处理，这必然会对犯罪人产生强烈的感召力和悔过自新的心理影响。因此，教育改造功能是我国刑罚对犯罪分子的又一基本功能。

（二）对被害人及其亲属的功能

犯罪行为的实施，不仅侵害了被害人的人身、财产及名誉等各种合法权益，而且也破坏了被害人的心理平衡。被害人遭受犯罪行为侵害后，本人及亲属在心理上必然产生愤怒与仇恨，对犯罪分子及时适用刑罚，就可以抚慰被害人及亲属对犯罪分子的愤怒、仇恨心理。在对犯罪分子适用刑罚的同时，依法判决其赔偿受害人因此而遭受的物质损失，使他们在财产损失上得到补偿，可以使被害人及亲属从刑罚的威慑力中感受到法律无时不在保护他们的合法权益，从而平息其愤怒与仇恨心理，进而防止被害人及亲属对犯罪人采取私力报复，以致矛盾激化，酿成新的犯罪。这就是刑罚本身所具有的安抚、补偿功能。

（三）对社会一般公民的预防功能

刑罚对社会一般公民的预防功能主要体现在以下两个方面：

1. 一般威慑功能。国家通过刑事法律的制定与颁布，声明罪刑关系的实在性，依法对犯罪分子适用刑罚。这样，就使社会上意图实施犯罪的人和一般公民因目击他人受刑罚之痛苦而从中得到警诫，使他们认识到，谁胆敢以身试法，必将遭受刑罚处罚，迫使他们在趋利避害的心态支配下，放弃犯罪意念，避免走上犯罪道路。

2. 法制教育功能。国家对刑罚的制定、适用和执行本身，有利于提高公民的法律意识和法制观念，有利于教育公民自觉遵纪守法、积极维护法制，有利于鼓励公民坚决同犯罪作斗争，这就是刑罚的法制教育功能。

二、刑罚的目的

刑罚的目的，是指国家制定以及对犯罪分子适用、执行刑罚所预期达到的效果。刑罚的目的体现着国家制定刑罚、适用刑罚、执行刑罚的方针、政策和指导思想，不同国家的立法者关于刑罚的目的不同，其刑事立法中刑罚的种类、刑罚的体系，以及具体适用、执行刑罚过程中的制度就有所区别。因此，刑罚的目的决定着刑罚种类和体系的确立，决定着刑罚的适用制度，是整个刑罚制度赖以建立的出发点和归宿。

我国刑罚的目的，是通过惩罚与教育相结合的方法，改造罪犯、教育罪犯、预防犯罪。其中预防犯罪包括特殊预防和一般预防两个方面。

1. 特殊预防，是指对已经实施犯罪行为的犯罪分子适用刑罚，预防他们重新犯罪。特殊预防是通过两个途径实现的：①对极少数罪行极其严重的犯罪分子适用死刑，消灭其肉体，永远剥夺其重新犯罪的条件。这种方式虽然严厉，但是根据我国目前仍处于社会主义初级阶段，少数犯罪分子胆大妄为，连续实施重大恶性犯罪，严重危害国家和人民生命财产安全，严重扰乱正常社会秩序的具体实际情况，死刑作为一种特殊预防的方式仍是不可缺少的。②通过对多数犯罪分子适用死刑以外的其他刑罚，使他们在人身自由、财产权利、政治权利等方面感到被限制和剥夺的痛苦，从而使其再也不敢犯罪，不能犯罪，不愿犯罪。如对有些犯罪分子判处无期徒刑或一定期限的有期徒刑，并在服刑过程中强制他们进行劳动改造并对其进行政治、法律、道德以及文化、劳动技能等方面的教育，既使他们感受到服刑的剥夺性痛苦，又使他们从思想上真正认识到犯罪是可耻的，是严重违反社会道德的危害社会的行为，是遭全社会谴责的行为，从而打消他们继续实施犯罪的念头，认罪服法，重新做人。

2. 一般预防，就是通过对犯罪分子适用刑罚，凭借刑罚所具有的威慑功能，警诫社会上的其他不稳定分子，防止他们走上犯罪道路。通过适用刑罚，不仅直接地惩罚犯罪分子，预防其重新犯罪，而且对社会上意图实施犯罪的人和其他不稳定分子也起到了警诫和抑制作用，使他们不敢轻举妄动，以身试法。同时，通过制定、适用和执行刑罚，表明了国家对犯罪的不能容忍，以此安抚被害人及其家属，防止报复性犯罪活动的发生。一般预防的实现，有赖于刑罚的公正性、公开性与及时性；相反，如果刑罚的适用不能体现公正、公开与及时，则不利于一般预防的实现。

在我国，特殊预防与一般预防是一个整体，密切联系，不可分割，二者的预防作用是同时出现的，是相互结合、相辅相成的关系。对已经构成犯罪的人进行特殊预防的同时，对其他不稳定分子和意图实施犯罪的人，也能够发挥一般预防的作用。此外，通过对犯罪分子适用刑罚，对广大人民群众也有教育作用，可以使大家从具体的案件中更加深刻地认识到犯罪行为的社会危害性和对其惩罚的必要性，从而增强法制观念，自觉勇敢地站起来，积极配合司法机关同各种犯罪行为作斗争。因此，广大人民群众是预防犯罪的强大社会力量。只有充分发动并依靠群众，并运用刑罚自身的多种功能，才能达到预防犯罪的目的。

■ 第三节　刑罚体系和刑罚种类

一、刑罚体系

（一）法律规定

《刑法》第32条规定："刑罚分为主刑和附加刑。"

《刑法》第33条规定："主刑的种类如下：①管制；②拘役；③有期徒刑；④无期徒刑；⑤死刑。"

《刑法》第34条规定："附加刑的种类如下：①罚金；②剥夺政治权利；③没收财产。附加刑也可以独立适用。"

（二）刑罚体系的概念

刑罚体系，是指国家的刑事立法所规定的，按照一定的标准分类并依其轻重程度有序排列的刑罚方法的总和。

1. 刑罚体系是刑法所选择的具体刑种按照一定的次序排列而成的。根据我国刑法规定，各种具体的刑种分为主刑与附加刑两类，主刑与附加刑中的具体刑种又是分别按照严厉程度由轻到重进行排列的。

2. 刑罚体系的建立是由我国刑法所规定的。组成刑罚体系的各个刑种都是由刑事立法选择并予以确定的；同时，各个刑种的排列顺序及方法也是刑法明文规定的。排列的顺序及方法的不同，表明了立法对各刑种的不同价值取向。

（三）刑罚体系的内容

根据我国刑法规定，刑罚分为主刑和附加刑两大类，这是以各个刑种能否独立适用为标准作出的划分。

所谓主刑，是指只能独立适用的主要刑罚方法。主刑只能独立适用，不能附加适用，而且犯罪人犯一个罪只能适用一个主刑，不能同时适用两个以上主刑。从刑罚规定以及执行刑罚的实践来看，主刑是主要的刑罚方法。我国刑法规定，主刑包括管制、拘役、有期徒刑、无期徒刑和死刑。

所谓附加刑，也称从刑，是指既可以独立适用，也可附加于主刑适用的刑罚方法。我国《刑法》第34条规定了罚金、剥夺政治权利与没收财产三种附加刑，第35条规定了专门适用于犯罪的外国人的驱逐出境附加刑。

二、刑罚的种类

（一）主刑

1. 管制。管制是指对犯罪人不予关押，但限制其一定自由，依法实行社区矫正的刑罚方法。管制是我国刑法中特有的一种轻刑，它具有以下特点：

（1）不予关押，即不剥夺犯罪人的人身自由。被判处管制的犯罪人仍然留在原来的工作单位或居住地工作或劳动，使他们能够保持正常的工作与生活，继续履行社会义务。这样有利于罪犯的改造与社会的稳定，同时也避免了短期自由刑固有的弊端。

（2）限制犯罪人的一定自由。根据《刑法》第39条的规定，限制自由的内容是：遵守法律、行政法规，服从监督；未经执行机关批准，不得行使言论、出版、集会、结社、游行、示威自由的权利；按照执行机关规定报告自己的活动情况；遵守执行机关关于会客的规定；离开所居住的市、县或者迁居，应当报经执行机关批准。由此可看出，管制是对犯罪人的自由权利进行限制，它与免予刑罚处罚有着质的不同。但是，管制对犯罪人的劳动报酬不予限制，即对于被判处管制的犯罪分子，在劳动中应当同工同酬。判处管制，可以根据犯罪情况，同时禁止犯罪分子在执行期间从事特定活动，进入特定区域、场所，接触特定的人。如果违反前述禁止令的，由公安机关依照《治安管理处罚法》的规定处罚。

（3）具有一定期限。根据《刑法》第38、40、41条的规定，管制的期限为3个月以上2年以下，数罪并罚时不得超过3年。管制的刑期，从判决执行之日起计算；判决执行以前先行羁押的，羁押1日折抵刑期2日。管制期满，执行机关应即向本人和其所在单位或者居住地的群众宣布解除管制。

（4）依法实行社区矫正。是指将符合法定条件的罪犯置于社区内，由司法行政机关（司法局）及其派出机构（司法所）在相关部门和社会力量的协助下，在判决、裁定或决定确定的期限内，矫正其犯罪心理和行为恶习，并促进其顺利回归社会的非监禁刑罚执行活动。

2. 拘役。拘役，是短期剥夺犯罪人自由，就近实行劳动改造的刑罚方法。拘役作为介于管制和有期徒刑之间的轻刑，在我国刑法中适用相当广泛。拘役具有如下特点：

（1）拘役是剥夺自由的刑罚方法。由于拘役剥夺犯罪人的人身自由，即将罪犯羁押于特定的设施或场所，因此它与管制具有明显区别。因为拘役是一种刑罚方法，适用的对象只能是犯罪人，所以它与行政拘留、刑事拘留以及司法拘留在法律属性、适用机关、适用依据、适用程序、适用期限上都有明显区别。

（2）刑期短。根据《刑法》第42、44条的规定，拘役的期限为1个月以上6个月以下，数罪并罚时不得超过1年。因此拘役属于短期自由刑。拘役的刑期，从判决执行之日起计算，判决执行以前先行羁押的，羁押1日折抵刑期1日。

（3）拘役由公安机关就近执行。公安机关是拘役刑的执行机关，具体是指县级公安机关。所谓"就近执行"，是指在县级公安机关就近的拘役所、看守所或者其他监管场所执行。在看守所或者其他监管场所执行的，要实行分管分押，以防止犯罪人恶习感染。

根据《刑法》第43条的规定，被判处拘役的犯罪人在执行期间，每月可以回家1~2天，参加劳动的，可以酌量发给报酬。所谓酌量发给报酬，是指根据犯罪人参加生产劳动的表现、技术水平和生产收入情况等，发给适当的报酬。

3. 有期徒刑。有期徒刑是剥夺犯罪人一定期限的人身自由，实行强迫劳动改造的刑罚方法。有期徒刑刑罚幅度大，从较轻犯罪到较重犯罪，都可以对犯罪人判处与所犯罪行相适应的有期徒刑，因而是我国刑法规定和实践适用最广泛的刑罚。其特点如下：

（1）剥夺犯罪人的自由。即将犯罪人羁押于监狱或特定的劳动改造执行场所。这也是有期徒刑区别于管制刑的一个明显特征。

（2）具有一定期限。根据《刑法》第45、50、69条的规定，有期徒刑的期限为6个月以上15年以下；死缓减为有期徒刑时为25年；数罪并罚时有期徒刑总和刑期不满35年的，最高不能超过20年；总和刑期35年以上的，最高不能超过25年。刑期从判决执行之日起开始计算，判决执行以前先行羁押的，羁押1日折抵刑期1日。

（3）强制犯罪人参加劳动，接受教育和改造。根据《刑法》第46条的规定，被判处有期徒刑的犯罪分子，不管在何种监管场所执行，凡有劳动能力的，都应当参加劳动，接受教育和改造。通过强迫劳动，改造其好逸恶劳的坏习惯，在劳动过程中，用汗水洗刷自己的犯罪思想，学会一定生产技能，养成良好生活习惯，从而成为自食其力、遵纪守法的公民。

4. 无期徒刑。无期徒刑是剥夺犯罪人终身自由，实行强迫劳动改造的刑罚方法。其特点如下：

（1）无期徒刑是自由刑中最严厉的刑罚方法。无期徒刑没有刑期限制，需要剥夺犯罪分子终身人身自由，是一种严厉性仅次于死刑的刑罚。因此，无期徒刑只适用于严重的犯罪。应当注意的是，无期徒刑虽然剥夺犯罪分子终身自由，但在具体执行中，并不一定都把犯罪分子关押到死，而是充分给其悔过自新、重新做人的机会。依据我国刑法有关规定，被判处无期徒刑的犯罪分子，如果符合法定条件，可予以减刑或者假释。在国家发布特赦令的情况下，符合特赦条件的被判处无期徒刑的罪犯，也可以被特赦释放。

（2）对判处无期徒刑的犯罪人实行劳动改造。根据《刑法》第46条的规定，被判处无期徒刑的犯罪分子，除无劳动能力的以外，都要在监狱或其他执行场所中参加劳动，接受教育和改造。刑法规定对判处无期徒刑的犯罪人可以减刑、假释，也在于促使犯罪人积极改造，争取早日重新回归社会。

（3）无期徒刑不可能孤立适用。根据《刑法》第57条的规定，对被判处无期徒刑的犯罪分子，必须剥夺政治权利终身。另外，被判处无期徒刑的犯罪分子在判决执行以前先行羁押的时间不存在折抵刑期的问题。

5. 死刑。死刑是剥夺犯罪分子生命的刑罚方法，包括立即执行与缓期二年执行两种情况。死刑是一种最古老的刑罚，是我国刑罚体系中最为严厉的刑罚方法，由于它的内容是剥夺犯罪人的生命，故被称为生命刑。

由于现阶段在我国仍然存在着一些危害国家安全、危害社会公共安全、侵犯公民人身权利、扰乱社会主义市场经济秩序等的严重犯罪，有些犯罪分子作案手段极其残忍，犯罪目的极其恶毒，犯罪后果极为严重，因此只有保留死刑，才有利于维护正常的社会秩序，保护人民群众的生命财产安全，保障改革开放和社会主义现代化建设的顺利进行。目前，我国还处在社会主义的初级阶段，社会治安状况还没有根本好转，不安定因素还大量存在，保留死刑也有利于警诫社会上的某些胆大妄为的不稳定分子；同时，根据现阶段社会公众的一般价值观念，保留死刑也符合社会正义的观念。在强调保留死刑的必要性的同时，我国对于死刑的适用，历来采取少杀、慎杀政策，通过我国刑法总则与分则规定相结合的方式来控制死刑数量，限制死刑适用。我国刑法关于死刑的限制性规定主要表现在：

（1）规定了严格的死刑适用条件。首先，《刑法》第48条第1款规定："死刑只适用于罪行极其严重的犯罪分子……"这本身就是对死刑适用对象的限制，也就是说对于罪行不属于"极其严重"的犯罪分子，则不能适用死刑。"罪行极其严重"，是指犯罪人所犯罪行对国家、社会和人民的利益危害特别严重，情节特别恶劣，社会危害性极为巨大。判断犯罪分子是否属于"罪行极其严重"，应全面衡量，慎重考虑，既要考虑犯罪人实施犯罪的客观危害，同时也必须考察犯罪人的主观恶性。其次，《刑法》第49条规定："犯罪的时候不满18周岁的人和审判的时候怀孕的妇女，不适用死刑。审判的时候已满75周岁的人，不适用死刑，但以特别残忍手段致人死亡的除外。"这里的不适用死刑，既包括不适用死刑立即执行，也包括不适用死刑缓期二年执行。也就是说，对于犯罪的时候不满18周岁和审判的时候怀孕的妇女，即使属于罪行极其严重的犯罪分子也不能适用死刑。这一规定充分体现了国家对青少年的保护态度和社会主义的人道主义精神。还需要明确的是，"审判的时候怀孕的妇女"，是指人民法院审判的时候，被告人是怀孕的妇女。对审判时怀孕的妇女不适用死刑是指不能判处死刑，而不是暂不执行死刑、待分娩后再执行死刑，更不允许为了给怀孕妇女适用死刑，而对其进行人工流产。

（2）规定了严格的死刑核准程序。《刑法》第48条第2款规定："死刑除依法由最高人民法院判决的以外，都应当报请最高人民法院核准……"根据这一规定，死刑的核准权由最高人民法院统一行使。另外《刑事诉讼法》第20条规定，死刑案件只能由中级以上人民法院进行一审，基层人民法院无权审理死刑案件。《刑事诉讼法》第200～202条规定，中级人民法院判处死刑的第一审案件，被告人不上诉的，应当由高级人民法院复核后，报请最高人民法院核准；高级人民法院判处死刑的被告人不上诉的第一审案件，以及判处死刑的第二审案件，都应当报请最高人民法院核准。死刑缓期执行的，可以由高级人民法院判决或者核准。通过上述法律规定可看出，对死刑的适用，从管辖、审理、复核、核准程序上都作了严格的监督和限制，这对于保证死刑的正确适用起着重要作用。

（3）规定了死刑缓期执行制度。《刑法》第48条第1款规定："……对于应当判处死刑的犯罪分子，如果不是必须立即执行的，可以判处死刑同时宣告缓期二年执行。"这就是死刑缓期执行制度，简称死缓。死缓不是一个轻于死刑的独立刑种，而是死刑的一种执行制度。这一制度的实行，大大缩小了判处死刑立即执行的适用范围。

根据我国刑法规定，死缓的适用需要具备以下两个条件：①适用的对象必须是应当判处死刑的犯罪分子，这是死缓适用的前提条件。也就是说根据犯罪分子所犯罪行的严重程度和刑法的有关规定，应当判处死刑。如果犯罪分子所犯罪行不应当判处死刑，则不能适用死缓。②不是必须立即执行，这是死缓适用的实质条件。所谓"不是必须立即执行"，指在当时不是非杀不可的。例如：罪该处死，但在共同犯罪中不是起最主要作用的；罪该处死，但不是不杀不足以平民愤；罪该处死，但有明显悔罪表现的；罪该处死，但案由上被害人有明显过错，属于激愤犯罪的；罪该处死，但犯罪时刚满18岁，且属初犯的；罪该处死，但犯罪后有自首、立功或其他从轻、减轻处罚情节的；等等。

由于死缓是暂缓执行死刑的一种制度，因此，根据《刑法》第50条的规定，适用死缓的犯罪分子在缓刑期间因其表现不同而有三种不同结果：①在死刑缓期执行的期间，如果没有故意再犯新罪，2年期满后，减为无期徒刑。②在死刑缓期执行期间，如果确有重大立功表现，2年期满以后，减为25年有期徒刑。确定是否具有"重大立功表现"，应依据《刑法》第78条的规定。③在死刑缓期执行期间，如果故意犯罪，情节恶劣的，报请最高人民法院核准后执行死刑；对于故意犯罪未执行死刑的，死刑缓期执行的期间重新计算，并报最高人民法院备案。原本只要在死刑缓期执行期间故意犯罪的，查证属实，报最高人民法院核准后，便执行死刑。而《刑法修正案（九）》对此处进行了修改，只有在死刑缓期执行期间故意犯罪，情节恶劣的，才对其执行死刑，此规定对死刑的适用做了进一步限制。

另外，《刑法》第51条对死刑缓期执行期间的计算也作了明确的规定。即死刑缓期执行的期间，从判决确定之日起计算。死刑缓期执行减为有期徒刑的刑期，从死缓执行期满之日起计算。

（二）附加刑

附加刑也称从刑，是补充主刑适用的刑罚方法。其特点是既能独立适用，又能附加适用。当附加适用时，可以同时适用两个以上的附加刑。附加刑是相对于主刑的另外一类刑罚方法，具体刑种包括罚金、剥夺政治权利、没收财产三种。另外驱逐出境也是附加刑体系的内容，是特殊的附加刑刑种。

1. 罚金。

（1）罚金的概念。罚金是人民法院判处犯罪分子或者犯罪的单位向国家缴纳一定数额金钱的刑罚方法。罚金既不同于行政罚款，也不同于没收犯罪所得赃款。罚金主要适用于贪财图利性质的犯罪或者与财产有关的犯罪，同时也适用于有些妨害社会管理秩序的犯罪。对追求不法经济利益的犯罪分子判处罚金，既剥夺了他们继续实施犯罪的资本，可从客观上防止其重新犯罪；又对抱着侥幸企图贪财谋利、以身试法的犯罪人心理上予以重创与矫正，能够起到教育与惩罚的作用。同时，罚金的适用既可以增加国库收入，又可以弥补不能用于惩罚单位犯罪的生命刑、自由刑等主刑种的不足。因此，我国刑法分则规定的罚金适用范围比较广泛，在审判实践中，罚金也是经常适用的刑罚方法。

（2）罚金适用的方式。我国刑法分则共有160多个条文规定了罚金刑，适用对象主要是破坏社会主义市场秩序罪、侵犯财产罪、妨害社会管理秩序罪、贪污贿赂罪等犯罪。分则条文中对罚金刑共规定了四种方式：选处罚金；单处罚金；并处罚金；并处或单处罚金。

（3）罚金数额的确定。我国刑法分则关于罚金数额的规定，虽然确定了判处罚金数额的一定标准，但都有一定的幅度和弹性。要针对具体犯罪正确确定罚金数额，仍要认真地掌握《刑法》第52条的规定："判处罚金，应当根据犯罪情节决定罚金数额。"犯罪情节包括犯罪手段、犯罪对象、犯罪人身危险性、违法所得数额、造成损失的大小等有关情况。确定罚金数额时要全面考察犯罪情节，同时还应综合考虑犯罪人的经济状况，以保证所判处的罚金能够确实得以执行。根据有关司法解释，刑法没有明确规定罚金数额标准的，罚金的最低数额不能少于1000元。对未成年人犯罪判处罚金，最低数额不能少于500元。

（4）罚金的缴纳执行。根据《刑法》第53条规定，罚金的缴纳执行，主要有以下几种方式：①一次或者分期缴纳。即犯罪分子或者犯罪单位按照判决所确定的罚金数额一次缴纳完毕或者分几次缴纳完毕。②强制缴纳。即在判决指定的期限届满后，犯罪分子或犯罪单位不能全部缴纳罚金的或者有缴纳能力而不缴纳的，人民法院采取查封、拍卖财产、冻结存款、扣留收入等措施，强制其缴纳。③随时缴纳。即对于不能全部缴纳罚金的犯罪分子或犯罪单位，人民法院在任何时候发现被执行人有可以执行的财产，随时都可以追缴。不能全部缴纳罚金的原因，往往是由于犯罪分子或犯罪单位对其财产进行秘密而成功的转移、变卖、隐瞒，而给人一种无力全部缴纳罚金的假象，在此情况下，人民法院只要发现犯罪分子或犯罪单位有可以执行的财产，就应随时追缴。④可以延期缴纳、酌情减少或免除缴纳。《刑法修正案（九）》将本条修改为："罚金在判决指定的期限内一次或者分期缴纳。期满不缴纳的，强制缴纳。对于不能全部缴纳罚金的，人民法院在任何时候发现被执行人有可以执行的财产，应当随时追缴。由于遭遇不能抗拒的灾祸等原因缴纳确实有困难的，经人民法院裁定，可以延期缴纳、酌情减少或者免除。"即犯罪分子或犯罪单位由于遭遇不能抗拒的天灾人祸，缴纳判决所确定的罚金数额确实有困难，由犯罪分子或犯罪单位提出申请，人民法院查证属实，可根据遭受灾祸的具体情况，裁定延期缴纳、减少应缴纳罚金数额或免除缴纳全部罚金。

2. 剥夺政治权利。

（1）剥夺政治权利的概念和内容。剥夺政治权利，是剥夺犯罪分子参加国家管理与政治活动权利的刑罚方法。根据《刑法》第54条的规定，剥夺政治权利是剥夺犯罪分子以下权利：①选举权和被选举权；②言论、出版、集会、结社、游行、示威自由的权利；③担任国家机关职务的权利；④担任国有公司、企业、事业单位和人民团体领导职务的权利。

（2）剥夺政治权利的适用范围与适用对象。剥夺政治权利的适用范围比较广泛，既可适用于严重犯罪，也可适用于较轻犯罪。对适用于严重犯罪的，由刑法总则予以规定；适用于较轻犯罪的，则在刑法分则的有关条文中规定。此外，作为一种附加刑，剥夺政治权利既可附加适用，也可独立适用。当其附加适用时，依附主刑适用于严重的犯罪。根据《刑法》第56、57条的规定，剥夺政治权利依附主刑适用于严重犯罪的，具体适用对象分为以下三种情况：①对于危害国家安全的犯罪分子，应当附加剥夺政治权利；②对于故意杀人、强奸、放火、爆炸、投毒、抢劫等严重破坏社会秩序的犯罪分子，可以附加剥夺政治权利；③对于被判处死刑、无期徒刑的犯罪分子应当剥夺政治权利终身。剥夺政治权利独立适用时，是作为一种不剥夺人身自由的轻刑，主要适用于罪质较轻或罪质严重但犯罪情节较轻的犯罪。可独立适用剥夺政治权利的具体罪种由刑法分则予以规定。

（3）剥夺政治权利的期限与刑期计算。根据《刑法》第55、57条的规定，剥夺政治权利的期限有以下四种情况：①对于判处死刑、无期徒刑的犯罪分子，应当剥夺政治权利终身；②在死刑缓期执行减为有期徒刑或者无期徒刑减为有期徒刑的时候，应当把附加剥夺政治权利的期限改为3年以上10年以下；③判处管制附加剥夺政治权利的期限与管制的期限相等；④独立适用剥夺政治权利或者主刑是有期徒刑、拘役附加剥夺政治权利的，期限为1年以上5年以下。

根据《刑法》第55、57、58条的规定，剥夺政治权利刑期的计算随主刑的不同有以下三种情况：①判处管制附加剥夺政治权利的，剥夺政治权利的刑期与管制的刑期相等，同时起算。②判处有期徒刑、拘役附加剥夺政治权利的，剥夺政治权利的刑期从有期徒刑、拘役执行完毕之日或者从假释之日起计算；在有期徒刑、拘役执行期间，当然不享有政治权利。③死刑缓期执行减为有期徒刑或者无期徒刑减为有期徒刑时，附加的剥夺政治权利终身减为 3 年以上 10 年以下，该剥夺政治权利的刑期，应从减刑以后的有期徒刑执行完毕之日或者从假释之日起计算，在主刑执行期间，当然不享有政治权利。

（4）剥夺政治权利的执行。剥夺政治权利由公安机关执行。根据《刑法》第 58 条的规定，被剥夺政治权利的犯罪分子，在执行期间，应当遵守法律、行政法规和国务院公安部门有关监督管理的规定，服从监督，不得行使《刑法》第 54 条规定的各项权利。剥夺政治权利的期限届满时，应由执行机关向本人以及当地有关群众宣布恢复政治权利；恢复政治权利后，除法律特别规定被剥夺过政治权利者不能享有某些特定的权利以外，被执行人可以享有法律所赋予的其他各种政治权利。

3. 没收财产。

（1）没收财产的概念。没收财产是将犯罪分子个人所有的财产的一部分或全部强制无偿地收归国有的一种刑罚方法。没收财产作为一种刑罚方法，虽然与罚金同属于财产刑，但二者在内容上以及适用对象、执行方式上均有所不同；没收财产与追缴犯罪所得物、没收违禁物品等强制措施也具有性质上的区别。

（2）没收财产的范围。根据《刑法》第 59 条的规定，没收财产是没收犯罪分子所有财产的一部分或者全部。没收全部财产的，应当对犯罪分子个人及其扶养的家属保留必需的生活费用。在判处没收财产的时候，不得没收属于"犯罪分子家属所有或应有的财产"。根据这一规定，对犯罪分子判处没收财产，可以没收全部，也可以没收其一部分，而最终确定没收多少，则必须根据犯罪分子所犯罪行的轻重以及案件的具体情节来决定。如果判决没收全部财产的，则应当对犯罪分子个人及其扶养的家属保留必需的生活费用，同时不得没收属于犯罪分子家属所有或者应有的财产。所谓"属于犯罪分子家属所有的财产"，是指所有权明确归属犯罪分子家属的财产；所谓"家属应有的财产"，是指在犯罪分子家庭成员的共有财产中，应当属于家属的那一部分财产。从刑法分则的规定可看出，没收财产主要适用于危害国家安全罪、破坏社会主义市场经济秩序罪、侵犯财产罪以及贪污贿赂罪。

（3）没收财产的执行。没收财产的判决，由人民法院执行，在必要的时候，也可以会同公安机关执行。根据《刑法》第 60 条的规定，在没收财产的执行中，需要以没收的财产偿还债务的，出于保护债权人的合法权益的目的，对于犯罪分子所负的合法债务，应予以偿还，但应当具备以下条件：①必须是犯罪分子在被判处没收财产以前所负的债务。②所欠的债务必须是正当、合法的，也就是说是由正常的买卖、借贷、租赁、雇用等民事关系所产生的债务，对由于违法犯罪行为所造成的债务则不予偿还。③该债务需要以没收的财产偿还。如果犯罪分子的财产被没收但还有其他财产可偿还债务，就不能以没收的财产偿还。④必须经债权人向人民法院提起请求。

4. 驱逐出境。驱逐出境，是强迫犯罪的外国人离开中国国境的一种刑罚方法。《刑法》第34条规定的附加刑种类中，并没有包括驱逐出境，但因驱逐出境这种刑罚方法只适用于犯罪的外国人，而且既可独立适用，也可附加适用。因此，驱逐出境符合附加刑的基本特征，是一种仅适用于犯罪的外国人的特殊附加刑。驱逐出境的执行日期，单独判处驱逐出境的，从判决生效之日起执行；附加判处驱逐出境的，从主刑执行完毕之日起执行。

5. 职业禁止。

（1）规定。对于因利用职业便利或者违背职业要求的特定义务实施犯罪的犯罪分子，人民法院可以根据犯罪情况和预防再犯罪的需要，自刑罚执行完毕之日或者假释之日起，禁止其在3～5年内从事相关职业。

（2）性质。《刑法修正案（九）》将职业禁止规定作为《刑法》第37条之一增加在第37条"非刑罚性处置措施"之后，由此可见，职业禁止属于"非刑罚处罚措施"。类似但不属于资格刑或附加刑，因为附加刑既可独立适用也可附加适用，但职业禁止不能独立适用，只能以被告人被依法定罪判刑为适用前提。

（3）条件。

第一，对象条件。适用对象仅限于利用职业便利实施犯罪或者实施违背职业要求的特定义务的犯罪而被判处刑罚的人。

第二，前提条件。以被告人被定罪判刑为前提。

第三，期限条件。自刑罚执行完毕之日或者假释之日起，禁止其在3～5年内。

（4）法律后果。被禁止从事相关职业的人违反人民法院依照上述规定作出的决定的，由公安机关依法给予处罚；情节严重的，依照《刑法》第313条"拒不执行判决裁定罪"的规定定罪处罚。

（5）注意事项。《刑法》第37条之一第3款规定："其他法律、行政法规对其从事相关职业另有禁止或者限制性规定的，从其规定。"此处的"其他法律、行政法规"包括公务员法、法官法、警察法、检察官法、律师法、公司法等。

【思考题】

1. 刑罚的目的与功能是什么关系？
2. 如何理解一般预防与特殊预防的关系？
3. "杀人偿命"辨。
4. 如何评价死刑？我国刑法是如何限制死刑适用的？
5. 如何评价财产刑在我国刑罚体系中的地位和作用？
6. 如何评价管制刑？

第十四章

刑罚裁量

　　学习目的与要求　掌握刑罚裁量的原则、情节，掌握自首、立功、累犯的概念、条件，掌握数罪并罚、缓刑的制度。

■　第一节　刑罚裁量概述

一、刑罚裁量的概念和特征

　　刑罚裁量，又称量刑，是指人民法院在查明犯罪事实，认定犯罪性质的基础上，确定对犯罪人是否判处刑罚、判处何种刑罚以及判处多重的刑罚，并决定所判刑罚是否立即执行的刑事审判活动。量刑作为整个审判工作两个基本环节之一，具有如下特征：

　　1. 量刑的主体是国家审判机关，在我国只能由人民法院量刑。因为，量刑权是国家刑罚权的重要内容之一，从属于刑事审判权，而刑事审判权的行使，根据宪法和有关法律规定，专属人民法院。所以，除人民法院以外的任何机关、团体或个人都没有量刑权。

　　2. 量刑的内容是对犯罪人确定刑罚。量刑所要解决的问题是对犯罪人适用刑罚的问题，具体说，量刑是人民法院在查明犯罪事实、确定犯罪性质的基础上，依法决定对犯罪人是否判处刑罚、判处什么样的刑罚以及所判处的刑罚是否立即执行。

　　3. 量刑的性质是一种刑事司法活动。量刑的法律依据是刑法与刑事诉讼法，量刑的对象是实施了犯罪行为的人，量刑的过程是人民法院根据犯罪人的犯罪事实、犯罪性质、犯罪情节和对社会的危害程度，并参照犯罪人的个人情况依法裁量决定适当的刑罚，因此，量刑是人民法院的一种刑事司法活动，是国家刑事法律活动的有机组成部分。

　　量刑是将法定的罪刑关系变成实在的罪刑关系的必要条件，是实现刑罚目的的关键。只有在准确定罪的基础上，依据罪责刑相适应的基本原则正确量刑，切实做到罚当其罪，才能使刑罚起到保护人民、惩罚犯罪、维护正常社会秩序、保障和促进社会主义现代化建设的积极作用，才能贯彻国家的刑事政策，才能切实维护社会主义法制的尊严和我国刑罚适用的权威。

二、刑罚裁量的原则

（一）法律规定

《刑法》第61条规定："对于犯罪分子决定刑罚的时候，应当根据犯罪的事实、犯罪的性质、情节和对于社会的危害程度，依照本法的有关规定判处。"

（二）量刑原则

量刑是一项具有科学规律的司法审判活动，要保证量刑适当，就必须坚持正确的量刑原则。根据我国《刑法》第61条的规定，我国刑法所规定的量刑原则是：以犯罪事实为根据，以刑事法律为准绳。

1. 量刑必须以犯罪事实为根据。犯罪事实是引起刑事责任的基础，无犯罪事实，也就无刑事责任，更无所谓对犯罪人裁量刑罚。以犯罪事实为根据，是指以犯罪的事实、性质、情节和对于社会的危害程度为根据。要遵守以犯罪事实为根据的原则，必须做到以下几点：

（1）查清犯罪事实。犯罪事实是指符合刑法规定的犯罪构成要件的主客观事实。查清犯罪事实，是准确认定犯罪性质、考察犯罪情节、评判犯罪社会危害程度的前提。查清犯罪事实，就是要查明是什么人在什么心理状态支配下，针对什么合法权益，实施了什么具体的犯罪行为，包括这种行为最终引起了什么危害结果。因此，正确量刑的先决条件是必须查清犯罪事实。

（2）准确认定犯罪性质。犯罪性质是指犯罪人所实施的具体犯罪的罪质。准确认定犯罪性质就是依据刑法规定，根据所查清的犯罪事实，认定犯罪人所实施的是哪一类犯罪中的何种具体犯罪，确定具体犯罪的罪名，正确区分此罪与彼罪。确定犯罪性质的过程，也就是根据犯罪事实，依法对犯罪人对号入座，具体适用哪个刑法分则条文的过程，从而也就基本确定了对犯罪人应适用的法定刑。

（3）全面掌握犯罪情节。这里的犯罪情节，是指作为犯罪构成必要要件的基本事实以外的其他能够影响社会危害程度的各种具体事实情况。也就是说，这里的犯罪情节并不影响犯罪性质，但与决定犯罪性质的主客观事实具有密切联系，又能说明犯罪行为的社会危害程度。同一性质的犯罪，由于犯罪情节的差别，其社会危害程度也必然有所区别，因而应受到刑罚处罚的轻重也就不同，因此，犯罪情节对准确适用刑罚具有重要意义。在具体犯罪要件中，犯罪人实施犯罪所表现出的情节又可分为对犯罪人不利的情节（从严情节）和有利的情节（从宽情节），因此，需要全面掌握犯罪情节，在此基础上由审判机关在法定刑或相应的量刑幅度内裁量刑罚。

（4）综合评价犯罪的社会危害程度。犯罪的社会危害程度，是指犯罪行为对社会已经造成或可能造成的侵害程度。它既包括行为的客观危害大小和犯罪人的主观恶性深浅，也包括犯罪人的人身危险性大小。犯罪的事实、犯罪性质、犯罪情节能够反映出犯罪的社会危害程度，但二者不能完全等同，因为犯罪的社会危害程度大小，是对犯罪的事实、性质与情节进行全面评价所得出的结论，只有对整个犯罪进行综合评价，准确判断，才能做到量刑适当。同时在综合评价犯罪的社会危害程度时，还应考虑犯罪人实施犯罪前的表现，以及犯罪后的悔罪态度。考虑这些因素实质上是对犯罪人人身危险性大小和再犯可能性的考察判断，因为刑罚的目的之一是预防犯罪人重新犯罪，所以，犯罪人的人身危险性大小应当成为量刑时考虑的因素之一。

2. 量刑必须以刑事法律为准绳。量刑以刑事法律为准绳，是社会主义法制原则对量刑工作的必然要求，是罪责刑相适应的刑法基本原则的体现，是惩罚、教育、改造犯罪人，使其真心实意认罪服法、悔过自新的有效途径。遵守以刑事法律为准绳的量刑原则，必须做到以下几点：

（1）必须严格遵守刑法分则的规定。首先，必须按照刑法分则对各种具体犯罪所规定的犯罪构成正确定罪，找准适用该罪的法定刑；其次，由于刑法分则中大部分条文都规定了两个以上的刑种和量刑幅度，有些条文中既规定有主刑，也规定有附加刑，量刑时具体适用哪个刑种，确定什么刑期，审判机关应当根据具体案件确实存在的量刑情节，权衡犯罪人刑事责任的轻重，确定合适的刑种与刑期。但无论决定适用什么刑种与刑期，都必须以刑事法律规定为准绳，否则便违背了罪刑法定原则。

（2）必须严格遵守刑法总则规定的各种量刑制度。刑法总则关于对犯罪人适用刑罚的量刑制度，是具体适用刑罚的归纳与概括，如刑法总则中所规定的自首制度、坦白制度、立功制度、缓刑制度、累犯制度、数罪并罚制度、死刑适用的条件限制等，所有这些规定都是量刑时必须严格遵守的。

（3）必须严格遵守刑法总则和分则关于法定量刑情节的规定。我国刑法所规定的量刑情节包括从重、从轻、减轻和免除处罚的情节，在上述量刑情节中，在不同的刑法条文中有的规定是必须照办的"应当"，有的规定是酌情适用的"可以"，具体量刑时，必须明确各种量刑情节的意义、适用原则与适用范围，然后结合具体案件情节，依据刑法规定决定对犯罪人判处刑罚和刑罚的轻重，只有这样，才能保证刑罚裁量的合法性。

三、刑罚裁量的情节

刑罚裁量的情节，又称量刑情节，是指人民法院对犯罪分子裁量刑罚时应当考虑的，据以决定量刑轻重或者免除刑罚处罚的各种情况。

量刑情节是在某种行为已经构成犯罪并且犯罪性质已经确定的前提下，在量刑时应考虑的各种情况。因此量刑情节不具有犯罪构成要件的意义，不能说明犯罪基本性质的事实情况。如果它本身属于犯罪构成要件的内容，则是区分罪与非罪、此罪与彼罪的事实因素，而不是量刑情节。有些事实情况，兼有犯罪构成要件所要求的事实要素与量刑情节两种功能，这就要根据刑法的具体规定予以区分。例如，危害结果、犯罪目的、动机对于某些犯罪来说属于犯罪构成要件所要求的事实要素，因而不是量刑情节，但对于大多数不以危害结果、犯罪目的、动机为构成要件的犯罪来说，它则属于量刑情节。

量刑情节能够表明犯罪人的人身危险性及其所犯罪行的社会危害程度。当某一行为依据刑法规定构成犯罪且犯罪性质确定之后，有些并非决定该犯罪的构成要件所要求必须具备的事实情况，但与该犯罪具有紧密联系的其他有关事实情况就属于量刑情节。在这些事实情况中有些是有利于犯罪人的从宽处罚情节，有些是不利于犯罪人的从严处罚情节。只有综合考察这些事实情况，才能对犯罪人的人身危险性及该犯罪的社会危害程度作出正确评判，从而最终确定对犯罪人的处刑轻重或者是否免除刑罚处罚。

（一）刑罚裁量情节的分类

量刑情节可以根据不同标准从不同角度对其进行分类。其中以刑法有无明文规定为标准，可以将量刑情节分为法定情节和酌定情节；以情节对量刑产生的轻重影响为标准，可以将量刑情节分为从宽情节与从严情节；以规定法定情节的刑法规范的性质和法定情节的适用范围为标准，法定情节又可分为总则性情节和分则性情节。

1. 刑罚裁量的法定情节。法定情节，是指刑法明文规定在量刑时应当予以考虑的情节。法定情节又可分为总则性情节和分则性情节。其中总则性情节，是依照刑法总则的规定对各种犯罪共同适用的情节；分则性情节是依照刑法总则性规定对各种犯罪在分则中规定的法定情节。法定情节的条款很多，概括起来有从重、从轻、减轻和免除处罚四种。

2. 刑罚裁量的酌定情节。酌定情节，是指人民法院从审判经验中总结出来的，在刑罚裁量过程中灵活掌握且符合刑法的基本精神与人之情理，酌情适用的情节。酌定情节虽然不是刑法明文规定的情节，但对量刑仍然起着重要影响作用。在刑事审判实践中，常见的酌定情节主要有：犯罪手段残酷，狡猾的程度，犯罪人所选择犯罪的时间、地点、环境的情况，犯罪目的与动机，犯罪所侵害的对象的情况，犯罪所造成的损害后果，犯罪人实施犯罪以后的态度，犯罪人的一贯表现等。

（二）刑罚裁量情节的适用

1. 法律规定。《刑法》第62条规定："犯罪分子具有本法规定的从重处罚、从轻处罚情节的，应当在法定刑的限度以内判处刑罚。"《刑法》第63条规定："犯罪分子具有本法规定的减轻处罚情节的，应当在法定刑以下判处刑罚；本法规定有数个量刑幅度的，应当在法定量刑幅度的下一个量刑幅度内判处刑罚。犯罪分子虽然不具有本法规定的减轻处罚情节，但是根据案件的特殊情况，经最高人民法院核准，也可以在法定刑以下判处刑罚。"

2. 量刑情节中法定情节的适用规则。

（1）从轻处罚情节和从重处罚情节的适用规则。根据我国《刑法》第62条规定，从轻处罚，是指在法定刑幅度以内处以相对较轻的刑种或刑期，不允许在法定最低刑以下判处刑罚；从重处罚，是指在法定刑幅度内处以较重的刑种或刑期，但不允许在法定最高刑以上判处刑罚。所谓"法定刑的限度"，是指与特定具体犯罪相适应的法定刑限度之内的具体量刑幅度。

（2）减轻处罚情节的适用规则。根据《刑法》第 63 条规定，减轻处罚（包括法定减轻处罚与酌定减轻处罚），是指必须判处低于法定最低刑的刑罚。如果规定有数个量刑幅度的，应当在法定量刑幅度的下一个量刑幅度内判处刑罚。把握减轻处罚情节的适用规则，必须注意以下问题：①"法定最低刑"，并非笼统指特定犯罪的法定最低刑，而是指与行为人所实施的特定具体犯罪相适应的具体量刑幅度的最低刑，因为在我国刑法分则条文所规定的众多犯罪中，有些规定的是一个量刑幅度，如《刑法》第 114 条"放火、决水、爆炸以及投放毒害性、放射性、传染病病原体等物质或者以其他危险方法危害公共安全，尚未造成严重后果的，处 3 年以上 10 年以下有期徒刑"，此处法定刑的适用范围即"3 年以上 10 年以下有期徒刑"，法定最低刑即为 3 年有期徒刑；而刑法分则中大多数条文则是根据我国犯罪的实际情况，在一个条文中规定了几个法定刑幅度，如《刑法》第 234 条规定的"故意伤害他人身体的，处 3 年以下有期徒刑、拘役或者管制。犯前款罪，致人重伤的，处 3 年以上 10 年以下有期徒刑；致人死亡或者以特别残忍手段致人重伤造成严重残疾的，处 10 年以上有期徒刑、无期徒刑或者死刑"。在本条款规定中，根据犯罪人实施犯罪行为的残忍程度以及对被害人所造成的伤害结果，将法定刑分为三个幅度，在这种情况下，要适用减轻处罚，就必须先确定给犯罪人适用的法定刑幅度，待该法定刑幅度确定后，再在法定最低刑以下判处刑罚。②减轻处罚，不能判处法定最低刑，只能在法定最低刑以下判处刑罚，否则将与从轻处罚相混淆。③减轻处罚，也不能减到免除处罚的程度，否则减轻处罚将与免除处罚相混淆。当然减轻处罚在法定最低量刑幅度以下既包括刑期的减轻，也包括刑种的减轻。关于减轻处罚减轻到何种程度，法律没有明文规定，但应当把握减轻应当有所限制，不能宽大无边。④关于特殊减轻处罚的适用（即酌定减轻处罚），必须遵守以下条件：其一，行为人不具有法定减轻处罚情节，如果具有法定减轻处罚情节，则不必适用《刑法》第 63 条第 2 款的规定；其二，案件具有特殊情况，至于何为特殊情况，因具体案件中所反映的情况不同，有待于相应的刑法解释予以明确；其三，必须报请最高人民法院核准，而且必须做到一案一报。

（3）免除处罚情节的适用规则。根据我国《刑法》第 37 条的规定，免除处罚，是指根据犯罪分子的犯罪事实进行综合评判后作出有罪宣告，但免除其刑罚处罚。适用免除刑罚处罚，必须把握以下三个基本条件：①行为人的行为已经构成犯罪。如果行为人所实施的行为虽然对社会有一定危害，但因情节显著轻微，不构成犯罪，则不应对其适用免除处罚。②行为人的行为虽然构成犯罪，但犯罪情节轻微。在这里，犯罪情节轻微与情节显著轻微是区分罪与非罪的关键，也是决定是否适用免除刑罚处罚的重要根据。③因犯罪情节轻微而不需要判处刑罚。只有符合上述三个基本条件，才能对犯罪人适用免除刑罚处罚。

3. 量刑情节中酌定情节的适用规则。

（1）准确认定各种酌定情节。与法定情节相同，酌定情节也可以分为从宽情节与从严情节。其中，从宽情节是指会使犯罪人受到从轻处罚、减轻处罚或者免除处罚的情节；从严情节是指会使犯罪人受到从重处罚的情节。酌定情节还可分为案中情节与案外情节。前者是在犯罪过程中出现的各种情节，如犯罪手段、犯罪动机等；后者是在犯罪行为之前或之后出现的情节，如犯罪人的一贯表现、犯罪以后的悔罪态度。由此可见，准确认定各种具体的酌定情节，对于正确量刑意义重大。

（2）全面把握酌定情节的内容。同一犯罪案件中所具有的酌定情节往往是多方面的，有些是从宽情节，有些是从严情节，有些是案中情节，有些是案外情节。在量刑时，必须要全面客观地分析掌握可能对量刑结果产生不同影响的所有情节，从而为正确量刑奠定公正、合理的基础。

（3）合理协调酌定情节与法定情节的关系。在同一案件中既有法定情节又有酌定情节的情况下，应注意协调酌定情节与法定情节的关系。根据刑法规定，法定情节可分为应当型情节与可以型情节，它们与酌定情节的地位与作用是依次递减的。审判人员在量刑时，必须正确认识不同情节的地位和作用，不能将上述不同情节同等对待，而应根据刑法的规定区别对待。法定的应当型情节优于可以型情节，可以型情节优于酌定情节。在此所说的"优于"，是前者比后者的地位与作用要大一些，应优先考虑，但是，不能够在一案件中因有法定情节，就不考虑酌定情节。

■ 第二节 累犯

一、累犯的概念和构成条件

所谓累犯，是指因犯罪而受到一定刑罚处罚，在刑罚执行完毕或者赦免以后，于法定期限内又犯一定之罪的罪犯。根据我国刑法关于累犯的规定，可将其分为一般累犯与特殊累犯两种。

（一）一般累犯

1. 法律规定。《刑法》第 65 条规定："被判处有期徒刑以上刑罚的犯罪分子，刑罚执行完毕或者赦免以后，在 5 年以内再犯应当判处有期徒刑以上刑罚之罪的，是累犯，应当从重处罚，但是过失犯罪和不满 18 周岁的人犯罪的除外。前款规定的期限，对于被假释的犯罪分子，从假释期满之日起计算。"

2. 一般累犯的概念。根据《刑法》第 65 条的规定，一般累犯，是指被判处有期徒刑以上刑罚并在刑罚执行完毕或者赦免以后，在 5 年内再犯应当判处有期徒刑以上刑罚之罪的犯罪分子。一般累犯的构成条件为：

（1）前罪与后罪都是故意犯罪。此为构成累犯的主观条件。如果行为人所实施的前后两罪均为过失犯罪，或者前后两罪其中一罪为过失犯罪，都不能构成累犯。之所以这样规定，是因为就过失犯罪而言，行为人的主观恶性要轻于故意犯罪行为人的主观恶性，而且过失犯罪行为人再次犯罪的可能性也比较小。从实际发生的案件数量来看，过失犯罪也比故意犯罪少得多，累犯制度设立的目的，就是要从严惩处那些主观恶性大，经过一次刑罚处罚后仍不思悔改，继续故意犯罪的人。因此，对过失犯罪不存在也没有必要设立累犯制度。

（2）两罪都是在行为人年满 18 周岁后实施的。

（3）前罪被判处有期徒刑以上刑罚，后罪应当判处有期徒刑以上刑罚。此为构成累犯的刑度条件。也就是说，构成累犯的犯罪人所犯的前罪实际被判处的刑罚，以及前罪执行完毕或赦免以后所犯的后罪应当判处的刑罚，均须为有期徒刑以上刑罚。如果所犯前罪被判处的是低于有期徒刑的刑罚，无论后罪多么严重，应判多重的刑罚，也不成立累犯；相反，如果前罪被判处了有期徒刑以上刑罚，而后罪应当判处的是低于有期徒刑的刑罚，同样不成立累犯。在此还应明确，所谓后罪应当判处有期徒刑以上刑罚，不是指法定刑为有期徒刑以上刑罚，而是指根据行为人所实施的犯罪事实，根据刑法的有关规定，在法定量刑幅度内，实际应当判处的是有期徒刑以上刑罚。这一条件表明，只有当前罪与后罪都是比较严重的犯罪时，才成立累犯。

（4）后罪发生的时间，必须是在前罪所判处刑罚执行完毕或者赦免以后的 5 年之内。这是构成累犯的时间条件。其中所谓刑罚执行完毕，是指主刑执行完毕，并不包括附加刑在内。主刑执行完毕后 5 年内又犯新的故意犯罪，即使附加刑未执行完毕，仍构成累犯。所谓赦免，是指特赦减免。我国刑法以犯罪人所犯前罪的刑罚执行完毕或者赦免的 5 年之内再犯罪，作为构成累犯的时间界限，也就是说，如果后罪发生在前罪的刑罚执行期间，则不构成累犯，而应数罪并罚；如果后罪发生在前罪执行完毕或者赦免以后的 5 年之后，同样不构成累犯。

被假释的犯罪分子，如果在假释考验期内又犯新罪，不构成累犯，应撤销假释，适用数罪并罚。因为假释的考验期，是刑法所规定的对被假释犯罪人予以提前释放的附加条件，如果在考验期内再犯新罪，就说明对犯罪人适用假释制度未达到预期目的，就应撤销假释，把所剩余刑与所犯新罪应判处刑罚按数罪并罚原则决定执行的刑罚。被假释的犯罪分子，如果在假释考验期满 5 年以内又犯新罪的，则构成累犯。因为根据刑法规定，假释考验期满就认为原判刑罚已经执行完毕。当然，如果被假释的犯罪分子在假释考验期满 5 年以后犯罪的，同样不构成累犯。

被判处有期徒刑宣告缓刑的犯罪分子，如果在缓刑考验期满以后又犯罪，不管经过多长时间，均不构成累犯。因为缓刑是附条件的不执行原判刑罚，缓刑考验期满后，原判的刑罚就不再执行了，而不是刑罚已经执行完毕。因此，不符合累犯构成条件。被判处有期徒刑宣告缓刑的犯罪分子，如果在缓刑考验期内又犯新罪，同样不构成累犯，而应当撤销缓刑，适用数罪并罚。被国外司法机关判处并执行有期徒刑以上刑罚后，在我国又犯罪的，能否认定为累犯，我国刑法未作明确规定。对这一问题，应视具体情况而区别对待。若行为人在国外实施的行为，并未触犯我国刑法，虽然经过外国司法机关审判并执行刑罚，也不能作为构成累犯的条件；如果行为人所犯罪行依照我国刑法规定也构成犯罪且应当负刑事责任，可以承认其已经受过刑罚处罚，如果在国外被判处执行的是有期徒刑以上的刑罚，就可以作为构成累犯的条件，依照我国刑法有关累犯规定予以处理。

（二）特别累犯

1. 法律规定。《刑法》第 66 条规定："危害国家安全犯罪、恐怖活动犯罪、黑社会性质的组织犯罪的犯罪分子，在刑罚执行完毕或者赦免以后，在任何时候再犯上述任一类罪的，都以累犯论处。"

2. 特别累犯的概念及构成条件。根据《刑法》第 66 条规定，特别累犯是指因犯危害国家安全罪、恐怖活动犯罪、黑社会性质的组织犯罪，受过刑罚处罚，刑罚执行完毕或者赦免以后，在任何时候，再犯上述任一类罪的犯罪分子。特别累犯的构成条件为：

（1）前罪和后罪都必须是上述任一类罪。如果前后两罪或者其中一罪不是上述任一类罪的犯罪，则不成立特别累犯，如果符合一般累犯构成条件，则构成一般累犯。

（2）前罪被判处的刑罚和后罪应判处的刑罚的种类及其轻重不受限制。即前后两罪不论判处何种刑罚（即使是单处附加刑）均不影响特别累犯的成立。

（3）前罪的刑罚执行完毕或者赦免以后，任何时候再犯上述任一类罪的，都构成特别累犯。即不受前后两罪相距时间长短的限制。

可以看出，我国刑法对于三类犯罪的特别累犯的构成，从条件要求上，比一般累犯的条件限制要求作了一定放宽，这说明构成特别累犯的犯罪是性质最严重、社会危害最大、最危险的犯罪，对于这一类犯罪必须给予从严惩处。

二、累犯的刑事责任

与初犯或其他犯罪人相比，累犯具有更深的主观恶性和更大的人身危险性，而且其所实施的犯罪行为也具有更严重的社会危害性。因此，根据刑法的罪责刑相适应原则及刑罚个别化原则，对于累犯应当进行严厉制裁。

我国《刑法》第 65 条第 1 款规定了对累犯应当从重处罚的原则：①对累犯必须从重处罚，也就是说，不管是一般累犯还是特别累犯，都必须一律从重处罚；②对于累犯的从重处罚，并不是无原则、无限制的从重，而应当有一个参照标准，即应参照不构成累犯的初犯或其他犯罪人确定对累犯从重的程度；③对累犯从重处罚，应考虑所犯后罪的事实、性质、情节和对社会的危害程度，同时还要考虑后罪与前罪刑罚执行完毕或赦免时间的间隔、后罪与前罪的关系等情况，只有综合考虑上述因素，在对累犯进行从重处罚时，才能重得合理，罚得适当。

■ 第三节 自首、坦白和立功

一、自首[1]

（一）法律规定

《刑法》第67条第1、2款规定："犯罪以后自动投案，如实供述自己的罪行的，是自首。对于自首的犯罪分子，可以从轻或者减轻处罚。其中，犯罪较轻的，可以免除处罚。被采取强制措施的犯罪嫌疑人、被告人和正在服刑的罪犯，如实供述司法机关还未掌握的本人其他罪行的，以自首论。"

（二）自首的概念及意义

自首，是指犯罪以后自动投案，如实供述自己的罪行的行为，或者被采取强制措施的犯罪嫌疑人、被告人和正在服刑的罪犯，如实供述司法机关还未掌握的本人其他罪行的行为。

我国刑法所规定的自首制度及其所确立的对自首犯从宽处罚的原则，具有重要的意义：①它对于分化瓦解犯罪势力，感召犯罪分子主动投案，激励犯罪分子悔过自新，减少因犯罪而造成的社会不安定因素，起着积极的作用；②它可以减少公安机关侦破案件的困难，减少打击犯罪的工作量，有利于犯罪案件的及时处理；③它是我国惩办与宽大相结合的刑事政策的具体化和法律化，对实现我国刑罚目的，获得有利于国家、社会的预防犯罪效果也具有积极意义。

（三）自首的种类及构成条件

根据《刑法》第67条的规定，自首分为一般自首与特别自首两种。其中，一般自首是指犯罪分子犯罪以后自动投案，如实供述自己罪行的行为。特别自首是指被采取强制措施的犯罪嫌疑人、被告人和正在服刑的罪犯，如实供述司法机关还未掌握的本人其他罪行的行为。由此可看出，一般自首与特别自首的构成条件有所不同。

1. 一般自首的构成条件。根据《刑法》第67条第1款的规定，成立一般自首必须具备以下条件：

（1）犯罪以后自动投案。所谓自动投案，是指犯罪分子在犯罪以后、归案之前，出于本人的意志而向有关机关或个人承认自己实施了犯罪，并主动将自己置于

---

[1] 2009年3月12日之前，我国法律及相关司法解释仅有关于个人自首的规定，2009年3月12日最高人民法院、最高人民检察院《关于办理职务犯罪案件认定自首、立功等量刑情节若干问题的意见》（以下简称《自首、立功意见》）对单位自首也作出了规定，即单位犯罪案件中，单位集体决定或者单位负责人决定而自动投案，如实交代单位犯罪事实的，或者单位直接负责的主管人员自动投案，如实交代单位犯罪事实的，应当认定为单位自首。单位自首的，直接负责的主管人员和直接责任人员未自动投案，但如实交代自己知道的犯罪事实的，可以视为自首；拒不交代自己知道的犯罪事实或者逃避法律追究的，不应当认定为自首。单位没有自首，直接责任人员自动投案并如实交代自己知道的犯罪事实的，对该直接责任人员应当认定为自首。

司法机关的控制下，接受司法机关的审查与裁判的行为。对"犯罪以后自动投案"，可以从以下几方面加以把握：

第一，投案行为必须发生在犯罪人尚未归案之前。这是对自动投案的时间限定。根据最高人民法院1998年4月6日《关于处理自首和立功具体应用法律若干问题的解释》（以下简称《解释》），自动投案可以包括：犯罪事实或者犯罪嫌疑人未被司法机关发觉，或者虽被发觉，但犯罪嫌疑人尚未受到讯问、未被采取强制措施时，主动、直接向公安机关、人民检察院或人民法院投案。根据同一司法解释，以下情形，均应当视为自动投案：犯罪嫌疑人向其所在单位、城乡基层组织或者其他有关负责人员投案的；犯罪嫌疑人因病、伤或者为了减轻犯罪后果，委托他人先代为投案，或者先以信电报案的；罪行尚未被司法机关发觉，仅因形迹可疑，被有关组织或者司法机关盘问、教育后，主动交代自己的罪行的；犯罪后逃跑，在被通缉、追捕过程中，主动投案的；经查实确已准备去投案，或者正在投案途中，被公安机关捕获的。

第二，自动投案一般应是基于犯罪分子本人的意志。即犯罪分子的归案，并不是因违背犯罪分子本人的意愿的原因造成的。犯罪人能够自动投案，一般应是犯罪人的自觉自愿行为，当然导致这种自觉自愿的投案动机可能是多种多样的，有的出于真诚的悔罪，有的慑于法律的威严，有的为了争取宽大处理，有的因潜逃在外生活所迫或心理上恐慌害怕，有的经亲友规劝而醒悟等。上述各种各样的投案动机，都不否定犯罪人投案的自动性，只要是犯罪人基于本人的意志主动投案的，都应认定为自动投案。

第三，必须自愿将自己置于有关机关或个人的控制之下，并愿意接受国家司法机关的审查和裁判。犯罪分子自愿将自己的人身置于司法机关的现实控制之下，是其心理上悔罪的具体表现，也是国家依法对其从宽处理的重要根据。依据《解释》规定，犯罪嫌疑人自动投案后又逃跑的，不能认定为自首。

对自动投案这一条件的理解与把握，还应注意以下两个问题：①犯罪分子自动投案并如实供述罪行后，为自己进行辩护，或者提出上诉，或者补充、更正某些事实，这些都是法律所赋予的正当权利，不能因此而视其为不接受国家审查和裁判。②在司法实践中，有的犯罪人匿名将赃物送回司法机关或原主处，或者用电话、书信等方式匿名向司法机关报案或指出赃物所在，而自己并不去司法机关或有关部门投案，这种行为实质上并没有将自身自觉置于司法机关的控制之下，仍然不属于自动投案，不能认定为自首。但这种主动交出赃物的行为，是悔罪的表现之一，处理时可酌情考虑适当从宽。

（2）如实供述自己的罪行。犯罪分子自动投案以后，只有如实供述自己的罪行，才表明其主观上具有悔罪诚意，从而为依法对其从宽处罚提供客观依据。所谓"如实供述自己的罪行"，根据《解释》，是指犯罪嫌疑人自动投案后，如实交代自己的主要犯罪事实。此处所讲的主要犯罪事实，是指直接影响定罪量刑的重要犯罪事实与情节。因此犯罪嫌疑人只要根据客观事实供述所犯的所有罪行，对事实既不缩小，也不夸大，就应当认为符合如实供述自己罪行的条件。至于所供述的罪行司法机关是否已经掌握，并不影响对如实供述自己罪行条件的认定。

对"如实供述自己的罪行"这一条件的把握，结合《解释》的规定精神，应注意以下问题：

第一，投案人所供述的必须是自己的犯罪事实，即自己实施的应由本人承担刑事责任的罪行。投案人所供述的犯罪，既可以是其单独实施的，也可以是与他人共同实施的；既可以是一罪，也可以是数罪。根据《解释》，犯有数罪的犯罪嫌疑人，仅如实供述所犯数罪中部分犯罪的，只对如实供述部分犯罪的行为，认定为自首。共同犯罪案件中的犯罪嫌疑人，除如实供述自己的罪行外，还应当供述所知的同案犯，主犯则应当供述所知其他同案犯的共同犯罪事实，才能认定为自首。

第二，投案人必须如实供述所犯罪行。如果犯罪人在供述所犯罪行过程中隐瞒主要的犯罪事实，或者推卸罪责，保全自己，意图逃避制裁；或者大包大揽，庇护同伙；或者故意歪曲事实性质，隐瞒重要情节，避重就轻，企图蒙混过关，试图减轻罪责等，均属不如实供述自己的犯罪事实，不能成立自首。

此外，根据《解释》规定，犯罪嫌疑人自动投案并如实供述自己的罪行后又翻供的，不能认定为自首；但在一审判决前又能如实供述的，应当认定为自首。

此外，根据《自首、立功意见》的规定，犯罪分子依法不成立自首，但如实交代犯罪事实，有下列情形之一的，可以酌情从轻处罚：①办案机关掌握部分犯罪事实，犯罪分子交代了同种其他犯罪事实的；②办案机关掌握的证据不充分，犯罪分子的如实交代有助于收集定案证据的。犯罪分子如实交代犯罪事实，有下列情形之一的，一般应当从轻处罚：①办案机关仅掌握小部分犯罪事实，犯罪分子交代了大部分未掌握的同种犯罪事实的；②如实交代对于定案证据的收集有重要作用的。

2. 特别自首的构成条件。根据《刑法》第67条第2款的规定，成立特别自首，应当具备以下条件：

（1）主体必须是被采取强制措施的犯罪嫌疑人、被告人和正在服刑的罪犯。所谓被采取强制措施，是指根据我国刑事诉讼法规定，被采取拘传、拘留、取保候审、监视居住和逮捕等强制措施。所谓正在服刑的罪犯，是指已经由人民法院判决，正在被执行所判刑罚的罪犯。除法律规定的上述三种人以外的犯罪分子，不能成立特别自首。

（2）必须如实供述司法机关还未掌握的本人其他罪行。这是成立特别自首的实质性条件。对此应重点把握：①所供述的必须是本人实施的罪行。如果所供述的事实不构成犯罪，仅属一般违法事实，或者揭发别人的犯罪事实，都不能成立自首。②所供述的必须是司法机关还没有掌握的罪行。即行为人在此供述之前，司法机关并不了解、还未掌握的犯罪事实。所供述的这些司法机关并不了解、还未掌握的犯罪事实与被采取强制措施、正为之服刑的罪行，在性质或者罪名上可以不同，也可以相同。例如，犯罪嫌疑人某甲共实施了三次盗窃行为，每次盗窃数额均在 3000 元以上，还实施过一次抢劫犯罪行为。某甲被逮捕后，开始只交代了司法机关已掌握的第一次盗窃犯罪事实，后在关押期间，又主动如实地供述了司法机关并未掌握的后两次盗窃犯罪和抢劫犯罪的事实，对某甲主动如实供述后两次盗窃犯罪和抢劫犯罪的行为，应认定为自首。

（3）所供述的罪行与司法机关已掌握的罪行在罪名上是否一致，其法律后果有所不同。根据《解释》规定，"被采取强制措施的犯罪嫌疑人、被告人和已宣判的罪犯，如实供述司法机关尚未掌握的罪行，与司法机关已掌握的或者判决确定的罪行属不同种罪行的，以自首论"；"被采取强制措施的犯罪嫌疑人、被告人和已宣判的罪犯，如实供述司法机关尚未掌握的罪行，与司法机关已掌握的或者判决确定的罪行属同种罪行的，可以酌情从轻处罚；如实供述的同种罪行较重的，一般应当从轻处罚"。

（四）自首的刑事责任

1. 法律规定。《刑法》第 67 条规定，对于自首的犯罪分子，可以从轻或者减轻处罚。其中，犯罪较轻的，可以免除处罚。

2. 自首犯的处罚原则。依据上述规定并结合有关司法解释，对自首犯的刑事责任的确定，应分别不同情况区别对待，给予从宽处理。

（1）"对于自首的犯罪分子，可以从轻或者减轻处罚。"法律规定对自首犯的处罚"可以"从轻或减轻，说明在一般情况下，对自首的犯罪分子均采取相对从宽处罚原则，但并非对所有的自首犯都必须从宽处罚，仍要根据自首犯所实施犯罪的情况，予以综合考虑，对于极少数罪行极其严重的犯罪分子，即使有自首情节，也可以不从轻、减轻处罚。

（2）对于犯罪较轻又自首的犯罪分子，不仅可以从轻处罚或者减轻处罚，而且可以免除处罚。"犯罪较轻"是相对而言的，判定"犯罪较轻"，应当根据犯罪的事实、性质、情节和对社会的危害程度，以及刑法规定对该犯罪应处何种具体刑罚的情况综合评判。

（3）对自首犯是从轻处罚，还是减轻处罚，还应考虑自首的具体情节，如投案的时间、投案的动机、投案的客观条件、交代罪行的程度等多种因素，判明犯罪分子的悔罪程度，最终确定给予从轻或者减轻处罚。

二、坦白

（一）法律规定

《刑法》第 67 条第 3 款规定，"犯罪嫌疑人虽不具有前两款规定的自首情节，但是如实供述自己罪行的，可以从轻处罚；因其如实供述自己罪行，避免特别严重后果发生的，可以减轻处罚。"

（二）坦白的概念、成立条件及刑事责任

1. 坦白的概念。坦白有广义与狭义之分。广义的坦白包括自首在内，泛指一切如实交代自己所犯罪行的行为。狭义的坦白是指犯罪分子犯罪后被发觉而被传讯或被采取刑事强制措施之后，如实交代自己已被发觉罪行的行为。这里所说的是狭义的坦白。

2. 坦白的成立条件。

（1）犯罪分子被动归案；

（2）犯罪分子如实交代的是已被掌握的罪行。

3. 坦白的刑事责任。我国《刑法》第67条第3款规定："犯罪嫌疑人虽不具有前两款规定的自首情节，但是如实供述自己罪行的，可以从轻处罚；因其如实供述自己罪行，避免特别严重后果发生的，可以减轻处罚。"

三、立功

（一）法律规定

《刑法》第68条规定："犯罪分子有揭发他人犯罪行为，查证属实的，或者提供重要线索，从而得以侦破其他案件等立功表现的，可以从轻或者减轻处罚；有重大立功表现的，可以减轻或者免除处罚。"

（二）立功的概念

立功，是指犯罪分子揭发他人犯罪行为，经查证属实，或者提供重要线索，从而得以侦破其他案件的行为。

《刑法》第68条规定的立功制度，是和自首制度、累犯制度、数罪并罚制度并列的一种重要的刑罚裁量制度，这一制度及所确立的对立功犯从宽处罚的原则，有利于鼓励犯罪分子揭发他人犯罪，或提供重要线索侦破其他刑事犯罪案件，从而提高司法机关办理刑事案件效率；有利于及时准确地打击刑事犯罪，将其他犯罪分子及时抓获归案，瓦解犯罪势力，减少社会的不安定因素；有利于激励犯罪分子悔过自新、改恶从善，进而较好地协调和发挥刑罚的惩罚犯罪与改造罪犯的重要功能。

（三）立功的种类及其表现形式

根据《刑法》第68条及《解释》的规定，属于立功的情形主要有如下几种：

1. 犯罪分子到案后，检举、揭发他人犯罪行为，包括共同犯罪案件中的犯罪分子揭发同案犯共同犯罪以外的其他犯罪，经查证属实。在此需要明确的是，犯罪分子检举、揭发他人犯罪行为，必须经司法机关查证属实，否则，不属于立功表现。

2. 提供其他案件的重要线索，查证属实并使司法机关将案件得以侦破。所谓"提供重要线索"，是指犯罪分子对于他人实施犯罪的具体情况不完全确知，但对社会上所发生的某些案件由谁所为或者在何时、何处曾发生过犯罪有一定的了解，并将此情况向司法机关提供。司法机关根据所提供的犯罪线索，最终使刑事案件得以侦破。

但根据《自首、立功意见》的规定，据以立功的线索、材料来源有下列情形之一的，不能认定为立功：①本人通过非法手段或者非法途径获取的；②本人因原担任的查禁犯罪等职务获取的；③他人违反监管规定向犯罪分子提供的；④负有查禁犯罪活动职责的国家工作人员或者其他国家工作人员利用职务便利提供的。

3. 根据《解释》规定，属于立功的情形还有：阻止他人犯罪活动；协助司法机关抓捕其他犯罪嫌疑人（包括同案犯）；具有其他有利于国家和社会的突出表现的。另外，根据《解释》规定，犯罪分子检举、揭发他人重大犯罪行为，经查证属实；提供侦破其他重大案件的重要线索，经查证属实；阻止他人重大犯罪活动；协助司法机关抓捕其他重大犯罪嫌疑人（包括同案犯）；对国家和社会有其他重大贡献等表现的，应该认定为有重大立功表现。前述所称"重大犯罪""重大案件""重大犯罪嫌疑人"的标准，一般是指犯罪嫌疑人、被告人可能被判处无期徒刑以上刑罚或者案件在本省、自治区、直辖市或者全国范围内有较大影响等情形。

依据《自首、立功意见》的规定，可能被判处无期徒刑以上刑罚，是指根据犯罪行为的事实、情节可能判处无期徒刑以上刑罚。案件已经判决的，以实际判处的刑罚为准。但是，根据犯罪行为的事实、情节应当判处无期徒刑以上刑罚，因被判刑人有法定情节依法从轻、减轻处罚后判处有期徒刑的，应当认定为重大立功。

（四）立功犯的刑事责任

根据《刑法》第 68 条的规定，对于立功犯应分别依照以下不同情况予以从宽处罚：①犯罪分子有一般立功表现的，可以从轻或者减轻处罚；②犯罪分子有重大立功表现的，可以减轻或免除处罚。

■ 第四节　数罪并罚

一、数罪并罚概述

（一）数罪并罚的概念

数罪并罚，是指人民法院对一行为人在法定时间界限内所犯数罪分别定罪量刑后，按照法定的并罚原则及刑期计算方法决定其应执行的刑罚的制度。当一个犯罪分子实施了几个独立的犯罪时，审判机关所要解决的不仅是一个罪与刑的关系，而是几个罪与刑的关系，同时在此基础上还必须解决数个宣告刑与一个执行刑的关系，包括主刑与附加刑的关系。因此，数罪并罚制度的实质，就是依据一定的原则，解决或协调犯罪分子所犯数罪的各个宣告刑与执行刑之间的关系。

（二）数罪并罚的特点

根据我国刑法规定，我国刑法中数罪并罚制度有如下特点：

1. 必须是一行为人犯有数罪。司法实践中的犯罪多表现为，行为人出于一个犯罪的故意或过失，客观上实施了一个具体的犯罪行为即构成一罪，但是也存在着一个行为人实施数个犯罪的情况。一人犯数罪的情况下，就要依法定规则对其进行并罚。

2. 一行为人所犯的数罪，必须发生在法定的时间界限之内。根据我国刑法的规定，一人所犯数罪必须发生在判决宣告以前，或者发生在判决宣告以后，刑罚执行完毕以前。既不包括已往超过追诉时效的犯罪，也不包括在刑罚执行完毕以后又犯罪，或者发现漏罪的情况。对于在刑罚执行完毕以后又犯新罪符合累犯规定的，按累犯从重处罚；对于刑罚执行完毕以后发现的漏罪，应重新定罪量刑。这两种情况均不能与已执行完的刑罚实行并罚。

3. 必须在对数罪分别定罪量刑的基础上，依照法定的并罚原则、并罚范围和并罚方法，决定并罚后应执行的刑罚。

（1）必须对犯罪人所犯数罪，依法逐一分别确定罪名并裁量，宣告其刑罚。在这一定罪量刑过程中，应注意依法确定不同阶段或法律条件下应予并罚的数罪的属性，即依法确定所并罚的数罪仅指异种数罪，还是也包括同种数罪在内。根据我国刑事立法精神及长期司法实践惯例，对于判决宣告以前一人所犯数罪的并罚，仅指异种数罪，对于同种数罪的仍按一罪定罪，处罚时，将其所犯数罪的情况作为量刑情节一并考虑。对于判决宣告以后刑罚执行完毕以前发现漏罪或者又犯新罪的并罚，则既包括异种的数罪，又包括同种数罪。

（2）在对所犯数罪分别定罪、量刑的基础上，要根据适用于不同情况的法定并罚原则以及存在不同时间阶段和法律条件下的刑期计算方法，将各数罪被判处的刑罚合并决定应执行的刑罚。

二、数罪并罚的原则

所谓数罪并罚原则，是指对一人所犯数罪在分别定罪量刑后，合并处罚时所依据的标准。

（一）数罪并罚原则概述

各国刑事立法从本国实际出发，所适用的数罪并罚原则不完全相同。概括起来，主要有以下四种：

1. 并科原则。亦称相加原则，是指将一人所犯数罪分别宣告的各罪的刑罚绝对相加，合并执行的处罚原则。

2. 吸收原则。是指对一人所犯数罪采用重罪吸收轻罪或者重罪之刑吸收轻罪之刑的合并处罚原则。即对一人所犯数罪中法定刑最重的吸收其他法定刑较轻的罪，或者由最重宣告刑吸收其他较轻的宣告刑，仅以已宣告的最重刑罚作为执行刑罚，其余较轻的刑罚因被吸收而不再执行的合并处罚原则。

3. 限制加重原则。是指以一人所犯数罪中法定应当判处或已判处的最重刑罚为基础，再在一定限度内对其予以加重作为刑罚的合并处罚原则。采用该原则的具体限制加重方法主要有两种类型：①以法定刑为准，确定数罪中的最重犯罪（即法定刑最重的犯罪），再就法定刑最重刑罚加重处罚并作为执行的刑罚。②在对数罪分别定罪量刑的基础上，以宣告刑为准，确定其中最重的刑罚，再就宣告的最高刑罚加重处罚并作为执行的刑罚。即在被宣告的数刑中最高刑期以上，总和刑期以下加重处罚，同时规定应执行的刑罚不能超过的最高限度。

4. 折中原则。亦称混合原则，是指对一人所犯数罪的合并处罚不单纯采用并科原则、吸收原则或限制加重原则，而是根据法定的刑罚性质及特点，兼采并科原则、吸收原则或限制加重原则，将其分别适用于不同刑种和宣告刑情况下的合并处罚原则。鉴于前述三种原则各有得失利弊，难以概全，目前世界上绝大多数国家采用折中的原则。这种综合兼采多种原则的做法，能够使上述各原则得以合理配合、扬长避短、互为补充、便于适用，使数罪并罚制度更具科学性、合理性。

（二）我国刑法中数罪并罚原则的适用

1. 法律规定。《刑法》第 69 条规定："判决宣告以前一人犯数罪的，除判处死刑和无期徒刑的以外，应当在总和刑期以下、数刑中最高刑期以上，酌情决定执行的刑期，但是管制最高不能超过 3 年，拘役最高不能超过 1 年，有期徒刑总和刑期不满 35 年的，最高不能超过 20 年，总和刑期在 35 年以上的，最高不能超过 25 年。数罪中有判处附加刑的，附加刑仍须执行，其中附加刑种类相同的，合并执行，种类不同的，分别执行。"

2. 我国刑法中数罪并罚原则的特点。通过上述法律规定可以看出，我国刑法所确立的是以限制加重原则为主，以吸收原则和并科原则为补充的折中原则。我国刑法的数罪并罚原则具有以下特点：

（1）全面兼采各种数罪并罚原则。通过《刑法》第 69 条的规定可看出，限制加重原则的适用居于主导地位，吸收原则和并科原则居于辅助地位。

（2）所采用的各种原则均无普遍适用性，每一原则仅适用于特定的刑种。即吸收原则只适用于死刑和无期徒刑；限制加重原则只适用于有期徒刑、拘役和管制三种有期自由刑；并科原则只适用于附加刑。

（3）吸收原则和限制加重原则在适用上互相排斥，并科原则附加适用，其适用效力相对独立，不影响其他原则的适用。

3. 我国刑法中数罪并罚原则的基本适用规则。根据我国《刑法》第 69 条的规定，折中原则中包含的吸收原则、限制加重原则和并科原则的具体适用范围及基本适用规则如下：

（1）判决宣告的数个主刑中有数个死刑，或者最重刑为死刑的，采用吸收原则，应决定执行一个死刑，低于死刑的其他主刑不再执行。

（2）判决宣告的数个主刑中有数个无期徒刑或最重刑为无期徒刑的，采用吸收原则，应决定执行一个无期徒刑，低于无期徒刑的其他主刑不再执行，也不能将两个以上的无期徒刑合并升格为死刑。

（3）判决宣告的数个主刑为有期自由刑，即有期徒刑、拘役、管制的，采取限制加重原则，具体的限制加重规则为：①判决宣告的数个主刑均为有期徒刑的，应在总和刑期以下，数刑中最高刑以上，酌情决定执行的刑期，但最高不能超过 25 年；②判决宣告的数个主刑均为拘役的，应当在总和刑期以下，数刑中最高刑以上，酌情决定应执行的刑期，但最高不能超过 1 年；③判决宣告的数个主刑均为管制的，应当在总和刑期以下，数刑中最高刑以上，酌情决定执行的刑期，但是最高不能超过3年。在此需要明确的是，根据1981年7月27日最高人民法院《关于管制犯在管制期间又犯新罪被判处拘役或有期徒刑应如何执行的问题的批复》的精神，在限制加重过程中，不得将各种有期自由刑合并升格为另一种更重的有期自由刑或者无期徒刑。

（4）《刑法修正案（九）》在第69条中增加一款作为第2款："数罪中有判处有期徒刑和拘役的，执行有期徒刑。数罪中有判处有期徒刑和管制，或者拘役和管制的，有期徒刑、拘役执行完毕后，管制仍须执行。"

可以看出，我国刑法所规定的限制加重原则的特点在于采取多重的限制加重，即在并罚的总和刑期未超过该种自由刑的法定最高期限时，受总和刑期的限制；在并罚的总和刑期超过该种自由刑的法定最高期限时，受最高执行刑期的限制，即管制最高不能超过3年，拘役最高不能超过1年，有期徒刑最高不能超过25年。

（5）数罪中有判处附加刑的，采用并科原则，即附加刑仍须执行。因附加刑各刑种之间以及附加刑与主刑各刑种之间，其属性不同，不具有可比性，不能采用限制加重原则或吸收原则对其合并处罚，而只能采用并科原则合并处罚。

三、不同法律条件下适用数罪并罚原则的具体规则

（一）判决宣告以前一人犯数罪的合并处罚

所谓"判决宣告以前"，是指判决已经宣告并发生法律效力以前。《刑法》第69条的规定表明，我国刑法规定的数罪并罚原则及由此而决定的基本适用规则，是以判决宣告以前一人犯数罪的情形为标准确立的。因此，判决宣告以前一人犯数罪的合并处罚规则与前述我国刑法中数罪并罚原则的基本适用规则完全一致。

对于判决宣告以前一人所犯的数罪，依其性质或所触犯的罪名情况可分为两类：①同种数罪，即犯罪性质相同且触犯同一罪名的数罪；②异种数罪，即犯罪性质不同且触犯不同罪名的数罪。对于异种数罪实行并罚，在刑法理论上及司法实践中没有争议，但对于判决宣告以前一人犯有同种数罪，是否需要并罚，则有不同的看法。我们认为：对于判决宣告以前一人犯有同种数罪，原则上无须并罚，应以一罪论处，但在以一罪论明显不符合罪责刑相适应原则，或者前后犯罪相隔时间很长，不宜作为一罪的从重情节或法定刑升格的情节处理时，可以有限制地对同种数罪适当进行并罚。

（二）刑罚执行期间发现漏罪的合并处罚

1. 法律规定。《刑法》第70条规定："判决宣告以后，刑罚执行完毕以前，发现被判刑的犯罪分子在判决宣告以前还有其他罪没有判决的，应当对新发现的罪作出判决，把前后两个判决所判处的刑罚，依照本法第69条的规定，决定执行的刑罚。已经执行的刑期，应当计算在新判决决定的刑期以内。"

2. 对漏罪实施并罚的条件与方法。

（1）必须在判决宣告以后，刑罚执行完毕以前发现漏罪。所谓漏罪，是指被判刑的犯罪分子在判决宣告以前实施的并未判决的被遗漏的罪。如果发现漏罪的时间

不是在判决宣告以后（即已被判刑）、刑罚执行完毕以前的期限内，而是在刑罚执行完毕之后，则不得适用该条的规定合并处罚。

（2）对于新发现的漏罪，不管其罪数如何，也不管与原判决之犯罪是否属于同种性质犯罪，均应单独定罪量刑。换言之，即使是性质相同的犯罪，也应当单独定罪量刑。

（3）应当把前后两个判决所判处的刑罚，即前罪所判处的刑罚与漏罪所判处的刑罚，按照相应的数罪并罚原则，决定执行的刑罚。

（4）所谓"已经执行的刑期，应当计算在新判决决定的刑期以内"，是指在计算刑期时，应当将已经执行的刑期计算在新判决决定的刑期之内。换言之，前一判决已经执行的刑期，应当从前后两个判决所判处的刑罚合并而决定执行的刑期中扣除。这种计算刑期的方法，依其特点概括称为"先并后减"。

3. 对漏罪适用合并处罚规定应注意的问题。

（1）刑满释放后再犯罪并发现漏罪的合并处罚。根据有关司法解释，在处理被告人刑满释放后又犯罪的案件时，发现其在前罪判决宣告之前，或者在前罪判决的刑罚执行期间，犯有其他罪行未经过处理，并且依照刑法总则第四章第八节的规定应当追诉的，如果漏罪与新罪分别属于不同种罪，即应对漏罪与刑满释放后又犯的新罪分别定罪量刑，并依照《刑法》第69条的规定，实行数罪并罚；如果漏罪与新罪属于同一种罪，可以判处一罪从重处罚，不必实行数罪并罚。

（2）在缓刑考验期限内发现漏判之罪的并罚。根据《刑法》第77条的规定，被宣告缓刑的犯罪分子，在缓刑考验期限内，发现判决宣告以前还有其他罪没有判决的，应当撤销缓刑，对新发现的犯罪作出判决，把前罪和后罪所判处的刑罚，依照《刑法》第69条的规定，决定执行的刑罚。

（3）在假释考验期限内发现漏判之罪的并罚。根据《刑法》第86条的规定，在假释考验期限内，发现被假释的犯罪分子在判决宣告以前还有其他罪没有判决的，应当撤销假释，依照《刑法》第70条的规定实行数罪并罚。

（三）刑罚执行期间又犯新罪的合并处罚

1. 法律规定。《刑法》第71条规定："判决宣告以后，刑罚执行完毕以前，被判刑的犯罪分子又犯罪的，应当对新犯的罪作出判决，把前罪没有执行的刑罚和后罪所判处的刑罚，依照本法第69条的规定，决定执行的刑罚。"

2. 对新罪实施并罚的条件与方法。

（1）必须在判决宣告以后，刑罚执行完毕以前，被判刑的犯罪分子又犯新罪。即在刑罚执行期间犯罪分子又实施了新的犯罪。所谓"判决宣告以后"，从严格意义或法条含义的逻辑关系上讲，是指判决已经宣告并发生法律效力之后，不包括判决虽已宣告但尚未发生法律效力的情形。

（2）对于犯罪分子所实施的新罪，无论其罪数如何（如果所犯新罪是数罪，该数罪应为异种罪）或者与前罪之性质是否相同，都应当单独定罪量刑。

（3）应当把前罪没有执行的刑罚和后罪所判处的刑罚，依照刑法规定的相应原则，决定执行的刑罚。具体讲是指从前罪已经生效判决决定执行的刑罚中，减去已经执行的刑期，然后将前罪未执行的刑罚与后罪所判处的刑罚依据《刑法》第69条规定并罚，决定执行的刑罚。这种计算刑期的方法，依其特点可概括称为"先减后并"。《刑法》第71条规定的"先减后并"的刑期计算方法，较之第70条规定的"先并后减"的计算方法，可能给予犯罪分子程度更为严厉的惩罚。主要体现在有期自由刑（特别是有期徒刑）的并罚之中。具体表现是：①依据《刑法》第71条所规定的"先减后并"的刑期计算方法，决定执行刑罚的最低限度可能提高，并因此而导致实际执行的刑期也随之相应提高；②实际执行的刑罚可能超过数罪并罚法定最高刑期的限制。

3. 对新罪适用合并处罚规定应注意的问题。

（1）判决宣告以后，刑罚还没有执行完毕以前，被判刑的犯罪分子又犯数个新罪的合并处罚。《刑法》第71条所规定的数罪并罚方法，是以刑罚执行期间犯罪分子再犯一个新罪为标准的。对于在刑罚执行期间犯罪分子又犯数个新罪，我们认为应当首先对数个新罪分别定罪量刑，然后将判决所宣告的数个刑罚即数个宣告刑与前罪未执行的刑罚并罚，因为采取这样的并罚方法，符合《刑法》第71条所确定的对再犯新罪者从严惩处的立法精神，不仅可以使总和刑期居于相对较高水平，而且一般也不会使数刑中最高刑期因此而降至低于残余刑期的程度，从而能更好地体现"先减后并"方法的立法意图。

（2）判决宣告以后，刑罚执行完毕以前，被判刑的犯罪分子又犯新罪，同时发现犯罪分子有漏罪的并罚。此种情况同时涉及"先并后减"和"先减后并"的数罪并罚的方法问题。对于这种情况的数罪的合并处罚，应采取分别判决，顺序并罚的方法。即在对漏判之罪和新犯之罪分别定罪量刑的基础上，按照《刑法》第70条规定的"先并后减"的方法，将对漏罪所判处的刑罚与原判决判处的刑罚进行并罚，确定执行的刑罚。最后依照《刑法》第71条所规定的"先减后并"方法，将犯罪分子所犯新罪判处的刑罚，与原判之罪和漏罪合并决定执行的刑罚进行并罚，决定最终应当执行的刑罚。

（3）在缓刑考验期内又犯新罪的合并处罚。根据《刑法》第77条的规定，被宣告缓刑的犯罪分子，在缓刑考验期内再犯新罪的，应当撤销缓刑，同时对新犯的罪作出判决，把前罪和后罪所判处的刑罚，依照《刑法》第69条规定，决定执行的刑罚。

（4）在假释考验期限内再犯新罪的合并处罚。根据《刑法》第86条的规定，被假释的犯罪分子，在假释考验期限内犯新罪的，应当撤销假释，依照《刑法》第71条的规定实行数罪并罚。

（5）在执行附加刑剥夺政治权利期间判新罪的处理。2009年3月30日最高人民法院《关于在执行附加刑剥夺政治权利期间犯新罪应如何处理的批复》指出如下三条规则："①对判处有期徒刑并处剥夺政治权利的罪犯，主刑已执行完毕，在执行附加刑剥夺政治权利期间又犯新罪，如果所犯新罪无须附加剥夺政治权利的，依照刑法第71条的规定数罪并罚。②前罪尚未执行完毕的附加刑剥夺政治权利的刑期从新罪的主刑有期徒刑执行之日起停止计算，并依照刑法第58条规定从新罪的主刑有期徒刑执行完毕之日或者假释之日起继续计算；附加刑剥夺政治权利的效力施用于新罪的主刑执行期间。③对判处有期徒刑的罪犯，主刑已执行完毕，在执行附加刑剥夺政治权利期间又犯新罪，如果所犯新罪也剥夺政治权利的，依照刑法第55条、第57条、第71条的规定并罚。"根据该司法解释可知：①附加刑未执行完毕的属于《刑法》第71条中的"刑罚执行完毕以前"，应当并罚；②数罪并罚不仅包括主刑之间、附加刑之间的并罚，也包括主刑与附加刑之间的并罚；③《刑法》第58条第1款规定"附加剥夺政治权利的刑期，从徒刑、拘役执行完毕之日或者从假释之日起计算"，因此，剥夺政治权利应当在徒刑执行完毕以后开始执行，不能在有期徒刑执行期间同时继续执行前罪尚未执行的剥夺政治权利，但是其效力当然适用于后罪主刑执行期间；④如果所犯新罪也被判剥夺政治权利的，依照《刑法》第55、57、71条的规定并罚。即剥夺政治权利均有期限的，采取限制加重的方法，把前罪未执行完毕的剥夺政治权利刑期与新罪的剥夺政治权利刑期并罚，在1年以上5年以下决定应执行的刑期；有一罪判处剥夺政治权利终身的，采取吸收方法，决定执行剥夺政治权利终身。

■ 第五节 缓刑

一、缓刑概述

（一）法律规定

《刑法》第72条规定："对于被判处拘役、3年以下有期徒刑的犯罪分子，同时符合下列条件的，可以宣告缓刑，对其中不满18周岁的人、怀孕的妇女和已满75周岁的人，应当宣告缓刑：①犯罪情节较轻；②有悔罪表现；③没有再犯罪的危险；④宣告缓刑对所居住社区没有重大不良影响。宣告缓刑，可以根据犯罪情况，同时禁止犯罪分子在缓刑考验期限内从事特定活动，进入特定区域、场所，接触特定的人。被宣告缓刑的犯罪分子，如果被判处附加刑，附加刑仍须执行。"

《刑法》第74条规定："对于累犯和犯罪集团的首要分子，不适用缓刑。"

《刑法》第449条规定："在战时，对被判处3年以下有期徒刑没有现实危险宣告缓刑的犯罪军人，允许其戴罪立功，确有立功表现时，可以撤销原判刑罚，不以犯罪论处。"

（二）缓刑的种类和概念

我国刑法所规定的缓刑，属于刑罚暂缓执行，是对原判刑罚附条件不执行的一种刑罚制度。具体包括两类：一是一般缓刑，二是战时缓刑。

一般缓刑，是指人民法院对于被判处拘役、3 年以下有期徒刑的犯罪分子，根据其犯罪情节和悔罪表现，认为暂缓执行原判刑罚，没有再犯罪危险，宣告缓刑对所居住社区没有重大不良影响的，规定一定的考验期，暂缓其刑罚的执行，如果犯罪分子在考验期内没有发生法定撤销缓刑的情形，原判刑罚就不再执行的制度。

战时缓刑，是指在战时，对判处 3 年以下有期徒刑没有现实危险的犯罪军人，暂缓其刑罚执行，允许其戴罪立功，确有立功表现时，可以撤销原判刑罚，不以犯罪论处的制度。

缓刑不是刑种，而是刑罚具体运用的一种制度。宣告缓刑必须以判决判处一定的刑罚为先决条件，即缓刑不能脱离原判决刑罚的基础而独立存在。如果犯罪人未被判处拘役、有期徒刑，就不能宣告缓刑。因此，缓刑的基本特征为：判处刑罚，同时宣告暂缓执行，但又在一定时期内保持执行所判刑罚的可能性。

缓刑不同于死刑缓期执行。二者虽然都是有条件地不执行原判刑罚，都不是独立的刑种，但在适用对象、执行方法、考验期限和法律后果等方面存在着本质区别：①缓刑适用于被判处拘役或者 3 年以下有期徒刑的犯罪人；死缓适用于被判处死刑但不是必须立即执行的犯罪人。②对于被宣告缓刑的犯罪分子不予关押，依法实行社区矫正；对于被宣告死缓的犯罪人必须予以关押，并实行劳动改造。③缓刑的考验期限，必须依所判刑种和刑期而确定，所判刑种和刑期不同，最终的考验期限的确定也有差别；死缓的法定考验期限一律为 2 年。④缓刑的法律后果，依犯罪分子在考验期内是否发生法定情形而有所区别，或者是原判刑罚不再执行，或者是撤销缓刑，把前罪与后罪所判处的刑罚按数罪并罚原则予以处罚；死缓的法律后果，是根据犯罪人在法定 2 年考验期内的表现，或者予以减刑或者执行死刑。

缓刑不同于监外执行。监外执行是根据《刑事诉讼法》第 214 条的规定，对于被判处有期徒刑或者拘役的罪犯，因其自身存在着某些法定不宜收监执行的情况，而采取的一种临时性执行刑罚的方法。缓刑与监外执行的主要区别是：①性质不同。缓刑是附条件暂缓执行刑罚；监外执行是刑罚执行过程中的具体执行场所的临时性变化，并非不执行原判刑罚。②适用对象不同。缓刑只适用于被判处拘役或者 3 年以下有期徒刑的犯罪分子；监外执行可以适用于被判处拘役、有期徒刑的犯罪分子。③适用条件不同。缓刑的适用以犯罪分子的犯罪情节、悔罪表现和没有再犯罪危险，且对所居住社区没有重大不良影响为条件；监外执行的适用，须以犯罪分子患有严重疾病需要保外就医、怀孕或者正在哺乳自己的婴儿以及生活不能自理、适用监外执行不致再危害社会等特殊情形为条件。④适用的方法不同。缓刑应在判处刑罚的同时予以宣告，并应依法确定缓刑的考验期；监外执行在判决和刑罚执行过程中均可适用，而且不需要确定考验期。此外，在适用监外执行的过程中，决定犯罪分子监外执行的具体情况一旦消失，即使犯罪分子在监外未再违反任何规定，只要刑期未满，仍应收监执行。⑤适用的法律依据不同。适用缓刑的依据是刑法中的有关规定；适用监外执行的依据是刑事诉讼法中的有关规定。

缓刑不同于免予刑事处罚。免予刑事处罚，是指人民法院对犯罪分子作出有罪判决，但根据案件的具体情况，认为情节轻微不需要判处刑罚，因而宣告免予处罚，即只定罪而不判刑。所以被宣告免予刑事处罚的犯罪分子不存在曾经被判过刑罚以及仍有执行刑罚的可能性的问题。而缓刑则是人民法院在对犯罪分子判处刑罚的基础上，宣告暂缓执行刑罚，但同时保持执行刑罚的可能性。

二、缓刑的适用条件

缓刑是附条件地暂缓执行或不执行原判刑罚的制度。因此，缓刑的适用必须具备一定的条件，我国刑法规定了关于一般缓刑与战时缓刑适用的不同条件。

（一）一般缓刑的适用条件

根据《刑法》第72、74条的规定，适用一般缓刑必须具备以下条件：

1. 犯罪分子被判处的刑罚只能是拘役或者3年以下有期徒刑。

（1）这里所说的被判处拘役或者3年以下有期徒刑的刑罚是执行缓刑的刑期条件，如果所判处的刑罚高于3年有期徒刑，就不能适用缓刑。应当注意的是，这里的拘役或者有期徒刑，是就宣告刑而言，而不是指法定刑。

（2）对于被判处管制或者单处附加刑的，不能适用缓刑，因为管制或者单处附加刑都不存在剥夺人身自由问题，适用缓刑没有实际意义。

（3）如果一人犯数罪，实行数罪并罚后，决定执行的刑罚为3年以下有期徒刑或者拘役的，也可以适用缓刑。这是因为对犯罪分子所判刑罚的轻重与其犯罪的社会危害性大小以及人身危险程度是相适应的。一般来说，如果犯罪分子被判处3年以下有期徒刑，表明其所犯罪行的社会危害程度及人身危险程度相对较小，从保护合法权益和预防犯罪考虑，对此类犯罪分子适用缓刑是妥当的。

2. 根据犯罪分子的犯罪情节和悔罪表现，对其适用缓刑确实没有再犯罪危险，且对居住社区没有重大不良影响。这是适用缓刑的实质性条件要求，也就是说并非所有的被判处拘役或者3年以下有期徒刑的犯罪分子都能适用缓刑，关键还要看犯罪分子的犯罪情节、悔罪表现，以此为据进一步考察对其适用缓刑，暂不执行原判刑罚，是否会再次危害社会。所谓犯罪情节，包括了与犯罪事实有关的各种情况，如犯罪分子实施犯罪时的精神状态，辨认和控制自己行为的能力，实施犯罪的时间、地点，所指向的对象，具体使用的犯罪方法，以及犯罪行为造成的危害结果等。每一个犯罪情节都从不同方面和不同角度反映了犯罪分子的人身危险性大小及社会危害程度。所以，只有对情节较轻、人身危险性较小的犯罪人才能适用缓刑。所谓悔罪表现，是指犯罪分子对其所犯罪行的具体悔悟的表现。如犯罪以后积极退赃，主动如实地坦白交待罪行，在审判过程中深挖犯罪思想根源等。犯罪情节和悔罪表现是从必不可少的两个方面说明对犯罪分子能否适用缓刑，因此，绝不能只强调一个方面而忽视另一个方面。

3. 犯罪分子必须不是累犯和犯罪集团的首要分子。因为累犯属于屡教不改、恶习较深、人身危险性大的犯罪分子，如果对这些犯罪分子适用缓刑，极易使其产生侥幸心理，继续危害社会。因此，即使累犯被判处拘役或 3 年以下有期徒刑，也不能适用缓刑。

4. 不满 18 周岁的人、怀孕的妇女和年满 75 周岁的人，符合上述条件的，应当宣告缓刑。

（二）战时缓刑的适用条件

根据《刑法》第 449 条的规定，适用战时缓刑必须具备以下条件：

1. 必须在战时。这是适用战时缓刑的时间条件。所谓战时，根据《刑法》第 451 条的规定，是指国家宣布进入战争状态、部队受领作战任务或者遭敌突然袭击时。另外，部队执行戒严任务或者处置突发性暴力事件时，以战时论。因此，在和平时期或非战时条件下，不能适用战时缓刑。

2. 只能是被判处 3 年以下有期徒刑的犯罪军人。这是适用战时缓刑的对象条件。如果不是犯罪的军人或者虽是军人但被判处的刑罚为 3 年以上有期徒刑，或者已经构成累犯的犯罪军人，都不能适用这种缓刑。此处所讲军人，根据《刑法》第 450 条的规定，适用于中国人民解放军的现役军官、文职干部、士兵及具有军籍的学员，中国人民武装警察部队的现役警官、文职干部、士兵及具有军籍的学员，以及执行军事任务的预备役人员和其他人员。

3. 必须是在战争条件下宣告缓刑没有现实危险的犯罪军人。这是适用战时缓刑的关键性条件。对战争条件下被判处 3 年以下有期徒刑的犯罪军人能否适用战时缓刑，关键要看在这种特定情况下，对其宣告缓刑有无现实危险。因为战时缓刑的适用，是将犯罪军人继续留在部队，并在战时状态下继续执行任务。战时缓刑宣告不当，则会在战争状态下危害国家的军事利益。至于考察对犯罪军人适用战时缓刑是否有现实危险，则应根据犯罪军人所犯罪行的性质、情节、危害程度，以及犯罪军人的悔罪表现和一贯表现综合进行评断。

三、一般缓刑的考验期限与考察

（一）一般缓刑的考验期限

1. 法律规定。《刑法》第 73 条规定："拘役的缓刑考验期限为原判刑期以上 1 年以下，但是不能少于 2 个月。有期徒刑的缓刑考验期限为原判刑期以上 5 年以下，但是不能少于 1 年。缓刑考验期限，从判决确定之日起计算。"

2. 确定缓刑考验期限应注意的问题。缓刑的考验期限，是指对被宣告缓刑的犯罪分子进行考察的一定期限。它是缓刑制度的重要组成部分。设立考验期限，目的在于考察被缓刑人是否接受改造，同时给被缓刑人一定的思想压力，迫使他认罪服法，悔过自新，最终达到教育罪犯、改造罪犯的效果。

根据《刑法》第 73 条的规定，在确定考验期限时应注意以下问题：①缓刑考验期限的长短应以原判刑罚的长短为前提，可以等于或适当长于原判刑期，但不能短于原判刑期，一般以不超过原判刑期一倍为宜。②在确定具体的缓刑考验期限时，应注意原则性与灵活性相结合，同时考虑犯罪情节和犯罪分子的个人具体情况，在法律规定的范围内，决定适当的考验期限。③缓刑的考验期限，从判决确定之日起计算。所谓"判决确定之日"，即判决发生法律效力之日。判决以前先行羁押的日期，不能折抵缓刑考验期。

（二）一般缓刑考验期内的考察

1. 被宣告缓刑的犯罪人应当遵守的规定。根据《刑法》第72、75条的规定，被宣告缓刑的犯罪分子应当遵守下列规定：①遵守法律、行政法规，服从监督；②按照考察机关的规定报告自己的活动情况；③遵守考察机关关于会客的规定；④离开所居住的市、县或者迁居，应当报经考察机关批准。⑤宣告缓刑，可以根据犯罪情况，同时禁止犯罪分子在缓刑考验期内从事特定活动，进入特定区域、场所，接触特定的人。

2. 缓刑的内容是依法实行社区矫正。

四、一般缓刑的法律后果

根据《刑法》第76、77条的规定，一般缓刑的法律后果有以下三种：

1. 被宣告缓刑的犯罪分子，在缓刑考验期限内没有《刑法》第77条所规定的情形，缓刑考验期满，原判刑罚就不再执行，并公开予以宣告。

2. 被宣告缓刑的犯罪分子，在缓刑考验期限内犯新罪或者判决宣告以前还有其他罪没有判决的，应当撤销缓刑，对新犯罪或者发现的漏罪作出判决，把前罪和后罪所判处的刑罚，依据《刑法》第69条的规定，决定执行的刑罚。

3. 被宣告缓刑的犯罪分子，在缓刑考验期限内，违反法律、行政法规或者国务院有关部门有关缓刑的监督管理规定，违反人民法院判决中的禁止令，情节严重的，应当撤销缓刑，执行原判刑罚。此处所讲违反法律，不包括违反刑法，如果违反刑法则属于缓刑撤销的情况。此外，根据《刑法》第72条第2款的规定，缓刑的效力不及于附加刑，即被宣告缓刑的犯罪分子，如果被判处附加刑，附加刑仍须执行。因而无论缓刑是否撤销，所判处的附加刑均须执行。

【思考题】

1. 如何理解量刑与社会形势的关系？

2. 如何理解民愤对量刑的影响？

3. 如何理解行为人人身危险性对量刑的影响？

4. 累犯、自首、立功制度与罪责刑相适应原则的关系是什么？

5. 对同时被判处管制、拘役、有期徒刑的应如何数罪并罚？

6. 缓刑制度的立法价值是什么？

7. 如何理解"准自首"？

第十四章

第十五章

刑罚执行

> **学习目的与要求**　明确刑罚执行的概念，掌握减刑、假释的概念与适用条件。

■ 第一节　刑罚执行概述

一、刑罚执行的概念和特征

刑罚执行，是指依法行使刑罚执行权的司法机关，根据审判机关已经发生法律效力的刑事判决、裁定所确定的刑罚，将其付诸实施的刑事司法活动。

刑罚的执行，实际上就是生效判决所确定的刑罚内容得以具体实现的措施和过程，这一措施和过程是国家整体刑事司法活动的有机组成部分，是国家刑罚权的最终体现和实现。刑罚的执行具有以下特征：

1. 刑罚执行的主体是有行刑权的司法机关。根据法律规定，有权执行刑罚的机关分别为人民法院、公安机关和监狱。其中人民法院负责死刑立即执行、罚金和没收财产刑的执行；公安机关负责管制、拘役、剥夺政治权利和缓刑的执行；监狱负责有期徒刑、无期徒刑、死缓的执行。如果在死刑缓期二年执行考验期内，罪犯又故意犯罪需要执行死刑的，死刑的执行仍由人民法院负责。对于死刑，人民法院在没有条件执行时，也可以交由公安机关执行。对于没收财产刑，人民法院在必要时也可以会同公安机关执行。除了人民法院、公安机关、监狱之外，除了社区矫正的执行机关有待进一步明确外，任何机构、组织和个人都无权执行刑罚。

2. 刑罚执行的对象是被定罪判刑的罪犯。被定罪判刑的罪犯是刑罚的承受者。这包含两层含义：一是刑罚执行是定罪、量刑之后的刑事司法活动，它不能发生在判决确定之前，不能对未决犯执行刑罚；二是它只能针对已判刑的罪犯，对于无辜的人和判决免予刑事处罚的罪犯，不能执行刑罚。

3. 刑罚执行的依据是人民法院已经发生法律效力的判决、裁定。发生法律效力的判决、裁定包括已过法定期限没有上诉、抗诉的一审判决、裁定，二审终审的判决、裁定，最高人民法院核准的死刑判决和高级人民法院核准的死刑缓期二年执行的判决。行刑机关只能依据上述已发生法律效力的判决、裁定所确定的刑罚加以执行，但这并不意味着刑罚的执行只能一成不变地服从刑罚的判决内容，而不能适时作出必要和适当的调整。按照法律规定，本着有利罪犯改造的原则，根据实际情况，可以对刑罚的适用作出一定的调整。如根据犯罪分子在服刑时的具体表现或特殊情况，可以对犯罪分子予以减刑、假释、监外执行甚至赦免等，但这种调整的目的在于求得刑罚的最佳效果，并不是对原判决的否定和改判，而是刑罚执行中的变通处理，并且无论作何调整，都只能以原判决和裁定为前提和基础。

4. 刑罚执行的内容是将生效判决、裁定所确定的宣告刑加以具体化。人民法院通过判决确定的宣告刑，须通过行刑机关的具体实施而得到实现。行刑机关的行刑过程，就是宣告刑的实现过程。行刑机关在执行刑罚时必须严格按照法律对有关刑罚的行刑方式、行刑内容所作的规定依法执行，绝不允许法外施刑。

二、刑罚执行的原则

刑罚执行的原则，是指在刑罚执行过程中应当遵循的基本准则。这些原则必须贯穿于刑罚执行始终。我国刑法理论一般认为刑罚执行的原则包括教育性原则、个别化原则、人道性原则、社会化原则。上述原则要求刑罚的执行应以教育为主，以教育改造罪犯为目的。在行刑过程中，应当根据罪犯的人身危险性、再犯可能性的大小等情况，采取不同的教育改造方式，因人施教。对于罪犯，要尊重其人格权利，把其当人看待，从人道主义出发加以教育感化；要充分调动社会各种积极因素，依靠和利用社会各方面力量对罪犯进行教育帮助，培养其适应正常社会生活的能力，促使其早日重返社会。概括讲，就是以教育改造为目的，调动和利用各种积极因素，针对不同罪犯的具体情况，采用人道的方式教育罪犯，改造罪犯，从而获得最佳的刑罚适用效果。

关于各种刑罚的具体执行方式，已在第十三章刑罚体系和刑罚种类一节中作了阐述，本章只就减刑、假释两种刑罚执行制度予以介绍。

■ 第二节 减刑

一、法律规定

《刑法》第78条规定，被判处管制、拘役、有期徒刑、无期徒刑的犯罪分子，在执行期间，如果认真遵守监规，接受教育改造，确有悔改表现的，或者有立功表现的，可以减刑；有下列重大立功表现之一的，应当减刑：①阻止他人重大犯罪活动的；②检举监狱内外重大犯罪活动，经查证属实的；③有发明创造或者重大技术革新的；④在日常生产、生活中舍己救人的；⑤在抗御自然灾害或者排除重大事故中，有突出表现的；⑥对国家和社会有其他重大贡献的。减刑以后实际执行的刑期，判处管制、拘役、有期徒刑的，不能少于原判刑期的 1/2；判处无期徒刑的，不能少于 13 年。另外，对判处死刑缓期执行的累犯以及因故意杀人、强奸、抢劫、绑架、放火、爆炸、投放危险物质或者有组织的暴力性犯罪被判处死刑缓期执行的犯罪分子，人民法院根据犯罪情节等情况可以同时决定对其限制减刑，缓期执行期满后依法减为无期徒刑的，不能少于 25 年，缓期执行期满后依法减为 25 年有期徒刑的，不能少于 20 年。

《刑法》第 79 条规定："对于犯罪分子的减刑，由执行机关向中级以上人民法院提出减刑建议书。人民法院应当组成合议庭进行审理，对确有悔改或者立功事实的，裁定予以减刑。非经法定程序不得减刑。"

《刑法》第 80 条规定："无期徒刑减为有期徒刑的刑期，从裁定减刑之日起计算。"

二、减刑的概念与条件

（一）减刑的概念

减刑，是指对于判处管制、拘役、有期徒刑、无期徒刑的犯罪分子，在执行期间，如果认真遵守监规，接受教育改造，确有悔改或者立功表现，而对其原判刑罚予以适当减轻的制度。

我国刑法中，有判处死刑缓期二年执行的罪犯在死缓考验期满后减为无期徒刑或 25 年有期徒刑的规定；有判处死缓或无期徒刑的罪犯在减为有期徒刑时，其附加剥夺政治权利终身亦相应减为 3～10 年的规定。广义而言，这些均属减刑的范畴。本节所说的减刑，特指对被判处管制、拘役、有期徒刑；无期徒刑的受刑人，因在刑罚执行期间，确有悔改或者立功表现，而适当减轻其原判刑罚。减刑可以是刑种的减轻，即无期徒刑减为有期徒刑；也可以是同一刑种刑期上的缩短，如原判 8 年有期徒刑减为 6 年有期徒刑等。无论是刑种的改变还是刑期的缩短，它都不同于改判。改判是原判决确有错误，依照审判监督程序作出的新的判决；而减刑是为了鼓励服刑罪犯认真接受改造，积极争取早日出狱，回归社会，做一个奉公守法的公民，在原判决正确的前提下，对犯罪人服刑期间的良好表现所给予的奖励。同时，减刑制度的实施，也体现了行刑经济化的原则。减刑也不同于减轻处罚。减轻处罚是在判决确定之前，根据法定的减轻处罚情节，对犯罪分子在法定刑以下判处刑罚。二者的不同点在于减刑依据的是罪犯服刑期间的表现，减轻处罚依据的是被告人所具有的法定减轻处罚情节；减刑发生在刑罚执行过程中，减轻处罚发生在判决确定过程中；减刑是一项行刑制度，减轻处罚则是一项量刑活动。

（二）减刑的条件

1. 必须是被判处管制、拘役、有期徒刑、无期徒刑的犯罪分子，才能适用减刑。刑法从对象上对减刑的适用作了限定，亦即减刑制度是专为促使被判决剥夺人身自由和限制人身自由的犯罪人积极改过自新而建立的刑罚执行制度。

2. 犯罪分子在服刑期间，必须确有悔改表现或者立功表现，才能适用减刑。悔改表现和立功表现是减刑的实质性条件，只要具备其中一项条件，就可以减刑。所谓悔改表现，是指犯罪人同时具备以下四种情形：认罪服法；认真遵守监规接受教育改造；积极参加政治、文化、技术学习；积极参加劳动，完成生产任务。所谓立功表现，是指具有下列情形之一的：①检举、揭发监狱内外犯罪活动，或者提供重要的破案线索，经查证属实的；②阻止他人犯罪活动的；③在生产、科研中进行技术革新，成绩突出的；④在抢险救灾或者排除重大事故中表现积极的；⑤有其他有利于国家和社会的突出事迹的。

根据法律规定，犯罪人在服刑期间有重大立功表现的，应当予以减刑。所谓重大立功表现，指具有下列六种表现之一的情形：①阻止他人重大犯罪活动的；②检举监狱内外重大犯罪活动，经查证属实的；③有发明创造或者重大技术革新的；④在日常生产、生活中舍己救人的；⑤在抗御自然灾害或者排除重大事故中，有突出表现的；⑥对国家和社会有其他重大贡献的。

3. 减刑必须有一定的限度。减刑要适当，既不能减得过多，也不宜减得太少。减得过多，会损害法律的严肃性和判决的稳定性，同时还会使犯罪人得不到必要的惩罚和充分的改造。减得太少，则起不到相应的鼓励作用，不利于激励犯罪人尽快弃恶从善，重新做人。为此，法律对于减刑的限度作了专门的规定，即减刑以后实际执行的刑期，判处管制、拘役、有期徒刑的，不能少于原判刑期的 1/2；判处无期徒刑的，不能少于 13 年。

4. 死缓的限制减刑。对判处死刑缓期执行的累犯以及因故意杀人、强奸、抢劫、绑架、放火、爆炸、投放危险物质或者有组织的暴力性犯罪被判处死刑缓期执行的犯罪分子，人民法院根据犯罪情节等情况可以同时决定对其限制减刑，缓期执行期满后依法成为无期徒刑的，不能少于 25 年，缓期执行期满后依法减为 25 年有期徒刑的，不能少于 20 年。

三、减刑的司法实务问题

在减刑的具体适用过程中，要注意掌握好减刑的起始时间、间隔时间、减刑的幅度以及实际执行刑期的限制和计算等问题，以便严格按照法律精神充分发挥减刑的积极作用，获取最佳的效果。

（一）关于减刑的起始时间和间隔时间

根据司法解释，被判处有期徒刑罪犯的减刑起始时间和间隔时间为：对判处 5年以上有期徒刑的罪犯，一般在执行 1 年半以上方可减刑；两次减刑之间一般应当间隔 1 年以上。判处 10 年以上有期徒刑的罪犯，一次减 2~3 年有期徒刑后，再减刑时，其间隔时间一般不得少于 2 年。判处不满 5 年有期徒刑的罪犯，其减刑的起始时间和间隔时间，可以比照上述情形适当缩短。对于确有重大立功表现的罪犯，减刑的起始和间隔时间可以不受上述时间的限制。对于被判处无期徒刑的罪犯，如果确有悔改表现或者立功表现的，服刑 2 年以后，可以减刑。无期徒刑罪犯在刑罚执行期间又犯罪，被判处有期徒刑以下刑罚的，自新罪判决确定之日起一般在 2 年之内不予减刑；对所犯新罪判处无期徒刑的，减刑的起始时间还应适当延长。对犯罪时未成年的罪犯，减刑的间隔时间可以相应缩短。

（二）关于减刑的幅度

减刑的幅度指一次减刑减少多长刑期。根据司法解释，对有期徒刑罪犯在刑罚执行期间，符合减刑条件的减刑幅度为：如果确有悔改表现，或者有立功表现的，一般一次减刑不超过 1 年；如果确有悔改表现并有立功表现，或者有重大立功表现的，一般一次减刑不超过 2 年。被判处 10 年以上有期徒刑的罪犯，如果悔改表现突出的，或者有立功表现的，一次减刑不得超过 2 年；如果悔改表现突出并有立功表现，或者有重大立功表现的，一次减刑不得超过 3 年。在有期徒刑罪犯减刑时，对附加剥夺政治权利的刑期可以酌减。酌减后剥夺政治权利的期限，最短不得少于 1年。被判无期徒刑的罪犯，在服刑期间，如果有悔改表现，或者有立功表现的，一般可以减为 18 年以上 20 年以下有期徒刑。如果有重大立功表现的，可以减为 13 年以上 18 年以下有期徒刑。对于犯罪时未成年的罪犯，减刑的幅度可以适当放宽。

（三）关于实际执行刑期的限制与计算

减刑后实际执行刑期的限制与计算方式分两种情况：①判处管制、拘役、有期徒刑的，无论经过几次减刑，其实际执行的刑期不能少于原判刑期的 1/2。减刑后的刑期从原判决开始执行之日起计算，已执行的部分，计算在减刑后的刑期以内。例如，某甲原判有期徒刑 5 年，执行 2 年后减为 4 年，已执行的 2 年计入 4 年之内，也即某甲减刑后还需服刑 2 年。此外，判处有期徒刑的罪犯，在判决执行以前先行羁押的，羁押一日折抵刑期一日，折抵的刑期，也应计入减刑后的刑期之内。②判处无期徒刑的，经过减刑后，其实际执行的刑期不能少于 13 年。减刑后的刑期从裁定减刑之日起计算。减刑前已经执行的刑期，不计入减刑后的刑期之内。例如，某甲原判无期徒刑，服刑 2 年后减为 18 年有期徒刑，某甲从裁定减刑之日起，还需服刑 18 年，已执行的 2 年不计入减刑后的 18 年之内。

（四）关于宣告缓刑的犯罪人如何适用减刑的问题

对于判处拘役或者 3 年以下有期徒刑、宣告缓刑的犯罪分子，由于刑期短而又未予关押，故一般不适用减刑。但如果在缓刑考验期间有重大立功表现的，可以参照《刑法》第 78 条的规定，予以减刑，同时相应缩短其缓刑考验期。减刑后的刑期不能少于原判刑期的 1/2，相应缩减的缓刑考验期限不能低于减刑后实际执行的考验期。判处拘役的缓刑考验期限不能少于 2 个月，判处有期徒刑的缓刑考验期限不能少于 1 年。

■ 第三节 假释

一、法律规定

《刑法》第 81 条规定："被判处有期徒刑的犯罪分子，执行原判刑期 1/2 以上，被判处无期徒刑的犯罪分子，实际执行 13 年以上，如果认真遵守监规，接受教育改造，确有悔改表现，没有再犯罪的危险的，可以假释。如果有特殊情况，经最高人民法院核准，可以不受上述执行刑期的限制。对累犯以及因故意杀人、强奸、抢劫、绑架、放火、爆炸、投放危险物质或者有组织的暴力性犯罪被判处 10 年以上有期徒刑、无期徒刑的犯罪分子，不得假释。对犯罪分子决定假释时，应当考虑其假释后对所居住社区的影响。"

《刑法》第 82 条规定："对于犯罪分子的假释，依照本法第 79 条规定的程序进行。非经法定程序不得假释。"

《刑法》第 83 条规定："有期徒刑的假释考验期限，为没有执行完毕的刑期；无期徒刑的假释考验期限为 10 年。假释考验期限，从假释之日起计算。"

《刑法》第 84 条规定："被宣告假释的犯罪分子，应当遵守下列规定：①遵守法律、行政法规，服从监督；②按照监督机关的规定报告自己的活动情况；③遵守监督机关关于会客的规定；④离开所居住的市、县或者迁居，应当报经监督机关批准。"

《刑法》第 85 条规定："对假释的犯罪分子，在假释考验期限内，依法实行社区矫正，如果没有本法第 86 条规定的情形，假释考验期满，就认为原判刑罚已经执行完毕，并公开予以宣告。"

《刑法》第 86 条规定："被假释的犯罪分子，在假释考验期限内犯新罪，应当撤销假释，依照本法第 71 条的规定实行数罪并罚。在假释考验期限内，发现被假释的犯罪分子在判决宣告以前还有其他罪没有判决的，应当撤销假释，依照本法第 70 条的规定实行数罪并罚。被假释的犯罪分子，在假释考验期限内，有违反法律、行政法规或者国务院有关部门关于假释的监督管理规定的行为，尚未构成新的犯罪的，应当依照法定程序撤销假释，收监执行未执行完毕的刑罚。"

二、假释的概念与条件

（一）假释的概念

假释，是指被判处有期徒刑、无期徒刑的犯罪分子，在执行了一定的刑期以后，如果认真遵守监规，接受教育改造，确有悔改表现，没有再犯罪危险，对所在社区没有重大不良影响的，将其附条件地提前释放的一种刑罚执行制度。所谓"假释"，简要讲就是附条件的提前释放。这里所说的"附条件"是指尚未执行的刑期不是无条件地免除，而是在一定期限内仍然保留着执行的可能性。被假释的犯罪分子如果出现《刑法》第 86 条所规定的三种情形之一，残余的刑期仍然需要执行。因此，假释的意义就在于，通过该项制度的实施，鼓励在押罪犯特别是刑期长的罪犯努力改造自己，积极争取早日出狱，成为自食其力的新人。同时，在出狱后，一定期限内仍然保留着刑罚执行的现实可能性，促使犯罪分子继续改造自己，做守法的公民。

假释不同于缓刑。表现在：①假释适用的对象是被判处有期徒刑、无期徒刑的犯罪分子；缓刑适用的对象是被判处拘役、3 年以下有期徒刑的犯罪分子。②假释是在刑罚执行期间根据犯罪分子的服刑表现而采取的奖励措施；缓刑是在判决确定过程中根据被告人的犯罪情节、悔罪态度等情形而适用的一项量刑制度。③被假释的犯罪分子已经服刑了一定期间；被宣告缓刑的犯罪分子则是有条件地不执行原判刑罚，没有经过一定期间的服刑。④假释是有条件地不执行剩余的刑罚；缓刑则是有条件的不执行全部原判刑罚。

假释不同于监外执行。监外执行，是对那些因身体或生理特殊原因，不宜在监内执行的犯罪分子，而暂时放在监外执行。一旦监外执行的原因消除，而刑期尚未执行完毕的，则仍要收回监内执行剩余刑罚。假释则是因在服刑期间有悔改表现而附条件地提前释放，在假释考验期内，如果未犯新罪，亦未发现漏罪，并且没有违反法律、行政法规或者国务院有关部门有关假释的监督管理规定的行为，剩余刑罚就不再执行。

（二）假释的条件

1. 假释只适用于判处有期徒刑、无期徒刑的犯罪分子。我国刑法规定的5种主刑中，管制不予关押，也就谈不上假释；拘役的刑期很短，适用假释意义不大；死刑是剥夺生命的刑罚，无法适用假释。因此，假释只适合于判处有期徒刑和无期徒刑的犯罪分子。关于死缓犯的假释问题，在缓期二年执行的考验期内，不存在假释问题。2年考验期满后一般减为无期徒刑或有期徒刑。死缓犯在减刑后能否假释，刑法未作明确规定。但根据最高人民法院的司法解释，对死缓犯减为无期徒刑或者有期徒刑后，符合假释条件的，可以适用假释。

2. 假释只适用于已经执行了一定期限刑罚的犯罪分子。刑法规定假释的目的是激励罪犯积极改造、真诚悔过，争取早日回归社会。而犯罪分子是否确有悔改表现，是否今后没有再犯罪危险，必须经过一定时间的劳动改造来加以考验和考察。至于时间的长短，则要综合各种因素来确定，我国刑法针对有期徒刑和无期徒刑的不同特点，分别规定：被判处有期徒刑的犯罪分子，执行原判刑期1/2；被判处无期徒刑的犯罪分子，实际执行13年以上，才可以适用假释。

3. 假释只适用于认真遵守监规，接受教育改造，确有悔改表现，假释后没有再犯罪危险的犯罪分子。这里所说的"确有悔改表现"是指同时具备认罪服法；认真遵守监规，接受教育改造；积极参加政治、文化、技术学习；积极参加劳动，完成生产任务四方面条件的情形。

在一般情况下必须严格按照上述条件适用假释，但以下两种特殊情况例外：

1. 在有国家政治、国防、外交等方面特殊需要的情况下，经最高人民法院核准，可以不受刑罚执行期限的限制而提前假释。亦即判处有期徒刑的，不必执行1/2以上刑期，判处无期徒刑的，不必实际执行13年以上即可予以假释。此等情况作为特例，只能限制在"有国家政治、国防、外交等方面特殊需要的情况下"适用，而且在程序上必须报请最高人民法院核准，未经最高人民法院核准，其他各级法院均无权擅自裁定。

2. 对于累犯以及因故意杀人、强奸、抢劫、绑架、放火、爆炸、投放危险物质或者有组织的暴力性犯罪被判处 10 年以上有期徒刑、无期徒刑的犯罪分子，不得假释。这里包含两种情况：①累犯。由于累犯属于前罪刑满释放后再次犯罪，且均系故意犯罪的犯罪者，不能保证其被提前释放后不再犯罪，故对累犯不得适用假释。②因故意杀人、强奸、抢劫、绑架、放火、爆炸、投放危险物质或者有组织的暴力性犯罪，被判处 10 年以上有期徒刑、无期徒刑的罪犯。即从犯罪性质上看必须是暴力性犯罪，从所承受的刑罚上看必须是判处了 10 年以上有期徒刑或无期徒刑，只有这两个条件同时具备的，才不能适用假释。根据上述精神，如因杀人、爆炸、抢劫、强奸、绑架等暴力性犯罪被判死缓，其后减为无期徒刑或者有期徒刑的罪犯，也不得适用假释。

三、假释的考验

假释是附条件的提前释放，适用假释后仍具有收监执行的可能。因此，在决定适用假释的时候，应考虑同时宣布假释的考验期限。根据《刑法》第 83 条的规定，有期徒刑的假释考验期限为没有执行完毕的刑期；无期徒刑的假释考验期限为 10 年。假释考验期限从假释之日起计算。凡被附加剥夺政治权利的，自假释之日起执行。

根据《刑法》第 84 条的规定，假释考验的内容包括：①遵守法律、行政法规，服从监督；②按照监督机关的规定报告自己的活动情况；③遵守监督机关关于会客的规定；④离开所居住的市、县或者迁居，应当报经监督机关批准。

根据《刑法》第 85 条的规定，对假释的犯罪分子，在假释考验期限内，依法实行社区矫正。

假释考验期满，没有发生《刑法》第 86 条规定的情形的，就认为原判刑罚已经执行完毕，并应当公开予以宣告。

四、假释的撤销

犯罪分子在假释考验期内，发生了以下三种情形之一的，应当撤销假释，并根据不同情况分别处理：

1. 在假释考验期限内又犯新罪的，撤销假释，依照《刑法》第 71 条的规定实行数罪并罚。

2. 在假释考验期内，发现被假释的犯罪分子在判决宣告前还有其他罪没有判决的，撤销假释，依照《刑法》第 70 条的规定实行数罪并罚。

3. 在假释考验期限内，违反法律、行政法规或者国务院有关部门有关假释的监督管理规定，尚未构成新的犯罪的，应当依照法定程序撤销缓刑，收监执行未执行完毕的刑期。

五、假释的司法实务问题

根据司法解释，在适用假释时，要注意掌握以下一些精神：

1. 对犯罪时未成年的罪犯，在适用假释时，标准上可以比照成年罪犯依法适度

放宽。对老年和身体有残疾（不含自伤致残）的罪犯的假释，应当主要注重悔罪的
实际表现。有悔罪表现，丧失作案能力或者生活不能自理，且假释后生活确有着落
的老残犯，可以依法予以假释。

2. 被假释的罪犯，除有特殊情形，一般不得减刑，其假释考验期也不能缩短。

3. 罪犯减刑后仍可获得假释，其减刑后又假释的时隔时间一般为 1 年；对一次
减 2 年或者 3 年有期徒刑后，又适用假释的，其间隔时间不得少于 2 年。

4. 对判处有期徒刑的罪犯假释，执行原判刑期 1/2 以上的起始时间，应当从判
决执行之日起计算，判决执行以前先行羁押的，羁押 1 日折抵刑期 1 日。

【思考题】

1. 如何理解减刑制度与假释制度和罪责刑相适应原则的关系？
2. 比较减刑制度与假释制度。

第
十
五
章

第十六章

刑罚消灭

学习目的与要求　掌握时效、赦免的概念和适用。

■ 第一节　刑罚消灭概述

一、刑罚消灭的概念

所谓刑罚消灭，是指由于某种法定事由的出现，致使国家对犯罪分子的追诉权、量刑权或行刑权归于消失。刑罚的消灭，对国家来说，意味着不能对触犯刑律构成犯罪的人定罪、量刑，或者不能对已被定罪判刑的罪犯执行刑罚；就犯罪分子而言，则等于其本应被追究的刑事责任的终结或者已被判处的刑罚不再执行。

二、刑罚消灭的特点

1. 刑罚消灭的前提是行为人的行为已经构成某种犯罪。只有应当判处刑罚或者已被实际判处刑罚，才有所谓刑罚消灭的问题。而刑罚是犯罪的法律后果，没有犯罪就没有刑罚。因此，刑罚消灭只能发生在行为人的行为已经触犯刑法，构成某种犯罪的情况下。

2. 刑罚消灭的原因是出现了某种法定事由。广义地讲，能够引起刑罚消灭的事由很多，如刑罚执行完毕、缓刑或者假释考验期届满、超过行刑时效等，但属于我国刑罚消灭制度、引起刑罚消灭的法定事由限于以下几种：

（1）超过我国《刑法》第87条规定的追诉期限，且未出现延长时效的法定事由的。

（2）犯罪分子在审判或者服刑期间死亡的。

（3）国家及其行刑机关根据犯罪分子在服刑期间的悔罪表现，或者出于政治、外交等因素的考虑，作出对犯罪分子免予追究刑事责任或者终止执行刑罚的决定的，如实行特赦等。

（4）告诉才处理的犯罪，没有告诉或者撤回告诉的。

（5）其他法定事由。

第十六章

3. 刑罚消灭的实质是国家对犯罪人行使的刑罚权的某项内容的消失。刑罚权是国家对犯罪人适用刑罚,以惩罚犯罪人的权力,具体包括制刑权、追诉权(求刑权)、量刑权和行刑权四项内容。其中,制刑权属于国家立法权的重要组成部分,因而,就特定的犯罪人而言,制刑权是不可能被消灭的。此处所讲的刑罚消灭只限于在不同诉讼阶段,刑罚权中的追诉权、量刑权或者行刑权的消灭。

■ 第二节 时效

一、时效的概念

所谓时效,是指刑法规定的国家对犯罪人行使追诉权和行刑权的有效期限。时效具体包括追诉时效和行刑时效。

追诉时效,是指法律规定的,对犯罪人追究刑事责任的有效期限,只有在此期限内,司法机关或者有告诉权的人,才能对犯罪人提起诉讼。凡超过法定追诉期限的,除非有延长时效的法定事由,一律不得追诉。已经追诉的,应当撤销案件,或者不予起诉,或者终止审判。

行刑时效,是指法律规定的对已被判处刑罚的犯罪人执行刑罚的有效期限。判处刑罚而未执行,超过法定的执行期限的,就不得再执行。

我国刑法从我国的实际情况出发,没有规定行刑时效,而只规定了追诉时效。刑法规定追诉时效:①符合刑罚目的的要求,因为,不论从特殊预防还是一般预防的角度讲,都无必要对犯罪后在相当时间内没有再犯罪的人进行追诉;②刑法规定追诉时效,还有利于司法机关摆脱一些陈年老案的拖累,集中力量打击现行犯罪,同时也有利于社会的安定团结。

二、追诉时效的期限

(一)法律规定

《刑法》第87条规定:"犯罪经过下列期限不再追诉:①法定最高刑为不满5年有期徒刑的,经过5年;②法定最高刑为5年以上不满10年有期徒刑的,经过10年;③法定最高刑为10年以上有期徒刑的,经过15年;④法定最高刑为无期徒刑、死刑的,经过20年。如果20年以后认为必须追诉的,须报请最高人民检察院核准。"

(二)追诉时效期限的确定

我国《刑法》第87条以法定刑的轻重为标准,把追诉时效的期限分成四个档次,其中最短期限为5年,最长期限一般为20年。在具体确定行为人所犯之罪的追诉期限时,应分别按以下三种情况处理:

1. 对于行为人所犯之罪,如果刑法只在一个条文中规定了一个量刑幅度,该条文的最高刑即为其法定最高刑。在这种情况下,应以该条文的最高刑,按照上述规定确定其追诉期限。例如,按照《刑法》第277条的规定,妨害公务罪就只有一个量刑幅度，即 3 年以下有期徒刑、拘役、管制或者罚金。因此如果行为人犯妨害公务罪，其追诉时效的期限，就应按最高法定刑 3 年确定为 5 年。

2. 对于行为人所犯之罪，如果刑法在一个条文中同时规定了几个量刑幅度的，不能简单地以该条文的最高刑来确定追诉期限，而应当首先确定行为人的罪行该适用哪个量刑幅度，再以该量刑幅度的最高刑，按照上述规定确定其追诉期限。例如，刑法对故意杀人罪就是在第 232 条一个条文中同时规定了两个量刑幅度：不属于情节较轻的，处死刑、无期徒刑或者 10 年以上有期徒刑；情节较轻的，处 3 年以上 10 年以下有期徒刑。因此，对于故意杀人罪情节较轻的，其追诉时效的期限应当按法定最高刑 10 年确定为 15 年；不属于情节较轻的，其追诉时效的期限则应确定为 20 年。

3. 行为人所犯之罪的刑罚如果分别规定在几条或者几款时，首先应确定行为人的罪行应当适用的条或者款，再以相应的条或款规定的最高刑，按照上述规定确定其追诉期限。例如，放火罪的法定刑就分别规定在《刑法》第 114、115 条，尚未造成严重后果的，《刑法》第 114 条规定为处 3 年以上 10 年以下有期徒刑；致人重伤、死亡或者使公私财产遭受重大损失的，处 10 年以上有期徒刑、无期徒刑或者死刑。因此，对于犯放火罪的人，如果尚未造成严重后果的，就应按照《刑法》第 114 条的最高法定刑 10 年，将其追诉时效的期限确定为 15 年；造成严重后果的，则应当按照《刑法》第 115 条的最高法定刑死刑，将其追诉时效的期限确定为 20 年。

在确定追诉期限时，虽然案件尚未开庭审判，但经过认真审查案卷材料和仔细核实案情，在查清基本事实的情况下，可估量出对犯罪人可能判处的刑期，并据此计算其追诉期限。

这里有一特殊问题需要注意，即去台人员在去我国台湾地区前在大陆所犯罪行是否追诉？根据最高人民法院和最高人民检察院的有关公告，对此问题应分别按不同情况处理：①对去台人员在中华人民共和国成立前，或者在中华人民共和国成立后、犯罪地地方人民政权建立前所犯罪行，不再追诉。②去台人员在中华人民共和国成立后、犯罪地地方人民政权建立前犯有罪行，并连续或继续到当地人民政权建立后的，追诉期限从犯罪行为终了之日起计算。凡符合《刑法》第 87 条规定的，不再追诉。其中法定最高刑为无期徒刑、死刑的，经过 20 年，也不再追诉。如果认为必须追诉的，须报请最高人民检察院核准。③对去台湾地区以外其他地区和国家的人员在中华人民共和国成立前，或者在中华人民共和国成立后、犯罪地地方人民政权建立前所犯的罪行，分别按照上述两项的规定办理。

三、追诉时效的延长

（一）法律规定

《刑法》第 88 条规定："在人民检察院、公安机关、国家安全机关立案侦查或者在人民法院受理案件以后，逃避侦查或者审判的，不受追诉期限的限制。被害人在追诉期限内提出控告，人民法院、人民检察院、公安机关应当立案而不予立案的，不受追诉期限的限制。"

（二）追诉时效延长的概念及其事由

追诉时效的延长，是指在追诉期限内，因发生法律规定的事由，致使对犯罪分子的追诉不受追诉期限限制的制度。追诉时效延长，并非把对某个犯罪人的追诉期限增加多长时间，而是根本不考虑追诉期限的问题，即一旦追诉时效被延长，司法机关任何时候都可以对犯罪人进行追诉。我国刑法规定的追诉时效延长的事由有两种：

1. 在人民检察院、公安机关、国家安全机关立案侦查或者在人民法院受理案件以后，逃避侦查或者审判的。该种情况下追诉时效的延长取决于两个条件：①有关侦查和审判机关已经立案，这是前提条件。②犯罪人有逃避侦查或者审判的行为，这是关键条件。

2. 被害人在追诉期限内提出控告，人民法院、人民检察院、公安机关应当立案而不予立案的。这种情况下追诉时效的延长应当符合三个条件：①被害人提出了控告，这是前提条件。②须在追诉期限内提出控告，这是时间条件。③公、检、法机关该立案而不予立案，这是实质条件。

四、追诉时效的中断

（一）法律规定

《刑法》第89条第2款规定："在追诉期限以内又犯罪的，前罪追诉的期限从犯后罪之日起计算。"

（二）追诉时效中断的概念及特点

追诉时效中断，是指行为人犯罪后，在未超过其追诉期限之前，因出现法定事由，致使已经经过的时效期限归于无效，而必须重新开始计算其追诉期限的制度。

追诉时效的中断具有以下特点：①追诉时效的中断，从时间上讲只能发生在追诉期限以内。已经超过追诉期限的，不存在该问题。②追诉时效中断的法定事由，限于行为人又犯新罪。此处的又犯新罪没有任何限制，可以是故意的，也可以是过失的；可以与前罪的性质相同，也可以与前罪的性质不同。③追诉时效中断的后果，是前罪已经经过的时效期限不算，而要从犯罪之日起重新计算，其实质是延长了前罪的追诉期限。

五、追诉时效期限的计算

（一）法律规定

《刑法》第89条第1款规定："追诉期限从犯罪之日起计算；犯罪行为有连续或者继续状态的，从犯罪行为终了之日起计算。"

（二）追诉时效期限的计算

根据前述刑法规定，追诉期限的起算分为两种情况：

1. 一般情况下，从犯罪之日起开始计算。这里的"犯罪之日"应当理解为犯罪成立之日。不同形态犯罪的成立之日不尽相同，应分别把握：行为犯的追诉期限，一般应从犯罪行为实施完毕之日起计算；结果犯的追诉期限，一般应从结果发生之日起计算；预备犯、未遂犯、中止犯的追诉期限，应从犯罪预备、犯罪未遂、犯罪中止成立之日起计算。

2. 犯罪行为具有连续或者继续状态的，从犯罪行为终了之日起计算。具体讲，连续犯的追诉期限，应从连续实施的数个犯罪行为中的最后一个犯罪行为成立之日起计算；继续犯的追诉期限，应从犯罪行为的持续状态结束之日起计算。

■ 第三节　赦免

一、赦免的概念

所谓赦免，是指国家元首或者国家最高权力机关宣告免除或者减轻犯罪分子罪责或刑罚的一种法律制度。广义的赦免包括大赦、特赦、免除刑罚执行、减刑、复权等内容；狭义的赦免仅指大赦和特赦。本书以狭义的赦免为讨论对象。

所谓大赦，是指国家元首或者国家最高权力机关，对某一时期内犯有一定罪行的不特定的犯罪人，一概赦免其罪与刑的制度。

所谓特赦，是指国家元首或者国家最高权力机关，对特定的犯罪人免除其所判刑罚的一部或全部的制度。

大赦和特赦的适用主体均为国家元首或者国家最高权力机关，法律后果都是免除了犯罪人的罪责或刑罚，但二者也存在不少差异：①赦免的对象不同。大赦适用于不特定的犯罪人，对象范围较广；特赦适用于特定的犯罪人，对象范围较窄。②赦免的内容不同。大赦既可以是免除刑罚的执行，也可以是免除对刑事责任的追究，既可以赦免其所判之刑，也可以赦免其所犯之罪；特赦只能是免除犯罪人刑罚的执行，即只能赦免其所判刑罚，而不能赦免其所犯之罪。③适用时间不同。大赦既可在判决宣告前实行，也可在判决宣告后实行；特赦只能在判决宣告后实行。④适用方式不同。大赦通过宣布大赦令的方式实行，由于大赦对象人数很多，大赦令中不公布被赦免者的名单，而由司法机关根据大赦令的规定予以确定；特赦则以宣布特赦令的方式进行。由于特赦的对象往往人数不多，因而特赦令中同时公布特赦对象的名单。

二、我国的特赦及其特点

我国 1954 年宪法规定了大赦和特赦，但在实践中并没有使用过大赦。1975 年、1978 年和现行宪法只规定特赦，没有规定大赦。因此，我国刑法中的赦免指的是特赦。我国自 1959 年至 1975 年先后实行过七次特赦。其中第一次，是对蒋介石集团、伪满洲国的部分战争罪犯、反革命罪犯和普通刑事罪犯实行特赦；第二次至第六次，是对蒋介石集团、伪满洲国、伪蒙疆自治政府的部分战争罪犯实行特赦；最后一次是对全部在押战争罪犯实行特赦。

与其他国家的特赦相比，我国的特赦具有以下特点：

1. 特赦不是针对个别犯罪人，而是针对特定的一类或几类犯罪人，其主要对象是战争罪犯。这表明我国的特赦主要是基于国家政治发展和建立广泛的民主统一战线的需要的考虑。

2. 适用条件除要求执行一定刑罚外，更重要的是要看经过一定期间的教育改造，罪犯是否已改过从善。这体现了我国特赦与刑罚目的的统一。

3. 对特赦罪犯实行区别对待。即对特赦的罪犯不是一律免除其全部刑罚，而是根据犯罪分子罪行的轻重和悔改表现，有的予以减刑，有的予以释放。

4. 特赦的效力只是免除剩余的刑罚或者减轻原判刑罚，而不是免除全部宣告刑，更不是免除被特赦者所犯之罪。

5. 特赦的程序比较严格。我国特赦的程序通常是，全国人大常委会根据党中央或者国务院的建议作出决定，由国家主席发布特赦令，再由最高人民法院和高级人民法院具体负责执行。

【思考题】

1. 时效制度的意义是什么？我国应否确定行刑时效制度？

2. 追诉时效的延长与追诉时效的中断的区别是什么？

3. 如何理解我国的赦免制度？

第十六章

罪刑各论概述

　　学习目的与要求　了解刑法学总论与分论的关系，掌握罪名、罪状、法定刑的概念和种类，掌握法条竞合的概念及特征。

■　第一节　刑法分则的体系

一、刑法分则体系的概念和内容

　　刑法分则体系是指刑法分则按照一定的标准把各种具体犯罪进行科学的分类，并按一定的规则排列而形成的系统化的整体。我国刑法分则规定的是具体的犯罪及其刑事责任，而具体犯罪形形色色，种类繁多，不易把握。这就需要以一定的标准将具体犯罪分成若干类，再以一定的规则对各类罪进行排列，同时对各类罪中的每一具体犯罪进行排列，这种分类和排列就形成了刑法分则体系。

　　我国刑法分则共有十章即十类犯罪：①危害国家安全罪；②危害公共安全罪；③破坏社会主义市场经济秩序罪；④侵犯公民人身权利、民主权利罪；⑤侵犯财产罪；⑥妨害社会管理秩序罪；⑦危害国防利益罪；⑧贪污贿赂罪；⑨渎职罪；⑩军人违反职责罪。其中第三、六章类罪又划分为若干小类（节）罪。这十类罪以及每一类犯罪中的各种具体犯罪，都进行了科学合理的排列，构成了我国刑法分则的完整体系。这一体系既是我国现阶段理论上和实践中对犯罪进行归类的依据，也是我国犯罪分类排列的立法与理论今后发展与完善的基础。分则体系的建立有助于我们正确评价各种犯罪的社会危害性的大小，对于司法机关正确定罪量刑具有重要的现实意义。

二、刑法分则体系的特点

　　我国刑法分则分为十大类犯罪，共有 350 条，规定了 460 多个罪名。它主要根据行为侵犯的客体和社会危害性大小进行分类和排列，具体说来有以下特点：

　　1. 原则上根据犯罪行为所侵犯的同类客体进行分类。犯罪的同类客体是指某一类犯罪所共同侵犯的社会主义社会关系的某一方面。同类客体揭示出同一类型犯罪客体方面的共同本质，即一类犯罪不同于其他类型犯罪的危害性质。我国刑法分则就是根据犯罪所侵犯的同类客体不同，将各种各样的犯罪区分为十大类。例如放火罪、投放危险物质罪、爆炸罪、破坏交通工具罪等多种具体犯罪，都共同侵犯了社会关系的一个方面——社会的公共安全，因而将这些犯罪归为一类，称为"危害公共安全罪"。其他各类犯罪分类的根据也同此理。

2. 根据各类犯罪社会危害性大小进行排列。危害国家安全罪侵犯的客体是国家安全，危害了人民民主专政的政权和社会主义制度，而国家安全是人民利益的根本所在，其危害性质和危害程度最严重，因而列于各类犯罪之首。在普通刑事犯罪中，危害公共安全罪是危及不特定多数人的生命、健康和重大公私财产安全的行为，其社会危害性仅次于危害国家安全罪，因而置于危害国家安全罪之后、普通刑事犯罪之首。其他各类罪，除渎职罪和军人违反职责罪因其犯罪主体身份具有特殊性，出于立法技术和编排便利的考虑，而放在最后两章外，基本上是按照社会危害性大小，由重到轻依次排列。

3. 根据各种具体犯罪社会危害性的大小及其内在联系由重到轻加以排列。各类犯罪中具体犯罪的排列，也大体是按照每一犯罪的社会危害性大小排列先后顺序，并适当考虑一些犯罪之间近似的性质及其内在的联系。如将背叛国家罪、放火罪、故意杀人罪、抢劫罪分别规定在各类罪之首，就是因为这些犯罪在各类罪中最为严重；而将破坏交通设施罪规定在破坏交通工具罪之后，将侮辱妇女罪规定在强奸罪之后，等等，则是考虑到它们之间相近的性质及其内在的联系。但是，刑法分则各类犯罪中每种具体犯罪的排列，也只能基本上反映危害程度的大小，而非排列在后的犯罪一定比排列在前的犯罪的社会危害性小，例如，《刑法》第 239 条的绑架罪，就不比《刑法》第 238 条的非法拘禁罪社会危害性小。

■ 第二节 刑法分则条文的要素

刑法分则是规定各种具体犯罪及其法定刑的规范体系，它一般由罪状和法定刑两部分组成。例如，《刑法》第 263 条规定："以暴力、胁迫或者其他方法抢劫公私财物的，处 3 年以上 10 年以下有期徒刑，并处罚金……"前句是罪状，其中包含了罪名，后句是法定刑。正确理解具体犯罪条文中的罪状、罪名和法定刑，有助于对各种具体犯罪的理论研究及司法适用。

一、罪状

罪状是指刑法分则条文对犯罪行为具体状况的规定和描述，而不是对某类犯罪的概念和特征的描述。根据条文对具体犯罪构成要件的描述方式，罪状可以分为四种情况：

1. 叙明罪状，也称说明罪状，即在刑法规范中较为详细地描述具体犯罪构成的要件。如《刑法》第 258 条 "有配偶而重婚的，或者明知他人有配偶而与之结婚的……" 就是关于重婚罪的叙明罪状，它指明了本罪的犯罪主体、犯罪的客观方面和主观方面。此种罪状较详细地描述了某种犯罪的主要特征，易于被人们理解和掌握，便于司法实践中正确定罪，我国刑法分则中多数条文采用的是叙明罪状的规定方式。

2. 简单罪状，即在条文中只简单地写明犯罪名称，而不具体叙述犯罪行为的构成特征。如《刑法》第 232 条规定 "故意杀人的，……" 就是简单罪状。采用这种规定方式，是因为立法者认为这些罪行一般众所周知，无需在法律上再予以具体描述。此种罪状最大的特点就是简练，多用于具有较长发展历史的，从罪名上看不易使人产生歧义的犯罪。但由于它对犯罪构成特征缺乏具体描述，有些情况下不利于对法律条文含义的准确理解和执行，因而我国刑法分则条文中较少采用简单罪状的规定方式。

3. 引证罪状，即引用同一法律中的其他条款来说明和确定某一犯罪的构成特征。例如，《刑法》第 182 条第 2 款 "单位犯前款罪的，对单位判处罚金……" 便是引用第 1 款的罪状来说明单位操纵证券交易罪的罪状。采用引证罪状，可以避免重复，使条文更加简练。

4. 空白罪状，又称参见罪状，即在条文中指明要参照其他法律法规中的规定来确定某一犯罪的构成特征。例如，《刑法》第 337 条规定的 "违反有关动植物防疫、检疫的国家规定……" 即空白罪状，要确定妨害动植物防疫、检疫罪的构成特征，就必须参照有关动植物防疫、检疫的具体规定。这种方式往往是在某种犯罪触犯了其他法律、法规，而其特征又为刑法分则条文难以作出简洁表达时采用。所违反的其他法律、法规，一般是经济、行政方面的法律、法规。例如，与违反经济行政法律有关的《刑法》第 128 条的非法持有、私藏枪支、弹药罪，第 225 条的非法经营罪，第 330 条的妨害传染病防治罪，第 332 条的妨害国境卫生检疫罪等，均使用了空白罪状。

罪状是对具体犯罪构成要件的描述，是定罪的法律根据。只有查明某行为具备法定的罪状，才能确定行为的犯罪性质，准确地归纳出该种罪名，从而做到正确地定罪量刑。

二、罪名

（一）罪名的确定

罪名是犯罪的名称，是对某种犯罪行为的最本质特征的简明概括。罪名与罪状关系密切，罪名一般包含在罪状之中。我国刑法分则一般只规定罪状，而不明确列出罪名。在确定罪名时，需要对罪状所描述的犯罪构成要件进行推理分析，概括归纳。准确地确定罪名，对于划清罪与非罪、此罪与彼罪的界限和正确定罪量刑具有重要的意义。

1. 罪名确定的原则。

（1）必须依据刑法分则条文规定的罪状确定相应的具体犯罪的名称，不得以类罪名作为具体犯罪的罪名。例如，刑法分则第五章"侵犯财产罪"是一个类罪名，不能笼统地把该罪规定的各种具体犯罪都定为"侵犯财产罪"，否则，就不能区别此罪与彼罪，更不能确定具体的法定刑，因而也就不能正确地解决定罪量刑问题。

（2）确定罪名要以最简明的文字反映出具体犯罪的最本质特征，以区别于其他犯罪，而不能将某些犯罪所共同的非本质特征列入罪名。例如，《刑法》第263条的罪名应是抢劫罪，而不能根据行为方式的不同定"持枪抢劫罪""持刀抢劫罪""暴力抢劫罪"等。

（3）正确判定一个条文含有几个罪名，原则上应一种犯罪行为定一个罪名。刑法分则大多数条文只规定了一种行为，即一个罪名，但也有些条文含有多个罪名。其中，有的是将一类罪中性质各不相同、彼此之间没有内在联系的几种行为合并为一条，如《刑法》第114条规定的放火、决水、爆炸、投放危险物质等，各自应单独确定罪名，这种情况在刑法理论上称为"排列式罪名"；有的是将一类罪中各自独立但性质相近、联系密切的几种犯罪行为合并为一条，如《刑法》第215条规定有非法制造、销售他人非法制造商标标识的行为，根据这条规定的罪状，其罪名应为"非法制造、销售非法制造的注册商标标识罪"，但行为人若只实施了其中一种行为，则应根据案件的实际情况具体地确定罪名，应定非法制造商标标识罪或销售他人非法制造的注册商标标识罪。这种情况在刑法理论上称作"选择式罪名"。

（4）不能将刑法总则的一些共性规定确定为罪名。如防卫过当致人伤亡或致财产损坏的，不能定为"防卫过当罪"；教唆犯不能定为"教唆罪"。

2. 罪名在立法中的确定。现代各国刑法确定罪名的方式主要有两类：①定义明示式，即在分则条文中明确规定罪名；②包含式，即在分则条文中不载明罪名，而只规定罪状，将罪名包含在罪状之中。

我国现行刑法分则条文采用的是包含式和定义明示式并行的罪名确定方式，前者占绝大多数，后者为少数。包含式对简单罪状的条文而言，其罪名一般较为明显。例如，《刑法》第232条规定："故意杀人的，处……"其罪名即为"故意杀人罪"。但对许多叙明罪状的条文而言，就需要通过科学抽象和概括来确定其罪名。例如，《刑法》第180条规定："证券、期货交易内幕信息的知情人员或者非法获取证券、期货交易内幕信息的人员，在涉及证券的发行，证券、期货交易或者其他对证券、期货交易价格有重大影响的信息尚未公开前，买入或者卖出该证券，或者从事与该内幕信息有关的期货交易，或者泄露该信息，或者明示、暗示他人从事上述交易活动，情节严重的，处……"类似这样的叙明罪状所包含的罪名，需要从理论与实践相结合的角度予以科学概括。定义明示式的罪名确定方式，在修订前的刑法典中尚未出现，修订后的刑法典在若干分则条文中加以使用。例如，《刑法》第382条第1款规定："国家工作人员利用职务上的便利，侵吞、窃取、骗取或者以其他手段非法占有公共财物的，是贪污罪。"

为了保证司法的统一性，最高人民法院、最高人民检察院都先后对修订后的刑法典所规定的所有罪名进行了解释，二者都属于有权解释，在司法实践中应当予以遵守。但两院各自的解释并不完全一致。本书是根据最高人民法院《关于执行〈中华人民共和国刑法〉确定罪名的规定》，最高人民法院、最高人民检察院《关于执行〈中华人民共和国刑法〉确定罪名的补充规定》以及最高人民法院、最高人民检察院《关于执行〈中华人民共和国刑法〉确定罪名的补充规定（六)》等相关司法解释进行论述的。

（二）罪名的种类

1. 单一性罪名。所谓单一性罪名，是指只反映一种犯罪行为的罪名，如故意杀人罪、故意伤害罪、盗窃罪等。它们分别表示一个具体犯罪行为。我国刑法中的大部分罪名是单一性罪名。

2. 选择性罪名。所谓选择性罪名，是指所包含的数个犯罪行为或犯罪对象，既可连用，又可分解使用的罪名。例如，引诱、容留、介绍他人卖淫罪，就包括三种行为，既可用引诱、容留、介绍他人卖淫罪，又可分解为引诱、容留他人卖淫罪，引诱、介绍他人卖淫罪，容留、介绍他人卖淫罪，引诱他人卖淫罪，容留他人卖淫罪和介绍他人卖淫罪6个罪名。又如，拐卖妇女、儿童罪，既可用拐卖妇女、儿童罪，又可分解为拐卖妇女罪和拐卖儿童罪两个罪名。选择性罪名所包含的数个行为具有递进关系，所包含的数个犯罪对象属于同类事物。选择性罪名的优点是既可以包括几种具体犯罪，又有一定的概括性，可以避免具体罪名的繁杂。

3. 概括性罪名。所谓概括性罪名，是指对所包含的数个犯罪行为或犯罪对象，用一个上位概念予以概括的罪名。例如，对《刑法》第196条规定的使用伪造的信用卡或者使用以虚假的身份证明骗领的信用卡、使用作废的信用卡、冒用他人的信用卡和恶意透支等四种犯罪行为，统一用一个信用卡诈骗罪的名称，实施其中一个犯罪行为应定信用卡诈骗罪，实施其中数个犯罪行为的也应定信用卡诈骗罪。又如，对《刑法》第116条所规定的火车、汽车、电车、船只、航空器五种犯罪对象，统一使用一个交通工具的名称，破坏其中一种交通工具应定破坏交通工具罪，破坏其中数种交通工具也应定破坏交通工具罪。由此可见，概括性罪名是介于单一性罪名与选择性罪名之间的一种罪名。从罪名本身没有选择余地这一点来看，它与单一性罪名相同；从其本身包含了数个犯罪行为或数个犯罪对象，只要实施其中一种犯罪行为或侵犯其中一个犯罪对象就构成犯罪这一任意性来看，它与选择性罪名相同。

三、法定刑

法定刑，是指刑法分则条文对各种具体犯罪所规定的适用刑罚的种类和幅度。法定刑是刑法分则条文的重要组成部分，设在罪状之后，是对犯罪行为人适用刑罚的法律依据。法定刑不同于宣告刑。法定刑是对犯罪量刑的法定标准；宣告刑是法定刑的实际运用结果，是人民法院根据具体案件的犯罪事实、性质、情节和对于社会的危害程度，在刑法分则规定的法定刑的刑种和量刑幅度内对犯罪人依法判处并宣告应当实际执行的刑罚。

从各国立法实例来看，法定刑的规定主要有三种：①绝对确定的法定刑，即在条文中规定单一刑种和固定的刑度，如对某种犯罪只规定"处死刑""处无期徒刑"等。这种方式的缺陷是过于机械绝对，使法官无法根据具体案情选择轻重有别的刑罚，不利于刑罚个别化的实现。②绝对不确定的法定刑，即在条文中不规定刑种和刑度，而只规定对某种犯罪应予处罚，至于具体如何处罚完全由法官掌握。其不足之处，是没有统一的量刑标准，刑罚裁量权完全在法官手中，容易造成执法的不统一和不平衡，对统一和加强法治不利。③相对确定的法定刑，即在条文中规定一定的刑种和量刑幅度，并明确规定了最高刑和最低刑，这种形式的法定刑克服了前两种形式的弊端，既有刑罚的限度，又在此限度内有一定的幅度，便于法官在维护法治统一的基础上，根据犯罪的具体危害程度和犯罪人的人身危险性，在法定刑范围内选择确定适当的刑种刑度，有效地贯彻刑罚个别化原则。因而这种法定刑形式已为世界各国刑法所普遍采用。

我国现行刑法采用的是相对确定的法定刑方式，具体说来主要有以下四种规定方式：

1. 只规定法定刑的最高限度，其最低限度取决于刑法总则的规定。如《刑法》第448条规定犯虐待俘虏罪，"处3年以下有期徒刑"。结合刑法总则有关规定，有期徒刑下限是6个月，可知虐待俘虏罪的法定刑是6个月以上3年以下有期徒刑。

2. 只规定法定刑的最低限度，其最高限度取决于刑法总则的规定。如《刑法》第286条规定犯破坏计算机信息系统罪，后果特别严重的，"处5年以上有期徒刑"。结合刑法总则的规定，有期徒刑上限为15年，可知本罪此档次法定刑为5年以上15年以下有期徒刑。

3. 同时规定法定刑的最高与最低限度，如《刑法》第116条规定犯破坏交通工具罪，尚未造成严重后果的，"处3年以上10年以下有期徒刑"。

4. 分则条文规定两种以上主刑或者同时规定附加刑，各主刑除死刑、无期徒刑以外也有明确的幅度。《刑法》第104条第1款规定："组织、策划、实施武装叛乱或者武装暴乱的，对首要分子或者罪行重大的，处无期徒刑或者10年以上有期徒刑；对积极参加的，处3年以上10年以下有期徒刑；对其他参加的，处3年以下有期徒刑、拘役、管制或者剥夺政治权利。"此种形式也称为选择性法定刑，法官既要在几个刑种之间选择，又要在选定刑种后再在刑度之内选择适当的刑期。由于这种形式灵活性较大，因而刑法中采用的较多。

需要指出，在我国刑法分则条文中，也存在极少数绝对确定的法定刑之规定。例如，《刑法》第121条规定，以暴力、胁迫或者其他方法劫持航空器，致人重伤、死亡或者使航空器遭受严重破坏的，处死刑。《刑法》第240条关于拐卖妇女、儿童罪的法定刑规定中，也有"情节特别严重的，处死刑，并处没收财产"的规定。这些基本上属于绝对确定的法定刑的范畴。

第十七章

■ 第三节　刑法分则中的法条竞合

一、法条竞合的概念和特征

法条竞合，又称法规竞合，在刑法分则中表现为具体犯罪条文的竞合，是指一个犯罪行为同时触犯数个具有包容关系的具体犯罪条文，依法只适用其中一个条文定罪量刑的情况。如《刑法》第 345 条规定的盗伐林木罪与第 264 条中的盗窃罪就属于法条竞合的情况，行为人实施盗伐林木行为的，就同时触犯了《刑法》第 264、345 条，依法只适用第 345 条定罪量刑。法条竞合所要解决的是一个犯罪行为触犯数个法条的情况下，适用哪一个法条的问题，是关于法条之间关系的理论。

法条竞合是基于刑事立法而产生的，是刑法分则中不可避免的现象，它的存在具有客观必然性。我们知道，刑法所调整的社会关系的范围相当广泛，而社会关系又是错综复杂的。有的社会关系为另一社会关系所包含，有的社会关系与另一社会关系相互交叉，这在犯罪现象中表现为有的犯罪行为是另一犯罪行为的一部分，有的犯罪行为的一部分也是另一犯罪的一部分。而反映在刑事立法上则表现为，此一法条规定的犯罪可能是另一法条规定的犯罪的一部分，或者此一法条规定的犯罪的一部分可能是另一法条规定的犯罪。例如，抢夺枪支、弹药、爆炸物的犯罪行为，既符合《刑法》第 267 条规定的抢夺罪的构成要件，又符合第 127 条规定的抢夺枪支、弹药、爆炸物罪的构成要件。在这种情况下，行为符合数个法条规定的犯罪构成，但由于行为人主观上只有一个罪过，客观上只有一个行为，所以只能成为一种犯罪。也就是说，不能同时适用数个法条，而只能适用其中一个法条。可见，法条竞合这一现象实质是社会关系竞合的刑事立法反映，也是为更恰当地体现犯罪主体、特定犯罪对象、特殊犯罪目的和特定犯罪方法等因素在定罪量刑上的特殊需要而运用的一种技术。法条竞合有以下主要特征：

1. 行为人实施的是一个犯罪行为。即行为人基于一个罪过而实施一个犯罪行为，这是法条竞合的主客观基础。

2. 行为人实施的一个犯罪行为在形式上触犯了数个法条规定的数个罪名。这是法条竞合的法律表现。

3. 数个法条的犯罪构成内容之间具有从属或者交叉的逻辑关系。所谓从属关系，是指一法条犯罪构成的外延为另一法条犯罪构成的外延所包含；所谓交叉关系，是一个法条犯罪构成的部分外延与另一法条犯罪构成的部分外延相互重合。这种从属或者交叉的逻辑关系是通过刑法明确规定的，是逻辑性与法律性的统一。

4. 对该行为只能适用其中一个法条定罪量刑。从法条的具体内容看，法条竞合形成的情况多种多样：有的因特殊犯罪主体而成立，如《刑法》第 433 条与第 378 条的竞合；有的因特定的犯罪对象而成立，如《刑法》第 264 条与第 127 条的竞合；有的因特定的行为方法而成立，如《刑法》第 266 条与第 279 条的竞合；有的因危

第十七章

害结果而成立，如《刑法》第247条与第234条的竞合；等等。

二、法条竞合的适用原则

法条竞合时，我国解决法律适用问题主要有两个原则：一是特别法优于普通法，二是重法优于轻法。更确切地说，是以特别法优于普通法为主，以重法优于轻法为补充。

1. 特别法优于普通法，是指当普通法与特别法竞合时，按照特别法的规定定罪量刑。所谓普通法，是指在一般场合普遍适用的法条；所谓特别法，是指以普通法的规定为基础，附加特别条件，适用于特别场合的法条。如《刑法》第264条规定的盗窃罪与第345条规定的盗伐林木罪，如果盗窃行为的对象是正在生长的林木时，则按《刑法》第345条的规定定罪量刑。特别法优于普通法是我国法条竞合的最基本、最主要的原则。

2. 重法优于轻法，是指某些犯罪行为既符合特别法的规定，又符合普通法的规定，但由于情节特别严重，依照特别法定罪量刑显然不能做到罪刑相适应，可能导致违背立法原意时，便按照处罚更重的普通法即重法来定罪量刑。重法优于轻法是法条竞合的补充适用原则。它仅适用于交叉竞合时的某些特殊情况。如《刑法》第279条规定的招摇撞骗罪与第266条规定的诈骗罪，从一定的角度分析，两者是特别法与普通法的关系，所以在一般情况下，冒充国家工作人员骗取财物的行为，按照《刑法》第279条招摇撞骗罪定罪量刑。但当冒充国家工作人员诈骗财物数额特别巨大时，如果依《刑法》第279条定罪处罚的话，就显然违背了罪刑相适应的基本原则，此种情况应按《刑法》第266条诈骗罪定罪量刑。这就是重法优于轻法的法条竞合适用原则。

当然，上述两种法条竞合适用原则是在法条本身没有明文规定应运用何法条时所采用的适用原则。如果法条本身已有明文规定，则依法条规定适用。例如，刑讯逼供致人伤残的，既符合《刑法》第247条刑讯逼供罪的构成要件，也符合《刑法》第234条故意伤害罪的构成要件，而《刑法》第247条明确规定此种情况依照《刑法》第234条的规定定罪从重处罚。在这种情况下，应依照法条规定适用。

第十七章

【思考题】

1. 如何理解刑法总则与刑法分则的关系？
2. 如何理解空白罪状与罪刑法定原则的关系？
3. 比较法条竞合与想象竞合犯。

第十八章

危害国家安全罪

学习目的与要求　掌握背叛国家罪、间谍罪、叛逃罪以及为境外窃取、刺探、收买、非法提供国家秘密、情报罪的概念、特征及司法认定，掌握本章其他犯罪的概念及特征。

第一节　危害国家安全罪概述

一、危害国家安全罪的概念

危害国家安全罪，是指故意危害中华人民共和国的主权独立、领土完整、国家统一、政权稳定、社会主义制度稳固等国家根本利益的行为。

二、危害国家安全罪的特征

1. 本类罪的客体是中华人民共和国的国家安全。国家安全是国家赖以存在和发展的政治基础和物质基础的安全的总和。对于一个国家来说，国家主权是否独立，领土是否完整、不受威胁，国家是否统一，民族是否团结，政权和政治制度是否稳固等，无不关系着国家的兴衰存亡。因此，任何国家的刑法都将国家安全作为重要的客体加以保护，我国刑法也不例外。它将危害国家安全的犯罪作为刑事犯罪中最严重的一类，在刑法分则第一章中加以规定。

危害国家安全罪侵犯的是中华人民共和国的国家安全。其主要内容包括：国家的主权独立、国家领土完整和安全、国家的统一和民族团结、人民民主专政政权和社会主义制度的稳固以及国家的其他基本利益的安全。其中，人民民主专政政权和社会主义制度的稳固是最重要的。我国《宪法》第 1 条明确规定："中华人民共和国是工人阶级领导的、以工农联盟为基础的人民民主专政的社会主义国家。社会主义制度是中华人民共和国的根本制度。禁止任何组织或者个人破坏社会主义制度。"只有确保人民民主专政政权、社会主义制度的稳定和发展，才能有效地保卫国家的其他方面的安全。本类罪侵犯的对象，是中华人民共和国国家。凡是作为一个整体

第十八章

的国家的安全受到侵害时，即可以成为本类罪的客体。否则，只是侵害了国家的某一局部利益，未危害整个国家的安全，如炸毁某一国有工厂、妨害国家公务人员依法执行公务、贪污巨额公款等，就不构成本类犯罪。是否危害我国的国家安全，是本类罪与其他类罪的主要区别之一。

2. 本类罪的客观方面必须有危害中华人民共和国国家安全的行为。危害中华人民共和国国家安全的行为，既包括作为，也包括不作为。具体是指《刑法》第 102～112 条所规定的下列行为：背叛国家；分裂国家；煽动分裂国家；武装叛乱、武装暴乱；颠覆国家政权；煽动颠覆国家政权；资助危害国家安全犯罪活动；投敌叛变；叛逃；间谍；为境外的机构、组织、人员窃取、刺探、收买、非法提供国家秘密、情报；资敌等。危害国家安全罪是行为犯。凡是行为人具有上述危害中华人民共和国国家安全的行为之一，不论其造成的危害结果如何，就具备了构成本类罪的客观要件。因此，是否具有危害国家安全的行为，是区分罪与非罪以及危害国家安全罪与其他犯罪的重要依据。对于只有危害国家安全的犯罪意图，没有危害国家安全的行为，或者其行为"情节显著轻微危害不大的"，不能认定为犯罪。

3. 本类罪的主体，大多数罪由一般主体构成，即对于大多数危害国家安全罪来说，不论是中国公民，还是外国公民或者是无国籍人，凡是具备犯罪主体条件的，都可以成为犯罪主体。但是，已满 14 周岁不满 16 周岁的未成年人，根据《刑法》第 17 条第 2 款的规定，不能构成本类罪。少数危害国家安全罪的主体只限于中国公民中的国家机关工作人员和其他掌握国家秘密的国家工作人员等。此外，机构、组织一般不能成为本类罪的主体，但根据《刑法》第 107 条的规定，境内外机构、组织资助境内组织或个人实施背叛国家、分裂国家、煽动分裂国家、武装叛乱、武装暴乱、颠覆国家政权、煽动颠覆国家政权等犯罪的，只对直接责任人员以资助危害国家安全犯罪活动罪论处，这里就包含了单位犯罪。在单位作为犯罪主体的情况下，法律在这里规定的是单罚制，即机构、组织犯罪时只追究直接责任人员的刑事责任。

4. 本类罪的主观方面，只能由故意构成。危害国家安全罪的各种具体犯罪，都是故意犯罪。即行为人明知自己的行为会发生危害国家安全的结果，并且希望或者放任这种结果发生的心理态度。过失不能构成本类犯罪。在危害国家安全罪中，其中绝大多数罪由直接故意构成，但不排除少数罪也可以由间接故意构成。例如，行为人出于贪利目的，为境外的机构、组织、个人窃取、刺探、收买、非法提供国家秘密或情报，而放任危害国家安全结果的发生，就属于间接故意。

三、危害国家安全罪的种类

根据刑法分则第一章的规定，危害国家安全罪有下列 12 种：背叛国家罪（第102 条），分裂国家罪（第 103 条第 1 款），煽动分裂国家罪（第 103 条第 2 款），武装叛乱、暴乱罪（第 104 条），颠覆国家政权罪（第 105 条第 1 款），煽动颠覆国家政权罪（第 105 条第 2 款），资助危害国家安全犯罪活动罪（第 107 条），投敌叛变罪（第 108 条），叛逃罪（第 109 条），间谍罪（第 110 条），为境外窃取、刺探、收买、非法提供国家秘密、情报罪（第 111 条），资敌罪（第 112 条）。

■ 第二节　危害国家安全罪分述

一、背叛国家罪

（一）法律规定

《刑法》第 102 条规定："勾结外国，危害中华人民共和国的主权、领土完整和安全的，处无期徒刑或者 10 年以上有期徒刑。与境外机构、组织、个人相勾结，犯前款罪的，依照前款的规定处罚。"

（二）概念和构成特征

背叛国家罪，是指勾结外国，危害中华人民共和国的主权、领土完整和安全的行为。

1. 本罪侵犯的客体是中华人民共和国的主权、领土完整和安全。国家主权，是指国家独立自主地处理自己内外事务、管理自己国家的权力。它包括：①对内的最高管理权，即国家对其领土内的一切事务以及领土外的本国人实行管理的权力（国际法中另有规定的除外）；②对外的独立权，即国家行使权力的自主性和排他性；③防止侵犯的自卫权，即国家为维护政治独立和领土完整而对外来侵略或威胁进行防卫的权力。领土是国家赖以存在的物质条件，领土完整是国家主权的重要组成部分。所谓领土完整，不完全是地理上的概念，而主要是指国家领土的完整性，即凡属国家领土，均不能丢失，不能被分裂、肢解，不能被侵占。中华人民共和国的国家主权和国家领土的完整和安全不受侵犯，是我国国家安全的最重要的内容之一。而背叛国家罪作为危害国家安全罪的一种，由于其侵犯中华人民共和国的主权、领土完整和安全，是最严重、最危险的危害国家安全的犯罪，故我国刑法将其规定在分则第一章之首。

2. 本罪在客观方面，表现为背叛中华人民共和国的行为，即勾结外国，危害中华人民共和国的主权、领土完整和安全的行为。背叛国家行为包括两个方面：①"勾结外国"，指行为人通过暗中接触、信电来往等方式，与外国政府、政党、政治集团以及他们的代表人物，进行密谋、策划、组织等活动。②"危害中华人民共和国的主权、领土完整和安全"，指行为人与外国勾结的具体内容，是危害我国的主权、领土完整和安全。例如，与外国签订丧权辱国的条约，出卖国家主权；非法割让国家领土，破坏国家领土完整；与外国通谋或合谋，制造国际争端，使外国向我国提出领土要求；勾引外国对我国进行侵略；策划建立受他国操纵的傀儡政权；等等。上述两个方面紧密相连，勾结外国是背叛国家行为的前提和手段；而危害国家的主权、领土完整和安全，则是背叛国家行为的特定内容。这两个方面必须同时具备，才能构成背叛国家罪。

3. 本罪的主体是具有中华人民共和国国籍的公民，即中国公民。由于背叛国家罪是行为人对自己国家的背叛,所以外国人和无国籍人不能构成本罪。通常情况下,能够实施本罪的,是具有相当重要的社会地位、职务或者拥有国家重要权力的中国公民。

4. 本罪在主观方面,由直接故意构成。即行为人明知自己勾结外国或者境外机构、组织、个人的行为会危害中华人民共和国的主权、领土完整和安全,并且希望这种危害结果的发生。间接故意和过失都不可能构成此罪。

(三) 司法实务问题

1. 我国《刑法》第102条第2款规定:"与境外机构、组织、个人相勾结,犯前款罪的,依照前款的规定处罚。"之所以这样规定,是因为从以往司法实践来看,外国政府、政党、政治集团的活动常常通过一些民间组织及个人身份进行,以此作为掩护,实施危害中华人民共和国国家安全的行为。为适应国际斗争的变化,基于维护国家安全的需要,特作上述规定。这里所说的"境外机构",指中华人民共和国国境以外的国家或地区的官方机构;"境外组织",指中华人民共和国国境以外的国家或地区的社会团体等组织;"境外个人",指外国公民、无国籍人,也包括外籍华人。"与境外机构、组织、个人相勾结",主要是指行为人通过或者伙同境外机构、组织、个人与外国相勾结,进行危害中华人民共和国的主权、领土完整和安全的犯罪活动。根据最高人民法院1997年12月9日《关于执行〈中华人民共和国刑法〉确定罪名的规定》,上述的第102条第2款的规定不另设罪名,仍属于第1款规定的背叛国家罪。

2. 背叛国家罪的构成,并不要求造成危害国家主权、领土完整和安全的实际后果,只要行为人实施了勾结外国、背叛国家的行为,足以危害国家的主权、领土完整和安全的,即成立本罪的既遂。也就是说,只要行为人实施了勾结外国或者境外机构、组织、个人,危害国家的主权、领土完整和安全的行为,不管采取何种方式进行勾结,也不管其犯罪行为有无发生实际危害结果,均已构成本罪既遂。

二、分裂国家罪

(一) 法律规定

《刑法》第103条规定:"组织、策划、实施分裂国家、破坏国家统一的,对首要分子或者罪行重大的,处无期徒刑或者10年以上有期徒刑;对积极参加的,处3年以上10年以下有期徒刑;对其他参加的,处3年以下有期徒刑、拘役、管制或者剥夺政治权利。煽动分裂国家、破坏国家统一的,处5年以下有期徒刑、拘役、管制或者剥夺政治权利;首要分子或者罪行重大的,处5年以上有期徒刑。"

(二) 构成特征

1. 本罪侵犯的客体是国家的主权和统一。我国是统一的、多民族的国家,维护国家的统一,是每个民族和全国人民的根本的、共同的利益,也是国家繁荣、富强的根本前提和保证。国家的统一,就是国家所有的领土和居民无一例外地置于一个中央政府即中华人民共和国中央人民政府的统一领导之下,它包括中国绝大部分领土事实上的统一，也包括按照"一国两制"的方针，实现香港、澳门回归和台湾地区与祖国大陆的统一这一历史进程。任何分裂国家、破坏国家统一的行为，都是对国家利益、对各民族利益和全国人民根本利益的侵害，也危害到国家的主权。

2. 本罪的客观方面表现为行为人组织、策划、实施分裂国家、破坏国家统一的活动。组织，是指领导、建立旨在分裂国家、破坏国家统一的组织或者串联、组织他人实施分裂国家、破坏国家统一的行为；策划，是指二人以上进行商谈、谋划、研究；实施，是指着手或者直接从事具体的行动。分裂国家、破坏国家统一，实际上是危害国家统一的两种不同的表现形式，两种行为又有不可分割的联系。在一定意义上讲，分裂国家，必然破坏国家统一；破坏国家统一，也必然使国家处于分裂状态。分裂国家，是指在事实上已经处于统一状态的中华人民共和国领土上实行地方割据，在政治上脱离中央人民政府的领导，另立伪政权，或者在由于历史的原因与祖国大陆尚处于分离状态的地区宣布独立，拒绝与祖国大陆实现统一，或者企图使目前的分离状态永久保持下去的行为。其表现方式是多种多样的，如发动政变，推翻地方人民政权，建立伪政权，实行地方割据；建立分裂国家的组织；为分裂国家策动、制造骚乱、暴乱，进行暴力、恐怖等破坏活动等。破坏国家统一，是指拒绝、反对或者用其他方法阻碍国家和平统一进程，主要是阻碍香港、澳门回归和实现台湾与大陆统一的行为。不论是进行了组织、策划，还是实施了具体的行为，都构成犯罪。

3. 本罪主体为一般主体。通常是窃据党、政、军大权的野心家、阴谋家，或者有较高社会地位和影响的人，但也不排除其他人成为这种犯罪的主体。

4. 本罪的主观方面是直接故意，行为人为了实现分裂国家、破坏国家统一的目标，而故意组织、策划或者实施行为。

（三）司法实务

1. 要严格区分本罪与民族矛盾、民族纠纷或一般的民族问题的界限。对属于民族情绪、民族矛盾和民族纠纷等的问题，绝不能当做犯罪来处理。

2. 严格区分本罪与其他犯罪的界限：①对于涉及少数民族成员的普通刑事犯罪或者因民族问题导致的其他犯罪，是什么性质就定什么罪。②与背叛国家罪区别开来。二者都可能危及国家的主权、领土完整，但背叛国家罪要求行为人必须具有勾结外国或者与境外机构、组织、个人相勾结的行为。

三、煽动分裂国家罪

（一）法律规定

见前列《刑法》第 103 条第 2 款。

（二）构成特征

1. 本罪侵犯的客体是中华人民共和国的主权和国家统一。

2. 本罪的客观方面表现为行为人的煽动行为。"煽动"，即煽惑、鼓动。从司法实践的角度来看，煽动可以是口头的，如发表分裂国家的演讲，也可以是书面的，如散发分裂国家的传单；可以利用语言、文字，也可以利用图案、声像，包括各种信息载体和形式。煽动的方式包括喊叫、劝说、演讲、张贴、散发、出售、展示等各种方式。煽动的手法可以是造谣、诽谤，也可以是暗示、隐喻。煽动通常是在大庭广众面前，在各种群众场合实施，但也不排除对个别人进行宣传鼓动。不论采取何种方式、手法，也不论煽动是否发生作用、产生实际效果，只要实施了煽动的行为，就构成犯罪。

3. 本罪的主体为一般主体。凡年满 16 周岁且具有刑事责任能力的人均可以构成本罪的主体。

4. 本罪的主观方面是直接故意，且以分裂国家为目的。即行为人明知自己煽动分裂国家的行为会造成破坏国家统一的危害结果，并且希望这种结果的发生。由于本罪的构成在主观上对行为人有特定的要求，即以分裂国家为目的，因此，如果行为人在客观上虽有煽动的行为，但不是以分裂国家为目的，则不能构成本罪，而只能依照刑法所规定的其他犯罪处理。

（三）司法实务问题

1. 罪与非罪的界限：①将本罪与民族情绪的流露区分开来。对出于狭隘的民族主义或者民族偏见，或者对党和国家的民族政策不理解，而发表了一些错误言论，或者发泄不满情绪，属于认识和思想教育、政策问题，不构成犯罪。②将本罪与一般的乱写、乱画、乱说的行为区分开来。如果是出于年幼无知，或者是被人欺骗利用，对其行为的性质、后果缺乏足够的认识，即使进行了某些煽动行为，因没有犯罪故意，也不能构成犯罪。

2. 本罪与分裂国家罪的区别：①客观表现不同。本罪通过从事煽动活动分裂国家、破坏国家统一；后者具体组织、策划或者实施分裂国家、破坏国家统一的行为。②主观方面的内容不同。本罪行为人希望他人实施分裂国家、破坏国家统一的行为；后者的行为人希望通过自己的行为达到分裂国家、破坏国家统一的目的。

3. 本罪与危害国家安全罪的教唆犯之间的界限。虽然两者在客观行为方面都带有教唆的性质，但二者存在本质的不同：①主观故意的内容不同。煽动分裂国家罪在主观方面直接以分裂国家为目的，而危害国家安全罪的教唆犯主观故意的内容是不确定的，只能按照行为人所教唆的具体内容确定行为人主观故意的内容。②犯罪形态不同。煽动分裂国家罪是行为犯，只要行为人实施了煽动分裂国家的行为，即已是本罪的既遂，而危害国家安全罪的教唆犯的犯罪形态适用教唆犯犯罪形态的规定，只有被教唆者实施了被教唆之罪且既遂，教唆者才既遂。

四、武装叛乱、暴乱罪

（一）法律规定

《刑法》第 104 条规定："组织、策划、实施武装叛乱或者武装暴乱的，对首要分子或者罪行重大的，处无期徒刑或者 10 年以上有期徒刑；对积极参加的，处 3 年以上 10 年以下有期徒刑；对其他参加的，处 3 年以下有期徒刑、拘役、管制或者剥夺政治权利。策动、胁迫、勾引、收买国家机关工作人员、武装部队人员、人民警察、民兵进行武装叛乱或者武装暴乱的，依照前款的规定从重处罚。"

（二）概念和构成特征

武装叛乱、暴乱罪，是指组织、策划、实施武装叛乱或者武装暴乱的行为。

1. 本罪侵犯的客体是人民民主专政的国家政权和社会主义制度及国家的统治秩序。人民民主专政是国家的根本属性，是我国的国体；社会主义制度是我国的根本制度；国家统治秩序是通过国家政权作用而形成的政治、经济、法律和社会各方面有序运作的一种社会行为状态。武装叛乱、武装暴乱是针对国家政权的敌对行为，这种行为具有极大的破坏性，会造成大量的人员伤亡、巨大的财产损失，而且危及国家政权，导致无政府状态，严重危害国家的政治制度和统治秩序。

2. 本罪的客观方面表现为行为人组织、策划、实施武装叛乱或者武装暴乱的行为。武装，是广义的概念，指一切足以杀伤人命、毁坏财物的工具，包括枪、炮等武器弹药和爆炸器材，也包括刀、矛、剑、斧、棍棒等具有攻击性的凶器。"叛乱""暴乱"是指公开进行比较广泛的暴力破坏活动，如袭击我党政军警机关，杀害、绑架国家工作人员和群众，抢劫、毁坏枪支弹药、国家档案和公私财物，焚烧、毁坏公共建筑、设施，甚至抗拒剿捕、武装割据等一系列活动。在这类犯罪中，有的既是组织、策划者，又是直接实施者；有的在幕后进行组织、策划，但不直接实施；有的虽没有参加组织、策划，但是直接实施者。不论是否直接实施了叛乱、暴乱行为，只要进行了组织、策划；也不论是否进行了组织、策划，只要参与实施了叛乱、暴乱行为，均构成本罪。

3. 本罪的主体是一般主体，即达到法定责任年龄且具有刑事责任能力的自然人。"首要分子"是指组织、策划或者带头实施武装叛乱、武装暴乱的人员；"罪行重大的"是指参与实施武装叛乱、武装暴乱的活动，有杀伤他人、严重损毁大量公私财产或者其他严重危害社会的罪行的人员；"积极参加的"是指主动参加并起重要作用的人员，"其他参加的"是指参与实施武装叛乱、武装暴乱的行为，造成一定损害结果但并非起重要作用的人员。

4. 本罪的主观方面是直接故意。

（三）司法实务问题

1. 注意区分本罪与群众性"闹事"的界限。一些群众闹事，矛盾激化，发生对抗，甚至出现打砸抢行为，外部表现形式和特征类似武装叛乱、武装暴乱，但二者有着质的不同，主要区别在于：主观上，群众闹事的原因，一般是内部矛盾解决处理不当，引起群众不满，闹事目的主要是实现个人的政治、经济、生活上的某些具体要求；武装叛乱、武装暴乱则是出于对人民政权和社会主义制度的仇视，目的是要颠覆国家政权，推翻社会主义制度。客观上，武装叛乱、武装暴乱表现为大范围的严重暴力破坏活动，甚至采用极为残忍的手段；而群众闹事一般不使用暴力，或者有暴力行为但比较缓和，以达到给领导施加压力的目的。如果在群众闹事中个别人使用暴力，造成了人员伤亡、财产损失，或者扰乱了公共秩序，一般应按故意杀人、故意伤害或者故意毁坏财物罪定罪处罚，不能以本罪定罪。但对少数人利用群众闹事进行捣乱破坏，企图使其发展演变成大规模的武装暴力破坏活动的，则属于武装叛乱、武装暴乱活动的一部分，应按本罪处理。

2. 贯彻区别对待、惩办少数、教育多数的方针。重点惩办那些首要分子、罪行重大的人以及积极参加的人。对"其他参加的"，刑法虽然也作了相应的处罚规定，但从立法本意上，不能理解为是指所有参与的人。我们认为主要是指在一定程度上参与了武装叛乱、武装暴乱活动，并造成了一定危害的人。对于被蒙骗、被胁迫参与活动，没有具体罪行或者罪行较轻的一般群众，不宜视为"其他参加的"而以本罪论处，以防止扩大打击面。

3. 此罪一罪与数罪的界限。在武装叛乱、武装暴乱实施的过程当中，犯罪分子往往同时实施杀人、抢劫、爆炸等其他扰乱和破坏社会秩序的活动，由于这些行为均属于本罪客观方面的重要组成部分，所以在定罪时不应数罪并罚，而只能按此罪定罪。但是如果行为人在武装叛乱、武装暴乱实施的过程当中还实施有其他犯罪行为的，如强奸、诈骗等，则应当数罪并罚。

五、颠覆国家政权罪

（一）法律规定

《刑法》第 105 条规定："组织、策划、实施颠覆国家政权、推翻社会主义制度的，对首要分子或者罪行重大的，处无期徒刑或者 10 年以上有期徒刑；对积极参加的，处 3 年以上 10 年以下有期徒刑；对其他参加的，处 3 年以下有期徒刑、拘役、管制或者剥夺政治权利。以造谣、诽谤或者其他方式煽动颠覆国家政权、推翻社会主义制度的，处 5 年以下有期徒刑、拘役、管制或者剥夺政治权利；首要分子或者罪行重大的，处 5 年以上有期徒刑。"

（二）构成特征

1. 本罪侵犯的客体是人民民主专政的国家政权和社会主义制度及国家的根本政治利益。

2. 本罪的客观方面表现为行为人组织、策划、实施颠覆国家政权、推翻社会主义制度的行为。"组织"，是指领导、建立旨在颠覆国家政权、推翻社会主义制度的组织，或者聚众串联、组织他人实施颠覆国家政权、推翻社会主义制度的行为；"策划"，是指 2 人以上进行商谈、谋划、研究；"实施"，是指着手进行或者直接从事具体活动。颠覆国家政权，是指以暴力或其他方法推翻国家政权组织，夺取国家领导权，或者非法改变宪法确立的国体的行为，包括公开的武装政变，或者秘密地、和平地篡夺国家领导权等行为。侵犯的对象包括中央国家政权组织和地方各级国家政权组织，政权组织包括各级国家权力机关、行政机关、司法机关、军事机关等。推翻社会主义制度，是指以各种方式从根本上改变我国政治、经济制度的社会主义性质。本罪的成立不要求已实施了具体的颠覆活动，只要进行了组织、策划等活动，就构成本罪。

3. 本罪的主体是一般主体。

4. 本罪的主观方面是直接故意。

（三）司法实务问题

1. 本罪与分裂国家罪的区别。二者在客观上具有相同或相似之处，都可能采取政变或其他手段夺取一个地方的国家权力。但主观上，前者是要达到最终夺取或者改变中央政府领导权的目标；后者则是割据一方，另立伪政权，对抗中央政权。

2. 本罪与武装叛乱、暴乱罪的区别。二者就性质而言，都是危害国家政权和制度的犯罪。区别在于：①侵犯客体的具体内容不尽相同。本罪侵犯的是国家政权和社会主义制度；后罪侵犯的不仅是国家政权、社会主义制度，还包括国家的统治秩序。②客观方面表现不同。本罪可以是暴力，也可以使用其他方法；后罪则要求以武装暴力手段实施。本罪行为人通过推翻现政权，夺取国家领导权，或从根本上改变国家政权和社会主义制度性质的方式来实现犯罪目标，后罪行为人则造成现政权的统治秩序混乱，与中央政权对抗。

六、煽动颠覆国家政权罪

（一）法律规定

见前列《刑法》第 105 条第 2 款。

（二）构成特征

1. 本罪侵犯的客体是人民民主专政的国家政权和社会主义制度。

2. 本罪客观方面表现为行为人实施了煽动的行为。"煽动"，是指以造谣、诽谤或者其他方式进行煽动、蛊惑。"造谣""诽谤"，是指无中生有，捏造事实，如制造散布谣言、邪说，诋毁国家政策、法律，蛊惑人心，挑拨群众和人民政府的关系，挑起群众的不满情绪，煽动人们颠覆、推翻或者以其他非法手段变更国家政权和社会主义制度的性质。所谓"其他方式"，是指造谣、诽谤以外的其他任何方式。煽动可以是口头的，也可以是书面的；可以利用语言、文字，也可以利用图案、声像，包括各种信息载体和形式。煽动实现的方式包括喊叫、劝说、演讲、张贴、散发、出售、展示等各种方式。煽动可以是直接的，也可以是间接的；可以是直观的，也可以是暗示的、隐喻的。煽动通常是在大庭广众面前，在各种群众场合实施，但也不排除对个别人进行宣传鼓动。不论采取何种方式、手法，也不论煽动是否发生作用、产生实际效果，只要实施了煽动的行为，就构成犯罪。

3. 本罪的主体是一般主体。

4. 本罪的主观方面是直接故意。行为人实施煽动行为，是希望被煽动者起来推翻或者改变人民民主专政的国家政权和社会主义制度。

（三）司法实务问题

1. 正确区分罪与非罪的界限。对于没有犯罪故意但有落后的不满言论，或因一时一事不满，讲了带有攻击、谩骂性的过激言论，或者因对某些政策、措施不理解，进行了错误的评论、贬斥，以及一般政治性错误的言论等，都属于思想或认识问题，不构成犯罪。

2. 划清与煽动分裂国家罪的界限。两罪的主要区别是煽动的内容不同：前罪以颠覆国家政权、推翻社会主义制度为其煽动内容；后罪以分裂国家，破坏国家统一为其煽动内容。另外，两罪的主观内容不尽相同：前罪希望从整体上改变现存的国家政权性质和国家根本制度；后者企图分裂国家和民族，并不一定是为了改变政权性质和根本制度。

七、资助危害国家安全犯罪活动罪

（一）法律规定

《刑法》第 107 条规定："境内外机构、组织或者个人资助实施本章第 102 条、第 103 条、第 104 条、第 105 条规定之罪的，对直接责任人员，处 5 年以下有期徒刑、拘役、管制或者剥夺政治权利；情节严重的，处 5 年以上有期徒刑。"

（二）构成特征

1. 本罪侵犯的客体是人民民主专政的国家政权和社会主义制度以及国家安全。

2. 本罪的客观方面表现为行为人有资助实施《刑法》第 107 条规定的 7 种危害国家安全犯罪的行为。"资助"，是指以提供金钱、财物、设备以及其他物质条件或利益，支持、协助进行危害国家安全的犯罪行为。如提供活动经费、场所、训练基地和进行通信、联络、破坏等活动所需的设备、设施、武器弹药等；进行颠覆活动所需的宣传、通信、出版、印刷工具等。

3. 本罪的主体是境内外机构、组织、个人，既包括自然人，也包括非自然人的机构、组织。

4. 本罪的主观方面是故意，即行为人提供资助是为了帮助被资助人实施危害国家安全的犯罪行为。

（三）司法实务问题

1. 正确认定罪与非罪的界限。要注意查明行为人主观上是否具有故意，如果行为人不知道被资助人从事危害国家安全的犯罪事实，或者提供资助并不是用于进行危害国家安全的活动，不构成犯罪。但实践中一些机构、组织、个人往往披着"合法"的外衣提供资助，因此在认定时，应当注意深入查明，以免放纵犯罪。这里所说的"资助"，主要是指有形的物质性的支持。如果只是给予精神、宣传舆论等方面的声援和支持，则不构成犯罪。

2. 注意区分本罪与他罪的界限。本罪资助的范围具有特定性，即仅限于刑法规定的上述 7 种犯罪。如果资助实施上述以外其他危害国家安全的犯罪，有的可视为其他犯罪的共同犯罪，但不构成本罪。如果行为人与被资助人不只是资助与被资助的关系，而是共同策划进行犯罪，只是分工不同，也不构成本罪，而应以被资助的犯罪的共犯论。

八、投敌叛变罪

（一）法律规定

《刑法》第108条规定："投敌叛变的，处3年以上10年以下有期徒刑；情节严重或者带领武装部队人员、人民警察、民兵投敌叛变的，处10年以上有期徒刑或者无期徒刑。"

（二）构成特征

1. 本罪侵犯的客体是国家安全、利益和荣誉。

2. 本罪的客观方面表现为行为人实施了投敌叛变的行为。"敌"，指敌人营垒，包括敌对国家（含这些国家驻我国的外交机构）、敌对势力、敌对组织，也包括敌对分子。投敌叛变的行为表现是多样的，如投靠敌人，为其效劳；或者被敌人捕、俘后屈膝变节，出卖组织和同志，提供情报，出卖国家利益或者进行其他反对国家的活动。投敌叛变可以是行为人主动进行，也可以是在敌人以各种手段策动下投敌叛变；投敌叛变可以是进入敌人控制区域，也可以是与敌人建立联系后潜伏在内部。

3. 本罪的主体是特殊主体，即只能是中国公民。投敌叛变行为可以由单个人实施，也可以率领武装部队人员、人民警察、民兵实施。

4. 本罪的主观方面是直接故意。

（三）司法实务问题

1. 罪与非罪的界限。有些情况下，投敌叛变是在被敌人捕、俘后进行的，但被敌人捕、俘与被捕、俘后投敌叛变有本质的不同。被敌人捕、俘后，没有投敌叛变的行为，或者仅有停止反抗、交出武器等一般的变节行为，不能视为犯罪。只有在被捕、俘后，向敌人卖身投靠、出卖组织、提供情报或进行其他危害、反对国家的活动的，才构成投敌叛变罪。

2. 本罪与背叛国家罪的界限。①主体不尽相同。前罪中有特殊主体如武装部队人员、人民警察、民兵等；后罪一般由具有较高社会地位与身份并有较大政治影响的中国公民构成。②客观方面有所不同。前罪表现为加入敌方营垒；后罪表现为勾结外国，危害我国的主权、领土完整和安全的行为。

九、叛逃罪

（一）法律规定

《刑法》第109条规定："国家机关工作人员在履行公务期间，擅离岗位，叛逃境外或者在境外叛逃的，处5年以下有期徒刑、拘役、管制或者剥夺政治权利；情节严重的，处5年以上10年以下有期徒刑。掌握国家秘密的国家工作人员叛逃境外或者在境外叛逃的，依照前款的规定从重处罚。"

（二）概念和构成特征

叛逃罪，是指国家机关工作人员或其他掌握国家秘密的国家工作人员在履行公务期间，擅离岗位，叛逃境外或在境外叛逃的行为。

1. 本罪侵犯的客体是中华人民共和国国家安全。由于国家机关工作人员或掌握国家秘密的其他国家工作人员的特殊身份决定他们所实施的叛逃行为，必将直接损害或威胁我国的安全。尤其是担任国家机关的重要职务或者掌握国家重要机密的国家工作人员的叛变出逃，对国家安全的危害更大。

2. 本罪的客观方面必须有叛逃行为，即在履行公务期间，擅离岗位，叛逃境外或在境外叛逃。所谓"履行公务期间"，是指国家工作人员在任职期间，例如在境内履行职责、从事公务期间，或者在境外因公进行访问考察、参加会议或在我国驻外机构工作期间等。所谓"擅离岗位"，是指未经批准，私自离开工作岗位。所谓"叛逃"，即叛变出逃，投靠境外机构、组织。叛逃的地点，既可以是在境内，即由境内向境外叛逃；也可以是在境外，即在境外叛逃。"境外"指中华人民共和国国境或者边境以外的国家或地区。危害国家安全，是叛逃行为的实质内容，也是叛逃的必然结果。也就是说，叛逃行为一旦发生，就必然损害或威胁国家安全。如果没有危害国家安全，也就不存在叛逃的问题。同样，如果不是擅离岗位，如在经过批准到国外探亲期间出逃，也不构成本罪。如果在此期间有危害国家安全的犯罪行为，如参加间谍组织，应按间谍罪论处。

3. 本罪的主体是特殊主体，主要由国家机关工作人员构成，同时也包括掌握国家秘密的其他国家工作人员。国家机关工作人员，是指在国家各级权力机关、行政机关、司法机关中，依照法律从事公务的人员。在国家机关中从事劳务活动的勤杂人员，不属于国家机关工作人员。鉴于在现代经济发展中，占很大比重的国家秘密是科技、经济方面的秘密，而掌握这部分国家秘密的人员，不一定全是国家机关工作人员，如果这些人中有人在履行公务期间叛逃，同样会给国家安全造成严重危害，所以《刑法》第109条第2款将"掌握国家秘密的国家工作人员"规定为本罪的主体。

4. 本罪的主观方面只能是故意，并且行为人具有危害中华人民共和国国家安全的目的。

（三）司法实务问题

1. 划清罪与非罪的界限。行为人是否具有危害中华人民共和国国家安全的目的，是否实施了危害国家安全的行为，如建立敌视我国的组织；发表演讲或文章诋毁我国人民民主专政政权和社会主义制度；泄露国家秘密等，是区分罪与非罪的关键。如果国家机关工作人员在境外履行公务期间，由于受到境外机构、组织、个人的阻挠，或者遇到其他难以克服的客观障碍，而被迫滞留境外，则不构成犯罪；如果国家机关工作人员在境外擅离岗位，但是没有危害国家安全的，也不构成本罪。

2. 叛逃罪与背叛国家罪的区别。叛逃罪从本质上说也是一种背叛国家的行为，但是它与背叛国家罪在犯罪构成上有所不同。二者的主要区别是：①犯罪主体不同。叛逃罪是特殊主体，只能由国家机关工作人员或者其他掌握国家秘密的国家工作人员构成；背叛国家罪由中国公民构成，它不仅包括国家工作人员，还包括一般公民，其主体范围比叛逃罪要广泛。②客观行为表现不同。叛逃行为表现为在履行公务期间，擅离岗位，投靠境外机构、组织，危害国家安全，其实质是一种叛变行为；背叛国家行为表现为勾结外国，危害国家主权、领土完整和安全，其实质是一种卖国行为。因此，背叛国家罪的社会危害性比叛逃罪更为严重。

3. 叛逃罪与投敌叛变罪的区别。这两种犯罪虽然都是故意犯罪，都具有叛变行为，但是二者有所不同，其主要区别是：①犯罪主体不同。叛逃罪是特殊主体，仅限于国家机关工作人员和其他掌握国家秘密的国家工作人员；而投敌叛变罪的主体则不限于此，它更为广泛。②客观行为表现不同：其一，叛逃罪的行为人投靠的对象不是敌对营垒中的境外机构、组织；而投敌叛变罪的行为人投靠的是敌对营垒（机构、组织或武装力量）。其二，叛逃罪不存在行为人被敌人逮捕、俘虏后投降敌人的情况；而投敌叛变罪则存在这种情况。③在主观上，叛逃罪的行为人不具有投奔或投降敌人的目的；而投敌叛变罪的行为人则具有这种犯罪目的。

十、间谍罪

（一）法律规定

《刑法》第110条规定："有下列间谍行为之一，危害国家安全的，处10年以上有期徒刑或者无期徒刑；情节较轻的，处3年以上10年以下有期徒刑：①参加间谍组织或者接受间谍组织及其代理人的任务；②为敌人指示轰击目标的。"

（二）概念和构成特征

间谍罪，是指参加间谍组织或者接受间谍组织及其代理人的任务，或者为敌人指示轰击目标的行为。

1. 本罪侵犯的客体是中华人民共和国国家安全，其主要的矛头指向的是人民民主专政的政权。间谍活动的犯罪对象，主要是关系着国家安全的国家秘密或情报。所谓国家秘密，是指关系到我国国家安全和利益的，依照法定程序确定的，在一定时间内只限一定范围的人员知悉的事项。"情报"有广义、狭义之分。广义的情报包括国家秘密在内；狭义的情报仅指除国家秘密之外的，涉及国家的政治、军事、外交、经济、科技等方面尚未公开或不宜公开的内部情况、信息和资料等。间谍罪的行为人，主要通过刺探、窃取我国的国家秘密或情报，危害我国的国家安全。

2. 本罪的客观方面表现为进行间谍活动的行为。其具体表现为：①参加间谍组织或者接受间谍组织及其代理人的任务。这里所说的"间谍组织"，是指外国政府或者境外的敌对势力建立的旨在搜集我国情报（含国家秘密），进行颠覆破坏活动等，危害我国国家安全和利益的组织。"参加间谍组织"，是指行为人履行一定的手续，加入间谍组织，成为间谍组织的成员。"接受间谍组织及其代理人的任务"，是指接受间谍组织及其代理人的派遣、命令、指使或委托，执行窃取、刺探我国情报、建立间谍网络或者颠覆破坏等任务。这里所说的间谍组织的"代理人"，是指受间谍组织或者其成员的指使、委托、资助，而又授意、指使他人进行危害中华人民共和国国家安全活动的人。凡是接受间谍组织及其代理人的任务的，不论其是否参加了间谍组织，均可构成本罪。②为敌人指示轰击目标的行为。这里所说的"敌人"，主要是指战时与我方交战的敌国或敌方，也包括非交战时采用轰击方式袭击我国领土的敌国或敌方。"指示轰击目标"，是指为敌人指明、显示其所轰炸、袭击的我方目标的方位、特征以及出现的时间、路线等。指示轰击目标的手段多种多样，如发电报、打电话、写信、点火堆、放信号弹等。不论行为人采用何种手段，也不论所指示的目标是否有误，造成的危害后果如何，均不影响本罪的成立。

3. 本罪的主体是一般主体。

4. 本罪的主观方面只能是故意，并且行为人具有危害中华人民共和国国家安全的目的。犯罪动机如何，并不影响本罪的成立。例如，某人为了获得金钱，而接受并执行间谍组织的窃取我国情报的任务，即构成间谍罪。

（三）司法实务问题

1. 划清罪与非罪的界限。行为人是否出于危害中华人民共和国国家安全的目的，并实施了危害我国国家安全的间谍行为，是区分本罪与非罪的基本界限。因此，因受欺骗，不明真相而加入间谍组织，未实施危害我国国家安全的间谍活动的，不应该认定为犯罪，更不能以间谍罪论处。对于在间谍组织中从事勤杂、医学、传达等单纯行政性事务工作，而未履行加入间谍组织手续，也未进行任何间谍活动的，也不应认定为犯罪。

2. 间谍罪与叛逃罪的区别。二者的主要区别是：①犯罪主体不同。间谍罪是一般主体，而叛逃罪是特殊主体，后者只能由国家机关工作人员和其他掌握国家秘密的国家工作人员构成。②客观行为表现不同。间谍罪的行为，包括参加间谍组织、接受间谍组织及其代理人的任务，或者为敌人指示轰击目标等行为；而叛逃罪的行为则表现为，在履行公务期间，擅离岗位，叛逃境外或在境外叛逃，危害我国国家安全。如果行为人叛逃后，又参加间谍组织，或者接受间谍组织或其代理人的任务的，则应当实行数罪并罚。这是因为，叛逃行为并不包括间谍行为。

十一、为境外窃取、刺探、收买、非法提供国家秘密、情报罪

（一）法律规定

《刑法》第111条规定："为境外的机构、组织、人员窃取、刺探、收买、非法提供国家秘密或者情报的，处5年以上10年以下有期徒刑；情节特别严重的，处10年以上有期徒刑或者无期徒刑；情节较轻的，处5年以下有期徒刑、拘役、管制或者剥夺政治权利。"

（二）构成特征

1. 本罪侵犯的客体是国家的安全和利益。犯罪对象是国家秘密或情报。根据《保守国家秘密法》的规定，"国家秘密"是指关系国家的安全和利益，依照法定程序确定，在一定时间内只限一定范围的人知悉的事项。国家秘密分为三级：绝密、机密、秘密。对如何确定国家秘密、保密期限、密级的标明、确定某一事项是否属于国家秘密等，都应依照《保守国家秘密法》的有关规定，不能任意确定。所谓"情报"，是指除国家秘密以外的其他一切可被境外机构、组织、人员利用而危害我国安全的情况、资料和消息。

2. 本罪的客观方面表现为为境外机构、组织或者人员窃取、刺探、收买或者非法提供国家秘密或者情报的行为。所谓"境外机构"，是指中华人民共和国国境以外的国家和地区的官方机构。"境外组织"，主要是指中华人民共和国国境以外的国家和地区的政党、社会团体以及其他企业事业单位，如商社、报社等。"境外人员"是指外国公民、无国籍人以及长期居住境外的华人。上述机构、组织人员不一定是与我国为敌的。即使为不与我国为敌的机构、组织、人员提供秘密、情报的，也可以构成本罪。本罪客观方面的犯罪方法是窃取、刺探、收买或非法提供。"窃取"，是指行为人采取非法手段秘密取得国家秘密的行为，如文件窃密、计算机窃密、电磁波窃密、照相窃密等。"刺探"，是指行为人通过各种途径和手段非法探知国家秘密的行为，如通过探听或使用侦探技术等。"收买"，是指行为人以给予财物或者其他物质利益的方法非法得到国家秘密的行为。"非法提供"，是指国家秘密的持有人，将自己知悉、管理、持有的国家秘密非法出售、交付、告知其他不知悉或不应知悉该项秘密的人的行为。前述四种行为中具备任何一种，均构成本罪的客观行为要件。

3. 本罪的犯罪主体是一般主体。

4. 本罪的主观方面出自故意，即明知是国家秘密或情报而故意为境外机构、组织、人员窃取、刺探、收买或非法提供。至于行为人出于何种动机，不影响本罪的成立。

（三）司法实务问题

1. 划清罪与非罪的界限。要界定罪与非罪，必须查明行为人所窃取、刺探、收买、非法提供的是否属于国家秘密或情报。如根据我国《保守国家秘密法》第30条的规定，行为人在对外交流与合作中经过国家有关部门依照严格程序审批，有限度地将某些国家秘密、情报予以开放，虽然其实施了与境外机构、组织、人员互换情报、交流资料的行为，但它是合法的行为，不构成犯罪。

2. 划清本罪与间谍罪的界限。窃取、刺探、收买国家秘密、情报，是间谍罪的重要行为方式，以这些方式实施的间谍罪与窃取、刺探、收买、非法提供国家秘密、情报罪在客观行为上基本相同。二罪的明显区别在于：间谍罪必须是为境外敌对势力提供情报；而窃取、刺探、收买、非法提供国家秘密、情报罪则不要求必须是为境外敌对势力提供情报，如为境外某财团非法提供属于国家秘密的经济情报，危害国家安全的，也可以构成本罪。

十二、资敌罪

（一）法律规定

《刑法》第112条规定："战时供给敌人武器装备、军用物资资敌的，处10年以上有期徒刑或者无期徒刑；情节较轻的，处3年以上10年以下有期徒刑。"

第十八章

（二）构成特征

1. 本罪侵犯的客体是国家安全、利益。

2. 本罪的客观方面表现为行为人有战时资敌的行为。"战时"，是指在战争期间。既包括全国范围的战争，也包括局部地区的战争；既包括战争已经发生，也包括宣布进入战争状态、部队受领作战任务或者遭敌突然袭击时。"资敌"，是指为敌人提供武器装备、军用物资。这里的"敌人"，是指与我国交战的国家的政府、武装力量和其他势力、组织、人员。资敌既可以是直接提供，也可以通过第三者间接提供。

3. 本罪的主体是中国公民。

4. 本罪的主观方面是直接故意。

（三）司法实务问题

应划清与间谍罪的界限。两罪的主要区别是：①客观行为表现不同。前罪只能发生在战时，而且提供的只能是武器装备、军用物资；后罪可以发生在任何时候，提供物资也不局限于武器装备、军用物资。②犯罪主体不同。前罪只能是中国公民，只有在共同犯罪时，外国人和无国籍人才可以构成本罪的共犯；后罪不论行为人属何国籍或有无国籍，均可构成。

【思考题】

1. 比较投敌叛变罪与叛逃罪。

2. 比较资敌罪与间谍罪。

3. 如何理解本章中的煽动类犯罪？

第十八章

第十九章

危害公共安全罪

学习目的与要求 理解危害公共安全罪的概念、特征、种类；重点掌握放火罪，投放危险物质罪，破坏交通工具罪，组织、领导、参加恐怖组织罪，劫持航空器罪，非法制造、买卖、运输、邮寄、储存枪支、弹药、爆炸物罪的概念、特征及认定；掌握本章其他犯罪。

■第一节 危害公共安全罪概述

一、危害公共安全罪的概念与特征

危害公共安全罪，是指故意或者过失地实施危害多个人的生命、健康或者重大公私财产安全的行为。从整体上看，危害公共安全罪是普通刑事犯罪中危害最严重的一类犯罪。此类犯罪具有如下特征：

（一）危害公共安全罪的客体

危害公共安全罪的同类客体为公共安全，即多个人的生命、健康或者重大公私财产的安全。由此表明，具有公共危险性是这一类犯罪的本质特征。具体而言，危害公共安全罪与其他危害人的生命、健康和侵犯公私财产的犯罪在侵犯人身权利或财产权利方面并无不同，区别在于这类犯罪危害的对象范围较其他犯罪要广泛，或者说其行为波及面较其他犯罪要大得多。这正是刑法分则单列此类犯罪并将其排在仅次于危害国家安全罪的位置上的基本考虑。

需要指出的是，我国刑法学界有一种观点认为，危害公共安全罪是指危害不特定的多数人的生命、健康或重大公私财产等安全的行为，即认为成立这类犯罪除要求危害的对象范围广泛外还必须是对象不特定。在我们看来，这种表述从逻辑上讲意味着特定多数人的生命、健康安全不能被视为公共安全，从而不适当地缩小了危害公共安全罪的范围；而且这种见解事实上也与司法实践不相符合，如现实中的一些爆炸、投放危险物质的行为，只是危害了有确切范围的多人的人身安全，但司法机关仍然将其认定为危害公共安全的犯罪。可见，对危害特定多人的生命、健康安全的，无论是从逻辑上看还是从经验上讲，都应当认为危害了公共安全。

至于针对不特定的个别对象的危害行为是否属于危害公共安全，我们的看法是不能一概而论，而应当具体情况具体分析。一般说来，如果从行为的手段或使用的工具或者行为的逻辑发展趋势看有危害多人生命、健康或者重大公私财产安全的现实可能性，即具有公共危险性的，应当认为符合危害公共安全罪的客体要求。反之，则不能对该行为以危害公共安全罪论处。

总之，涉及的人数或财产的数量多，是公共安全中"公共"一词的惟一含义，危害对象不特定时，只有在实际上威胁到多人生命、健康或重大公私财产安全的场合，即具有公共危险性的情况下才意味着危害了公共安全，因此既不能将危害对象不特定理解为对"公共"的限制条件，也不能将危害对象不特定与危害对象众多并列起来，看成是危害公共安全的两种具体表现。

（二）危害公共安全罪的客观方面

危害公共安全罪在客观方面表现为危害多个人的生命、健康或者重大公私财产安全的行为。

1. 危害公共安全的行为是具有公共危险性的行为。从我国刑法分则第二章的规定来看，这类行为或者是以危险的方法实施的，或者是表现为破坏公用工具或设施的行为，或者是通过恐怖活动来实施，或者是针对具有极大杀伤力的枪支、弹药、爆炸物等对象来进行，或者是表现为违反规章制度造成公共生产、生活的重大安全事故，总而言之，无一不具有公共危险性。因此，不具有公共危险性的行为不属于危害公共安全的行为。

2. 危害公共安全行为形式上的特点。这类行为的大多数既可以以作为的形式实施，也可以采取不作为的形式实施。例如，除了使用引火物点燃对象物而放火外，有防止火灾发生特定义务的人员明知有起火危险而故意不加以防止，也可以构成放火罪。当然，也有少数危害公共安全的行为只能以作为的形式实施（如劫持航空器罪，抢劫枪支、弹药、爆炸物罪等）或只能以不作为的形式实施（如丢失枪支不报罪、教育设施重大安全事故罪等）。

3. 不同的危害公共安全行为在是否要求以发生实际危害结果为犯罪构成要件方面也是不同的。一般而言，成立故意危害公共安全的犯罪，只要求行为人实施了危害公共安全的行为，而不要求发生实际的危害结果；而过失危害公共安全的行为必须发生具体的危害结果才能构成此类犯罪。

（三）危害公共安全罪的主体

根据刑法分则第二章的规定，危害公共安全罪的主体包括自然人与单位两类。其中，大多数危害公共安全罪只能由自然人作为主体；少数犯罪如非法买卖、运输核材料罪和非法出租、出借枪支罪等既可以由自然人为犯罪主体，也可由单位作为犯罪主体；个别犯罪如违规制造、销售枪支罪则只能以单位作为犯罪主体。

　　在以自然人为主体的危害公共安全罪中，多数只要求具备一般主体条件，即达到刑法规定负刑事责任的年龄（一般为16周岁，但放火、爆炸和投放危险物质罪的主体为年满14周岁）并具备刑事责任能力即辨认、控制自己行为的能力；但也有一些犯罪要求行为人除符合一般主体条件外，还必须具备特定的身份，如丢失枪支不报罪的主体必须是依法配备公务用枪的人员，重大飞行事故罪的主体只能是航空人员，等等。

　　（四）危害公共安全罪的主观方面

　　危害公共安全罪的主观方面包括故意和过失两种类型。危害公共安全的故意，是指明知自己的行为会发生危害公共安全的严重结果，并且希望或者放任这种结果发生的心理状态；危害公共安全的过失，是指行为人应当预见自己的行为可能发生危害公共安全的结果，因为疏忽大意没有预见到，或者已经预见到这种结果但轻信可以避免，以致发生人身伤亡或者重大财产损失等严重结果的心理态度。由上述可见，故意危害公共安全的犯罪既可以是直接故意犯罪，也可以是间接故意犯罪；过失危害公共安全的犯罪则既可以是疏忽大意的过失犯罪，也可以是过于自信的过失犯罪。

二、危害公共安全罪的种类

　　根据刑法分则第二章、《刑法修正案（三）》、《刑法修正案（六）》、《刑法修正案（八）》、《刑法修正案（九）》以及有关司法解释，危害公共安全罪共包括52种具体罪名。

　　从各种具体危害公共安全罪相互间共性的角度，可以将这52种罪名归纳为5个方面的类型：

　　1. 以危险方法危害公共安全的犯罪。包括放火罪、决水罪、爆炸罪、投放危险物质罪、以危险方法危害公共安全罪、失火罪、过失决水罪、过失爆炸罪、过失投放危险物质罪、过失以危险方法危害公共安全罪。

　　2. 破坏公用工具、设施、设备危害公共安全的犯罪。包括破坏交通工具罪，破坏交通设施罪，破坏电力设备罪，破坏易燃易爆设备罪，过失损坏交通工具罪，过失损坏交通设施罪，过失损坏电力设备罪，过失损坏易燃易爆设备罪，破坏广播电视设施、公用电信设施罪，过失损坏广播电视设施、公用电信设施罪。

　　3. 实施恐怖、危险活动危害公共安全的犯罪。包括组织、领导、参加恐怖组织罪，帮助恐怖活动罪，准备实施恐怖活动罪，宣扬恐怖主义、极端主义、煽动实施恐怖活动罪，利用极端主义破坏法律实施罪，强制穿戴宣扬恐怖主义、极端主义服饰、标志罪，非法持有宣扬恐怖主义、极端主义物品罪，劫持航空器罪，劫持船只、汽车罪，暴力危及飞行安全罪。

　　4. 违反枪支、弹药、爆炸物、危险物质管理规定危害公共安全罪。包括非法制造、买卖、运输、邮寄、储存枪支、弹药、爆炸物罪，非法制造、买卖、运输、储存危险物质罪，违规制造、销售枪支罪，盗窃、抢夺枪支、弹药、爆炸物、危险物质罪，抢劫枪支、弹药、爆炸物、危险物质罪，非法持有、私藏枪支、弹药罪，非法出租、出借枪支罪，丢失枪支不报罪，非法携带枪支、弹药、管制刀具、危险物品危及公共安全罪。

5. 造成重大责任事故危害公共安全的犯罪。包括重大飞行事故罪，铁路运营安全事故罪，交通肇事罪，危险驾驶罪，重大责任事故罪，强令违章冒险作业事故罪，重大劳动安全事故罪，大型群众性活动重大安全事故罪，危险物品肇事罪，工程重大安全事故罪，教育设施重大安全事故罪，消防责任事故罪，不报、谎报安全事故情况罪。

■第二节　危害公共安全罪分述

一、放火罪

（一）法律规定

《刑法》第 114 条规定："放火、决水、爆炸以及投放毒害性、放射性、传染病病原体等物质或者以其他危险方法危害公共安全，尚未造成严重后果的，处 3 年以上 10 年以下有期徒刑。"

《刑法》第 115 条第 1 款规定："放火、决水、爆炸以及投放毒害性、放射性、传染病病原体等物质或者以其他危险方法致人重伤、死亡或者使公私财产遭受重大损失的，处 10 年以上有期徒刑、无期徒刑或者死刑。"

（二）概念和构成特征

放火罪，是指故意放火焚烧公私财物，危害公共安全的行为。本罪具有如下特征：

1. 放火罪的客体为公共安全，即构成本罪必须是行为危害到多人的生命、健康安全或者重大公私财产的安全。因此，如果虽然放火焚烧了一定的财物，但是没有也不可能危及公共安全的，就不能构成放火罪，至多只能成立侵犯财产的犯罪。在实际案件中，行为人放火焚烧的通常是公共财产或他人的私人财产。但是应当说明的是，即便某人放火焚烧自己或者其家庭成员所有的房屋或者其他财产，只要是足以引起火灾危害公共安全的，也构成放火罪。

2. 本罪的客观方面表现为放火焚烧公私财物的行为。

（1）行为的性质是放火。放火是指使用各种方法导致对象物燃烧，既可以是直接使用引火物点燃对象物，也可以利用自然力或借助于其他媒介使对象物燃烧，从而制造火灾。

（2）放火行为既可以表现为作为，如在服装仓库里泼洒汽油并用打火机点燃；也可以表现为不作为，如纺织厂车间里电路发生故障，负责维修的电工明知如果不立即切断电源会导致发生火灾，却置之不理，以致起火燃烧。需要指出的是，以不作为形式构成放火罪，必须以行为人负有防止火灾发生的特定义务为前提。

（3）由于放火是危险性极大的一种行为，故只要行为人实施了足以危害公共安全的放火行为即构成放火罪，至于是否实际上发生火灾等严重结果，公私财产被焚烧到何种程度，不影响本罪的成立。

3. 本罪的主体为自然人一般主体。即凡年满 14 周岁并具有刑事责任能力的自然人，均可以成为放火罪主体。

4. 本罪的主观方面只能是故意，即构成放火罪在主观上必须是行为人明知自己的行为会引起公私财物的燃烧，造成火灾，危及公共安全，并且希望或者放任这样的结果发生。实践中，行为人放火的动机是多种多样的，但动机如何只能作为量刑情节来考虑，而不影响本罪的成立。

（三）司法实务问题

在认定和处罚放火罪的司法实践中，主要应注意以下几个问题：

1. 放火罪既遂与未遂的界限。在追究放火犯的刑事责任时，应考察其实施的放火罪是成立犯罪既遂还是构成犯罪未遂。鉴于放火罪的公共危险性质，二者的区分标准在于是否发生了公私财物独立燃烧的结果。详言之，只要目的物已被点燃并在离开引火物的情况下能够独立持续燃烧，即便是事后被发现扑灭或因雨雪而熄灭，也构成放火罪的既遂；如果行为尚未实行完毕（行为人正在点火时即被发现抓获）或者放火行为虽实行完毕但目的物尚未独立燃烧，则为放火罪的未遂。

2. 放火罪一罪与数罪的界限。由于放火行为可能造成多种结果，故在司法实务中应当准确区分行为人构成放火罪一罪还是数罪。一般而言，若行为人在一个放火故意支配下实施了放火行为，即便造成人身伤亡和财产损失等数个危害结果的，也只能认定为一个放火罪；但是，如果行为人是在从事其他犯罪活动后为消灭犯罪痕迹而实施危害公共安全的放火行为，或者是以放火罪为手段制造财产损失的保险事故而骗取保险金的，则应当予以数罪并罚。

3. 放火罪的量刑幅度选择。根据《刑法》第 114 条、第 115 条第 1 款的规定，对尚未造成严重后果的放火罪，应处 3 年以上 10 年以下有期徒刑；对致人重伤、死亡或者使公私财产遭受重大损失的放火罪，则应处 10 年以上有期徒刑、无期徒刑或者死刑。需要指出的是，不能将上述两个量刑幅度分别看成是放火罪未完成形态（犯罪预备及未遂、中止）和放火罪既遂形态的刑罚幅度。实际上，这里的"尚未造成严重后果"包括两种情况：一种是放火行为没有造成任何实际损害后果；另一种是放火行为造成了一定的实际损害结果，即犯罪虽然既遂了但后果并不严重。在这两种情况下，都只能在 3 年以上 10 年以下有期徒刑的幅度内处罚。只有当放火行为造成他人重伤、死亡或者使公私财产遭受重大损失时，才能对行为人处以 10 年以上有期徒刑、无期徒刑或者死刑。

二、决水罪

（一）法律规定

见前列《刑法》第 114 条、第 115 条第 1 款。

（二）构成特征

决水罪的客体与放火罪相同。其客观方面表现为危害公共安全的决水行为。决水，是指以各种手段制造水患，人为地使水流横溢导致泛滥成灾的行为。这种行为既可以以作为的形式实施，如破坏防洪设施、捣毁水闸、堵塞水道、决溃堤坝等；也可以表现为不作为的形式，如负有特定义务的人员在应当关闭防洪堤的水门时不关闭，在应当开启泄洪闸时不开启，以致危害公共安全的行为。需要强调的是，只要行为人实施了危害公共安全的决水行为，即可构成本罪，至于是否实际造成了水灾的结果，不影响决水罪的成立。本罪主体为年满16周岁并具有刑事责任能力的自然人。其主观方面为故意，包括直接故意和间接故意。

三、爆炸罪

（一）法律规定

见前列《刑法》第114条、第115条第1款。

（二）构成特征

1. 爆炸罪的客体与前述放火罪相同。

2. 本罪客观方面表现为引起爆炸物或者其他设备、装置爆炸，危害公共安全的作为或者不作为。引起爆炸物爆炸，主要是指引起炸弹、炸药包、雷管及各种易爆的固体、液体、气体物品等爆炸。引起其他设备、装置爆炸，主要是指利用各种手段，导致机器、锅炉等设备或者装置爆炸。成立爆炸罪，不要求必须发生实际的损害结果，但是行为必须足以造成人身伤亡或者重大公私财产的损失从而危害公共安全。虽有引发爆炸物的行为，但其爆炸力很小或者爆炸地点偏僻，根本没有造成实际损害而且也不可能危害公共安全的，则不构成本罪。

3. 本罪主体为已满14周岁并且具有辨认控制能力的自然人。

4. 本罪主观方面表现为故意，可以是直接故意，也可以是间接故意。

四、投放危险物质罪

（一）法律规定

见前列《刑法》第114条、第115条第1款。

（二）构成特征

1. 本罪客体与前述放火罪相同。

2. 本罪客观方面表现为投放毒害性、放射性、传染病病原体等物质危害公共安全的行为。毒害性物质是指含有毒质的有机物或者无机物，包括毒性气体、固体与液体，如沙林毒气、砷、氰化物、毒鼠强以及其他含有剧毒的农药等；放射性物质是指通过原子核裂变时释放出的射线发生伤害作用的物质，如镭、铀、钴等放射性化学元素；传染病病原体主要是指炭疽、霍乱、鼠疫等传染病病菌、病毒等。投放危险物质行为的主要方式是将危险物质投放于河流、池塘、公用水井及其他公共水源及供多人食用的食品、饮料或者众多牲畜的饮水池与饲料中，或者在公共场所释放沙林毒气等。如果不是以这样的方式投放危险物质，而是使用毒害性、放射性、传染病病原体等物质杀害具体某个人或个别牲畜，没有危害公共安全的，不构成投放危险物质罪，但是否实际上造成了多人的生命、健康及牲畜与其他公共财产的重大损失，并不影响本罪的成立。

3. 本罪主体为年满 14 周岁并具有刑事责任能力的自然人。

4. 本罪主观方面为故意，直接故意或者间接故意皆可。

五、以危险方法危害公共安全罪

（一）法律规定

见前列《刑法》第 114 条、第 115 条第 1 款。

（二）构成特征与司法实务

1. 本罪客体与前述放火罪相同。

2. 本罪客观方面表现为以其他危险方法危害公共安全的行为。这里的其他危险方法，是指放火、决水、爆炸、投放危险物质以外的危险方法，如破坏矿井通风设备、在人行路径上私设电网或在广场上驾车冲撞行人等。需要指出的是，根据 2001 年 6 月 4 日最高人民法院、最高人民检察院《关于办理组织和利用邪教组织犯罪案件具体应用法律若干问题的解释（二）》的规定，邪教组织人员以自焚、自爆或者其他危险方法危害公共安全的，分别依照《刑法》第 114 条、第 115 条第 1 款以危险方法危害公共安全罪等规定定罪处罚；根据 2003 年 5 月 14 日最高人民法院、最高人民检察院《关于办理妨害预防、控制突发传染病疫情等灾害的刑事案件具体应用法律若干问题的解释》（以下简称《办理妨害预防、控制传染病疫情刑事案件解释》）的规定，故意传播突发传染病病原体，危害公共安全的，依照《刑法》第 114 条、第 115 条第 1 款的规定，按照以危险方法危害公共安全罪定罪处罚。当然，在上述两种场合，符合放火、爆炸、投放危险物质等罪的犯罪构成的，还是应当按照这些罪名论处，只有对不能认定为这些罪的危害公共安全的行为，才能按照以危险方法危害公共安全罪定罪处罚。和前述放火等罪相同的是，成立本罪只要求实施了以危险方法危害公共安全的行为，而无论是否发生了实际危害结果。

3. 本罪主体为年满 16 周岁并具有刑事责任能力的自然人。

4. 本罪主观方面可以是直接故意或者间接故意。

由上述可见，在认定和处理以危险方法危害公共安全罪的司法实践中，应当特别注意把握本罪中危险方法的危险性程度，即这里的危险方法并非是指任何有某种危险性的方法，而是与放火、决水、爆炸、投放危险物质的杀伤力与破坏性相同或者相当的方法。因此，对使用不具有这种危险程度的方法实施的行为，不能以本罪论处。

六、失火罪

（一）法律规定

《刑法》第 115 条第 2 款规定，过失犯前款罪（即前列《刑法》第 115 条第 1 款规定的放火罪）的，处 3 年以上 7 年以下有期徒刑；情节较轻的，处 3 年以下有期徒刑或者拘役。

（二）构成特征与司法实务

1. 本罪客体与放火罪相同。

2. 本罪客观方面表现为引起火灾并且造成致人重伤、死亡或者公私财产重大损失的严重后果的行为。仅有失火行为而没有发生严重后果的，不能构成失火罪。

3. 本罪主体为一般主体，即年满 16 周岁并具有辨认、控制能力的自然人。

4. 本罪主观方面为疏忽大意的过失或者过于自信的过失，即行为人应当预见自己的行为可能造成致人重伤、死亡或者公私财产重大损失的严重后果，但由于疏忽大意而没有预见，或者虽然已经预见但轻信能够避免，以致引起火灾，造成危害公共安全的严重后果发生。如果是由于不能预见或者不能抗拒的原因导致火灾发生的，不成立本罪。

在认定和处理失火罪的司法实践中，主要应注意失火罪与放火罪的界限。二者的主要区别在于放火罪的主观方面为故意，而本罪只能由过失心理态度构成。需要强调的是，这里的故意与过失，是就造成致人重伤、死亡或者致公私财产重大损失的严重后果而言的，因此，不能将因有意识的引火而导致火灾发生的行为都认为是放火，对其中既不希望也不放任危害结果发生，而是出于过失心理态度的行为，应以失火罪论处。但是，如果行为人最初由于过失而导致有火灾发生的危险且能够及时消除这种危险，但有意不予灭火任其燃烧，以致酿成灾难的，则应依据不作为犯罪的原理认定为放火罪而非失火罪。

七、过失决水罪

（一）法律规定

《刑法》第 115 条第 2 款规定，过失犯前款罪（即前列《刑法》第 115 条第 1 款规定的决水罪）的，处 3 年以上 7 年以下有期徒刑；情节较轻的，处 3 年以下有期徒刑或者拘役。

（二）构成特征

1. 本罪客体与前述放火罪相同。

2. 本罪客观方面表现为损坏水利设施或以其他方式引起水患，造成致人重伤、死亡或者使公私财产遭受重大损失的严重后果，危害公共安全的行为。仅有引起水患的行为而没有发生严重结果的，不能成立本罪。

3. 本罪的主体为一般主体。

4. 本罪主观方面为过失。

八、过失爆炸罪

（一）法律规定

《刑法》第 115 条第 2 款规定，过失犯前款罪（即前列《刑法》第 115 条第 1 款规定的爆炸罪）的，处3年以上7年以下有期徒刑；情节较轻的，处3年以下有期徒刑或者拘役。

（二）构成特征

1. 本罪客体与前述放火罪相同。

2. 本罪客观方面表现为引起爆炸，致人重伤、死亡或者使公私财产遭受重大损失，危害公共安全的行为。仅有引起爆炸发生的行为而没有造成严重结果的，不能构成本罪。

3. 本罪主体为一般主体。

4. 本罪主观方面为过失。

九、过失投放危险物质罪

（一）法律规定

《刑法》第115条第2款规定，过失犯前款罪（即前列《刑法》第115条第1款规定的投放危险物质罪）的，处3年以上7年以下有期徒刑；情节较轻的，处3年以下有期徒刑或者拘役。

（二）构成特征

1. 本罪客体与前述放火罪相同。

2. 本罪客观方面表现为实施了投放毒害性、放射性、传染病病原体等物质，致人重伤、死亡或者使公私财产遭受重大损失，危害公共安全的行为。若行为人仅有投放危险物质的行为，但并未造成严重后果，则不能构成本罪。

3. 本罪主体为一般主体。

4. 本罪主观方面只能是过失。

十、过失以危险方法危害公共安全罪

（一）法律规定

《刑法》第115条第2款规定，过失犯前款罪（即前列《刑法》第115条第1款规定的以危险方法危害公共安全罪）的，处3年以上7年以下有期徒刑；情节较轻的，处3年以下有期徒刑或者拘役。

（二）构成特征

1. 本罪的客体与前述放火罪相同。

2. 本罪客观方面表现为实施了失火、过失决水、过失爆炸、过失投放危险物质之外的以危险方法危害公共安全并造成致人重伤、死亡或者使公私财产遭受重大损失等严重后果的行为。根据《办理妨害预防、控制传染病疫情刑事案件解释》，患有突发传染病或者疑似突发传染病而拒绝接受检疫、强制隔离或者治疗，过失造成传染病传播，情节严重，危害公共安全的，按照过失以危险方法危害公共安全罪定罪处罚。

3. 本罪主体为一般主体。

4. 本罪主观方面为过失。

十一、破坏交通工具罪

（一）法律规定

《刑法》第116条规定："破坏火车、汽车、电车、船只、航空器，足以使火车、汽车、电车、船只、航空器发生倾覆、毁坏危险，尚未造成严重后果的，处3年以上10年以下有期徒刑。"

《刑法》第119条第1款规定："破坏交通工具、交通设施、电力设备、燃气设备、易燃易爆设备，造成严重后果的，处10年以上有期徒刑、无期徒刑或者死刑。"

（二）概念和构成特征

破坏交通工具罪，是指故意破坏火车、汽车、电车、船只、航空器，足以使其发生倾覆、毁坏危险或者已经造成严重后果的行为。

1. 本罪的客体是公共安全中的交通运输安全。本罪的对象根据法律规定限于正在使用的火车、汽车、电车、船只与航空器。因为只有破坏正在使用中的上述交通工具，才会危害到作为公共安全重要组成部分的交通运输安全。

2. 本罪在客观方面表现为破坏火车、汽车、电车、船只、航空器，足以使上述特定交通工具发生倾覆、毁坏危险或者造成严重后果的行为。在把握破坏交通工具罪客观方面的要件时应当注意：①被破坏的必须是正在使用中的法定交通工具，因为只有正在使用中的上述特定交通工具遭到破坏才能实际危害到交通运输安全。这里的"正在使用中"既包括交通工具正在行驶或航行中，也包括其已经被交付用户而停放在车库、码头、机场等处于随时可以启用的状态。如果破坏的对象并非正处于使用中，而是尚未检验出厂或者在修理厂、仓库待修、待售的交通工具，则不能构成本罪。②破坏交通工具的行为一般是指对上述特定交通工具的整体或者重要部件的破坏，不足以危害交通运输安全的破坏行为不包括在内。实际中破坏交通工具的行为方式是多种多样的，除了通常意义上破坏之外，窃取正在使用的特定交通工具的重要部件如制动装置以及劫持火车、电车的行为，也都会危及交通运输安全，因而可以成立本罪，但是对劫持航空器、汽车与船只的行为，因刑法已将其规定为独立的犯罪而不宜再以本罪论处。③破坏交通工具的行为必须具有足以使火车、汽车、电车、船只、航空器发生倾覆、毁坏的危险性。这里的"倾覆"是指火车出轨、汽车与电车颠覆、船只翻沉、航空器坠落等；"毁坏"是指使上述特定交通工具的性能丧失、报废或者受到其他重大毁损。这里的"足以发生倾覆、毁坏的危险性"则是指具有发生上述结果的直接现实可能性。需要指出的是，只要行为达到足以使上述特定交通工具发生倾覆、毁坏的危险的，即使尚未发生实际的交通工具倾覆、毁坏结果，也构成本罪。换言之，特定交通工具是否因破坏行为而倾覆、毁坏，只是刑罚裁量时考虑的情节，不影响破坏交通工具罪的成立。

3. 本罪的主体为一般主体。凡年满16周岁并具有辨认控制行为能力的自然人均可构成。

4. 本罪的主观方面为故意。即构成本罪，必须是出于明知自己破坏火车、汽车、电车、船只、航空器的行为会发生使其倾覆或者毁坏的结果，并且希望或者放任这样的结果发生的心理态度。至于行为人基于何种动机实施破坏行为，不影响本罪的构成。

（三）司法实务问题

1. 既遂与未遂的界限。由于破坏交通工具罪属于危害公共安全的危险犯，因此只要行为人将足以使正在使用的火车、汽车、电车、船只、航空器发生倾覆、毁坏危险的破坏交通工具行为实施完毕，即便没有发生实际的严重后果，也构成本罪的既遂。如果行为人在着手实行破坏交通工具的行为过程中由于意志以外的原因而被迫停止，尚未完成破坏行为的，则为本罪未遂。

2. 此罪与彼罪的界限。在司法实践中，破坏交通工具罪与其他犯罪的界限比较难以把握。一般而言，对于破坏未处于使用期的交通工具或者窃取以及采用其他方法破坏交通工具的非要害部位（不影响交通运输安全的部件、装置），根本不足以使火车、汽车、电车、船只、航空器发生倾覆、毁坏危险，但根据其危害程度需要追究刑事责任的，只能考虑以其他犯罪论处，而不能认定为本罪。

十二、破坏交通设施罪

（一）法律规定

《刑法》第 117 条规定："破坏轨道、桥梁、隧道、公路、机场、航道、灯塔、标志或者进行其他破坏活动，足以使火车、汽车、电车、船只、航空器发生倾覆、毁坏危险，尚未造成严重后果的，处 3 年以上 10 年以下有期徒刑。"

《刑法》第 119 条第 1 款规定："破坏交通工具、交通设施、电力设备、燃气设备、易燃易爆设备，造成严重后果的，处 10 年以上有期徒刑、无期徒刑或者死刑。"

（二）构成特征

1. 本罪的客体与破坏交通工具罪相同。其对象主要是轨道、桥梁、隧道、公路、机场、航道、灯塔、标志以及其他与保障交通运输安全有关的、正在使用中的交通设施。

2. 本罪客观方面表现为破坏交通设施或者进行其他破坏活动，足以使火车、汽车、电车、船只、航空器发生倾覆、毁坏危险或者已经造成严重后果的行为。破坏交通设施，是指一切使上述交通设施本身毁损或使其失去应有性能的行为，如拆卸铁轨、熄灭灯塔灯光、毁损交通标志、在公路或机场跑道上挖坑掘穴等。其他破坏活动，是指虽未直接破坏交通设施，但其行为本身足以使上述交通工具发生倾覆、毁坏危险的破坏性活动，如乱发交通指示信号、破坏机场空中管制系统的软件、私自改变火车停发时间表等。构成本罪，只要求破坏行为足以使上述交通工具具有发生倾覆、毁坏的危险即可，实际上致使交通工具倾覆与毁坏只是适用较重法定刑的条件。

3. 本罪主体为一般主体。

4. 本罪主观方面为故意，包括直接故意与间接故意。

十三、破坏电力设备罪

（一）法律规定

《刑法》第 118 条规定："破坏电力、燃气或者其他易燃易爆设备，危害公共安全，尚未造成严重后果的，处 3 年以上 10 年以下有期徒刑。"

《刑法》第 119 条第 1 款规定："破坏交通工具、交通设施、电力设备、燃气设备、易燃易爆设备，造成严重后果的，处 10 年以上有期徒刑、无期徒刑或者死刑。"

（二）构成特征

1. 本罪的客体为公共电力供应安全。其对象为正在使用中的公共电力设备，包括发电设备、供电设备、变电设备和输电设备及其配套设施，如发电机、变压器、调相机、输电电缆等。但破坏与公共电力供应安全无关的电力装置，如破坏家庭中用于停电时紧急照明的小型发电机的，不能构成本罪。

2. 本罪客观方面表现为破坏正在使用中的电力设备（包括已经通电使用，只是由于枯水季节或电力不足等原因而暂停使用的农用低压照明线路），足以造成或者已经造成严重后果，危害公共安全的行为。其行为形式可以是作为，如捣毁设备、盗割电线电缆等；也可以是不作为，如负有保障电力设备安全运行义务的人员发现事故隐患不予检修而导致电力设备遭到毁坏等。需要指出的是，只要行为人实施了危害公共安全的破坏电力设备行为，无论电力设备是否被实际破坏以及是否造成了严重后果，均可构成本罪。

3. 本罪主体为一般主体。

4. 本罪主观方面是故意，可以为直接故意，也可是间接故意。

十四、破坏易燃易爆设备罪

（一）法律规定

见前列《刑法》第 118 条、第 119 条第 1 款。

（二）构成特征

1. 本罪的客体为易燃易爆设备使用中的公共安全。其对象为正在使用中的燃气发生装置、燃气管道、锅炉、油井、加油站等。

2. 本罪客观方面表现为破坏正在使用中的易燃易爆设备，危害公共安全的行为。这种破坏行为形式上可以是作为，也可以是不作为，但以不作为形式构成破坏易燃易爆罪，必须是行为人负有保障易燃易爆设备安全运行的义务。与前述破坏电力设备罪一样，破坏易燃易爆设备罪的行为也可以是采用盗窃易燃易爆设备零部件的方式进行。而且，只要行为人实施了危害公共安全的破坏易燃易爆设备行为，无论电力设备是否被实际破坏以及是否造成了严重后果，均可构成本罪。

3. 本罪主体为一般主体。

4. 本罪主观方面是故意，包括直接故意和间接故意。

十五、过失损坏交通工具罪

（一）法律规定

《刑法》第 119 条第 2 款规定："过失犯前款罪（即前列《刑法》第 119 条第 1 款规定的破坏交通工具罪）的，处 3 年以上 7 年以下有期徒刑；情节较轻的，处 3 年以下有期徒刑或者拘役。"

（二）构成特征

1. 本罪客体及对象与破坏交通工具罪相同。

2. 本罪客观方面表现为实施了损坏火车、汽车、电车、船只、航空器的行为，且该行为已经导致发生严重后果。这里的发生严重后果，是指造成上述交通工具倾覆、毁坏等重大公私财产的损失或者多人伤亡的结果。如果只有损坏交通工具的行为，而未发生严重后果的，不能构成本罪。

3. 本罪主体为年满 16 周岁并具有刑事责任能力的自然人。

4. 本罪主观方面为过失，可以是疏忽大意的过失，也可以是过于自信的过失。

十六、过失损坏交通设施罪

（一）法律规定

《刑法》第 119 条第 2 款规定，过失犯前款罪（即前列《刑法》第 119 条第 1 款规定的破坏交通设施罪）的，处 3 年以上 7 年以下有期徒刑；情节较轻的，处 3 年以下有期徒刑或者拘役。

（二）构成特征

1. 本罪客体及对象与破坏交通设施罪相同。

2. 本罪客观方面表现为实施了损坏交通设施的行为，且该行为已经造成火车、汽车、电车、船只、航空器倾覆、毁坏以及人身伤亡等严重后果。只有损坏交通设施的行为，而未造成严重后果的，不能构成本罪。

3. 本罪主体为年满 16 周岁并具有刑事责任能力的自然人。

4. 本罪主观方面为过失，包括疏忽大意的过失与过于自信的过失。

十七、过失损坏电力设备罪

（一）法律规定

《刑法》第 119 条第 2 款规定，过失犯前款罪（即前列《刑法》第 119 条第 1 款规定的破坏电力设备罪）的，处 3 年以上 7 年以下有期徒刑；情节较轻的，处 3 年以下有期徒刑或者拘役。

（二）构成特征

1. 本罪客体及对象与破坏电力设备罪相同。

2. 本罪客观方面表现为实施了损坏电力设备的行为，且已经造成公私财产的重大损失或者人身伤亡的严重后果。没有发生严重后果的，不构成过失损坏电力设备罪。

3. 本罪主体为年满 16 周岁并具有刑事责任能力的自然人。

4. 本罪主观方面只能是过失，可以是疏忽大意的过失，也可以是过于自信的过失。

十八、过失损坏易燃易爆设备罪

（一）法律规定

《刑法》第119条第2款规定，过失犯前款罪（即前列《刑法》第119条第1款规定的破坏易燃易爆设备罪）的，处3年以上7年以下有期徒刑；情节较轻的，处3年以下有期徒刑或者拘役。

（二）构成特征

1. 本罪客体及对象与破坏易燃易爆设备罪相同。

2. 本罪客观方面表现为实施了损坏易燃易爆设备的行为，且已经造成公私财产的重大损失或者人身伤亡的严重后果。没有发生严重后果的，不构成过失损坏易燃易爆设备罪。

3. 本罪主体为年满16周岁并具有刑事责任能力的自然人。

4. 本罪主观方面仅限于过失，包括疏忽大意的过失和过于自信的过失。

十九、组织、领导、参加恐怖组织罪

（一）法律规定

《刑法》第120条规定："组织、领导恐怖活动组织的，处10年以上有期徒刑或者无期徒刑，并处没收财产；积极参加的，处3年以上10年以下有期徒刑，并处罚金；其他参加的，处3年以下有期徒刑、拘役、管制或者剥夺政治权利，可以并处罚金。犯前款罪并实施杀人、爆炸、绑架等犯罪的，依照数罪并罚的规定处罚。"

（二）概念和构成特征

组织、领导、参加恐怖组织罪，是指组织、领导、参加以进行恐怖活动为目的的组织的行为。本罪构成特征如下：

1. 本罪的客体为公共安全。由于恐怖组织以进行恐怖活动为目的，而恐怖活动以暴力、胁迫为必备手段，以特定或者不特定的多个人的生命、健康或者重大的公私财产为其对象，并以引起全社会的恐惧为其特点，因此，组织、领导和参加恐怖组织的行为本身就是对公共安全的严重侵犯。也正是为了维护公共安全，刑法才将组织、领导、参加恐怖组织的行为规定为犯罪行为。

2. 本罪客观方面表现为组织、领导、参加恐怖组织的行为。恐怖组织，是指3人以上出于政治诉求或者报复社会的意图，为实施爆炸、劫持交通工具、杀人、绑架等恐怖性的犯罪活动而结成的具有稳定性的犯罪组织。组织恐怖组织，是指发起成立恐怖活动组织，网罗恐怖活动组织成员等行为；领导恐怖组织，是指制订恐怖组织行动计划，布置恐怖活动任务或者指挥恐怖组织成员实施犯罪活动等；参加恐怖组织，则是指加入恐怖活动组织，使自己成为该组织成员的行为。这里的参加行为有积极参加与一般参加之区别。积极参加通常表现为不仅本人参加，还鼓动、拉拢他人与自己一起参加恐怖组织或者在恐怖组织中起骨干作用等。由于所起的作用

不同，积极参加者与其他参加者的法定刑幅度也不同。需要指出的是，上述组织、领导和参加三种行为只要行为人实施了其中一种，即构成本罪，事实上是否开始实施具体的恐怖活动，不影响犯罪的成立；对先后或同时实施了其中两种或两种以上行为的，也只能以一罪论处。

3. 本罪主体为自然人一般主体。即凡年满 16 周岁并具有刑事责任能力的自然人，均可以构成这一犯罪。至于行为人是本国人还是外国人或无国籍的人，对成立本罪不发生影响。

4. 组织、领导、参加恐怖组织罪的主观方面限于故意，即只有行为人明知自己组织、领导或者参加的是恐怖组织仍决意为之，才能构成本罪。假如某人因无知而误入恐怖活动组织，了解真相后退出的，不构成这一犯罪；但如果在误入后发现该组织是以实施恐怖活动为目的但仍不退出，继续参加活动的，则完全符合本罪主观方面的要求，构成参加恐怖组织罪。

（三）司法实务问题

1. 本罪与组织、领导、参加一般犯罪集团的界限。两者区分的关键在于组织、领导、参加的犯罪组织性质不同。如前所述，恐怖组织是以实施引起社会恐怖的犯罪活动为目的的特殊犯罪组织。这种组织所实施的犯罪活动是不特定的，包括各种各样的恐怖活动，如爆炸、投放危险物质、破坏交通工具或者其他公用设备与设施、劫持航空器、杀人、绑架等。一般犯罪集团则是以实施特定的犯罪为目的的犯罪组织，其实施的犯罪通常而言也都是确定的，如抢劫犯罪集团以抢劫财物为目的，实际上只实施特定的抢劫犯罪行为；贩卖毒品集团以贩毒为目的，实际上也只是实施贩卖毒品以及与贩毒有关的特定犯罪行为。正是因为如此，对组织、领导、参加一般犯罪集团的，应按行为人所实施的具体犯罪性质定罪处罚，而对组织、领导、参加以实施各种恐怖活动为目的的恐怖组织的，均应以本罪论处。

2. 组织、领导、参加恐怖组织罪既遂与未遂的界限。一般而言，凡完成了组织、领导和参加恐怖活动组织的行为的，均成立本罪既遂；已经着手组织、领导、参加恐怖活动组织，但由于意志以外的原因而使行为未能完成的，构成本罪的未遂。至于行为人后来是否实际实施了杀人等具体的恐怖活动，对成立本罪既遂没有影响。

3. 组织、领导、参加恐怖组织罪一罪与数罪的界限。根据刑法关于本罪的规定，对仅实施了组织、领导、参加恐怖组织的行为，而尚未实施具体的恐怖活动的，应按本罪一罪论处。如果行为人在组织、领导、参加恐怖组织后，又实施了杀人、爆炸、绑架等具体犯罪活动的，则应以本罪与行为人所实施的其他具体犯罪实行数罪并罚。

二十、帮助恐怖活动罪

（一）法律规定

《刑法》第 120 条之一规定："资助恐怖活动组织、实施恐怖活动的个人的，或者资助恐怖活动培训的，处 5 年以下有期徒刑、拘役、管制或者剥夺政治权利，并处罚金；情节严重的，处 5 年以上有期徒刑，并处罚金或者没收财产。为恐怖活动组织、实施恐怖活动或者恐怖活动培训招募、运送人员的，依照前款的规定处罚。单位犯前两款罪的，对单位判处罚金，并对其直接负责的主管人员和其他直接责任人员，依照第 1 款的规定处罚。"

（二）构成特征

1. 本罪客体为公共安全。

2. 本罪客观方面表现为资助恐怖活动组织、实施恐怖活动的个人或者恐怖活动培训的行为。这里的资助，是指通过提供场所、经费等物质条件的方式支持和帮助恐怖组织或实施恐怖活动的个人，可以是事先的资助，也可以是事中的资助，还可以是事后的资助。其资助的对象既可以是国内的恐怖组织和实施恐怖活动的个人，也可以是国外的恐怖组织和实施恐怖活动的个人，但资助实施其他犯罪活动的组织或个人的，不成立本罪。根据《刑法修正案（九）》的规定，本罪的手段特征不限于资助行为，还包括资助以外的法定帮助行为。如为恐怖活动组织或者实施恐怖活动的个人提供培训、招募或者运送帮助行为的，同样构成帮助恐怖活动罪。需要指出的是，资助恐怖活动组织、实施恐怖活动的个人或者恐怖活动培训的行为以及为恐怖活动组织、实施恐怖活动或者恐怖活动培训招募、运送人员的行为既然属于本罪的实行行为，就不再与被帮助者的行为一起构成共同犯罪。此外，本罪的行为仅限于资助恐怖组织、实施恐怖活动的个人或者恐怖活动培训以及为恐怖活动组织、实施恐怖活动或者恐怖活动培训招募、运送帮助，如果行为人超出帮助的范围，直接参与组织、领导恐怖组织或积极参加恐怖组织活动的，则另外构成组织、领导、参加恐怖组织罪及其他相关犯罪，应当以数罪论处。

3. 本罪的主体既可以是年满 16 周岁并具有刑事责任能力的自然人，也可以是单位。

4. 本罪的主观方面为故意，即明知是恐怖活动组织或者实施恐怖活动的个人仍予以资助。

二十一、准备实施恐怖活动罪

（一）法律规定

《刑法》第 120 条之二规定："有下列情形之一的，处 5 年以下有期徒刑、拘役、管制或者剥夺政治权利，并处罚金；情节严重的，处 5 年以上有期徒刑，并处罚金或者没收财产：①为实施恐怖活动准备凶器、危险物品或者其他工具的；②组织恐怖活动培训或者积极参加恐怖活动培训的；③为实施恐怖活动与境外恐怖活动组织或者人员联络的；④为实施恐怖活动进行策划或者其他准备的。有前款行为，同时构成其他犯罪的，依照处罚较重的规定定罪处罚。"

（二）概念和构成特征

准备实施恐怖活动罪，是指以进行恐怖活动为目的的准备行为。本罪具有如下构成特征：

1. 本罪的客体为公共安全。恐怖活动本身具有严重的危害公共安全的社会危害性。为了维护公共安全的需要，我国不但将实施恐怖活动的行为规定为犯罪，也将准备实施恐怖活动的行为独立入罪，体现了针对恐怖活动打早打小的立法宗旨。

2. 本罪的客观方面表现为行为人为实施恐怖活动实施了准备工具、创造条件的行为。具体表现在：行为人前期为了实施恐怖活动或者为了其他组织、个人实施的恐怖活动，准备凶器、危险物品或者其他工具；组织恐怖活动培训或者积极参加恐怖活动培训；与境外恐怖活动组织或者人士进行联络；进行恐怖活动策划或者其他准备的行为。

3. 本罪主体为自然人一般主体。即凡年满16周岁并具有刑事责任能力的自然人，均可以构成这一犯罪。

4. 本罪的主观方面表现为故意，即行为人对自己的准备行为具有明确的认知，希望通过前期的准备行为为实施恐怖活动提供各种帮助或者便利条件。只有行为人具有为实施恐怖活动提供便利条件的明确认识，并且希望自己的行为达到这种效果的，才能构成本罪。

（三）司法实务问题

需要注意本罪构成的具体条件，区别本罪与一般的宗教活动、受极端恐怖组织胁迫被动进行培训或者其他不具有恐怖目的的行为。只有行为人对自己行为具有为恐怖活动进行准备的明确认知，并且积极地实施准备行为的才能构成恐怖活动犯罪。不具有为实施恐怖活动进行准备的行为，即使在客观方面表现为准备凶器、进行培训，也不能认定为准备恐怖活动罪。应区别准备实施恐怖活动罪与组织、领导、参加恐怖组织罪的预备形态。为实施恐怖活动准备工具、创造条件本是组织、领导、参加恐怖组织罪的预备形态，但是基于恐怖活动的特殊性以及我国反恐的刑事政策，我国《刑法修正案（九）》将此种预备行为独立规定为准备实施恐怖活动罪。

二十二、宣扬恐怖主义、极端主义、煽动实施恐怖活动罪

（一）法律规定

《刑法》第120条之三规定："以制作、散发宣扬恐怖主义、极端主义的图书、音频视频资料或者其他物品，或者通过讲授、发布信息等方式宣扬恐怖主义、极端主义的，或者煽动实施恐怖活动的，处5年以下有期徒刑、拘役、管制或者剥夺政治权利，并处罚金；情节严重的，处5年以上有期徒刑，并处罚金或者没收财产。"

（二）构成特征

1. 本罪的客体是公共安全。恐怖主义、极端主义严重威胁人们正常的生活与生产秩序，宣扬或煽动实施上述行为同样威胁到社会的稳定，威胁到人民生命健康和社会重大财产安全。

2. 本罪的客观方面表现为行为人实施宣扬、煽动的行为。行为人宣扬恐怖主义、极端主义，或者煽动实施恐怖活动表现为制作、散发宣扬恐怖主义、极端主义的图书、音频视频资料或者其他物品，或者讲授、发布恐怖主义、极端主义信息等。

3. 本罪的主体为自然人一般主体。即凡年满 16 周岁并具有刑事责任能力的自然人，均可以构成这一犯罪。

4. 本罪的主观方面表现为直接故意。即行为人实施宣扬、煽动行为，希望被煽动者实施恐怖主义活动或者其他危害公共安全的行为。

二十三、利用极端主义破坏法律实施罪

（一）法律规定

《刑法》第 120 条之四规定："利用极端主义煽动、胁迫群众破坏国家法律确立的婚姻、司法、教育、社会管理等制度实施的，处 3 年以下有期徒刑、拘役或者管制，并处罚金；情节严重的，处 3 年以上 7 年以下有期徒刑，并处罚金；情节特别严重的，处 7 年以上有期徒刑，并处罚金或者没收财产。"

（二）概念和构成特征

利用极端主义破坏法律实施罪，是指利用极端主义，采取煽动、胁迫或者其他方法破坏国家法律制度实施的行为。本罪具有如下构成特征：

1. 本罪的客体为公共安全和国家法律确立的婚姻、司法、教育、社会管理等制度。法律是社会机制正常运行的重要保障，极端主义具有根本的反对法律的特征，极端主义破坏法律实施的行为，严重危及社会经济秩序和社会公共安全，因此将其纳入刑法规制的范畴。

2. 本罪的客观方面表现为利用极端主义，煽动、胁迫群众破坏法律实施的行为。具体表现为以极端主义思想为依托，采取煽动、胁迫、引诱、欺骗等方法鼓动群众对抗国家法律制度的实施。

3. 本罪的主体为自然人一般主体。即凡年满 16 周岁并具有刑事责任能力的自然人，均可以构成这一犯罪。

4. 本罪的主观方面表现为故意，本罪要求行为人对煽动、胁迫行为具有明确认知，并且希望通过煽动、胁迫等方式达到破坏法律实施的目的。

二十四、强制穿戴宣扬恐怖主义、极端主义服饰、标志罪

（一）法律规定

《刑法》第 120 条之五规定："以暴力、胁迫等方式强制他人在公共场所穿着、佩戴宣扬恐怖主义、极端主义服饰、标志的，处 3 年以下有期徒刑、拘役或者管制，并处罚金"。

（二）构成特征

1. 本罪的客体是公共秩序和个人人身自由。强制他人在公共场所穿戴宣扬恐怖主义、极端主义服饰标志不利于社会主义秩序和稳定，也侵犯了公民个人的人身自由。

2. 本罪的客观方面表现为以暴力、胁迫等方式强制他人在公共场所穿着、佩戴宣扬恐怖主义、极端主义服饰、标志，危害社会安全的行为。这里的暴力、胁迫等强制手段，是指足以使被强制人在身体或者心理上产生恐惧，以至于被迫穿戴宣扬

恐怖主义、极端主义服饰、标志的手段。

3. 本罪的主体为自然人一般主体。即凡年满 16 周岁并具有刑事责任能力的自然人，均可以构成这一犯罪。

4. 本罪的主观方面为故意，并且仅限于直接故意。

二十五、非法持有宣扬恐怖主义、极端主义物品罪

（一）法律规定

《刑法》第 120 条之六规定："明知是宣扬恐怖主义、极端主义的图书、音频视频资料或者其他物品而非法持有，情节严重的，处 3 年以下有期徒刑、拘役或者管制，并处或者单处罚金。"

（二）构成特征

1. 本罪的客体是公共安全和他人人身自由。恐怖主义、极端主义物品危及社会主义社会和谐稳定，非法持有宣扬恐怖主义、极端主义物品破坏了我国社会管理秩序，危及社会公共安全。

2. 本罪的客观方面表现为持有宣扬恐怖主义、极端主义的图书、音频视频资料或者其他物品。

3. 本罪的主体为自然人一般主体。即凡年满 16 周岁并具有刑事责任能力的自然人，均可以构成这一犯罪。

4. 本罪的主观方面表现为故意，只有行为人明知是宣扬恐怖主义、极端主义的图书、音频视频资料或者其他物品，而希望持有或者放任不管的，才构成非法持有宣扬恐怖主义、极端主义物品罪。

二十六、劫持航空器罪

（一）法律规定

《刑法》第 121 条规定："以暴力、胁迫或者其他方法劫持航空器的，处 10 年以上有期徒刑或者无期徒刑；致人重伤、死亡或者使航空器遭受严重破坏的，处死刑。"

（二）概念和构成特征

劫持航空器罪，是指以暴力、胁迫或者其他方法劫持航空器，危害航空运输安全的行为。本罪具有如下构成特征：

1. 本罪的客体为航空运输安全，即乘客与机组人员的生命安全及包括航空器本身在内的重大财产安全。本罪对象为正在使用中或者飞行中的航空器（包括飞机及其他用于飞行的航空器）。根据《国际民用航空公约》（亦称《芝加哥公约》）的规定，航空器分为国家航空器和民用航空器。国家航空器是指用于军事、海关或者警察部门的航空器。国家航空器以外的以载运乘客、货物、邮件等公共航空运输业务为宗旨的航空器，称民用航空器。现实生活中被劫持的一般是民用航空器，因此国际社会先后制定了《东京公约》《海牙公约》和《蒙特利尔公约》三个反空中劫持的国际公约，将劫持民用航空器的行为规定为国际犯罪行为。我国已批准加入以上

三个公约，在刑法中规定劫持航空器罪，体现了我国坚决惩治这一国际公认的恐怖犯罪的决心。需要指出的是，从我国刑法规定来看，本罪的对象并未被限定为民用航空器，因此一般而言，劫持国家航空器的行为，在一定场合也可以构成劫持航空器罪。具体讲，在我国领域内劫持或者我国公民在国外劫持任何航空器的，均应认定为本罪；但外国人在我国领域外实施劫持他国航空器的行为，只有该航空器属于民用性质的，我国刑法才具有管辖权，才能对行为人以劫持航空器罪论处。另外还应注意，所劫持的必须为正在使用中或者飞行中的航空器，尚未投入使用或已经报废的航空器，不能成为本罪的对象。根据《蒙特利尔公约》第2条的规定，从地面人员或机组为某一特定飞行而对航空器进行飞行前的准备时起，直到降落后24小时为止，该航空器均应被认为是正在使用中。航空器从装载完毕，机舱外部各门均已关闭时起，直至打开任何一机舱门以便卸载时止，应视为在飞行中；航空器被迫降落时，在主管当局接管该航空器及机上人员与财产的责任之前，视为仍在飞行中。在认定航空器是否处于使用或飞行状态时，应参照上述国际公约所规定的标准。

2. 本罪的客观方面表现为以暴力、胁迫或者其他方法劫持航空器，危害航空运输安全的行为。这里的暴力，是指采用各种对机组人员或乘客实施袭击或者身体强制的手段，如枪击、刀砍、殴打、捆绑等；胁迫是指以将要实施暴力加害而对机组人员或其他人员进行心理强制的手段，如以炸毁航空器、杀害伤害机上人员相威胁等；其他方法则是指暴力、胁迫之外的使机组人员不能反抗、不知反抗的手段，如麻醉驾驶人员等。这里的劫持主要表现为两种情况：一种是劫夺航空器；另一种是强行控制航空器的航行。应当明确的是，只要行为人实施了以暴力、胁迫或者其他方法劫持航空器的行为，即成立本罪。实际上是否劫夺到航空器以及是否控制了航空器的航行，对这一犯罪的构成没有影响。

3. 本罪的主体为自然人一般主体。凡年满16周岁并具有刑事责任能力的自然人，无论是中国人，还是外国人或无国籍的人，均能构成这一犯罪。

4. 本罪的主观方面为故意。即成立本罪，必须是行为人明知自己劫持航空器的行为会发生危害航空运输安全的严重后果，并且希望或者放任这样的结果发生。从实际情况看，劫持航空器的行为人总是出于特定的动机，或者是要非法逃往境外，或者是以此要挟政府，迫使其满足劫持者政治上、经济上的要求，但动机如何对构成本罪不产生影响。

（三）司法实务问题

在认定和处理劫持航空器的司法实践中，应当注意区分本罪与破坏交通工具罪的界限。二者的区别主要有：①犯罪故意的内容不同。本罪的意图为劫持即强行控制航空器，而破坏交通工具罪的犯罪故意内容是使航空器等交通工具倾覆或者毁坏。②行为表现有所不同。本罪表现为使用暴力、胁迫或者其他方法劫持航空器的行为，而破坏交通工具罪的行为则表现为采用各种破坏手段使航空器等交通工具遭受倾覆、毁坏的危险。因此，对在劫持航空器过程中使航空器遭到破坏的，只能以本罪论处，不能认定为破坏交通工具罪。

二十七、劫持船只、汽车罪

（一）法律规定

《刑法》第 122 条规定："以暴力、胁迫或者其他方法劫持船只、汽车的，处 5 年以上 10 年以下有期徒刑；造成严重后果的，处 10 年以上有期徒刑或者无期徒刑。"

（二）构成特征

1. 本罪的客体为公共交通运输安全。其对象限于正在使用中的船只与汽车，一般应将这里的船只理解为大型的机动船只。劫持火车、电车的行为不能成立这一犯罪。

2. 本罪的客观方面表现为以暴力、胁迫或者其他方法劫持船只、汽车的行为，并且只要是实施了劫持行为，即构成这一犯罪。是否实际劫持到船只、汽车以及是否导致人身伤亡或者公私财产的严重损失，只是适用法定刑时需要考虑的情节，不影响劫持船只、汽车罪的成立。

3. 本罪的主体为年满 16 周岁并具有刑事责任能力的自然人。

4. 本罪的主观方面为故意，即行为人必须明知劫持船只、汽车的行为会发生危害公共交通运输安全的严重后果，并且希望或放任这种危害结果的发生。至于劫持的动机如何，对成立本罪没有影响。

二十八、暴力危及飞行安全罪

（一）法律规定

《刑法》第 123 条规定："对飞行中的航空器上的人员使用暴力，危及飞行安全，尚未造成严重后果的，处 5 年以下有期徒刑或者拘役；造成严重后果的，处 5 年以上有期徒刑。"

（二）构成特征

1. 本罪的客体为航空器的飞行安全。其对象为飞行中的航空器（对飞行中的含义请参见前面关于劫持航空器罪的相关解释）上的人员，包括机组人员与其他人员。

2. 本罪客观方面表现为对飞行中的航空器上的人员使用暴力，危及飞行安全的行为。这里的危及飞行安全，是指行为足以使飞行中的航空器发生坠落危险的情形。暴力行为不危及飞行安全的，不能认定为本罪。至于暴力行为是否造成严重后果，只是适用量刑幅度时需要考虑的情节，对成立本罪没有影响。

3. 本罪主体为年满 16 周岁并具有刑事责任能力的自然人。

4. 本罪的主观方面为故意，包括直接故意和间接故意。过失导致飞行中的航空器上的人员伤害，危及飞行安全的，不能以本罪论处。

二十九、破坏广播电视设施、公用电信设施罪

（一）法律规定

《刑法》第 124 条第 1 款规定："破坏广播电视设施、公用电信设施，危害公共安全的，处 3 年以上 7 年以下有期徒刑；造成严重后果的，处 7 年以上有期徒刑。"

（二）构成特征

1. 本罪客体为公共安全即公共通信与信息传播安全。其对象为正在使用中的广播电视设施和公用电信设施，具体包括发射无线电广播信号的发射台、站，传播图像等信息的电视发射台、转播台，无线电发报设备、设施，电话交换局、台、站及无线电通信网络，用于航海、航空的无线电通信、导航设备、设施等。

2. 本罪客观方面表现为破坏广播电视设施、公用电信设施，危害公共安全的行为。破坏行为的具体方式是多种多样的，既可以是作为形式的捣毁设备、设施，拆卸设备的零部件，截断信号传输线路，删除、修改、增加电信网络计算机信息系统中存储、处理或者传输的数据和应用程序等；也可以是不作为形式的破坏，如检修人员发现广播电视设施、公用电信设施出现故障而有毁坏危险，且在能够排除故障的情况下不予修理等。不论采取何种破坏方式，只要是影响广播电视设施、公用电信设施正常运行和正常发挥功能，危害公共安全的，即可构成本罪。根据 2004 年 12 月 30 日最高人民法院《关于审理破坏公用电信设施刑事案件具体应用法律若干问题的解释》，行为人实施破坏公用电信设施的行为，有下列情形之一的，即属于构成本罪所要求的"危害公共安全"：①造成火警、匪警、医疗急救、交通事故报警、救灾、抢险、防汛等通信中断或者严重障碍，并因此贻误救助、救治、救灾、抢险等，致使人员死亡 1 人、重伤 3 人以上或者造成财产损失 30 万元以上的；②造成 2000 以上不满 1 万用户通信中断 1 小时以上，或者 1 万以上用户通信中断不满 1 小时的；③在一个本地网范围内，网间通信全阻、关口局至某一局向全部中断或网间某一业务全部中断不满 2 小时或者直接影响范围不满 5 万（用户×小时）的；④造成网间通信严重障碍，一日内累计 2 小时以上不满 12 小时的；⑤其他危害公共安全的情形。如果危害超出了上列前四种情形的上限，则属于造成严重后果的犯罪，应适用较高档次的量刑幅度。[1] 对破坏广播电视设施的案件，亦可参照上述指标来掌握构成犯罪的标准。

3. 本罪主体为年满 16 周岁并具有刑事责任能力的自然人。

4. 本罪主观方面为故意，包括直接故意与间接故意。行为的动机不影响本罪的构成。

三十、过失损坏广播电视设施、公用电信设施罪

（一）法律规定

《刑法》第 124 条第 2 款规定，过失犯前款罪（即前列《刑法》第 124 条第 1 款规定的破坏广播电视设施、公用电信设施罪）的，处 3 年以上 7 年以下有期徒刑；情节较轻的，处 3 年以下有期徒刑或者拘役。

---

〔1〕 具体参见 2004 年最高人民法院《关于审理破坏公用电信设施刑事案件具体应用法律若干问题的解释》第 2 条的规定。

（二）构成特征

1. 本罪客体及对象与破坏广播电视设施、公用电信设施罪相同。

2. 本罪的客观方面表现为行为人实施了损坏广播电视设施、公用电信设施的行为，并且造成了严重后果。没有造成严重后果的，不能成立本罪。

3. 本罪主体为年满 16 周岁并具有刑事责任能力的自然人。

4. 本罪主观方面为过失，包括疏忽大意的过失与过于自信的过失。

三十一、非法制造、买卖、运输、邮寄、储存枪支、弹药、爆炸物罪

（一）法律规定

《刑法》第 125 条第 1 款规定："非法制造、买卖、运输、邮寄、储存枪支、弹药、爆炸物的，处 3 年以上 10 年以下有期徒刑；情节严重的，处 10 年以上有期徒刑、无期徒刑或者死刑。"

《刑法》第 125 条第 3 款规定，单位犯前两款罪（本条第 2 款规定的原为非法买卖、运输核材料罪，后被《刑法修正案（三）》修改为非法制造、买卖、运输、储存危险物质罪）的，对单位判处罚金，并对其直接负责的主管人员和其他直接责任人员，依照第 1 款的规定处罚。

（二）概念和构成特征

非法制造、买卖、运输、邮寄、储存枪支、弹药、爆炸物罪，是指违反国家对枪支、弹药、爆炸物的管制规定，擅自制造、买卖、运输、邮寄、储存枪支、弹药、爆炸物的行为。其构成特征如下：

1. 本罪客体是国家为维护公共安全而确立的对枪支、弹药、爆炸物的管理制度。其对象为枪支、弹药、爆炸物。枪支是指《枪支管理法》中规定的以火药或者压缩气体等为动力，利用管状器具发射金属弹丸或者其他物质，足以致人伤亡或者丧失知觉的各种枪支，包括：军用的手枪、步枪、冲锋枪、机枪；射击运动用的各种枪支；狩猎用的有膛线枪、霰弹枪、火药枪；麻醉动物用的注射枪、电击枪以及催泪枪和能发射金属弹丸的气枪等。此处的弹药，是指上述枪支所用的弹药。这里的爆炸物则既包括军用爆炸物如地雷、炸弹、手榴弹等，也包括《民用爆炸物品安全管理条例》中所规定的各类炸药、雷管、导火索、导爆索、非电导爆系统、起爆药、爆破剂等。但是对烟花爆竹等娱乐性物品，不宜视为本罪的对象。由上述可见，枪支、弹药、爆炸物是具有强大杀伤力与破坏力的物品，失控后将会对社会和人民群众的安全造成巨大的威胁，故国家从维护公共安全的考虑出发，确立了十分严格的枪支、弹药、爆炸物管理秩序并通过刑法手段来维护这种秩序。因此，本罪的客体说到底是社会的公共安全。

2. 本罪客观方面表现为非法制造、买卖、运输、邮寄、储存枪支、弹药、爆炸物的行为。这里的非法制造，是指未经国家有关部门批准，擅自制造枪支、弹药、爆炸物，其方式包括制作、组装、修理、改装和拼装等；可以用机器批量生产，也可以手工制造。非法买卖，是指未经有关部门批准，以金钱或者实物作价私自购买

或者销售枪支、弹药、爆炸物的行为。行为人实施非法购买或非法销售两种行为中一种的，即可成立本罪；但对既非法购买又非法销售枪支、弹药、爆炸物的，也只能认定为一个非法"买卖"行为。非法运输，是指未经批准，私自将枪支、弹药、爆炸物从甲地运往乙地的行为，其方式可以是随身携带，也可以是托运；可以是陆路运输，也可以是水运或空运。但对非法运输枪支、弹药进出国（边）境的，应以走私枪支、弹药罪论处。非法邮寄，是指违反国家有关部门许可，通过邮政部门寄递枪支、弹药、爆炸物的行为。这里的非法邮寄同样仅限于境内，否则应认定为走私枪支、弹药罪。非法储存，是指明知是他人非法制造、买卖、运输、邮寄的枪支、弹药、爆炸物而为其存放的行为。需要说明的是，根据故意犯罪形态的原理，只要行为人着手非法制造、买卖、运输、邮寄、储存枪支、弹药、爆炸物的，不论其是否完成了行为，均构成本罪。另外，行为人实施上述五种行为中一种的，即成立犯罪，实施了其中两种以上行为的，也只构成一罪，不适用数罪并罚的规定。

3. 本罪的主体可以是年满16周岁并具有刑事责任能力的自然人，也可以是非法制造、买卖、运输、邮寄、储存枪支、弹药、爆炸物的单位。根据最高人民法院《关于审理非法制造、买卖、运输枪支、弹药、爆炸物等刑事案件具体应用法律若干问题的解释》（以下简称《审理枪支、弹药、爆炸物案件法律问题解释》）的规定，具有生产爆炸物品资格的单位不按规定的品种制造，或者具有销售、使用爆炸物品资格的单位超过限额买卖炸药、发射药、黑火药达一定数量的，亦构成本罪。另外，对介绍买卖枪支、弹药、爆炸物的，应以本罪的共犯论处。

4. 本罪的主观方面为故意，即明知是非法制造、买卖、运输、邮寄、储存枪支、弹药、爆炸物的行为而有意为之。如果是受人蒙蔽利用，在不知情的场合实施上述行为的，不构成本罪。

（三）司法实务问题

1. 罪与非罪的界限。依照前述《审理枪支、弹药、爆炸物案件法律问题解释》的规定，对非法制造、买卖、运输、邮寄、储存军用枪支与以火药为动力发射枪弹的非军用枪支1支以上、手榴弹1枚以上或者爆炸装置，或者其他枪支、弹药、爆炸物达到较大数量，以及多次非法制造、买卖、运输枪支、弹药、爆炸物或者虽然数量小但具有造成严重后果等其他恶劣情节的，应以本罪追究刑事责任。对非法制造、买卖、运输、邮寄、储存成套枪支散件的，以相应数量的枪支计；非成套枪支散件则以每30件为一成套枪支散件计。而根据上述司法解释及最高人民法院《对执行〈关于审理非法制造、买卖、运输枪支、弹药、爆炸物等刑事案件具体应用法律若干问题的解释〉有关问题的通知》，行为人为了自己在生产或日常生活中使用而非法制造、买卖、运输少量爆炸物品，没有造成严重后果且不具有其他恶劣情节的，以及在前述《审理枪支、弹药、爆炸物案件法律问题解释》施行（2001年5月16日施行，2009年11月9日修正）以前，因生产、生活所需非法制造、买卖、运输枪支、弹药爆炸物没有造成严重社会危害，经教育确有悔改表现的，可视为情节显著轻微、危害不大的行为而不以犯罪论处。

2. 罪行一般与情节严重的界限。由于本罪有两个量刑幅度，分别适用于一般的非法制造、买卖、运输、邮寄、储存枪支、弹药、爆炸物罪与情节严重的该罪两种情况，因此，准确把握住情节严重的认定标准，对于正确适用刑法所规定的法定刑具有重要意义。根据前述《审理枪支、弹药、爆炸物案件法律问题解释》的规定，对非法制造、买卖、运输、邮寄、储存军用枪支或以火药为动力发射枪弹的非军用枪支 5 支以上或者以压缩气体等为动力的其他非军用枪支 10 支以上，军用子弹 50 发以上、气枪铅弹 2500 发以上或者其他非军用子弹 500 发以上，手榴弹 3 枚以上或者爆炸物品数量大的，非法制造、买卖、运输、邮寄、储存爆炸装置危害严重的，或者非法制造、买卖、运输、邮寄、储存枪支、弹药、爆炸物的数量达到成立本罪的最低数量标准并具有造成严重后果等其他恶劣情节的，应认定为情节严重的非法制造、买卖、运输、邮寄、储存枪支、弹药、爆炸物罪，从而适用 10 年以上有期徒刑、无期徒刑或者死刑这一量刑幅度。

三十二、非法制造、买卖、运输、储存危险物质罪

（一）法律规定

《刑法》第 125 条第 2 款规定，非法制造、买卖、运输、储存毒害性、放射性、传染病病原体等物质，危害公共安全的，依照前款的规定（即前列《刑法》第 125 条第 1 款对非法制造、买卖、运输、邮寄、储存枪支、弹药、爆炸物罪的规定）处罚。

《刑法》第 125 条第 3 款规定，单位犯前两款罪的，对单位判处罚金，并对其直接负责的主管人员和其他直接责任人员，依照第 1 款（即前列《刑法》第 125 条第 1 款）的规定处罚。

（二）构成特征

1. 本罪客体是国家为维护公共安全而确立的对危险物质的管理制度。其对象为毒害性、放射性、传染病病原体等危险物质，对这里的危险物质含义的理解及范围的把握请参见前面在投放危险物质罪中的论述。

2. 本罪客观方面表现为非法制造、买卖、运输、储存毒害性、放射性、传染病病原体等危险物质的行为。非法制造，是指违反国家有关规定，擅自制造毒害性、放射性、传染病病原体等物质；非法买卖，是指违反规定，私自购买或者出售上述危险物质；非法运输，是指违反规定，擅自将上述危险物质从甲地运往乙地；非法储存，是指违反规定，私自储藏、存放上述危险物质。根据故意犯罪形态的原理，只要行为人着手非法制造、买卖、运输、储存毒害性、放射性、传染病病原体等危险物质的，不论其是否完成了行为，均构成本罪。另外，行为人实施上述各种行为中一种的，即成立犯罪，实施了其中两种以上行为的，也只构成一罪，不予以数罪并罚。

3. 本罪主体既可以是已满 16 周岁并具有刑事责任能力的自然人，也可以是单位。

4. 本罪主观方面限于故意，即明知是非法制造、买卖、运输、储存毒害性、放射性、传染病病原体等危险物质的行为而有意为之，才能构成本罪。至于动机如何，对成立本罪一般没有什么影响。

三十三、违规制造、销售枪支罪

（一）法律规定

《刑法》第 126 条规定："依法被指定、确定的枪支制造企业、销售企业，违反枪支管理规定，有下列行为之一的，对单位判处罚金，并对其直接负责的主管人员和其他直接责任人员，处 5 年以下有期徒刑；情节严重的，处 5 年以上 10 年以下有期徒刑；情节特别严重的，处 10 年以上有期徒刑或者无期徒刑：①以非法销售为目的，超过限额或者不按照规定的品种制造、配售枪支的；②以非法销售为目的，制造无号、重号、假号的枪支的；③非法销售枪支或者在境内销售为出口制造的枪支的。"

（二）构成特征

1. 本罪的客体是国家为维护公共安全而确立的对枪支制造、销售的管理制度。其对象为以火药或者压缩气体等为动力，利用管状器具发射金属弹丸或者其他物质，足以致人伤亡或者丧失知觉的各种枪支。

2. 本罪客观方面表现为违反枪支管理规定而制造、销售枪支的行为，包括三种情况：①超过限额或者不按规定的品种制造、配售枪支；②制造无号、重号、假号的枪支；③非法销售枪支或者在境内销售为出口制造的枪支。以上三种情况，行为人只要具备其中一种，即构成本罪；实施了两种或两种以上行为的，也只成立违规制造、销售枪支罪一罪。

3. 本罪主体仅限于依法被指定、确定的枪支制造、销售企业，其他企业或者个人擅自制造、销售枪支的，构成《刑法》第 125 条规定的非法制造、买卖枪支罪。

4. 本罪主观方面为直接故意，并且行为人必须以非法销售枪支为目的。

（三）司法实务问题

在认定和惩处违规制造、销售枪支罪的司法实践中，主要应注意区分罪与非罪的界限以及把握《刑法》第 126 条所规定的情节严重和情节特别严重的确定标准。根据前述《审理枪支、弹药、爆炸物案件法律问题解释》的规定，只有违规制造枪支 5 支以上或违规销售枪支 2 支以上，或者虽未达到上述最低数量标准，但具有造成了严重后果等其他恶劣情节的，才能构成本罪，否则不能以这一犯罪论处。这里的情节严重，是指违规制造枪支 20 支以上或违规销售枪支 10 支以上，或者达到构成本罪的最低数量标准并且具有造成了严重后果等其他恶劣情节的。情节特别严重则是指违规制造枪支 50 支以上或者违规销售枪支 30 支以上，或者达到前述情节严重所要求的最低数量标准，并且具有造成了严重后果等其他恶劣情节的。

三十四、盗窃、抢夺枪支、弹药、爆炸物、危险物质罪

（一）法律规定

《刑法》第127条规定："盗窃、抢夺枪支、弹药、爆炸物的，或者盗窃、抢夺毒害性、放射性、传染病病原体等物质，危害公共安全的，处3年以上10年以下有期徒刑；情节严重的，处10年以上有期徒刑、无期徒刑或者死刑。抢劫枪支、弹药、爆炸物的，或者抢劫毒害性、放射性、传染病病原体等物质，危害公共安全的，或者盗窃、抢夺国家机关、军警人员、民兵的枪支、弹药、爆炸物的，处10年以上有期徒刑、无期徒刑或者死刑。"

（二）构成特征

1. 本罪的客体为公共安全。其对象为枪支、弹药、爆炸物及毒害性、放射性、传染病病原体等危险物质。

2. 本罪客观方面表现为盗窃、抢夺枪支、弹药、爆炸物、危险物质的行为。盗窃，是指行为人利用自认为不为人知的方法秘密窃取枪支、弹药、爆炸物或者危险物质；抢夺是指行为人乘人不备，公然夺取枪支、弹药、爆炸物或者危险物质。行为人实施了上述两种行为中的一种，即构成本罪。

3. 本罪主体为年满16周岁并且具有刑事责任能力的自然人。

4. 本罪的主观方面为故意，即行为人明知是枪支、弹药、爆炸物、危险物质而意图非法占有。不具有这样的心理态度的，不构成本罪。

（三）司法实务问题

在认定和惩处盗窃、抢夺枪支、弹药、爆炸物、危险物质罪的司法实践中，应注意区分罪与非罪的界限和把握《刑法》第127条规定的情节严重的确定标准。根据前述《审理枪支、弹药、爆炸物案件法律问题解释》的规定，凡盗窃、抢夺以火药为动力发射枪弹的非军用枪支1支以上或以压缩气体等为动力的其他非军用枪支2支以上、军用子弹10发以上、气枪子弹500发以上或其他非军用子弹100发以上，炸药、发射药、黑火药1000克以上或者烟火药3000克以上、雷管30枚以上或者导火索、导爆管30米以上的，盗窃、抢夺爆炸装置的，或者盗窃、抢夺枪支、弹药、爆炸物虽未达到上述最低数量标准但具有造成了严重后果等其他恶劣情节的，应以本罪论处。对未达到上述数量要求且不具有其他恶劣情节的，则不能认定为盗窃、抢夺枪支、弹药、爆炸物、危险物质罪。这里的情节严重，是指盗窃、抢夺军用枪支、手榴弹的；盗窃、抢夺爆炸装置危害严重的；盗窃、抢夺非军用枪支、子弹或炸药、发射药等爆炸物的数量达到前述构成犯罪所需的最低数量标准5倍以上的，或者其数量达到前述构成犯罪所需的最低数量标准，并且具有造成了严重后果等其他恶劣情节的。需要指出的是，盗窃、抢夺枪支散件的，应按前面在非法制造、买卖、运输、邮寄、储存枪支、弹药、爆炸物罪中提到的计算标准掌握。

三十五、抢劫枪支、弹药、爆炸物、危险物质罪

（一）法律规定

见前列《刑法》第 127 条第 2 款。

（二）构成特征

1. 本罪的客体为公共安全及枪支、弹药、爆炸物、危险物质持有者、保管者的人身权利。其对象为枪支、弹药、爆炸物以及毒害性、放射性、传染病病原体等危险物质。

2. 本罪客观方面表现为以暴力、胁迫或者其他方法，强行劫取枪支、弹药、爆炸物、危险物质的行为。这里的暴力，是指对枪支、弹药、爆炸物、危险物质的持有者、保管者实施殴打、伤害、捆绑等人身袭击或强制；胁迫是指以实施暴力相威胁从而达到对枪支、弹药、爆炸物、危险物质的持有者、保管者精神上的强制；其他方法，是指采用暴力、威胁之外的表现为使枪支、弹药、爆炸物、危险物质的持有者、保管者不能反抗或不知反抗的方法，如用酒精、药物等麻醉相关人员之后取走其持有、保管的枪支、弹药、爆炸物、危险物质，等等。行为人只要实施了抢劫枪支、弹药、爆炸物、危险物质的行为，即构成本罪。至于是否实际劫取到枪支、弹药、爆炸物、危险物质，以及该枪支、弹药、爆炸物、危险物质是否为合法控制者所控制，对成立本罪不发生影响。

3. 本罪主体为年满 16 周岁并具有刑事责任能力的自然人。

4. 本罪主观方面为故意，即成立本罪，必须是行为人明知是枪支、弹药、爆炸物、危险物质而实施抢劫行为，如果由于认识上的错误将枪支、弹药、爆炸物、危险物质当成一般财物而进行抢劫的，不能以本罪论处。

三十六、非法持有、私藏枪支、弹药罪

（一）法律规定

《刑法》第 128 条第 1 款规定："违反枪支管理规定，非法持有、私藏枪支、弹药的，处 3 年以下有期徒刑、拘役或者管制；情节严重的，处 3 年以上 7 年以下有期徒刑。"

（二）构成特征

1. 本罪客体是国家为维护公共安全而确立的枪支、弹药管理制度。其对象为各种公务用枪、民用枪支及其弹药。

2. 本罪客观方面表现为违反枪支管理规定，非法持有、私藏枪支、弹药的行为。这里的非法持有，是指不符合配备、配置枪支、弹药条件的人员，违反枪支管理法律、法规的规定，擅自拥有枪支、弹药的行为。非法私藏枪支、弹药，则是指依法配备、配置枪支、弹药的人员，在配备、配置枪支、弹药的条件消除后，违反枪支管理法律、法规的规定，私自藏匿所配备、配置的枪支、弹药且拒不交出的行为。行为人实施上述两种行为之一的，即构成本罪。

3. 本罪主体除应当年满 16 周岁并具有刑事责任能力外，还必须是不符合配备、

配置枪支、弹药条件的人员（就非法持有枪支、弹药而言）和已经丧失原来具备的配备、配置枪支、弹药的条件的人员（就非法私藏枪支、弹药而言）。

4. 本罪主观方面为故意，即成立本罪，必须是行为人明知是枪支、弹药而非法持有、私藏。至于动机如何，不影响构成这一犯罪。

（三）司法实务问题

在认定和惩处非法持有、私藏枪支、弹药罪的司法实践中，主要应当注意区分罪与非罪的界限、一罪与数罪的界限以及罪行一般与情节严重的界限。根据前述《审理枪支、弹药、爆炸物案件法律问题解释》的规定，凡非法持有、私藏军用枪支或以火药为动力发射枪弹的非军用枪支 1 支或者以压缩气体为动力的其他非军用枪支 2 支以上、军用子弹 20 发以上或气枪铅弹 1000 发以上或者其他非军用子弹 200 发以上或者手榴弹 1 枚以上的，或者非法持有、私藏的弹药造成人员伤亡、财产损失的，应当以本罪追究刑事责任；对非法持有、私藏枪支、弹药未达到上述数量标准且未造成上述后果的，则不能以犯罪论处。在一罪与数罪的界限方面需要指出的是，对非法制造、购买、盗窃、抢夺或者抢劫枪支、弹药后又非法持有的，应按吸收犯的处理原则以非法制造、买卖枪支、弹药罪或盗窃、抢夺枪支、弹药罪或者抢劫枪支、弹药罪一罪论处，不实行数罪并罚。至于非法持有、私藏枪支、弹药罪情节严重的情况，则是指非法持有、私藏军用枪支或以火药为动力发射枪弹的非军用枪支 2 支以上或者以压缩气体为动力的其他非军用枪支 5 支以上、军用子弹 100 发以上或气枪铅弹 5000 发以上，或者其他非军用子弹 1000 发以上、手榴弹 3 枚以上的，或者非法持有、私藏枪支、弹药达到前述构成本罪所要求的最低数量标准并具有造成了严重后果等其他恶劣情节的。至于非法持有、私藏枪支散件时如何确定枪支的数量，请参见前面在非法制造、买卖、运输、邮寄、储存枪支、弹药、爆炸物罪的计算公式。

三十七、非法出租、出借枪支罪

（一）法律规定

《刑法》第 128 条第 2 款规定，依法配备公务用枪的人员，非法出租、出借枪支的，依照前款（即前列规定非法持有、私藏枪支、弹药罪的《刑法》第 128 条第 1 款）的规定处罚。

《刑法》第 128 条第 3 款规定，依法配置枪支的人员，非法出租、出借枪支，造成严重后果的，依照第 1 款（即前列规定非法持有、私藏枪支、弹药罪的《刑法》第 128 条第 1 款）的规定处罚。

《刑法》第 128 条第 4 款规定，单位犯第 2 款、第 3 款罪的，对单位判处罚金，并对其直接负责的主管人员和其他直接责任人员，依照第 1 款的规定处罚。

（二）构成特征

1. 本罪的客体是国家为维护公共安全而确立的枪支管理制度。其对象为公务用枪和配置枪支。

2. 本罪客观方面表现为非法出租、出借公务用枪或者非法出租、出借配置枪支造成严重后果的行为。这里的非法出租，是指行为人违反枪支管理规定，以牟利为目的，将依法配备的公务用枪或者合法配置的枪支私自有偿出租给他人的行为；非法出借，是指行为人违反枪支管理规定，无偿地将依法配备的公务用枪或合法配置的枪支出借给他人的行为。根据 1998 年 11 月 3 日最高人民检察院《关于将公务用枪用作借债质押的行为如何适用法律问题的批复》，违反法律规定，将公务用枪用作借债质押物，使枪支处于非依法持枪人的控制、使用之下的，也属于非法出借枪支行为的一种方式。需要指出的是，就本罪的构成而言，只要行为人实施了非法出租、出借公务用枪的行为，即成立犯罪；而非法出租、出借配置枪支的行为，必须是造成了严重后果才能构成犯罪。这里的严重后果，一般是指配置枪支的租借人利用租借的枪支进行了强奸、抢劫、杀人、伤害等犯罪活动。

3. 本罪主体既可以是自然人特殊主体，也可以是特定的单位。就自然人主体而言，成立本罪，行为人除必须年满 16 周岁并具有刑事责任能力外，还必须是依法配备公务用枪或依法配置枪支的人员；就单位主体而言，则必须是依法配备公务用枪或依法配置枪支的单位。

4. 本罪主观方面为故意，即行为人明知依法配备、配置的枪支不能租借给他人而有意予以出租、出借。但要强调的是，在这种场合，行为人出租、出借枪支的意图只能是供他人用于非犯罪活动。如果明知他人租借枪支是为了实施杀人、抢劫等犯罪活动而将依法配备的公务用枪或配置枪支提供给他人的，则不能认定为本罪，而应按他人所实施犯罪的共犯论处。

三十八、丢失枪支不报罪

（一）法律规定

《刑法》第 129 条规定："依法配备公务用枪的人员，丢失枪支不及时报告，造成严重后果的，处 3 年以下有期徒刑或者拘役。"

（二）构成特征

1. 本罪的客体是国家为维护公共安全而确立的枪支管理制度，其对象为公务用枪。

2. 本罪客观方面表现为行为人丢失公务用枪不及时报告，且其行为造成了严重后果。这里的丢失是指枪支遗失、被盗、被骗、被抢等情况。不及时报告，是指发现枪支丢失后不立即向有关部门报告。至于不及时报告的时间标准，目前尚无明确的法律规定。有著述认为，行为人自知道丢失枪支起 24 小时内没有报告的，一般就属于不及时报告。[1]这种理解是否妥当，尚需要进一步研究。这里的严重后果则是指丢失的枪支被他人用于犯罪活动或者因枪支丢失而造成工作上的重大损失等。

3. 本罪主体为自然人特殊主体，即除年满 16 周岁并具有刑事责任能力外，行

───────────────

[1] 参见孙国祥主编：《刑法学》，科学出版社 2002 年版，第 329 页。

为人还必须是依法配备公务用枪的人员。

4. 本罪主观方面就所造成的严重后果而言应当为过失。至于行为人未及时履行报告义务的行为，则一般是有意为之。

三十九、非法携带枪支、弹药、管制刀具、危险物品危及公共安全罪

（一）法律规定

《刑法》第 130 条规定："非法携带枪支、弹药、管制刀具或者爆炸性、易燃性、放射性、毒害性、腐蚀性物品，进入公共场所或者公共交通工具，危及公共安全，情节严重的，处 3 年以下有期徒刑、拘役或者管制。"

（二）构成特征

1. 本罪客体为公共安全。其对象为枪支、弹药、管制刀具和危险物品。这里的枪支、弹药的范围与前述相同。管制刀具是指国务院批准、公安部颁发的《对部分刀具实行管制的暂行规定》中所列的刀具，如匕首、三棱刀（包括机械加工用的三棱刮刀）、带有自锁装置的弹簧刀（跳刀），以及其他类似的单刃、双刃、三棱尖刀等。危险物品，则是指爆炸性、易燃性、放射性、毒害性、腐蚀性物品，如雷管、炸药、煤油、黄磷、镭、铀、剧毒农药、硫酸等。

2. 本罪客观方面表现为非法携带枪支、弹药、管制刀具、危险物品进入公共场所或者公共交通工具，危及公共安全，情节严重的行为。这里的公共场所是指民航机场、火车站、公共汽车站、广场、公园、影剧院等公众活动和出入的场所。公共交通工具是指民用航空器、火车、公共汽车、电车、轮船等用于公共交通运输的交通工具。行为人非法携带枪支、弹药、管制刀具、危险物品进入上述公共场所和公共交通工具，显然危及公共安全。至于这里的情节严重，按前述《审理枪支、弹药、爆炸物案件法律问题解释》，是指：非法携带枪支、手榴弹或者爆炸装置的；非法携带炸药、发射药、黑火药 500 克以上或者烟火药 1000 克以上、雷管 20 枚以上或者导火索、导爆索 20 米以上的；非法携带的弹药、爆炸物在公共场所或者公共交通工具上发生爆炸或者燃烧而尚未造成严重后果的；具有其他严重情节的。需要强调指出的是，根据《审理枪支、弹药、爆炸物案件法律问题解释》的规定，若行为人非法携带炸药、发射药、黑火药、烟火药、雷管、导火索或导爆索进入公共场所或者公共交通工具，虽未达到上述数量标准，但拒不交出的，也应视为情节严重的情况，从而认定为本罪。反之，如果行为人非法携带的爆炸物的数量虽然达到上述情节严重要所求的最低数量标准，但能够主动、全部交出的，则可不以犯罪论处。此外，对于非法携带枪支散件进入公共场所和公共交通工具，达到前面非法制造、买卖、运输、邮寄、储存枪支、弹药、爆炸物罪中的确定支数标准的，也应以非法携带枪支论处。

3. 本罪主体为年满 16 周岁并具有刑事责任能力的自然人。

4. 本罪主观方面为故意。动机如何通常不影响本罪的成立，但如果是为劫持航空器、船只、汽车或为实施爆炸、杀人、抢劫而携带枪支、弹药、管制刀具、危险

物品进入公共场所或者公共交通工具的，则应以相应的犯罪论处，而不再适用本罪的规定。

四十、重大飞行事故罪

(一) 法律规定

《刑法》第 131 条规定："航空人员违反规章制度，致使发生重大飞行事故，造成严重后果的，处 3 年以下有期徒刑或者拘役；造成飞机坠毁或者人员死亡的，处 3 年以上 7 年以下有期徒刑。"

(二) 构成特征

1. 本罪客体为航空运输安全。

2. 本罪客观方面表现为行为人实施违反规章制度的行为，致使发生重大飞行事故，造成了严重后果。这里的违反规章制度是指违反《民用航空法》及其他保障航空运输安全的各种规章制度。重大飞行事故，是指航空器在飞行过程中因人为的原因而发生的重大事故。造成严重后果，是指使航空器或其他航空设施受到严重损坏，致人重伤或者造成公私财产重大损失等。对造成航空器坠毁或者使航空器上人员及其他人员死亡的，则应适用本罪较重的量刑幅度。

3. 本罪主体为自然人特殊主体，即除年满 16 周岁并具有刑事责任能力外，行为人还必须是航空人员，包括驾驶员、领航员、飞行机械人员、飞行通信人员、乘务人员等空勤人员以及航空器维修人员、空中交通管制人员与航空电台通信人员等地面人员。航空人员之外的人员不能构成本罪。

4. 本罪主观方面限于过失，包括疏忽大意的过失和过于自信的过失。对造成的严重后果出于故意心理状态的，不能成立本罪。

四十一、铁路运营安全事故罪

(一) 法律规定

《刑法》第 132 条规定："铁路职工违反规章制度，致使发生铁路运营安全事故，造成严重后果的，处 3 年以下有期徒刑或者拘役；造成特别严重后果的，处 3 年以上 7 年以下有期徒刑。"

(二) 构成特征

1. 本罪客体为铁路运输安全。

2. 本罪客观方面表现为行为人实施违反规章制度的行为，且致使发生重大铁路运营事故，造成了严重后果。这里的违反规章制度，是指违反《铁路法》及其他保障铁路运输安全的各种规章制度；铁路运输安全事故是指在铁路运输过程中因人为原因而发生的重大事故；造成严重后果，则一般是指造成火车出轨、倾覆、机车毁坏、人员伤亡或使公私财产遭受重大损失等。

3. 本罪主体为自然人特殊主体，即除年满 16 周岁并具有刑事责任能力外，行为人还必须是铁路职工，包括火车司机、扳道员、机车及轨道检修人员、调度员以及其他具体从事铁路运营业务、与铁路运营安全具有直接关系的人员。

4. 本罪主观方面为过失，可以是疏忽大意的过失或者过于自信的过失。如果行为人对所造成的严重后果持故意心理态度的，不能认定为该罪。

四十二、交通肇事罪

（一）法律规定

《刑法》第 133 条规定："违反交通运输管理法规，因而发生重大事故，致人重伤、死亡或者使公私财产遭受重大损失的，处 3 年以下有期徒刑或者拘役；交通运输肇事后逃逸或者有其他特别恶劣情节的，处 3 年以上 7 年以下有期徒刑；因逃逸致人死亡的，处 7 年以上有期徒刑。"

（二）概念和构成特征

交通肇事罪，是指违反交通运输管理法规，因而发生重大事故，致人重伤、死亡或者使公私财产遭受重大损失的行为。本罪具有如下特征：

1. 本罪客体为交通运输安全，包括陆路交通运输安全、水路交通运输安全和空中交通运输安全。换言之，交通肇事罪在客体方面与前述重大飞行事故罪和铁路运营安全事故罪属于包容与被包容的关系，因此，虽然本罪主要是指发生在空中交通运输和铁路运输以外的陆路和水路交通运输中的重大责任事故，对航空人员和铁路职工在航空运输和铁路运营中发生重大责任事故，应按重大飞行事故罪和铁路运营安全事故罪追究刑事责任，但是，这并不妨碍对非航空人员和非铁路职工导致的重大飞行事故和铁路运营安全事故以交通肇事罪论处。

2. 本罪在客观方面表现为行为人实施了违反交通运输管理法规的行为，且因而发生重大事故，造成致人重伤、死亡或者使公私财产遭受重大损失的结果。

（1）必须是行为违反了交通运输管理法规。这里的交通运输管理法规，主要是指公路、水上交通运输中的各种交通规则与操作规程等，如《内河避碰规则》《道路交通安全法实施条例》以及其他相关规定，同时也包括航空、铁路交通运输中的各种管理法规。违反交通运输管理法规的行为可以表现为作为，也可以表现为不作为。作为的方式如酒后开车、超速驾驶、强行超车等，不作为的方式如通过交叉道口不示警、夜间航行不开照明灯、经过岔路口不减速等。

（2）必须是行为造成重大事故，致人重伤、死亡或者使公私财产遭受重大损失，否则不构成这一犯罪。

（3）重大事故必须发生于公共交通管理的范围，在公共交通管理的范围外驾驶机动车辆或者使用其他交通工具作业致人伤亡或致使公共财产或者他人财产遭受重大损失的，不能以交通肇事罪追究刑事责任。

（4）违反交通运输管理法规的行为与重大事故之间必须具有因果关系，即被害人重伤、死亡或者公私财产重大损失的后果是由违反交通运输管理法规的行为引起的，二者之间不存在因果关系的，也不能认定为本罪。

3. 本罪主体为自然人一般主体，即凡年满 16 周岁并具有刑事责任能力的人，无论是交通运输人员还是其他人员，均可以成立本罪。但如前所述，航空人员违章造成重大飞行事故的，因另外构成《刑法》第131条规定的重大飞行事故罪而不再对其以本罪论处；铁路职工违章造成铁路运营安全事故的，也因另外构成铁路运营安全事故罪而不再认定为本罪。除此以外，任何符合上述自然人一般主体条件的人员违反交通运输管理法规，因而造成公路重大事故、水上重大事故、重大飞行事故或者铁路运营安全事故的，均成立本罪。单位主管人员、机动车辆所有人或者承包人指示、强令他人违章驾驶造成重大事故，达到构成犯罪程度的，以交通肇事罪定罪处罚。[1]

4. 本罪主观方面限于过失，包括疏忽大意的过失与过于自信的过失。详言之，行为人应当预见自己违反交通运输管理法规的行为可能发生重大交通事故，但因为疏忽大意而没有预见或者已经预见而轻信能够避免，以致发生这样的结果。至于行为人实施违反交通运输管理法规的行为，如无驾驶资格驾驶机动车辆或驾驶明知是无牌证或者已报废的机动车辆等，则常常是有意为之的。但是，不能因为行为人对交通运输管理法规的明知故犯而认为本罪属于或者包含了故意犯罪。因为作为刑法中罪过形式的故意或过失都是针对行为引起的危害结果而言的，而本罪行为人对所造成重大事故并不具有希望或者放任其发生的心理态度，所以从刑法的意义上讲仍然属于过失犯罪。如果行为人主观上对于造成重大损害的结果是出于希望或者放任其发生的故意心理态度，则不能构成本罪，而应当对其以相关故意犯罪追究刑事责任。

（三）司法实务问题

1. 罪与非罪的界限。一般而言，区分交通肇事案件中罪与非罪的界限，主要应把握三点：①行为人虽然违反了交通运输管理法规，但没有造成重大事故的，不能认定为犯罪；②行为虽然造成了严重后果，但行为人客观上没有违反交通运输管理法规，主观上没有过失，严重结果是由于行为人不能预见或者不能抗拒的原因所引起的，也不能认定为犯罪；③发生交通事故的原因往往非常复杂，在许多场合，常常是行为人与受害人均有过错，这时如果行为人对事故不应负全部责任或者主要责任的，一般情况下也不能以犯罪论处。详言之，根据2000年11月15日最高人民法院《关于审理交通肇事刑事案件具体应用法律若干问题的解释》（以下简称《审理交通肇事刑事案件法律问题解释》）的规定，交通肇事致死亡1人或者重伤3人以上并负事故全部责任或者主要责任的，致死亡3人以上并负事故同等责任的，或者造成公私财产直接损失并负事故全部或者主要责任且无能力赔偿数额在30万元（各省、自治区、直辖市高级人民法院可根据本地实际情况在这一幅度内确定本地区的起点数额标准，并报最高人民法院备案）以上的，应认定为交通肇事罪。此外，对交通肇事致1人以上重伤并负事故全部或者主要责任且有下列情形之一的，也应以

---

[1] 参见2000年11月15日最高人民法院《关于审理交通肇事刑事案件具体应用法律若干问题的解释》第7条。

交通肇事罪论处：①酒后、吸食毒品后驾驶机动车辆的；②无驾驶资格驾驶机动车辆的；③明知是安全装置不全或者安全机件失灵的机动车辆而驾驶的；④明知是无牌证或已报废的机动车辆而驾驶的；⑤严重超载驾驶的；⑥为逃避法律追究逃离事故现场的。

2. 交通肇事罪与其他危害公共安全罪的界限。

（1）本罪与过失损坏交通工具罪的界限。本罪是违反交通运输管理法规的行为，过失损坏交通工具罪表现为直接损坏火车、汽车、电车、船只与航空器的行为；本罪只能发生在交通运输（包括合法的与非法的交通运输）或者与交通运输有直接关系的场合，过失损坏交通工具罪则没有这种限制。

（2）本罪与以危险方法危害公共安全罪的界限。本罪在主观上为过失，而如果故意驾驶机动车辆冲撞行人的，则构成以危险方法危害公共安全罪。

（3）本罪与重大飞行事故罪、铁路运营安全事故罪的界限。如前所述，重大飞行事故罪只能发生在航空运输飞行过程中，其主体是特定的航空人员；铁路运营安全事故罪只能发生在铁路运输过程中，其主体是特定的铁路员工。本罪则可以发生在一切公共交通的场合，其主体为一般主体。因此，可以说规定本罪的法条与规定重大飞行事故罪、铁路运营安全事故罪的法条之间存在普通法与特别法的关系，即法条竞合关系，故按特别法优于普通法的原则，凡符合重大飞行事故罪、铁路运营安全事故罪犯罪构成的，不能再以本罪论处。

3. 交通肇事情节特别恶劣与逃逸致人死亡的含义。根据《刑法》第133条的规定，一般的交通肇事罪与情节特别恶劣的交通肇事罪以及与因逃逸致人死亡的交通肇事罪的法定刑是不相同的，故把握情节特别恶劣与逃逸致人死亡的含义对于正确选择适用交通肇事罪的具体量刑幅度具有重要的意义。这里的情节特别恶劣，是指交通运输肇事后逃逸或者具有其他特别恶劣的情节。根据前述《审理交通肇事刑事案件法律问题解释》，交通运输肇事后逃逸，是指行为人交通运输肇事行为构成犯罪，在发生交通事故后为逃避法律追究而逃跑的。其他特别恶劣的情节是指：①致人死亡2人以上或者重伤5人以上，负事故全部或者主要责任的；②致人死亡6人以上，负事故同等责任的；③造成公共财产或者他人财产直接损失，负事故全部或者主要责任，无能力赔偿数额在60万元（具体起点数额标准由各省、自治区、直辖市高级人民法院根据本地实际情况确定后报最高人民法院备案）以上的。这里的因逃逸致人死亡，是指行为人在交通肇事后为逃避法律追究而逃跑，致使被害人因得不到救助而死亡的情形。此外，交通肇事后，单位主管人员、机动车辆所有人、承包人或者乘车人指示肇事人逃逸，致使被害人得不到救助而死亡的，也应以交通肇事罪论处。另外，如果行为人在交通肇事后为逃避法律追究，将被害人带离事故现场后隐匿或者遗弃，致使被害人根本无法得到救助而死亡或者为逃避救治责任而对被害人进行二次碾压的，则对行为人不能仅以交通肇事罪论处，还应以故意杀人罪追究其刑事责任。

四十三、危险驾驶罪

（一）法律规定

《刑法》第133条之一规定："在道路上驾驶机动车，有下列情形之一的，处拘役，并处罚金：①追逐竞驶，情节恶劣的；②醉酒驾驶机动车的；③从事校车业务或者旅客运输，严重超过额定乘员载客，或者严重超过规定时速行驶的；④违反危险化学品安全管理规定运输危险化学品，危及公共安全的。机动车所有人、管理人对前款第3项、第4项行为负有直接责任的，依照前款的规定处罚。有前两款行为，同时构成其他犯罪的，依照处罚较重的规定定罪处罚。"

（二）概念和构成特征

危险驾驶罪是指具有下列情形之一，危害公共安全的行为：在道路上驾驶机动车追逐竞驶，情节恶劣的；在道路上醉酒驾驶机动车的；严重超过额定乘员载客，或者严重超过规定时速行驶的；违反规定运输危险化学品的。

1. 本罪在客观方面表现为四种情况：①在道路上驾驶机动车追逐竞驶，情节恶劣的；②在道路上醉酒驾驶机动车的；③从事校车业务或者旅客运输，严重超过额定乘员载客，或者严重超过规定时速行驶的；④违反危险化学品安全管理规定运输危险化学品，危及公共安全的。

（1）"道路"，是指公路、城市道路和虽在单位管辖范围但允许社会机动车通行的地方，包括广场、公共停车场等用于公众通行的场所。

（2）机动车，是指以动力装置驱动或者牵引，上道路行驶的供人员乘用或者用于运送物品以及进行工程专项作业的轮式车辆。

（3）校车，是指依照《校车安全管理条例》取得使用许可，用于接送接受义务教育的学生上下学的7座以上的载客汽车。接送小学生的校车应当是按照专用校车国家标准设计和制造的小学生专用校车。

（4）追逐竞驶，即我们俗称的飙车，是指两辆以上的机动车在道路上以超过限速的方式驾驶，争相追逐。

（5）醉酒驾驶，指车辆驾驶人员血液中的酒精含量大于或者等于80mg/100ml的驾驶行为，也就是说，是否醉酒驾驶，采用的是客观标准。

（6）危险化学品，是指具有毒害、腐蚀、爆炸、燃烧、助燃等性质，对人体、设施、环境具有危害的剧毒化学品和其他化学品。具体参见国务院公布的危险化学品目录。

（7）情节恶劣，一般指在繁忙的路段驾驶、机动车的速度远远超过限速等情形。也就是说，看追逐竞驾的行为是否情节恶劣，主要看这个行为是否可能导致严重的人身伤亡或财产损失的结果。

2. 本罪在主观方面表现为过失。虽然行为人危险驾驶的心态是明知故犯，但对危险驾驶可能导致的危险状态，却是过失的心态，既不希望也不放任，而是自认为不会有危险。

四十四、重大责任事故罪

（一）法律规定

《刑法》第 134 条第 1 款规定："在生产、作业中违反有关安全管理的规定，因而发生重大伤亡事故或者造成其他严重后果的，处 3 年以下有期徒刑或者拘役；情节特别恶劣的，处 3 年以上 7 年以下有期徒刑。"

（二）构成特征

1. 本罪客体为生产、作业安全。

2. 本罪的客观方面表现为行为人在生产、作业中实施了违反有关安全管理规定的行为，致使发生重大伤亡事故或者造成其他严重后果。

（1）行为必须违反了同保障生产、作业安全有关的管理规定，如劳动纪律、操作规程和劳动保护法规等，如果行为人并没有违反有关安全管理规定，而是由于技术条件或设备条件的限制才未能避免事故的发生，自然不能构成重大责任事故罪。

（2）必须致使发生重大伤亡事故或者造成了其他严重后果。根据司法实践经验，重大伤亡事故是指违反有关重大责任管理规定的行为造成死亡 1 人以上或者重伤 3 人以上的事故；其他严重后果是指因违反生产、作业安全管理规定而造成的直接经济损失（即因事故而造成的建筑、设备、产品毁坏、损失以及因人身伤亡而支付的医疗、丧葬、抚恤费用等）数额巨大或者使生产、作业受到其他重大损失的。对没有发生如此严重后果或者行为与严重后果之间没有因果关系的，也不能认定为犯罪。

（3）必须发生在生产、作业活动中。如果重大事故的发生与生产、作业活动没有关系，则不能以本罪论处。例如，根据前述《审理交通肇事刑事案件法律问题解释》，在属于公共交通管理范围以外的工厂、矿山、码头内因违反机动车辆安全作业管理规定而造成重大事故的，应认定为本罪；在公共交通管理范围内，因违反交通运输管理法规造成重大事故构成犯罪的，则应以交通肇事罪追究刑事责任。

3. 本罪主体除符合自然人一般主体条件外，还必须是直接从事生产、作业的人员，包括工人、技术人员等。根据司法实践经验，除一般企业的生产、作业人员外，劳改企业中直接从事生产、作业的在押犯人、无照施工经营者以及群众合作经营组织或个体经营户的从业人员，也可以成为本罪主体。

4. 本罪主观方面为过失，即行为人应当预见自己违反有关安全管理规定的行为可能发生伤亡事故或其他严重结果，但因为疏忽大意而没有预见或者已经预见而轻信能够避免，以致发生这样的结果。至于行为人实施违反有关安全管理规定的行为，如违章操作、冒险作业等，则常常是有意为之的，但这并不妨碍本罪属于过失犯罪范畴。

四十五、强令违章冒险作业罪

（一）法律规定

《刑法》第 134 条第 2 款规定："强令他人违章冒险作业，因而发生重大伤亡事故或者造成其他严重后果的，处 5 年以下有期徒刑或者拘役；情节特别恶劣的，处 5

年以上有期徒刑。"

（二）构成特征

1. 本罪客体与重大责任事故罪相同。

2. 本罪客观方面表现为行为人实施了强令他人违章冒险作业的行为，且该行为致使发生重大伤亡事故或者造成其他严重后果。这里的强令不限于打骂，采用经济手段诸如扣发工资、奖金或者以开除相威胁而命令他人违章冒险作业的，也符合本罪客观行为的要求。

3. 本罪主体除符合自然人一般主体条件外，还必须是在生产、作业中直接从事领导、指挥的人员，如厂长、矿长、项目经理、私人窑主等。

4. 本罪主观方面为过失，即行为人应当预见自己强令他人违章冒险作业的行为可能发生伤亡事故或者其他严重后果，但因为疏忽大意而没有预见或者已经预见而轻信能够避免，以致发生这种结果的主观心理态度。

四十六、重大劳动安全事故罪

（一）法律规定

《刑法》第 135 条规定："安全生产设施或者安全生产条件不符合国家规定，因而发生重大伤亡事故或者造成其他严重后果的，对直接负责的主管人员和其他直接责任人员，处 3 年以下有期徒刑或者拘役；情节特别恶劣的，处 3 年以上 7 年以下有期徒刑。"

（二）构成特征

1. 本罪客体为生产安全。

2. 本罪客观方面表现为单位的安全生产设施或者安全生产条件不符合国家规定，因而致使发生重大伤亡事故或者造成其他严重后果。安全生产设施与安全生产条件，是指用于保护生产者生命和健康的各种设施、设备、用品及条件。国家为了保护生产者的安全，针对不同行业的特点规定了安全生产设施与安全生产条件的具体标准。违反国家规定的标准致使发生重大伤亡事故或者造成其他严重后果的，即符合本罪客观要件的要求。

3. 本罪主体除符合自然人一般主体条件外，还必须是单位对安全生产直接负责的主管人员和其他直接责任人员。

4. 本罪主观方面为过失，包括疏忽大意的过失与过于自信的过失。

四十七、大型群众性活动重大安全事故罪

（一）法律规定

《刑法》第 135 条之一规定："举办大型群众性活动违反安全管理规定，因而发生重大伤亡事故或者造成其他严重后果的，对直接负责的主管人员和其他直接责任人员，处 3 年以下有期徒刑或者拘役；情节特别恶劣的，处 3 年以上 7 年以下有期徒刑。"

（二）构成特征

1. 本罪客体为大型群众性活动的重大安全。

2. 本罪客观方面表现为在举办大型群众性活动时违反安全管理规定，因而发生重大伤亡事故或者造成其他严重后果。大型群众性活动，一般是指参加人数众多的一些文体娱乐或者其他群众性活动，如庙会、体育比赛、各种商贸文化节活动等。在举办大型群众性活动时，如果未按国家规定加强安全管理，因而发生大范围踩踏等重大伤亡事故或者造成其他严重后果的，即符合本罪客观方面的要求。

3. 本罪主体除符合自然人一般主体条件外，还必须是对举办大型群众性活动直接负责的主管人员和其他直接责任人员。

4. 本罪主观方面为过失，可以是疏忽大意的过失，也可以是过于自信的过失。

四十八、危险物品肇事罪

（一）法律规定

《刑法》第 136 条规定："违反爆炸性、易燃性、放射性、毒害性、腐蚀性物品的管理规定，在生产、储存、运输、使用中发生重大事故，造成严重后果的，处 3 年以下有期徒刑或者拘役；后果特别严重的，处 3 年以上 7 年以下有期徒刑。"

（二）构成特征

1. 本罪客体是国家为维护公共安全而确立的危险物品管理制度。

2. 本罪客观方面表现为行为人在爆炸性、易燃性、放射性、毒害性、腐蚀性物品的生产、储存、运输、使用中违反危险物品管理规定，因而发生重大事故，造成了严重后果。

（1）必须是行为违反了危险物品管理规定，如《民用爆炸物品安全管理条例》《铁路法》《核材料管制条例》《危险化学品安全管理条例》《农药安全使用规定》等。

（2）行为必须发生在生产、储存、运输、使用爆炸性、易燃性、放射性、毒害性、腐蚀性物品的过程中，这是本罪与失火罪、过失爆炸罪及过失投放危险物质罪等的关键区别。

（3）行为必须导致发生重大事故，造成了严重后果。

3. 本罪主体为自然人一般主体。从实际情况看，触犯本罪的大多是以生产、储存、运输、使用爆炸性、易燃性、放射性、毒害性、腐蚀性物品为业的人员。

4. 本罪主观方面为过失，既包括疏忽大意的过失，也包括过于自信的过失。

四十九、工程重大安全事故罪

（一）法律规定

《刑法》第 137 条规定："建设单位、设计单位、施工单位、工程监理单位违反国家规定，降低工程质量标准，造成重大安全事故的，对直接责任人员，处 5 年以下有期徒刑或者拘役，并处罚金；后果特别严重的，处 5 年以上 10 年以下有期徒刑，并处罚金。"

（二）构成特征

1. 本罪客体是国家为维护公共安全而确立的建筑工程质量管理制度。

2. 本罪客观方面表现为行为人违反国家规定，降低工程质量标准，并因而造成重大安全事故。违反国家规定，是指违反国家关于建筑工程质量监督管理法律、法规。降低工程质量标准，通常表现为使用不合格的建筑材料、建筑配件或者在设备、施工方面偷工减料，不按建筑工程质量标准进行设计或施工，在工程监理工作中降低标准等。重大安全事故则一般是指建筑工程在建设中或者交付使用后由于质量问题导致诸如楼房倒塌、桥梁断裂、堤坝塌陷等事故，从而造成人员伤亡或者其他严重后果。

3. 本罪主体除符合自然人一般主体条件外，还必须是建设单位、设计单位、施工单位、工程监理单位中对建筑工程质量安全负有直接责任的人员。

4. 本罪主观方面为过失，包括疏忽大意的过失与过于自信的过失。

五十、教育设施重大安全事故罪

（一）法律规定

《刑法》第138条规定："明知校舍或者教育教学设施有危险，而不采取措施或者不及时报告，致使发生重大伤亡事故的，对直接责任人员，处3年以下有期徒刑或者拘役；后果特别严重的，处3年以上7年以下有期徒刑。"

（二）构成特征

1. 本罪客体是教育设施与教学活动安全。

2. 本罪客观方面表现为在校舍或者其他教育教学设施存在危险的情况下，不采取防范措施或者不及时报告，致使发生重大伤亡事故。可见，本罪属于不作为形式的犯罪。因此，如果行为人采取了必要的措施或者及时向有关部门报告了情况，即使发生了人身伤亡的后果，也不成立这一犯罪。

3. 本罪主体除符合自然人一般主体条件外，还必须是对校舍、教育教学设施的安全负有直接责任的人员。

4. 本罪主观方面为过失，通常是过于自信的过失。

五十一、消防责任事故罪

（一）法律规定

《刑法》第139条规定："违反消防管理法规，经消防监督机构通知采取改正措施而拒绝执行，造成严重后果的，对直接责任人员，处3年以下有期徒刑或者拘役；后果特别严重的，处3年以上7年以下有期徒刑。"

（二）构成特征

1. 本罪客体是国家为维护公共安全而确立的消防管理制度。

2. 本罪客观方面表现为行为人违反消防管理法规，经消防监督机构通知采取改正措施而拒绝执行，因而造成严重后果。

（1）必须违反了消防管理法规，如《消防法》《消防监督检查规定》《高层居民住宅楼防火管理规则》等。

（2）必须经消防监督机构通知采取改正措施而拒绝执行，否则不成立本罪。

（3）必须造成严重后果，如造成火灾，致使人员伤亡或者使公私财产遭受重大损失等。

3. 本罪主体除符合自然人一般主体条件外，还必须是对消防安全负有职责的直接责任人员。

4. 本罪主观方面为过失，主要是过于自信的过失。

五十二、不报、谎报安全事故罪

（一）法律规定

《刑法》第 139 条之一规定："在安全事故发生后，负有报告职责的人员不报或者谎报事故情况，贻误事故抢救，情节严重的，处 3 年以下有期徒刑或者拘役；情节特别严重的，处 3 年以上 7 年以下有期徒刑。"

（二）构成特征

本罪客体是国家为维护公共安全而确立的安全事故报告制度。本罪客观方面表现为隐瞒不报或者谎报（掩盖其严重程度）已经发生的安全事故情况，贻误事故抢救，情节严重的行为。本罪主体除符合自然人一般主体条件外，还必须是对安全事故负有报告职责的人员。本罪主观方面就贻误事故抢救而言为过失，通常为过于自信的过失。

【思考题】

1. 如何理解危害公共安全罪的本质特征？

2. 如何认定本章中的危险犯？

3. 什么是投放危险物质罪？它与以投毒为手段的故意杀人罪、故意伤害罪有何区别？

4. 如何理解组织、领导、参加恐怖组织罪的客观方面？为什么要对犯组织、领导、参加恐怖组织罪又实施其他犯罪的实行数罪并罚？

5. 什么是交通肇事罪？具体认定中应注意哪些问题？如何理解"交通肇事后逃逸"和"因逃逸致人死亡"？

6. 生产、作业责任事故罪有哪些特征？处理生产、作业责任事故案件应注意区别哪些界限？

7. 如何理解本章过失类犯罪中致人重伤、死亡的与过失致人重伤、死亡罪的关系？

8. 如何理解危险驾驶罪的主观方面？

第二十章

破坏社会主义市场经济秩序罪

学习目的与要求　掌握生产、销售伪劣产品罪，走私普通货物、物品罪，虚报注册资本罪，非国家工作人员受贿罪，伪造货币罪，内幕交易、泄露内幕信息罪，洗钱罪，贷款诈骗罪，票据诈骗罪，保险诈骗罪，逃税罪，虚开增值税专用发票、用于骗取出口退税、抵扣税款发票罪，假冒注册商标罪，侵犯著作权罪，侵犯商业秘密罪，合同诈骗罪，非法经营罪等重点罪名的概念、特征及其认定，掌握本章其他犯罪的概念及主要特征。

■ 第一节　破坏社会主义市场经济秩序罪概述

一、破坏社会主义市场经济秩序罪的概念与基本特征

破坏社会主义市场经济秩序罪，是指违反国家经济管理法规、破坏和扰乱社会主义市场经济秩序，严重危害国民经济正常发展和进行的行为。

社会主义市场经济是中国社会从高度集中的计划经济模式发展到以市场机制为基础，并以此为主导，利用和配置社会资源的一种经济运行模式。长期以来，中国社会高度集中的计划经济严重束缚了社会生产力的发展，阻碍了中国社会的发展前进。党的十一届三中全会以来，我们党顺应时代的发展要求，果断地实行改革开放的政策。改革开放的成功实践，为世人揭示了一个真理，即只有冲破高度集中的计划经济旧体制的束缚，在国家宏观调控下，充分发挥市场在资源配置中的作用，才能真正焕发社会主义经济细胞的生机与活力，从而充分显示社会主义制度的优越性。但是，辩证唯物主义告诉我们，世界上从没有什么尽善尽美的事。市场经济体制在显示其优越性的同时，市场经济的高度自主、自由性也存在着许多导致经济犯罪的诱因。社会上的一些成员和组织往往利用市场经济的负面效应，为了一己之私，置国家与社会利益于不顾，不惜违反国家经济管理法规，扰乱国家对经济运行的管理活动，危害市场经济的正常秩序。因此，刑法专门设立破坏市场经济秩序的犯罪，

运用刑罚同这一类犯罪作斗争。

根据破坏市场经济秩序罪的概念，破坏市场经济秩序罪的基本特征是：

1. 本类犯罪的刑法保护客体是市场经济秩序。市场经济秩序是指市场经济有序活动的总和，它既包括了市场经济活动之间纵向的有序经济联系，也包括了市场经济活动之间横向的有序经济联系。社会经济活动是人们赖以生存和发展的重要物质基础，也是人们之间社会关系得以形成和发展的重要条件。人们在社会物质财富的生产、分配、交换、消费过程中的所有经济活动，只有符合一定的规则，才能为国家所认可，才能形成稳定而有序的秩序。然而，任何社会形态，任何社会时代的经济活动，总是既有为国家认可的经济活动形式，又有为国家禁止的经济活动形式。因此，国家在刑法领域设立的经济犯罪，就是希望通过禁止某些经济活动形式，来维护国家业已建立的经济秩序。而我国刑法设立破坏市场经济秩序罪就是为了保护市场经济的正常秩序。

从刑法保护市场经济的纵向秩序来说，刑法保护着有序的市场生产秩序，保护着合法的市场分配秩序，保护着规范的市场交换秩序，保护着合理的市场消费秩序。从刑法保护市场经济的横向秩序来说，刑法设立生产、销售伪劣商品罪，以保护工农业生产领域和社会商品流通领域的应有秩序；刑法设立走私罪，以保护国家对外贸易领域的管理秩序；刑法设立妨害对公司、企业的管理秩序罪，以保护市场经济主体进出领域和公司、企业经营领域的应有秩序；刑法设立破坏金融管理秩序罪，以保护金融管理领域的应有秩序；刑法设立金融诈骗罪，以保护社会资金融资领域和社会资金流通领域的应有秩序；刑法设立危害税收征管罪，以保护国家税收征管领域的应有秩序；刑法设立侵犯知识产权罪，以保护知识产权领域的应有秩序；刑法设立扰乱市场秩序罪，以保护市场交易、市场竞争领域的有序秩序。

2. 本类犯罪的犯罪主体资格有两类，即既可以是自然人，也可以是拟制人（即单位）。自然人的犯罪主体资格须具备达到法定的刑事责任年龄和具有一定的刑事责任能力这两个条件。根据《刑法》第17条第2款的规定，破坏市场经济秩序犯罪的刑事责任年龄以16周岁为起点。刑法之所以作出这样规定，是由市场经济活动的复杂性和破坏市场经济秩序犯罪不同于传统的自然性犯罪的特殊性决定的。传统的自然性犯罪是违反一般社会道德的犯罪，其犯罪的反社会性十分明显，容易被人认识，也容易为人自控。而破坏市场经济秩序犯罪则是在市场经济运行过程中违反特殊的经济法规而构成的，非达到较大的年龄一般不能认识，也不能自控。就一般而言，我国刑法对刑事责任年龄的详细规定，其本身也意味着对相应刑事责任能力的认可。但是，达到法定刑事责任年龄的自然人并非毫无例外都具有相应的刑事责任能力。某些自然人由于受内在病症、外力作用或生理功能等原因的影响，也会先天丧失刑事责任能力或有而复失。为此我国刑法强调，精神病人在不能辨认或者不能控制自己行为和完全丧失辨认或者控制自己行为能力的时候造成危害结果，经法定程序鉴定确认后，不负刑事责任。本类犯罪的犯罪主体资格，绝大多数为一般主体资格，但也有少数犯罪，只能由特殊主体资格才能构成，例如非国家工作人员受贿罪，非法经营同类营业罪，为亲友非法牟利罪，金融工作人员购买假币、以假币换取货币罪，内幕交易、泄露内幕信息罪，等等。

拟制人的犯罪主体资格须具备单位的合法性和单位的整体性这两个条件。根据刑法的规定，本类犯罪绝大多数都可以由单位构成，其中有些犯罪只能由单位构成，例如逃汇罪、违规披露、不披露重要信息罪、妨害清算罪，等等。

3. 本类犯罪的客观方面表现为违反国家经济管理法规，破坏和扰乱市场经济秩序，严重危害国民经济正常运行和发展的行为。

（1）本类犯罪表现为违反了国家有关的经济管理法规，具有先行的经济违法性。市场经济就其本质而言，也是法制经济。为了规范、调整和保护市场经济活动，国家制定和颁布了有关生产、分配、交换和消费方面的众多的经济法规，其涉及的范围包括工业、农业、林业、商业、财政、金融、商标、专利、海关、外贸、税收、证券等领域。这些经济法规规范、调整、促进着市场经济活动的进行，而且也维护着市场经济秩序。破坏市场经济秩序犯罪，必然首先违反这些经济管理法规。

（2）本类犯罪表现为破坏和扰乱市场经济秩序的行为，也就是说行为人实施了非法的经济活动。这种行为绝大多数属于作为的形式，但也有少数行为可以表现为不作为的形式，如逃税罪、逃避商检罪等。

（3）本类犯罪表现为客观上给市场经济秩序造成了严重的危害性。这种严重的危害性表现为三种形式：①犯罪的数额达到了法定较大程度，如刑法规定的一些以"数额较大"为要求的犯罪；②犯罪具有法定的严重后果，如一些造成"重大损失""对人体健康造成严重危害"的犯罪；③犯罪本身具有严重的情节。

4. 本类犯罪的主观方面绝大多数表现为故意的罪过内容，但极个别可以是过失的罪过内容。本类犯罪中的故意犯罪绝大多数又具有非法营利或者牟取非法利益的目的。当然，对于具体构成犯罪来说，这些目的是否最终实现，并不影响犯罪的成立。对于过失犯罪来说，例如签订、履行合同失职被骗罪等，则需要以造成实际的损失结果为条件。

二、破坏市场经济秩序罪的分类

破坏市场经济秩序罪规定在刑法分则第三章，从第 140 条至第 231 条，共计 92 个条文，通过 8 节分为 8 小类，共计规定了 108 个具体犯罪。这 8 小类犯罪是：①生产、销售伪劣商品罪；②走私罪；③妨害对公司、企业的管理秩序罪；④破坏金融管理秩序罪；⑤金融诈骗罪；⑥危害税收征管罪；⑦侵犯知识产权罪；⑧扰乱市场秩序罪。

■ 第二节　生产、销售伪劣商品罪分述

一、伪劣商品的性质与特点

商品是指用以商业交换的产品，它是市场经济社会最普通、最普遍、最常见的

现象，是市场经济最简单、最基本、最单纯的因素，整个市场经济可以说就是由无数个商品作为经济细胞构成的。商品可以分为生产资料的商品和消费资料的商品。消费资料的商品是直接满足人们物质文化生活需要的产品，也是社会生产的最终产品。人类社会的各种生产活动，归根到底就是为了制造更多的产品，使人们能够获得多种多样的消费资料产品，以求得自身的生存和发展。

商品作为满足人们一定需要的产品，首先必须有用，有有效的用途，即具有使用价值。但是，一种物品要成为商品，又必须具有这样一个特点，即它的使用价值必须通过买卖形式的交换而进入消费领域。也就是说，商品的使用价值是供他人、供社会消费的，因而商品的使用价值是通过交换价值实现的。而交换价值实际上又是以凝结人类劳动的价值为基础的。只有通过商品的交换，商品的使用价值和劳动价值才能够得以实现。由于商品价值是人类劳动的体现，因此，只有真实地反映人类劳动的商品，在市场经济条件下，才能与他人进行等价有偿的交换。

伪劣商品是市场经济的一种异化现象。它是商品生产者通过偷工减料、掺杂掺假、以次充好、以假充真、以不合格产品冒充合格产品的方法、手段进行生产的产物。伪劣商品具有的这些特点，使得伪劣商品严重脱离商品内在的价值规律，其所含的个别劳动远远低于社会必要劳动。这种商品一旦进入流通领域，又势必严重冲击市场经济的竞争秩序，使得严格按照国家标准、行业标准进行生产的商品处于不利的地位。而大量的伪劣商品占领消费市场，低价销售，又会严重扰乱市场正常的供求关系。由此我们可以看出，伪劣商品实际上是商品生产者在生产过程中，违反产品的国家标准和行业标准，抽去产品中必要的个别劳动，而供社会消费使用的产品。由这一本质特征所决定，伪劣商品又具有冲击市场竞争秩序、扰乱市场供求关系的性质，最终具有破坏市场经济秩序的性质。同时，由于伪劣商品抽去了必要的个别劳动，使得产品的安全质量、卫生质量得不到有效的保证，在破坏市场经济秩序的同时，又会给国计民生的重大建设工程、人民的生命健康造成直接或间接的危害。

根据刑法的规定，生产、销售伪劣商品罪共有 9 个具体的犯罪，现分述如下：

二、生产、销售伪劣产品罪

（一）法律规定

《刑法》第 140 条规定："生产者、销售者在产品中掺杂、掺假，以假充真，以次充好或者以不合格产品冒充合格产品，销售金额 5 万元以上不满 20 万元的，处 2 年以下有期徒刑或者拘役，并处或者单处销售金额 50% 以上 2 倍以下罚金；销售金额 20 万元以上不满 50 万元的，处 2 年以上 7 年以下有期徒刑，并处销售金额 50% 以上 2 倍以下罚金；销售金额 50 万元以上不满 200 万元的，处 7 年以上有期徒刑，并处销售金额 50% 以上 2 倍以下罚金；销售金额 200 万元以上的，处 15 年有期徒刑或者无期徒刑，并处销售金额 50% 以上 2 倍以下罚金或者没收财产。"

《刑法》第 149 条规定："生产、销售本节第 141 条至第 148 条所列产品，不构成各该条规定的犯罪，但是销售金额在 5 万元以上的，依照本节第 140 条的规定定罪处罚。生产、销售本节第 141 条至第 148 条所列产品，构成各该条规定的犯罪，同时又构成本节第 140 条规定之罪的，依照处罚较重的规定定罪处罚。"

《刑法》第 150 条规定："单位犯本节第 140 条至第 148 条规定之罪的，对单位判处罚金，并对其直接负责的主管人员和其他直接责任人员，依照各该条的规定处罚。"

（二）概念和构成特征

生产、销售伪劣产品罪，是指生产者、销售者在产品中掺杂掺假、以假充真、以次充好或者以不合格产品冒充合格产品，销售金额 5 万元以上的行为。本罪的构成特征是：

1. 本罪的客观方面表现为行为人违反产品质量管理法规，在产品中掺杂掺假、以假充真、以次充好或者以不合格产品冒充合格产品，销售金额 5 万元以上的行为。具体表现为：①违反产品质量管理法规。违反产品质量管理法规主要是指违反了《产品质量法》《标准化法》《工业产品质量责任条例》等法规。在这些法规中都明确规定了生产、销售合格产品的应有要求和生产、销售伪劣产品的法律责任。②实施生产、销售伪劣产品的行为。所谓生产伪劣产品，是指行为人在产品生产过程中，不按照《产品质量法》等法规的要求，在产品中掺杂掺假、以假充真、以次充好或者以不合格产品冒充合格产品的行为。所谓销售伪劣产品，是指行为人对于明知是掺杂掺假、以假充真、以次充好或者以不合格产品冒充合格产品予以销售的行为。生产、销售伪劣产品的行为，是两个既有联系又有相对独立性的行为。生产伪劣产品，其目的在于通过销售获取非法经济利益，所以生产者必定又是直接的或者间接的销售者。但是销售伪劣产品并不必然包括生产行为，销售行为可以独立于生产过程之外。根据刑法的规定，生产、销售伪劣产品的行为具有内在的联系性而存在于一个主体行为的过程中，以一罪论处；生产、销售伪劣产品的行为具有相对的独立性而存在于两个以上主体的行为过程中，则分别以各自涉及的行为特征论罪。③生产、销售伪劣产品的价额，必须达到数额较大的程度，即达到 5 万元以上的价额。根据刑法的规定，生产、销售伪劣产品罪是以销售金额作为其客观方面的一个基本要求。生产后还未销售，意味着这种产品还没有和社会发生联系，还不能为他人所使用，对此，应当通过适用工商行政管理法规予以制裁。当然，还未销售并不包括已经通过销售协议、销售意向，但还未来得及将伪劣产品进行转交的行为。这里的伪劣产品，既包括刑法规定的一般伪劣产品，也包括刑法另有规定的其他特殊伪劣产品，只要销售金额在 5 万元以上的，均可以本罪论处。但是，生产、销售刑法另有规定的其他特殊伪劣产品，已另构成他罪的，根据法条竞合犯罪中特殊法条优于普通法条的原则，则优先以他罪论处。

2. 本罪的主观方面表现为具有故意的罪过性质。将本罪的主观方面限定在故意的罪过性质内，不但基于销售行为是以"明知"为条件，生产者、销售者在主观上必定具有牟取非法利益的目的内容，而且还基于刑法并没有附加规定过失实施本行为也要追究刑事责任的规定。如何确认行为人在主观上已具有故意的罪过内容？只要行为人明知自己生产、销售的产品属于违反产品质量管理法规的伪劣产品，仍予以生产、销售，即可认定行为人已具有故意的罪过内容。

（三）司法实务问题

1. 罪与非罪的界限。本罪与一般的生产、销售伪劣产品的违法行为之间的区别主要在于两个方面的不同：①主观方面要求不同，本罪的主观方面须要求故意的罪过性质，而一般的生产、销售伪劣产品的行为表现为不负责任、马虎了事、监管不严等过失或过错；②客观后果要求不同，本罪的客观方面须要求销售金额在5万元以上，而一般的生产、销售伪劣产品的行为往往将销售金额限定在5万元以下。

2. 本罪与生产、销售其他特定伪劣产品犯罪的关系。本罪与生产、销售其他特定伪劣产品犯罪的关系，是一般与特殊的关系。根据《刑法》第149条的规定，生产、销售《刑法》第141条～第148条所列产品，构成各该条规定的犯罪。这是法条竞合犯罪中特殊法条优于普通法条原则的体现。但构成该条规定的犯罪，同时又构成生产、销售伪劣产品罪，须依照处罚较重的规定定罪处罚。这是法条竞合犯罪中重刑法条优于轻刑法条原则的体现。所谓处罚较重，是指涉及同一犯罪或同一情节的法条在法定刑规定上，以重者为标准。但是生产、销售《刑法》第141条～第148条所列产品，虽不构成各该条规定的犯罪，如并未造成严重后果或对人体健康并未造成严重危害，但销售金额在5万元以上的，应依照本罪论处。

3. 本罪的刑事责任原则。自然人犯本罪的，实行单罚制，但要注意附加刑中的罚金和没收财产刑的适用；单位犯本罪的，实行双罚制，即除对单位判处罚金外，并对其直接负责的主管人员和其他直接责任人员判处刑罚。

三、生产、销售假药罪

（一）法律规定

《刑法》第141条规定："生产、销售假药的，处3年以下有期徒刑或者拘役，并处罚金；对人体健康造成严重危害或者有其他严重情节的，处3年以上10年以下有期徒刑，并处罚金；致人死亡或者有其他特别严重情节的，处10年以上有期徒刑、无期徒刑或者死刑，并处罚金或者没收财产。本条所称假药，是指依照《中华人民共和国药品管理法》的规定属于假药和按假药处理的药品、非药品。"

（二）概念和构成特征

生产、销售假药罪，是指行为人违反药品管理法规，生产、销售假药的行为。本罪的构成特征是：

1. 本罪的客观方面表现为违反药品管理法规，生产、销售假药的行为。所谓假药，根据《药品管理法》第48条的规定，是指药品所含成分与国家药品标准规定的成分不符的，或者以非药品冒充药品或者以他种药品冒充此种药品的。同时根据

《药品管理法》的规定，有下列情形之一的药品，按假药论处：①国务院药品监督管理部门规定禁止使用的；②依照本法必须批准而未经批准生产、进口，或者依照本法必须检验而未经检验即销售的；③变质的；④被污染的；⑤使用依照本法必须取得批准文号而未取得批准文号的原料药生产的；⑥所标明的适应症或者功能主治超出规定范围的。所谓对人体健康造成严重危害，是指药品的使用已经使使用药品者身体遭受重大伤害。本罪在客观方面的生产、销售行为，只要具备其中之一，即符合犯罪客观要件；两种行为兼而有之，也以一罪论处。

2. 本罪的主观方面表现为具有故意的罪过性质，即表现为行为人明知药品为不符合《药品管理法》规定的假药，仍予以生产，或者明知是假药仍予以销售的主观心理状态。

（三）司法实务问题

1. 生产、销售假药罪与间接故意以其他危险方法危害公共安全犯罪的关系。假药一般具有危害人体健康的特性，其涉及的对象又往往是不特定的多数人，因此，生产、销售假药罪与间接故意以其他危险方法危害公共安全犯罪有着一定的联系。但是从刑法理论角度而言，两者属于法条竞合犯罪的关系。对于法条竞合的犯罪，刑法理论一般主张以特殊法条优于普通法条的原则加以选择适用；同时，生产、销售假药罪致人死亡或者对人体健康造成特别严重危害的，其最高法定刑为死刑，并处没收财产，从重刑法条优于轻刑法条的原则而言，也应当以生产、销售假药罪论处。

2. 本罪的刑事责任。自然人犯本罪，依《刑法》第141条的法定刑处罚；单位犯本罪，实行两罚制。

四、生产、销售劣药罪

（一）法律规定

《刑法》第142条规定："生产、销售劣药，对人体健康造成严重危害的，处3年以上10年以下有期徒刑，并处销售金额50%以上2倍以下罚金；后果特别严重的，处10年以上有期徒刑或者无期徒刑，并处销售金额50%以上2倍以下罚金或者没收财产。本条所称劣药，是指依照《中华人民共和国药品管理法》的规定属于劣药的药品。"

（二）构成特征

1. 本罪在客观方面表现为生产、销售劣药，对人体健康造成严重危害的行为。所谓劣药，根据《药品管理法》第49条规定，是指药品成分的含量与国家药品标准不符合的药品及其他按劣药论处的药品。

2. 本罪在主观方面表现为故意的罪过性质，即表现为行为人明知不符合《药品管理法》的规定，仍生产劣药，或者明知是劣药仍予以销售的主观心理状态。

（三）司法实务问题

本罪与生产、销售假药罪的区别，关键在于犯罪对象的性质有所不同。

五、生产、销售不符合安全标准的食品罪

（一）法律规定

《刑法》第 143 条规定："生产、销售不符合食品安全标准的食品，足以造成严重食物中毒事故或者其他严重食源性疾病的，处 3 年以下有期徒刑或者拘役，并处罚金；对人体健康造成严重危害或者有其他严重情节的，处 3 年以上 7 年以下有期徒刑，并处罚金；后果特别严重的，处 7 年以上有期徒刑或者无期徒刑，并处罚金或者没收财产。"

（二）构成特征

1. 本罪在客观方面表现为生产、销售不符合食品安全标准的食品，对人体健康造成严重危害或者足以造成严重食物中毒或其他严重食源性疾患的行为。

2. 本罪在主观方面表现为故意，即行为人明知而仍为之。

六、生产、销售有毒、有害食品罪

（一）法律规定

《刑法》第 144 条规定："在生产、销售的食品中掺入有毒、有害的非食品原料的，或者销售明知掺有有毒、有害的非食品原料的食品的，处 5 年以下有期徒刑，并处罚金；对人体健康造成严重危害或者有其他严重情节的，处 5 年以上 10 年以下有期徒刑，并处罚金；致人死亡或者有其他特别严重情节的，依照本法第 141 条的规定处罚。"

（二）概念和构成特征

生产、销售有毒、有害食品罪，是指行为人在生产、销售的食品中掺入有毒、有害的非食品原料，或者销售明知掺有有毒、有害的非食品原料的食品的行为。本罪的构成特征是：

1. 本罪在客观方面表现为在生产、销售的食品中掺入有毒、有害的非食品原料，或者销售明知掺有有毒、有害的非食品原料的食品的行为。本罪在客观方面不要求以造成严重后果为构成要素。

2. 本罪在主观方面表现为故意，即行为人明知而仍为之。

（三）司法实务问题

1. 本罪与生产、销售不符合安全标准的食品罪之间的区别。两罪的区别关键在于两者的犯罪对象的性质有所不同。本罪的犯罪对象是掺有有毒、有害的非食品原料的食品。所谓有毒、有害的非食品原料，是指含有有毒性元素或者对人体有害的成分而不能作为食品配料或者食品添加剂的物质。而生产、销售不符合安全标准的食品罪的犯罪对象是不符合安全标准的食品。所谓不符合安全标准的食品，是指《食品安全法》第 28 条规定的禁止生产经营的几类食品。

2. 生产、销售有毒、有害食品罪与间接故意以其他危险方法危害公共安全犯罪的关系。有毒、有害食品一般具有危害人体健康的特性，其涉及的对象也往往是不特定的多数人。因此，生产、销售有毒、有害食品罪与间接故意以其他危险方法危

害公共安全犯罪有着一定的联系。例如，制造、销售用工业酒精兑制的假酒，往往会造成不特定地区的不特定多数人的人体伤害甚至死亡，因而具有危害公共安全犯罪的特征。但是从刑法理论角度而言，两者属于法条竞合犯罪的关系。对于法条竞合的犯罪，其选择适用的原则是特殊法条优于普通法条，重刑法条优于轻刑法条。由于生产、销售有毒、有害食品致人死亡或者对人体健康造成特别严重危害的，是依照《刑法》第 141 条生产、销售假药罪的法定刑处罚的，其最高法定刑为死刑、并处没收财产。所以，生产、销售有毒、有害食品即使具有危害公共安全的性质，也应当以生产、销售有毒、有害食品罪论处。

3. 本罪的刑事责任。自然人犯本罪，依《刑法》第 144 条或第 141 条的法定刑处罚；单位犯本罪，实行双罚制。

七、生产、销售不符合标准的医用器材罪

（一）法律规定

《刑法》第 145 条规定："生产不符合保障人体健康的国家标准、行业标准的医疗器械、医用卫生材料，或者销售明知是不符合保障人体健康的国家标准、行业标准的医疗器械、医用卫生材料，足以严重危害人体健康的，处 3 年以下有期徒刑或者拘役，并处销售金额 50% 以上 2 倍以下罚金；对人体健康造成严重危害的，处 3 年以上 10 年以下有期徒刑，并处销售金额 50% 以上 2 倍以下罚金；后果特别严重的，处 10 年以上有期徒刑或者无期徒刑，并处销售金额 50% 以上 2 倍以下罚金或者没收财产。"

（二）构成特征

1. 本罪在客观方面表现为生产不符合保障人体健康的国家标准、行业标准的医疗器械、医用卫生材料，或者销售明知是不符合保障人体健康的国家标准、行业标准的医疗器械、医用卫生材料，足以对人体健康造成严重危害的行为。

2. 本罪在主观方面表现为故意，即行为人明知而仍为之。

八、生产、销售不符合安全标准的产品罪

（一）法律规定

《刑法》第 146 条规定："生产不符合保障人身、财产安全的国家标准、行业标准的电器、压力容器、易燃易爆产品或者其他不符合保障人身、财产安全的国家标准、行业标准的产品，或者销售明知是以上不符合保障人身、财产安全的国家标准、行业标准的产品，造成严重后果的，处 5 年以下有期徒刑，并处销售金额 50% 以上 2 倍以下罚金；后果特别严重的，处 5 年以上有期徒刑，并处销售金额 50% 以上 2 倍以下罚金。"

（二）构成特征

1. 本罪在客观方面表现为生产不符合保障人身、财产安全的国家标准、行业标准的电器、压力容器、易燃易爆产品或者其他不符合保障人身、财产安全的国家标准、行业标准的产品，或者销售明知是以上不符合人身、财产安全的国家标准、行业标准的产品，造成严重后果的行为。

2. 本罪在主观方面表现为故意，即行为人明知而仍为之。

九、生产、销售伪劣农药、兽药、化肥、种子罪

（一）法律规定

《刑法》第 147 条规定："生产假农药、假兽药、假化肥，销售明知是假的或者失去使用效能的农药、兽药、化肥、种子，或者生产者、销售者以不合格的农药、兽药、化肥、种子冒充合格的农药、兽药、化肥、种子，使生产遭受较大损失的，处 3 年以下有期徒刑或者拘役，并处或者单处销售金额 50% 以上 2 倍以下罚金；使生产遭受重大损失的，处 3 年以上 7 年以下有期徒刑，并处销售金额 50% 以上 2 倍以下罚金；使生产遭受特别重大损失的，处 7 年以上有期徒刑或者无期徒刑，并处销售金额 50% 以上 2 倍以下罚金或者没收财产。"

（二）构成特征

1. 本罪在客观方面表现为生产假农药、假兽药、假化肥，销售明知是假的或者是失去使用效能的农药、兽药、化肥、种子，或者在生产、销售活动中以不合格的农药、兽药、化肥、种子冒充合格的农药、兽药、化肥、种子，使生产遭受较大损失的行为。

2. 本罪在主观方面表现为故意，即行为人明知而仍为之。

十、生产、销售不符合卫生标准的化妆品罪

（一）法律规定

《刑法》第 148 条规定："生产不符合卫生标准的化妆品，或者销售明知是不符合卫生标准的化妆品，造成严重后果的，处 3 年以下有期徒刑或者拘役，并处或者单处销售金额 50% 以上 2 倍以下罚金。"

（二）构成特征

1. 本罪在客观方面表现为生产不符合卫生标准的化妆品，或者销售明知是不符合卫生标准的化妆品，造成严重后果的行为。

2. 本罪在主观方面表现为故意，即行为人明知而仍为之。

■　第三节　走私罪分述

一、走私的本质特征

走私，是一种比较典型的经济犯罪，同时又是一种国际性的犯罪现象。在国际上，走私的一般含义是指行为人为了牟取非法利润或巨额暴利，违反一国的海关法规，逃避该国对对外贸易的垄断和监管，非法运输、携带或者邮寄该国禁止或限制进出口的货物、物品进出国境的行为。

走私作为一种行为人牟取非法利润或巨额暴利为目的的犯罪，有着其深刻的社会原因。具体表现在两个方面：①国家与国家、地区与地区之间存在着商品价格的差异；②国家与地区对本区域的商品进出境活动实行严格的海关监管。我国刑

法在总结国家以往对走私违法犯罪的法律规定的基础上，对走私罪作了全面的规定。

走私罪的本质特征在于对国家既定经济秩序的破坏，在我国是对既定的市场经济秩序的破坏。走私罪的这一本质特征，在我国《刑法》第153条关于一般走私罪主要根据走私物品偷逃应缴税额的多少进行定罪处罚的规定中，得到了充分的反映。违反海关法规，逃避海关监管，是走私的行为特征，而破坏国家对外贸易垄断、扰乱经济秩序才是它应有的本质特征。即使《刑法》第154、155条规定的非关口走私，就其本质而言，也是对我国经济秩序的一种扰乱。

根据刑法的规定，走私罪共有10个具体的犯罪，现分述如下：

二、走私武器、弹药罪

（一）法律规定

《刑法》第151条规定："走私武器、弹药、核材料或者伪造的货币的，处7年以上有期徒刑，并处罚金或者没收财产；情节特别严重的，处无期徒刑，并处没收财产；情节较轻的，处3年以上7年以下有期徒刑，并处罚金。走私国家禁止出口的文物、黄金、白银和其他贵重金属或者国家禁止进出口的珍贵动物及其制品的，处5年以上10年以下有期徒刑，并处罚金；情节特别严重的处10年以上有期徒刑或者无期徒刑，并处没收财产；情节较轻的，处5年以下有期徒刑，并处罚金。走私珍稀植物及其制品等国家禁止进出口的其他货物、物品的，处5年以下有期徒刑或者拘役，并处或者单处罚金；情节严重的，处5年以上有期徒刑，并处罚金。单位犯本条规定之罪的，对单位判处罚金，并对其直接负责的主管人员和其他直接责任人员，依照本条各款的规定处罚。"

（二）构成特征

1. 本罪在客观方面表现为违反海关法规，逃避海关监管，非法运输、携带、邮寄武器、弹药进出国（边）境的行为。本罪的犯罪对象仅限于武器和弹药。所谓"武器"，是指《禁止进出境物品表》所列的各种军用武器以及其他类似军用武器的枪支器械。所谓"弹药"，是指供军用武器使用的具有杀伤力的火药物品和其他具有爆炸性、杀伤力的物品。基于武器、弹药具有的杀伤力和危险性的性质，《刑法》规定，走私武器、弹药，不论数量多少、情节轻重，一律当以犯罪论处。

2. 本罪在主观方面表现为故意的罪过性质，即行为人明知自己走私涉及的对象为武器、弹药，仍故意违法运输、携带、邮寄进出国（边）境。

（三）司法实务问题

在司法实践中，要将本罪与危害公共安全犯罪中非法运输枪支、弹药、爆炸物罪加以区别。两者的区别主要在于，本罪的行为与逃避海关监管紧密联系在一起，表现为非法进出国（边）境的行为。而非法运输枪支、弹药、爆炸物罪的行为主要发生在国（边）境内侧的范围内。

三、走私核材料罪

（一）法律规定

见前列《刑法》第 151 条第 1 款、第 4 款。

（二）构成特征

1. 本罪在客观方面表现为违反海关法规，逃避海关监管，非法运输、携带、邮寄核材料进出国（边）境的行为。本罪的犯罪对象仅限于核材料。所谓核材料，是指：铀或含铀的材料和制品；钚或含钚的材料和制品；氚或含氚的材料和制品；锂或含锂的材料和制品；其他被管制的核材料。

2. 本罪在主观方面表现为故意的罪过性质，即行为人明知是核材料，仍故意予以走私。

四、走私假币罪

（一）法律规定

见前列《刑法》第 151 条第 1 款、第 4 款。

（二）构成特征

1. 本罪在客观方面表现为违反海关法规，逃避海关监管，非法运输、携带、邮寄伪造的货币进出国（边）境的行为。本罪的犯罪对象仅限于伪造的货币。所谓伪造的货币，是指仿照各种真币制作的货币。这里的货币既包括了我国的货币，也包括了外国的货币。

2. 本罪在主观方面表现为故意的罪过性质，即行为人明知是伪造的货币，仍故意予以走私。

五、走私文物罪

（一）法律规定

见前列《刑法》第 151 条第 2 款、第 4 款。

（二）构成特征

1. 本罪在客观方面表现为违反海关法规，逃避海关监管，非法运输、携带、邮寄国家禁止出口的文物进出国（边）境的行为。本罪的犯罪对象仅限于国家禁止出口的文物。所谓国家禁止出口的文物，是指《文物保护法》规定的具有重要历史、艺术、科学价值的文物。

2. 本罪在主观方面表现为故意的罪过性质，即行为人明知是文物，仍故意予以走私。

六、走私贵重金属罪

（一）法律规定

见前列《刑法》第 151 条第 2 款、第 4 款。

（二）构成特征

1. 本罪在客观方面表现为违反海关法规，逃避海关监管，非法运输、携带、邮寄黄金、白银等贵重金属出国（边）境的行为。本罪的犯罪对象仅限于黄金、白银等贵重金属。所谓"黄金、白银",是指:《金银管理条例》规定的各种金银矿产品;金银制品和含金含银制品;金银铸币;金银条、块、锭、粉;化工产品中含的金银。所谓其他贵重金属,是指金银以外具有化学稳定性、延展性、耐熔性,而且储藏量小、价格高或比重大于 5 的金属,如铂、铱、钯等金属品。随着我国贵重金属市场的放开,已被剔出管制范围的贵重金属将不再属于本罪的犯罪对象。

2. 本罪在主观方面表现为故意的罪过性质,即行为人明知是黄金等贵重金属,仍故意予以走私。

七、走私珍贵动物、珍贵动物制品罪

(一)法律规定

见前列《刑法》第 151 条第 2 款、第 4 款。

(二)构成特征

1. 本罪在客观方面表现为违反海关法规,逃避海关监管,非法运输、携带、邮寄珍贵动物及其制品进出国(边)境的行为。本罪的犯罪对象仅限于珍贵动物及其制品。所谓珍贵动物,是《野生动物保护法》规定的对生态平衡、科学研究、文化艺术、经济发展以及国际交往等方面具有重要价值的陆生、水生野生动物,既包括我国特有且闻名世界的稀有野生动物,如大熊猫、金丝猴等;也包括我国目前尚存的濒临于绝种危险境地的野生动物,如天鹅、雪豹等,总计有 12 纲、55 目、106 属、389 种。所谓珍贵动物制品,是指利用上述珍贵动物加工、制作的副产品,如标本、皮毛、饰品等。

2. 本罪在主观方面表现为故意的罪过性质,即行为人明知是珍贵动物及其制品,仍故意予以走私。

八、走私国家禁止进出口的货物、物品罪

(一)法律规定

见前列《刑法》第 151 条第 3 款、第 4 款。

(二)构成特征

1. 本罪在客观方面表现为违反海关法规及有关法律、法规,逃避海关监管,逃避国家有关进出境的禁止性管理,非法运输、携带、邮寄除武器、弹药、核材料、假币、国家禁止出口的文物、贵重金属、珍贵动物及其制品、淫秽物品、废物、毒品、制毒品以外的其他国家禁止进出口的货物、物品进出国(边)境的行为。

2. 本罪的犯罪对象是确定本罪的关键。根据贸易管制措施的不同,我国将进出口的货物、物品划分为自由、限制和禁止三大类。我国已经颁布了《禁止进出境物品表》《禁止进口货物目录》《禁止出口货物目录》。除了《刑法》第 151、152、347、350 条所规定的武器、弹药、核材料、假币、国家禁止出口的文物、贵重金属、珍贵动物及其制品、淫秽物品、废物、毒品、制毒品等货物、物品外,珍稀植物及其制品和上述规定中的货物、物品都属于本罪的犯罪对象。但要注意的是,禁止进出口的货物、物品不以上述目录为限,我国其他法律法规也零散地规定了一些

禁止进出口的货物、物品，如《知识产权海关保护条例》第 3 条第 1 款规定："国家禁止侵犯知识产权的货物进出口。"而且禁止进出口的货物、物品的目录并不是一成不变的，国家会根据对外贸易政策的变化需要对上述目录进行调整。

3. 本罪在主观方面表现为故意的罪过性质，即行为人明知是除刑法列举之外的其他国家禁止进出口的货物、物品，仍故意予以走私。

九、走私淫秽物品罪

（一）法律规定

《刑法》第 152 条规定："以牟利或者传播为目的，走私淫秽的影片、录像带、录音带、图片、书刊或者其他淫秽物品的，处 3 年以上 10 年以下有期徒刑，并处罚金；情节严重的，处 10 年以上有期徒刑或者无期徒刑，并处罚金或者没收财产；情节较轻的，处 3 年以下有期徒刑、拘役或者管制，并处罚金。逃避海关监管将境外固体废物、液态废物和气态废物运输进境，情节严重的，处 5 年以下有期徒刑，并处或者单处罚金；情节特别严重的，处 5 年以上有期徒刑，并处罚金。单位犯前两款罪的，对单位判处罚金，并对其直接负责的主管人员和其他直接责任人员，依照前两款的规定处罚。"

（二）构成特征

《刑法》第 152 条第 1、3 款是关于走私淫秽物品罪的规定。

1. 本罪在客观方面表现为违反海关法规，逃避海关监管，非法运输、携带、邮寄淫秽物品进出国（边）境的行为。本罪的犯罪对象仅限于淫秽物品。所谓淫秽物品，是指具体描绘性行为或者露骨宣扬色情的诲淫性的书刊、影片、录像带、录音带、图片及其他淫秽物品。根据《刑法》规定，有关人体生理、医学知识的科学著作不是淫秽物品；包含有色情内容的有艺术价值的文学、艺术作品，不视为淫秽物品。

2. 本罪在主观方面表现为故意的罪过性质，即行为人以牟利或者传播为目的，明知是淫秽物品，仍予以走私。

十、走私废物罪

（一）法律规定

见前列《刑法》第 152 条第 2 款、第 3 款。

（二）概念和构成特征

走私废物罪，是指违反海关法规和国家关于废物管理的规定，逃避海关监管，将境外固体废物、液态废物和气态废物运输进境，情节严重的行为。本罪的构成特征是：

1. 客体是国家禁止废物进境的海关监管制度。废物是严重危害人类生存环境的因素之一。我国通过参加国际公约，制定法律法规，建立了一整套旨在制止废物进境的管理制度。走私废物进境必然破坏国家禁止废物进境的海关监管制度。这种犯罪行为严重危害我国自然和生态环境，损害工农业生产，威胁人民群众身体健康，具有严重的社会危害性，必须予以严惩。

2. 客观方面表现为违反海关法规，逃避海关监管，将境外的固体废物、液态废物、气态废物运输进境，情节严重的行为。所谓固体废物，是指在生产建设、日常生活和其他活动中产生的污染环境的固态、半固态废弃物质。所谓液态废物，是指在生产建设、日常生活和其他活动中产生的污染环境的液态废弃物质。所谓气态废物，则是指在生产建设、日常生活和其他活动中产生的污染环境的气态废弃物质。

根据《刑法修正案（四）》的规定，构成本罪，除须违反海关法规，逃避海关监管，将境外的固体废物、液态废物、气态废物运输进境外，还必须是情节严重的。根据司法解释，"情节严重"是指：①走私国家禁止进口的危险性固体废物、液态废物分别或者合计达 1 吨以上不满 5 吨的；②走私国家禁止进口的非危险性固体废物、液态废物分别或者合计达到 5 吨以上不满 25 吨的；③未经许可，走私国家限制进口的可用作原料的固体废物、液态废物分别或者合计达到 20 吨以上不满 100 吨的；④走私国家禁止进口的废物并造成重大环境污染事故。

十一、走私普通货物、物品罪

（一）法律规定

《刑法》第 153 条规定："走私本法第 151 条、第 152 条、第 347 条（走私毒品罪）规定以外的货物、物品的，根据情节轻重，分别依照下列规定处罚：①走私货物、物品偷逃应缴税额较大或者 1 年内曾因走私被给予 2 次行政处罚后又走私的，处 3 年以下有期徒刑或者拘役，并处偷逃应缴税额 1 倍以上 5 倍以下罚金。②走私货物、物品偷逃应缴税额巨大或者有其他严重情节的，处 3 年以上 10 年以下有期徒刑，并处偷逃应缴税额 1 倍以上 5 倍以下罚金。③走私货物、物品偷逃应缴税额特别巨大或者有其他特别严重情节的，处 10 年以上有期徒刑或者无期徒刑，并处偷逃应缴税额 1 倍以上 5 倍以下罚金或者没收财产。单位犯前款罪的，对单位判处罚金，并对其直接负责的主管人员和其他直接责任人员，处 3 年以下有期徒刑或者拘役；情节严重的，处 3 年以上 10 年以下有期徒刑；情节特别严重的，处 10 年以上有期徒刑。对多次走私未经处理的，按照累计走私货物、物品的偷逃应缴税额处罚。"

《刑法》第 154 条规定："下列走私行为，根据本节规定构成犯罪的，依照本法第 153 条的规定定罪处罚：①未经海关许可并且未补缴应缴税额，擅自将批准进口的来料加工、来件装配、补偿贸易的原材料、零件、制成品、设备等保税货物，在境内销售牟利的；②未经海关许可并且未补缴应缴税额，擅自将特定减税、免税进口的货物、物品，在境内销售牟利的。"

（二）概念和构成特征

走私普通货物、物品罪，是指行为人违反海关法规，逃避海关监管，非法运输、携带、邮寄刑法特别规定以外的普通货物、物品进出国（边）境，偷逃应缴税额较大或者 1 年内曾因走私被给予两次行政处罚后又走私的行为。本罪的构成特征是：

1. 本罪在客观方面表现为违反海关法规，逃避海关监管，非法运输、携带、邮寄刑法特别规定以外的普通货物、物品进出国（边）境，偷逃应缴税额较大或者1年内曾因走私被给予2次行政处罚后又走私的行为。本罪在客观方面的行为包含着四层含义的内容：

（1）违反海关法规。我国对一般货物、物品的进出境实行海关监管并征收关税。走私普通货物、物品，偷逃关税，必然会给国家的经济利益和经济秩序造成严重的危害，为此，国家以刑法规定予以禁止。

（2）逃避海关监管。逃避海关监管的方法通常有绕关走私、瞒关走私、夹藏走私、后续走私。所谓后续走私，是指行为人以合法的进关形式为幌子，实际上进行走私的行为。根据《刑法》第154条规定：未经海关许可并且未补缴应缴税额，擅自将批准进口的来料加工、来件装配、补偿贸易的原材料、零件、制成品、设备等保税货物，在境内销售牟利的；未经海关许可并且未补缴应缴税额，擅自将特定减税、免税进口的货物、物品，在境内销售牟利的，应依照走私普通货物、物品罪定罪处罚。

（3）本罪的犯罪对象是《刑法》第151条规定的武器弹药、核材料、假币、文物、贵重金属、珍贵动物及其制品、珍稀植物及其制品，《刑法》第152条规定的淫秽物品，《刑法》第347条规定的毒品以外的其他普通货物、物品。普通货物、物品一般来说分成两类：一类是国家限制进出口的货物、物品，即国家对进出口实行配额管理或者许可证管理的货物、物品；一类是国家一般征税的货物、物品。

（4）走私偷逃税额较大或1年内因走私被给予两次行政处罚后又走私的。

2. 本罪在主观方面表现为故意，即行为人明知是应由海关监管并应缴关税的货物、物品，仍故意予以走私。并且行为人在主观上具有牟利的目的，但行为人实际上是否实现牟利目的，则不影响犯罪的成立。

（三）司法实务问题

1. 罪与非罪的界限。本罪与一般走私行为的区别，主要在于走私偷逃税额数量的大小或是否1年内因走私被处行政处罚两次以上。走私偷逃税额不满5万元的，属于一般走私行为，由海关按海关行政法处理。

2. 本罪与走私其他特定货物、物品犯罪的关系。本罪与走私其他特定货物、物品犯罪的关系，是一般与特殊的关系。走私武器弹药、核材料、假币、文物、贵重金属、珍贵动物及其制品、珍稀植物及其制品、淫秽物品、固体废物、毒品在《刑法》中都有专条规定，各构成特定的走私犯罪。两者之间的区别主要在于两个方面：①犯罪对象的性质不同；②税额数量的要求不同，数额较大或因走私1年内被处行政处罚两次以上的，构成本罪，而走私其他特定货物、物品犯罪则不要求税额数量的多少。

十二、走私犯罪认定和处罚的几项特殊规定

（一）法律规定

《刑法》第155条规定："下列行为，以走私罪论处，依照本节的有关规定处罚：①直接向走私人非法收购国家禁止进口物品的，或者直接向走私人非法收购走私进口的其他货物、物品，数额较大的；②在内海、领海、界河、界湖运输、收购、贩卖国家禁止进出口物品的，或者运输、收购、贩卖国家限制进出口货物、物品，数额较大，没有合法证明的。"

《刑法》第 156 条规定："与走私罪犯通谋，为其提供贷款、资金、账号、发票、证明，或者为其提供运输、保管、邮寄或者其他方便的，以走私罪的共犯论处。"

《刑法》第 157 条规定："武装掩护走私的，依照本法第 151 条第 1 款的规定从重处罚。以暴力、威胁方法抗拒缉私的，以走私罪和本法第 277 条规定的阻碍国家机关工作人员依法执行职务罪，依照数罪并罚的规定处罚。"

（二）非关口走私的认定与处罚

《刑法》第 155 条第 2 款第 2 项是关于非关口走私的规定。所谓"非关口走私"，是指某种涉及走私物品的行为，并没有与海关关口发生直接的联系，但根据刑法的特别规定仍以走私犯罪论处的情形。

（三）单位走私的认定与处罚

根据我国刑法对走私罪的规定，各种走私犯罪均可由单位构成。对单位犯走私罪，实行两罚制原则。但刑法对单位犯走私罪的两罚制原则规定了两种形式：①对单位判处罚金，并对其直接负责的主管人员和其他直接责任人员，依照所触犯的各条规定的法定刑处罚；②《刑法》第 153 条规定，犯走私普通货物、物品罪，对单位判处罚金，并对其直接负责的主管人员和其他直接责任人员，处 3 年以下有期徒刑或者拘役；情节严重的，处 3 年以上 10 年以下有期徒刑；情节特别严重的，处 10 年以上有期徒刑。

（四）共同走私犯罪的认定与处罚

《刑法》第 156 条是关于共同走私犯罪的规定，凡是与走私罪犯有通谋，均应以走私罪的共犯论处，按其所触犯的各具体走私罪的法定刑处罚。

（五）武装掩护走私的行为性质与处罚

根据《刑法》第 157 条规定，对于武装掩护走私的行为，依照《刑法》第 151 条第 1 款走私武器、弹药罪论处，并依《刑法》第 151 条第 1 款的规定从重处罚。

（六）暴力抗拒缉私的认定与处罚

根据《刑法》第 157 条第 2 款的规定，对于以暴力、威胁方法抗拒缉私的，以所犯的走私罪和妨害公务罪，实行数罪并罚。

■ 第四节　妨害对公司、企业的管理秩序罪分述

一、现代企业制度的特点

现代企业制度是发展社会化大生产和建立市场经济的必然要求。在社会主义市

场经济条件下，各类公司、企业（包括公有制公司、企业，私有制公司、企业，港澳台经济成分的公司、企业，外资经济成分的公司、企业）是我国社会经济的必要成分，也是我国社会经济的主要活动主体。国家加强对各类公司、企业的正常管理，维护公司、企业内部的正常经营，是保证社会主义市场经济健康发展的必要条件。

党的十四届三中全会《关于建立社会主义市场经济体制若干问题的决定》（以下简称《决定》）指出，现代企业制度有五个基本特征：①产权关系明晰；②企业以其全部法人财产，依法自主经营，自负盈亏，照章纳税，对出资者承担资产保值增值的责任；③出资者按投入企业的资本额享有所有者的权益；④企业按照市场需求组织生产经营；⑤建立科学的企业领导体制和组织管理体制。《决定》为现代企业的组建和经营指明了方向。社会主义市场经济秩序的一个重要内容，就是要求市场活动主体有一个良好的进入和退出的秩序。为了保证公司、企业参与市场经济活动的规范性，必须禁止不具有法人资格的组织进入市场，杜绝超经济的特权和行政权力对市场活动的渗透，禁止市场主体在进入市场之前、在进入市场后的运行活动中和退出市场过程中有弄虚作假的行为表现。而妨害国家对公司、企业管理秩序的行为，就是指行为人违反国家对公司、企业的管理法规，实施各种妨害国家对公司、企业的管理秩序的行为，严重扰乱和破坏市场经济秩序。为此，国家必须运用刑罚的手段与之作斗争，以维护社会主义市场经济秩序的稳定和有序。

根据《刑法》的规定，妨害对公司、企业的管理秩序罪共有 17 个具体的犯罪，现分述如下：

二、虚报注册资本罪

（一）法律规定

《刑法》第 158 条规定："申请公司登记使用虚假证明文件或者采取其他欺诈手段虚报注册资本，欺骗公司登记主管部门，取得公司登记，虚报注册资本数额巨大、后果严重或者有其他严重情节的，处 3 年以下有期徒刑或者拘役，并处或者单处虚报注册资本金额 1% 以上 5% 以下罚金。单位犯前款罪的，对单位判处罚金，并对其直接负责的主管人员和其他直接责任人员，处 3 年以下有期徒刑或者拘役。"

（二）构成特征

1. 本罪在客观方面表现为违反公司管理法规，使用虚假证明文件或者采取其他欺诈手段虚报注册资本，欺骗公司登记主管部门，取得公司登记，虚报注册资本数额巨大，后果严重或者有其他严重情节的行为。

2. 本罪在主观方面表现为故意的罪过性质，即行为人是明知而故犯。

三、虚假出资、抽逃出资罪

（一）法律规定

《刑法》第 159 条规定："公司发起人、股东违反公司法的规定未交付货币、实物或者未转移财产权，虚假出资，或者在公司成立后又抽逃其出资，数额巨大、后果严重或者有其他严重情节的，处 5 年以下有期徒刑或者拘役，并处或者单处虚假出资金额或者抽逃出资金额 2% 以上 10% 以下罚金。单位犯前款罪的，对单位判处罚金，并对其直接负责的主管人员和其他直接责任人员，处 5 年以下有期徒刑或者拘役。"

（二）构成特征

1. 本罪在客观方面表现为违反公司管理法规，未交付货币、实物或者未转移财产权，虚假出资，或者在公司成立后又抽逃其出资，数额巨大，后果严重或者有其他严重情节的行为。

2. 本罪在主观方面表现为故意的罪过性质，即行为人是明知而故犯。

（三）司法实务问题

在司法实践中，要注意本罪与虚报注册资本罪的区别。两者在违反公司管理法规，行为具有虚假欺诈性质方面具有相同之处，而且有时两者可以互相转化。但两者又有着严格的区别，这主要表现在：①两者的主体资格要求不同。虚假出资、抽逃出资罪的主体是公司的发起人、股东，而虚报注册资本罪的主体是公司指派的代表或委托的代理人。②两者的行为过程不同。虚假出资、抽逃出资的行为发生在发起人、股东与公司之间，而虚报注册资本的行为发生在公司申请人与国家公司登记部门之间。③两者的行为表现不同。虚假出资、抽逃出资的行为表现为未交付钱物或交付后又抽逃出资、危害公司利益，而虚报注册资本主要表现为通过虚假证明文件等手段，骗取公司登记。

四、欺诈发行股票、债券罪

（一）法律规定

《刑法》第 160 条规定："在招股说明书、认股书、公司、企业债券募集办法中隐瞒重要事实或者编造重大虚假内容，发行股票或者公司、企业债券，数额巨大，后果严重或者有其他严重情节的，处 5 年以下有期徒刑或者拘役，并处或者单处非法募集资金金额 1% 以上 5% 以下罚金。单位犯前款罪的，对单位判处罚金，并对其直接负责的主管人员和其他直接责任人员，处 5 年以下有期徒刑或者拘役。"

（二）构成特征

1. 本罪在客观方面表现为违反公司管理法规，在招股说明书、认股书、公司、企业债券募集办法中隐瞒重要事实或者编造重大虚假内容，发行股票或者公司、企业债券，数额巨大，后果严重或者有其他严重情节的行为。

2. 本罪在主观方面表现为故意的罪过性质，即行为人是明知而故犯。

五、违规披露、不披露重要信息罪

（一）法律规定

《刑法》第 161 条规定："依法负有信息披露义务的公司、企业向股东和社会公众提供虚假的或者隐瞒重要事实的财务会计报告，或者对依法应当披露的其他重要信息不按照规定披露，严重损害股东或者其他人利益，或者有其他严重情节的，对其直接负责的主管人员和其他直接责任人员，处 3 年以下有期徒刑或者拘役，并处或者单处 2 万元以上 20 万元以下罚金。"

（二）构成特征

《刑法修正案（六）》第 5 条对本罪进行了修正。在客观方面增加了"对依法应当披露的其他重要信息不按照规定披露"的内容；将本罪的主体由"公司"扩大到"依法负有披露义务的公司、企业"。

六、妨害清算罪

（一）法律规定

《刑法》第 162 条规定："公司、企业进行清算时，隐匿财产，对资产负债表或者财产清单作虚伪记载或者在未清偿债务前分配公司、企业财产，严重损害债权人或者其他人利益的，对其直接负责的主管人员和其他直接责任人员，处 5 年以下有期徒刑或者拘役，并处或者单处 2 万元以上 20 万元以下罚金。"

（二）构成特征

1. 本罪在客观方面表现为公司、企业违反清算管理法规，在进行清算时，隐匿财产，对资产负债表或者财产清单作虚伪记载或者在清偿债务前分配公司、企业财产，严重损害债权人或者其他人利益的行为。

2. 本罪在主观方面表现为故意的罪过性质，即行为人是明知而故犯。

七、隐匿、故意销毁会计凭证、会计账簿、财务会计报告罪

（一）法律规定

《刑法》第 162 条之一规定："隐匿或者故意销毁依法应当保存的会计凭证、会计账簿、财务会计报告，情节严重的，处 5 年以下有期徒刑或者拘役，并处或者单处 2 万元以上 20 万元以下罚金。单位犯前款罪的，对单位判处罚金，并对其直接负责的主管人员和其他直接责任人员，依照前款的规定处罚。"

（二）概念和构成特征

隐匿、故意销毁会计凭证、会计账簿、财务会计报告罪是指隐匿或者故意销毁依法应当保存的会计凭证、会计账簿、财务会计报告，情节严重的行为。

1. 本罪客体是国家对公司、企业或者其他单位的财务管理制度。

2. 本罪在客观方面表现为隐匿或者故意销毁依法应当保存的会计凭证、会计账簿、财务会计报告，情节严重的行为。本罪的犯罪对象是依法应当保存的各种会计资料，包括会计凭证、会计账簿、财务会计报告。

八、虚假破产罪

（一）法律规定

《刑法》第 162 条之二规定："公司、企业通过隐匿财产、承担虚构的债务或者以其他方法转移、处分财产，实施虚假破产，严重损害债权人或者其他人利益的，对其直接负责的主管人员和其他直接责任人员，处 5 年以下有期徒刑或者拘役，并处或者单处 2 万元以上 20 万元以下罚金。"

（二）概念和构成特征

虚假破产罪，是指公司、企业通过隐匿财产、承担虚构的债务或者以其他方法转移、处分财产，实施虚假破产，严重损害债权人或者其他人利益的行为。《刑法修正案（六）》第 6 条增设了本罪。

1. 本罪客体是国家对公司破产的管理制度，以及公私财产所有权。客观方面表现为行为人实施了隐匿财产、承担虚构的债务或者以其他方法转移、处分财产的行为。

2. 本罪主体是公司、企业，自然人、个体工商户等不能成为本罪的主体，即本罪为特定的单位犯罪。这里的公司、企业是个广义的概念，既包括国有公司、企业，私营公司、企业，还包括中外合资企业、中外合作经营企业及外商独资企业。主观方面为故意，并具有虚假破产的目的。

九、非国家工作人员受贿罪

（一）法律规定

《刑法》第 163 条规定："公司、企业或者其他单位的工作人员利用职务上的便利，索取他人财物或者非法收受他人财物，为他人谋取利益，数额较大的，处 5 年以下有期徒刑或者拘役；数额巨大的，处 5 年以上有期徒刑，可以并处没收财产。公司、企业或者其他单位的工作人员在经济往来中，利用职务上的便利，违反国家规定，收受各种名义的回扣、手续费，归个人所有的，依照前款的规定处罚。国有公司、企业或者其他国有单位中从事公务的人员和国有公司、企业或者其他国有单位委派到非国有公司、企业以及其他单位从事公务的人员有前两款行为的，依照本法第 385 条、第 386 条的规定定罪处罚。"

（二）概念和构成特征

非国家工作人员受贿罪，是指公司、企业或者其他单位的工作人员利用职务上的便利，索取他人财物或者非法收受他人财物，为他人谋取利益，数额较大的行为。本罪的构成特征是：

1. 本罪在客观方面表现为公司、企业或者其他单位的工作人员利用职务上的便利，索取他人财物或者非法收受他人财物，为他人谋取利益，数额较大的行为。这一特征具有三层含义：

（1）公司、企业或者其他单位的工作人员须利用职务上的便利。所谓利用职务上的便利，是指行为人利用其主管公司、企业或者其他单位生产经营的有关职权，或者利用其基于职务从事生产经营活动所形成的便利条件。这里的职务，是指行为人通过合法程序所获取的职务，如通过选举、任命等。

（2）索取他人财物或者非法收受他人财物，为他人谋取利益。索取他人财物，是指行为人利用职务上的便利，主动向有利害关系的他人索要财物；收受他人财物，是指行为人利用职务上的便利，接受他人主动送与的财物。根据刑法的规定，收受他人财物构成非国家工作人员受贿罪，必须以行为人为他人谋取利益为条件。至于谋取的利益是合法的还是非法的，是在收受财物之前为他人谋取利益还是在这之后为他人谋取利益，则在所不论。至于索取他人财物，是否为他人谋取利益，则不影响本罪的成立。根据刑法的规定，公司、企业或者其他单位的工作人员在经济往来中，违反国家规定，收受各种各样的回扣、手续费，归个人所有的，依照本罪论处。

（3）索取或收受他人财物，必须达到数额较大的程度。何谓数额较大，有关机关有专门规定。凡未达数额较大的标准，则按有关党纪政纪的规定处理。

2. 本罪在主观方面表现为故意的罪过性质，即行为人明知而故犯。

（三）司法实务问题

1. 应当正确认定本罪的犯罪主体资格。本罪的主体资格属于特殊主体资格，即必须是公司、企业或者其他单位的工作人员。所谓公司、企业或者其他单位的工作人员，是指在公司、企业或者其他单位中从事组织、管理、监督公司、企业或者其他单位生产经营活动，具有从事公司、企业或者其他单位内部公务活动性质的人员，诸如公司、企业或者其他单位中的主管人员，生产、经营的管理人员等。根据刑法的规定，国有公司、企业或者其他国有单位中从事公务的人员和国有公司、企业或者其他国有单位委派到非国有公司、企业及其他单位中从事公务的人员利用职务上的便利，索取或收受他人财物，为他人谋取利益，数额较大的，或者在经济往来中，违反国家规定，收受各种名义的回扣、手续费，归个人所有的，应依照《刑法》第385、386条的受贿罪论处。

2. 应当正确区分本罪与礼尚往来之间的界限。礼尚往来，合理馈赠，是社会生活中的正常现象。两者的区别主要在于：①馈赠的钱财数额不大，在社会生活中的合理范围之内；②双方必须互有馈赠行为，属于双向性的行为。

3. 应当正确区分本罪与合理收入、劳务报酬之间的界限。公司、企业、其他单位的工作人员利用自己的一技之长，在工作之外从事某些与公司、企业、其他单位生产经营活动无关的劳务活动，因而取得一定的经济收入，一般未为法律和政策所禁止。两者的区别主要在于：①与行为人的职务便利没有内在的联系；②行为人事实上已付出一定的智力与体力劳动。

十、对非国家工作人员行贿罪

（一）法律规定

《刑法》第164条规定："为谋取不正当利益，给予公司、企业或者其他单位的工作人员以财物，数额较大的，处3年以下有期徒刑或者拘役，并处罚金；数额巨大的，处3年以上10年以下有期徒刑，并处罚金。为谋取不正当商业利益，给予外国公职人员或者国际公共组织官员以财物的，依照前款的规定处罚。单位犯前两款罪的，对单位判处罚金，并对其直接负责的主管人员和其他直接责任人员，依照第1款的规定处罚。行贿人在被追诉前主动交待行贿行为的，可以减轻处罚或者免除处罚。"

（二）构成特征

1. 本罪在客观方面表现为给予公司、企业或者其他单位的工作人员以财物，数额较大的行为。

2. 本罪在主观方面表现为故意的罪过性质，行为人具有谋取不正当利益的目的。

十一、对外国公职人员、国际公共组织官员行贿罪

（一）法律规定

见前列《刑法》第 164 条第 2 款。

（二）对外国公职人员、国际公共组织官员行贿罪的概念和构成特征

对外国公职人员、国际公共组织官员行贿罪，是指为谋取不正当商业利益，给予外国公职人员或者国际公共组织官员以财物的行为。

1. 本罪侵犯的客体是公司、企业或者其他单位的正常管理活动和社会主义公平竞争的交易秩序。

2. 本罪客观方面表现为给予外国公职人员或者国际公共组织官员以财物的行为。

（1）"外国公职人员"系指无论是经任命还是经选举而担任外国立法、行政、行政管理或者司法职务的任何人员，以及为外国（包括为公共机构或者公营企业）行使公共职能的任何人员。"公共机构"有狭义和广义之分。广义的公共机构，在我国，包括政党、政府、社会团体、国有企业事业单位等公共机构。它又可分为两类：一类是政府性质的机构，主要是政党、国家机关、社会团体；另一类是非营利机构，如社会福利、科技、教育、卫生、文化艺术、社区服务等事业单位。"公营企业"，也称政府企业，是指政府可以凭借所有权、控股权或者管理条例施加直接或间接支配性影响的企业。

（2）"国际公共组织官员"主要包括两类：①受国际组织聘用的国际公务员，这里强调的是其职务特征；②虽没有受国际组织聘用，但受国际组织授权代表该组织行事的人员，这里强调的是其职权特征。

国际公务员，也称国际职员，是指联合国及其他国际组织聘用的各类工作人员。国际公务员按职务性质一般可分为高级官员、业务类官员和一般事务类人员；按职位地域性质可分为受地域分配限制的国际公务员和不受地域分配限制的国际公务员；按合同种类可分为长期合同的国际公务员、定期合同的国际公务员和临时合同的国际公务员。

3. 本罪在主观方面必须具有为谋取不正当商业利益的目的。

十二、非法经营同类营业罪

（一）法律规定

《刑法》第 165 条规定："国有公司、企业的董事、经理利用职务便利，自己经营或者为他人经营与其所任职公司、企业同类的营业，获取非法利益，数额巨大的，

处 3 年以下有期徒刑或者拘役，并处或者单处罚金；数额特别巨大的，处 3 年以上 7 年以下有期徒刑，并处罚金。”

（二）构成特征

1. 本罪的主体是国有公司、企业的董事、经理。

2. 本罪在客观方面表现为行为人利用职务便利，自己经营或者为他人经营与其所任职公司、企业同类的营业，获取非法利益，数额巨大的行为。

3. 本罪在主观方面表现为故意，即行为人是明知而故犯。

十三、为亲友非法牟利罪

（一）法律规定

《刑法》第 166 条规定：“国有公司、企业、事业单位的工作人员，利用职务便利，有下列情形之一，使国家利益遭受重大损失的，处 3 年以下有期徒刑或者拘役，并处或者单处罚金；致使国家利益遭受特别重大损失的，处 3 年以上 7 年以下有期徒刑，并处罚金：①将本单位的盈利业务交由自己的亲友进行经营的；②以明显高于市场的价格向自己的亲友经营管理的单位采购商品或者以明显低于市场的价格向自己的亲友经营管理的单位销售商品的；③向自己的亲友经营管理的单位采购不合格商品的。”

（二）构成特征

1. 本罪的主体只能是国有公司、企业、事业单位的工作人员。

2. 本罪在客观方面表现为行为人利用职务便利，徇私经营，为亲友牟取利益，致使国家利益遭受重大损失的行为。其行为表现方式有：①将本单位的盈利业务交由自己的亲友进行经营的；②以明显高于市场的价格向自己的亲友经营管理的单位采购商品或者以明显低于市场的价格向自己的亲友经营管理的单位销售商品的；③向自己的亲友经营管理的单位采购不合格商品的。

3. 本罪在主观方面表现为故意，即行为人是明知而故犯。

十四、签订、履行合同失职被骗罪

（一）法律规定

《刑法》第 167 条规定：“国有公司、企业、事业单位直接负责的主管人员，在签订、履行合同过程中，因严重不负责任被诈骗，致使国家利益遭受重大损失的，处 3 年以下有期徒刑或者拘役；致使国家利益遭受特别重大损失的，处 3 年以上 7 年以下有期徒刑。”

《关于惩治骗购外汇、逃汇和非法买卖外汇犯罪的决定》第 7 条规定：“金融机构、从事对外贸易经营活动的公司、企业的工作人员严重不负责任，造成大量外汇被骗购或者逃汇，致使国家利益遭受重大损失的，依照刑法第 167 条的规定定罪处罚。”

（二）概念和构成特征

签订、履行合同失职被骗罪，是指国有公司、企业、事业单位直接负责的主管人员，在签订、履行合同过程中，因严重不负责任被诈骗，或者金融机构和从事对外贸易经营活动的公司、企业的工作人员严重不负责任，造成大量外汇被骗购或者逃汇，致使国家利益遭受重大损失的行为。

本罪的构成特征是：

1. 本罪的主体只能是国有公司、企业、事业单位直接负责的主管人员与金融机构和从事对外贸易经营活动的公司、企业的工作人员。

2. 本罪在客观方面表现为行为人在签订、履行合同过程中，因严重不负责任被诈骗，或者因严重不负责任，造成大量外汇被骗购或逃汇，致使国家利益遭受重大损失的行为。

3. 本罪在主观方面表现为过失，即行为人对被骗结果应当预见而因疏忽大意未能预见，或者已经预见而轻信能够避免，以致造成被骗结果的发生。

（三）司法实务问题

1. 应当正确认定本罪的主体资格。本罪的主体资格属于特殊主体资格，它包括两种人员：①国有公司、企业、事业单位直接负责的主管人员。这里所谓的直接负责的主管人员，是指上述单位中主要行政负责人员或者直接分管签订、履行合同的负责人员。②金融机构和从事对外贸易经营活动的公司、企业的工作人员，这是具体经手、管理对外贸易经营活动中涉及外汇业务的人员。

2. 应当正确区分本罪与一般工作失职及意外事件的界限。本罪强调行为人在主观方面必须存在过失的罪过形式，在客观方面必须造成国家利益遭受重大损失的结果。若行为人已尽心尽职，仍无法识破犯罪分子的诈骗伎俩的，即使造成被骗结果，应当以意外事件认定；如果行为人在主观上有过失，但经过努力，挽回或者弥补了重大损失，应当以一般工作失职认定，只追究相应的政纪处分。

3. 应当正确区分本罪与利用合同诈骗的共犯之间的区别。本罪与利用合同诈骗的犯罪是必要的对合行为，但由于在主观方面缺乏必要的通谋联系，刑法规定各构成不同的犯罪。如果行为人在签订、履行合同中，与诈骗犯具有主观的通谋联系的，则应当以诈骗犯罪的共犯论处。

十五、国有公司、企业、事业单位人员失职罪

（一）法律规定

《刑法》第168条规定："国有公司、企业的工作人员，由于严重不负责任或者滥用职权，造成国有公司、企业破产或者严重损失，致使国家利益遭受重大损失的，处3年以下有期徒刑或者拘役；致使国家利益遭受特别重大损失的，处3年以上7年以下有期徒刑。国有事业单位的工作人员有前款行为，致使国家利益遭受重大损失的，依照前款的规定处罚。国有公司、企业、事业单位的工作人员，徇私舞弊，犯前两款罪的，依照第1款的规定从重处罚。"

（二）概念和构成特征

《刑法修正案》第2条废除了《刑法》第168条徇私舞弊造成破产、亏损罪，增加了国有公司、企业、事业单位人员失职罪与国有公司、企业、事业单位人员滥用职权罪的规定。根据《刑法修正案》第 2 条的规定，本罪是指国有公司、企业、事业单位的工作人员，由于严重不负责任，造成国有公司、企业破产或者国有公司、企业、事业单位严重损失，致使国家利益遭受重大损失的行为。

1. 本罪客体是国家对国有公司、企业、事业单位的管理制度。客观方面表现为严重不负责任，造成国有公司、企业破产或者国有公司、企业、事业单位严重损失，致使国家利益遭受重大损失的行为。

2. 本罪主体为特殊主体，只能是国有公司、企业、事业单位的工作人员。国有公司、企业、事业单位的工作人员，徇私舞弊犯本罪的，依上述规定从重处罚。

十六、国有公司、企业、事业单位人员滥用职权罪

（一）法律规定

见前列《刑法》第 168 条。

（二）概念和构成特征

国有公司、企业、事业单位人员滥用职权罪，是指国有公司、企业、事业单位的工作人员，由于滥用职权，造成国有公司、企业破产或者国有公司、企业、事业单位严重损失，致使国家利益遭受重大损失的行为。

1. 本罪客观方面表现为滥用职权，造成国有公司、企业破产或者国有公司、企业、事业单位严重损失，致使国家利益遭受重大损失的行为。

2. 本罪主体为特殊主体。依据《刑法修正案》的规定，只能是国有公司、企业、事业单位的工作人员。国有公司、企业、事业单位的工作人员，徇私舞弊犯本罪的，从重处罚。

十七、徇私舞弊低价折股、出售国有资产罪

（一）法律规定

《刑法》第 169 条规定："国有公司、企业或者其上级主管部门直接负责的主管人员，徇私舞弊，将国有资产低价折股或者低价出售，致使国家利益遭受重大损失的，处 3 年以下有期徒刑或者拘役；致使国家利益遭受特别重大损失的，处 3 年以上 7 年以下有期徒刑。"

（二）构成特征

1. 本罪主体是国有公司、企业或者其上级主管部门直接负责的主管人员。本罪在客观方面表现为徇私舞弊，将国有资产低价折股或者低价出售，致使国家利益遭受重大损失的行为。

2. 本罪在主观方面一般表现为间接故意的罪过形式，即行为人明知自己的行为性质，但持放任的心理态度。本罪是以致使国家利益遭受重大损失的结果为条件的犯罪。

（三）司法实务问题

在司法实践中，要将本罪与国有公司、企业、事业单位人员失职罪及国有公司、

企业、事业单位人员滥用职权罪区别开来。两者的区别主要在于行为发生的过程和行为表现特征的不同。本罪主要发生在对国有资产进行处理的过程中，其行为通过低价折股、出售国有资产的方式表现出来；而国有公司、企业、事业单位人员失职罪及国有公司、企业、事业单位人员滥用职权罪主要发生在生产经营的决策、管理过程中，其行为通过严重不负责任、滥用职权或徇私舞弊的方式表现出来。

十八、背信损害上市公司利益罪

（一）法律规定

《刑法》第 169 条之一规定："上市公司的董事、监事、高级管理人员违背对公司的忠实义务，利用职务便利，操纵上市公司从事下列行为之一，致使上市公司利益遭受重大损失的，处 3 年以下有期徒刑或者拘役，并处或者单处罚金；致使上市公司利益遭受特别重大损失的，处 3 年以上 7 年以下有期徒刑，并处罚金：①无偿向其他单位或者个人提供资金、商品、服务或者其他资产的；②以明显不公平的条件，提供或者接受资金、商品、服务或者其他资产的；③向明显不具有清偿能力的单位或者个人提供资金、商品、服务或者其他资产的；④为明显不具有清偿能力的单位或者个人提供担保，或者无正当理由为其他单位或者个人提供担保的；⑤无正当理由放弃债权、承担债务的；⑥采用其他方式损害上市公司利益的。上市公司的控股股东或者实际控制人，指使上市公司董事、监事、高级管理人员实施前款行为的，依照前款的规定处罚。犯前款罪的上市公司的控股股东或者实际控制人是单位的，对单位判处罚金，并对其直接负责的主管人员和其他直接责任人员，依照第 1 款的规定处罚。"

（二）概念和构成特征

背信损害上市公司利益罪，是指上市公司的董事、监事、高级管理人员、控股股东或者实际控制人违背对公司忠实义务，利用职务便利，操纵上市公司实施相应的行为，致使上市公司利益遭受重大损失的行为。《刑法修正案（六）》第 9 条增设本罪。

1. 本罪客体是复杂客体，即国家对上市公司、企业的管理制度和公私财产所有权。

2. 本罪客观方面表现为行为人违背对公司的忠实义务，利用职务便利，操纵上市公司从事损害上市公司利益的行为。根据《刑法修正案（六）》的规定，损害上市公司利益的行为有：①无偿向其他单位或者个人提供资金、商品、服务或者其他资产的；②以明显不公平的条件，提供或者接受资金、商品、服务或者其他资产的；③向明显不具有清偿能力的单位或者个人提供资金、商品、服务或者其他资产的；④为明显不具有清偿能力的单位或者个人提供担保，或者无正当理由为其他单位或者个人提供担保的；⑤无正当理由放弃债权、承担债务的；⑥采用其他方式损害上市公司利益的。

3. 本罪主体是特定主体，只能是上市公司的董事、监事、高级管理人员、控股股东或者实际控制人，其他人无法构成本罪。

4. 本罪主观方面只能是出于故意。

■ 第五节　破坏金融管理秩序罪分述

一、现代金融的含义与特点

金融，即资金的融通、资金的借贷流通，是指在现代银行制度下的货币流通和信用活动的总称。

在市场经济条件下，金融市场是整个市场体系中一个极为重要的组成部分，它与商品市场、劳务市场、技术市场、信息市场、房地产市场等各类市场相互联系、相互依存，共同形成一个统一的市场有机整体，而金融市场又是联系其他市场的纽带。因为无论是商品市场，还是其他市场的交易活动，都要通过货币的流通和资金的运作来实现，都离不开金融活动的配合。由此可见，金融活动的开展和有序进行对整个市场经济的发展起着举足轻重的作用。

由于现代金融是以银行为中心的各种形式的信用活动以及在信用活动基础上组织起来的货币流通，随着市场经济的发展与发达，金融活动的频率越来越快，涉及的范围越来越广，现代金融的功能和作用越来越凸显出来。在现代社会，不论是一国内部的经济联系，还是国际上的经济联系，没有金融活动的存在和发展都是不可想象的。我国实行社会主义市场经济后，以银行为中心的金融市场在整个市场体系中同样具有枢纽的地位，它成为国家对社会经济进行间接调控的重要途径，国家通过中央银行传导到金融市场，引起货币流量和流向的变动，从而达到宏观调控的目的。随着货币的出现、信贷的展开，金融活动也就随之产生。而随着银行的建立，以银行为中心的各种金融活动也就成了国家经济活动的重要内容，而金融领域的秩序又必然直接关系整个国家的经济秩序。

在自然经济条件下，由于受经济活动的规模和范围限制，涉及金融领域的犯罪，数量毕竟是有限的，规模也是较小的。当人类社会进入到商品经济时代，金融活动开始向社会多个领域渗透。由于货币的大量投入，票据结算形式的出现，股票、债券的发行，贷款发放的频繁，外汇有条件的准入，金融领域的各种行为变得相互依存，彼此间的联系十分密切又十分复杂，一旦出现金融犯罪，就会直接影响到整个金融领域的应有秩序。而大量的金融犯罪也已表明，它们对我国社会主义市场经济秩序的危害是严重的、极大的。同时，随着我国证券市场的建立，发生在证券市场的各种证券犯罪也随之大量出现。无论是伪造、变造公司、企业股票、债券，擅自发行公司、企业股票、债券的行为，还是内幕交易、泄露内幕信息，编造并传播证券、期货交易虚假信息，诱骗投资者买卖证券，操纵证券交易价格的行为，都会给整个证券市场造成混乱，甚至影响到社会的安定。

根据《刑法》的规定，破坏金融管理秩序罪共有 30 个具体的犯罪，现分述如下。

二、伪造货币罪

（一）法律规定

《刑法》第 170 条规定："伪造货币的，处 3 年以上 10 年以下有期徒刑，并处罚金；有下列情形之一的，处 10 年以上有期徒刑或者无期徒刑，并处罚金或者没收财产：①伪造货币集团的首要分子；②伪造货币数额特别巨大的；③有其他特别严重情节的。"

（二）概念和构成特征

伪造货币罪，是指行为人仿照我国货币或者外国货币的图案、形状、色彩、文字、面额，非法制造假货币的行为。本罪的构成特征是：

1. 本罪在客观方面表现为仿照我国货币或者外国货币的外在形式，非法制造假货币的行为。本罪的犯罪对象是我国的货币和外国的货币。

为了确保货币的严肃性和有效性，世界各国对于货币的制作、印刷和发行，都有严格的法律制度。《中国人民银行法》明确规定，人民币由中国人民银行统一印制、发行……禁止伪造、变造人民币。

我国的货币，是指在中华人民共和国领域内发行并流通或在特定区域内流通的货币。它包括：

（1）人民币。《中国人民银行法》第 16 条规定："中华人民共和国的法定货币是人民币……"第 17 条规定："人民币的单位为元，人民币辅币单位为角、分。"第 18 条规定："人民币由中国人民银行统一印制、发行。"截至目前，中国人民银行共发行了 5 套人民币，除已明文禁止流通的以外，所有人民币都具有同等价值，在市场上可以自由混合流通使用。

（2）人民币纪念币。基于纪念国家的重大庆典、具有历史意义的重大事件和纪念我国灿烂的历史文化、珍贵动物等独特事由，中国人民银行曾不定期地发行过各种人民币的纪念币。这些纪念币与人民币完全等额等价，也可以在市场上流通使用。它们是人民币的必要组成部分。

（3）港币。港币是《香港特别行政区基本法》以法律的形式加以确认的在香港发行和流通的货币。港币是中华人民共和国的一种特别货币。鉴于香港特别行政区的特殊政治地位，港币在流通使用上等同于外币，不隶属于中华人民共和国的货币制度。

（4）澳币。澳币是指在中华人民共和国澳门特别行政区领域内发行和流通的货币。澳币与港币一样，属于中华人民共和国的特殊货币，其性质与流通特点与港币相同。

（5）新台币。台币是指在属于中华人民共和国固有领土的台湾地区发行和流通的货币。由于台币所具有的历史特殊性，事实上台币在我国已属于自由兑换货币。所以，台币也是中华人民共和国整个领域内的一种特殊货币。

外国的货币，是指国外的主权国家依法发行并在一定区域内流通的货币。这些既包括可在我国自由兑换的外国货币，也可包括目前尚不可以在我国自由兑换的外国货币。

2. 本罪在主观方面表现为故意，即行为人是明知而故犯。

（三）司法实务问题

1. 关于伪造货币罪的数额标准。根据刑法规定，伪造货币罪不要求数额大小和数量多少。但是，如果行为人的伪造行为情节显著轻微，危害不大的，可依《刑法》第13条但书的规定，不认为是犯罪。如利用彩色复印机复印人民币，以检验复印的质量；如模仿人民币绘制货币，以炫耀其画技等，可以违法行为加以处理。

2. 伪造货币又走私伪造的货币行为如何处理？行为人伪造货币又走私伪币进出境，在刑法理论上属于牵连犯。对此，根据《刑法》第171条的立法精神，应当依照《刑法》第170条的规定定罪并从重处罚。

三、出售、购买、运输假币罪

（一）法律规定

《刑法》第171条规定："出售、购买伪造的货币或者明知是伪造的货币而运输，数额较大的，处3年以下有期徒刑或者拘役，并处2万元以上20万元以下罚金；数额巨大的，处3年以上10年以下有期徒刑，并处5万元以上50万元以下罚金；数额特别巨大的，处10年以上有期徒刑或者无期徒刑，并处5万元以上50万元以下罚金或者没收财产。银行或者其他金融机构的工作人员购买伪造的货币或者利用职务上的便利，以伪造的货币换取货币的，处3年以上10年以下有期徒刑，并处2万元以上20万元以下罚金；数额巨大或者有其他严重情节的，处10年以上有期徒刑或者无期徒刑，并处2万元以上20万元以下罚金或者没收财产；情节较轻的，处3年以下有期徒刑或者拘役，并处或者单处1万元以上10万元以下罚金。伪造货币并出售或者运输伪造的货币的，依照本法第170条的规定定罪从重处罚。"

（二）构成特征

本罪在客观方面表现为出售、购买、运输伪造的货币，数额较大的行为。在主观方面表现为故意的罪过性质，即行为人是明知而故犯。

（三）司法实务问题

在司法实践中，应当注意：

1. 运输假币行为与走私假币行为存在着吸收关系时，应当以走私假币罪论处。因为走私假币中的运输行为本身属于走私行为的一个组成部分，理应为走私行为所吸收。

2. 走私假币后又非法出售，这一出售行为属于走私行为的延续行为，对此应当以走私假币罪论处。

3. 直接向走私人非法购买假币，根据《刑法》第155条的规定，应当以走私假币罪论处。

四、金融工作人员购买假币、以假币换取货币罪

（一）法律规定

见前列《刑法》第 171 条第 2 款。

（二）构成特征

1. 本罪在客观方面表现为金融机构的工作人员购买假币或者利用职务上的便利，以伪造的货币换取真币的行为。

2. 本罪在主观方面表现为故意，即行为人是明知而故犯。如果金融工作人员在进行业务往来中，由于过失而发生上述行为，则不能构成犯罪。

五、持有、使用假币罪

（一）法律规定

《刑法》第 172 条规定："明知是伪造的货币而持有、使用，数额较大的，处 3 年以下有期徒刑或者拘役，并处或者单处 1 万元以上 10 万元以下罚金；数额巨大的，处 3 年以上 10 年以下有期徒刑，并处 2 万元以上 20 万元以下罚金；数额特别巨大的，处 10 年以上有期徒刑，并处 5 万元以上 50 万元以下罚金或者没收财产。"

（二）构成特征

1. 本罪在客观方面表现为持有、使用假币，数额较大的行为。

2. 本罪在主观方面表现为故意，即行为人是明知而故犯。如果行为人不知是假币误收后持有，或受骗为他人携带、保管假币，或不知是假币误收后又使用，均不能构成本罪。

（三）司法实务问题

在司法实践中，明知假币而使用，与诈骗犯罪发生法条竞合，对此，应当按照特殊法条优于普通法条的原则，以本罪论处。

六、变造货币罪

（一）法律规定

《刑法》第 173 条规定："变造货币，数额较大的，处 3 年以下有期徒刑或者拘役，并处或者单处 1 万元以上 10 万元以下罚金；数额巨大的，处 3 年以上 10 年以下有期徒刑，并处 2 万元以上 20 万元以下罚金。"

（二）构成特征

1. 本罪在客观方面表现为行为人对真实的货币，通过剪贴、涂改、挖补、拼接、揭层等方法，使真币发生增值，数额较大的行为。

2. 本罪在主观方面表现为故意，即行为人是明知而故犯。

（三）司法实务问题

在司法实践中，要注意本罪与伪造货币罪的区别。变造行为就其实质而言，也是一种伪造。但两者也有区别，这主要表现在变造货币的对象本身是真实的，而伪造货币的对象本身就是虚假的。刑法已明文将变造行为从伪造行为中分离出来，按照罪刑法定的原则，应以独立之罪加以认定处罚。

第二十章

七、擅自设立金融机构罪

（一）法律规定

《刑法》第174条规定："未经国家有关主管部门批准，擅自设立商业银行、证券交易所、期货交易所、证券公司、期货经纪公司、保险公司或者其他金融机构的，处3年以下有期徒刑或者拘役，并处或者单处2万元以上20万元以下罚金；情节严重的，处3年以上10年以下有期徒刑，并处5万元以上50万元以下罚金。伪造、变造、转让商业银行、证券交易所、期货交易所、证券公司、期货经纪公司、保险公司或者其他金融机构的经营许可证或者批准文件的，依照前款的规定处罚。单位犯前两款罪的，对单位判处罚金，并对其直接负责的主管人员和其他直接责任人员，依照第1款的规定处罚。"

（二）构成特征

1. 本罪在客观方面表现为未经国家有关主管部门批准，擅自设立商业银行、证券交易所、期货交易所、证券公司、期货经纪公司、保险公司或者其他金融机构的行为。

2. 本罪在主观方面表现为故意，即行为人是明知而故犯。并且一般具有非法经营金融业务的目的，从而获取非法利润。

八、伪造、变造、转让金融机构经营许可证、批准文件罪

（一）法律规定

见前列《刑法》第174条第2、3款。

（二）概念和构成特征

伪造、变造、转让金融机构经营许可证、批准文件罪，是指伪造、变造、转让商业银行、证券交易所、期货交易所、证券公司、期货经纪公司、保险公司或者其他金融机构的经营许可证或批准文件的行为。

1. 本罪的客体为国家对金融机构的管理制度。犯罪对象为商业银行、证券交易所、期货交易所、证券公司、期货经纪公司、保险公司或者其他金融机构的经营许可证或者批准文件。

2. 本罪客观方面表现为实施了伪造、变造、转让经营许可证或批准文件的行为。

九、高利转贷罪

（一）法律规定

《刑法》第175条规定："以转贷牟利为目的，套取金融机构信贷资金高利转贷他人，违法所得数额较大的，处3年以下有期徒刑或者拘役，并处违法所得1倍以上5倍以下罚金；数额巨大的，处3年以上7年以下有期徒刑，并处违法所得1倍以上5倍以下罚金。单位犯前款罪的，对单位判处罚金，并对其直接负责的主管人员和其他直接责任人员，处3年以下有期徒刑或者拘役。"

（二）构成特征

1. 本罪在客观方面表现为套取金融机构信贷资金高利转贷他人，违法所得数额

较大的行为。

2. 本罪在主观方面表现为故意，即行为人是明知而故犯，并且具有转贷牟利的目的。

十、骗取贷款、票据承兑、金融票证罪

（一）法律规定

《刑法》第 175 条之一规定："以欺骗手段取得银行或者其他金融机构贷款、票据承兑、信用证、保函等，给银行或者其他金融机构造成重大损失或者有其他严重情节的，处 3 年以下有期徒刑或者拘役，并处或者单处罚金；给银行或者其他金融机构造成特别重大损失或者有其他特别严重情节的，处 3 年以上 7 年以下有期徒刑，并处罚金。单位犯前款罪的，对单位判处罚金，并对其直接负责的主管人员和其他直接责任人员，依照前款的规定处罚。"

（二）概念和构成特征

骗取贷款、票据承兑、金融票证罪，是指以欺骗手段取得银行或者其他金融机构贷款、票据承兑、信用证、保函等，给银行或者其他金融机构造成重大损失或者有其他严重情节的行为。《刑法修正案（六）》第 10 条增设了本罪。

1. 本罪侵犯的客体是国家对金融信贷资金的管理。

2. 本罪在客观方面表现为行为人以欺骗手段取得了银行或者其他金融机构贷款、票据承兑、信用证、保函等。

3. 本罪主体是一般主体，既包括单位，也包括个人。

4. 本罪主观方面，行为人存在欺骗的故意。

十一、非法吸收公众存款罪

（一）法律规定

《刑法》第 176 条规定："非法吸收公众存款或者变相吸收公众存款，扰乱金融秩序的，处 3 年以下有期徒刑或者拘役，并处或者单处 2 万元以上 20 万元以下罚金；数额巨大或者有其他严重情节的，处 3 年以上 10 年以下有期徒刑，并处 5 万元以上 50 万元以下罚金。单位犯前款罪的，对单位判处罚金，并对其直接负责的主管人员和其他直接责任人员，依照前款的规定处罚。"

（二）构成特征

1. 本罪在客观方面表现为非法吸收公众存款或者变相吸收公众存款，扰乱金融秩序的行为。

2. 本罪在主观方面表现为故意的罪过性质，即行为人是明知而故犯，并且具有非法牟利的目的。

十二、伪造、变造金融票证罪

（一）法律规定

《刑法》第 177 条规定："有下列情形之一，伪造、变造金融票证的，处 5 年以下有期徒刑或者拘役，并处或者单处 2 万元以上 20 万元以下罚金；情节严重的，处

5年以上10年以下有期徒刑，并处5万元以上50万元以下罚金；情节特别严重的，处10年以上有期徒刑或者无期徒刑，并处5万元以上50万元以下罚金或者没收财产：①伪造、变造汇票、本票、支票的；②伪造、变造委托收款凭证、汇款凭证、银行存单等其他银行结算凭证的；③伪造、变造信用证或者附随的单据、文件的；④伪造信用卡的。单位犯前款罪的，对单位判处罚金，并对其直接负责的主管人员和其他直接责任人员，依照前款的规定处罚。"

（二）构成特征

1. 本罪在客观方面表现为伪造或者变造金融票证的行为。本罪的犯罪对象有：汇票、支票、本票；委托收款凭证、汇款凭证、银行存单等其他银行结算凭证；信用证或者附随的单据、文件；信用卡。根据刑法理论，伪造与变造属于本罪的选择性行为，只要具备行为之一的，即可构成本罪。同时具有两种行为的，仍以一罪论处。

2. 本罪在主观方面表现为故意的罪过性质，即行为人是明知而故犯，并且具有非法牟利的目的。

十三、妨害信用卡管理罪

（一）法律规定

《刑法》第177条之一规定："有下列情形之一，妨害信用卡管理的，处3年以下有期徒刑或者拘役，并处或者单处1万元以上10万元以下罚金；数量巨大或者有其他严重情节的，处3年以上10年以下有期徒刑，并处2万元以上20万元以下罚金：①明知是伪造的信用卡而持有、运输的，或者明知是伪造的空白信用卡而持有、运输，数量较大的；②非法持有他人信用卡，数量较大的；③使用虚假的身份证明骗领信用卡的；④出售、购买、为他人提供伪造的信用卡或者以虚假的身份证明骗领的信用卡的。窃取、收买或者非法提供他人信用卡信息资料的，依照前款规定处罚。银行或者其他金融机构的工作人员利用职务上的便利，犯第2款罪的，从重处罚。"

（二）概念和构成特征

妨害信用卡管理罪，是《刑法修正案（五）》中新增加的罪名，指明知是伪造的信用卡而持有、运输的，或者明知是伪造的空白信用卡而持有、运输，数量较大，或者非法持有他人信用卡，数量较大，或者使用虚假的身份证明骗领信用卡，或者出售、购买、为他人提供伪造的信用卡或者以虚假的身份证明骗领的信用卡，或者窃取、收买或非法提供他人信用卡信息资料，妨害信用卡管理秩序的行为。

本罪侵犯的客体是信用卡的管理制度。主体为一般主体，银行或者其他金融机构的工作人员利用职务上的便利犯本罪的，从重处罚。

十四、窃取、收买、非法提供信用卡信息罪

（一）法律规定

见前列《刑法》第177条之一第2款。

第二十章

（二）概念和构成特征

窃取、收买、非法提供信用卡信息罪，是指窃取、收买、非法提供信用卡信息资料的行为。

1. 本罪侵犯的客体是信用卡管理秩序。犯罪对象是信用卡资料信息。

2. 本罪客观方面表现为以秘密手段获取或者以金钱、物质等换取他人信用卡信息资料的行为，或者违反有关规定，私自提供他人信用卡信息资料的行为。其中的"窃取"是指以秘密手段（包括偷窥、拍摄、复印以及高科技方法等）获取他人信用卡信息资料的行为；"收买"是指以金钱或者物质利益从有关人员（如银行等金融机构的工作人员）手中换取他人信用卡信息资料的行为；"非法提供"是指私自提供合法掌握的他人信用卡信息资料的行为。

十五、伪造、变造国家有价证券罪

（一）法律规定

《刑法》第 178 条规定："伪造、变造国库券或者国家发行的其他有价证券，数额较大的，处 3 年以下有期徒刑或者拘役，并处或者单处 2 万元以上 20 万元以下罚金；数额巨大的，处 3 年以上 10 年以下有期徒刑，并处 5 万元以上 50 万元以下罚金；数额特别巨大的，处 10 年以上有期徒刑或者无期徒刑，并处 5 万元以上 50 万元以下罚金或者没收财产。伪造、变造股票或者公司、企业债券，数额较大的，处 3 年以下有期徒刑或者拘役，并处或者单处 1 万元以上 10 万元以下罚金；数额巨大的，处 3 年以上 10 年以下有期徒刑，并处 2 万元以上 20 万元以下罚金。单位犯前两款罪的，对单位判处罚金，并对其直接负责的主管人员和其他直接责任人员，依照前两款的规定处罚。"

（二）构成特征

本罪在客观方面表现为伪造、变造国库券或者国家发行的其他有价证券，数额较大的行为。主观方面表现为故意，即行为人是明知而故犯。

十六、伪造、变造股票、公司、企业债券罪

（一）法律规定

见前列《刑法》第 178 条第 2、3 款。

（二）构成特征

本罪在客观方面表现为伪造、变造股票或者公司、企业债券，数额较大的行为。股票和公司、企业债券也是一种有价证券，它们和国家有价证券的区别，主要在于发行主体的不同。

本罪在主观方面表现为故意，即行为人是明知而故犯。

十七、擅自发行股票、公司、企业债券罪

（一）法律规定

《刑法》第 179 条规定："未经国家有关主管部门批准，擅自发行股票或者公司、企业债券，数额巨大、后果严重或者有其他严重情节的，处 5 年以下有期徒刑或者拘役，并处或者单处非法募集资金金额1%以上5%以下罚金。单位犯前款罪的，对单位判处罚金，并对其直接负责的主管人员和其他直接责任人员，处5年以下有期徒刑或者拘役。"

（二）构成特征

1. 本罪在客观方面表现为未经国家有关主管部门批准，擅自发行股票或者公司、企业债券，数额巨大、后果严重或者有其他严重情节的行为。

2. 本罪在主观方面表现为故意，即行为人是明知而故犯。

十八、内幕交易、泄露内幕信息罪

（一）法律规定

《刑法》第180条规定："证券、期货交易内幕信息的知情人员或者非法获取证券、期货交易内幕信息的人员，在涉及证券的发行，证券、期货交易或者其他对证券、期货交易价格有重大影响的信息尚未公开前，买入或者卖出该证券，或者从事与该内幕信息有关的期货交易，或者泄露该信息，或者明示、暗示他人从事上述交易活动，情节严重的，处5年以下有期徒刑或者拘役，并处或者单处违法所得1倍以上5倍以下罚金；情节特别严重的，处5年以上10年以下有期徒刑，并处违法所得1倍以上5倍以下罚金。单位犯前款罪的，对单位判处罚金，并对其直接负责的主管人员和其他直接责任人员，处5年以下有期徒刑或者拘役。内幕信息、知情人员的范围，依照法律、行政法规的规定确定。证券交易所、期货交易所、证券公司、期货经纪公司、基金管理公司、商业银行、保险公司等金融机构的从业人员以及有关监管部门或者行业协会的工作人员，利用因职务便利获取的内幕信息以外的其他未公开的信息，违反规定，从事与该信息相关的证券、期货交易活动，或者明示、暗示他人从事相关交易活动，情节严重的，依照第1款的规定处罚。"

（二）概念和构成特征

内幕交易、泄露内幕信息罪，是指证券、期货交易内幕信息的知情人员或者非法获取证券、期货交易内幕信息的人员，在内幕信息尚未公开前，买入或者卖出该证券，或者从事与该内幕信息有关的期货交易，或者泄露该信息，或者暗示、明示他人从事上述交易活动，情节严重的行为。本罪的构成特征是：

1. 本罪的主体是证券、期货交易内幕信息的知情人员和非法获取证券、期货交易内幕信息的人员。所谓"内幕信息的知情人员"，是指由于持有发行人的证券，或者在发行人或与发行人有密切联系的公司中担任董事、监事、高级管理人员，或者由于其会员地位、管理地位、监督地位和职业地位，或者作为雇员、专业顾问履行职务，能够接触或者获得内幕信息的人员。根据《证券法》第74条规定，内幕信息的知情人员包括：①发行人的董事、监事、高级管理人员；②持有公司5%以上股份的股东及其董事、监事、高级管理人员，公司的实际控制人及其董事、监事、高级管理人员；③发行人控股的公司及其董事、监事、高级管理人员；④由于所任公司职务可以获取公司有关内幕信息的人员；⑤证券监督管理机构工作人员以及由于法定职责对证券的发行、交易进行管理的其他人员；⑥保荐人、承销的证券公司、证券交易所、证券登记结算机构、证券服务机构的有关人员；⑦国务院证券监督管理机构规定的其他人。"非法获取内幕信息的人员"，是指通过非工作关系的途径非法获取证券、期货交易内幕信息的人员。非法获取，既可通过犯罪手段获取，也可通过非犯罪手段的其他非法途径获取。

2. 本罪在客观方面表现为在涉及证券的发行，证券、期货交易，或者其他对证券、期货交易价格有重大影响的信息公开前，买入或者卖出该证券，或者从事与该内幕信息有关的期货交易，或者泄露该信息，或者明示、暗示他人从事相关交易活动，情节严重的行为。这里所说的"内幕信息"，是指为证券、期货交易内幕人员知悉的，尚未公开的而对证券价格有重大影响的信息。

3. 本罪在主观方面表现为故意，即行为人是明知而故犯，并且具有获取非法利益或减少利益损失的目的。

十九、利用未公开信息交易罪

（一）法律规定

见前列《刑法》第180条第4款。

（二）概念

利用未公开信息交易罪，是指证券交易所、期货交易所、证券公司、期货经纪公司、基金管理公司、商业银行、保险公司等金融机构的从业人员以及有关监管部门或者行业协会的工作人员，利用因职务便利获取内幕信息以外的其他未公开的信息，违反规定，从事与该信息相关的证券、期货交易活动，或者明示、暗示他人从事相关交易活动，情节严重的行为。

二十、编造并传播证券、期货交易虚假信息罪

（一）法律规定

《刑法》第181条规定："编造并且传播影响证券、期货交易的虚假信息，扰乱证券、期货交易市场，造成严重后果的，处5年以下有期徒刑或者拘役，并处或者单处1万元以上10万元以下罚金。证券交易所、期货交易所、证券公司、期货经纪公司的从业人员，证券业协会、期货业协会或者证券期货监督管理部门的工作人员，故意提供虚假信息或者伪造、变造、销毁交易记录，诱骗投资者买卖证券、期货合约，造成严重后果的，处5年以下有期徒刑或者拘役，并处或者单处1万元以上10万元以下罚金；情节特别恶劣的，处5年以上10年以下有期徒刑，并处2万元以上20万元以下罚金。单位犯前两款罪的，对单位判处罚金，并对其直接负责的主管人员和其他直接责任人员，处5年以下有期徒刑或者拘役。"

（二）构成特征

1. 本罪在客观方面表现为编造并且传播影响证券、期货交易的虚假信息，扰乱证券、期货交易市场，造成严重后果的行为。

2. 本罪在主观方面表现为故意，即行为人是明知而故犯。

二十一、诱骗投资者买卖证券、期货合约罪

（一）法律规定

见前列《刑法》第 181 条第 2、3 款。

（二）构成特征

1. 本罪的客观方面表现为提供虚假信息或者伪造、变造、销毁交易记录，诱骗投资者买卖证券、期货合约，并造成严重后果的行为。

2. 本罪主体为特殊主体，即证券交易所、期货交易所、证券公司、期货经纪公司、证券业协会、期货业协会或者证券期货监督管理部门，以及上述单位的从业人员或者工作人员。

二十二、操纵证券、期货市场罪

（一）法律规定

《刑法》第 182 条规定："有下列情形之一，操纵证券、期货市场，情节严重的，处 5 年以下有期徒刑或者拘役，并处或者单处罚金；情节特别严重的，处 5 年以上 10 年以下有期徒刑，并处罚金：①单独或者合谋，集中资金优势、持股或者持仓优势或者利用信息优势联合或者连续买卖，操纵证券、期货交易价格或者证券、期货交易量的；②与他人串通，以事先约定的时间、价格和方式相互进行证券、期货交易，影响证券、期货交易价格或者证券、期货交易量的；③在自己实际控制的账户之间进行证券交易，或者以自己为交易对象，自买自卖期货合约，影响证券、期货交易价格或者证券、期货交易量的；④以其他方法操纵证券、期货市场的。单位犯前款罪的，对单位判处罚金，并对其直接负责的主管人员和其他直接责任人员，依照前款的规定处罚。"

（二）概念和构成特征

操纵证券、期货市场罪，是指以国家法律明令禁止的方式操纵证券、期货交易价格，情节严重的行为。《刑法》第 182 条原罪名为操纵证券、期货交易价格罪，《刑法修正案（六）》第 11 条将其修改为操纵证券、期货市场罪。

1. 本罪侵犯的客体是国家对证券、期货交易市场的管理秩序和证券、期货投资者的合法权益。

2. 本罪客观方面表现为下列操纵证券、期货交易价格的行为：①单独或者合谋，集中资金优势、持股或者持仓优势或者利用信息优势联合或者连续买卖，操纵证券、期货交易价格或者证券、期货交易量；②与他人串通，以事先约定的时间、价格和方式相互进行证券、期货交易，影响证券、期货交易价格或证券、期货交易量；③在自己实际控制的账户之间进行证券交易，或者以自己为交易对象，自买自卖期货合约，影响证券、期货交易价格或者证券、期货交易量；④以其他方法操纵证券、期货交易市场。

3. 本罪的主体包括个人和单位。

4. 本罪在主观方面是故意。

二十三、背信运用受托财产罪

（一）法律规定

《刑法》第185条之一规定："商业银行、证券交易所、期货交易所、证券公司、期货经纪公司、保险公司或者其他金融机构，违背受托义务，擅自运用客户资金或者其他委托、信托的财产，情节严重的，对单位判处罚金，并对其直接负责的主管人员和其他直接责任人员，处3年以下有期徒刑或者拘役，并处3万元以上30万元以下罚金；情节特别严重的，处3年以上10年以下有期徒刑，并处5万元以上50万元以下罚金。社会保障基金管理机构、住房公积金管理机构等公众资金管理机构，以及保险公司、保险资产管理公司、证券投资基金管理公司，违反国家规定运用资金的，对其直接负责的主管人员和其他直接责任人员，依照前款的规定处罚。"

（二）概念

背信运用受托财产罪，是《刑法修正案（六）》第12条中新增加的罪名，指商业银行、证券交易所、期货交易所、证券公司、期货经纪公司、保险公司或者其他金融机构，违背受托义务，擅自运用客户资金或者其他委托、信托的财产，情节严重的行为。

二十四、违法运用资金罪

（一）法律规定

见前列《刑法》第185条之一第2款。

（二）概念

违法运用资金罪，是《刑法修正案（六）》第12条中增加的罪名，是指社会保障基金管理机构、住房公积金管理机构等公众资金管理机构，以及保险公司、保险资产管理公司、证券投资基金管理公司，违反法律规定运用资金的行为。

二十五、违法发放贷款罪

（一）法律规定

《刑法》第186条规定："银行或者其他金融机构的工作人员违反国家规定发放贷款，数额巨大或者造成重大损失的，处5年以下有期徒刑或者拘役，并处1万元以上10万元以下罚金；数额特别巨大或者造成特别重大损失的，处5年以上有期徒刑，并处2万元以上20万元以下罚金。银行或者其他金融机构的工作人员违反国家规定，向关系人发放贷款的，依照前款的规定从重处罚。单位犯前两款罪的，对单位判处罚金，并对其直接负责的主管人员和其他直接责任人员，依照前两款的规定处罚。关系人的范围，依照《中华人民共和国商业银行法》和有关金融法规确定。"

（二）概念和构成特征

《刑法修正案（六）》第13条将原有的违法向关系人发放贷款罪和违法发放贷款罪合并修改为违法发放贷款罪。违法发放贷款罪，是指银行或者其他金融机构的工作人员违反国家规定发放贷款，数额巨大或者造成重大损失的行为。

1. 本罪的客体是国家对金融机构贷款的管理规定。

2. 本罪主体为特殊主体，即银行或者其他金融机构的工作人员，单位可以构成本罪。

3. 本罪主观方面为故意，即行为人徇私情发放贷款。银行或者金融机构的工作人员违反法律规定，向关系人发放贷款的，依本罪从重处罚。

二十六、吸收客户资金不入账罪

（一）法律规定

《刑法》第187条规定："银行或者其他金融机构的工作人员吸收客户资金不入账，数额巨大或者造成重大损失的，处5年以下有期徒刑或者拘役，并处2万元以上20万元以下罚金；数额特别巨大或者造成特别重大损失的，处5年以上有期徒刑，并处5万元以上50万元以下罚金。单位犯前款罪的，对单位判处罚金，并对其直接负责的主管人员和其他直接责任人员，依照前款的规定处罚。"

（二）概念和构成特征

吸收客户资金不入账罪，是指银行或者其他金融机构及其工作人员吸收客户资金不入账，数额巨大或者造成重大损失的行为。

本罪的客观方面表现为吸收客户资金不入账，数额巨大或者造成重大损失的行为。主体为特殊主体，只能由银行或者其他金融机构及其工作人员构成。主观方面为故意。

二十七、违规出具金融票证罪

（一）法律规定

《刑法》第188条规定："银行或者其他金融机构的工作人员违反规定，为他人出具信用证或者其他保函、票据、存单、资信证明，情节严重的，处5年以下有期徒刑或者拘役；情节特别严重的，处5年以上有期徒刑。单位犯前款罪的，对单位判处罚金，并对其直接负责的主管人员和其他直接责任人员，依照前款的规定处罚。"

（二）概念和构成特征

违规出具金融票证罪，是指银行或者其他金融机构及其工作人员违反规定，为他人出具信用证或者其他保函、票据、存单、资信证明，情节严重的行为。

本罪的客体是国家的金融管理秩序。客观方面表现为违反规定，为他人出具信用证或者其他保函、票据、存单、资信证明，情节严重的行为。主体为特殊主体，是银行或者其他金融机构及其工作人员。主观方面是过失。

二十八、对违法票据承兑、付款、保证罪

（一）法律规定

《刑法》第189条规定："银行或者其他金融机构的工作人员在票据业务中，对违反票据法规定的票据予以承兑、付款或者保证，造成重大损失的，处5年以下有期徒刑或者拘役；造成特别重大损失的，处5年以上有期徒刑。单位犯前款罪的，对单位判处罚金，并对其直接负责的主管人员和其他直接责任人员，依照前款的规

定处罚。"

（二）构成特征

1. 本罪在客观方面表现为银行或者其他金融机构的工作人员，在票据业务中，对违反票据法规定的票据予以承兑、付款或者保证，造成重大损失的行为。这里的票据是指汇票、本票、支票。

2. 本罪在主观方面表现为故意，即行为人是明知而故犯。如果行为人出于过失，应当分清行为人的不同身份资格，或以玩忽职守的有关犯罪论处，或以政纪处分。

二十九、逃汇罪

（一）法律规定

《刑法》第 190 条规定："公司、企业或者其他单位，违反国家规定，擅自将外汇存放境外，或者将境内的外汇非法转移到境外，数额较大的，对单位判处逃汇数额 5% 以上 30% 以下罚金，并对其直接负责的主管人员和其他直接责任人员处 5 年以下有期徒刑或者拘役；数额巨大或者有其他严重情节的，对单位判处逃汇数额 5% 以上 30% 以下罚金，并对其直接负责的主管人员和其他直接责任人员处 5 年以上有期徒刑。"

（二）构成特征

1. 本罪的主体只能是公司、企业或者其他单位，自然人不能成为本罪的主体。

2. 本罪在客观方面表现为违反国家规定，擅自将外汇存放境外，或者将境内的外汇非法转移到境外，数额较大的行为。

3. 本罪在主观方面表现为故意，即公司、企业或者其他单位的直接负责的主管人员和其他直接责任人员明知国家对外汇有专门管理的规定，仍故意实施逃汇行为。

三十、骗购外汇罪

（一）法律规定

《关于惩治骗购外汇、逃汇和非法买卖外汇犯罪的决定》第 1 条规定：为了惩治骗购外汇、逃汇和非法买卖外汇的犯罪行为，维护国家外汇管理秩序，对刑法作如下补充修改：

1. 有下列情况之一，骗购外汇，数额较大的，处 5 年以下有期徒刑或者拘役，并处骗购外汇数额 5% 以上 30% 以下罚金；数额巨大或者有其他严重情节的，处 5 年以上 10 年以下有期徒刑，并处骗购外汇数额 5% 以上 30% 以下罚金；数额特别巨大或者有其他特别严重情节的，处 10 年以上有期徒刑或者无期徒刑，并处骗购外汇数额 5% 以上 30% 以下罚金或者没收财产：①使用伪造、变造的海关签发的报关单、进口证明、外汇管理部门核准件等凭证和单据的；②重复使用海关签发的报关单、进口证明、外汇管理部门核准件等凭证和单据的；③以其他方式骗购外汇的。

伪造、变造海关签发的报关单、进口证明、外汇管理部门核准件等凭证和单据，并用于骗购外汇的，依照前款的规定从重处罚。

明知用于骗购外汇而提供人民币资金的，以共犯论处。

单位犯前3款罪的，对单位依照第1款的规定判处罚金，并对其直接负责的主管人员和其他直接责任人员，处5年以下有期徒刑或者拘役；数额巨大或者有其他严重情节的，处5年以上10年以下有期徒刑；数额特别巨大或者有其他特别严重情节的，处10年以上有期徒刑或者无期徒刑。

2. 买卖伪造、变造的海关签发的报关单、进口证明、外汇管理部门核准件等凭证和单据或者国家机关的其他公文、证件、印章的，依照刑法第280条的规定定罪处罚。

3. 在国家规定的交易场所以外非法买卖外汇，扰乱市场秩序，情节严重的，依照《刑法》第225条的规定定罪处罚。

单位犯前款罪的，依照《刑法》第231条的规定处罚。

4. 海关、外汇管理部门以及金融机构、从事对外贸易经营活动的公司、企业或者其他单位的工作人员与骗购外汇或者逃汇的行为人通谋，为其提供购买外汇的有关凭证或者其他便利的，或者明知是伪造、变造的凭证和单据而售汇、付汇的，以共犯论，依照本决定从重处罚。

5. 海关、外汇管理部门的工作人员严重不负责任，造成大量外汇被骗购或者逃汇，致使国家利益遭受重大损失的，依照《刑法》第397条的规定定罪处罚。

（二）构成特征

本罪在客观方面表现为骗购外汇，数额较大的行为。本罪在主观方面表现为故意，即行为人是明知而故犯。

三十一、洗钱罪

（一）法律规定

《刑法》第191条规定："明知是毒品犯罪、黑社会性质的组织犯罪、恐怖活动犯罪、走私犯罪、贪污贿赂犯罪、破坏金融管理秩序犯罪、金融诈骗犯罪的所得及其产生的收益，为掩饰、隐瞒其来源和性质，有下列行为之一的，没收实施以上犯罪的所得及其产生的收益，处5年以下有期徒刑或者拘役，并处或者单处洗钱数额5%以上20%以下罚金；情节严重的，处5年以上10年以下有期徒刑，并处洗钱数额5%以上20%以下罚金：①提供资金账户的；②协助将财产转换为现金、金融票据、有价证券的；③通过转账或者其他结算方式协助资金转移的；④协助将资金汇往境外的；⑤以其他方法掩饰、隐瞒犯罪所得及其收益的来源和性质的。单位犯前款罪的，对单位判处罚金，并对其直接负责的主管人员和其他直接责任人员，处5年以下有期徒刑或者拘役；情节严重的，处5年以上10年以下有期徒刑。"

（二）概念和构成特征

洗钱罪是指明知是毒品犯罪、黑社会性质的组织犯罪、恐怖活动犯罪、走私犯罪、贪污贿赂犯罪、破坏金融管理秩序犯罪、金融诈骗犯罪的违法所得及其产生的收益，为掩饰、隐瞒其来源与性质，而提供资金账户，协助将财产转换为现金、金融票据、有价证券，通过转账或其他结算方式协助资金转移，协助将资金汇往境外，或以其他方法掩饰、隐瞒犯罪的违法所得及其收益的来源和性质的行为。本罪的特征是：

1. 本罪客体是复杂客体，既侵犯了国家的金融管理秩序，也侵犯了司法机关的正常活动。洗钱行为危害金融管理秩序，掩饰、隐瞒犯罪的违法所得及其收益的来源和性质，消灭犯罪线索和证据，逃避法律制裁，侵犯司法机关的正常活动。

洗钱罪的犯罪对象是其上游犯罪的违法所得及其产生的收益。关于洗钱罪的上游犯罪的范围，《刑法》第 191 条规定的是毒品犯罪、黑社会性质的组织犯罪、走私犯罪；2001 年 12 月 29 日，全国人大常委会通过并公布的《刑法修正案（三）》对洗钱罪作了修改，增加了恐怖活动犯罪的内容；2006 年 6 月 29 日，全国人大常委会通过并公布的《刑法修正案（六）》再次对洗钱罪作了修改，增加了贪污贿赂犯罪、破坏金融管理秩序罪、金融诈骗犯罪的内容，扩大了洗钱罪上游犯罪的范围，目的在于有效惩治为恐怖活动犯罪、贪污贿赂犯罪、破坏金融管理秩序犯罪、金融诈骗犯罪洗钱的犯罪行为。

2. 本罪客观方面表现为采用法定的行为方式来掩饰、隐瞒特定犯罪的违法所得及其产生的收益的来源和性质。刑法对洗钱罪的行为方式规定如下：①提供资金账户；②协助将财产转换为现金、金融票据、有价证券；③通过转账或其他结算方式协助资金转移；④协助将资金汇往境外；⑤以其他方法掩饰、隐瞒犯罪的违法所得及其收益的性质和来源，这是法律为避免遗漏洗钱行为方式所作的一项补充性规定。

（三）司法实务问题

1. 洗钱罪与掩饰、隐瞒犯罪所得、犯罪所得收益罪的界限。根据《刑法》第312 条的规定，掩饰、隐瞒犯罪所得、犯罪所得收益罪是指明知是犯罪所得或犯罪所得收益，而予以窝藏、转移、收购，或者代为销售或以其他方法掩饰、隐瞒的行为。两罪的主要区别是：①犯罪客体和对象不同。洗钱罪属经济犯罪，其客体是金融管理秩序，对象是上游犯罪即毒品犯罪、黑社会性质组织犯罪、走私犯罪、恐怖活动犯罪、贪污贿赂犯罪、破坏金融管理秩序犯罪、金融诈骗犯罪的违法所得及其收益，而掩饰、隐瞒犯罪所得、犯罪所得收益罪属于妨害社会管理秩序罪的范畴，其客体为社会管理秩序，对象是犯罪所得及其产生的收益。②客观表现不同。前者表现为明知而掩饰、隐瞒违法所得的性质和来源的行为，而后者则表现为明知是犯罪所得及其产生的收益而窝藏、转移、收购或者代为销售或以其他方法掩饰、隐瞒的行为。

2. 洗钱罪的共同犯罪。如果行为人事前与上游犯罪分子通谋，事后实施了洗钱行为，不应构成洗钱罪，而应与上游犯罪分子构成上游犯罪的共同犯罪，因为行为人事后实施的帮助行为不过是上游共同犯罪的不同分工行为而已。

3. 一罪与数罪问题。刑法对洗钱罪行为方式的规定，实际都是一种与上游犯罪事前无通谋而事后提供帮助的行为。至于上游犯罪的主体在完成上游犯罪之后进而自行实施的洗钱行为，只能被看做是上游犯罪的一种延伸，不存在构成数罪或单独构成洗钱罪的问题。

■ 第六节　金融诈骗罪分述

一、金融诈骗的性质与特点

诈骗，是指行为人通过虚构事实、隐瞒真相的方法，使人产生错误的认识和作出错误的决定交付钱财，从而使自己获取非法的利益或者实现非法的目的的行为。

诈骗的行为本质在于欺骗，欺骗的行为在社会的各个领域、各个层次都存在。但法律上所说的欺骗一般仅限于经济运行领域和财产转移过程，行为人一般是基于获取非法的经济利益或者获取非法的财产占有而实施诈骗行为。从法理角度上分析，诈骗可以分为民法意义上的诈骗和刑法意义上的诈骗。民法意义上的诈骗一般被称为欺诈。民事欺诈是指行为人为获取非法的经济利益，通过虚构事实或隐瞒真相的方法，使他人陷入错误的认识状态并作出意愿抉择，与行为人发生经济或财产往来的行为。民事欺诈行为的本质在于行为人与相对人并不否认双方业已存在的经济或民事法律关系，也不发生经济利益或财产权利的非法消灭。这种在双方确立经济和财产法律关系过程中所存在的欺诈行为，在民法上是作为侵权行为予以认定的，并根据民事法律加以调整。刑法意义上的诈骗是一种犯罪，它是指行为人为获取非法的经济利益和财产利益，通过虚构事实和隐瞒真相的方法使人陷入错误认识后，非法攫取他人合法财产的行为。刑事诈骗行为的本质在于行为人非法占有他人的合法财产，侵犯了他人合法的财产所有权。所以，刑法不得不动用刑罚予以必要的制裁。

诈骗犯罪作为一种古老的社会现象，它总是与一定的社会现实生活相联系，并随着社会历史条件的发展变化而改变的。在传统的自然经济条件下，社会财富的归属主要以个人或家庭为单位，诈骗犯罪的对象主要是属于个体或家庭的财产，其不仅行为特征较为简单，行为领域较为狭窄，而且其涉及的数额也较为有限。随着资本主义制度在世界范围内的确立，商品经济获得了空前的发展，商品的流通和各种经济往来日益频繁，诈骗犯罪也随之向更广泛的领域和更深的层次发展，远远突破了传统意义上的诈骗范围。而在市场经济条件下，金融领域是整个市场经济体系中极为重要的组成部分，它与整个经济市场的各个领域相互联系、相互依存，共同形成了一个统一的市场有机整体，并在整个市场经济中起着纽带和调控的作用。无论是商品市场、劳务市场、技术市场，还是证券市场、房地产市场、保险市场的存在和发展，都要通过货币的流通和资金的运行来实现，都离不开金融市场的密切配合。由此，发生在金融领域内的诈骗犯罪，就具有比一般财产诈骗犯罪更为严重的社会危害性。从社会现实生活中所反映的诈骗犯罪看，银行等金融机构和大量的资金、大额的有价证券，已成为诈骗犯罪的主要对象，从而形成了在市场经济条件下一种新型的犯罪，即金融诈骗。

根据刑法的规定，金融诈骗罪共有 8 个具体的犯罪，现分述如下。

二、集资诈骗罪

（一）法律规定

《刑法》第 192 条规定："以非法占有为目的，使用诈骗方法非法集资，数额较大的，处 5 年以下有期徒刑或者拘役，并处 2 万元以上 20 万元以下罚金；数额巨大或者有其他严重情节的，处 5 年以上 10 年以下有期徒刑，并处 5 万元以上 50 万元以下罚金；数额特别巨大或者有其他特别严重情节的，处 10 年以上有期徒刑或者无期徒刑，并处 5 万元以上 50 万元以下罚金或者没收财产。"

《刑法》第 200 条规定："单位犯本节第 192 条、第 194 条、第 195 条规定之罪的，对单位判处罚金，并对其直接负责的主管人员和其他直接责任人员，处 5 年以下有期徒刑或者拘役，可以并处罚金；数额巨大或者有其他严重情节的，处 5 年以上 10 年以下有期徒刑，并处罚金；数额特别巨大或者有其他特别严重情节的，处 10 年以上有期徒刑或者无期徒刑，并处罚金。"

（二）构成特征

本罪在客观方面表现为行为人使用诈骗的方法非法集资，数额较大的行为。主观方面表现为故意，即行为人是明知而故犯，并且具有非法占有的目的。

（三）司法实务问题

在司法实践中，应当要注意：

1. 要划清罪与非罪的界限，这里主要指本罪与集资借贷的民事纠纷之间的区别。如果为了正常的经济需要，临时性集资借贷，后因客观原因无力归还或未能及时按约归还而发生纠纷，应通过民法调整加以解决。

2. 要区分本罪与非法吸收公众存款罪的区别。两者的区别主要表现在：①主观方面的目的内容不同。本罪具有非法占有的目的，而非法吸收公众存款罪则不具有如此目的。②客观方面的行为表现不同。本罪具有诈骗的特征，而非法吸收公众存款罪，则是违法吸收公众的存款。

3. 要区分本罪与擅自发行股票、公司、企业债券罪的区别。两者的区别主要表现在：①主观方面的目的内容不同。本罪具有非法占有的目的，而后者则不具有如此目的。②客观方面的行为表现不同。本罪具有诈骗的行为特征，而后者主要表现为违法擅自发行的行为。

三、贷款诈骗罪

（一）法律规定

《刑法》第 193 条规定："有下列情形之一，以非法占有为目的，诈骗银行或者其他金融机构的贷款，数额较大的，处 5 年以下有期徒刑或者拘役，并处 2 万元以上 20 万元以下罚金；数额巨大或者有其他严重情节的，处 5 年以上 10 年以下有期徒刑，并处 5 万元以上 50 万元以下罚金；数额特别巨大或者有其他特别严重情节的，处 10 年以上有期徒刑或者无期徒刑，并处 5 万元以上 50 万元以下罚金或者没收财产：①编造引进资金、项目等虚假理由的；②使用虚假的经济合同的；③使用虚假的证明文件的；④使用虚假的产权证明作担保或者超出抵押物价值重复担保的；⑤以其他方法诈骗贷款的。"

（二）构成特征

1. 本罪在客观方面表现为诈骗银行或者其他金融机构的贷款，数额较大的行为。

2. 本罪在主观方面表现为故意，即行为人是明知而故犯，并且具有非法占有的目的。

四、票据诈骗罪

（一）法律规定

《刑法》第 194 条规定："有下列情形之一，进行金融票据诈骗活动，数额较大的，处 5 年以下有期徒刑或者拘役，并处 2 万元以上 20 万元以下罚金；数额巨大或者有其他严重情节的，处 5 年以上 10 年以下有期徒刑，并处 5 万元以上 50 万元以下罚金；数额特别巨大或者有其他特别严重情节的，处 10 年以上有期徒刑或者无期徒刑，并处 5 万元以上 50 万元以下罚金或者没收财产：①明知是伪造、变造的汇票、本票、支票而使用的；②明知是作废的汇票、本票、支票而使用的；③冒用他人的汇票、本票、支票的；④签发空头支票或者与其预留印鉴不符的支票，骗取财物的；⑤汇票、本票的出票人签发无资金保证的汇票、本票或者在出票时作虚假记载，骗取财物的。使用伪造、变造的委托收款凭证、汇款凭证、银行存单等其他银行结算凭证的，依照前款的规定处罚。"

另见前列《刑法》第 200 条。

（二）概念和构成特征

票据诈骗罪，是指行为人以非法占有为目的，利用虚假的金融票据进行诈骗活动，数额较大的行为。本罪的构成特征是：

1. 本罪在客观方面表现为利用虚假的金融票据进行诈骗活动，数额较大的行为。所谓金融票据，是指依照法定要式签发的能在金融机构流通或者流转的汇票、本票和支票等票据。

2. 本罪在主观方面表现为故意的罪过性质，即行为人明知而故犯，并且具有非法占有的目的。需要指出的是，尽管刑法条文本身并无非法占有目的的规定，但是所有诈骗都必定在非法占有目的支配下实施，票据诈骗也不例外。

（三）司法实务问题

在司法实践中，应当注意本罪与伪造、变造金融票证罪的区别。两罪具有一定的相似性，这主要表现在：①两者在主观方面都具有获取非法利益的目的内容；②两者涉及的犯罪对象都是金融票据。两者的区别主要表现在：①两者的行为方式不同。本罪的行为表现为利用虚假的金融票据进行诈骗，而伪造、变造金融票证罪的行为着重表现在伪造和变造的行为特征上。②两者对象的范围有所不同。本罪的票据仅限于汇票、本票和支票，而伪造、变造金融票证罪的对象除上述票据之外，还包括如信用证、信用卡等其他票据。③两者构成犯罪的要求不同。本罪把利用虚假的金融票据仅仅视为犯罪手段，通过利用虚假的金融票据骗取他人的钱财，而伪造、变造金融票证罪则把伪造、变造的金融票证视为犯罪的构成目的。如果行为人伪造、变造金融票证后再行骗，则属于刑法上的牵连犯，按从一从重原则处理。

五、金融凭证诈骗罪

(一) 法律规定

见前列《刑法》第194条第2款、第200条。

(二) 构成特征

1. 本罪在客观方面表现为使用伪造、变造的委托收款凭证、汇票凭证、银行存单等其他银行结算凭证，进行诈骗钱财，数额较大的行为。

2. 本罪在主观方面表现为故意，即行为人是明知而故犯。

(三) 司法实务问题

在司法实践中，要注意将本罪与票据诈骗罪区别开来。两者最大的区别主要在于两者的犯罪对象不同，它们之间的行为区别表现在结算的方式和支取钱财的途径不同：金融票据的结算是直接以货币形式进行的；而金融凭证的结算则不是直接以货币形式进行的。

六、信用证诈骗罪

(一) 法律规定

《刑法》第195条规定："有下列情形之一，进行信用证诈骗活动的，处5年以下有期徒刑或者拘役，并处2万元以上20万元以下罚金；数额巨大或者有其他严重情节的，处5年以上10年以下有期徒刑，并处5万元以上50万元以下罚金；数额特别巨大或者有其他特别严重情节的，处10年以上有期徒刑或者无期徒刑，并处5万元以上50万元以下罚金或者没收财产：①使用伪造、变造的信用证或者附随的单据、文件的；②使用作废的信用证的；③骗取信用证的；④以其他方法进行信用证件诈骗活动的。"

另见前列《刑法》第200条。

(二) 构成特征

1. 本罪在客观方面表现为利用虚假的信用证或者其他与信用证有关的方法，进行诈骗活动的行为。信用证是指开证银行根据作为进口商的开证申请人的请求，开给受益人（通常是出口商）的一种在其具备了约定的条件后，即可得到由开证银行或者支付银行支付的约定金额的保证凭证。信用证具有银行担保的性质，是国际贸易中取得资金融通的主要方式。

2. 本罪在主观方面表现为故意，即行为人是明知而故犯，并且具有非法占有的目的。

（三）司法实务问题

在司法实践中，应当注意：

1. 将本罪与伪造、变造金融票证罪区别出来。两者的区别主要表现在客观方面的不同：①两者的行为方式不同。本罪的行为表现为利用虚假的信用证进行诈骗；伪造、变造金融票证罪的行为着重表现在伪造、变造的行为特征上。②两者的对象范围有所不同。本罪的对象仅限于信用证以及与信用证相关的附随单据、文件；伪造、变造金融票证罪的对象除信用证外，还包括了汇票、本票、支票、委托收款凭证、汇款凭证、银行存单或其他银行结算凭证、信用卡等。如果行为人伪造、变造信用证后又诈骗的，则属于刑法上的牵连犯，按从一从重原则处理。

2. 将本罪与票据诈骗罪区别出来。两者的区别主要在于犯罪对象的不同。本罪的对象仅限于信用证，而票据诈骗罪的对象则限于汇票、本票和支票。

3. 将本罪与金融凭证诈骗罪区别出来。两者的区别主要在于犯罪对象的不同。

七、信用卡诈骗罪

（一）法律规定

《刑法》第196条规定："有下列情形之一，进行信用卡诈骗活动，数额较大的，处5年以下有期徒刑或者拘役，并处2万元以上20万元以下罚金；数额巨大或者有其他严重情节的，处5年以上10年以下有期徒刑，并处5万元以上50万元以下罚金；数额特别巨大或者有其他特别严重情节的，处10年以上有期徒刑或者无期徒刑，并处5万元以上50万元以下罚金或者没收财产：①使用伪造的信用卡，或者使用以虚假的身份证明骗领的信用卡的；②使用作废的信用卡的；③冒用他人信用卡的；④恶意透支的。前款所称恶意透支，是指持卡人以非法占有为目的，超过规定限额或者规定期限透支，并且经发卡银行催收后仍不归还的行为。盗窃信用卡并使用的，依照本法第264条的规定定罪处罚。"

（二）构成特征

信用卡诈骗罪，是指以骗取财物为目的，利用信用卡进行诈骗活动，数额较大的行为。

1. 本罪侵犯的客体是国家对信用卡的管理制度及公私财产的所有权。信用卡是指由商业银行或者其他金融机构发行的具有消费支付、信用贷款、转账结算、存取现金等全部或者部分功能的电子支付卡。我国自20世纪80年代初开始使用信用卡以来，在短短的二十几年里，信用卡制度得到了迅速发展。1988年，中国人民银行实行银行结算制度改革，把信用卡作为一种新的结算方式纳入银行结算体系当中，形成了以汇票、本票、支票和信用卡为核心的银行结算制度。信用卡在金融领域已占据了重要地位。因此，加强信用卡的管理，对于正确发挥其功能和作用，促进商品经济的发展具有重要意义。

2. 本罪客观方面表现为进行信用卡诈骗活动，数额较大的行为。根据《刑法》及《刑法修正案（五）》第2条的规定，信用卡诈骗活动主要有以下表现形式：

①使用伪造的信用卡或者使用以虚假的身份证明骗领的信用卡的；②使用作废的信用卡的；③冒用他人信用卡的；④恶意透支的。所谓"恶意透支"，是指持卡人以非法占有为目的，超过规定限额或者规定期限透支，并且经发卡银行催收后仍不归还的行为。值得注意的是，在现实中，行为人所使用的信用卡往往可能是盗窃取得的，但本罪行为方式中不包括盗窃并使用信用卡的情况，根据《刑法》第 196 条第 3 款的规定，盗窃信用卡并使用的，依照盗窃罪论处。

八、有价证券诈骗罪

（一）法律规定

《刑法》第 197 条规定："使用伪造、变造的国库券或者国家发行的其他有价证券，进行诈骗活动，数额较大的，处 5 年以下有期徒刑或者拘役，并处 2 万元以上 20 万元以下罚金；数额巨大或者有其他严重情节的，处 5 年以上 10 年以下有期徒刑，并处 5 万元以上 50 万元以下罚金；数额特别巨大或者有其他特别严重情节的，处 10 年以上有期徒刑或者无期徒刑，并处 5 万元以上 50 万元以下罚金或者没收财产。"

（二）构成特征

1. 本罪在客观方面表现为使用伪造、变造的国库券或者国家发行的其他有价证券，进行诈骗活动，数额较大的行为。

2. 本罪在主观方面表现为故意，即行为人是明知而故犯，并且具有非法占有的目的。

（三）司法实务问题

在司法实践中，应当注意：

1. 将本罪与伪造、变造国家有价证券罪区别开来。两者的区别主要在于客观方面的行为特征有所不同。

2. 将本罪与信用证诈骗罪、信用卡诈骗罪区别开来。它们之间的区别主要在于犯罪对象有所不同。

九、保险诈骗罪

（一）法律规定

《刑法》第 198 条规定："有下列情形之一，进行保险诈骗活动，数额较大的，处 5 年以下有期徒刑或者拘役，并处 1 万元以上 10 万元以下罚金；数额巨大或者有其他严重情节的，处 5 年以上 10 年以下有期徒刑，并处 2 万元以上 20 万元以下罚金；数额特别巨大或者有其他特别严重情节的，处 10 年以上有期徒刑，并处 2 万元以上 20 万元以下罚金或者没收财产：①投保人故意虚构保险标的，骗取保险金的；②投保人、被保险人或者受益人对发生的保险事故编造虚假的原因或者夸大损失的程度，骗取保险金的；③投保人、被保险人或者受益人编造未曾发生的保险事故，骗取保险金的；④投保人、被保险人故意造成财产损失的保险事故，骗取保险金的；⑤投保人、受益人故意造成被保险人死亡、伤残或者疾病，骗取保险金的。有前款第4项、第5项所列行为，同时构成其他犯罪的，依照数罪并罚的规定处罚。单位犯第1款罪的，对单位判处罚金，并对其直接负责的主管人员和其他直接责任人员，处5年以下有期徒刑或者拘役；数额巨大或者有其他严重情节的，处5年以上10年以下有期徒刑；数额特别巨大或者有其他特别严重情节的，处10年以上有期徒刑。保险事故的鉴定人、证明人、财产评估人故意提供虚假的证明文件，为他人诈骗提供条件的，以保险诈骗的共犯论处。"

《刑法》第183条规定："保险公司的工作人员利用职务上的便利，故意编造未曾发生的保险事故进行虚假理赔，骗取保险金归自己所有的，依照本法第271条的规定定罪处罚。国有保险公司工作人员和国有保险公司委派到非国有保险公司从事公务的人员有前款行为的，依照本法第382条、第383条的规定定罪处罚。"

（二）概念和构成特征

保险诈骗罪，是指行为人以非法占有为目的，利用虚假的保险事实进行诈骗活动，骗取保险金数额较大的行为。本罪的构成特征是：

1. 本罪的犯罪主体资格属于特殊主体资格，即只有投保人、被保险人或者受益人。所谓"投保人"，是指对保险标的具有保险利益，向保险人申请订立保险合同，并负有交纳保险费义务的人。所谓"被保险人"，是指保险合同中标明的保险对象。所谓"受益人"，是指投保人或者被保险人在保险合同中明确指定或者依照法律规定有权取得保险金的人。在有些保险合同中，投保人、被保险人和受益人可能是同一个人；在有些保险合同中，三者可能是彼此分开的。

2. 本罪在客观方面表现为利用虚假的保险事实进行诈骗活动，骗取保险金数额较大的行为。保险是指投保人根据合同约定，向保险人支付保险费，保险人对于合同约定的内容承担保险责任的一种商业行为。

3. 本罪在主观方面表现为故意，即行为人是明知而故犯，并且具有非法占有的目的。

（三）司法实务问题

1. 要注意本罪与一般夸大损失的违法行为之间的区别。两者的区别主要在于夸大的程度和骗取数额大小的不同。根据刑法的规定，本罪要以骗取保险金数额较大为标准。

2. 要注意故意制造保险事故，骗取保险金行为中的数罪认定。例如，某甲因赌博输钱，遂对已经投保的其妻产生歹意，通过实施投毒的行为杀死其妻，然后谎称其妻暴病而亡，要求获取保险金。对此刑法已明文规定，要以故意杀人罪和保险诈骗罪实行数罪并罚。

3. 要注意保险诈骗犯罪中的共犯问题。本罪的共犯包括两种情况：①投保人、被保险人、受益人通谋实施保险诈骗；②保险事故的鉴定人、证明人、财产评估人故意提供虚假的证明文件，为他人诈骗提供条件的，根据刑法规定，要以保险诈骗的共犯论处。

■ 第七节 危害税收征管罪分述

一、我国税收制度和危害税收征管犯罪的特点

立国需收税,自古皆然。税收,是国家财政收入的重要来源,也是国家调节利益分配、调整国民经济的重要手段。我国是社会主义的国家,税收来自于人民,也用之于人民,造福于社会。新中国成立以来的六十多年的历史过程,我国的税收制度经历了一个初创与发展、破坏与停滞、改革与完善的过程。

1949 年中华人民共和国的成立,开创了新中国税收的新时代。解放初期,新解放区暂时沿用旧税法征税,老解放区仍继续沿用各革命根据地单独制定的税收制度。全国解放后,根据《共同纲领》的规定,中央人民政府于 1949 年 11 月拟定了《全国税收实施要则》,并于 1950 年 1 月由政务院公布施行。《全国税收实施要则》是当时统一全国税收,建立新税制的纲领性文件。根据《全国税收实施要则》,国家从 1950 年到 1956 年陆续颁布各种具体的税收项目和税收措施。1956 年,我国基本上完成了对农业、手工业和资本主义工商业的社会主义改造,社会主义经济关系逐渐由多种经济成分发展为单一的社会主义经济成分。原来制定的多税种、多次征的复合税收制与形势不相适应,简化税制就成为企业部门的普遍要求。为此,国家着手进行税制改革。改革的方法:①大力推行周转税制,尽量实行一次征收制;②暂时不能实行周转税制的,采取合并税种,简化税率,简化税制。但由于 1958 年"左"的思潮的影响,这项税制改革受到了很大的冲击。1959 ~ 1961 年,我国经受了严重的经济困难,党中央、国务院及时提出了调整、巩固、充实、提高的方针,恢复和加强了税收工作,具体采取了以下措施:①调整农业税负担;②调整工商所得税负担和改进征收办法;③全面开征集市交易税;④改进农村工商税收办法;⑤调整盐税税额;⑥改进关税的有关征收制度;⑦停征文化娱乐税;⑧拟定国营企业工商税办法并进行试点。总之,社会主义改造基本完成以后,在新中国成立初期税收制度初创的基础上,我国的税收制度得到了较大的发展。

1966 ~ 1976 年,我国经受了"文化大革命",使党和国家遭受了新中国成立以来最严重的挫折与损失,税收工作也同样遭受了巨大的破坏,税收作用被贬低到前所未有的程度。"税收无用论""税利合一论"的观点弥漫全国。直到 1976 年"文化大革命"结束,全国的税收制度才逐渐得到全面恢复。1978 年 12 月召开的党的十一届三中全会,是我国全面发展的一个里程碑,我国的税收制度在经济体制改革的时代背景条件下得到了重大改革,各种税收法规相继出台,各种合理、科学的税收方法逐步形成,税收项目和税收范围有所扩大。到目前,我国已建立了国家税收体制和地方税收体制的双轨体制,利改税、个人收入调节税、商品流转增值税等新税种在市场经济条件下正发挥着积极的作用。可以这样说,税收制度是我国市场经济得以迅速、健康发展的一种必不可少的润滑剂。

　　然而，当前的涉税犯罪却十分猖獗。危害税收征管的犯罪，不但直接危害着我国的税收制度，而且还严重影响着我国的财政收入，具有严重的社会危害性。从这几年来危害税收征管犯罪发生和发展的情况看，主要具有以下几个特点：

　　1. 发案率逐年增加。由于税收在市场经济条件下具有特殊的重要作用，因此，这几年来国家在税收的税种、范围、内容方面都有所增加和扩大。而随之而来的是这几年涉税犯罪的案件也在相应增加。

　　2. 涉案的单位和人员日益复杂。税收问题集中反映着国家、集体和个人的经济利益的同一性和矛盾性，因此，涉税犯罪的复杂性日益凸显。以前涉税案件主要发生在一些个体户和私营企业中，而现在却日益扩大到一些国有企业；以前涉税的案件主要发生在一些从事物质生产、商品经营的劳动者身上，而现在却日益扩大到一些从事精神生产、艺术活动的人员之中；以前涉税案件主要发生在一些社会基层人员身上，而现在却日益扩大到一些社会名流之中；以前涉税案件主要发生在一些社会普通单位和个人之中，而现在却由于地方保护主义的影响，已发现有的地方政府和国家工作人员介入其中；以前涉税案件以"单兵作战"为主，而现在却日益发展为集体实施、多人参与的共同犯罪。

　　3. 涉税数额不断上升。随着我国市场经济的发展，我国今天的经济状况与过去相比已不能同日而语，而反映在涉税案中，就表现为涉税的数额越来越大，不断攀高。例如，近几年全国各地查获的利用增值税专用发票进行偷逃税的案件都明显地反映着这一现象，浙江省金华市所发生的胡银海虚开增值税专用发票的犯罪，其总额竟达 60 多亿人民币，简直是一个天文数字。

　　根据《刑法》的规定，危害税收征管罪共有 14 个具体的犯罪，现分述如下：

二、逃税罪

（一）法律规定

　　《刑法》第 201 条规定："纳税人采取欺骗、隐瞒手段进行虚假纳税申报或者不申报，逃避缴纳税款数额较大并且占应纳税额 10% 以上的，处 3 年以下有期徒刑或者拘役，并处罚金；数额巨大并且占应纳税额 30% 以上的，处 3 年以上 7 年以下有期徒刑，并处罚金。扣缴义务人采取前款所列手段，不缴或者少缴已扣、已收税款，数额较大的，依照前款的规定处罚。对多次实施前两款行为，未经处理的，按照累计数额计算。有第 1 款行为，经税务机关依法下达追缴通知后，补缴应纳税款，缴纳滞纳金，已受行政处罚的，不予追究刑事责任；但是，5 年内因逃避缴纳税款受过刑事处罚或者被税务机关给予 2 次以上行政处罚的除外。"

　　《刑法》第 212 条规定："犯本节第 201 条至第 205 条规定之罪，被判处罚金、没收财产的，在执行前，应当先由税务机关追缴税款和所骗取的出口退税款。"

（二）概念和构成特征

　　逃税罪，是指纳税人故意采取欺骗、隐瞒手段进行虚假纳税申报或者不申报，逃避缴纳税款，数额较大并且占应纳税额 10% 以上的行为，以及扣缴义务人采取上述手段，不缴或者少缴已扣、已收税款，数额较大的行为。本罪的构成特征是：

1. 本罪的主体属于特殊主体，即只有纳税人和扣缴义务人才能构成。这里所说的纳税人，是指法律、法规规定负有纳税义务的单位和个人；这里所说的扣缴义务人，是指法律、法规规定负有代扣代缴、代收代缴义务的单位和个人。

2. 本罪在客观方面表现为采取欺骗、隐瞒手段进行虚假纳税申报或者不申报，逃避缴纳税款，不缴或者少缴已扣、已收税款，数额较大的行为，以及纳税人缴纳税款后，采取欺骗方法，骗取所缴纳税款的行为。多次逃税未经处理的，按照累计数额计算。所谓其他严重情节，是指因逃税被税务机关给予两次行政处罚又逃税的。

3. 本罪在主观方面表现为故意，即行为人是明知而故犯，并且具有非法占有应缴税款的目的。

（三）司法实务问题

1. 逃税罪与走私罪中偷逃关税行为的关系。走私罪中很多行为都有偷逃关税的行为内容，在客观上也表现为对我国税收制度的危害。因为，从整体上而言，关税也是我国整个税收制度的一个组成部分。就这一意义而言，逃税罪与偷逃关税的走私行为在某些方面具有相似之处，存在着一定的关联。但两者毕竟存在着严格的区别：

（1）两者的法律性质不同。国家对关税的征收属于海关法的组成部分。国家设立走私罪，并不仅仅着眼于对税款的征收，而是首先着眼于国家对对外贸易的管制。而逃税罪主要违反税收法规，主要危害着国家的财政收入。

（2）两者的行为过程不同。偷逃关税的走私犯罪，其行为过程主要表现为逃避海关监管，认定这种行为构成犯罪的实施环境必须与国家边境、关口密切相连。而逃税罪的行为过程主要表现为逃避税务机关监管，认定这种行为构成犯罪的实施环境是在国内的一般经济活动中。

（3）两者的行为表现不同。偷逃关税的走私犯罪的特征主要表现为运输、携带、邮寄一般应缴关税的货物、物品进出境的行为。而逃税罪的行为特征主要表现为利用账簿、记账凭证或虚假的财务收入、支出，逃避或者不接受税收征管的行为。

2. 罪与非罪之间的区别。本罪与漏税、欠税等一般违规行为的区别主要在于前者在主观上属于明知而故犯，并且具有非法占有应缴税款的目的。而后者在主观上往往属于过失或因经济状况欠佳一时拖欠不缴，并不具有非法占有税款的目的。前者在客观方面以数额较大或情节严重为构成要素，而后者则表现为数额不大或情节一般。

三、抗税罪

（一）法律规定

《刑法》第 202 条规定："以暴力、威胁方法拒不缴纳税款的，处 3 年以下有期徒刑或者拘役，并处拒缴税款 1 倍以上 5 倍以下罚金；情节严重的，处 3 年以上 7 年以下有期徒刑，并处拒缴税款 1 倍以上 5 倍以下罚金。"

另见前列《刑法》第212条。

（二）构成特征

1. 本罪在客观方面表现为负有纳税义务的行为人以暴力、威胁方法拒不缴纳税款的行为。所谓暴力，是指行为人对依法履行职务的税务工作人员实施身体上的强制。所谓威胁，是指行为人对依法履行职务的税务工作人员实施精神上的强制。

2. 本罪在主观方面表现为故意，即行为人是明知而故犯，并且具有拒不缴纳税款的目的。

（三）司法实务问题

关于"情节严重"，最高人民法院《关于审理偷税抗税刑事案件具体应用法律若干问题的解释》第5条规定："实施抗税行为具有下列情形之一的，属于刑法第202条规定的'情节严重'：①聚众抗税的首要分子；②抗税数额在10万元以上的；③多次抗税的；④故意伤害致人轻伤的；⑤具有其他严重情节。"

在司法实践中，我们要注意本罪的暴力限度。本罪的暴力一般限制在非严重的程度，如是故意实施暴力达到严重的程度，致人伤害或者死亡，则应以牵连犯的处理原则，从一从重论处。

四、逃避追缴欠税罪

（一）法律规定

《刑法》第203条规定："纳税人欠缴应纳税款，采取转移或者隐匿财产的手段，致使税务机关无法追缴欠缴的税款，数额在1万元以上不满10万元的，处3年以下有期徒刑或者拘役，并处或者单处欠缴税款1倍以上5倍以下罚金；数额在10万元以上的，处3年以上7年以下有期徒刑，并处欠缴税款1倍以上5倍以下罚金。"

另见前列《刑法》第211、212条。

（二）构成特征

1. 本罪在客观方面表现为欠缴应缴税款，采取转移或者隐匿财产的手段，致使税务机关无法追缴欠缴的税款，数额在1万元以上的行为。

2. 本罪在主观方面表现为故意的罪过性质，即行为人是明知而故犯，并且具有非法占有应缴税款的目的。

（三）司法实务问题

在司法实践中，我们应当注意：

1. 正确区分本罪与漏税、欠税等一般违规行为的区别。两者的区别主要在于本罪在主观上属于明知而故犯，并且具有非法占有应缴税款的目的；而后者在主观上往往属于过失或因具体的客观原因一时拖欠不缴，行为人并不具有非法占有税款的目的。在客观上，本罪的行为往往采取转移或者隐匿财产的手段，致使税务机关无法追缴欠缴的税款；而后者则无转移或隐匿财产的行为。

2. 正确区分本罪与逃税罪的区别。两者在主观上都具有非法占有应缴税款的目的。但两者在客观方面存在着严格区别：①行为的前提不同。本罪是以已具有欠税事实为前提；而逃税罪则无须有欠税的事实。②行为表现不同。本罪的行为主要表现为转移或者隐匿财产的行为；而逃税罪的行为主要表现为利用虚假的会计账簿、凭证或作虚假的记载逃避税款。

五、骗取出口退税罪

（一）法律规定

《刑法》第 204 条规定："以假报出口或者其他欺骗手段，骗取国家出口退税款，数额较大的，处 5 年以下有期徒刑或者拘役，并处骗取税款 1 倍以上 5 倍以下罚金；数额巨大或者有其他严重情节的，处 5 年以上 10 年以下有期徒刑，并处骗取税款 1 倍以上 5 倍以下罚金；数额特别巨大或者有其他特别严重情节的，处 10 年以上有期徒刑或者无期徒刑，并处骗取税款 1 倍以上 5 倍以下罚金或者没收财产。"

另见前列《刑法》第 211、212 条。

（二）构成特征

1. 本罪在客观方面表现为以假报出口或者其他欺骗手段，骗取国家出口退税款，数额较大的行为。出口退税是国家为鼓励商品出口，保证我国商品的国际竞争力，对出口的商品在出口后实行退税还款的制度。骗取出口退税，实际上就是利用国家的这一优惠政策，虚报出口商品的品种与数量，从而骗取国家税款。

2. 本罪在主观方面表现为故意，即行为人是明知而故犯，并且具有获取非法利益的目的。

（三）司法实务问题

在司法实践中，我们应当要注意：

1. 本罪的量刑情节。最高人民法院《关于审理骗取出口退税刑事案件具体应用法律若干问题的解释》第 3 条规定，骗取国家出口退税款 5 万元以上的，为《刑法》第 204 条规定的"数额较大"；骗取国家出口退税款 50 万元以上的，为《刑法》第 204 条规定的"数额巨大"；骗取国家出口退税款 250 万元以上的，为《刑法》第 204 条规定的"数额特别巨大"。第 4 条规定，具有下列情形之一的，属于《刑法》第 204 条规定的"其他严重情节"：①造成国家税款损失 30 万元以上并且在第一审判决宣告前无法追回的；②因骗取国家出口退税行为受过行政处罚，2 年内又骗取国家出口退税款数额在 30 万元以上的；③情节严重的其他情形。第 5 条规定，具有下列情形之一的，属于《刑法》第 204 条规定的"其他特别严重情节"：①造成国家税款损失 150 万元以上并且在第一审判决宣告前无法追回的；②因骗取国家出口退税行为受过行政处罚，2 年内又骗取国家出口退税款数额在 150 万元以上的；③情节特别严重的其他情形。

2. 正确区分本罪与偷逃关税的走私犯罪之间的区别。两者在主观上都具有获取非法利益的目的，但两者存在着诸多的区别：①两者的行为表现不同。本罪主要表现为以假报出口或者其他欺骗手段，骗取国家税款；而偷逃关税的走私犯罪则主要表现为逃避海关监管，偷逃应缴税款。②两者涉及的物品范围不同。本罪仅限于出口的物品；而偷逃关税的走私罪的物品则包括了进出境的物品。③两者涉及的税款发生过程不同。本罪的税款是行为人先缴而后骗；而偷逃关税的走私罪的税款，行为人一开始就未发生过缴纳的事实。

3. 正确区分本罪与逃税罪之间的区别。两者在非法占有税款的目的方面具有同一性，但两者也存在着严格的区别：①两者的行为表现不同。本罪的行为主要表现在欺骗的特征上；而逃税罪的行为主要表现为秘密不为他人所知的特征上。②两者的行为过程的发生不同。本罪主要发生在出口业务过程中，而逃税罪主要发生在一般的国内经济活动中。③两者涉及的税款性质要求不同。本罪的税款是已为国家收缴的税款，而逃税罪的税款则是还未被国家收缴的税款。根据刑法的规定，纳税人缴纳税款后，采取假报出口或者其他欺骗手段，骗取所缴纳的税款的，依照逃税罪处罚。而骗取税款超过所缴纳的税款部分，则依照本罪处罚。

六、虚开增值税专用发票、用于骗取出口退税、抵扣税款发票罪

（一）法律规定

《刑法》第205条规定："虚开增值税专用发票或者虚开用于骗取出口退税、抵扣税款的其他发票的，处3年以下有期徒刑或者拘役，并处2万元以上20万元以下罚金；虚开的税款数额较大或者有其他严重情节的，处3年以上10年以下有期徒刑，并处5万元以上50万元以下罚金；虚开的税款数额巨大或者有其他特别严重情节的，处10年以上有期徒刑或者无期徒刑，并处5万元以上50万元以下罚金或者没收财产。单位犯本条规定之罪的，对单位判处罚金，并对其直接负责的主管人员和其他直接责任人员，处3年以下有期徒刑或者拘役；虚开的税款数额较大或者有其他严重情节的，处3年以上10年以下有期徒刑；虚开的税款数额巨大或者有其他特别严重情节的，处10年以上有期徒刑或者无期徒刑。虚开增值税专用发票或者虚开用于骗取出口退税、抵扣税款的其他发票，是指有为他人虚开、为自己虚开、让他人为自己虚开、介绍他人虚开行为之一的。"

《刑法》第205条之一规定："虚开本法第205条规定以外的其他发票，情节严重的，处2年以下有期徒刑、拘役或者管制，并处罚金；情节特别严重的，处2年以上7年以下有期徒刑，并处罚金。单位犯前款罪的，对单位判处罚金，并对其直接负责的主管人员和其他直接责任人员，依照前款的规定处罚。"

另见前列《刑法》第212条。

（二）构成特征

1. 本罪在客观方面表现为行为人虚开增值税专用发票或者虚开用于骗取出口退税、抵扣税款的其他发票的行为。这里所说的增值税专用发票，是指以企业生产经营过程中新增的价额为征税依据作为征收税款的凭证，即应缴税款不包括在商品的价格之内的价外税收凭证。增值税专用发票与普遍发票的区别在于：增值税专用发票除了与普通发票所共有的内容外，还设有"税种""税率""税额"等内容，用以证明购货方实际支付或者负担的增值税税额。这里所说的用于骗取出口退税，抵扣税款的其他发票，是指除增值税专用发票以外的，具有出口退税、抵扣税款功能的收付款凭证或者完税凭证。虚开上述发票，同样可以为偷逃税款提供方便。虚开的行为，是指为他人虚开、为自己虚开、让他人为自己虚开、介绍他人虚开等行为之一的情形。

2. 本罪在主观方面表现为故意的罪过性质，即行为人是明知而故犯，并且具有牟取非法经济利益的目的。

（三）司法实务问题

关于本罪的量刑情节，参照最高人民法院《关于适用〈全国人民代表大会常务委员会关于惩治虚开、伪造和非法出售增值税专用发票犯罪的决定〉的若干问题的解释》，虚开税款数额在 10 万元以上的，属于"虚开的税款数额较大"；具有下列情形之一的，属于"有其他严重情节"：①因虚开增值税专用发票致使国家税款被骗取 5 万元以上的；②具有其他严重情节的。虚开税款数额 50 万元以上的，属于"虚开的税款数额巨大"。具有下列情形之一的，属于"有其他特别严重情节"：①因虚开增值税专用发票致使国家税款被骗取 30 万元上的；②虚开的税款数额接近巨大并有其他严重情节的；③具有其他特别严重情节的。利用虚开的增值税专用发票实际抵扣税款或者骗取出口退税 100 万元以上的，属于"骗取国家税款数额特别巨大"；造成国家税款损失 50 万元以上并且在侦查终结前仍无法追回的，属于"给国家利益造成特别重大损失"。利用虚开的增值税专用发票骗取国家税款数额特别巨大、给国家利益造成特别重大损失，为"情节特别严重"的基本内容。

在司法实践中，我们应当要注意虚开增值税专用发票或者虚开用于骗取出口退税、抵扣税款的其他发票后又骗取国家税款的行为，对此，应当根据牵连犯的处理原则，从一从重论处。

七、虚开发票罪

（一）法律规定

见前列《刑法》第 205 条之一。

（二）概念

虚开发票罪，是指虚开增值税专用发票，用于骗取出口退税、抵扣税款的发票之外的其他发票，情节严重的行为。

八、伪造、出售伪造的增值税专用发票罪

（一）法律规定

《刑法》第 206 条规定："伪造或者出售伪造的增值税专用发票的，处 3 年以下有期徒刑、拘役或者管制，并处 2 万元以上 20 万元以下罚金；数量较大或者有其他严重情节的，处 3 年以上 10 年以下有期徒刑，并处 5 万元以上 50 万元以下罚金；数量巨大或者有其他特别严重情节的，处 10 年以上有期徒刑或者无期徒刑，并处 5 万元以上 50 万元以下罚金或者没收财产。单位犯本条规定之罪的，对单位判处罚金，并对其直接负责的主管人员和其他直接责任人员，处 3 年以下有期徒刑、拘役或者管制；数量较大或者有其他严重情节的，处 3 年以上 10 年以下有期徒刑；数量巨大或者有其他特别严重情节的，处 10 年以上有期徒刑或者无期徒刑。"

（二）构成特征

1. 本罪在客观方面表现为伪造、出售伪造的增值税专用发票的行为。本罪只要具有上述两种行为之一的，即可构成。但如果同时具有上述两种行为的，也以一罪论处。

2. 本罪在主观方面表现为故意，即行为人是明知而故犯，并且具有牟取非法经济利益的目的。

九、非法出售增值税专用发票罪

（一）法律规定

《刑法》第 207 条规定："非法出售增值税专用发票的，处 3 年以下有期徒刑、拘役或者管制，并处 2 万元以上 20 万元以下罚金；数量较大的，处 3 年以上 10 年以下有期徒刑，并处 5 万元以上 50 万元以下罚金；数量巨大的，处 10 年以上有期徒刑或者无期徒刑，并处 5 万元以上 50 万元以下罚金或者没收财产。"

另见前列《刑法》第 211 条。

（二）构成特征

1. 本罪在客观方面表现为行为人违反增值税专用发票管理规定，未经主管税务机关批准，非法出售增值税专用发票的行为。根据增值税专用发票的管理规定，增值税专用发票实行专门机关（即税务机关）专门发售，购买人实行谁购买谁专用的原则，禁止擅自买卖增值税专用发票的行为。

2. 本罪在主观方面表现为故意，即行为人是明知而故犯，并且具有牟取非法经济利益的目的。

十、非法购买增值税专用发票、购买伪造的增值税专用发票罪

（一）法律规定

《刑法》第 208 条规定："非法购买增值税专用发票或者购买伪造的增值税专用发票的，处 5 年以下有期徒刑或者拘役，并处或者单处 2 万元以上 20 万元以下罚金。非法购买增值税专用发票或者购买伪造的增值税专用发票又虚开或者出售的，分别依照本法第 205 条、第 206 条、第 207 条的规定定罪处罚。"

另见前列《刑法》第 211 条。

（二）构成特征

1. 本罪在客观方面表现为行为人非法购买增值税专用发票或者购买伪造的增值税专用发票的行为。根据增值税专用发票的管理规定，需要使用增值税专用发票的单位或个人，应当提出购买申请，提供必要的证明，经税务机关批准，领取发票领购簿，凭发票领购簿向主管税务机关领购增值税专用发票。非法购买增值税专用发票，就是违反了这一规定私自违法购买增值税专用发票。而伪造的增值税专用发票，本身属于违禁品，更不允许违法买卖。

2. 本罪在主观方面表现为故意，即行为人是明知而故犯，并且具有牟取非法经济利益的目的。

（三）司法实务问题

在司法实践中，我们应当注意行为人非法购买增值税专用发票或者购买伪造的增值税专用发票后又虚开或者出售的行为的认定。对此，刑法已有明确规定，凡又虚开的，按虚开增值税专用发票罪定罪处罚；凡又出售的，如出售的是伪造的增值税专用发票，按出售伪造的增值税专用发票罪论处；如出售的是真实的增值税专用发票，则按非法出售增值税专用发票罪论处。

十一、非法制造、出售非法制造的用于骗取出口退税、抵扣税款发票罪

（一）法律规定

《刑法》第 209 条规定："伪造、擅自制造或者出售伪造、擅自制造的可以用于骗取出口退税、抵扣税款的其他发票的，处 3 年以下有期徒刑、拘役或者管制，并处 2 万元以上 20 万元以下罚金；数量巨大的，处 3 年以上 7 年以下有期徒刑，并处 5 万元以上 50 万元以下罚金；数量特别巨大的，处 7 年以上有期徒刑，并处 5 万元以上 50 万元以下罚金或者没收财产。伪造、擅自制造或者出售伪造、擅自制造的前款规定以外的其他发票的，处 2 年以下有期徒刑、拘役或者管制，并处或者单处 1 万元以上 5 万元以下罚金；情节严重的，处 2 年以上 7 年以下有期徒刑，并处 5 万元以上 50 万元以下罚金。非法出售可以用于骗取出口退税、抵扣税款的其他发票的，依照第 1 款的规定处罚。非法出售第 3 款规定以外的其他发票的，依照第 2 款的规定处罚。"

第 210 条规定："盗窃增值税专用发票或者可以用于骗取出口退税、抵扣税款的其他发票的，依照本法第 264 条的规定定罪处罚。使用欺骗手段骗取增值税专用发票或者可以用于骗取出口退税、抵扣税款的其他发票的，依照本法第 266 条的规定定罪处罚。"

另见前列《刑法》第 211 条。

（二）构成特征

1. 本罪在客观方面表现为伪造、擅自制造或者出售伪造、擅自制造的可以用于出口退税、抵扣税款的其他发票的行为。

2. 本罪在主观方面表现为故意，即行为人是明知而故犯，并且具有牟取非法经济利益的目的。

十二、非法制造、出售非法制造的发票罪

（一）法律规定

见前列《刑法》第 209 条第 2 款。

（二）构成特征

1. 本罪在客观方面表现为行为人伪造、擅自制造或者出售伪造、擅自制造的可以用于骗取出口退税、抵扣税款发票以外的其他发票的行为。

2. 本罪在主观方面表现为故意，即行为人是明知而故犯，并且具有牟取非法经济利益的目的。

十三、非法出售用于骗取出口退税、抵扣税款发票罪

（一）法律规定

见前列《刑法》第 209 条第 3 款。

（二）构成特征

1. 本罪在客观方面表现为非法出售用于骗取出口退税、抵扣税款发票的行为。

2. 本罪在主观方面表现为故意，即行为人是明知而故犯，并且具有牟取非法经济利益的目的。

十四、非法出售发票罪

（一）法律规定

见前列《刑法》第 209 条第 4 款。

（二）构成特征

1. 本罪在客观方面表现为非法出售除增值税专用发票、可以用于骗取出口退税、抵扣税款的非增值税专用发票以外的普通发票的行为。

2. 本罪在主观方面表现为故意，即行为人是明知而故犯，并且具有牟取非法经济利益的目的。

（三）司法实务问题

在司法实践中，如果行为人盗窃或者使用欺骗手段骗取增值税专用发票或者可以用于骗取出口退税、抵扣税款的其他发票的，根据刑法的规定，应分别依照盗窃罪、诈骗罪的规定定罪处罚。

十五、持有伪造的发票罪

（一）法律规定

《刑法》第 210 条之一规定："明知是伪造的发票而持有，数量较大的，处 2 年以下有期徒刑、拘役或者管制，并处罚金；数量巨大的，处 2 年以上 7 年以下有期徒刑，并处罚金。单位犯前款罪的，对单位判处罚金，并对其直接负责的主管人员和其他直接责任人员，依照前款的规定处罚。"

（二）概念

持有伪造的发票罪，是指持有明知是伪造的发票，数量较大的行为。

■ 第八节　侵犯知识产权罪分述

一、知识产权的性质与特点

人类社会的发展过程，首先是一个生产劳动过程。在人类的生产劳动中，包含着物质生产和精神生产两大部分。物质生产，即物质资料的生产，是人类社会得以

存在和发展的基础，它创造出来的物质产品，能够满足人们物质生活、自身生存的需要。精神生产，即精神领域的生产，是人类社会发展和进步的条件，它创造出来的知识产品，能够满足人们精神生活、身心健康的需要。物质财富和精神财富，都是人类社会的宝贵财富。

知识产品，亦称为智力成果，是指人们在科学、文化、艺术、技术等精神领域中所创造的产品。知识产品，一旦为法律所调整并为法律确认其归属，就形成了知识产权。知识产品作为人类知识的创造物，是一种非物质性的精神财富，它们通常表现为科学技术、发明创造、文学艺术、文化作品等形式。尽管知识产品的表现形式多种多样，但它们都具有这样一些基本特点：

1. 创造性。知识产品与物质产品不同，每一种知识产品不应该是先前已有产品的简单重复，必须有所创新，有所突破。

2. 非物质性。知识产品是非物质化的知识形态的劳动产品，它的出现和存在不具有一定的形式，如固体、液体、气体等（承载知识的物质载体与知识虽有一定的联系，但已不在同一范畴上），不占有一定的空间。人们对知识产品的占有并不在于对它的具体的、实在的控制，而表现为对它的认识和利用。从这一意义上，法学理论将其称为无形物，以区别于具有一定形体的物质产品。知识产品虽具有非物质性的特点，但总是要通过一定的形式加以表现的，以使他人能够认识、了解和接受，这种表现形式是法律对知识产品进行保护的条件之一。

3. 公开性。受知识产权保护的知识产品具有公开性的特点，这是权利主体取得专有权的先决条件。公开性就是要把知识产品面向社会公布，使社会公众有所了解。而知识产品的生产者创作的目的之一，也是使之传播，并在传播中因他人利用自己的产品而获得利益。

4. 社会性。知识产品的社会属性表现在它的产生、使用和归属等多个方面。知识产品的产生是人们智力劳动的过程；知识产品的使用是生产者获取利益的条件；知识产品的归属，在法定条件和期限内为生产者所有。当这些条件和期限失效时，知识产品即为整个社会共同所有，成为人类社会的共同财富。

5. 有价性。生产知识产品的智力劳动是一种创造性的具有价值的劳动，知识产品具有一般商品的基本特征。它和物质产品一样，既具有价值，又具有使用价值，是人们劳动的结晶。两者不同的是，它的智力消耗大于体力消耗，并作为人类的抽象劳动凝结在产品之中。

由此可知，知识产品具有不同于物质产品的显著特性。物质产品在一定场合下，只能由某一个人或某一社会团体组织实际控制和使用，并进行有效的管理，排除他人的不法占有。而知识产品一旦公开传播，却可以被许多人或社会组织同时占有和使用，知识产品的所有人无法对已公开传播的无形财产进行有效的控制。因此，对知识产品的保护不能适用一般的财产法，而应采取特殊的法律手段，以便既能促进科学、文化、技术的广泛传播，又能保护知识产权的创造者的合法权益。这就是知识产权法律制度得以产生和发展的社会根据。

知识产权属于社会财富的一个重要组成部分。对知识产品的利用和使用，能够获得巨大的经济效益，这在市场经济条件下已变得十分现实。有利益的存在，就会有对利益的追逐；有对利益的追逐，就会有甘冒触犯法律的风险也要满足对利益追逐目的的行为。因此，侵犯知识产权的犯罪在当前市场经济条件下还很难避免，有时表现得十分突出。为了预防、遏制和惩治侵犯知识产权的犯罪，我国刑法专门规定了侵犯知识产权罪。

根据刑法的规定，侵犯知识产权罪共有 7 个具体的犯罪，现分述如下：

二、假冒注册商标罪

（一）法律规定

《刑法》第 213 条规定："未经注册商标所有人许可，在同一种商品上使用与其注册商标相同的商标，情节严重的，处 3 年以下有期徒刑或者拘役，并处或者单处罚金；情节特别严重的，处 3 年以上 7 年以下有期徒刑，并处罚金。"

《刑法》第 220 条规定："单位犯本节第 213 条至第 219 条规定之罪的，对单位判处罚金，并对其直接负责的主管人员和其他直接责任人员，依照本节各该条的规定处罚。"

（二）概念和构成特征

假冒注册商标罪，是指行为人未经注册商标所有人许可，在同一种商品上使用与其注册商标相同的商标，情节严重的行为。本罪的构成特征是：

1. 本罪在客观方面表现为行为人未经注册商标所有人许可，在同一种商品上使用与其注册商标相同的商标，情节严重的行为。商标，是指通过文字、图形、色彩或者文字、图形与色彩组合表明某种商品的标记。为了保护注册商标的专有使用权，促进生产者保证商品质量和维护商标信誉，保护消费者的合法权益，国家实行注册商标专用权制度。非法使用他人已经注册的商标的行为是一种违法行为，情节严重的，就构成了犯罪。

2. 本罪在主观方面表现为故意，即行为人是明知而故犯。

（三）司法实务问题

1. 本罪的量刑情节。依据最高人民法院、最高人民检察院《关于办理侵犯知识产权刑事案件具体应用法律若干问题的解释》第 1 条的规定，未经注册商标所有人许可，在同一种商品上使用与其注册商标相同的商标，具有下列情形之一的，属于《刑法》第 213 条规定的"情节严重"，应当以假冒注册商标罪判处 3 年以下有期徒刑或者拘役，并处或者单处罚金：①非法经营数额在 5 万元以上或者违法所得数额在 3 万元以上的；②假冒两种以上注册商标，非法经营数额在 3 万元以上或者违法所得数额在 2 万元以上的；③其他情节严重的情形。具有下列情形之一的，属于《刑法》第 213 条规定的"情节特别严重"，应当以假冒注册商标罪判处 3 年以上 7 年以下有期徒刑，并处罚金：①非法经营数额在 25 万元以上或者违法所得数额在 15

万元以上的；②假冒两种以上注册商标，非法经营数额在 15 万元以上或者违法所得数额在 10 万元以上的；③其他情节特别严重的情形。

2. 注意本罪与一般商标侵权行为的界限。两者之间的区别主要表现在：①两者的主观方面要求不同。本罪强调行为人必须具有故意的罪过内容，即明知而故犯；而一般商标侵权行为则往往表现为过失。②两者的客观方面要求不同。本罪强调只有未经注册商标所有人许可，在同一种商品上使用与他人注册商标相同的商标，才能构成犯罪；而一般商标侵权行为则往往表现为抢先使用他人还未注册的商标，或者使用与他人注册商标相似、近似的商标，或者违反转让使用约定，超范围、超品种地使用他人注册商标。③两者的行为情节要求不同。本罪强调只有情节严重才可构成犯罪；而一般商标侵权行为则限制在情节轻微的范围内。

3. 注意本罪与生产、销售伪劣商品犯罪之间的联系与区别。在现实生活中，经常会发生一些既生产、销售伪劣商品，又在伪劣商品上使用他人注册商标的案件。两者在法律特征上要求不同。本罪强调的是商标的形式，而不在于商品质量；生产、销售伪劣商品犯罪则强调商品的质量，而不在于商标的形式。商品质量是真，而商标形式是非法假冒使用的，依然构成本罪。商品质量是伪劣的，即使商标使用是合法的，依然可以构成生产、销售伪劣商品罪。如果行为人既生产、销售伪劣商品，又假冒他人注册商标，属于刑法上的牵连犯，按从一从重原则处理。

三、销售假冒注册商标的商品罪

（一）法律规定

《刑法》第 214 条规定："销售明知是假冒注册商标的商品，销售金额数额较大的，处 3 年以下有期徒刑或者拘役，并处或者单处罚金；销售金额数额巨大的，处 3 年以上 7 年以下有期徒刑，并处罚金。"

另见前列《刑法》第 220 条。

（二）构成特征

1. 本罪在客观方面表现为行为人销售假冒注册商标的商品，销售金额数额较大的行为。根据有关司法解释，销售金额为 5 万元以上的，属于数额较大；销售金额为 25 万元以上的，属于数额巨大。

2. 本罪在主观方面表现为故意，即行为人是明知而故犯。

（三）司法实务问题

在司法实践中，我们应当注意本罪与假冒注册商标罪的联系与区别。两者的区别主要在于本罪强调的是销售行为，至于商品的来源、注册商标是谁假冒的，在所不问。而假冒注册商标罪则强调的是假冒行为，假冒以后的商品由谁销售，在所不问。如果行为人既假冒注册商标，又销售假冒注册商标的商品，则属于刑法上的牵连犯，按从一从重原则处理。

四、非法制造、销售非法制造的注册商标标识罪

（一）法律规定

《刑法》第215条规定："伪造、擅自制造他人注册商标标识或者销售伪造、擅自制造的注册商标标识，情节严重的，处3年以下有期徒刑、拘役或者管制，并处或者单处罚金；情节特别严重的，处3年以上7年以下有期徒刑，并处罚金。"

另见前列《刑法》第220条。

（二）构成特征

1. 本罪在客观方面表现为行为人伪造、擅自制造他人注册商标标识或者销售伪造、擅自制造的注册商标标识，情节严重的行为。根据最高人民法院、最高人民检察院《关于办理侵犯知识产权刑事案件具体应用法律若干问题的解释》第3条的规定，"情节严重"是指：①伪造、擅自制造或者销售伪造、擅自制造的注册商标标识数量在2万件以上，或者非法经营数额在5万元以上，或者违法所得数额在3万元以上的；②伪造、擅自制造或者销售伪造、擅自制造2种以上注册商标标识数量在1万件以上，或者非法经营数额在3万元以上，或者违法所得数额在2万元以上的；③其他情节严重的情形。"情节特别严重"是指：①伪造、擅自制造或者销售伪造、擅自制造的注册商标标识数量在10万件以上，或者非法经营数额在25万元以上，或者违法所得数额在15万元以上的；②伪造、擅自制造或者销售伪造、擅自制造2种以上注册商标标识数量在5万件以上，或者非法经营数额在15万元以上，或者违法所得数额在10万元以上的；③其他情节特别严重的情形。商标标识包括了商标纸、商标标牌、商标织带等标志性识别物品。

2. 本罪在主观方面表现为故意，即行为人是明知而故犯。

（三）司法实务问题

在司法实践中，应当要注意：

1. 正确区分本罪与假冒注册商标罪的区别。两者的区别主要表现在：①两者的客观行为特征不同。本罪的行为特征是伪造或非法制造注册商标标识；假冒注册商标罪的行为特征是非法使用他人的注册商标。②两者的犯罪对象要求不同。本罪的对象是注册商标标识本身；假冒注册商标罪的对象除了他人注册商标外，必然还包括使用了他人注册商标的商品。伪造、擅自制造他人注册商标标识后又假冒使用，属于刑法上的牵连犯，按从一从重原则处理。

2. 正确区分本罪与生产、销售伪劣商品犯罪的区别。商标标识本身也是一种商品，伪造、销售他人注册商标标识本身也是一种生产、销售伪劣商品行为。两者存在着法条上的竞合关系。对于法条竞合的犯罪，应当按特殊法条优于普通法条的原则加以处理，即应以本罪论处。

五、假冒专利罪

（一）法律规定

《刑法》第216条规定："假冒他人专利，情节严重的，处3年以下有期徒刑或

者拘役，并处或者单处罚金。"

另见前列《刑法》第 220 条。

（二）构成特征

1. 本罪在客观方面表现为行为人违反专利管理法规，假冒他人专利，情节严重的行为。专利是国家专利机关授予发明人、设计人或者其所在单位对某种发明创造在一定期间享有的专用权。国家实行专利权保护制度。任何单位或者个人未取得专利权人许可，不得使用其专利。假冒他人专利的行为是一种违法行为，情节严重的，就构成了犯罪。

2. 本罪在主观方面表现为故意，即行为人是明知而故犯。

六、侵犯著作权罪

（一）法律规定

《刑法》第 217 条规定："以营利为目的，有下列侵犯著作权情形之一，违法所得数额较大或者有其他严重情节的，处 3 年以下有期徒刑或者拘役，并处或者单处罚金；违法所得数额巨大或者有其他特别严重情节的，处 3 年以上 7 年以下有期徒刑，并处罚金：①未经著作权人许可，复制发行其文字作品、音乐、电影、电视、录像作品、计算机软件及其他作品的；②出版他人享有专有出版权的图书的；③未经录音录像制作者许可，复制发行其制作的录音录像的；④制作、出售假冒他人署名的美术作品的。"

另见前列《刑法》第 220 条。

（二）概念和构成特征

侵犯著作权罪，是指行为人以营利为目的，侵犯他人著作权，违法所得数额较大或者有其他严重情节的行为。本罪的构成特征是：

1. 本罪在客观方面表现为侵犯他人著作权，违法所得数额较大或者有其他严重情节的行为。著作权是作者（包括单位和个人）依法对文学、艺术和科学作品享有的专有权利，它包括作品的发表权、署名权、修改权、保护作品的完整权以及使用权和获得报酬权。国家实行著作权保护制度，侵犯他人著作权是一种违法行为，违法所得数额较大或者有其他严重情节的，就构成了犯罪。本罪的具体侵犯行为的表现有：①未经著作权人许可，复制发行其文字作品、音乐、电影、电视、录像作品、计算机软件及其他作品的；②出版他人享有专有出版权的图书的；③未经录音录像制作者许可，复制发行其制作的录音录像的；④制作、出售假冒他人署名的美术作品的。

2. 本罪在主观方面为故意，即行为人是明知而故犯，并且具有营利的目的。

（三）司法实务问题

1. 应当注意本罪与一般著作权侵权行为的区别。我国《著作权法》规定了 7 种较为严重的著作权侵权行为：①剽窃、抄袭他人作品的；②未经著作权人许可，以营利为目的，复制发行其作品的；③出版他人享有专有出版权的图书的；④未经表演者许可，对其表演制作录音录像出版的；⑤未经录音录像者许可，复制发行其制作的广播、电视节目的；⑥未经广播、电视台许可，转播复制发行其制作的广播、电视节目的；⑦制作、出售假冒他人署名的美术作品的。刑法明文规定上述侵权行为中只有②、③、⑤、⑦四项行为在违法所得数额较大或者有其他严重情节时，才可以构成犯罪，其他三项行为不论情节轻重或违法所得不论数额大小，均不属犯罪的范围。这是刑法罪刑法定原则的必然要求。

2. 正确认定违法所得数额较大或者其他严重情节。根据最高人民法院、最高人民检察院《关于办理侵犯知识产权刑事案件具体应用法律若干问题的解释》第 5 条和《关于办理侵犯知识产权刑事案件具体应用法律若干问题的解释（二）》第 1 条的规定，"违法所得数额较大"是指以营利为目的，实施侵犯著作权行为，违法所得数额在 3 万元以上的；违法所得数额在 15 万元以上的，属于"违法所得数额巨大"。"有其他严重情节"，是指以营利为目的，侵犯他人著作权，有如下情节的：①非法经营数额在 5 万元以上的；②未经著作权人许可，复制发行其文字作品、音乐、电影、电视、录像作品、计算机软件及其他作品，复制品数量合计在 500 张（份）以上的；③其他严重情节的情形。"有其他特别严重情节"，是指如下情节：①非法经营数额在 25 万元以上的；②未经著作权人许可，复制发行其文字作品、音乐、电影、电视、录像作品、计算机软件及其他作品，复制品数量合计在 2500 张（份）以上的；③其他特别严重情节的情形。

七、销售侵权复制品罪

（一）法律规定

《刑法》第 218 条规定："以营利为目的，销售明知是本法第 217 条规定的侵权复制品，违法所得数额巨大的，处 3 年以下有期徒刑或者拘役，并处或者单处罚金。"

另见前列《刑法》第 220 条。

（二）构成特征

1. 本罪在客观方面表现为行为人销售侵犯著作权的复制品，既包括侵犯著作权的复制品，也包括侵犯邻接权的复制品。所谓邻接权，是指艺术表演人、录音录像制作人或者广播电台、电视台基于其表演、录制的作品或广播、影视作品的传播而依法享有的权利。

2. 本罪在主观方面为故意，即行为人是明知而故犯，并且具有营利的目的。

（三）司法实务问题

在司法实践中，应当将本罪同侵犯著作权罪区别开来。两者的区别主要表现在：①两者的行为特征不同。本罪的行为主要表现为销售，而侵犯著作权罪的行为主要表现为非法复制。②两者的犯罪对象不同。本罪的犯罪对象是被侵权的著作权的复制品，而侵犯著作权罪的犯罪对象则是享有著作权的作品本身。当行为人既侵权又销售，属于刑法上的吸收犯，按吸收的犯罪性质，即侵犯著作权罪论处。如果行为人出售假冒他人署名的美术作品，属于刑法上的法条竞合犯，按特殊法条优于普通法条的原则，以侵犯著作权罪论处。

八、侵犯商业秘密罪

（一）法律规定

《刑法》第219条规定："有下列侵犯商业秘密行为之一，给商业秘密的权利人造成重大损失的，处3年以下有期徒刑或者拘役，并处或者单处罚金；造成特别严重后果的，处3年以上7年以下有期徒刑，并处罚金：①以盗窃、利诱、胁迫或者其他不正当手段获取权利人的商业秘密的；②披露、使用或者允许他人使用以前项手段获取的权利人的商业秘密的；③违反约定或者违反权利人有关保守商业秘密的要求，披露、使用或者允许他人使用其所掌握的商业秘密的。明知或者应知前款所列行为，获取、使用或者披露他人的商业秘密的，以侵犯商业秘密论。本条所称商业秘密，是指不为公众所知悉，能为权利人带来经济利益，具有实用性并经权利人采取保密措施的技术信息和经营信息。本条所称权利人，是指商业秘密的所有人和经商业秘密所有人许可的商业秘密使用人。"

另见前列《刑法》第220条。

（二）概念和构成特征

侵犯商业秘密罪，是指行为人采取不正当手段，侵犯他人的商业秘密，给商业秘密的权利人造成重大损失的行为。本罪的构成特征是：

1. 本罪在客观方面表现为行为人采取不正当手段，侵犯他人的商业秘密，给商业秘密的权利人造成重大损失的行为。所谓的商业秘密，是指不为公众所知悉，能为权利人带来经济利益，具有实用性并经权利人采取保密措施的技术信息和经营信息。技术信息包括技术水平、技术潜力、技术图纸、技术资料等信息；经营信息包括营销策略、营销计划、营销手段、营销对象、产品市场占有资料、产品的发展方向等信息。商业秘密一旦被盗窃、披露或被他人不法使用，就会给商业秘密的权利人带来无可弥补的损失。因此，国家实行商业秘密的保护制度。侵犯他人商业秘密、给商业秘密的权利人造成重大损失的行为被规定为一种犯罪。

本罪的具体行为有：①以盗窃、利诱、胁迫或者其他不正当手段获取权利人的商业秘密的行为；②披露、使用或者允许他人使用以上述手段获取的权利人的商业秘密的行为；③违反约定或者违反权利人有关保守商业秘密的要求，披露、使用或者允许他人使用其所掌握的商业秘密的行为；④明知或者应知上述所列行为，获取、使用或者披露他人的商业秘密的行为。

2. 本罪在主观方面既有故意，又有过失，这是本类犯罪中罪过性质比较复杂的一种犯罪。

（三）司法实务问题

1. 应当正确区分本罪与一般商业秘密侵权行为的区别。两者的区别主要在于：①两者的行为范围有所不同。本罪的行为范围是指刑法明文规定的四种严重侵权行为（三种为直接侵权行为，一种为间接侵权行为）；一般商业秘密侵权行为是指这四种侵权行为以外的其他行为，它们只承担民事、经济或行政责任。②两者危害的程度要求不同。本罪要求必须给商业秘密的权利人造成重大的损失；一般商业秘密侵权行为则限定在造成一般的损失范围之内。

2. 应当注意区分本罪与内幕交易、泄露内幕信息罪之间的区别。两者的区别主要表现在：①两者的主体资格要求不同。本罪的主体资格属于一般主体资格；内幕交易、泄露内幕信息罪的主体资格则要求是证券交易内幕信息的知情人员或者非法获取证券交易内幕信息的人员。②两者的秘密信息的性质不同。本罪的秘密信息属于商业秘密；内幕交易、泄露内幕信息罪的秘密信息属于证券交易的行业秘密。尽管从广义上说，证券交易的行业秘密也可属于商业秘密，但由于刑法已作了明确的特殊规定，按照法条竞合中特殊法条优于普通法条的原则，泄露证券交易的内幕信息的行为已不在商业秘密的范围之内。

■ 第九节　扰乱市场秩序罪分述

一、扰乱市场秩序罪的特点

社会主义市场经济不但是以法制作为保障的经济，而且也是以市场秩序作为保障的经济。社会主义市场经济秩序是一个具有广泛内容的秩序。它包括有序的市场生产秩序、合法的市场分配秩序、规范的市场交换秩序、合理的市场消费秩序。我国刑法作为保护市场经济秩序的最后一道屏障，对整个市场秩序的保护也是全面的、广泛的。在刑法分则第三章破坏社会主义市场经济秩序罪中，除根据刑法所要保护的社会利益的性质和表现形式，分门别类地作了前7类犯罪规定之外，又把其他各种形式的扰乱市场秩序、破坏市场经济的犯罪集中起来，作为扰乱市场秩序罪加以规定。这一类犯罪的特点主要表现为：

1. 犯罪发生的领域十分广泛。受市场秩序的性质、范围和内容所决定，这一类犯罪所发生的领域十分广泛，既有商品的流通领域，又有商品的营销领域；既有合同的签订、履行过程，又有商品的进出口检验过程；既有经营管理方面，又有特殊物品的使用方面。总之，这一类犯罪与破坏市场经济秩序的其他7类犯罪相比较，其涉及的领域要比其他7类犯罪来得广泛而又复杂。

2. 犯罪行为的表现比较繁杂。破坏市场经济秩序罪中的前7类犯罪或因其行为表现具有相似性，或因其行为实施领域具有同一性，或因其行为对象具有类同性，刑法能够将某一类犯罪集中起来加以规定，而扰乱市场秩序的犯罪的行为表现相对显得比较杂乱。特别是1997年的刑法果断地取消了原刑法中的投机倒把罪，原投机倒把罪中的很多具体行为在市场经济条件下仍然具有社会危害性，对市场秩序仍然起着破坏性的作用。因此，我国的刑事立法在取消投机倒把罪的同时，把其中具有严重社会危害性的某些行为分解成一些具体的犯罪，而当其中的某些犯罪在犯罪性质和行为特征上不能贴切地归入破坏市场经济秩序犯罪其他种类的犯罪中时，刑事立法就把这些犯罪全部归入在扰乱市场秩序罪中，这就使得这类犯罪的行为表现具有明显的复杂性、繁杂性。

3. 犯罪目的的经济利益性并不十分明显。破坏社会主义市场经济秩序的其他犯罪的行为人主观目的中都具有明显的、明确的牟利目的。因此，刑事立法在进行犯罪构成的设计时，很多犯罪都被明确地规定了以营利或者以牟利为目的、以获取不正当利益为目的、以非法占有为目的等主观要求。而在扰乱市场秩序罪中，刑法除极个别的犯罪规定要求以牟利为目的之外，大多数的犯罪并无类似的规定。这并不是说行为人主观方面没有牟取非法经济利益的目的内容，而只是说明刑法把保护整个市场秩序作为设立这类犯罪的主要根据。行为人即使没有这种明显的、明确的牟利目的，但在主观方面已经具有明知自己的行为具有扰乱市场秩序的性质和由此导致的结果，仍故意为之，即可成立犯罪。当然，在本类犯罪中，也存在极少数犯罪，刑法规定可以由过失构成。

根据刑法的规定扰乱市场秩序罪共有 13 个具体犯罪，现分述如下：

二、损害商业信誉、商品声誉罪

（一）法律规定

《刑法》第 221 条规定："捏造并散布虚伪事实，损害他人的商业信誉、商品声誉，给他人造成重大损失或者有其他严重情节的，处 2 年以下有期徒刑或者拘役，并处或者单处罚金。"

《刑法》第 231 条规定："单位犯本节第 221 条至第 230 条规定之罪的，对单位判处罚金，并对其直接负责的主管人员和其他直接责任人员，依照本节各该条的规定处罚。"

（二）构成特征

1. 本罪在客观方面表现为行为人捏造并散布虚伪事实，损害他人商业信誉、商品声誉，给他人造成重大损失或者有其他严重情节的行为。开展竞争是市场经济最基本的运行机制，在市场交易活动中，经营者依靠自己的商业信誉和商品声誉参与公平竞争，不仅是促进市场经济发展的重要条件，也是保障市场秩序健康发展的前提。采取不正当的手段，捏造并散布虚伪事实，损害竞争对手的商业信誉和商品声誉，必然会给竞争对手造成不应有的损失，使其丧失已经拥有的市场份额和竞争能力。同时，这种行为还严重扰乱市场秩序，在广大消费者中间造成混乱，使其消费活动遭受不必要的损失。因此，这种行为为国家法律所不容。

2. 本罪在主观方面表现为故意，即行为人是明知而故犯，并且具有损害他人商业信誉、商品声誉的目的。

三、虚假广告罪

（一）法律规定

《刑法》第 222 条规定："广告主、广告经营者、广告发布者违反国家规定，利用广告对商品或者服务作虚假宣传，情节严重的，处 2 年以下有期徒刑或者拘役，并处或者单处罚金"。

另见前列《刑法》第 231 条。

（二）构成特征

1. 本罪在客观方面表现为广告主、广告经营者、广告发布者违反国家规定，利用广告对商品或者服务作虚假宣传，情节严重的行为。广告是指商品经营者或者服务提供者承担费用，通过一定媒介和形式直接或者间接地介绍自己所推销的商品或者所提供的服务的一种宣传形式。利用广告对自己的商品信誉或者服务质量进行宣传，既是经营者促销商品和招揽生意的主要手段，又是消费者了解、选择商品或者服务的重要信息根据。利用广告对商品信誉和服务质量进行虚假的宣传，不仅直接破坏了国家对广告的正常管理活动，扰乱了市场秩序，而且还会误导消费者选购商品和选择服务，严重损害消费者的合法权益。

2. 本罪在主观方面表现为故意，即行为人是明知而故犯。

四、串通投标罪

（一）法律规定

《刑法》第 223 条规定："投标人相互串通投标报价，损害招标人或者其他投标人利益，情节严重的，处 3 年以下有期徒刑或者拘役，并处或者单处罚金。投标人与招标人串通投标，损害国家、集体、公民的合法利益的，依照前款的规定处罚。"

另见前列《刑法》第 231 条。

（二）构成特征

1. 本罪在客观方面表现为投标人相互串通投标报价，损害招标人或者其他投标人利益，情节严重的行为。招标与投标是一种在进行发包工程、购买成套设备等活动时经常采用的有组织的市场行为。实行招标与投标有利于公平竞争，促进发包、承包双方加强管理，确保质量，降低成本，缩短工期以及提高投资效益。而串通投标则是在招标和投标过程中，投标人私下串通其他投标人通谋作弊，故意压低或者抬高标价，排挤竞争对手，从而严重扰乱市场秩序，损害招标人或者其他投标人的合法权益。本罪的具体行为方式表现为：①投标人相互串通，故意哄抬标价，迫使招标人不得不在过高的标价上选择，付出过高的代价，增加成本，从而遭受重大的经济损失。同时，由于投标人相互串通投标报价，也使得投标人之间的竞争流于形式。②投标人相互串通，故意压低标价，不仅使招标人无法择优选用，而且也使得其他竞争对手的正常报价显得过高，以致无法入围参加选择，从而导致在经济利益上遭受不应有的损失。

2. 本罪在主观方面表现为故意，即行为人是明知而故犯。

（三）司法实务问题

根据《刑法》的规定，对于投标人与招标人串通投标，损害国家、集体、公民的合法利益的行为，也依本罪论处。

五、合同诈骗罪

（一）法律规定

《刑法》第 224 条规定："有下列情形之一，以非法占有为目的，在签订、履行合同过程中，骗取对方当事人财物，数额较大的，处 3 年以下有期徒刑或者拘役，并处或者单处罚金；数额巨大或者有其他严重情节的，处 3 年以上 10 年以下有期徒刑，并处罚金；数额特别巨大或者有其他特别严重情节的，处 10 年以上有期徒刑或者无期徒刑，并处罚金或者没收财产：①以虚构的单位或者冒用他人名义签订合同的；②以伪造、变造、作废的票据或者其他虚假的产权证明作担保的；③没有实际履行能力，以先履行小额合同或者部分履行合同的方法，诱骗对方当事人继续签订和履行合同的；④收受对方当事人给付的货物、货款、预付款或者担保财产后逃匿的；⑤以其他方法骗取对方当事人财物的。"

另见前列《刑法》第 231 条。

（二）概念和构成特征

合同诈骗罪，是指行为人以非法占有为目的，在签订、履行合同过程中，骗取对方当事人财物，数额较大的行为。本罪的构成特征是：

1. 本罪在客观方面表现为行为人在签订、履行合同中，骗取对方当事人财物，数额较大的行为。合同是当事人之间为实现一定的目的，明确双方权利和义务关系的一种协议。签订、履行合同不仅是进行商品交换的重要形式，也是维护正常的市场秩序所不可缺少的必要保证。在签订、履行合同的过程中，采取不正当的手段虚构事实或者隐瞒真相，骗取对方当事人财物，不仅侵犯了公私财产的所有权，还严重破坏了国家对合同的正常管理，扰乱了市场秩序。本罪的具体行为表现为：①以虚构的单位或者冒用他人名义签订合同的；②以伪造、变造、作废的票据或者其他虚假的产权证明作担保的；③没有实际履行能力，以先履行小额合同或者部分履行合同的方法，诱骗对方当事人继续签订和履行合同的；④收受对方当事人给付的货物、货款、预付款或者担保财产后逃匿的；⑤以其他方法骗取对方当事人财物的。

2. 本罪在主观方面表现为故意，即行为人是明知而故犯，并且具有非法占有的目的。

（三）司法实务问题

1. 正确划分本罪与一般合同欺诈行为的界限。合同欺诈行为，是指签订经济合同的一方当事人用虚构事实和隐瞒真相的方法，诱引对方当事人在不明真相、违背其真实意思表示的情况下，签订合同的行为。因欺诈而签订的经济合同属于无效的合同，依法当被撤销。合同诈骗罪本身也是一种合同欺诈行为，因而两者之间存在一定的相似性。这表现在两者在客观上都是通过签订合同的形式来实施行为的；两者在主观上都具有获取非法利益的意图；两者在法律效果上都属于无效的合同。但两者毕竟存在着严格的区别：①两者主观目的的内容不完全相同。合同诈骗罪的行为人的主观目的在于完全非法占有他人的合法财产；而合同欺诈行为人的主观目的在于通过一定的瑕疵经济行为、民事行为，尽量多获得一些不义之财。②两者的客观行为不尽相同。合同诈骗罪的行为表现为设置一个圈套，让人上当，行为人根本不想履行合同的内容，无形式也无实质性的交易、买卖和给付的行为；而合同欺诈行为主要表现为违背诚实信用的原则，隐瞒部分行为能力的欠缺、商品质量的瑕疵等内容，使人不完全明了真相，但在形式上仍有交易、买卖和给付的行为。③两者的数额要求不同。合同诈骗罪明确要求实际骗取的财物数额须达到较大的程度；而合同欺诈行为则限制在数额不大的范围内。

2. 注意本罪与经济合同纠纷之间的区别。经济合同纠纷是指合同的一方当事人因经营中发生客观原因而无法继续履行合同，致使对方当事人遭受经济损失而发生纠纷的行为。两者的主要区别在于：①两者的主观目的不同。合同诈骗罪的行为人在主观方面始终存有非法占有的目的；而经济合同纠纷的过错人并不存有非法占有的目的。②两者签订合同的前提条件不同。合同诈骗罪在签订合同之前和之时，行为人始终表现为虚构事实和隐瞒真相，在设置着一种圈套，即签订合同的前提条件就是虚假的；而经济合同纠纷在签订合同之前和之时，过错人并未隐瞒真相，即签订合同的前提条件是真实的。③两者履行合同的态度和行为表现不同。合同诈骗罪行为人在签订合同后，以非法获取他人财物为全部目的内容，其行为根本谈不上在真正履行合同；而经济合同纠纷过错人在签订合同后曾真实履行过合同，并想继续履行，只是因客观原因无法继续履行合同，对自己无法继续履行合同而给对方当事人所造成的损失，不但能够予以承认，积极补救，并愿意主动承担民法、经济法上的赔偿责任。

3. 注意本罪与利用合同形式实施金融诈骗罪之间的联系与区别。金融诈骗罪也是一种以非法占有为目的，通过欺骗的手段骗取他人财物的行为。在金融诈骗罪中，无论集资诈骗、贷款诈骗，还是保险诈骗，在其实施过程中，往往也是通过合同的形式加以进行的。这样两者之间就必然发生某种联系，甚至在行为形式上具有同一性。然而从法律特征上看，两者还存有严格的区别：①两者行为的发生领域有所不同。合同诈骗罪主要发生在一般经济、民事活动过程中；而金融诈骗罪则主要发生在金融运行过程中，它以金融运行空间为发生领域，以金融活动时间为发生过程。②两者行为的内容不同。合同诈骗的行为内容主要在于设定双方的交易、买卖和给付行为，即往往是一种双方性的行为；而金融诈骗的行为内容在于基于某种条件，由单方实施钱款的交付。

六、组织、领导传销活动罪

（一）法律规定

《刑法》第 224 条之一规定："组织、领导以推销商品、提供服务等经营活动为名，要求参加者以缴纳费用或者购买商品、服务等方式获得加入资格，并按照一定顺序组成层级，直接或者间接以发展人员的数量作为计酬或者返利依据，引诱、胁迫参加者继续发展他人参加，骗取财物，扰乱经济社会秩序的传销活动的，处 5 年以下有期徒刑或者拘役，并处罚金；情节严重的，处 5 年以上有期徒刑，并处罚金。"

（二）概念和构成特征

组织、领导传销活动罪，是指组织、领导以推销商品、提供服务等经营活动为名，要求参加者以缴纳费用或者购买商品、服务等方式获得加入资格，并按照一定顺序组成层级，直接或者间接以发展人员的数量作为计酬或者返利依据，引诱、胁迫参加者不断发展他人参加，骗取财物，扰乱经济社会秩序的传销活动的行为。本罪的构成特征是：

1. 本罪在客观方面表现为组织、领导传销活动的行为。其中，"传销活动"表现为以下几种方式：①组织者或者经营者通过发展人员，要求被发展人员发展其他人员加入，对发展的人员以其直接或者间接滚动发展的人员数量为依据计算和给付报酬，牟取非法利益的；②组织或者经营者通过发展人员，要求被发展人员缴纳费用或者以认购商品等方式变相交纳费用，取得加入或者发展其他人员加入的资格，牟取非法利益的；③组织者或者经营者通过发展人员，要求被发展的人员发展其他人员加入，形成上下线关系，并以下线的销售业绩为依据计算和给付上线报酬，牟取非法利益的；④其他通过发展人员、组织网络或以高额回报为诱饵招揽人员从事变相传销的活动。

2. 本罪在主观方面表现为故意，即行为人是明知而故犯，并且具有牟取非法利益的目的。

（三）司法实务问题

在司法实践中，要注意本罪与直销等正当经营的区别。随着我国社会主义市场经济的发展，商品经营手段日趋丰富，直销、专卖、代理、特许经营等已成为常见的营销方式。在处理传销或变相传销案件时，应注意从销售方式、目的、载体等方面区分上述营销方式与传销的区别，特别是直销，与传销、变相传销有很多类似之处，但也有明显区别：①是否以销售产品为企业营运的基础不同。直销以销售产品作为公司收益的来源；而非法传销则以拉人头牟利或借销售伪劣或质次价高的产品变相拉人牟利，甚至根本无产品。②有没有高额入门费不同。直销企业的推销员无须缴付任何高额入门费，也不会被强制认购货品；而在非法传销中，参加者通过缴纳高额入门费或者被要求先认购一定数量的产品以变相缴纳高额入门费作为参与的条件，鼓励不择手段地拉人加入以赚取利润，其公司的利润也是以入门费为主，实际上是一种变相融资行为。③是否设立店铺经营不同。直销企业设立开架式或柜台式店铺，推销人员都直接与公司签订合同，其从业行为直接接受公司的规范与管理；而非法传销的经营者通过发展人员、组织网络从事无店铺或"地下"经营活动。④报酬是否按劳分配不同。直销企业为愿意勤奋工作的人提供实务创收的机会，而非一夜暴富。每位推销人员只能按其个人销售额计算报酬，由公司从营运经费中拨出，在公司统一扣税后直接发放至其指定账户，不存在上、下线关系；而非法传销通过以高额回报为诱饵招揽人员从事变相传销活动，参加者的上线从下线的入会费或所谓业绩中提取报酬。⑤是否有退出、退货保障不同。直销企业的推销人员可根据个人意愿自由选择继续经营或退出，企业为顾客提供完善的退货保障；而非法传销通常强制约定不可退货，或退货条件非常苛刻，消费者已购的产品难以退货。

七、非法经营罪

（一）法律规定

《刑法》第225条规定："违反国家规定，有下列非法经营行为之一，扰乱市场秩序，情节严重的，处5年以下有期徒刑或者拘役，并处或者单处违法所得1倍以上5倍以下罚金；情节特别严重的，处5年以上有期徒刑，并处违法所得1倍以上5倍以下罚金或者没收财产：①未经许可经营法律、行政法规规定的专营、专卖物品或者其他限制买卖的物品的；②买卖进出口许可证、进出口原产地证明以及其他法律、行政法规规定的经营许可证或者批准文件的；③未经国家有关主管部门批准非法经营证券、期货、保险业务的，或者非法从事资金支付结算业务的；④其他严重扰乱市场秩序的非法经营行为。"

全国人大常委会《关于惩治骗购外汇、逃汇和非法买卖外汇犯罪的决定》第4条规定："在国家规定的交易场所以外非法买卖外汇，扰乱市场秩序，情节严重的，依照刑法第225条的规定定罪处罚。单位犯前款罪的，依照刑法第231条的规定处罚。"

另见前列《刑法》第231条。

（二）概念和构成特征

非法经营罪，是指行为人违反国家的法律、法规规定，非法进行经营活动，扰乱市场秩序，情节严重的行为。本罪的构成特征是：

1. 本罪在客观方面表现为行为人违反国家的法律、法规规定，非法进行经营活动，扰乱市场秩序，情节严重的行为。为了维护正常市场秩序，充分发挥社会主义市场对整个经济活动的调节作用，国家的法律、法规规定，经营专营、专卖或者其他限制买卖的物品，必须经国家有关主管部门的批准并发给经营许可证以后方可经营。否则，任何人和任何单位都不得擅自经营。颁发进出口许可证、进出口原产地证明以及法律、法规规定的经营证或者批准文件，是国家对市场经济实现宏观调控的一种重要手段，明文规定不准买卖渔利。而非法进行经营活动就是违反国家对市场的整个正常管理制度，为了牟取非法利润，擅自经营不准自由经营的物品，倒买倒卖不准流通买卖的凭证，严重扰乱了正常的市场秩序，损害了国家和广大消费者的合法利益。本罪的具体行为形式有：①未经许可，经营法律、行政法规规定的专营、专卖物品或者其他限制买卖的物品的行为。所谓专营、专卖物品，是指国家法律、行政法规规定的只允许特定部门或者单位经营的物品，如烟草、食盐、黄金以及其他贵重金属、民用枪支、民事爆炸物、有毒药物等；其他限制买卖的物品，是指国家法律、行政法规规定在一定范围内不许超限买卖的物品，如棉花、药品以及易燃易爆、有毒物品等。②买卖进出口许可证、进出口原产地证明以及其他法律、行政法规规定的经营许可证或者批准文件的行为。所谓进出口许可证，主要是指：进出口配额的批文，允许进出口货物、物品的凭证；进出口原产地证明，是指用来证明进出口货物、物品的原产地的有效凭证，它是进口国和地区根据原产地的不同，征收差别关税和实行其他进口差别待遇的证明。其他法律、行政法规规定的经营许可证或者批准文件，是指国家有关主管部门批准上述专营、专卖或者其他限制买卖的物品的证件与批文。③未经国家有关主管部门批准，非法经营证券、期货或者保险业务，或者非法从事资金支付结算业务的行为。④其他严重扰乱市场秩序的非法经营行为。

2. 本罪在主观方面表现为故意，即行为人是明知而故犯，并且具有牟取非法利益的目的。

（三）司法实务问题

在司法实践中，要注意本罪与擅自设立金融机构罪的联系与区别。擅自设立金融机构罪包括擅自设立保险公司、期货交易公司、证券交易公司等准金融机构，这些行为与本罪中未经国家有关主管部门批准，非法经营证券、期货或者保险业务的行为必然发生着一定的联系。擅自设立上述公司后开展的有关业务，实际上已经属于非法经营活动了。但是从法律特征上说，两者还是存在着一定的区别。这主要表现在两者的行为表现、行为对象和机构性质的不同：①两者的行为表现不同。本罪的行为特征强调非法经营活动；而擅自设立金融机构罪的行为特征强调擅自设立活动。②两者的行为对象要求不同。本罪的行为对象是指国家法律、法规明文规定限制买卖的物品或者禁止经营的业务；而擅自设立金融机构罪的行为对象是金融机构本身。③两者的机构性质不同。本罪经营非法业务的机构是否属于合法，在所不问，即使合法的证券、期货、保险公司非法经营依然构成犯罪，而擅自设立金融机构罪中的金融机构本身就是违法的。

八、强迫交易罪

（一）法律规定

《刑法》第226条规定：“以暴力、威胁手段，实施下列行为之一，情节严重的，处3年以下有期徒刑或者拘役，并处或者单处罚金；情节特别严重的，处3年以上7年以下有期徒刑，并处罚金：①强买强卖商品的；②强迫他人提供或者接受服务的；③强迫他人参与或者退出投标、拍卖的；④强迫他人转让或者收购公司、企业的股份、债券或者其他资产的；⑤强迫他人参与或者退出特定的经营活动的。”

另见前列《刑法》第231条。

（二）构成特征

1. 本罪在客观方面表现为行为人以暴力、威胁手段强买强卖商品、强迫他人提供服务或者强迫他人接受服务或实施其他强迫交易，情节严重的行为。买卖自由、买卖公平、合理竞争，是市场交易的基本原则，也是市场交易正常秩序的必要条件。

而强买强卖行为严重破坏了市场交易必须遵守的这一基本原则，从而直接扰乱了市场交易的正常秩序。本罪的具体行为方式有：①强买强卖商品，即强迫他人违心地购买行为人的商品，或者违心地将商品出售给行为人。②强迫他人违心地提供服务或者强迫他人违心地接受服务。③强迫他人参与或者退出投标、拍卖。④强迫他人转让或者收购公司、企业的股份、债券或者其他资产。⑤强迫他人参与或者退出特定的经营活动。

2. 本罪在主观方面表现为故意，即行为人是明知而故犯。

九、伪造、倒卖伪造的有价票证罪

（一）法律规定

《刑法》第 227 条规定："伪造或者倒卖伪造的车票、船票、邮票或者其他有价票证，数额较大的，处 2 年以下有期徒刑、拘役或者管制，并处或者单处票证价额 1 倍以上 5 倍以下罚金；数额巨大的，处 2 年以上 7 年以下有期徒刑，并处票证价额 1 倍以上 5 倍以下罚金。倒卖车票、船票，情节严重的，处 3 年以下有期徒刑、拘役或者管制，并处或者单处票证价额 1 倍以上 5 倍以下罚金。"

另见前列《刑法》第 231 条。

（二）构成特征

1. 本罪在客观方面表现为行为人伪造或者倒卖伪造的车票、船票、邮票或者其他有价票证，数额较大的行为。车票、船票、邮票是具有一定价格，持票人凭票可以享受某种服务的凭证。其他有价票证是指与车、船、邮票具有同一性质的凭证，如各种休闲游乐场所的门票、彩票等。本罪在客观方面只要具有上述两种行为之一的，即可构成犯罪。两种行为兼具的，也以一罪论处。

2. 本罪在主观方面表现为故意，即行为人是明知而故犯，并且具有非法牟利的目的。

（三）司法实务问题

在司法实践中，我们应当将本罪与其他形形色色的各种伪造、倒卖伪造的特定对象的犯罪区别开来。两者的行为特征具有完全的同一性，两者的区别主要在于伪造、倒卖伪造的物品性质、范围有所不同。只要我们能够正确认定行为人伪造、倒卖伪造的特定对象的性质和范围，然后按照"对号入座"或者"按图索骥"的方法，就能够准确地认定每一种具体犯罪。其他形形色色的各种伪造、倒卖伪造的特定对象的犯罪有伪造货币罪，出售假币罪，伪造金融票证罪，伪造国家有价证券罪，伪造股票、公司、企业债券罪，伪造、出售伪造的增值税专用发票罪，非法制造、出售非法制造的用于骗取出口退税、抵扣税款发票罪，非法制造、出售非法制造的发票罪，等等。

十、倒卖车票、船票罪

（一）法律规定

见前列《刑法》第 227 条第 2 款、第 231 条规定。

（二）构成特征

1. 本罪在客观方面表现为行为人倒卖车票、船票，情节严重的行为。

2. 本罪在主观方面表现为故意，即行为人是明知而故犯，并且具有牟取非法利益的目的。

（三）司法实务问题

在司法实践中，我们应当注意：

1. 正确区别本罪与倒卖伪造的有价票证罪的界限。两者的区别主要在于犯罪对象的性质要求不同。本罪的对象仅限于真实的车票、船票，而倒卖伪造的有价票证罪的对象则是指各种虚假的有价票证。

2. 正确区分本罪与其他形形色色的各种倒卖特定对象的犯罪之间的区别。它们之间的区别关键在于两者犯罪对象的性质和范围不同。其他类似的犯罪有非法出售增值税专用发票罪，非法出售用于骗取出口退税、抵扣税款发票罪，非法出售发票罪，等等。

十一、非法转让、倒卖土地使用权罪

（一）法律规定

《刑法》第228条规定："以牟利为目的，违反土地管理法规，非法转让、倒卖土地使用权，情节严重的，处3年以下有期徒刑或者拘役，并处或者单处非法转让、倒卖土地使用权价额5%以上20%以下罚金；情节特别严重的，处3年以上7年以下有期徒刑，并处非法转让、倒卖土地使用权价额5%以上20%以下罚金。"

另见前列《刑法》第231条。

（二）构成特征

1. 本罪在客观方面表现为行为人违反土地管理法规，非法转让、倒卖土地使用权，情节严重的行为。所谓非法转让土地使用权，是指违反土地管理法规规定的转让、买卖土地使用权的法定条件和程序，为了牟取非法利益，未经批准或者获批准之前擅自将通过合法受让或依法划拨取得的土地使用权转让给他人使用的行为。所谓倒卖土地使用权，是指土地受让人未支付全部土地使用出让金，还未取得土地使用权证书就出卖土地使用权，或者未进行任何投资开发，就将土地使用权转手倒卖，从中牟取暴利的行为。

2. 本罪在主观方面表现为故意，即行为人是明知而故犯，并且具有非法牟利的目的。

（三）司法实务问题

在司法实践中，我们要注意本罪与非法经营罪的联系与区别。土地使用权证书是一种特种的批准文件和使用凭证，非法转让和倒卖土地使用权实际上也是一种非法经营的行为，两者存在着一定的竞合关系。但根据竞合关系中特殊法条优于普通法条的原则，凡非法转让、倒卖土地使用权的行为只能以本罪认定处罚。

十二、提供虚假证明文件罪

（一）法律规定

《刑法》第 229 条规定："承担资产评估、验资、验证、会计、审计、法律服务等职责的中介组织的人员故意提供虚假证明文件，情节严重的，处 5 年以下有期徒刑或者拘役，并处罚金。前款规定的人员，索取他人财物或者非法收受他人财物，犯前款罪的，处 5 年以上 10 年以下有期徒刑，并处罚金。第 1 款规定的人员，严重不负责任，出具的证明文件有重大失实，造成严重后果的，处 3 年以下有期徒刑或者拘役，并处或者单处罚金。"

另见前列《刑法》第 231 条。

（二）构成特征

1. 本罪在客观方面表现为承担资产评估、验资、验证、会计、审计、法律服务等职责的中介组织的人员提供虚假证明文件，情节严重的行为。

2. 本罪在主观方面表现为故意，即行为人是明知而故犯。

十三、出具证明文件重大失实罪

（一）法律规定

见前列《刑法》第 229 条第 3 款、第 231 条。

（二）构成特征

1. 本罪在客观方面表现为承担资产评估、验资、验证、会计、审计、法律服务等职责的中介组织的人员严重不负责任，出具的证明文件有重大失实，造成严重后果的行为。

2. 本罪在主观方面表现为过失。

（三）司法实务问题

在司法实践中，应当注意本罪与提供虚假证明文件罪的区别。两者的区别主要在于：①本罪在主观方面是过失，而提供虚假证明文件罪的主观方面属于故意；②本罪在客观方面以造成严重后果为构成要件，而提供虚假证明文件罪则不要求有严重的后果，只要求有严重的情节。

十四、逃避商检罪

（一）法律规定

《刑法》第 230 条规定："违反进出口商品检验法的规定，逃避商品检验，将必须经商检机构检验的进口商品未报经检验而擅自销售、使用，或者将必须经商检机构检验的出口商品未报经检验合格而擅自出口，情节严重的，处 3 年以下有期徒刑或者拘役，并处或者单处罚金。"

另见前列《刑法》第 231 条。

（二）构成特征

1. 本罪在客观方面表现为行为人违反进出口商品检验法的规定，逃避商品检验，将必须经商检机构检验的进口商品未报经检验而擅自销售、使用，或者将必须经商检机构检验的出口商品未报经检验合格而擅自出口，情节严重的行为。所谓必须经商检机构检验的进出口商品，是指根据《中华人民共和国进出口商品检验法》和《中华人民共和国进出口商品检验法实施条例》的规定，被列入《商检机构实施检验的进出口商品种类表》的进出口商品和其他法律、法规规定的必须经商检机构检验的进出口商品，它包括：用于出口的粮食，用于包装出口的危险货物的容器，装运出口易烂变质食品、冷冻品的船舶、集装箱等运载工具，有关国际条约规定必须经商检机构检验的进出口商品等。

2. 本罪在主观方面表现为故意，即行为人是明知而故犯。

【思考题】

1. 简述生产、销售伪劣产品罪与其他生产、销售伪劣商品罪的关系。
2. 走私罪的客观方面有哪些行为表现？
3. 简述洗钱罪与上游犯罪的关系。
4. 如何认定金融诈骗罪中的"非法占有目的"？金融诈骗罪与合同诈骗罪的关系是什么？
5. 评析税收犯罪的立法模式。
6. 假冒注册商标罪与其他商标犯罪的关系是什么？与生产、销售伪劣商品罪的关系是什么？
7. 如何认定侵犯商业秘密罪中的"造成重大损失"？
8. 如何理解非法经营罪中的"其他扰乱市场经济秩序的行为"？
9. 如何理解货币类犯罪的处罚原则？
10. 如何理解生产、销售伪劣商品罪的客体？

第二十一章

侵犯公民人身权利、民主权利罪

　　学习目的与要求　重点掌握故意杀人罪、故意伤害罪、强奸罪、非法拘禁罪、绑架罪、拐卖妇女、儿童罪、诬告陷害罪、侮辱罪、刑讯逼供罪、暴力干涉婚姻自由罪、虐待罪的概念、构成特征及认定；掌握本章其他犯罪的概念和构成特征。

■　第一节　侵犯公民人身权利、民主权利罪概述

一、侵犯公民人身权利、民主权利罪的概念与基本特征

　　刑法分则第四章规定的侵犯公民人身权利、民主权利罪，实际上包括了侵犯公民人身权利罪和侵犯公民民主权利罪两类犯罪。侵犯公民人身权利罪是指故意或者过失地侵犯公民的人身权利和与人身权利直接有关的权利，依法应当受到刑罚处罚的行为。侵犯公民民主权利罪是指非法剥夺或者妨害公民自由行使其依法享有的参与国家管理和社会政治活动的权利以及其他民主权利，依法应当受到刑罚处罚的行为。由于这两类犯罪关系密切，所以刑法将其规定在同一章犯罪中。

　　侵犯公民人身权利、民主权利罪的基本特征是：

　　1. 本类犯罪侵犯的客体是公民的人身权利、民主权利以及与人身直接有关的其他权利。公民的人身权利，是指我国法律所确认的与公民的人身不可分离的权利。这种权利与人身紧密联系在一起，只有权利人本人才享有。主要包括公民的生命权、健康权、性的不可侵犯权、人身自由权、人格名誉权等。公民的民主权利是指公民依法所享有的管理国家和参加社会政治活动的权利。主要包括选举权和被选举权、控告权、申诉权、批评权、检举权、宗教信仰自由权等。与公民人身直接有关的权利，主要包括住宅不受侵犯权、劳动权、休息权、受扶养权。人身权利与民主权利密切联系，人身权利是公民行使民主权利的前提和基础，民主权利的实现反过来又有利于保障人身权利。

本类犯罪中有些犯罪侵犯的是复杂客体，如刑讯逼供罪、诬告陷害罪、暴力取证罪等，既侵犯公民的人身权利，又侵犯司法机关的正常活动，刑法之所以将这些犯罪规定在本章，是因为这些犯罪是以侵犯公民人身权利为主要内容的。

2. 本类犯罪在客观方面表现为各种非法侵犯公民人身权利、民主权利以及与人身直接有关的权利的行为。从各种非法侵犯的方式看，绝大多数犯罪只能以作为的方式实施，如强奸罪、故意伤害罪等。有的犯罪是行为犯，只要行为实施达到一定程度，即构成既遂，如侮辱罪、诽谤罪、诬告陷害罪等。有的犯罪是结果犯，行为实施后要求造成一定的结果才构成既遂，如故意杀人罪、故意伤害罪。

3. 本类犯罪的主体多为一般主体，只要达到法定年龄、具有刑事责任能力的自然人均可构成。也有少数犯罪主体为特殊主体，如刑讯逼供罪、报复陷害罪、非法剥夺公民宗教信仰自由罪等，只能分别由司法工作人员、国家机关工作人员构成。从刑事责任年龄来看，犯罪主体一般是已满16周岁的人。但根据《刑法》第17条的规定，故意杀人罪、故意伤害罪、强奸罪的犯罪主体也可以是已满14周岁不满16周岁的人。

4. 本类犯罪的主观方面，除过失致人死亡罪和过失致人重伤罪由过失构成外，其他罪均由故意构成，其中包括直接故意和间接故意。

二、侵犯公民人身权利、民主权利罪的种类

根据本章各具体犯罪所侵害的直接客体以及主要构成要件的特征，可以将本章犯罪分为以下几类：

1. 侵犯公民生命、健康权利的犯罪。包括故意杀人罪，过失致人死亡罪，故意伤害罪，组织出卖人体器官罪，过失致人重伤罪，虐待被监护、看护人罪。

2. 侵犯公民性自由权利以及妇女、儿童身心健康的犯罪。包括强奸罪，强制猥亵、侮辱罪，猥亵儿童罪。

3. 侵犯公民人身自由权利的犯罪。包括非法拘禁罪，绑架罪，拐卖妇女儿童罪，收买被拐卖的妇女、儿童罪，聚众阻碍解救被收买的妇女、儿童罪，非法搜查罪。

4. 侵犯公民人格、名誉权利的犯罪。包括诬告陷害罪、侮辱罪、诽谤罪。

5. 司法工作人员侵犯公民权利的犯罪。包括刑讯逼供罪、暴力取证罪、虐待被监管人罪。

6. 侵犯宗教信仰、少数民族有关权利的犯罪。包括煽动民族仇恨、民族歧视罪，出版歧视、侮辱少数民族作品罪，非法剥夺宗教信仰自由罪，侵犯少数民族风俗习惯罪。

7. 侵犯公民民主权利的犯罪。包括报复陷害罪，打击报复会计、统计人员罪，破坏选举罪。

8. 侵犯公民婚姻家庭权利的犯罪。包括暴力干涉婚姻自由罪、重婚罪、破坏军婚罪、虐待罪、遗弃罪、拐骗儿童罪。

9. 侵犯公民其他自由权利的犯罪。包括强迫劳动罪、非法侵入住宅罪、侵犯通信自由罪、侵犯公民个人信息罪、雇用童工从事危重劳动罪及组织残疾人、儿童乞讨罪。

■ 第二节　侵犯公民人身权利、民主权利罪分述

一、故意杀人罪

（一）法律规定

《刑法》第232条规定："故意杀人的，处死刑、无期徒刑或者10年以上有期徒刑；情节较轻的，处3年以上10年以下有期徒刑。"

（二）概念和构成特征

故意杀人罪，是指故意非法剥夺他人生命的行为。本罪的构成特征如下：

1. 本罪的客体是他人的生命权利。生命权是人的最基本权利。人的生命权始于出生，终于死亡。本罪的犯罪对象只能是有生命的自然人。凡具有生命之他人，不论年龄、性别、种族、地位及健康状况如何，均不影响本罪之成立。由于本罪的对象只能是有生命的人，因此，在刑法上确定人的生命开始和终止的标志，则直接关系本罪是否成立。而包括我国刑法在内的各国刑法，一般对此均未作明文规定。学术界对此也有不同看法。关于生命起始的标志，我国学术界的通说是"独立呼吸说"，即以胎儿脱离母体后能够独立呼吸为判定人出生的标志，也即人从脱离母体独立呼吸之时起，便具有生命。关于生命的终止，传统观点认为以心脏停止跳动、呼吸和脉搏停止为标志，即采取"心死说"。我国医学界和司法实践活动中，一直采用此标准。但是，医学科学的发展证明，人的心脏停止跳动，并非死亡的绝对标志。因此，医学界提出，只有人的大脑不可逆转地完全丧失功能，才是死亡的科学标准，即"脑死亡之说"。目前已有十多个国家，如美国、英国、法国等明确宣布采取"脑死亡之说"。任何人的生命权利在出生后和死亡之前都受到刑法保护，不因对象及对象的条件不同而有区别。因母体中的胎儿与人死亡后的尸体都没有生命权的存在，故侵犯其不能构成故意杀人罪，但可能构成其他罪。

2. 本罪的客观方面表现为非法剥夺他人生命的行为。其特点是直接或间接作用于他人的机体，使其生命在自然死亡时间之前终结。

（1）这种剥夺他人生命的行为必须是非法的。如实行正当防卫或执行公务而剥夺他人生命，不构成犯罪。

（2）必须有剥夺他人生命的行为。剥夺的行为方式既可以表现为作为，如枪击、刀砍、斧劈等，也可以表现为不作为，如不给婴儿哺乳致其死亡等；剥夺的手段既可以是徒手，也可以利用工具，或者利用他人，或者利用自然力。但是，如果行为人使用放火、爆炸、投放危险物质等危险方法杀人并危害公共安全的，则应按危害公共安全的犯罪处理。

（3）本罪是结果犯，即只有杀人行为已经造成被害人的死亡，才构成犯罪既遂。因此，必须注意行为人的杀害行为与被害人死亡之间是否存在因果关系，否则不成立本罪的既遂。

3. 本罪的主体是一般主体。凡年满 14 周岁的具有刑事责任能力的自然人均可构成这一犯罪。

4. 本罪在主观方面要求行为人具有非法剥夺他人生命的故意，包括直接故意和间接故意。在间接故意情况下，行为人须放任死亡结果的发生。故意杀人的动机多种多样，如报复、图财等，但动机不影响此罪的成立，只构成量刑的情节。

（三）司法实务问题

1. 关于受嘱托杀人和"安乐死"案件的处理。受嘱托杀人，是指接受有自杀意图者的嘱托而直接将他人杀死的行为。在这类案件中，杀人者不追求个人目的，与图财杀人、报复杀人等有所不同，是应人所求，故在处罚时可考虑从轻。但这种行为不仅造成个人不正常死亡，也给其家庭关系、社会关系带来危害，对受嘱托杀人者以故意杀人罪论处，是没有疑义的。

"安乐死"在本质上也是一种受嘱托杀人的行为，一般指应身患绝症，治愈无望，精神、肉体处于极度痛苦的病人的嘱托，实施促使其提前无痛苦死亡的行为。已有个别国家承认"安乐死"合法，但我国能否实行"安乐死"，有待于进一步讨论和研究。虽然它已经取得了道德上的合理性，但我国目前立法上尚未承认"安乐死"的合法性，对实施"安乐死"的，一般应以故意杀人罪论处，但可根据具体情况免除或者减轻处罚。

2. 关于与自杀有关案件的处理。自杀是自愿结束自己生命的行为。有个别国家（如印度）的刑法规定，自杀未遂的构成自杀罪。在我国，自杀行为不为罪。但引起自杀的原因相当复杂，其中有的人对他人的自杀应当承担刑事责任，故应具体分析。

（1）致人自杀行为。即行为人所实施的某种行为引起他人自杀。一般有以下几种情况：①合法行为或一般违法行为引起他人自杀的，行为人不能对死亡结果负刑事责任；②犯罪行为引起他人自杀的，如强奸、虐待等引起他人自杀的，由于行为人主观上无杀人的故意，不能构成故意杀人罪，应以相应的犯罪论处，从重处罚；③行为人有致他人死亡的故意，以暴力、胁迫方法或者诱骗手段促使他人自杀，或者故意教唆或者帮助他人自杀的，由于行为人主观上具有杀人故意，客观上实施了与死亡有一定因果关系的行为，一般应以故意杀人罪论处，但在量刑时应具体分析。

（2）相约自杀行为。即二人以上相互约定自愿共同自杀。对其中自杀未遂的，应分别以下情况进行处理：①相约各方各自实施自杀行为，其中一方死亡的，自杀未遂者不负刑事责任。②双方约定共同自杀，一方要求对方先杀死自己，后者应对方要求先将对方杀死，后自杀未遂的，应以故意杀人罪论处，量刑时可以从轻考虑。③一方诱骗对方共同自杀，而行为人根本没有自杀的意图，对诱骗者应以故意杀人罪定性。但这种情况与诱使他人相约共同自杀而自己自杀未成又有所区别，对后者在处罚上应从轻。

3. "大义灭亲"案件的处理。所谓"大义灭亲"，是指行为人私自处死违法犯罪的亲属。任何人的生命权都受法律保障，非经法定程序不得剥夺，法律不允许任何人以任何借口私自处死他人。因此，对私自处死亲属的，应以故意杀人罪论处，但可以从轻处罚。

二、过失致人死亡罪

（一）法律规定

《刑法》第233条规定："过失致人死亡的，处3年以上7年以下有期徒刑；情节较轻的，处3年以下有期徒刑。本法另有规定的，依照规定。"

（二）概念和构成特征

过失致人死亡罪是指因过失而致使他人死亡的行为。本罪侵犯的客体为他人的生命权利。在客观方面表现为由于过失而致他人死亡的行为。死亡结果的发生是构成本罪的必备条件。主观上必须是过失，包括疏忽大意的过失和过于自信的过失。本罪主体为一般主体。

（三）司法实务问题

1. 应将过失致人死亡罪与过失引起被害人死亡的其他犯罪区别开来。实践中应当注意，当过失致人死亡的结果被明确规定为某些犯罪的量刑从重情节时，这些犯罪中出现的致人死亡结果不应另定过失致人死亡罪。如抢劫犯罪致人死亡、故意伤害犯罪致人死亡等。另外，刑法分则中有的条文将"过失致人死亡"规定为犯罪构成要件之一，这种情况因有独立罪名也不应定过失致人死亡罪，如失火罪、过失爆炸罪、交通肇事罪等。总之，只要刑法分则就过失致人死亡的情况已有另外的法律条文设立独立罪名的，就不应再依《刑法》第233条定罪量刑，而应根据"本法另有规定的，依照规定"处理。

2. 过于自信的过失致人死亡与间接故意杀人的区别。两罪的相同之处，在于都发生了他人死亡的结果，行为人都认识到自己的行为可能导致他人死亡结果的发生，并且从主观上都不希望、不追求这种结果发生。两罪的区别在于：①前者的行为人希望避免死亡结果的发生，死亡结果发生是与行为人的本来意愿相违背的；后者的行为人对死亡结果发生持放任态度，死亡结果发生并不违背行为人的意志。②前者的行为人在预见到死亡结果可能发生的情况下，仍然实施其行为，是因为他认为凭借一定的主客观条件可以避免死亡结果的发生；后者的行为人，在明知死亡结果可能发生的情况下，仍然实施其行为，是为了实现其他目的或者主观上对死亡结果是否发生，抱着放任、无所谓的态度。

3. 应注意将疏忽大意的过失致人死亡与意外事件致人死亡区别开来。这两种情况下，行为人的行为都造成了他人的死亡，而且都没有预见。二者区分的关键在于行为人对死亡结果的发生是否应当预见。这需要根据行为人当时的认识能力、所处环境、行为本身的危险程度等具体情况综合分析判断。如果行为人应当预见而没有预见，就是疏忽大意的过失致人死亡罪；如果行为人在当时情况下根本不可能预见，则应属于意外事件，不负刑事责任。

三、故意伤害罪

（一）法律规定

《刑法》第 234 条规定："故意伤害他人身体的，处 3 年以下有期徒刑、拘役或者管制。犯前款罪，致人重伤的，处 3 年以上 10 年以下有期徒刑；致人死亡或者以特别残忍手段致人重伤造成严重残疾的，处 10 年以上有期徒刑、无期徒刑或者死刑。本法另有规定的，依照规定。"

（二）概念和构成特征

故意伤害罪，是指故意非法损害他人身体健康的行为。本罪的构成特征如下：

1. 本罪的客体是他人的身体健康权利，主要是指他人对于保持其肢体器官、组织的完整和正常机能的权利。伤害的对象是有生命的他人的身体，对于伤害自己身体的，一般不构成本罪。但是，如果军人在作战时自伤身体逃避军事义务的，可构成战时自伤罪。

2. 本罪在客观方面表现为非法损害他人身体健康的行为。首先，必须具有损害他人身体健康的行为。这种损害行为以暴力行为和作为方式最为常见。在个别情况下，行为人有义务防止或阻止他人身体受到伤害，而故意不履行义务的，即不作为，也可构成本罪。其次，损害他人健康的行为必须是非法的，即行为具有非法性。需要指出的是，在刑法中，针对他人身体实施的犯罪有多种，如绑架罪、抢劫罪、暴力取证罪等，只要刑法对此另有规定，就不能以伤害罪论处。

3. 本罪的主体是一般主体。分为两种情况：①致人轻伤害的，主体是年满 16 周岁且具有刑事责任能力的自然人；②故意伤害致人重伤或死亡的，主体为年满 14 周岁且具有刑事责任能力的自然人。

4. 本罪的主观方面要求行为人明知自己的行为会造成他人身体伤害的结果，并且希望或者放任伤害结果的发生，即要有非法伤害他人的故意。在一般情况下，行为人对于其伤害行为可能造成何种程度的伤害，往往没有明确的认识。因此，在实践中，一般应按实际造成的伤害结果处罚，造成轻伤的，按轻伤处罚；造成重伤的，按重伤处罚。因此无论是造成轻伤还是重伤，在间接故意伤害的情况下，只能是放任对他人身体健康损害结果的发生，而不能是放任死亡结果发生，否则，应构成故意杀人罪。

本罪是结果犯，即只有给他人身体造成伤害结果的，才构成本罪的既遂。根据伤害结果的程度，可将伤害分为轻微伤、轻伤、重伤、伤害致死四种情况，后三种均可构成伤害罪。由于伤害致死只要发生死亡结果即可以认定，故明确重伤害与轻伤害、轻微伤害的标准，对于区别罪与非罪具有重要意义。《刑法》第 95 条虽然对重伤害的情形进行了较为明确的规定，但是在实践中对人体伤害范围及程度的认定，还应参照最高人民法院、最高人民检察院、公安部、国家安全部、司法部 2014 年

《人体损伤程度鉴定标准》的规定。伤害结果的认定是比较复杂的，一般应以伤害当时的伤势为主，结合审判时治疗和恢复的情况，全面考虑。

（三）司法实务问题

1. 故意伤害与故意杀人未遂的界限。因为间接故意杀人不存在未遂，因此，这里是指直接故意杀人未遂与故意伤害的界限。两者相同之处在于主观上都是故意犯罪，客观上都对他人的身体实施了侵害。区别的关键在于行为人故意的内容不同。故意伤害的故意内容，是非法损害他人身体健康，但并无剥夺他人生命的故意内容；而故意杀人未遂中故意的内容是非法剥夺他人的生命，即行为人明知自己的行为会造成他人死亡并且希望死亡结果发生。在司法实务中，要查明行为人有无杀人目的，有时非常困难。不能只凭口供，而要注意搜集事实证据，全面分析案件发生的原因和过程，最后作出判断。

2. 故意伤害致人死亡与过失致人死亡的界限。两者相同之处在于客观上都造成了被害人死亡的结果，主观上对死亡结果均为过失；不同之处在于行为人主观上有无伤害的故意。故意伤害致人死亡的，行为人主观上具有伤害的故意，但对死亡结果是过失；而过失致人死亡的行为人主观上只对死亡结果有过失，主观上并无伤害的故意。

3. 故意伤害致死与故意杀人的界限。两者相同之处在于主观上都是出于故意，在客观上都发生了死亡结果。不同之处在于故意的内容。故意伤害致死只具有损害他人身体健康的故意，对死亡结果的发生主观上是过失；而故意杀人在主观上具有非法剥夺他人生命的故意内容。

4. 在认定故意伤害罪时，还应区分故意伤害与一般殴打的界限。一般殴打行为只是给他人造成暂时的肉体病痛，或使他人经受到轻微刺激，但没有破坏他人人体组织的完整性或人体器官的正常机能，故不构成犯罪。在区分时，不仅要看行为是否给人体组织及器官机能造成损害，也要看损害的程度。

四、组织出卖人体器官罪

（一）法律规定

《刑法》第234条之一规定："组织他人出卖人体器官的，处5年以下有期徒刑，并处罚金；情节严重的，处5年以上有期徒刑，并处罚金或者没收财产。未经本人同意摘取其器官，或者摘取不满18周岁的人的器官，或者强迫、欺骗他人捐献器官的，依照本法第234条、第232条的规定定罪处罚。违背本人生前意愿摘取其尸体器官，或者本人生前未表示同意，违反国家规定，违背其近亲属意愿摘取其尸体器官的，依照本法第302条的规定定罪处罚。"

（二）概念

组织出卖人体器官罪，是指组织他人出卖人体器官的行为。

五、过失致人重伤罪

（一）法律规定

《刑法》第235条规定："过失伤害他人致人重伤的，处3年以下有期徒刑或者拘役。本法另有规定的，依照规定。"

（二）概念和构成特征

过失致人重伤罪，是指由于过失致他人重伤的行为。本罪侵犯的客体是他人的身体健康权。客观方面要求必须具备两个条件：①必须有伤害他人的行为，并且必须造成他人重伤的结果，过失造成轻伤的，不构成本罪。②过失伤害行为与重伤结果之间必须具有因果关系。本罪的主体为一般主体，即年满 16 周岁且具有刑事责任能力的人均可构成。主观方面必须出于过失，即行为人应当预见自己的行为可能发生致人伤害的结果，因为疏忽大意没有预见或已经预见而轻信能够避免，以致造成重伤结果。

处理本罪应注意：行为人主观上明显具有轻伤的故意，但由于过失造成他人重伤的，应定为故意伤害罪，而不是过失致人重伤罪；行为人由于过失当场致人重伤，但因抢救无效死亡的，应定过失致人死亡罪。如果过失重伤结果，是由于包含该结果的其他犯罪行为所造成，刑法条文另有规定的，则依照有关条文定罪量刑。

六、强奸罪

（一）法律规定

《刑法》第 236 条规定："以暴力、胁迫或者其他手段强奸妇女的，处 3 年以上 10 年以下有期徒刑。奸淫不满 14 周岁的幼女的，以强奸论，从重处罚。强奸妇女、奸淫幼女，有下列情形之一的，处 10 年以上有期徒刑、无期徒刑或者死刑：①强奸妇女、奸淫幼女情节恶劣的；②强奸妇女、奸淫幼女多人的；③在公共场所当众强奸妇女的；④二人以上轮奸的；⑤致使被害人重伤、死亡或者造成其他严重后果的。"

（二）概念和构成特征

强奸罪，是指以暴力、胁迫或者其他手段，违背妇女意志，强行与妇女性交的行为。本罪的构成特征如下：

1. 本罪的客体是妇女的性自由权利，即妇女按照自己的意志决定性行为的权利。这种权利是妇女人身权利的一部分，关系到妇女的人格和名誉。但这种权利只能是妇女生命存续期间的权利，奸尸行为不构成本罪。本罪的对象是女性。

2. 本罪在客观方面表现为违背妇女意志，以暴力、胁迫或者其他方法，强行与妇女性交的行为。强奸的本质在于它违背妇女意志。所谓违背妇女意志，是指违背了妇女不愿与行为人性交的真实意思。一般表现为行为人采取一定的手段来强迫妇女，使妇女不能抗拒。这种手段包括暴力、胁迫和其他手段。

"暴力手段"是指殴打、捆绑、强拉硬拽等危害妇女人身安全和人身自由，使被害妇女不敢反抗、不能反抗的手段。"胁迫手段"是指以杀害、伤害、揭发隐私或毁坏名誉等相威胁，使妇女因受到精神强制而不敢反抗的手段。"其他手段"是指采用暴力、胁迫以外的使妇女不知抗拒或不能抗拒的手段，如药物麻醉、酒精麻醉等。但认定强奸罪，不能以妇女有无反抗以及有无作风问题为标准。总之，暴力、胁迫等手段的实施是违背妇女意志的外部表现，考察行为人是否使用一定的手段行为，是确认性行为是否违背妇女意志的主要标志。

3. 本罪的主体，是年满 14 周岁且具备刑事责任能力的男性。女性不能单独构成本罪，但可以成为本罪的教唆犯和帮助犯，对强奸行为承担共同犯罪的刑事责任。

4. 本罪的主观方面要求行为人具有违背妇女意志强行与之性交的故意。

（三）司法实务问题

1. 强奸罪既遂与未遂的界限。关于强奸罪既遂的标准应为两种情况：一种情况是在被害人已满 14 周岁的情况下，应以插入说为标准，即以两性生殖器官是否结合作为判断强奸罪既遂与否的标准；另一种情况是在被害人未满 14 周岁的情况下，应当以接触说，即以两性生殖器官是否接触作为强奸罪既遂与否的标准。

2. 已满 14 周岁不满 16 周岁的男性与幼女发生性行为的处理。根据司法解释的规定，对于已满 14 周岁的人与幼女发生性关系的，以强奸罪论处。但司法解释同时规定，对于已满 14 周岁不满 16 周岁的人与幼女发生性关系，"情节轻微，尚未造成严重后果的"，不认为是犯罪。这里的"情节轻微，尚未造成严重后果"，应从行为人采取的手段、被害幼女是否自愿、对被害幼女的身心伤害情况等方面把握。

3. 与精神病或痴呆患者发生性行为的问题。患有精神病或有痴呆病的妇女，由于缺乏正常的意识能力和控制能力，不能正常表达自己的意愿。所以，行为人明知妇女为精神病患者或痴呆者而与之性交的，不管使用什么手段，也不问妇女是否"同意"，均应以强奸罪论处。如果行为人确实不知是痴呆者或精神病患者，在征得其同意甚至受到痴呆者或精神病患者的性挑逗的情况下，与之发生了性行为，由于行为人主观上缺乏违背妇女意志强行与其性交的目的，故不宜认定为强奸。

4. 嫖宿幼女的行为是否构成强奸罪的问题。我国《刑法修正案（九）》第 43 条删除了关于嫖宿幼女的规定，随后最高人民法院、最高人民检察院《关于执行〈中华人民共和国刑法〉确定罪名的补充规定（六）》取消了嫖宿幼女罪的罪名，关于嫖宿幼女的行为如何定性就成了问题。根据司法解释的规定，已满 14 周岁的人与幼女发生性关系的，以强奸罪论处。已满 14 周岁不满 16 周岁的人偶尔与幼女发生性行为，情节轻微，未造成严重后果的，不认为是犯罪。嫖宿行为明显不属于"情节轻微"的情形，因此嫖宿幼女的行为应当构成强奸罪。

七、强制猥亵、侮辱罪

（一）法律规定

《刑法》第 237 条规定："以暴力、胁迫或者其他方法强制猥亵他人或者侮辱妇女的，处 5 年以下有期徒刑或者拘役。聚众或者在公共场所当众犯前款罪的，或者有其他恶劣情节的，处 5 年以上有期徒刑。猥亵儿童的，依照前两款的规定从重处罚。"

（二）概念和构成特征

强制猥亵、侮辱罪，是指以暴力、胁迫或者其他手段违背他人意志，强制猥亵他人、侮辱妇女的行为。本罪的基本构成特征如下：

1. 本罪侵犯的客体是他人的人格权和人身自由权。猥亵罪的对象包括男女，侮辱罪的对象仅限于妇女。妇女包括年满14周岁以上的未成年少女和成年妇女。

2. 本罪的客观方面表现为以暴力、胁迫或其他方法违背他人意志，强制猥亵他人、侮辱妇女的行为。猥亵他人，是指针对他人实施的，除奸淫以外的性接触，以刺激、满足行为人的性欲或挑逗他人引起性兴奋和满足，违反正常、善良的性道德观念的性侵犯行为。通常表现为强逼对方对自己的性敏感区或者行为人在对方的性敏感区抠摸、舌舔、吸吮等。侮辱妇女，是指实施具有挑衅性的有损妇女人格和性羞耻心的行为，如公开追逐、堵截妇女，强行亲吻、搂抱妇女，向妇女涂抹污物，在公共场所用生殖器顶擦妇女身体等。本罪表现为以暴力、胁迫或者其他使他人不能反抗、不敢反抗、不知反抗的方法强制猥亵他人、侮辱妇女。所以猥亵、侮辱是违背他人意志的。

3. 行为人在主观方面必须具有故意，一般具有以强制他人的手段满足自己性欲要求或寻求精神刺激、取乐的动机，但不具有强行奸淫的目的。

4. 本罪主体为一般主体，即年满16周岁且具有刑事责任能力的人均可构成。

八、猥亵儿童罪

（一）法律规定

见前列《刑法》第237条第2款。

（二）概念和构成特征

猥亵儿童罪，是指猥亵不满14周岁儿童的行为。本罪侵犯的客体是儿童的身心健康。所指向的对象必须是不满14周岁的儿童，包括男女儿童。客观方面表现为猥亵儿童的行为。猥亵行为既可以是强制的，如殴打、捆绑等；也可以是非强制的，如引诱、欺骗等。犯罪主体为一般主体，即年满16周岁且具有刑事责任能力的自然人。主观方面是直接故意。

九、非法拘禁罪

（一）法律规定

《刑法》第238条规定："非法拘禁他人或者以其他方法非法剥夺他人人身自由的，处3年以下有期徒刑、拘役、管制或者剥夺政治权利。具有殴打、侮辱情节的，从重处罚。犯前款罪，致人重伤的，处3年以上10年以下有期徒刑；致人死亡的，处10年以上有期徒刑。使用暴力致人伤残、死亡的，依照本法第234条、第232条的规定定罪处罚。为索取债务非法扣押、拘禁他人的，依照前两款的规定处罚。国家机关工作人员利用职权犯前3款罪的，依照前3款的规定从重处罚。"

（二）概念和构成特征

非法拘禁罪，是指故意非法剥夺他人人身自由的行为。本罪的构成特征如下：

1. 本罪的客体是他人的人身自由权利。一般而言，人身自由包括与人的行为有关的广泛的自由权利，如言论自由、集会自由、通信自由、宗教信仰自由等。但本罪所侵犯的自由，仅指他人根据自己的意愿自由支配其身体活动的权利。本罪的对象是依法享有人身自由的他人。无论年龄、国籍，也不论是守法的还是有违法行为的人，只要未被依法剥夺人身自由，对其实施非法剥夺人身自由的行为均可构成本罪。

2. 本罪的客观方面表现为非法拘禁他人或者以其他方法剥夺他人人身自由的行为。这里的"非法拘禁"与"以其他方法非法剥夺他人人身自由"，二者之间无本质区别，都是对被害人的身体进行强制，使被害人失去行动自由的行为。犯罪手段多种多样，如非法扣押、非法拘留、隔离审查等。这种对人身自由的剥夺必须是非法的，既包括无权拘禁他人的人非法剥夺他人的身体自由，如拘禁他人逼债，也包括有权拘禁他人的司法人员滥用职权，违反法定程序和条件，剥夺或变相剥夺他人人身自由。

3. 本罪的主体是一般主体。即年满 16 周岁且具有刑事责任能力的人均可构成。既包括普通公民，也包括国家机关工作人员。后者利用职权犯本罪的，从重处罚。

4. 本罪在主观方面要求行为人具有非法剥夺他人人身自由的故意，至于出于何种动机实施犯罪，一般不影响本罪之构成。但如出于出卖被拘禁人或勒索财物等动机的，不构成本罪。

本罪是继续犯，即拘禁的不法行为和他人失去人身自由的状态在一定时间内处于持续地不间断状态。时间多长才可构成犯罪，刑法未作明确规定，但持续时间的长短，与行为危害程度直接相关。时间过短，情节显著轻微，危害不大的，不应定罪处罚。

（三）司法实务问题

1. 非法拘禁罪与非罪的界限。

（1）非法拘禁罪与一般拘禁行为的界限。非法剥夺他人人身自由的案件，违法情节和危害程度往往相差很大。从司法实务看，非法拘禁他人时间较长的；多次非法拘禁他人或者非法拘禁多人，造成很坏影响的；非法拘禁造成其他严重后果的；等等，应以非法拘禁罪论处。对于非法拘禁行为情节显著轻微，危害不大的，不宜定罪处罚，如家长为教育子女而约束限制其行为的。

（2）非法拘禁罪与错拘、错捕的界限。错拘、错捕是指司法机关工作人员依照法定程序拘留或逮捕了犯罪嫌疑人，后经查证无罪，立即予以释放的行为。错拘、错捕行为不宜定非法拘禁罪。

2. 非法拘禁罪的罪数。如果在非法拘禁过程中，故意使用暴力致人伤残或死亡的，或者对被害人进行殴打、侮辱的行为已达到犯罪程度，还应依照刑法的有关规定实行数罪并罚。如果非法拘禁行为与其他犯罪存在牵连关系，除刑法有明确规定的外，应从一重罪处断，不实行并罚，反之，应实行并罚。如用非法拘禁的方法故意使被害人冻饿而死，就同时触犯了非法拘禁和故意杀人两个罪名，对此，应按牵连犯择一重罪处罚，不必实行数罪并罚。

十、绑架罪

（一）法律规定

《刑法》第239条规定："以勒索财物为目的绑架他人的，或者绑架他人作为人质的，处10年以上有期徒刑或者无期徒刑，并处罚金或者没收财产；情节较轻的，处5年以上10年以下有期徒刑，并处罚金。犯前款罪，杀害被绑架人的，或者故意伤害被绑架人，致人重伤、死亡的，处无期徒刑或者死刑，并处没收财产。以勒索财物为目的偷盗婴幼儿的，依照前两款的规定处罚。"

（二）概念和构成特征

绑架罪，是指以勒索财物为目的绑架他人，或者绑架他人作为人质的行为。本罪的构成特征如下：

1. 本罪的客体主要是他人的人身自由权利。绑架是对他人人身自由的限制，必然侵犯他人的人身自由权利，一般直接危害被害人的生命健康。在绑架他人作为人质的情况下，行为人对人质采取暴力、胁迫等强制手段，但并不是以勒索财物为目的，所以，一般只侵犯到他人的自由、健康、生命权利；在以勒索财物为目的的情况下，绑架作为一种手段，其目的是借此向人质的关系人勒索钱财，所以既侵犯他人的人身自由、健康、生命权利，也侵犯公私财产所有权。犯罪对象是"他人"，既包括妇女、儿童，也包括其他人。

2. 本罪在客观方面表现为使用暴力、胁迫或其他方法绑架他人的行为。绑架，亦称劫持，是指违背被害人或其监护人的意志，使用暴力、胁迫或其他手段将被害人掳离其原处所，置于行为人控制之下，并剥夺或限制其人身自由的行为。所谓暴力，是指行为人对被害人实施捆绑、殴打、伤害等人身强制行为。胁迫，是指对被害人实施精神强制，或者以对被害人及其亲属实施暴力相威胁。其他手段，是指除暴力、胁迫外，使被害人不知反抗或不能反抗的违背被害人意志的行为，如利用药物麻醉、用酒精灌醉等方法使被害人处于昏迷、昏睡状态等。这三种犯罪手段的共同特征，是使被害人处于不能反抗或者不敢反抗的境地，并置于行为人的直接控制之下，使其失去行动自由的行为。

3. 本罪的主体是一般主体。即年满16周岁且具有刑事责任能力的自然人。

4. 本罪在主观方面为故意，且要求行为人具有勒索财物或者扣押人质的目的。依照刑法的有关规定，本罪故意的内容分为两种情况：①以勒索财物为目的；②以获取其他利益为目的，如政治目的。

（三）司法实务问题

1. 绑架罪与非法拘禁罪的界限。两罪的处罚轻重差别很大，且两者都是非法剥夺他人的人身自由的行为，必须严格分清界限。两罪的主要区别在于：①客体不同。前罪既存在复杂客体的情形，也存在单一客体的情形；而后罪只能是单一客体。②客观方面不同。前罪既有绑架行为，又有勒索财物或要求其他利益的行为；而后罪一般只具有非法剥夺人身自由的行为，除了因索取债务的情况外，既无勒索财物的行为，也无要求其他利益的行为。③主观方面不同。前罪以勒索财物或获取其他利益为目的；而后罪以非法剥夺人身自由为目的。

2. 绑架罪一罪与数罪的界限。在绑架过程中，往往造成被害人死亡的结果，有的是故意杀死被害人，俗称"撕票"。依据《刑法》第239条的规定，下列致人死亡的情况，按绑架罪一罪处理：①在绑架过程中，故意伤害被绑架人，造成被害人死亡的。②绑架以后，因勒索财物或要求其他非法利益未达到目的，而故意杀死被害人的。但如果在绑架过程中，对被害人实施了其他犯罪行为，如强奸了被害妇女的，应定强奸罪，与绑架实行数罪并罚。

3. 绑架罪的既遂与未遂。犯罪既遂是以行为是否符合刑法规定的具体犯罪构成要件为标准的。绑架罪的既遂，应以绑架行为是否达到实际控制人质为标准，即行为人只要实施了绑架他人的行为，将其置于自己实际支配之下，就构成绑架罪的既遂，而不以是否勒索到财物或达到其他目的为标准。虽实施了暴力、胁迫等行为，但由于被害人的反抗或者其他客观原因，未能实际控制被害人的，构成绑架罪的未遂。

十一、拐卖妇女、儿童罪

（一）法律规定

《刑法》第240条规定："拐卖妇女、儿童的，处5年以上10年以下有期徒刑，并处罚金；有下列情形之一的，处10年以上有期徒刑或者无期徒刑，并处罚金或者没收财产；情节特别严重的，处死刑，并处没收财产：①拐卖妇女、儿童集团的首要分子；②拐卖妇女、儿童3人以上的；③奸淫被拐卖的妇女的；④诱骗、强迫被拐卖的妇女卖淫或者将被拐卖的妇女卖给他人迫使其卖淫的；⑤以出卖为目的，使用暴力、胁迫或者麻醉方法绑架妇女、儿童的；⑥以出卖为目的，偷盗婴幼儿的；⑦造成被拐卖的妇女、儿童或者其亲属重伤、死亡或者其他严重后果的；⑧将妇女、儿童卖往境外的。拐卖妇女、儿童是指以出卖为目的，有拐骗、绑架、收买、贩卖、接送、中转妇女、儿童的行为之一的。"

（二）概念和构成特征

拐卖妇女、儿童罪，是指以出卖为目的，拐骗、绑架、收买、贩卖、接送或中转妇女、儿童的行为。本罪的构成特征如下：

1. 本罪的客体是妇女、儿童的人身自由权利。拐卖妇女、儿童罪不仅严重侵犯公民的人身自由权利，而且也给受害者的家庭带来痛苦和不幸。但对家庭关系的侵害，并不是本罪必须侵犯的客体。本罪的犯罪对象为妇女和儿童。妇女，是指已满14周岁的女性；儿童，是指不满14周岁的人。拐卖已满14周岁的男性的行为，不构成本罪。

2. 本罪的客观方面表现为实施拐骗、绑架、收买、贩卖、接送或中转妇女、儿童的行为。拐骗，是指以欺骗、利诱等非强制手段，将妇女、儿童置于自己控制之下的行为。绑架，是以暴力、胁迫或麻醉等方法，控制妇女、儿童，使其脱离家庭或监护人的行为。收买，是指为出卖获利，而以金钱等收买妇女、儿童的行为。贩卖，是指将妇女、儿童卖给他人的行为。接送，是指为拐卖妇女、儿童的犯罪分子接收、运送妇女、儿童的行为。中转，是指在拐卖妇女、儿童过程中，负责藏匿、看管、提供中途停顿场所和条件的行为。根据《刑法》第240条的规定，为出卖而偷盗婴幼儿的，也构成本罪。上述行为中，只要实施了其中之一的，即符合本罪客观方面的要件。另外，同时实施上述数种行为，或者既拐卖妇女又拐卖儿童的，也只构成一罪，不实行数罪并罚。需要指出的是，拐卖妇女、儿童罪的成立，不以违背被拐卖者的意志为构成要件，即使妇女、儿童自愿被卖也不能免除拐卖者的刑事责任，但可作为从轻情节考虑。

3. 本罪的主体是一般主体。即年满16周岁且具有刑事责任能力的自然人。

4. 本罪在主观方面表现为直接故意，并要求行为人具有出卖被拐卖的妇女、儿童的目的。出于其他目的而实施拐骗、绑架、收买、接送或中转妇女、儿童行为的，不构成本罪。需要注意的是，只要基于出卖的目的而拐卖妇女、儿童的，不论是否出卖及出卖后是否实际获利，均不影响本罪的成立。

（三）司法实务问题

1. 拐卖妇女、儿童罪与绑架罪的界限。拐卖妇女、儿童罪包括以出卖为目的的绑架妇女、儿童的行为，绑架罪可以表现为绑架妇女、儿童或偷盗婴幼儿，故两罪有相同之处。两罪的区别主要表现在：①主观目的不同。拐卖妇女、儿童罪以出卖为目的；绑架罪以勒索财物或满足其他不法要求为目的。②对象不同。拐卖妇女、儿童罪的对象仅限于妇女、儿童；绑架罪的对象可以是任何人。③行为方式不同。拐卖妇女、儿童罪表现为拐骗、绑架、收买、贩卖、接送或中转妇女、儿童以及偷盗婴幼儿出卖的行为；绑架罪则表现为使用暴力、胁迫或者麻醉方法劫持或者控制他人，然后向其近亲属或其他关系人勒索财物或提出其他不法要求的行为。④客体不同。拐卖妇女、儿童罪是单一客体；绑架罪既存在复杂客体的情况，也存在单一客体的情况。

2. 拐卖妇女、儿童罪的一罪与数罪的界限。在拐卖妇女、儿童过程中，行为人往往同时实施了其他犯罪行为，对此，应根据刑法有关规定区别处理：①在拐卖过程中因殴打、捆绑等行为过失致伤害、死亡结果发生的，以本罪论处。②因被害人反抗等原因而故意将被害人杀害或伤害的，应以故意杀人罪或故意伤害罪与本罪实行数罪并罚。③奸淫被拐卖的妇女的，不论是否使用了暴力或其他胁迫手段；以及诱骗、强迫被拐卖的妇女卖淫的，根据《刑法》第240条的规定，均不实行数罪并罚，以拐卖妇女、儿童罪从重处罚。

3. 拐卖妇女、儿童罪的既遂与未遂。本罪的既遂不以将妇女、儿童卖出或者财物已经到手为标准，应以行为人是否实施了拐骗、绑架、收买、贩卖、接送、中转妇女、儿童等6种行为之一为标准。如已着手实施其中任何一种行为，但因意志以外的原因未实施完毕，应视为本罪的未遂。

十二、收买被拐卖的妇女、儿童罪

（一）法律规定

《刑法》第241条规定："收买被拐卖的妇女、儿童的，处3年以下有期徒刑、拘役或者管制。收买被拐卖的妇女，强行与其发生性关系的，依照本法第236条的规定定罪处罚。收买被拐卖的妇女、儿童，非法剥夺、限制其人身自由或者有伤害、侮辱等犯罪行为的，依照本法的有关规定定罪处罚。收买被拐卖的妇女、儿童，并有第2款、第3款规定的犯罪行为的，依照数罪并罚的规定处罚。收买被拐卖的妇女、儿童又出卖的，依照本法第240条的规定定罪处罚。收买被拐卖的妇女、儿童，对被买儿童没有虐待行为，不阻碍对其进行解救的，可以从轻处罚；按照被买妇女的意愿，不阻碍其返回原居住地的，可以从轻或者减轻处罚。"

（二）概念和构成特征

收买被拐卖的妇女、儿童罪，是指不以出卖为目的，故意用金钱、财物收买被拐卖的妇女、儿童的行为。

1. 本罪在客观方面表现为收买被拐卖的妇女、儿童的行为。首先，犯罪对象必须是被拐卖的妇女、儿童，如果行为人收买已满14周岁的男性，则不构成本罪。其次，必须要有收买行为。收买，是指以金钱或者其他有经济价值的物品，换取被拐卖的妇女、儿童的行为。收买的基本特征是将妇女、儿童当作商品买回，因此，它不同于收养。

2. 本罪主体为一般主体。

3. 本罪在主观方面是故意，即行为人明知自己所收买的妇女、儿童是被他人拐卖的，仍决意收买。但行为人主观上不能再有出卖的目的，否则，不构成本罪。收买行为无论是否违背被收买人的意志，都不影响本罪的成立。

十三、聚众阻碍解救被收买的妇女、儿童罪

（一）法律规定

《刑法》第242条规定："以暴力、威胁方法阻碍国家机关工作人员解救被收买的妇女、儿童的，依照本法第277条的规定定罪处罚。聚众阻碍国家机关工作人员解救被收买的妇女、儿童的首要分子，处5年以下有期徒刑或者拘役；其他参与者使用暴力、威胁方法的，依照前款的规定处罚。"

（二）概念和构成特征

聚众阻碍解救被收买的妇女、儿童罪，是指纠集众人，阻碍国家机关工作人员解救被收买的妇女、儿童的行为。

1. 本罪客体为被收买的妇女、儿童的人身权利和国家机关的公务活动。对象必须是正在执行解救被收买的妇女、儿童任务的国家机关工作人员。

2. 本罪客观方面表现为以聚众方式阻碍国家机关工作人员解救被收买的妇女、儿童的行为。所谓聚众，广义上包括纠集、策划、指挥、组织多人参与阻碍解救工作。

3. 本罪的主体只能是聚众阻碍解救活动中的首要分子。其他参与者使用暴力、威胁方法的，则依照《刑法》第 277 条妨害公务罪论处。

4. 本罪主观方面只能是故意，出于何种动机不影响本罪成立。

十四、诬告陷害罪

（一）法律规定

《刑法》第 243 条规定："捏造事实诬告陷害他人，意图使他人受刑事追究，情节严重的，处 3 年以下有期徒刑、拘役或者管制；造成严重后果的，处 3 年以上 10 年以下有期徒刑。国家机关工作人员犯前款罪的，从重处罚。不是有意诬陷，而是错告，或者检举失实的，不适用前两款的规定。"

（二）概念和构成特征

诬告陷害罪，是指捏造犯罪事实，向国家机关或者有关单位告发，意图使他人受刑事处分的行为。

1. 本罪侵犯的客体是他人的人身权利和司法机关的正常活动。

2. 本罪在客观方面表现为捏造犯罪事实，向有关机关告发，情节严重的行为。首先，必须捏造犯罪事实，即无中生有、栽赃陷害。如果捏造的不是犯罪事实，则不能构成本罪。其次，必须向国家机关或有关单位告发。既可以向司法机关告发，也可以向被诬告者所在单位及其他有可能向司法机关转送或让司法机关获悉的单位告发。告发的方式多种多样，如口头的、书面的、署名的、匿名的、直接的、间接的等。如只捏造犯罪事实而不告发，也不采取其他方法引起司法机关追究的，则不构成犯罪。最后，必须有特定的对象。诬告的对象必须是特定的，但不要求指名道姓，只要根据诬告的内容可以推知是指何人即可。本罪是行为犯罪，行为人只要实施了捏造犯罪事实向有关机关告发的行为，就构成本罪的既遂。

3. 本罪的主体为一般主体。

4. 本罪在主观方面是直接故意，并具有使他人受到刑事处分的目的。至于动机如何，则不影响本罪的成立。

（三）司法实务问题

1. 本罪与错告、检举失实行为的界限。二者在客观上都表现为行为人向国家机关或有关单位告发的犯罪事实与客观事实不相符合。区别二者的标志在于，后者主观上不具有陷害他人的目的，客观上不具有捏造事实并进行告发的行为。

2. 诬告陷害罪与诽谤罪的界限。二者的主要区别是：①侵犯的客体不同。前者侵犯的是公民的人身权利；后者侵犯的是公民的名誉。②主观方面不同。前者的目的是使他人受刑事追究；后者的目的是破坏他人的名誉。③客观行为不同。前者捏造的是犯罪事实，通常向国家机关或有关单位告发；后者是捏造有损他人名誉的事实，散布于第三者或更多的人，但不向国家机关或有关单位告发。

十五、强迫劳动罪

（一）法律规定

《刑法》第 244 条规定："以暴力、威胁或者限制人身自由的方法强迫他人劳动的，处 3 年以下有期徒刑或者拘役，并处罚金；情节严重的，处 3 年以上 10 年以下有期徒刑，并处罚金。明知他人实施前款行为，为其招募、运送人员或者有其他协助强迫他人劳动行为的，依照前款的规定处罚。单位犯前两款罪的，对单位判处罚金，并对其直接负责的主管人员和其他直接责任人员，依照第 1 款的规定处罚。"

（二）概念和构成特征

强迫劳动罪，是指以暴力、威胁或限制人身自由方法强迫他人劳动的行为。

1. 本罪侵犯的客体是劳动者的人身自由权利和劳动自由权利。

2. 本罪客观方面表现为以暴力、威胁或限制人身自由方法强迫他人劳动的行为。限制人身自由方法，是指将他人的人身自由控制在一定范围、一定限度内的方法，如采取禁止、监视等手段不准劳动者外出，不准参加社会活动等。强迫劳动，是指违背他人意愿以及有关法规，迫使其从事超体力、超时间的劳动。

3. 本罪主体为一般主体，既有自然人，也包括单位。

4. 本罪主观方面必须是故意，即明知非法强迫他人劳动会发生侵犯他人人身自由权利结果，仍然希望或放任这种结果的发生。

十六、雇用童工从事危重劳动罪

（一）法律规定

《刑法》第 244 条之一规定："违反劳动管理法规，雇用未满 16 周岁的未成年人从事超强度体力劳动的，或者从事高空、井下作业的，或者在爆炸性、易燃性、放射性、毒害性等危险环境下从事劳动，情节严重的，对直接责任人员，处 3 年以下有期徒刑或者拘役，并处罚金；情节特别严重的，处 3 年以上 7 年以下有期徒刑，并处罚金。有前款行为，造成事故，又构成其他犯罪的，依照数罪并罚的规定处罚。"

（二）概念和构成特征

雇用童工从事危重劳动罪，是指违反劳动法规，雇用未满 16 周岁的未成年人从事超强度体力劳动的，或者从事高空、井下作业的，或者在爆炸性、易燃性、放射性、毒害性等危险环境下从事劳动，情节严重的行为。

1. 本罪侵犯的客体是国家正常的劳动秩序和未成年人的人身权利。

2. 本罪客观方面表现为违反国家劳动管理法律法规的规定，雇用未满 16 周岁的人从事超强体力劳动，或者从事高空、井下作业，或者在爆炸性、易燃性、放射性、毒害性等危险环境下从事劳动，情节严重的行为。

3. 本罪主体是一般主体，通常表现为具有劳动用工权的公司、企业、事业单位，也可能是个体工商户。如果是公司、企业、事业单位犯罪则属单位犯罪，如果是个体工商户犯罪，其应为自然人犯罪。

4. 本罪主观方面表现为明知是不满 16 周岁的人而雇用且从事危重劳动，属直接故意。如果是过失或不知是不满 16 周岁的人而雇用其从事非危重劳动的，不构成犯罪。

十七、非法搜查罪

（一）法律规定

《刑法》第 245 条规定："非法搜查他人身体、住宅，或者非法侵入他人住宅的，处 3 年以下有期徒刑或者拘役。司法工作人员滥用职权，犯前款罪的，从重处罚。"

（二）概念和构成特征

非法搜查罪，是指非法对他人的身体或住宅进行搜查的行为。

1. 本罪的客体是他人的人身权利和住宅不受侵犯权。侵犯的对象是他人的人身和住宅。

2. 本罪的客观方面表现为实施了非法搜查的行为。首先，必须有搜查他人身体或住宅的行为。其次，搜查行为必须是非法的，即无权搜查的人擅自对他人的人身或住宅进行搜查，或者有权搜查的人，不经批准擅自对他人的人身或住宅进行搜查。

3. 本罪主体为一般主体。

4. 本罪主观方面是故意，过失不可能构成本罪。非法搜查的动机多种多样，动机不同不影响本罪的成立，但可以作为量刑的参考。

十八、非法侵入住宅罪

（一）法律规定

见前列《刑法》第 245 条。

（二）构成特征

1. 本罪侵犯的客体是公民的住宅不受侵犯的权利。所指向的对象必须是他人的住宅。所谓"住宅"，是指供人居住和生活的场所，至于住宅的范围，一般是以院墙为界，没有院墙的或者公寓楼群应以居室为界。

2. 本罪在客观方面表现为实施了非法侵入他人住宅的行为。所谓"非法"，是指不经住宅主人同意，又没有合法根据强行侵入，或者虽经许可进入他人住宅，但主人要求其退出时无故拒不退出。

3. 本罪主体为一般主体。

4. 本罪的主观方面只能是故意，由于某种原因误入他人住宅的，经房主要求即退出的，不构成本罪。

（三）司法实务问题

司法实践中，非法侵入他人住宅，往往与其他犯罪结合在一起，如非法侵入他人住宅进行盗窃、抢劫、强奸、杀人等犯罪。在这种情况下，非法侵入他人住宅只是行为人实现其犯罪目的，实施其他犯罪的必经步骤，因此，对这种情况应按照处理牵连犯的原则择一重罪处罚，不必实行数罪并罚。根据《刑法》第 245 条的规定，对司法工作人员滥用职权犯本罪的从重处罚。

十九、侮辱罪

（一）法律规定

《刑法》第 246 条规定："以暴力或者其他方法公然侮辱他人或者捏造事实诽谤

他人，情节严重的，处3年以下有期徒刑、拘役、管制或者剥夺政治权利。前款罪，告诉的才处理，但是严重危害社会秩序和国家利益的除外。通过信息网络实施第1款规定的行为，被害人向人民法院告诉，但提供证据确有困难的，人民法院可以要求公安机关提供协助。"

（二）概念和构成特征

侮辱罪，是指以暴力或者其他方法，公然贬低他人人格，破坏他人名誉，情节严重的行为。本罪的构成特征如下：

1. 本罪侵犯的客体是他人的人格、名誉。公民的人格权和名誉权是公民的基本权利。《宪法》第38条规定："中华人民共和国公民的人格尊严不受侵犯。禁止用任何方法对公民进行侮辱、诽谤和诬告陷害。"本罪侵犯的对象只能是特定的个人。任何机关、团体、法人组织，均不能成为本罪的侵犯对象。

2. 本罪在客观方面表现为以暴力或者其他方法，公然贬低他人人格，破坏他人名誉的行为。所谓"暴力"，是指为使他人人格尊严及名誉受到损害而采取的强制手段，而不是指对被害人人身进行殴打、伤害。侮辱的方式可分为三种：①暴力侮辱。即使用强力败坏他人名誉。如扒光妇女的衣裤，当众羞辱；强行给被害人浇灌粪便；强迫被害人做难堪的动作（如学狗叫等）。②言词侮辱。即使用言词对被害人进行戏弄、诋毁、谩骂，使其当众出丑。③文字侮辱。即书写、张贴、传阅有损他人名誉的大字报、小字报、漫画、标语等。

侮辱行为必须是公然进行。所谓"公然"，是指在第三者能看到或听到的场合，或者用能使第三者看到或听到的方法进行侮辱。至于被害人是否在场，不影响本罪的成立。但如果仅面对被害人进行侮辱，没有第三者在场，也不可能被第三者知悉，则不构成侮辱罪。

3. 本罪的主体是一般主体，凡达到刑事责任年龄，具有刑事责任能力的自然人均能构成本罪。国家机关、企事业单位、社会团体不构成本罪的主体。

4. 本罪的主观方面表现为直接故意，并且具有贬损他人人格、破坏他人名誉的目的。间接故意、过失不构成本罪。

（三）司法实务问题

主要应注意侮辱罪与强制猥亵、侮辱罪的界限。区别两罪的关键在于行为人的主观目的和动机不同，两罪虽然都有侮辱妇女的行为，但侮辱罪中的侮辱妇女，行为人的目的在于败坏妇女的名誉，贬低其人格，动机多出于泄私愤、报复等；而强制侮辱妇女的行为，行为人的目的在于寻求下流无耻的精神刺激，满足行为人的变态性欲。另外，侮辱罪的对象没有限制，而强制猥亵、侮辱罪中侮辱的对象只能是妇女。

二十、诽谤罪

（一）法律规定

见前列《刑法》第246条。

（二）概念和构成特征

诽谤罪，是指故意捏造并散布某种事实，损害他人人格、败坏他人名誉，情节严重的行为。

1. 本罪侵犯的客体是他人的人格和名誉权利。侵犯的对象必须是特定的个人。

2. 本罪在客观方面表现为捏造并散布某种事实，损害他人人格、败坏他人名誉的行为。所谓捏造，是指无中生有，凭空制造虚假事实。如果行为人传播的是有损他人名誉的真实事实，则不构成诽谤罪。所谓散布，是指用语言或文字的方式扩散捏造的内容，使众人知道。另外，诽谤必须针对特定的人，特定的人既可以是一人，也可以是数人。诽谤时虽未指名道姓，但能够使其他人听、看之后立即知道具体被害人的，仍构成诽谤罪。

3. 本罪主体为一般主体。即年满16周岁且具有刑事责任能力的人均可构成。

4. 本罪主观方面必须是故意，并具有贬低、损害他人人格、名誉的目的。因过失误信谣言并加以散布或者因批评失实而损害他人人格、名誉的，不构成犯罪。

（三）司法实务问题

根据《刑法》246条的规定，诽谤行为情节严重的才构成犯罪。所谓"情节严重"，主要是指动机卑鄙、手段恶劣、内容恶毒、后果严重、影响极坏等。

二十一、刑讯逼供罪

（一）法律规定

《刑法》第247条规定："司法工作人员对犯罪嫌疑人、被告人实行刑讯逼供或者使用暴力逼取证人证言的，处3年以下有期徒刑或者拘役。致人伤残、死亡的，依照本法第234条、第232条的规定定罪从重处罚。"

（二）概念和构成特征

刑讯逼供罪，是指司法工作人员对犯罪嫌疑人、被告人使用肉刑或者变相肉刑，逼取口供的行为。本罪的构成特征如下：

1. 本罪侵犯的客体是复杂客体，包括公民的人身权利和司法机关的正常活动。

2. 本罪在客观方面表现为对犯罪嫌疑人、被告人使用肉刑或者变相肉刑，逼取口供的行为。所谓犯罪嫌疑人，是指根据一定的证据被怀疑可能实施了犯罪行为的人。所谓被告人，指依法被控诉有罪，并由司法机关追究刑事责任的人。而所谓肉刑，是指直接施加于犯罪嫌疑人、被告人身体的审讯措施和方法，如捆绑、吊打及针扎、烙烫等。所谓变相肉刑，是指上述肉刑以外的其他使犯罪嫌疑人、被告人肉体或者精神遭受痛苦折磨的方法和手段，如长时间冻饿、站立、烤晒、连续不断轮番审讯等。

3. 本罪的主体为司法工作人员，即具有侦查、检察、审判、监管职责的工作人员。

4. 本罪在主观方面必须是直接故意，并且是出于逼取口供的目的。如果不是为了这种特定的目的，则不能构成本罪。犯罪动机如何，不影响本罪的成立。

（三）司法实务问题

1. 刑讯逼供罪与非法拘禁罪的界限。二者的主要区别是：①犯罪对象不同。前者的对象只能是犯罪嫌疑人与被告人；后者的对象可以是任何公民。②犯罪主体不同。前者只能由司法工作人员构成；后者可以由任何公民构成。③主观目的不同。前者是为了逼取口供；后者则没有逼取口供的目的。④行为表现不同。前者使用肉刑或者变相肉刑；后者是非法拘禁或以其他方法剥夺他人人身自由。

2. 罪与非罪的界限。刑讯逼供手段残酷、情节恶劣、后果严重、社会危害性大的，构成犯罪，应追究刑事责任；而一些情节显著轻微、危害不大的，则不能以犯罪论处。

二十二、暴力取证罪

（一）法律规定

见前列《刑法》第247条。

（二）概念和构成特征

暴力取证罪，是指司法工作人员使用暴力逼取证人证言的行为。

1. 本罪的客体是公民的人身权利和司法机关的正常活动。对象是证人。这里的证人，是指在刑事诉讼中，有义务向司法机关作证，或者被要求提供所知案件情况的人。

2. 本罪客观方面表现为使用暴力逼取证人证言的行为。暴力是指施加于证人人身，可使其身体健康遭到损害或肉体、精神遭受痛苦的各种手段。如捆绑、吊打及使用械具、刑具等。

3. 本罪主体只限于司法工作人员。

4. 本罪主观方面是直接故意，并具有逼取证言的目的。根据最高人民检察院《关于渎职侵权犯罪案件立案标准的规定》，有下列情形之一的，应予立案查处：①以殴打、捆绑、违法使用械具等恶劣手段逼取证人证言的；②暴力取证造成证人轻伤、重伤、死亡的；③暴力取证，情节严重，导致证人自杀、自残造成重伤死亡，或者精神失常的；④暴力取证，造成错案的；⑤暴力取证3人次以上的；⑥纵容、授意、指使、强迫他人暴力取证，具有上述情形之一的；⑦其他暴力取证应予追究刑事责任的情形。

二十三、虐待被监管人罪

（一）法律规定

《刑法》第248条规定："监狱、拘留所、看守所等监管机构的监管人员对被监管人进行殴打或者体罚虐待，情节严重的，处3年以下有期徒刑或者拘役；情节特别严重的，处3年以上10年以下有期徒刑。致人伤残、死亡的，依照本法第234条、第232条的规定定罪从重处罚。监管人员指使被监管人殴打或者体罚虐待其他被监管人的，依照前款的规定处罚。"

（二）概念和构成特征

虐待被监管人罪，是指监狱、拘留所、看守所等监管机构的监管人员对被监管人进行殴打或者体罚虐待，或者指使被监管人殴打或者体罚虐待其他被监管人，情节严重的行为。

1. 本罪侵犯的客体是被监管人的人身权利和司法机关的正常活动。侵犯的对象只能是被监管人，即被监禁、羁押、管教的人员，包括在监狱等劳改场所服刑的已决犯，在看守所羁押的犯罪嫌疑人与被告人，在拘留所等场所被刑事拘留、行政拘留、司法拘留或劳动教养的人员等所有被依法监管的人员。

2. 本罪在客观方面表现为违反监管法规规定，对被监管人进行殴打或体罚虐待，或者指使被监管人殴打或体罚虐待其他被监管人，情节严重的行为。殴打，是指造成被监管人肉体上痛苦的行为。体罚虐待，是指殴打以外的对被监管人身心实行折磨、摧残的行为。体罚虐待可以采取作为的方式，也可以采用不作为的方式。

3. 本罪主体是特殊主体，即监狱、拘留所、看守所等监管机构的监管人员、劳教管理人员。

4. 本罪主观方面只能是故意，过失不构成本罪。

构成本罪必须达到情节严重，如果未达到情节严重，则不成立犯罪。根据最高人民检察院《关于渎职侵权犯罪案件立案标准的规定》，有下列情形之一的，应予立案查处：①以殴打、捆绑、违法使用械具等恶劣手段虐待被监管人的；②以较长时间冻、饿、晒烤等手段虐待被监管人，严重损害其身体健康的；③虐待造成被监管人轻伤、重伤、死亡的；④虐待被监管人，情节严重，导致被监管人自杀、自残造成重伤的、死亡，或者精神失常的；⑤殴打或者体罚虐待3人次以上的；⑥指使被监管人殴打体罚虐待其他被监管人，具有上述情形之一的；⑦其他情节严重的情形。根据《刑法》第248条的规定，殴打、体罚虐待被监管人，致人伤残、死亡的，依照《刑法》第234条规定的故意伤害罪、第232条规定的故意杀人罪定罪从重处罚。

二十四、煽动民族仇恨、民族歧视罪

（一）法律规定

《刑法》第249条规定："煽动民族仇恨、民族歧视，情节严重的，处3年以下有期徒刑、拘役、管制或者剥夺政治权利；情节特别严重的，处3年以上10年以下有期徒刑。"

（二）构成特征

1. 本罪的客体为各民族的平等与民族和睦关系。

2. 本罪客观方面表现为煽动民族仇恨、民族歧视的行为。所谓"煽动民族仇恨"，是指对民族历史及现实中的某些现象进行恶意渲染，或捏造并散布某些虚假的中伤民族情感的事实，公然掀起民族之间的强烈憎恨。所谓"煽动民族歧视"，是指利用民族历史、文化、传统、风俗、习惯、种族、肤色等差异，公然煽动以造成其他民族对之鄙视、排斥、限制，损害民族平等。煽动的形式包括发表演讲，游说，张贴大字报、小字报、讽刺漫画等。煽动行为必须达到情节严重，才构成犯罪。所谓情节严重，一般是指手段恶劣，多次煽动，引起民族公愤的；严重损害民族感情、尊严，导致被损害的民族强烈反对的，以及引起其他影响民族团结、社会稳定的后果。

3. 本罪主体为一般主体。

4. 本罪主观方面为直接故意。

二十五、出版歧视、侮辱少数民族作品罪

（一）法律规定

《刑法》第 250 条规定："在出版物中刊载歧视、侮辱少数民族的内容，情节恶劣，造成严重后果的，对直接责任人员，处 3 年以下有期徒刑、拘役或者管制。"

（二）概念和构成特征

出版歧视、侮辱少数民族作品罪，是指在出版物中刊载歧视、侮辱少数民族的内容，情节恶劣，造成严重后果的行为。

1. 本罪侵犯的客体为少数民族的平等权利和民族和睦关系。

2. 本罪客观方面表现为在出版物中刊载歧视、侮辱少数民族的内容的行为，并且必须是情节恶劣，造成了严重后果。所谓"情节恶劣"，一般是指动机卑鄙、手段恶劣，在出版物中所刊载的有关内容，严重挫伤少数民族的情感与尊严。所谓"造成严重后果"，一般是指造成恶劣的政治影响，引发民族矛盾、冲突、纠纷甚至骚乱等。

3. 本罪主体为在出版物中刊载歧视、侮辱少数民族内容的直接责任人员，包括作者、责任编辑及其他有关直接责任人员。

4. 本罪主观方面只能是故意，至于行为人出于何种动机，不影响本罪的成立。

二十六、非法剥夺公民宗教信仰自由罪

（一）法律规定

《刑法》第 251 条规定："国家机关工作人员非法剥夺公民的宗教信仰自由和侵犯少数民族风俗习惯，情节严重的，处 2 年以下有期徒刑或者拘役。"

（二）概念和构成特征

非法剥夺公民宗教信仰自由罪，是指国家机关工作人员非法剥夺公民宗教信仰自由，情节严重的行为。

1. 本罪侵犯的客体是公民的宗教信仰的自由。宗教信仰自由包括信仰宗教与不信仰宗教的自由，信仰此种宗教与信仰彼种宗教的自由，改变宗教信仰与恢复宗教信仰的自由。

2. 本罪客观方面表现为非法剥夺公民宗教信仰自由，情节严重的行为。具体表现为：违反法律规定采用暴力、胁迫或其他强制方法制止他人加入宗教团体；强迫他人退出宗教团体；强迫他人信仰这种宗教而不准信仰那种宗教；强迫不信仰宗教

的人信仰宗教；用上述方法破坏宗教活动，如阻挠参加宗教活动，捣毁或封闭宗教活动场所等。所谓"情节严重"，一般是指：采取暴力等强制手段非法剥夺他人宗教信仰自由的；出于卑劣动机致使宗教活动无法正常进行的；行为造成严重后果的；等等。

3. 本罪主体为特殊主体，即国家机关工作人员。

4. 本罪主观方面只能是故意，过失不构成本罪。

（三）司法实务问题

非法剥夺公民宗教信仰自由的行为，必须具有非法性。制止封建迷信活动、取缔反动会道门、打击披着宗教外衣进行破坏活动的犯罪行为，都是合法的，应予支持。

二十七、侵犯少数民族风俗习惯罪

（一）法律规定

见前列《刑法》第 251 条。

（二）概念和构成特征

侵犯少数民族风俗习惯罪，是指国家机关工作人员非法干涉、破坏少数民族风俗习惯，情节严重的行为。

1. 本罪侵犯的客体是少数民族保持自己本民族的风俗习惯的自由。

2. 本罪客观方面表现为以强制手段非法干涉、破坏少数民族风俗习惯的行为。通常表现为，以暴力、胁迫、压制、强行干预等方式破坏少数民族在历史发展中形成的，在婚姻、饮食、丧葬、礼仪等方面的习惯。

3. 本罪主体为特殊主体，即只能是国家机关工作人员，非国家机关工作人员不能构成本罪。

4. 本罪主观方面必须是故意，即明知少数民族的风俗习惯而故意加以侵犯。

二十八、侵犯通信自由罪

（一）法律规定

《刑法》第 252 条规定："隐匿、毁弃或者非法开拆他人信件，侵犯公民通信自由权利，情节严重的，处 1 年以下有期徒刑或者拘役。"

（二）构成特征

1. 本罪侵犯的客体是公民通信自由。对象是交付邮局递送的信件，包括明信片、贺年卡等。

2. 本罪客观方面表现为隐匿、毁弃或者非法开拆他人信件，侵犯公民通信自由的行为。"隐匿"，是指将他人的信件秘密隐藏起来，不交给收信人或不让其知道。"毁弃"，是指采用撕毁、烧毁、丢弃等方法，将他人信件毁损。"非法开拆"，是指未经收、发信人许可或者司法机关批准私自开启他人信件。国家机关工作人员因依法执行公务而将他人信件予以扣押、开拆、检查的，属合法行为。

3. 本罪主体是一般主体。

4. 本罪主观方面只能是故意，过失不构成本罪。

构成侵犯通信自由罪，必须达到情节严重。所谓"情节严重"，是指：一次大量隐匿、毁弃或者非法开拆他人信件的；多次隐匿、毁弃或者非法开拆他人信件的；因隐匿、毁弃他人信件而贻误他人重要事项的；等等。

二十九、私自开拆、隐匿、毁弃邮件、电报罪

（一）法律规定

《刑法》第253条规定："邮政工作人员私自开拆或者隐匿、毁弃邮件、电报的，处2年以下有期徒刑或者拘役。犯前款罪而窃取财物的，依照本法第264条规定定罪从重处罚。"

（二）构成特征

1. 本罪侵犯的客体是公民的通信自由。犯罪对象是他人的邮件、电报。所谓"邮件"，包括各种信件、印刷品、包裹、汇票等邮寄品。

2. 本罪客观方面表现为利用从事邮电业务工作的便利，非法开拆、隐匿、毁弃他人的邮件、电报的行为。具体应把握下列要素：①必须利用自己直接从事接触邮件、电报工作的便利条件。如果行为人不是利用自己本职工作之便，则不构成本罪。如果邮政人员并非利用自己本职工作的便利条件实施隐匿、开拆等行为，可构成侵犯通信自由罪。②必须有非法私自开拆、隐匿、毁弃的行为。所谓私自开拆，是指未经任何合法授权开拆他人邮件、电报。如果根据法律执行有关的命令或规定，扣押、检查或者拒绝投递某邮件、电报，则属合法行为，不构成犯罪。

3. 本罪主体为邮电工作人员，即邮电部门直接从事邮递业务的人员以及有关主管干部。

4. 本罪主观方面是故意，过失不构成本罪。行为人的主观动机如何不影响本罪的成立。

三十、侵犯公民个人信息罪

（一）法律规定

《刑法》第253条之一规定："违反国家有关规定，向他人出售或者提供公民个人信息，情节严重的，处3年以下有期徒刑或者拘役，并处或者单处罚金；情节特别严重的，处3年以上7年以下有期徒刑，并处罚金。违反国家有关规定，将在履行职责或者提供服务过程中获得的公民个人信息，出售或者提供给他人的，依照前款的规定从重处罚。窃取或者以其他方法非法获取公民个人信息的，依照第1款的规定处罚。单位犯前三款罪的，对单位判处罚金，并对其直接负责的主管人员和其他直接责任人员，依照各该款的规定处罚。"

（二）概念和构成特征

侵犯公民个人信息罪，是指非法获取公民个人信息的行为；或者违反国家规定，将获得的公民个人信息，出售或者非法提供给他人，情节严重的行为。

1. 本罪所侵犯的客体是公民的人格权，具体体现为公民的个人信息安全。

2. 本罪客观方面表现为窃取或者以其他方法非法获取公民个人信息的行为，以

及违反国家规定，将获得的公民个人信息出售或者非法提供给他人，情节严重的行为。将在履行职责或者提供服务过程中获得的公民个人信息，出售或者提供给他人的，从重处罚。

3. 本罪主体为一般主体，可以是单位或者个人。

4. 本罪在主观方面表现为故意，即行为人是明知而故犯。

三十一、报复陷害罪

（一）法律规定

《刑法》第254条规定："国家机关工作人员滥用职权、假公济私，对控告人、申诉人、批评人、举报人实行报复陷害的，处2年以下有期徒刑或者拘役；情节严重的，处2年以上7年以下有期徒刑。"

（二）概念和构成特征

报复陷害罪，是指国家机关工作人员滥用职权、假公济私，对控告人、申诉人、批评人、举报人实行报复陷害的行为。

1. 本罪侵犯的客体是公民的控告权、申诉权、批评权、举报权和国家机关正常活动。侵犯的对象是控告人、申诉人、批评人和举报人。

2. 本罪客观方面表现为滥用职权、假公济私，对控告人、申诉人、批评人、举报人实行报复陷害的行为。具体包括两方面：①必须有报复陷害的行为。报复陷害的手段、方法很多，如制造借口停止被害人的工作、工资；对被害人进行非法批斗、非法关押；对被害人进行政治迫害等。②必须是滥用职权、假公济私。所谓滥用职权，是指国家机关工作人员在自己职权范围内非法行使权力，以及超越自己的职务权限的越权行为。假公济私，是指假借国家机关的名义或权力来实施，是以合法的形式来掩盖其非法的目的。如果行为人对他人实行报复，并没有利用职权，则不能构成本罪，构成其他犯罪的，按其他犯罪处理。

3. 本罪主体为特殊主体，即只限于国家机关工作人员。

4. 本罪主观方面为直接故意，并且具有报复陷害他人的目的，如果不具有此目的，仅由于业务水平不高、工作方法简单等而给被害人造成一定损害的，不构成本罪。

根据最高人民检察院的有关司法解释规定，报复陷害他人，有下列情形之一的，应予立案查处：①致使被害人的人身权利、民主权利或者其他合法权利受到严重损害的；②致人精神失常或者自杀的；③手段恶劣、后果严重的。

三十二、打击报复会计、统计人员罪

（一）法律规定

《刑法》第255条规定："公司、企业、事业单位、机关、团体的领导人，对依法履行职责、抵制违反会计法、统计法行为的会计、统计人员实行打击报复，情节恶劣的，处3年以下有期徒刑或者拘役。"

（二）构成特征

1. 本罪侵犯的客体为复杂客体，即既侵犯了国家对会计、统计工作的管理制度，又侵犯了会计、统计人员的民主权利。犯罪对象仅限于公司、企业、事业单位、机关、团体的会计、统计人员。

2. 本罪的客观方面表现为对依法履行职责、抵制违反会计法、统计法行为的会计、统计人员实行打击报复的行为。打击报复行为必须"情节恶劣"，才能构成犯罪。情节恶劣一般表现为手段恶劣、后果严重、影响较大等。

3. 本罪主体为特殊主体，即公司、企业、事业单位、机关、团体的领导人。所谓"领导人"，是指上述单位的法定代表人和主要负责人。

4. 本罪主观方面表现为直接故意，并且具有打击报复的目的，至于出于何种动机不影响本罪的成立。

三十三、破坏选举罪

（一）法律规定

《刑法》第256条规定："在选举各级人民代表大会代表和国家机关领导人员时，以暴力、威胁、欺骗、贿赂、伪造选举文件、虚报选举票数等手段破坏选举或者妨害选民和代表自由行使选举权和被选举权，情节严重的，处3年以下有期徒刑、拘役或者剥夺政治权利。"

（二）概念和构成特征

破坏选举罪，是指在选举各级人民代表大会代表和国家机关领导人员时，以暴力、威胁、欺骗、贿赂、伪造选举文件、虚报选举票数等手段破坏选举或者妨害选民和代表自由行使选举权和被选举权，情节严重的行为。本罪构成的特征如下：

1. 本罪侵犯的客体为公民选举和被选举为各级人民代表大会代表和国家机关领导人员的权利。侵犯的对象可以是选举工作人员，也可以是选民、代表。

2. 本罪的客观方面表现以暴力、威胁、欺骗、贿赂、伪造选举文件、虚报选举票数等手段破坏选举或者妨害选民和代表自由行使选举权和被选举权的行为。主要表现为三个方面：①破坏选举工作的正常进行。如虚报选举票数、捣乱选举场所等。②妨害选民和代表自由行使选举权和被选举权。如逼迫或诱使选民选举某人或不选举某人等。③对于控告、检举选举中违法行为的人或者对要求罢免代表的人进行压制、报复。

3. 犯罪的主体是一般主体。既可以是选举工作人员，也可以是一般公民；既可以是有选举权和被选举权的公民，也可以是无选举权和被选举权的公民。

4. 本罪主观上是直接故意，并且具有破坏选举工作、妨害选民和代表自由行使选举权和被选举权的目的。至于犯罪动机如何，不影响犯罪的成立。

（三）司法实务问题

注意区分破坏选举罪与一般违反选举法行为的界限。破坏选举的行为，只有情节严重的，才构成犯罪。所谓情节严重，是指手段恶劣、后果严重或者政治影响极坏等。如果情节不严重，危害不大的，可不以犯罪论处。另外，行为人由于过失造成的选民名单失实、选举票数不准等，不能以本罪论处，应属一般的工作失误。

三十四、暴力干涉婚姻自由罪

（一）法律规定

《刑法》第 257 条规定："以暴力干涉他人婚姻自由的，处 2 年以下有期徒刑或者拘役。犯前款罪，致使被害人死亡的，处 2 年以上 7 年以下有期徒刑。第 1 款罪，告诉的才处理。"

（二）构成特征和司法实务

1. 本罪侵犯的客体是他人的婚姻自由及人身权利。婚姻自由，包括结婚自由与离婚自由，由于爱情是婚姻的基础，恋爱自由实际上是结婚自由的一部分。

2. 本罪客观方面表现为以暴力方法干涉他人婚姻自由的行为。首先，行为人必须实施了暴力行为。所谓暴力，是指用殴打、禁闭、捆绑、抢掠等方式进行打击或强制。仅有干涉婚姻行为而未使用暴力，或者仅以暴力威胁进行干涉的，均不构成本罪。暴力行为极为轻微的，也不属于本罪所讲的暴力。其次，暴力行为必须为干涉婚姻自由而实施。但是在干涉他人婚姻自由的过程中实施了故意伤害、故意杀人行为的，则对人身权利的侵害超过了对婚姻自由的妨害，应以相应的犯罪论处。如果长期以暴力干涉他人婚姻自由，但借故一次故意杀害或伤害被害人的，则构成本罪与故意杀人罪或故意伤害罪，应实行数罪并罚。

3. 本罪主体为一般主体，实践中多为被害人的家长或其他家属。

4. 本罪主观方面是直接故意，并且具有干涉他人婚姻自由的目的。犯罪动机可能多种多样，有的为了贪图彩礼，有的为了高攀权贵，有的为了霸占他人的妻女，有的为了保持与被害人的通奸关系等。动机如何不影响本罪的成立，但它是量刑的考虑因素。

根据《刑法》第 257 条的规定，暴力干涉婚姻自由"致使被害人死亡"，是指在实施暴力干涉他人婚姻自由行为的过程中直接引起被害人的自杀死亡或者因实施暴力过失导致被害人死亡。除"致使被害人死亡"的以外，犯本罪，告诉的才处理。

三十五、重婚罪

（一）法律规定

《刑法》第 258 条规定："有配偶而重婚的，或者明知他人有配偶而与之结婚的，处 2 年以下有期徒刑或者拘役。"

（二）概念和构成特征

重婚罪，是指有配偶而与他人结婚或者明知他人有配偶而与之结婚的行为。本罪的构成特征如下：

1. 本罪侵犯的客体是一夫一妻的婚姻关系。

2. 本罪在客观方面表现为有配偶而与他人结婚或者明知他人有配偶而与之结婚

的行为。所谓有配偶，是指男人有妻、女人有夫，而且这种夫妻关系未经法律程序解除，尚存续。这种夫妻关系既包括经过合法的登记结婚而取得的夫妻关系，也包括事实上形成的夫妻关系。

3. 本罪的主体分为两种人：①重婚者，即已有配偶而在婚姻关系存续期间又与他人结婚的；②相婚者，即本人无配偶，但明知他人有配偶而与之结婚的人。

4. 本罪在主观方面是故意，即有配偶的人明知自己有配偶而与他人结婚或者无配偶的人明知他人有配偶而与他人结婚。如果行为人误认为自己的配偶已死亡而与他人结婚的，不构成本罪。如果无配偶的人受到有配偶的人欺骗，误认为对方没有配偶而与其结婚的，也不构成本罪，而由有配偶的人单独构成重婚罪。

（三）司法实务问题

1. 重婚罪与通奸及非法同居的界限。通奸，是指有配偶的人与他人发生的婚外性行为，此行为是受社会舆论谴责的不道德行为，不构成重婚罪。非法同居如不是以夫妻名义进行的，则属一般的姘居行为，也不构成重婚罪。

2. 因受自然灾害外出谋生而重婚的；因配偶长期外出下落不明，迫于生计，与他人结婚的；因强迫、包办婚姻或因婚后受虐待外逃重婚的；因被拐卖后再婚的，以上种种行为尽管有重婚的故意，但因都是受客观条件所迫，且社会危害性不大，故不应以重婚罪论处。

三十六、破坏军婚罪

（一）法律规定

《刑法》第259条规定："明知是现役军人的配偶而与之同居或者结婚的，处3年以下有期徒刑或者拘役。利用职权、从属关系，以胁迫手段奸淫现役军人的妻子的，依照本法第236条的规定定罪处罚。"

（二）概念和构成特征

破坏军婚罪，是指明知是现役军人的配偶而与之同居或者结婚的行为。

1. 本罪侵犯的客体是现役军人的婚姻关系。现役军人是指具有军籍，并正在中国人民解放军或者中国人民武装警察部队中服役的军人。不包括复员军人、退伍军人、转业军人、人民警察，以及在部队、人民武装警察部队中工作但无军籍的工作人员。

2. 本罪的客观方面表现为明知是现役军人的配偶而与之结婚或者同居的行为。所谓"现役军人的配偶"，是指与现役军人登记结婚，建立合法婚姻关系的人，即现役军人的妻子或丈夫。不包括与现役军人有婚约关系的"未婚妻"与"未婚夫"。所谓与现役军人的配偶"结婚"，既包括登记结婚，也包括成立事实婚姻。"同居"，是指在一定时期内与现役军人的配偶姘居且共同生活在一起，它以两性关系为基础，同时还有经济上或其他生活方面的特殊关系。包括公开的同居和秘密的同居。这种同居，既不同于事实婚姻，也不同于一般通奸关系，而是介于事实婚姻与通奸之间的行为。因为在这种同居的过程中，男女双方虽然生活在一起，但还没有达到相互以夫妻对待以及群众公认他们是夫妻的程度，同时双方也不像一般通奸那样仅仅是不正当的两性关系，他们还有其他生活方面的特殊关系。

3. 本罪主体为一般主体。既可以是男子，也可以是女子。现役军人如果与其他现役军人的配偶结婚或者同居的，也构成本罪。两个现役军人重婚或者同居，而他们的配偶都不是现役军人的，则不构成本罪。

4. 本罪的主观方面只能由故意构成，即行为人明知对方是现役军人的配偶而仍与之同居或者结婚。如果由于某种原因确实不知道对方是现役军人的配偶，而与之结婚或同居的，不构成本罪。

（三）司法实务问题

1. 破坏军婚罪与强奸罪的界限。根据《刑法》第259条第2款的规定，如果行为人利用职权、从属关系，采取胁迫手段与现役军人的妻子发生性交甚至同居或者结婚的，不以破坏军婚罪论，而应以强奸罪定罪处罚。由此可以看出，二者区别的关键就在于行为人是否利用了职权、从属关系，是否采取了胁迫手段。

2. 破坏军婚罪与重婚罪的界限。破坏军婚罪的行为除同居之外，也是重婚行为。两罪的主要区别是：①两罪侵犯的直接客体不同。前者侵犯的是现役军人的婚姻关系；后者侵犯的是一般的一夫一妻制的婚姻关系。②客观方面的行为不完全相同。破坏军婚表现为与现役军人的配偶同居或者结婚的行为；重婚罪表现为有配偶而与他人结婚或者明知他人有配偶而与之结婚的行为。③对象不同。前者的对象只限于现役军人的配偶；后者的对象是现役军人配偶以外的其他人。④主体范围不同。破坏军婚罪中现役军人的配偶一般不构成本罪；重婚罪中双方都可构成犯罪。⑤法定刑轻重不同。破坏军婚罪的法定刑重于重婚罪。

三十七、虐待罪

（一）法律规定

《刑法》第260条规定："虐待家庭成员，情节恶劣的，处2年以下有期徒刑、拘役或者管制。犯前款罪，致使被害人重伤、死亡的，处2年以上7年以下有期徒刑。第1款罪，告诉的才处理，但被害人没有能力告诉，或者因受到强制、威吓无法告诉的除外。"

（二）概念和构成特征

虐待罪，是指对共同生活的家庭成员，经常以打骂、冻饿、禁闭、强迫过度劳动、有病不给治疗、限制自由、凌辱人格等手段，从肉体上和精神上进行摧残、折磨，情节恶劣的行为。本罪的构成特征如下：

1. 本罪侵犯的客体是复杂客体，侵犯了共同生活的家庭成员在家庭生活中的平等权利与被害人的身心健康，即被害人的人身权利。

2. 本罪在客观方面表现为经常对被害人进行肉体上和精神上的摧残、折磨与迫害。首先，虐待行为必须表现为肉体上的摧残和精神上的折磨。前者如殴打、冻饿、捆绑、火烫、有病不给治疗等。后者表现为讽刺、咒骂、侮辱、不让参加社会活动等。两种虐待手段既可同时使用，也可以单独或交替使用。其次，虐待行为的方式既可能是作为，也可能是不作为，但不可能是纯粹的不作为。单纯的有病不给治疗、不给饭吃的行为，只能构成遗弃罪。再次，虐待行为必须是经常性的。这一特点使虐待行为具有较大危害性，又使虐待行为区别于杀人、伤害等行为。如有偶尔的打骂、冻饿行为，不属于本罪中的虐待行为。最后，虐待行为所造成的结果是使被害人身心遭受摧残，甚至重伤、死亡，但这种结果须是日积月累逐渐造成的。

3. 本罪的犯罪主体必须是共同生活的家庭成员，相互之间存在一定的亲属关系或者抚养关系。如夫妻、父母、子女、兄弟、姐妹等。一般说来，虐待者都是在经济上或亲属关系上占优势地位的人。非家庭成员，不能成为本罪主体。

4. 本罪在主观方面为故意。即故意对被害人进行肉体上和精神上的摧残和折磨。虐待的动机是多种多样的，但不论出于什么动机，都不影响定罪，但量刑时应予以考虑。

（三）司法实务问题

1. 虐待行为"情节恶劣"的认定。刑法规定，虐待行为必须情节恶劣才能构成犯罪，而确认情节是否恶劣，主要是从虐待的手段、持续的时间、结果、社会影响、行为人的动机等方面进行综合评价。对于虐待手段轻微、持续时间短、没有造成严重后果的虐待行为，不能以虐待罪认定。

2. 划清罪与非罪的界限。由于虐待罪主观上表现为有意识地对被害人进行肉体上与精神上的摧残、折磨。因此，由于教育方法简单粗暴或由于家庭纠纷而动辄打骂的行为，不应以虐待罪论处。

三十八、虐待被监护、看护人罪

（一）法律规定

《刑法》第260条之一规定："对未成年人、老年人、患病的人、残疾人等负有监护、看护职责的人虐待被监护、看护的人，情节恶劣的，处3年以下有期徒刑或者拘役。单位犯前款罪的，对单位判处罚金，并对其直接负责的主管人员和其他直接责任人员，依照前款的规定处罚。有第1款行为，同时构成其他犯罪的，依照处罚较重的规定定罪处罚。"

（二）构成特征

1. 本罪侵犯的客体是被监护、看护人的健康权，即身体上和心理上的健康发展权。

2. 本罪的客观方面表现为经常对被害人进行肉体上和精神上的摧残、折磨与迫害。如对被监护、看护人经常采取殴打、冻饿、捆绑、火烫、有病不给治疗、侮辱、咒骂等方式残害其身体和心灵。

3. 本罪的犯罪主体既可以为个人也可以为单位，如养老院、福利院等。

4. 本罪的主观方面为故意。

三十九、遗弃罪

（一）法律规定

《刑法》第261条规定："对于年老、年幼、患病或者其他没有独立生活能力的人，负有扶养义务而拒绝扶养，情节恶劣的，处5年以下有期徒刑、拘役或者管制。"

（二）构成特征

1. 本罪侵犯的客体是被害人在家庭中受扶养的权利。侵犯的对象是没有独立生活能力的家庭成员。

2. 本罪客观方面表现为对年老、年幼、患病或者其他没有独立生活能力的人，应当扶养而拒绝扶养的行为。所谓"扶养"，包括长辈对晚辈的抚养、晚辈对长辈的赡养以及夫妻之间、兄弟姐妹之间的扶养。遗弃行为，必须情节恶劣，才构成犯罪。所谓情节恶劣，应综合考察行为的手段、后果、动机等。主要如遗弃致被害人流离失所；在虐待后又遗弃的；遗弃造成恶劣的社会影响的；遗弃致使被害人伤亡的；行为人多次遗弃屡教不改的等。

3. 本罪主体为特殊主体，必须是对被遗弃人负有法律上的扶养义务且具有扶养能力的人。

4. 本罪主观方面为故意，即行为人明知自己应当履行也能够履行扶养义务而拒绝履行。犯罪的动机多种多样，但不影响本罪的成立。

四十、拐骗儿童罪

（一）法律规定

《刑法》第262条规定："拐骗不满14周岁的未成年人，脱离家庭或者监护人的，处5年以下有期徒刑或者拘役。"

（二）概念和构成特征

拐骗儿童罪，是指采用欺骗、引诱或其他方法使不满14周岁的未成年人脱离家庭或者监护人的行为。

1. 本罪侵犯的客体为他人的家庭关系以及儿童的合法权益。侵犯的对象是不满14周岁的男女儿童。

2. 本罪客观方面表现为拐骗不满14周岁的儿童，使其脱离家庭或者监护人的行为。拐骗行为既可以针对儿童实行，也可能是针对儿童的家长或监护人的行为。

3. 本罪主体为一般主体。

4. 主观方面是直接故意。动机是为了收养或使役。

（三）司法实务问题

拐骗儿童罪与拐卖儿童罪二者的对象都是不满14周岁的儿童，都主要使用了欺骗、引诱手段，但二者之间仍有区别：①主观目的不同。拐骗儿童罪的行为人主观上是为了收养或使唤奴役；拐卖儿童罪的行为人主观上是为了贩卖牟利。②侵犯的客体不同。拐骗儿童罪侵犯的是他人家庭关系与儿童的合法权益；拐卖儿童罪侵犯的是儿童的人身自由权利。

四十一、组织残疾人、儿童乞讨罪

（一）法律规定

《刑法》第262条之一规定："以暴力、胁迫手段组织残疾人或者不满14周岁的未成年人乞讨的，处3年以下有期徒刑或者拘役，并处罚金；情节严重的，处3年以上7年以下有期徒刑，并处罚金。"

（二）概念和构成特征

组织残疾人、儿童乞讨罪，是指以暴力、胁迫手段组织残疾人或者不满14周岁的未成年人乞讨的行为。

本罪是《刑法修正案（六）》第17条新增设的一个罪名。本罪的客体是残疾人、未成年人的人身权利。本罪的对象只能是残疾人和不满14周岁的未成年人。客观方面表现为使用暴力、胁迫手段组织残疾人、未成年人乞讨的行为。本罪的主体为一般主体。主观方面只能由故意构成，至于组织者是否具有牟利的目的，不影响本罪的成立。

四十二、组织未成年人进行违反治安管理活动罪

（一）法律规定

《刑法》第262条之二规定："组织未成年人进行盗窃、诈骗、抢夺、敲诈勒索等违反治安管理活动的，处3年以下有期徒刑或者拘役，并处罚金；情节严重的，处3年以上7年以下有期徒刑，并处罚金。"

（二）概念和构成特征

组织未成年人进行违反治安管理活动罪，是指组织未成年人进行盗窃、诈骗、抢夺、敲诈勒索等违反治安管理活动的行为。

本罪的客体是复杂客体，其主要客体是未成年人的人身权利，同时还包含治安管理秩序。本罪的对象是未成年人。客观方面表现为组织未成年人进行盗窃、诈骗、抢夺、敲诈勒索等违反治安管理活动的行为。本罪的主体为一般主体。主观方面是故意。

【思考题】

1. 如何具体区分故意杀人罪和故意伤害罪的界限？
2. 如何认识强奸罪的本质特征？如何理解奸淫幼女行为中的认识因素？
3. 超期羁押行为能否以非法拘禁罪论处？
4. 如何理解绑架罪客观方面的行为？如何理解绑架与非法拘禁罪的区别？
5. 如何理解拐卖妇女、儿童罪中的8种法定量刑情节？
6. 栽赃陷害的行为应如何处理？

7. 比较虐待罪和遗弃罪。

8. 如何理解本章罪中转化型的"故意杀人罪"和"故意伤害罪"?

9. 如何理解收买被拐卖妇女、儿童罪的刑罚处罚规定?

10. 比较侮辱罪和诽谤罪。

第二十二章

侵犯财产罪

　　学习目的与要求　掌握侵犯财产罪的概念、特征及种类，重点掌握抢劫罪、盗窃罪、诈骗罪、侵占罪、挪用资金罪、敲诈勒索罪的概念、构成特征、认定和处罚原则，掌握其他犯罪的概念和构成特征。

■　第一节　侵犯财产罪概述

一、侵犯财产罪的概念与特征

　　侵犯财产罪，是指非法占有、挪用以及故意毁坏公私财物或者破坏生产经营，依法应受刑罚处罚的行为。侵犯财产罪的构成具有如下基本特征：

　　（一）侵犯财产罪的客体

　　侵犯财产罪的同类客体是公私财产的所有权。财产所有权是指财产所有人在法律范围内所享有的直接管领其所有的财物的排他性权利，具体包括依法对所有的财产行使占有、使用、收益和处分四项权能，这四项权能既相互独立又彼此联系，共同构成财产所有权的全部内容。其中处分权即所有人按照自己的意志对财产进行自由处置的权利，是财产所有权的核心。所以对处分权的侵犯，是对所有权的最严重的侵犯。

　　侵犯财产罪在多数情况下表现为对财产所有权全部权能的侵犯，即由于犯罪人的犯罪行为使财产所有人永久、完全地丧失对财产占有、使用、收益特别是处分的可能性。但是如前所述，由于所有权的各项权能与所有权之间是部分与整体的关系，因此，对财产所有权的某一项或者某几项权能的侵犯同样可以被视为对所有权的侵犯，例如，挪用特定款物罪虽然直接侵犯的是特定款物的使用权，但这种侵犯必然影响到所有权人对所有权其他权能的行使，所以该犯罪侵犯的客体仍然是财产所有权。只不过它与那些侵犯财产所有权全部权能的侵犯财产罪相比，在程度上有所差别而已。

　　侵犯财产罪的犯罪对象是公共财产和公民私人所有的财产。在我国，合法财产依所有权的性质不同可分为国有财产、集体财产和私人财产。一般将国有财产、集体财产统称为"公共财产"。根据《刑法》第91条第1款和第92条的规定，公共财产是指国有财产、劳动群众集体所有的财产以及用于扶贫和其他公益事业的社会捐助或者专项基金的财产；公民私人所有的财产是指公民的合法收入、储蓄、房屋或者其他生活资料，依法归个人、家庭所有的生产资料，个体户和私营企业的合法财产，以及依法归个人所有的股份、股票、债券和其他财产。但《刑法》第91条第2款同时规定，国家机关、国有公司、企业、集体企业和人民团体管理、使用或者运输中的私人财产，以公共财产论。其含义即处于上述状态的私人财产也视为公共财产。刑法之所以这样规定，是因为这些财产一旦遭到损坏或者灭失，则管理、使用或者运输该财产的国家机关、国有公司、企业、集体企业和人民团体必须依法承担赔偿责任，故受损失的最终还是公共财产。

　　《刑法》第91、92条在规定公共财产与私人财产的区别的同时，还对财产的表现形式作了列举性的规定。根据刑法规定和司法实践经验，无论是生产资料还是生活资料，不管是动产还是不动产，也不论是有形物还是无形物，只要本身具有一定经济价值，都属于财产的范围。此外，代表一定经济价值或具有获得一定经济利益可能性的凭证或者单据，如各种货币、有价证券、有价票证、银行支票、汇票以及提货单、托运单、邮寄包裹单、信用卡、增值税发票等，也属于侵犯财产罪的对象范围。需要指出的是，侵犯财产罪的犯罪对象范围还包括与财产权利相关的服务，例如，根据《刑法》第265条的规定，对以牟利为目的而盗接他人通信线路或复制他人电信码号或者明知是盗接、复制的电信设备、设施而使用的，也应以盗窃罪论处。

　　如前所述，侵犯财产罪以侵犯财产所有权为其基本特征，故被侵犯的财产必须是所有权明确的财物，如果行为人占有的是无主物或被所有人自动放弃所有权的物品，即便该物品事实上有一定经济价值，也不发生侵犯财产所有权问题。因此，无主物或者被自动放弃所有权的物品，不能成为侵犯财产罪的犯罪对象。但需要注意的是，依据宪法及其他有关法律的规定，我国领域内的矿藏、水流、森林、山岭、草原、荒地、滩涂等自然资源，除法律明确规定属于集体所有的以外，都归国家所有；我国境内地下、内水和领海中遗存的一切文物以及古文化遗址、古墓葬、石窟等属于国家所有；所有人不明的埋藏物、隐藏物归国家所有。另外，遗忘物、漂流物或者失散的饲养动物也不是无主物，它们只是暂时脱离了所有人的控制和管理，而不发生所有人放弃所有权的问题。因此，对上述物品进行侵犯同样可以构成侵犯财产罪。通常情况下，侵犯财产罪表现为对处于合法状态财产的侵犯，但侵犯处于非法状态的财产即为他人非法占有的财物，如抢劫地下赌场的赌资、盗窃他人贪污、受贿的赃款或者敲诈勒索诈骗分子所诈骗的财物等亦可构成侵犯财产罪。因为，被他人非法占有的财物并非无主财物，它们从法律意义上讲仍然是属于国家、集体或者公民个人所有的财产，依法应当上缴国库或返还原所有者，若属于国家禁止个人拥有的物品，应当由国家主管机关依法没收，所以归根结底还是侵犯了国家、集体或者个人的财产所有权。

（二）侵犯财产罪的客观方面

侵犯财产罪在客观方面表现为非法占有、挪用以及故意毁坏公私财物的行为。本类罪的行为主要表现为以下三种方式：①非法占有。即将他人的财物非法据为己有或转归其他人占有。非法占有一般表现为攫取，即以公开或者秘密的方式将他人控制的财物非法据为己有。但将自己暂时合法控制的他人财物非法据为己有的，同样也属于非法占有。另外需要指出的是，行为人非法取得财物后将其转归他人占有，属于非法占有后对财物的处分问题，不影响其非法占有的性质。②挪用。挪用是指擅自改变本单位资金或者某些特定款物的既定用途，而将其非法挪作他用。挪用包括两种情况：一是挪用单位资金的行为；二是挪用特定款物的行为。挪用行为本身不改变财产的所有权关系，即并不是要使财产完全永久地脱离所有人的控制范围，而只是不法地使用该项财产，这是挪用与非法占有的区别所在。③毁坏。毁坏是以毁损、破坏的方式改变财产的自然状态。具体包括两种情况：一种是直接消灭公私财产的形体或者使其丧失或减少价值；另一种是通过使生产材料的使用价值丧失或减少来破坏生产经营活动。

侵犯财产的行为所涉及的数额大小，通常是衡量行为社会危害性是否达到犯罪程度的重要因素，因此在多数情况下，侵犯财产的数额较大是刑法规定的犯罪客观方面的基本条件之一。但就整个侵犯财产罪而言，受侵犯的财产数额并不是确定行为危害程度的惟一标准，所以应当综合考察受侵犯的财产数额以及其他情节来决定侵犯财产行为是否构成本罪。

（三）侵犯财产罪的主体

根据刑法的规定，侵犯财产罪的主体只能是自然人，单位不能实施这类犯罪。

就各种具体的侵犯财产罪而言，大多数犯罪只要求具备一般主体的条件，即达到法定负刑事责任的年龄（其中抢劫罪主体的法定年龄为 14 周岁，其他侵犯财产罪的法定负刑事责任年龄为 16 周岁）并具有刑事责任能力。有少数的犯罪要求主体必须是特殊主体，即必须具有某种特定的身份或者职务，如挪用资金罪和职务侵占罪的主体必须是公司、企业或者其他单位的工作人员；挪用特定款物罪的主体必须是主管、经手救灾、抢险、防汛、优抚、扶贫、移民、救济款物的直接责任人员。

（四）侵犯财产罪的主观方面

侵犯财产罪在主观方面只能是故意，且大多为直接故意，过失不能构成这类犯罪。

在侵犯财产罪中，多数犯罪的成立，要求行为人必须具有特定的目的。特定目的的内容根据犯罪的不同种类而有所不同，如构成抢劫罪、盗窃罪、诈骗罪等要求以非法占有为目的，即以将财物非法占为己有或者转归第三者所有为目的；成立挪用资金罪、挪用特定款物罪要求以不法使用为目的。构成破坏生产经营罪要求出于泄愤报复或其他个人目的。但是也有个别犯罪不以特定目的为构成犯罪的必要条件，例如，故意毁坏财物罪就不要求行为人具有特定的目的。

侵犯财产罪的动机是多种多样的，但一般而言，不同的动机只是反映了行为人具有不同的主观恶性，而不改变行为的性质，所以在通常情况下动机不影响犯罪的成立，而只是量刑时需要考虑的因素之一。

二、侵犯财产罪的种类

根据刑法分则第五章（第263~276条）规定及有关司法解释，侵犯财产罪包括：抢劫罪、盗窃罪、诈骗罪、抢夺罪、聚众哄抢罪、侵占罪、职务侵占罪、挪用资金罪、挪用特定款物罪、敲诈勒索罪、故意毁坏财物罪、拒不支付劳动报酬罪和破坏生产经营罪共13个具体罪名。从归纳角度讲，对以上13种犯罪可以分为5种类型：①夺取型侵犯财产罪，包括抢劫罪、抢夺罪、聚众哄抢罪、敲诈勒索罪；②窃取、骗取型侵犯财产罪，包括盗窃罪和诈骗罪；③侵占型侵犯财产罪，包括侵占罪、职务侵占罪、拒不支付劳动报酬罪；④挪用型侵犯财产罪，包括挪用资金罪和挪用特定款物罪；⑤毁坏、破坏型侵犯财产罪，包括故意毁坏财物罪和破坏生产经营罪。

■ 第二节 侵犯财产罪分述

一、抢劫罪

（一）法律规定

《刑法》第263条规定："以暴力、胁迫或者其他方法抢劫公私财物的，处3年以上10年以下有期徒刑，并处罚金；有下列情形之一的，处10年以上有期徒刑、无期徒刑或者死刑，并处罚金或者没收财产：①入户抢劫的；②在公共交通工具上抢劫的；③抢劫银行或者其他金融机构的；④多次抢劫或者抢劫数额巨大的；⑤抢劫致人重伤、死亡的；⑥冒充军警人员抢劫的；⑦持枪抢劫的；⑧抢劫军用物资或者抢险、救灾、救济物资的。"

《刑法》第267条第2款规定："携带凶器抢夺的，依照本法第263条的规定定罪处罚。"

《刑法》第269条规定："犯盗窃、诈骗、抢夺罪，为窝藏赃物、抗拒抓捕或者毁灭罪证而当场使用暴力或者以暴力相威胁的，依照本法第263条的规定定罪处罚。"

《刑法》第289条规定："聚众'打砸抢'，致人伤残、死亡的，依照本法第234条（故意伤害罪）、第232条（故意杀人罪）的规定定罪处罚。毁坏或者抢走公私财物的，除判令退赔外，对首要分子，依照《刑法》第263条的规定（抢劫罪）定罪处罚。"

（二）概念和构成特征

抢劫罪，是指以非法占有为目的，当场使用暴力、胁迫或者其他方法，强行当场劫取公私财物的行为。本罪的构成特征表现为：

1. 本罪的直接客体是复杂客体，即本罪不仅侵犯了公私财产所有权，同时侵犯了他人的人身权利。其中，公私财产权利是主要客体，所以抢劫罪被规定在"侵犯财产罪"而不是"侵犯公民人身权利、民主权利罪"中。同时侵犯到公私财产所有权及他人人身权利，这是抢劫罪的重要特征，是抢劫罪与其他侵犯财产罪相区别的显著标志，也是抢劫罪在处罚上重于其他侵犯财产罪的重要原因。

一般认为，抢劫罪侵害的对象是公私财物与他人的人身。这里的财物只能为动产，不动产不能成为本罪的犯罪对象，因为不动产的性质决定行为人不可能将其当场占为己有。不过现实生活中存在将他人不动产的一部分强行分离而劫走的情况，这时仍属于以动产为对象的抢劫。

2. 本罪的客观方面表现为当场实施暴力、胁迫或者其他方法，强行当场劫取财物的行为。抢劫行为由方法行为与目的行为组成。其中，当场实施暴力、胁迫或者其他强制方法，是抢劫罪的方法行为；强行当场劫取财物的行为，是抢劫罪的目的行为。两者的结合才能构成一个完整的抢劫行为。

根据刑法的规定，抢劫罪的暴力方法，是指不法使用有形暴力对财物的所有人、占有人、管理人实施身体强制或打击，使其不敢反抗或者不能反抗的方法，如扼颈、捆绑、禁锢、殴打、伤害乃至杀害等。理解抢劫罪中的暴力，应注意以下几点：①暴力指向的对象必须是他人的人身，如果不是以人身而是他人的财物为不法有形暴力作用对象，意图使被害人精神上感到恐惧的，应当属于胁迫的方法。这里的他人包括财物的直接持有人、有权处分财物的人以及其他妨碍行为人劫取财物的人。②实施暴力的时间必须是当场，即必须是在劫取财物的当场予以实施。③暴力在强度上只要达到足以使被害人身体受到强制的程度即可，并不要求事实上必须抑制住被害人的反抗，更不是说只有危及他人身体健康、生命安全的才属于暴力；但对采取危及他人健康、生命的手段劫取财物的，也不妨碍认定为抢劫罪的暴力方法。

抢劫罪的胁迫方法，是指以当场立即使用暴力相威胁，使被害人产生恐惧心理因而不敢反抗的行为。本罪中的胁迫具有以下特点：①胁迫的方式多种多样，行为人既可以使用语言进行胁迫，也可以通过动作、手势等进行胁迫。②胁迫的内容是对财物的所有人、占有人、管理人等实施暴力，如果是以揭露其隐私、损毁其名誉等非暴力内容相威胁的，不属于抢劫罪的胁迫方法。③胁迫内容的实现是刻不容缓的，即如果财物所有人、占有人或管理人不马上交付财物或者进行反抗，行为人便会立即当场实施胁迫的内容。正是因为如此，对携带凶器抢夺他人财物，即行为人随身携带枪支、爆炸物、管制刀具等国家禁止携带的器械进行抢夺或者为了实施犯罪而携带其他器械进行抢夺的行为，应当依照《刑法》第267条第2款的规定以抢劫罪论处。[1]

抢劫罪的其他方法，是指除暴力、胁迫以外的其他造成被害人不知反抗或者丧失反抗能力的强制方法。其中最典型的是采用药物、酒精麻醉造成被害人不知反抗或者丧失反抗能力，然后劫走财物。这里的其他方法具有以下特点：①对象只能是财物的直接持有者。通过麻醉其他人而非法取得财物的，不构成本罪。②必须是行为人主动对他人的身体施加影响力，从而使其失去反抗的能力。如果被害人是由于自己的原因或者某种意外而处于不知抗拒、不能反抗的状态，行为人单纯利用这种状态而取走财物的，也不构成抢劫罪。③必须是行为人主观上为了排除被害人的反抗，从而当场占有其财物而有意采取的。如果起初并不是为了使他人处于不知反抗的状态，而是在财物持有人酩酊大醉不省人事后临时起意占有其财物的，不能认定为抢劫罪。

至于作为抢劫罪目的行为的强行劫取财物，则可以具体表现为两种情况：①行为人自己当场直接夺取、取走被害人的财物；②迫使被害人当场交付（处分）财物。从字面上讲，这里的当场是指行为人实施暴力、胁迫或者其他强制方法的现场。但应当注意的是，对"当场"二字的理解不能过于狭窄。虽然暴力、胁迫或者其他方法与取得财物之间持续一定时间，也不属于同一空间场所，但如果从整体上看，行为并无间断的，也应认定为当场劫取财物。例如，行为人对被害人实施暴力，迫使被害人交付财物，但被害人身无分文，行为人令被害人立即从家中取来财物，或者一道前往被害人家中取得财物的，也应认定为抢劫罪。

3. 本罪的主体为自然人一般主体。根据《刑法》第 17 条第 2 款的规定，凡年满 14 周岁并具有刑事责任能力的自然人，均符合本罪主体条件的要求。

4. 本罪的主观方面表现为故意，并且行为人必须具有非法占有公私财物的目的。本罪故意的内容是指，明知自己的抢劫行为会发生侵犯他人财产与人身的危害结果，并且希望或者放任这种结果的发生。其中，行为人对造成他人财产上的损失只能是持希望态度，但对造成他人人身的侵害则既可以持希望态度，也可以持放任心态。由于本罪的成立不以造成他人人身伤亡为要件，所以从总体上讲，抢劫罪的故意是一种直接故意，而非法占有目的是这一故意的核心内容。因此，为索取合法债务而使用暴力的，不成立抢劫罪，应根据不同情况分别认定为故意伤害罪、非法拘禁罪等。行为人出于其他目的实施暴力行为致人昏迷或者死亡，然后产生非法占有财物的意图，进而取走财物的，也不构成抢劫罪。例如，出于伤害、杀人等故意使用暴力，在被害人失去知觉或者死亡的情形下，临时起意而非法占有被害人财物的，应以故意伤害罪、故意杀人罪与盗窃罪实行数罪并罚。但是，行为人实施伤害等犯罪行为时，利用被害人不能反抗、不敢反抗的处境，临时起意劫取他人财物的，

---

[1] 参见 2000 年 11 月 22 日最高人民法院《关于审理抢劫案件具体应用法律若干问题的解释》以及 2005 年 6 月 8 日最高人民法院《关于审理抢劫、抢夺刑事案件适用法律若干问题的意见》。

则劫取财物的行为构成抢劫罪。例外情况是，在实行聚众"打砸抢"行为过程中毁坏公私财物的，纵然没有非法占有的目的，对首要分子也应根据《刑法》第289条的规定认定为抢劫罪。

（三）司法实务问题

1. 罪与非罪的界限。由于抢劫罪是一种既侵犯公私财产所有权又侵犯他人人身权利的严重犯罪，因此刑法在抢劫罪的罪状中没有通过规定追究刑事责任的起点数额与其他情节的方式来限定本罪的成立范围，但这并不意味着在具体认定抢劫罪时不需要考量抢劫财物的数额或其他情节，而对所有的抢劫行为都不加区别地以犯罪论处。一般而言，未成年人实施轻微的暴力或者威胁，强行索取小额的财物，情节显著轻微、危害不大的，不宜作为犯罪处理；参与赌博的人仅仅以暴力、胁迫方法抢回其所输赌资或所赢赌债的，或者为个人使用，以暴力、胁迫等手段取得家庭成员或近亲属财产的，可不以抢劫罪定罪处罚；因为财产、债务纠纷而一方当事人实施劫夺行为占有他人财物，或者是财物所有人强行夺回自己被骗的财物的，也不构成抢劫罪。

2. 抢劫罪与其他犯罪的界限。

（1）抢劫罪与故意杀人罪的界限。根据最高人民法院《关于抢劫过程中故意杀人案件如何定罪问题的批复》[1]，"行为人为劫取财物而预谋故意杀人，或者在劫取财物过程中，为制服被害人反抗而故意杀人的，以抢劫罪定罪处罚。行为人实施抢劫后，为灭口而故意杀人的，以抢劫罪和故意杀人罪定罪，实行数罪并罚"。

（2）抢劫罪与绑架罪的界限。由于抢劫罪中的暴力也可以是采取绑架的方式实施，故抢劫罪与以勒索财物为目的的绑架罪很容易混淆。两者区别的关键在于行为手段不尽相同。根据2005年6月8日最高人民法院《关于审理抢劫、抢夺刑事案件适用法律若干问题的意见》（以下简称《审理抢劫、抢夺案件若干问题意见》）的规定，抢劫罪表现为行为人劫取财物一般应在同一时间、同一地点，具有"当场性"；绑架罪表现为行为人以杀害、伤害被绑架人等方式向被绑架人的亲属或其他单位发出威胁，索取赎金或提出非法要求。劫取财物一般不具有"当场性"。故如果是向被绑架者的近亲属或者其他有关人勒索财物的，应认定为绑架罪；倘若是直接迫使被害人本人交付财物，而不是向第三者勒索财物的，则应以抢劫罪论处。如果行为人既绑架他人又在绑架过程中劫取被绑架人随身携带财物的，属于一行为同时触犯绑架罪和抢劫罪两罪名，应择一重罪定罪处罚。

（3）抢劫罪与抢劫枪支、弹药、爆炸物、危险物质罪的界限。二者的主要区别在于抢劫的对象不同，因而所侵犯的客体有别。因此，如果行为人故意抢劫一般财物，但实际上抢劫了枪支、弹药、爆炸物、危险物质，或者主观上具有抢劫枪支、弹药、爆炸物、危险物质的故意，而实际上抢劫了一般财物的，应在主客观相统一

---

[1] 该批复于2001年5月22日由最高人民法院审判委员会通过，自2001年5月26日开始施行。

的范围内认定为抢劫罪。如果行为人明知所抢劫的对象既有财物，又有枪支、弹药、爆炸物、危险物质的，倘若不是明显具有两个行为，则属于一行为触犯两个罪名，应按照想象竞合犯的原则处理。通常情况下按照抢劫枪支、弹药、爆炸物、危险物质罪处理。

（4）抢劫罪与强迫交易罪的界限。根据前述《审理抢劫、抢夺案件若干问题意见》的规定，从事正常商品买卖、交易或者劳动服务的人，以暴力、胁迫手段迫使他人交出与合理价钱、费用相差不大财物，情节严重的，以强迫交易罪定罪处罚；以非法占有为目的，以买卖、交易、服务为幌子采用暴力、胁迫手段迫使他人交出与合理价钱、费用相差悬殊的钱物的，以抢劫罪定罪处罚。在具体认定时，既要考虑超出合理价钱、费用的绝对数额，还要考虑超出合理价钱、费用的比例，加以综合判断。

3. 对《刑法》第 269 条的理解和适用。根据《刑法》第 269 条的规定，犯盗窃、诈骗、抢夺罪，为窝藏赃物、抗拒抓捕或者毁灭罪证而当场使用暴力或者以暴力相威胁的，依照刑法关于抢劫罪的规定定罪处罚。这种情况在理论上被称为准抢劫罪或转化型抢劫罪，即在特定条件下由盗窃、诈骗、抢夺犯罪转化而来的抢劫罪。适用《刑法》第 269 条的规定认定为抢劫罪的行为，必须符合以下三个条件：

（1）犯盗窃、诈骗或者抢夺罪。这是适用《刑法》第 269 条的前提条件。"犯盗窃、诈骗、抢夺罪"，主要是指行为人已经着手实施盗窃、诈骗、抢夺行为，一般不考察盗窃、诈骗、抢夺行为是否既遂。如果行为人没有实施上述三种犯罪中的任何一种，就不发生按《刑法》第 269 条的规定认定为抢劫罪的问题。但是应当如何理解这里的"犯盗窃、诈骗、抢夺罪"呢？根据刑法的规定，成立盗窃罪要求盗窃财物"数额较大或者多次盗窃"，成立诈骗罪与抢夺罪也要求诈骗或者抢夺公私财物"数额较大"。那么实施了盗窃、诈骗、抢夺行为但尚不构成犯罪是否符合这一条件呢？另外，刑法规定构成抢劫罪的主体年龄起点为 14 周岁，而盗窃、诈骗、抢夺罪的主体年龄必须年满 16 周岁，那么已满 14 周岁未满 16 周岁的人能否成立转化型抢劫罪呢？对此，刑法理论上有不同的观点。根据前述《审理抢劫、抢夺案件若干问题意见》，行为人实施盗窃、诈骗、抢夺行为，未达到"数额较大"，为窝藏赃物、抗拒抓捕或者毁灭罪证而当场使用暴力或者以暴力相威胁，情节较轻、危害不大的，一般不以犯罪论处；但如果盗窃、诈骗、抢夺接近"数额较大"标准的，或入户及在公共交通工具上盗窃、诈骗、抢夺后在户外或交通工具外实施上述行为的，或使用暴力造成致人轻微伤以上后果的，或使用凶器或以凶器相威胁的，或者具有其他严重情节的，可依照刑法关于转化抢劫罪的规定定罪处罚。另据 2006 年 1 月 11 日最高人民法院《关于审理未成年人刑事案件具体应用法律若干问题的解释》，已满 14 周岁不满 16 周岁的人盗窃、诈骗、抢夺财物，为窝藏赃物、抗拒抓捕或者毁灭罪证，当场使用暴力，故意伤害致人重伤或死亡，或者故意杀人的，应当分别以故意伤害罪或者故意杀人罪定罪处罚。已满 16 周岁不满 18 周岁的人犯盗窃、诈骗、抢夺罪，为窝藏赃物、抗拒抓捕或毁灭罪证而当场使用暴力或者以暴力相威胁的，应当以转化抢劫罪定罪处罚；情节轻微的，可不以抢劫罪定罪处罚。

（2）当场实施暴力或者以暴力相威胁。这是适用《刑法》第269条的实质要件。这里的当场，是指盗窃、诈骗、抢夺犯罪当时所在的场所，或者行为人刚一离开即被发觉跟踪抓捕的过程中，暴力或威胁行为与先前的盗窃、诈骗或抢夺行为在时间上前后连续而未中断，在空间上是同一场所或者是前行为场所的延续。对于以摆脱的方式逃脱抓捕，暴力强度较小，未造成轻伤以上后果的，可不认定为"使用暴力"，不以抢劫罪论处。入户或者在公共交通工具上盗窃、诈骗、抢夺后，为了窝藏赃物、抗拒抓捕或者毁灭罪证，在户内或者公共交通工具上当场使用暴力或者以暴力相威胁的，构成"入户抢劫"或者"在公共交通工具上抢劫"。

（3）当场实施暴力或以暴力相威胁的目的，是窝藏赃物、抗拒抓捕或者毁灭罪证。这是适用《刑法》第269条的主观要件。"窝藏赃物"，是指保护已经取得的赃物不被恢复原有状态；抗拒抓捕，是指抗拒执法人员的拘留、逮捕和一般公民的扭送；"毁灭罪证"，是指销毁、湮灭自己或者同案人遗留在现场的痕迹、物品和其他犯罪证据。如果主观上不是出于上述目的，则不能认定为转化抢劫。例如，行为人在实行盗窃、诈骗、抢夺过程中，尚未取得财物就被他人发现，为了非法取得财物，而使用暴力或者以暴力相威胁的，应直接适用《刑法》第263条认定为抢劫罪，不适用《刑法》第269条。

4. 抢劫罪既遂与未遂的界限。由于抢劫罪侵犯的客体既包括财产权利又包括人身权利，因此关于抢劫罪的既遂与未遂的区分标准，理论上存在不同观点。有人认为，应以行为人是否占有了他人财物为标准；有人认为，应以行为是否侵害了他人的人身权利为标准；有人认为，抢劫罪的基本犯以是否占有了他人财物为标准，抢劫致人重伤、死亡的，即使没有占有他人财物也是既遂。[1]司法解释认为，具备劫取财物或者造成他人轻伤以上后果两者之一的，均属抢劫既遂；既未劫取财物，又未造成他人人身伤害后果的，属于抢劫未遂。

5. 抢劫罪中加重处罚情形（情节）的含义。《刑法》第263条对一般抢劫罪和具有条文所列的8种严重情节之一的抢劫罪分别规定了不同的法定刑幅度，因此，正确理解条文所规定的8种严重情节的含义，对于准确选择适用抢劫罪的法定刑具有重要意义。根据最高人民法院《关于审理抢劫案件具体应用法律若干问题的解释》（以下简称《抢劫解释》）、[2]《审理抢劫、抢夺案件若干意见》[3]以及司法实践经验，《刑法》第263条所规定的8种严重情节的含义如下：

（1）入户抢劫。根据《抢劫解释》第1条的规定，认定"入户抢劫"时，应当

---

〔1〕　参见赵秉志主编：《刑法争议问题研究》（下卷），河南人民出版社1996年版，第350页以下。

〔2〕　该解释于2000年11月22日由最高人民法院审判委员会通过，自2000年11月28日开始施行。

〔3〕　该解释于2005年6月8日开始施行。

注意以下三个问题：①"户"的范围。"户"在这里是指住所，其特征表现为供他人家庭生活和与外界相对隔离两个方面，前者为功能特征，后者为场所特征。一般情况下，集体宿舍、旅店宾馆、临时搭建工棚等不应认定为"户"，但在特定情况下，如果确实具有上述两个特征的，也可以认定为"户"。对于部分时间从事经营、部分时间用于生活起居的场所，行为人在非营业时间强行入内抢劫或者以购物等为名骗开房门入内抢劫的，应认定为"入户抢劫"。对于部分用于经营、部分用于生活且之间有明确隔离的场所，行为人进入生活场所实施抢劫的，应认定为"入户抢劫"；如场所之间没有明确隔离，行为人在营业时间入内实施抢劫的，不认定为"入户抢劫"，但在非营业时间入内实施抢劫的，应认定为"入户抢劫"。②"入户"目的的非法性。进入他人住所须以实施抢劫等犯罪为目的。抢劫行为虽然发生在户内，但行为人不以实施抢劫等犯罪为目的进入他人住所，而是在户内临时起意实施抢劫的，不属于"入户抢劫"。③暴力或者暴力胁迫行为必须发生在户内。入户实施盗窃被发现，行为人为窝藏赃物、抗拒抓捕或者毁灭罪证而当场使用暴力或者以暴力相威胁的，如果暴力或者暴力胁迫行为发生在户内，可以认定为"入户抢劫"；如果发生在户外，不能认定为"入户抢劫"。

（2）在公共交通工具上抢劫，既包括在从事旅客运输的各种公共汽车，大、中型出租车，火车，船只，飞机等正在运营中的机动公共交通工具上对旅客、司售、乘务人员实施的抢劫，也包括对运行途中的机动公共交通工具加以拦截后，对公共交通工具上的人员实施的抢劫。此外，公共交通工具承载的旅客具有不特定多数人的特点。根据《抢劫解释》第2条的规定，"在公共交通工具上抢劫"主要是指在从事旅客运输的各种公共汽车，大、中型出租车，火车，船只，飞机等正在运营中的机动公共交通工具上对旅客、司售、乘务人员实施的抢劫。但不包括在未运营的公共交通工具上针对司售、乘务人员实施抢劫。以暴力、胁迫或者麻醉等手段对公共交通工具上的特定人员实施抢劫的，一般应认定为"在公共交通工具上抢劫"。对于虽不具有商业营运执照，但实际从事旅客运输的大、中型交通工具，可认定为"公共交通工具"。接送职工的单位班车、接送师生的校车等大、中型交通工具，视为"公共交通工具"。

（3）抢劫银行或者其他金融机构，是指抢劫银行或者其他金融机构的经营资金、有价证券和客户的资金等。抢劫正在使用中的银行或者其他金融机构的运钞车的，也视为抢劫银行或者其他金融机构。

（4）抢劫数额巨大，是指其数额达到各地所确定的盗窃数额巨大标准的抢劫行为。抢劫数额以实际抢劫到的财物数额为依据。对以数额巨大的财物为明确目标，由于意志以外的原因，未能抢到财物或实际抢得的财物数额不大的，应同时认定"抢劫数额巨大"和犯罪未遂的情节，根据刑法有关规定，结合未遂犯的处理原则量刑。根据《审理抢劫、抢夺案件若干意见》第6条第1款规定，抢劫信用卡后使用、消费的，以行为人实际使用、消费的数额为抢劫数额。由于行为人意志以外的原因无法实际使用、消费的部分，虽不计入抢劫数额，但应作为量刑情节考虑。通过银行转账或者电子支付、手机银行等支付平台获取抢劫财物的，以行为人实际获取的财物为抢劫数额。

（5）抢劫致人重伤、死亡，是指为抢劫财物使用暴力或其他强制方法或者以杀人作为抢劫公私财物的手段而造成他人重伤、死亡的行为。

（6）冒充军警人员抢劫，是指冒充现役军人、武装警察和公安司法警察进行抢劫的行为。对于行为人仅穿着类似军警的服装或仅以言语宣称系军警人员但未携带枪支也未出示军警证件而实施抢劫的，要结合抢劫地点、时间、暴力或威胁的具体情形，依照常人判断标准，确定是否认定为"冒充军警人员抢劫"。军警人员利用自身的真实身份实施抢劫的，不认定为"冒充军警人员抢劫"，应依法从重处罚。

（7）持枪抢劫，是指行为人使用枪支或者向被害人显示持有、佩带的枪支进行抢劫的行为。枪支的概念和范围，适用《枪支管理法》的规定。

（8）抢劫军用物资或者抢险、救灾、救济物资，是指抢劫除军用枪支、弹药、爆炸物外其他军用物资及正在用于或将要用于抢险、救灾、救济的物资的行为。

二、盗窃罪

（一）法律规定

《刑法》第264条规定："盗窃公私财物，数额较大的，或者多次盗窃、入户盗窃、携带凶器盗窃、扒窃的，处3年以下有期徒刑、拘役或者管制，并处或者单处罚金；数额巨大或者有其他严重情节的，处3年以上10年以下有期徒刑，并处罚金；数额特别巨大或者有其他特别严重情节的，处10年以上有期徒刑或者无期徒刑，并处罚金或者没收财产。"

《刑法》第265条规定："以牟利为目的，盗接他人通信线路、复制他人电信码号或者明知是盗接、复制的电信设备、设施而使用的，依照本法第264条的规定定罪处罚。"

（二）概念和构成特征

盗窃罪，是指以非法占有为目的，窃取公私财物数额较大，或者多次窃取公私财物、入户盗窃、携带凶器盗窃、扒窃的行为。本罪的构成特征表现为：

1. 本罪的客体是公私财产权利。其对象为公私财产，即国家、集体和个人所有的各种财物。公私财产可以是有形的，也可以是无形的，电力、煤气、天然气等具有经济价值的物品，可成为本罪的对象。一般而言，盗窃的对象只能是动产，不动产不能成为本罪的对象。但是从不动产拆卸或者分离出来的部分，如房屋的门窗等则可以成为本罪的对象。根据《刑法》第196、210、265条的规定，盗窃信用卡并使用的，盗窃增值税专用发票或者可以用于骗取出口退税、抵扣税款的其他发票的，或者以牟利为目的，盗接他人通信线路、复制他人电信码号或者明知是盗接、复制的电信设备、设施而使用的，也应当以盗窃罪论处。但对盗窃枪支、弹药、爆炸物、危险物质或者公文、证件、印章、国有档案等的，因刑法另有特殊规定，不再以盗窃罪论处。

2. 本罪在客观方面表现为秘密窃取数额较大的公私财物，或者多次窃取公私财物、入户盗窃、携带凶器盗窃、扒窃的行为。首先，采用秘密窃取的手段是盗窃行为的基本特征，也是本罪与抢劫、抢夺等其他侵犯财产罪的一个主要区别。这里的秘密窃取，是指行为人采用自认为不被发觉的方法非法占有他人控制之下的财物，至于事实上是否隐秘，是否未被发觉，不影响行为的性质。其次，秘密窃取的方式多种多样，常见的如撬门破锁、翻墙入院、扒窃掏包、顺手牵羊等。《刑法》第265条规定的盗接、复制或者使用盗接、复制的电信设备、设施以及《刑法》第287条规定的利用计算机进行盗窃则是近年来新出现的盗窃方式。盗接、复制或者使用盗接、复制的电信设备、设施，是指以牟利为目的，盗接他人通信线路、复制他人电信码号或者明知是盗接、复制的电信设备、设施而使用的行为。以牟利为目的，是指为了出售、出租、自用、转让等牟取经济利益的行为。盗接通信线路，是指未经权利人的许可，采取秘密方法连接他人的通信线路无偿使用或者转给他人使用，从而给权利人造成经济损失；复制电信码号，是指取得他人电信码号后，私自秘密加以翻制（如并机）并无偿使用或者非法出售、出租。明知是盗接、复制的电信设备、设施而使用，是指明确认识到是他人盗接的通信线路或者非法并机的伪机而使用的行为。利用计算机进行盗窃，则是指利用计算机进入金融机构等信息系统并通过发出指令而秘密窃取财物的行为。需要说明的是，在通常情况下，随着秘密窃取行为的实施，被窃财物在空间上会发生位置移动，但利用电子计算机等技术手段实施盗窃，则可以在原物没有发生位置移动的情况下实现秘密窃取。最后，成立本罪在客观上还必须是秘密窃取的财物数额较大或者多次盗窃。根据《刑法》的规定，"数额较大或者多次盗窃"是盗窃行为两个选择性的要件。根据《关于办理盗窃刑事案件适用法律若干问题的解释》第1条的规定，这里的数额较大，一般是指个人盗窃公私财物价值人民币1000元至5000元以上的，各省、自治区、直辖市高级人民法院、人民检察院可根据本地区经济发展状况，并考虑社会治安状况，在上述数额幅度内，共同研究确定本地区具体执行的标准，并分别报最高人民法院、最高人民检察院批准。另外，对盗窃增值税专用发票或者可以用于骗取出口退税、抵扣税款的其他发票在25份以上的，应视为盗窃财物数额较大。

3. 本罪的主体是一般主体，即年满16周岁且具有刑事责任能力的自然人。单位有关人员为谋取单位利益组织实施盗窃行为，情节严重的，应当以盗窃罪追究直接责任人员的刑事责任。[1] 根据《刑法》第253条第2款的规定，邮政工作人员私自开拆或者隐匿、毁弃邮件、电报，从中窃取财物的，以盗窃罪定罪，从重处罚。

4. 本罪的主观方面是直接故意，并且行为人必须具有非法占有公私财物的目

---

〔1〕 参见2002年8月9日最高人民检察院《关于单位有关人员组织实施盗窃行为如何适用法律问题的批复》（自2002年8月13日起施行）。

的。不具有这样的心态，不成立盗窃罪。至于行为人非法占有公私财物的动机如何，一般不影响盗窃罪的认定。

（三）司法实务问题

1. 盗窃罪与一般盗窃行为的界限。一般盗窃行为，是指偶尔秘密窃取少量公私财物，违反治安管理处罚法的一般违法行为。根据刑法及前述《关于办理盗窃刑事案件适用法律若干问题的解释》以及其他相关司法解释的规定，区别盗窃罪与一般盗窃行为的界限，主要有三个标准：①盗窃数额；②盗窃次数；③盗窃的方式。

一般而言，盗窃数额较大的，应按盗窃罪定罪处罚。不过，盗窃公私财物虽未达到数额较大，但接近数额较大的起点，具有下列情形之一的，也可以追究刑事责任：①以破坏性手段盗窃造成公私财产损失的；②盗窃残疾人、孤寡老人或者丧失劳动能力人的财物的；③造成严重后果或者具有其他恶劣情节的。此外，盗窃公私财物虽已达到"数额较大"的起点，但情节轻微，并具有下列情形之一的，也可不作为犯罪处理：①已满16周岁不满18周岁的未成年人作案的；[1]②全部退赃、退赔的；③主动投案的；④被胁迫参加盗窃活动，没有分赃或者获赃较少的；⑤其他情节轻微、危害不大的。需要指出的是，这里的盗窃数额，是指行为人窃取的公私财物的数额，但在某些情节严重的场合，即使没有窃得财物，也应以盗窃未遂定罪处罚。如以数额巨大的财物或者国家珍贵文物等为盗窃目标，即使未得逞的，也要以盗窃罪定罪处罚。多次盗窃，是区别盗窃罪与一般盗窃行为界限的另一个标准。这里的多次盗窃，是指1年内盗窃3次以上的情况。它包含两个限制条件：①次数上的限制。即盗窃必须在3次以上（包括3次）。②时间上的限制。即3次盗窃行为必须是在1年以内实施的。一般而言，行为人在不长的时间里多次盗窃，说明其主观恶性较大，故应作犯罪处理。但在实践中对一些多次偷拿少量公私财物的行为，应认定为情节显著轻微、危害不大，而不按"多次盗窃"论处。根据《刑法修正案（八）》的规定，入户盗窃、携带凶器盗窃、扒窃的，一般也以盗窃罪论处。另外，根据有关司法解释，对偷拿自己家庭的或者近亲属的财物的，一般可不按犯罪处理；对确有追究刑事责任必要的，处罚时也应与在社会上作案的有所区别。按照《刑事诉讼法》的规定，这里的"近亲属"，是指夫妻、父母、子女、同胞兄弟姐妹。"偷窃近亲属的财物"应包括偷窃已分居生活的近亲属的财物。

2. 盗窃罪与其他犯罪的界限。当盗窃行为涉及刑法有特别规定的对象时，盗窃

---

[1] 根据2006年1月11日最高人民法院《关于审理未成年人刑事案件具体应用法律若干问题的解释》，已满16周岁不满18周岁的人实施盗窃行为未超过3次，盗窃数额虽已达到"数额较大"的标准，但案发后能如实供述全部盗窃事实并积极退赃，且具有下列情形之一的，可以认定为"情节显著轻微危害不大"，不认为是犯罪：①系又聋又哑的人或者盲人；②在共同盗窃中起次要或者辅助作用，或者被胁迫；③具有其他轻微情节的。已满16周岁不满18周岁的人盗窃未遂或者中止的，可不认为是犯罪。已满16周岁不满18周岁的人盗窃自己家庭或者近亲属财物，或者盗窃其他亲属财物但其他亲属要求不予追究的，可不按犯罪处理。

罪与其他一些犯罪比较容易混淆，因此应当予以认真区别。

（1）盗窃广播电视设施、公用电信设施价值数额不大，但是构成危害公共安全犯罪的，依照《刑法》第124条的规定定罪处罚；盗窃广播电视设施、公用电信设施同时构成盗窃罪和破坏广播电视设施、公用电信设施罪的，择一重罪处罚。

（2）盗窃使用中的电力设备，同时构成盗窃罪和破坏电力设备罪的，择一重罪处罚。

（3）为盗窃其他财物，盗窃机动车辆当犯罪工具使用的，被盗机动车辆的价值计入盗窃数额；为实施其他犯罪盗窃机动车辆的，以盗窃罪和所实施的其他犯罪实行数罪并罚。为实施其他犯罪，偷开机动车辆当犯罪工具使用后，将偷开的机动车辆送回原处或者停放到原处附近，车辆未丢失的，按照其所实施的犯罪从重处罚。

（4）为练习开车、游乐等目的，多次偷开机动车辆，并将机动车辆丢失的，以盗窃罪定罪处罚；在偷开机动车辆过程中发生交通肇事构成犯罪，又构成其他罪的，应当以交通肇事罪和其他罪实行数罪并罚；偷开机动车辆造成车辆损坏的，按照《刑法》第275条的规定定罪处罚；偶尔偷开机动车辆，情节轻微的，可以不认为是犯罪。

（5）实施盗窃犯罪，造成公私财物损毁的，以盗窃罪从重处罚；又构成其他犯罪的，择一重罪从重处罚；盗窃公私财物未构成盗窃罪，但因采用破坏性手段造成公私财物损毁数额较大的，以故意毁坏财物罪定罪处罚。盗窃后，为掩盖盗窃罪行或者报复等，故意破坏公私财物构成犯罪的，应当以盗窃罪和构成的其他罪实行数罪并罚。

（6）盗窃技术成果等商业秘密的，按照《刑法》第219条的规定定罪处罚。

（7）"盗窃油气同时构成盗窃罪和破坏易燃易爆设备罪的，依照刑法处罚较重的规定定罪处罚。"[1]

（8）盗窃枪支、弹药、爆炸物的，按照特别法优于普通法的原则，以盗窃枪支、弹药、爆炸物罪定罪处罚。

3. 本罪既遂与未遂的界限。根据前述《关于办理盗窃刑事案件适用法律若干问题的解释》，盗窃未遂，只有具有以数额巨大的财物为目标或以珍贵文物为目标等情形的，才能定罪处罚。因此，区分盗窃既遂与未遂的界限，不仅仅对量刑有意义，而且常常影响到是否对行为以犯罪论处。关于盗窃既遂与未遂的区分标准，刑法理论上存在诸多的争论，在我国主要有失控说、控制说、失控加控制说三种观点。失控说主张，凡是盗窃行为使财产所有人或保管人丧失了对财物的控制的，即为盗窃罪的既遂。控制说主张，凡是行为人已实际控制财物的，即为盗窃罪的既遂。失控加控制说则主张，凡被盗财物已脱离财物所有人或保管人的控制并且已实际置于行

---

[1] 引自2007年1月15日最高人民法院《关于办理盗窃油气、破坏油气设备等刑事案件具体应用法律若干问题的解释》。

为人控制之下的，即为盗窃罪的既遂。我们主张应以盗窃行为已经使被害人丧失了对财物的控制或者行为人已经控制了所盗窃的财物即"失控或控制说"为盗窃既遂的标准。因为被害人丧失对财物的控制，意味着其财产权利受到实际侵害；而行为人控制了所盗窃的财物，则意味着其盗窃行为已经得逞。这两种情况都符合盗窃既遂的本质特征，即行为人所实行的盗窃行为已经完成。一般情况下，被害人失去对财物的控制，也就意味着行为人控制了所盗窃的财物，二者是一致的。但由于盗窃行为方式与对象的复杂性，两者之间也存在不统一的情况。例如，行为人以非法占有为目的，从行驶的火车上偷偷将他人财物扔到窗外铁轨上，打算下车后再去取，结果被在铁轨旁行走的路人发现拿走。这属于被害人已经脱离对财物的控制而行为人并未实际控制该财物的情形。再如，行为人盗接、复制他人的电信设备、设施后，即意味着已经控制该设备、设施，但至少在形式上，被害人还没有完全失去对该设备、设施的控制。对以上两种情形，即被害人已经失去对其财物的控制而行为人尚未控制该财物或者行为人已经控制所盗窃的财物而被害人并未完全失去对其财物的控制的，均应认定为盗窃既遂。

4. 盗窃罪各种处罚情节的含义及法定刑的适用。

（1）《刑法》第264条对盗窃公私财物数额较大或者多次盗窃的、盗窃数额巨大或者有其他严重情节的、盗窃数额特别巨大或者有其他特别严重情节的三种情况分别规定了不同的量刑幅度，因此，只有准确把握上述各种情节的含义，才能正确地对盗窃罪适用刑罚。关于盗窃公私财物数额较大或者多次盗窃的含义，前面已经作了说明，不再重复。这里的盗窃数额较大，是指个人盗窃公私财物价值人民币500至2000元以上；数额巨大，以个人盗窃公私财物3万元至10万元为起点；数额特别巨大，则以个人盗窃公私财物30万元至50万元为起点。各省、自治区、直辖市高级人民法院、人民检察院可以根据本地区经济发展状况，并考虑社会治安状况，在上述数额幅度内，共同研究确定本地区执行具体数额标准，并分别报最高人民法院、最高人民检察院批准。此外，盗窃增值税专用发票或者可以用于骗取出口退税、抵扣税款的其他发票数量在25份以上的为数额较大；250份以上的，为盗窃财物数额巨大；数量在2500份以上的，为数额特别巨大。

（2）应当合理计算盗窃财物的数额。计算盗窃财物的数额，总的原则是既要有效地维护公私财产权利，又要合情合理。具体而言，在计算盗窃财物数额时，主要应注意以下几点：①被盗物品的价格应以该物品价格的有效证明确定。对于不能确定的，应当区别情况，根据作案当时、当地的同类物品的价格，以人民币计算。例如，对流通领域的商品，按市场零售价的中等价格计算；黄金、白银按国家定价计算；外币，按被盗当日国家外汇管理部门公布的外汇卖出价计算等。②如果被盗财物为有价支付凭证、有价证券或有价票证，对其中不记名、不挂失的，不论能否随时兑现，均按票面数额和案发时应得的孳息、奖金或者奖品等可得收益一并计算，其中股票按被盗当日证券交易所公布的该种股票成交的平均价格计算。对记名的，如果票面价值已定并能兑现的，以及不需证明手续即可提取货物的提货单等，按票面数额和案发时应得的利息或可提货物的价值计算；如果票面价值未定，但已经兑现的，按实际兑现的财物价值计算，如果尚未兑现的，则不计算数额。③被盗物品已被销赃、挥霍、丢弃、毁坏，无法追缴或者几经转手，最初形态被破坏的，应当根据失主、证人的陈述、证言和提供的有效凭证以及被告人的供述，按前述①中所规定的核价方法确定原被盗物品的价值。④盗窃违禁品，按盗窃罪处理的，不计数额，根据情节轻重量刑。⑤多次盗窃构成犯罪，依法应当追诉的，或者最后一次盗窃构成犯罪，前次盗窃行为在 1 年以内的，应累计其盗窃数额。但对于已经处理过的盗窃行为，即使处罚偏轻，也不能重新计算其盗窃数额。⑥盗窃行为给失主造成损失大于盗窃数额的，损失数额可作为量刑的情节考虑。

（3）应正确确定共同盗窃犯罪的刑事责任。详言之，对犯罪集团的首要分子，应当按照集团盗窃的总数额处罚；对共同犯罪中的其他主犯，应当按照其所参与的或组织、指挥的共同盗窃的数额处罚；对于共同犯罪中的从犯，应当按照其所参与的共同盗窃的数额确定量刑幅度，并依照《刑法》第 27 条第 2 款的规定，从轻、减轻处罚或者免除处罚。

（4）应当合理掌握罚金的幅度。根据司法解释，对于依法应当判处罚金的盗窃犯罪分子，应当在 1000 元以上盗窃数额 2 倍以下判处罚金；对于依法应当判处罚金，但没有盗窃数额或者无法计算盗窃数额的犯罪分子，应当在 1000 元以上 10 万元以下判处罚金。

三、诈骗罪

（一）法律规定

《刑法》第 266 条规定："诈骗公私财物，数额较大的，处 3 年以下有期徒刑、拘役或者管制，并处或者单处罚金；数额巨大或者有其他严重情节的，处 3 年以上 10 年以下有期徒刑，并处罚金；数额特别巨大或者有其他特别严重情节的，处 10 年以上有期徒刑或者无期徒刑，并处罚金或者没收财产。本法另有规定的，依照规定。"

（二）概念和构成特征

诈骗罪，是指以非法占有为目的，用虚构事实或者隐瞒真相的方法，骗取数额较大的公私财物的行为。本罪的构成特征是：

1. 本罪的客体是公私财产所有权。其对象是公私财物。公私财物，既可以是有形财物，也可以是无形财物；可以是动产，也可以是不动产。对于骗取财产性利益是否构成诈骗罪，理论上有不同认识。有学者认为本罪的对象只限于狭义上的财物而不包括财产性利益，也有学者认为财产性利益也可以成为诈骗罪的对象。我们认为，由于财产性利益是可以用具体数额的财物计算的，所以本罪的对象以广义理解比较恰当。根据《刑法》第 210 条的规定，使用欺骗手段骗取增值税专用发票或者可以用于骗取出口退税、抵扣税款的其他发票的，成立诈骗罪。

2. 本罪在客观方面表现为用虚构事实或者隐瞒真相的方法，骗取数额较大的公私财物的行为。

（1）成立本罪必须行为人实施了诈骗财物的行为。诈骗财物的手段多种多样，概括起来不外乎两种类型：①虚构事实，即捏造客观上并不存在的事实；②隐瞒真相，即掩盖客观上存在的事实情况。这里的虚构事实，可以是虚构全部虚假的事实，也可以是虚构部分虚假的事实；隐瞒真相同样既可以是隐瞒全部事实真相，也可以是隐瞒部分事实真相。两种手段的区别只是相对的、概念上的，事实上都是用假象蒙骗使人信以为真，从而实现骗取财物（包括财产性利益）的意图。在实际生活中，虚构事实与隐瞒真相的方法也是五花八门的，有的是口头杜撰、编造谎言，有的是利用伪造或盗窃的公文、证件、印章，有的是假冒国家工作人员身份，等等。根据 2000 年 5 月 12 日最高人民法院《关于审理扰乱电信市场管理秩序案件具体应用法律若干问题的解释》第 9 条的规定，以虚假、冒用的身份证件办理入网手续并使用移动电话，造成电信资费损失数额较大的，以诈骗罪定罪处罚。需要注意的是，在刑法中，使用虚构事实、隐瞒真相方法诈骗财物的还有其他一些犯罪，故如果刑法另有规定的，应按照刑法规定的犯罪处罚。此外，如果诈骗的手段行为另外触犯其他罪名的，应按照牵连犯的处罚原则处理。一段时间里，对行为人仿造单据、合同并提起诉讼，欺骗法院并借法院之判决而非法占有他人财物的案件是否可以按诈骗罪处理，理论上有不同的认识。最高人民检察院 2002 年 10 月 24 日《关于通过伪造证据骗取法院民事裁判占有他人财物的行为如何适用法律问题的答复》中指出，以非法占有为目的，通过伪造证据骗取法院民事裁判占有他人财物的行为所侵害的主要是人民法院正常的审判活动，可以由人民法院依照民事诉讼法的有关规定作出处理，不宜以诈骗罪追究行为人的刑事责任。如果行为人伪造证据时，实施了伪造公司、企业、事业单位、人民团体印章的行为，构成犯罪的，应当依照《刑法》第 280 条第 2 款的规定，以伪造公司、企业、事业单位、人民团体印章罪追究刑事责任；如果行为人有指使他人作伪证行为，构成犯罪的，应当依照《刑法》第 307 条第 1 款的规定，以妨害作证罪追究刑事责任。

（2）必须是诈骗行为使受害人产生了错误认识。即对方产生错误认识是行为人的欺诈行为所致。换言之，在诈骗行为与对方处分财产之间，必须介入对方的错误认识，如果对方不是因行为人的诈骗行为产生错误认识而处分财产，一般情况下不能成立诈骗罪（但在特殊场合可能构成诈骗罪未遂）。这里的受害人可以是财物的所有人或占有人，也可以是其他具有处分财产权限或者处于可以处分财产地位的人。

（3）行为人必须获取财物或者财产性利益，且数额较大。按照最高人民法院、最高人民检察院于 2011 年 3 月 1 日颁布的《关于办理诈骗刑事案件具体应用法律若干问题的解释》（以下简称《办理诈骗案件若干问题解释》）的规定，个人诈骗公私财物在 3000 元至 1 万元以上的，为数额较大。各省、自治区、直辖市高级人民法院、人民检察院可根据本地区经济发展状况，并考虑社会治安状况，在上述规定的幅度内，确定本地区执行的"数额较大"的具体标准。

3. 本罪的主体是一般主体，即年满 16 周岁且具有刑事责任能力的自然人。

4. 诈骗罪的主观方面是直接故意，并具有非法占有公私财物的目的。如果行为人不具有非法占有的目的，而是以欺骗的方法骗回他人拖欠的货款的，不构成本罪。至于动机如何不影响本罪成立。

（三）司法实务问题

1. 罪与非罪的界限。

（1）应当注意诈骗罪与民间借贷到期不能偿还以及代人购物不成而拖欠预付款等民事纠纷的界限。民间借贷以及代人购物是一种民事借贷、委托关系，即使借贷人与受托人由于种种原因不能履行承诺，但因为其主观上没有非法占有目的，客观上没有履行承诺是由于违背其意愿的客观原因造成的，所以只能作为民事纠纷来处理而不能认定为诈骗。尽管实际生活中有的借贷人或受委托人为获取他人信任，也常常会夸大自己能力或者隐瞒对自己不利的情况，但这与以借贷或者代人购物名义进行诈骗的行为在欺骗程度上有着明显的区别。例如，借贷人与受委托人是以真实的姓名、身份、住址出现的，而诈骗行为人则往往采用隐瞒真姓名、虚构假身份与假住址的方式欺骗受害人。

（2）应当注意诈骗罪与一般骗取财物行为的界限。本罪的成立，应当以诈骗数额较大的公私财物为标准，如果骗取公私财物数额较小，情节显著轻微的，不能以犯罪论处。

2. 本罪与特殊诈骗犯罪的界限。特殊诈骗犯罪，是指发生在特殊领域的诈骗犯罪。它们原本属于诈骗罪的具体表现形式，1997 年修订的刑法将其从本条规定的诈骗罪中分离出来，由其他条款规定为独立的犯罪。特殊诈骗罪主要集中在破坏社会主义市场经济秩序一类犯罪中，具体包括：集资诈骗罪（第 192 条）、贷款诈骗罪（第 193 条）、票据诈骗罪（第 194 条第 1 款）、金融凭证诈骗罪（第 194 条第 2 款）、信用证诈骗罪（第 195 条）、信用卡诈骗罪（第 196 条）、有价证券诈骗罪（第 197 条）、保险诈骗罪（第 198 条）、骗取出口退税罪（第 204 条第 1 款）、合同诈骗罪（第 224 条）等。这些特殊诈骗罪主要在犯罪客体、诈骗对象、诈骗手段方法上与普通诈骗罪存在区别，规定这些特殊诈骗罪的法条与《刑法》第 266 条是特别法条与普通法条的法条竞合关系，根据特别法条优于普通法条的原则，对符合特殊诈骗罪构成要件的行为，应以特殊诈骗罪定罪处罚。因此，《刑法》第 266 条规定："……本法另有规定的，依照规定。"

3. 本罪与盗窃罪的界限。两罪的界限在一般情况下不难区分，但在行为人实施犯罪活动时既使用了欺骗的手段又使用了秘密窃取手段的情况下则容易混淆。在这样的场合，区别两者的关键在于行为人非法占有财物的主要手段是骗取还是秘密窃取。例如，对盗窃没有盖章的空白支票，用自填金额或者伪造印鉴等方法骗取财物的行为，由于其非法取得财物的主要方式是蒙骗他人，盗窃行为只是为实现诈骗财物的活动创造条件，其本身不能直接获取财物，因此应当认定为诈骗罪；而如果行为人盗窃能立即兑现的有价证券或者票证，如印鉴齐全的支票或者未留储户印鉴的活期储蓄存折，然后冒名骗购财物、骗领存款的，则应对行为人以盗窃罪论处。因为行为人窃取了这些有价证券或有价票证，实际上就已经取得了支配财物的能力，其欺骗方式在非法占有财物过程中不起主要作用。

4. 诈骗罪各种量刑情节的含义。《刑法》第 266 条根据诈骗罪的数额和情节的不同，规定了分别适用于一般的诈骗罪、情节严重的诈骗罪与情节特别严重的诈骗罪的三个量刑幅度。因此，只有准确地理解这里的情节严重与情节特别严重的含义，才能对诈骗罪正确适用刑罚。此处的情节严重，是指诈骗公私财物数额巨大或者具有其他严重情节；情节特别严重则是指诈骗财物数额特别巨大或者具有其他特别严重的情节。按前述《办理诈骗案件若干问题解释》的规定，数额巨大，是指个人诈骗公私财物 3 万元至 10 万元以上，各省、自治区、直辖市高级人民法院、人民检察院可根据本地区经济发展状况，并考虑社会治安状况，在上述规定的幅度内，确定本地区执行的具体标准。数额特别巨大则是以个人诈骗公私财物 50 万元为起点。

四、抢夺罪

（一）法律规定

《刑法》第 267 条规定："抢夺公私财物，数额较大的，或者多次抢夺的，处 3 年以下有期徒刑、拘役或者管制，并处或者单处罚金；数额巨大或者有其他严重情节的，处 3 年以上 10 年以下有期徒刑，并处罚金；数额特别巨大或者有其他特别严重情节的，处 10 年以上有期徒刑或者无期徒刑，并处罚金或者没收财产。携带凶器抢夺的，依照本法第 263 条的规定定罪处罚。"

（二）构成特征

1. 本罪的客体是公私财产所有权。其对象一般而言是公私财物中的动产。但对于抢夺特定的枪支、弹药、爆炸物、危险物质、公文、证件、印章、国有档案的，应按照刑法所规定的其他相应犯罪论处。

2. 本罪的客观方面表现为公然夺取公私财物，数额较大的，或者实施多次抢夺的行为。首先，构成本罪，在客观上必须实施了抢夺行为。抢夺行为具有两个特征：①夺取财物的公然性。所谓公然性，是指当着财物的所有人、保管人的面或者以使其可以立即发觉的方法夺取财物。这是抢夺罪和盗窃罪在客观方面的主要区别。②行为人夺取财物时并不使用暴力、胁迫或者其他强制手段。这是抢夺罪和抢劫罪在客观方面的显著区别。抢夺行为多数是乘人不备，突然动手将财物抢走，少数是在被害人虽有警惕但无能力防范（如患病、轻度中毒或醉酒等）的情况下将财物夺走。如果行为人在夺取财物过程中使用了暴力或者以暴力相威胁的，不成立抢夺罪。对携带凶器抢夺的，也不以抢夺罪论处。其次，必须是抢夺的财物数额较大，或者实施了多次抢夺行为。根据 2013 年 11 月 18 日起施行的《最高人民法院、最高人民检察院关于办理抢夺刑事案件适用法律若干问题的解释》（以下简称《办理抢夺案件若干问题解释》）的规定，抢夺公私财物价值人民币 1000 元至 3000 元以上的，为"数额较大"。"多次抢夺的"应指 1 年以内实施抢夺行为 3 次以上的。

3. 本罪的主体是一般主体，即年满 16 周岁且具有刑事责任能力的自然人。

4. 本罪的主观方面是直接故意，并以非法占有为目的。至于动机如何，不影响本罪成立。

（三）司法实务问题

1. 应注意区分罪与非罪的界限。对抢夺公私财物数额较小的，或者抢夺公私财物未达到数额较大，且 1 年以内抢夺行为未达到 3 次以上的，不能以犯罪论处。根据上述《办理抢夺案件若干问题解释》，抢夺公私财物数额较大，但未造成他人轻伤以上伤害，行为人系初犯，认罪、悔罪，退赃、退赔，且具有下列情形之一的，可以认定为犯罪情节轻微，不起诉或者免予刑事处罚；必要时，由有关部门依法予以行政处罚：①具有法定从宽处罚情节的；②没有参与分赃或者获赃较少，且不是主犯的；③被害人谅解的；④其他情节轻微、危害不大的。

2. 应注意抢夺罪与抢劫罪的界限。二者在是否使用了暴力、胁迫或其他强制方法以及是否携带了凶器方面的区别，前面已有论述，此处不再赘言。需要补充的是，根据前述《审理抢劫、抢夺案件若干问题意见》，行为人随身携带国家禁止个人携带的器械以外的其他器械抢夺，但有证据证明该器械确实不是为了实施犯罪准备的，应认定为抢夺罪而不以抢劫罪定罪。行为人将随身携带凶器有意加以显示、能为被害人察觉的，直接适用抢劫罪的规定定罪处罚。此外，对于驾驶车辆（包括机动车与非机动车）夺取他人财物的，一般以抢夺罪从重处罚。但具有下列情形之一的，应当以抢劫罪定罪处罚：①驾驶车辆逼挤、撞击或强行逼倒他人以排除他人反抗，乘机夺取财物的；②驾驶车辆强抢财物时，因被害人不放手而采取强拉硬拽方法劫取财物的；③行为人明知其驾驶车辆强行夺取他人财物的手段会造成他人伤亡的后果，仍然强行夺取并放任造成财物持有人轻伤以上后果的。

3. 应正确认定因抢夺财物而致人伤亡行为的性质。对行为人在抢夺数额较大财物时（驾驶车辆抢夺的除外）因用力过猛而过失造成财物持有人轻伤以下伤害的，应以抢夺罪定罪处罚，因一般过失伤害不构成犯罪，所以只能视为抢夺罪的量刑情节；对过失导致被害人重伤、死亡等后果，构成过失致人重伤罪、过失致人死亡罪的，依照处罚较重的规定定罪处罚。

4. 应正确把握抢夺罪中情节严重与情节特别严重的含义。这里的"情节严重"是指抢夺公私财物数额巨大或者有其他严重情节的情形；"情节特别严重"是指抢夺数额特别巨大或者有其他特别严重情节的情形。根据上述《办理抢夺案件若干问题解释》：

（1）抢夺公私财物价值人民币 1000 元至 3000 元以上的，为数额较大。抢夺公私财物，具有下列情形之一的，"数额较大"的标准按照上述标准的 50% 确定：①曾因抢劫、抢夺或者聚众哄抢受过刑事处罚的；②1 年内曾因抢夺或者哄抢受过行政处罚的；③1 年内抢夺 3 次以上的；④驾驶机动车、非机动车抢夺的；⑤组织、控制未成年人抢夺的；⑥抢夺老年人、未成年人、孕妇、携带婴幼儿的人、残疾人、丧失劳动能力人的财物的；⑦在医院抢夺病人或者其亲友财物的；⑧抢夺救灾、抢险、防汛、优抚、扶贫、移民、救济款物的；⑨自然灾害、事故灾害、社会安全事件等突发事件期间，在事件发生地抢夺的；⑩导致他人轻伤或者精神失常等严重后果的。

（2）抢夺公私财物价值人民币 3 万元至 8 万元以上的，为数额巨大。

（3）价值人民币 20 万元至 40 万元以上的，为数额特别巨大。各省、自治区、直辖市高级人民法院、人民检察院可以根据本地区经济发展状况，并考虑社会治安状况，在上述数额幅度内确定本地区执行的具体数额标准，并报最高人民法院、最高人民检院批准。"其他严重情节"，是指抢夺公私财物，具有下列情形之一的：①导致他人重伤的；②导致他人自杀的；③具有上述数额较大标准第③项至第⑩项规定的情形之一，且数额达到"数额巨大"50%的。"其他特别严重情节"，是指对于抢夺公私财物，具有下列情形之一的：①导致他人死亡的；②具有上述数额较大标准第③项至第⑩项规定的情形之一，且数额达到"数额特别巨大"50%的。

五、聚众哄抢罪

（一）法律规定

《刑法》第 268 条规定："聚众哄抢公私财物，数额较大或者有其他严重情节的，对首要分子和积极参加的，处 3 年以下有期徒刑、拘役或者管制，并处罚金；数额巨大或者有其他特别严重情节的，处 3 年以上 10 年以下有期徒刑，并处罚金。"

（二）构成特征

1. 本罪客体是公私财物的所有权。犯罪对象是公私财物中的动产。

2. 本罪的客观方面表现为聚众哄抢公私财物，数额较大或者有其他严重情节的行为。首先，聚众哄抢行为具有以下三个特征：①聚众性。聚众是指纠集多人，一般至少为 3 人以上。②公然性。即哄抢的行为是公然进行的。③非暴力性。即哄抢人不使用暴力、胁迫手段，而是依靠人多势众取得财物。其次，聚众哄抢公私财物，数额较大或者情节严重的，才构成本罪。根据 2000 年 11 月 22 日最高人民法院《关于审理破坏森林资源刑事案件具体应用法律若干问题的解释》，聚众哄抢林木 5 立方米以上的，属于聚众哄抢数额较大；聚众哄抢林木 20 立方米以上的，属于聚众哄抢数额巨大。

3. 本罪的主体是一般主体，即年满 16 周岁且具有刑事责任能力的自然人。但刑法只处罚在聚众哄抢中的首要分子和积极参加者。首要分子是指在聚众哄抢中起组织、策划、指挥作用的人；积极参加者，是指主动参与聚众哄抢，并在哄抢中起重要作用的人。

4. 本罪的主观方面是直接故意，并以非法占有为目的。动机如何不影响本罪成立。

六、侵占罪

（一）法律规定

《刑法》第 270 条规定："将代为保管的他人财物非法占为己有，数额较大，拒不退还的，处 2 年以下有期徒刑、拘役或者罚金；数额巨大或者有其他严重情节的，处 2 年以上 5 年以下有期徒刑，并处罚金。将他人的遗忘物或者埋藏物非法占为己有，数额较大，拒不交出的，依照前款的规定处罚。本条罪，告诉的才处理。"

（二）概念和构成特征

侵占罪，是指以非法占有为目的，将代为保管的他人财物或者将他人的遗忘物、埋藏物非法占为己有，数额较大，拒不退还或者拒不交出的行为。本罪的构成特征表现为：

1. 本罪的客体是公私财产所有权。根据《刑法》的规定，本罪对象只限于两类：①行为人代为保管的他人财物。这里的财物既可以是动产，也可以是不动产；既可以是有形财产，也可以是无形财产，但不包括科技秘密等无形物。②行为人持有的他人的遗忘物或者埋藏物。遗忘物，是指所有人或持有人有意识地放在某处，因一时疏忽忘记拿走的财物。埋藏物，是指埋藏于地下，所有人不明或应由国家所有的财物。如果是他人有意埋藏于地下的财物，则属于他人占有的财物，而非埋藏物。

2. 本罪在客观方面表现为将代为保管的他人财物或者将他人的遗忘物、埋藏物非法占有，数额较大，拒不退还或拒不交出的行为。构成本罪，在客观方面必须具备以下条件：

（1）行为人已经持有他人财物。这是侵占行为的前提，也是侵占罪区别于盗窃、诈骗等罪的特征。已经持有他人的财物包括两种情形：①代为保管他人的财物；②拾得或发现他人的遗忘物或者挖掘出他人埋藏物而持有。代为保管他人的财物，是指基于委托、租赁、担保、借用等关系将他人的财物代为收受管理。对此，应以事实上或法律上对他人财物具有支配、控制力为条件，而不以行为人实际握持有为必要条件。遗忘物或者埋藏物，是指因某种原因暂时脱离了权利人控制、管理的财物。

（2）将他人的财物非法占为己有。占有的具体方法主要有两种：①实施处分行为。即将自己持有的他人之物视为自己之物而加以处分。这里的处分，可以是法律上的处分行为，也可以是事实上的处分行为。前者如抵押、买卖等，后者如消费或送给他人。②持有为所有之行为。即使财物的所有人丧失其所有权，如伪造契约来主张其代管的他人财物为自己所有。

（3）对代管的他人财物拒不退还，对他人的遗忘物、埋藏物拒不交出。拒不退还，是指经权利人要求退还而拒绝退还。拒不交出，是指对他人的遗忘物、埋藏物，在明确权利人之后，经有关机关要求交出而拒绝交出。不具备拒不退还或者拒不交出条件的，不成立侵占罪。

（4）行为人所侵占财物的数额较大。由于侵占行为是将代为保管的他人财物或者他人的遗忘物、埋藏物非法占为己有的行为，其社会危害性一般较轻，因此必须是侵占财物的数额较大，社会危害性达到一定程度的，才能构成犯罪。

3. 本罪的主体是一般主体。凡年满 16 周岁且具有刑事责任能力的自然人均可构成本罪。

4. 本罪的主观方面是直接故意，并且行为人必须具有非法占有的目的。动机如何不影响成立本罪。

（三）司法实务问题

1. 本罪与非罪的界限。把握侵占罪与非罪的界限，主要应注意考察以下方面：①本罪以非法占有他人财物数额较大为必要条件，如果数额较小，是民事侵权行为，不构成犯罪；②虽然发生了已经非法占有他人财物的事实，但在权利人要求其退还或者交出时，行为人退还或者交出的，不构成犯罪；③根据《刑法》的规定，本罪属于"亲告罪"，必须被害人告诉的才处理，即通常情况下只有被害人告诉，才可能认为是犯罪。不过，根据《刑法》第 98 条的规定，如果被害人因受强制、威吓无法告诉的，人民检察院和被害人的近亲属也可以告诉。

2. 侵占罪与盗窃罪的区别。侵占罪和盗窃罪都以他人财物为对象，都侵犯了公私财物的所有权，都是故意犯罪，并且都具有非法占有的目的。两罪的主要区别是：盗窃罪的对象是在他人控制之下的财物，因此行为人只有采取秘密窃取的手段才能非法占有，从而构成本罪；而侵占罪的对象是自己控制之下的他人财物或者遗忘物、埋藏物，故行为人只要实施将其非法据为己有且拒不退还或者拒不交出的行为，即可成立本罪。所以，判断财物事实上由谁占有以及是否脱离了权利人的控制与管理，是区分侵占罪与盗窃罪的关键。

七、职务侵占罪

（一）法律规定

《刑法》第 271 条规定："公司、企业或者其他单位的人员，利用职务上的便利将本单位财物非法占为己有，数额较大的，处 5 年以下有期徒刑或者拘役；数额巨大的，处 5 年以上有期徒刑，可以并处没收财产。国有公司、企业或者其他国有单位中从事公务的人员和国有公司、企业或者其他国有单位委派到非国有公司、企业以及其他单位从事公务的人员有前款行为的，依照本法第 382 条、第 383 条的规定[1]定罪处罚。"

（二）概念和构成特征

职务侵占罪，是指公司、企业或者其他单位的人员利用职务上的便利，将本单位财物占为己有，数额较大的行为。本罪的构成特征为：

1. 本罪的客体是公司、企业或者其他单位的财物所有权。其对象是行为人所属的公司、企业或者其他单位的财物，包括动产和不动产、有形财产和无形财产。这

---

[1]　即关于贪污罪的规定——引者注。

里的公司，是指依据公司法的规定所成立的有限责任公司和股份有限公司。企业，是指除公司以外依法成立的、具有法人资格的经济组织。其他单位，是指公司、企业以外的单位，包括事业单位、群众团体、管理公益事业的单位、村民小组等。此外，上述公司、企业或者其他单位管理、使用或者运输中的私人财产，也应认定为上述单位的财产。

2. 本罪在客观方面表现为利用职务上的便利，将本单位财物非法占为己有，数额较大的行为。要构成本罪，在客观方面首先必须是行为人利用了职务上的便利，即利用了自己主管、管理、经营、经手单位财物的便利条件。不是利用职务之便，而仅仅利用在单位工作熟悉作案环境和便于进出单位等便利，非法占有本单位财物的行为，不能构成本罪。其次，必须实施了将本单位财物非法占为己有的行为。从行为方式上看，除了将本单位财物侵吞外，本罪还包括利用职务之便的窃取、骗取等行为。根据《刑法》第183条的规定，保险公司的工作人员（但国有保险公司的工作人员和国有保险公司委派到非国有保险公司从事公务的人员除外）利用职务上的便利，故意编造未曾发生的保险事故进行虚假理赔，骗取保险金归自己所有的，以职务侵占罪论处。最后，必须非法占有了数额较大的单位财物，这是区别罪与非罪的重要界限。根据2010年最高人民检察院、公安部《关于公安机关管辖的刑事案件立案追诉标准的规定（二）》，数额较大以5000元至1万元为起点。

3. 本罪的主体是特殊主体，即除年满16周岁并具有刑事责任能力外，还必须是公司、企业或者其他单位的人员。但是依据刑法的规定，国有公司、企业或者其他国有单位中从事公务的人员和国有公司、企业或者其他国有单位委派到非国有单位从事公务的人员实施职务侵占行为，符合贪污罪构成的，应当以贪污罪定罪处罚。此外，根据1999年6月25日最高人民法院《关于村民小组组长利用职务便利非法占有公共财物行为如何定性问题的批复》，村民小组组长利用职务上的便利，将村民小组集体财产非法占为己有，数额较大的行为，以职务侵占罪定罪处罚。根据2001年5月23日最高人民法院《关于在国有资本控股、参股的股份有限公司中从事管理工作的人员利用职务便利非法占有本公司财物如何定罪问题的批复》，在国有资本控股、参股的股份有限公司中从事管理工作的人员，除受国家机关、国有公司、企业、事业单位委派从事公务的以外，不属于国家工作人员。对其利用职务上的便利，将本单位财物非法占为己有，数额较大的，应当以职务侵占罪论处。

4. 本罪的主观方面为故意，并且行为人必须具有非法占有本单位财物的目的。动机如何不影响本罪成立。

（三）司法实务问题

1. 本罪与盗窃罪、诈骗罪的界限。如前所述，职务侵占罪也常常采用窃取、骗取的方式实施。本罪与盗窃罪、诈骗罪的主要区别是：①本罪对象只能是行为人所在公司、企业或者其他单位的财物；而盗窃罪、诈骗罪的对象可以是任何公私财物。②本罪只能是利用职务便利实施的；而盗窃罪、诈骗罪的实施与职务无关。③本罪主体为特殊主体，即仅限于公司、企业或者其他单位的人员；而盗窃罪、诈骗罪的主体为一般主体。

2. 本罪与侵占罪的界限。两罪的主要区别是：①本罪侵犯的对象为行为人本单位的财物，而侵占罪则以行为人代为保管的他人财物以及他人的遗忘物、埋藏物为犯罪对象。②本罪在客观上表现为利用职务上的便利侵吞、窃取本单位财物的行为，而侵占罪的实施与职务无关，其行为方式表现为行为人将自己代为保管的他人财物或者他人遗忘物、埋藏物非法占有，拒不退还或者拒不交出。③本罪主体为特殊主体，而侵占罪主体为符合一般主体条件的自然人。

3. 职务侵占罪数额巨大的含义。《刑法》第 271 条对一般的职务侵占罪和非法占有财物数额巨大的职务侵占罪分别规定了不同的量刑幅度。因此要对职务侵占罪正确地裁量刑罚，必须准确把握数额巨大的认定标准。

八、挪用资金罪

（一）法律规定

《刑法》第 272 条规定："公司、企业或者其他单位的工作人员，利用职务上的便利，挪用本单位资金归个人使用或者借贷给他人，数额较大、超过 3 个月未还的，或者虽未超过 3 个月，但数额较大、进行营利活动的，或者进行非法活动的，处 3 年以下有期徒刑或者拘役；挪用本单位资金数额巨大的，或者数额较大不退还的，处 3 年以上 10 年以下有期徒刑。国有公司、企业或者其他国有单位中从事公务的人员和国有公司、企业或者其他国有单位委派到非国有公司、企业以及其他单位从事公务的人员有前款行为的，依照本法第 384 条的规定[1]定罪处罚。"

（二）概念和构成特征

挪用资金罪，是指公司、企业或者其他单位中的人员，利用职务上的便利，挪用本单位资金归个人使用或者借贷给他人，数额较大、超过 3 个月未还的，或者数额较大、进行营利活动的，或者进行非法活动的行为。本罪的构成特征表现为：

1. 本罪的客体是复杂客体，即公私财产所有权和财经管理制度。犯罪对象是行为人所在单位的资金。所谓资金，包括以货币形态表现的人民币、外币和以有价证券形式存在的股票、国库券等，但不包括单位的物资、设备和其他处于实物形态的财产。根据 2000 年 10 月 9 日最高人民检察院《关于挪用尚未注册成立公司资金的行为适用法律问题的批复》，筹建公司的工作人员在公司登记注册前，利用职务上的便利，挪用准备设立的公司在银行开设的临时账户上的资金，归个人使用或者借贷给他人，构成犯罪的，应当以挪用资金罪论处。

2. 本罪在客观方面表现为行为人利用职务上的便利，挪用本单位资金归个人使用或者借贷给他人，数额较大、超过 3 个月未还的，或者数额较大、进行营利活动的，或者进行非法活动的行为。构成本罪，在客观上首先必须是利用了职务上的便

---

〔1〕 即关于挪用公款罪的规定——引者注。

利，即利用自己主管、管理、经手本单位资金的职务便利。其次，必须实施了挪用本单位资金的行为。挪用，是指未经合法批准，擅自将本单位资金用于私人用途。具体表现为三种情况：①挪用资金归个人使用或者借贷给他人，数额较大、超过 3 个月未还的。归个人使用，是指将挪用的资金归自己使用。借贷给他人，是指将挪用的资金出借或者以贷款方式提供给其他自然人或其他公司、企业单位使用。根据 2000 年 7 月 20 日最高人民法院发布的《关于如何理解刑法第二百七十二条规定的"挪用本单位资金归个人使用或者借贷给他人"问题的批复》，公司、企业或者其他单位的非国家工作人员，利用职务上的便利，挪用本单位资金归本人或者其他自然人使用，或者挪用人以个人名义将所挪用的资金借给其他自然人和单位，构成犯罪的，应当以挪用资金罪定罪处罚。这种情况构成本罪必须具备数额较大、挪用时间超过 3 个月、案发时尚未归还三个条件。根据前述《关于公安机关管辖的刑事案件立案追诉标准的规定（二）》，这里的数额较大，以 1 万至 3 万元为起点。超过 3 个月未还，是指从挪用之日起经过了 3 个月还没有归还；挪用单位资金超过 3 个月之后，不问后来是否归还，都应以犯罪论处，事后归还，只是量刑情节；如果在 3 个月之内归还，则不成立本罪。②挪用资金虽未超过 3 个月，但数额较大、进行营利活动的。营利活动，是指将挪用的资金用于合法的经营活动。这种情况下，只要求挪用的资金达到数额较大，而没有挪用时间长短的限制，也不因发现时是否归还而影响本罪的成立。③挪用资金用于非法活动。用于非法活动，是指将挪用的资金用于一般的违法活动和犯罪活动，如用于个人或者他人非法经营、走私、赌博、贩毒等活动。这种情况构成本罪，既没有挪用时间的限制，也没有案发前归还与否的要求，而且只要挪用数额在 5000 元至 2 万元以上的，就可以追究刑事责任。

3. 本罪的主体是特殊主体，即只能是公司、企业或者其他单位的工作人员。如果行为人具有国家工作人员的身份的，则应以挪用公款罪论处。

4. 本罪主观方面是故意，其意图是非法暂时将本单位资金挪归个人使用或者借贷给他人，准备以后归还，因此，本罪行为人不具有非法占有的目的。故如果行为人携带挪用的资金潜逃的，则不构成本罪，而应以职务侵占罪论处。

（三）司法实务问题

1. 本罪与职务侵占罪的界限。本罪与职务侵占罪的犯罪主体相同，客观上都表现为利用职务上的便利。两罪的区别表现在：①对象不完全相同。本罪的对象只能是本单位资金；职务侵占罪的对象，除了本单位资金外，还可以是其他财物。②客观行为方式不同。挪用资金罪表现为以不改变所有关系的方式，将本单位资金挪归个人使用或者借贷给他人；职务侵占罪表现为以侵吞、窃取、骗取等手段，将本单位财物非法占有。③故意的内容不同。挪用资金罪的行为人只是出于暂时挪用、使用单位资金的故意，主观上具有归还的意图；职务侵占罪的行为人出于非法占有单位资金的故意，不具有归还的意图。

2. 挪用资金罪量刑情节的含义。《刑法》第 272 条对一般的挪用资金罪和挪用资金罪数额巨大的或者挪用资金数额较大不退还的分别规定了不同的量刑幅度。因此必须确切把握这里的数额巨大以及不退还的含义，才能对挪用资金罪正确裁量刑罚。在目前尚无司法解释的情况下，我们认为可参照最高人民法院《关于审理挪用公款案件具体应用法律若干问题的解释》，以挪用15万元至20万元为挪用资金数额巨大的起点。至于这里的不退还，则是指行为人因为客观原因在一审判决作出前不能退还。例如，因经营活动亏空而不能退还或因从事非法活动致使挪用的资金被没收而无力退还等。如果行为人客观上有能力退还而不肯退还或者携款潜逃的，则应以职务侵占罪论处，而不能认定为挪用资金不退还的情形。

九、挪用特定款物罪

（一）法律规定

《刑法》第273条规定："挪用用于救灾、抢险、防汛、优抚、扶贫、移民、救济款物，情节严重，致使国家和人民群众利益遭受重大损害的，对直接责任人员，处3年以下有期徒刑或者拘役；情节特别严重的，处3年以上7年以下有期徒刑。"

（二）构成特征

1. 本罪的客体是复杂客体，既侵犯了公共财物的所有权，又侵犯了国家关于特定款物必须专用的财经管理制度。本罪对象限于7项特定款物，即专门用于救灾、抢险、防汛、优抚、扶贫、移民、救济的特定款物。根据2003年1月28日最高人民检察院发布的《关于挪用失业保险基金和下岗职工基本生活保障资金的行为适用法律问题的批复》，挪用失业保险基金和下岗职工基本生活保障资金属于挪用救济款物。情节严重，致使国家和人民群众利益遭受重大损害的，对直接责任人员应当以挪用特定款物罪追究刑事责任。根据2003年5月14日最高人民法院、最高人民检察院发布的《关于办理妨害预防、控制突发传染病疫情等灾害的刑事案件具体应用法律若干问题的解释》，挪用用于预防、控制突发传染病疫情等灾害的救灾、优抚、救济等款物，构成犯罪的，对直接责任人员，以挪用特定款物罪定罪处罚。

2. 本罪在客观方面表现为违反国家财经管理制度，利用职务上的便利，将上述特定款物挪作其他用途，情节严重，致使国家和人民群众利益遭受重大损害的行为。这里的挪用，只限于改变特定款物用途，将其挪作其他公用，如将救灾款物用来建礼堂、招待所，将防汛款物用来修建城市广场、街心花园等，不包括挪归个人使用。这里的情节严重从而给国家和人民群众利益造成重大损害，是指挪用特定款物价值在人民币5000元以上或者造成国家和人民群众直接经济损失数额在5万元以上的，或者虽未达到上述数额标准，但造成人民群众的生产、生活严重困难的。[1]

3. 本罪主体是特殊主体，即国家机关、事业单位和社会团体中掌管、支配、使用特定款物的直接责任人员，以及国家机关、事业单位、社会团体委托经手、管理

---

[1] 参见2010年5月7日最高人民检察院、公安部发布的《关于公安机关管辖的刑事案件立案追诉标准的规定（二）》。

特定款物的人员。

4. 本罪的主观方面是故意，过失不构成本罪。

（三）司法实务问题

在认定和惩处挪用特定款物罪的司法实践中：①应注意区分罪与非罪的界限。对于挪用行为情节不严重，没有致国家和人民利益遭受重大损害的，不能以犯罪论处。②应注意本罪与挪用资金罪的界限。两罪在犯罪客体及对象、挪用行为特别是用途、构成犯罪所要求的情节以及主体等方面均不相同。③应注意一般的挪用特定款物罪与情节特别严重的挪用特定款物罪的区别。这里的情节特别严重，一般是指挪用的数额特别巨大的，挪用行为造成特别恶劣的影响的以及致使国家和人民利益遭受特别严重的损害的，等等。

十、敲诈勒索罪

（一）法律规定

《刑法》第 274 条规定："敲诈勒索公私财物，数额较大或者多次敲诈勒索的，处 3 年以下有期徒刑、拘役或者管制，并处或者单处罚金；数额巨大或者有其他严重情节的，处 3 年以上 10 年以下有期徒刑，并处罚金；数额特别巨大或者有其他特别严重情节的，处 10 年以上有期徒刑，并处罚金。"

（二）概念和构成特征

敲诈勒索罪，是指以非法占有为目的，以将要对他人实施暴力或其他损害相威胁或者要挟的方法，强行索取公私财物数额较大或者多次敲诈勒索的行为。本罪的构成特征表现为：

1. 本罪的客体是复杂客体。即本罪主要侵犯了公私财物的所有权，同时也侵害到了被害人的人身权利或者其他权利。本罪的对象一般而言是公私财物，包括动产、不动产以及财产性利益。

2. 本罪在客观方面表现为采用威胁或者要挟的方法强行索取公私财物，数额较大或者多次敲诈勒索的行为。构成本罪：①必须是行为人实施了以威胁或者要挟的方法强行索取公私财物的行为，即提出以当场或者在指定时间内交付财物为内容，以如不交付财物将会在未来的某个时刻对被害人及与其有密切关系人员的生命、健康、自由、财产及人格、名誉、信誉等造成不利后果为后续手段。可见，威胁或者要挟的方法是敲诈勒索行为不可或缺的组成部分。这里的威胁一般是指以将要侵害他人的人身、财产权利进行恐吓，如以将要实施放火、爆炸、杀人、伤害、绑架等暴力行为相威胁，以将损害他人名誉、人格相威胁，以将栽赃陷害相威胁，以将要毁坏他人贵重财产相威胁等。要挟，则主要是指以将要暴露他人不道德、不名誉、不守法的事实情况相恐吓，如以将披露他人不检点的生活作风相要挟，以将要告发他人违法犯罪活动相要挟等。实际上，在敲诈勒索的场合，威胁与要挟没有本质的区别，都是使他人产生心理上的恐惧从而被迫交付财物的精神强制方法。另外需要进一步强调的是，敲诈勒索的威胁与要挟可能发生的不利后果具有未来性特点，即如果被害人不满足其要求，那么他将会在以后某个时刻而不是立即将威胁、要挟的举动付诸实施。至于威胁或者要挟的具体方式，可以是多种多样的，既可以是明确的扬言，也可以是暗示；既可以使用语言文字实施，也可以使用动作手势实施；既可以直接通告被害人，也可以通过第三者转达。②行为人必须索取财物数额较大。敲诈勒索公私财物"数额较大"，以2000元至5000元为起点；敲诈勒索公私财物"数额巨大"，以3万元至10万元为起点。各省、自治区、直辖市高级人民法院、人民检察院可以根据本地区实际情况，在上述幅度内，研究确定本地区执行的具体数额标准，并报最高人民法院、最高人民检察院批准。③虽然索取财物没有达到较大数额，但多次敲诈勒索的，也可构成本罪。

3. 本罪的主体是一般主体。即凡年满16周岁并具有刑事责任能力的自然人均可成为敲诈勒索罪的犯罪主体。

4. 本罪的主观方面是直接故意，并且行为人必须是以非法占有他人财物为目的，动机如何不影响本罪成立。如果行为人不具有非法占有目的，而是为了追讨合法欠款对债务人使用威胁、要挟方法的，不能成立本罪。

（三）司法实务问题

1. 本罪与非罪的界限。实践中对于下列情节显著轻微、危害不大的情况，不能认定为敲诈勒索罪：①基于其他目的（如为保持同居关系）而实施敲诈的；②为索取债务而进行威胁或要挟的；③基于无因管理而付出劳动，为索取一定报酬而实施威胁或要挟的。

2. 本罪与抢劫罪的界限。本罪与抢劫罪有诸多相似之处，如犯罪客体均为复杂客体；客观方面都可以当场对被害人实施威胁，当场取得财物；主观上都以非法占有为目的。两罪的区别主要是：①威胁的方式不同。本罪的威胁可以当着被害人的面实施，也可以通过书信实施或让第三者转达；而抢劫罪的威胁必须当面对被害人直接实施。②威胁内容不同。本罪的威胁内容比较广泛，除以实施暴力相威胁外，还可以毁坏名誉、毁坏财产等相威胁；而抢劫罪威胁的内容以实施暴力为限，通常以殴打、伤害、杀害、绑架等进行威胁。③威胁的紧迫程度不同。本罪的威胁，以今后将实施暴力或其他侵害被害人权利的行动相恐吓，被害人在威胁面前尚有寻求救济的余地；而抢劫罪的威胁以当场实施暴力相胁迫，被害人在威胁面前没有寻求救济的空间。④索取财物的范围不同。本罪索取的可以是动产或不动产，也可以是财产性的利益，而抢劫罪劫取的一般只能是动产。⑤获取财物的时间不同。本罪可以当场取得财物，也可以在以后一个时间段内取得财物，而抢劫罪只能在当场取得财物。

3. 本罪与绑架罪的界限。绑架罪中包括了向被绑架人的近亲属及其他人勒索财物的情况，它与敲诈勒索罪的关键区别在于是否实际上绑架了他人。如果已经绑架了他人而向被绑架人之外的人勒索财物的，应认定为绑架罪；如果以今后将要实施绑架相威胁而勒索财物的，应以敲诈勒索罪论处。

4. 本罪的既遂与未遂。敲诈勒索罪的基本结构是：行为人以非法占有为目的对他人实行威胁——被害人产生恐惧心理——被害人基于恐惧心理作出处分财产的决定——行为人取得财产。因此，行为人对被害人进行威胁，被害人产生精神恐惧并基于恐惧心理交付了财物，行为人非法取得财物，即为敲诈勒索罪的既遂；如果被害人未交付财物，或者被害人不是基于恐惧心理交付财物，而是基于怜悯心理提供财物，或者为了配合警察逮捕行为人而按约定时间与地点交付财物的，只能认定为敲诈勒索罪的未遂。

5. 敲诈勒索罪情节严重的含义。《刑法》第 274 条对一般的敲诈勒索罪和情节严重的敲诈勒索罪规定了不同的量刑幅度。因此，要正确对本罪裁量刑罚，必须准确把握敲诈勒索罪情节严重的含义。这里的情节严重，是指敲诈勒索公私财物数额巨大或者有其他严重情节的情形。敲诈勒索公私财物"数额巨大"，以 3 万元至 10 万元为起点，各省、自治区、直辖市高级人民法院、人民检察院可以根据本地区实际情况，在上述幅度内，研究确定本地区执行的具体数额标准，并报最高人民法院、最高人民检察院批准。至于其他严重情节，在司法实践中一般是指敲诈勒索引起了严重后果，如造成被害人自杀、精神失常等；或者冒充公安、司法工作人员进行敲诈勒索以及敲诈勒索造成其他恶劣社会影响的情形。

十一、故意毁坏财物罪

（一）法律规定

《刑法》第 275 条规定："故意毁坏公私财物，数额较大或者有其他严重情节的，处 3 年以下有期徒刑、拘役或者罚金；数额巨大或者有其他特别严重情节的，处 3 年以上 7 年以下有期徒刑。"

（二）构成特征

1. 本罪的客体是公私财物的所有权。其对象是各种公私财物，包括动产和不动产，但毁坏自己所有的财物，属于所有人对财产的处分，而不成立本罪；故意毁坏刑法另有规定的某些特定财物，如毁坏耕地或者进行破坏性采矿的，依照刑法的规定处理。

2. 本罪在客观方面表现为毁坏公私财物，数额较大或者有其他严重情节的行为。毁坏是指毁灭或者损坏。其中，毁灭是指使公私财物完全丧失价值与效用；损坏是指使公私财物部分丧失价值与效用。毁坏公私财物的方式可以多种多样，如烧毁、砸毁、捣毁、拆卸等。此外，成立本罪还要求毁坏财物数额较大或者有其他严重情节。数额较大，是指造成公私财物的直接损失数额较大。其他严重情节，是指毁坏重要物资的、毁坏手段恶劣的、动机卑鄙的、毁坏财物嫁祸于人的等。

3. 本罪的主体是一般主体，即年满 16 周岁且具有刑事责任能力的自然人。

4. 本罪的主观方面为故意，包括直接故意与间接故意。

（三）司法实务问题

在认定和惩处故意毁坏公私财物罪的司法实践中，主要应注意区分本罪与其他犯罪以及一罪与数罪的界限。对于因毁坏公私财物而危害公共安全的行为，如放火烧毁、炸毁公私财物或者毁坏交通工具、交通设施、电力设备或者易燃易爆设备，危害到多数人的生命、健康或者重大公私财产安全的，应当认定为相应的故意危害公共安全罪。对于以抢劫、盗窃等手段非法占有他人财物后又予以毁坏的，应以抢劫罪、盗窃罪等定罪处罚，不能以本罪论处，也不能以本罪和抢劫罪、盗窃罪等实行数罪并罚。

十二、破坏生产经营罪

（一）法律规定

《刑法》第276条规定："由于泄愤报复或者其他个人目的，毁坏机器设备、残害耕畜或者以其他方法破坏生产经营的，处3年以下有期徒刑、拘役或者管制；情节严重的，处3年以上7年以下有期徒刑。"

（二）构成特征

1. 本罪的客体是复杂客体，既侵犯了公私财产所有权，又侵犯了国家、集体或者个人生产经营的正常秩序。本罪的对象为与生产经营活动有直接联系的财物，即正在用于生产经营的各种设备、设施、耕畜和其他生产资料。

2. 本罪客观方面表现为行为人实施了毁坏机器设备、残害耕畜或者以其他方法破坏生产经营的行为。这里的其他方法，是指其他与毁坏机器设备、残害耕畜相类似的足以破坏生产经营活动的方法，如切断生产经营用电的电源、篡改设计图纸、毁坏种子或者禾苗等。需要指出的是，这种行为所破坏的可以是任何合法的生产经营活动，如工业生产、农业生产、交通运输、商业经营等。

3. 本罪的主体是一般主体，即年满16周岁且具有刑事责任能力的自然人。

4. 本罪的主观方面是故意，并且行为人具有泄愤报复或者其他个人目的。

（三）司法实务问题

在认定和惩处破坏生产经营罪的司法实践中，首先应注意区分本罪与故意毁坏财物罪的界限。两罪的区别主要体现为犯罪对象不同。本罪的对象一般为正在使用的生产经营设备、耕畜和其他生产资料，而故意毁坏财物罪的对象为普通财物。因此，本罪不仅侵犯了公私财物所有权，还侵犯了正常的生产经营秩序，而故意毁坏财物罪则仅仅侵犯了财物所有权。其次，要注意破坏生产经营罪一般情节与情节严重的界限。这里的情节严重是指：破坏重要机器设备，严重影响生产经营活动的；破坏生产经营手段特别恶劣的；破坏生产经营造成直接经济损失巨大的；造成特别恶劣的社会影响的；等等。

十三、拒不支付劳动报酬罪

（一）法律规定

《刑法》第276条之一："以转移财产、逃匿等方法逃避支付劳动者的劳动报酬或者有能力支付而不支付劳动者的劳动报酬，数额较大，经政府有关部门责令支付仍不支付的，处 3 年以下有期徒刑或者拘役，并处或者单处罚金；造成严重后果的，处 3 年以上 7 年以下有期徒刑，并处罚金。单位犯前款罪的，对单位判处罚金，并对其直接负责的主管人员和其他直接责任人员，依照前款的规定处罚。有前两款行为，尚未造成严重后果，在提起公诉前支付劳动者的劳动报酬，并依法承担相应赔偿责任的，可以减轻或者免除处罚。"

（二）概念和构成特征

拒不支付劳动报酬罪，是指以转移财产、逃匿等方法逃避支付劳动者的劳动报酬或者有能力支付而不支付劳动者的劳动报酬，数额较大，经政府有关部门责令支付仍不支付的行为。

1. 本罪客观方面表现为以转移财产、逃匿等方法逃避支付劳动者的劳动报酬或者有能力支付而不支付劳动者的劳动报酬，数额较大，经政府有关部门责令支付仍不支付的行为。即：首先，行为人必须有逃避支付或者拒不支付劳动者劳动报酬的行为；其次，劳动报酬的数额必须较大；最后，必须经政府有关部门责令支付仍不支付。

2. 本罪的主体既可以是自然人也可以是单位。

根据我国《刑法》第 276 条之一的规定，自然人犯本罪的，处 3 年以下有期徒刑或者拘役，并处或者单处罚金；造成严重后果的，处 3 年以上 7 年以下有期徒刑，并处罚金；单位犯本罪的，对单位判处罚金，并对其直接负责的主管人员和其他直接责任人员，依照前款的规定处罚。所谓造成严重的后果，主要指因为劳动报酬拿不到手，导致劳动者自杀、闹事造成恶劣影响等情形。

根据我国《刑法》第 276 条之一第 3 款的规定，犯本罪，尚未造成严重后果，在提起公诉前支付劳动者的劳动报酬，并依法承担相应赔偿责任的，可以减轻或者免除处罚。这里需要注意的是，从宽处罚情节的具备必须同时满足三个要件：①尚未造成严重后果；②在提起公诉前支付劳动者的劳动报酬；③依法承担相应赔偿责任。这三个要件，缺一不可。

【思考题】

1. 如何理解"侵犯财产罪"中的"财产"？
2. 如何理解与认定"非法占有的目的"？
3. 如何理解抢劫罪的手段行为？
4. 特殊的盗窃、诈骗、抢夺类犯罪能否转化为抢劫罪？
5. 如何理解和适用抢劫罪中的 8 种法定量刑情节？
6. 如何认定盗窃罪的既遂？
7. 如何认定诉讼诈骗行为的性质？

8. 如何理解"携带凶器进行抢夺的，以抢劫论"的规定？

9. 如何理解侵占罪中的"拒不退还"或"拒不交出"？

10. 试述敲诈勒索罪与以胁迫手段进行的抢劫罪的界限。

11. 试述盗窃罪、侵占罪和诈骗罪的界限。

12. 试述盗窃罪与故意毁坏财物罪的界限。

第二十三章

妨害社会管理秩序罪

学习目的与要求 重点掌握妨害公务罪，招摇撞骗罪，聚众扰乱社会秩序罪，聚众斗殴罪，寻衅滋事罪，组织、领导、参加黑社会性质组织罪，伪证罪，窝藏、包庇罪，掩饰、隐瞒犯罪所得、犯罪所得收益罪，拒不执行判决、裁定罪，脱逃罪，组织他人偷越国（边）境罪，倒卖文物罪，妨害传染病防治罪，医疗事故罪，污染环境罪，非法狩猎罪，盗伐林木罪，走私、贩卖、运输、制造毒品罪，非法持有毒品罪，组织卖淫罪，制作、复制、出版、贩卖、传播淫秽物品牟利罪等重点罪名的概念、构成特征及认定，掌握本章其他犯罪的概念、构成特征。

■ 第一节 妨害社会管理秩序罪概述

一、妨害社会管理秩序罪的概念与构成特征

妨害社会管理秩序罪，是指妨害国家机关对日常社会生活的管理活动，破坏社会秩序，达到一定严重程度的行为。

建立良好的社会管理秩序，保证国家对日常社会生活的正常管理活动，是国家正常进行其他管理的基础和保证，也是国家赖以存在和发展的基本条件。作为人民民主专政的社会主义国家，为了实现国家的长治久安，保护人民的利益，保障社会主义物质文明和精神文明建设的顺利进行，我国历来十分重视加强对社会秩序的管理，并运用刑法武器同严重破坏社会管理秩序的犯罪行为作斗争。然而近年来，扰乱公共秩序、妨害司法活动、破坏环境资源，制作、贩卖、传播淫秽物品等妨害社会管理秩序的犯罪活动十分猖獗，特别是毒品犯罪愈演愈烈，黑社会性质组织的犯罪亦有滋生蔓延之势，已经严重危及社会的稳定与发展，影响了建设有中国特色的社会主义事业的顺利进行。因此，更好地运用刑法严厉打击妨害社会管理秩序的犯罪活动，对于维护良好的社会管理秩序，为国家的建设与发展创造良好的社会环境，

具有十分重要的意义。

妨害社会管理秩序罪的构成特征如下：

1. 本类犯罪侵犯的同类客体是社会管理秩序。社会管理秩序有广义和狭义之分。广义的社会管理秩序，是指国家对社会生活的各个方面的管理活动所形成的整个社会的有序状态。从广义上讲，社会管理秩序亦可称为社会秩序；狭义的社会管理秩序，是指国家对日常社会生活的管理活动所形成的社会某些方面的有序状态，具体包括公共秩序、司法秩序、国（边）境管理秩序、文物管理秩序、公共卫生秩序、环境资源管理秩序、社会治安管理秩序和文化市场管理秩序等。作为本类犯罪同类客体的社会管理秩序，是指狭义的社会管理秩序。

2. 本类犯罪在客观方面表现为违反社会秩序管理法规，妨害国家对社会的管理活动，破坏社会秩序，达到一定严重程度的行为。

（1）违反某个方面的社会秩序管理法规，是本类犯罪客观方面的一个共同特征。其中不少犯罪在条文中直接指明了违反的有关法规，如偷越国（边）境罪，妨害传染病防治罪，妨害动植物防疫、检疫罪，非法占用耕地罪，滥伐林木罪等都是如此。有的犯罪虽然未在条文中明确规定所违反的有关法规，但实际上也是以违反某个方面的法规为前提的。因此，掌握本类犯罪必须了解国家有关社会秩序各个方面的管理法规。

（2）社会管理秩序范围的广泛性和国家社会管理活动的多样性，决定了本类犯罪的客观行为、具体内容和表现形式纷繁复杂。该类犯罪行为的表现形式绝大多数是作为，只有个别犯罪是不作为，如拒绝提供间谍犯罪证据罪，拒不执行判决、裁定罪等。

（3）妨害社会管理秩序的行为须达到一定的严重程度。这是区分妨害社会管理秩序罪与妨害社会管理秩序一般违法行为的界限。妨害社会管理秩序没有达到一定的严重程度，是不能构成犯罪的。至于妨害社会管理秩序是否达到一定的严重程度，部分犯罪明确规定要情节严重才能构成，也有的犯罪则是以其行为本身或者造成的结果以及所侵犯的对象来表明其严重性。

3. 本类犯罪的主体既包括自然人犯罪主体，也包括单位犯罪主体。其中，大多数犯罪只能由自然人构成，部分犯罪自然人和单位均可构成，个别犯罪只能由单位构成。

4. 本类犯罪在主观方面，绝大多数为故意，只有个别犯罪是过失。另外，在故意犯罪中，有一些犯罪以特定的犯罪目的作为构成条件，如赌博罪要求以营利为目的，倒卖文物罪和制作、复制、出版、贩卖、传播淫秽物品牟利罪须以牟利为目的等。

二、妨害社会管理秩序罪的种类

妨害社会管理秩序罪规定在刑法分则第六章，从第 277 条至第 367 条，共规定有 136 种具体犯罪，是罪名最多、内容最为繁杂的一类犯罪。由于罪名多，涉及的范围也广，刑法根据具体犯罪侵犯的社会管理秩序的不同方面，又把本类犯罪分成九个小类：①扰乱公共秩序罪；②妨害司法罪；③妨害国（边）境管理罪；④妨害文物管理罪；⑤危害公共卫生罪；⑥破坏环境资源保护罪；⑦走私、贩卖、运输、制造毒品罪；⑧组织、强迫、引诱、容留、介绍卖淫罪；⑨制作、贩卖、传播淫秽物品罪。

■ 第二节 扰乱公共秩序罪分述

一、妨害公务罪

（一）法律规定

《刑法》第 277 条规定："以暴力、威胁方法阻碍国家机关工作人员依法执行职务的，处 3 年以下有期徒刑、拘役、管制或者罚金。以暴力、威胁方法阻碍全国人民代表大会和地方各级人民代表大会代表依法执行代表职务的，依照前款的规定处罚。在自然灾害和突发事件中，以暴力、威胁方法阻碍红十字会工作人员依法履行职责的，依照第 1 款的规定处罚。故意阻碍国家安全机关、公安机关依法执行国家安全工作任务，未使用暴力、威胁方法，造成严重后果的，依照第 1 款的规定处罚。暴力袭击正在依法执行职务的人民警察的，依照第 1 款的规定从重处罚。"

（二）概念和构成特征

妨害公务罪，是指以暴力、威胁的方法，阻碍国家机关工作人员、人大代表、红十字会工作人员、人民警察依法执行职务或履行职责，或者故意阻碍国家安全机关、公安机关依法执行国家安全工作任务，虽未使用暴力，但造成严重后果的行为。本罪需重点把握的构成特征有两方面：

1. 本罪在客观方面表现为以暴力、威胁方法阻碍国家机关工作人员、人大代表、人民警察依法执行职务，或者在自然灾害和突发事件中，以暴力、威胁方法阻碍红十字会工作人员依法履行职责，或者未使用暴力、威胁方法阻碍国家安全机关、公安机关人员依法执行国家安全工作任务，但造成严重后果的行为。

（1）根据《刑法》第 277 条的规定，本罪的对象包括四种人：①依法正在执行国家公务的各级、各类国家机关工作人员；②依法正在执行代表职务的全国人民代表大会和地方各级人民代表大会的代表；③依法正在自然灾害和突发事件中履行职责的各级红十字会工作人员；④依法正在执行国家安全工作任务的国家安全机关和公安机关工作人员以及依法正在执行职务的人民警察。此外，根据最高人民检察院2000 年 4 月 24 日公布施行的《关于以暴力、威胁方法阻碍事业编制人员依法执行行政执法职务是否可对侵害人以妨害公务罪论处的批复》，对于以暴力、威胁方法阻碍国有事业单位人员依照法律、行政法规的规定执行行政执法职务的，或者以暴力、威胁方法阻碍国家机关中受委托从事行政执法活动的事业编制人员执行行政执法职务的，可以对侵害人以妨害公务罪追究刑事责任。

须特别注意的是，无论上述哪种人员，都必须是依法正在执行某种公务。这里包含两层意思：一方面，从行为性质讲必须是合法的，即上列人员是在其职权范围内按照合法的程序与方式执行职务，违法滥用职权的上列人员不能成为本罪之对象；另一方面，从时间上看，依法执行职务的活动必须正在进行。所谓"正在进行"，应理解为从前往目的地开始，到实际执行职务以及最后返回特定地点的整个过程。

（2）必须有阻碍上列人员依法执行职务的行为。所谓"阻碍"，是指行为人以一定的方式致使上列人员不能执行或者不能正常执行其职务，具体可表现为迫使其停止执行职务，或者改变其所执行职务的内容，以及实施违背其职务的行为等。按照《刑法》第277条的规定，阻碍上列不同人员依法执行职务构成本罪有不同的要求：阻碍国家机关工作人员和人大代表依法执行职务要求以暴力、威胁方式实施；阻碍人民警察依法执行职务的，必须是采取暴力袭击的方式，方能构成本罪；阻碍红十字会工作人员依法履行职责，除要求以暴力、威胁方式实施外，还必须是发生在自然灾害和突发事件中，才能构成本罪；阻碍国家安全机关、公安机关工作人员依法执行国家安全工作任务的，在两种情况下构成本罪：①使用暴力、威胁方式进行阻碍的，当然构成本罪；②虽未使用暴力、威胁方式进行阻碍，但造成严重后果的，也构成本罪。所谓"造成严重后果"，主要指因行为人的阻碍行为，致使国家安全机关或者公安机关无法执行或者未能及时执行国家安全工作任务，从而使国家安全工作遭受较大损失，如使危害国家安全的犯罪未能及时被制止，或者使危害国家安全的犯罪分子得以逃脱等。上述所谓"暴力"，是指殴打、冲砸、强行留置等行为，其既可徒手实施，也可以借助一定的工具实施；既可表现为直接打击或者强制有关人员的身体，也可表现为毁坏有关人员所使用的交通工具、通信设备以及文件资料等。所谓"威胁"，是指以杀害、伤害、毁坏财物、败坏名誉等相要挟，对依法执行职务的有关人员进行精神强制，迫使其不敢执行或者不敢正确执行其职务。

2. 本罪的主观方面必须是故意，即行为人必须明知是国家机关工作人员、人大代表、红十字会工作人员、人民警察正在依法执行职务或履行职责，或者是国家安全机关、公安机关正在依法执行国家安全工作任务，而故意加以阻挠。至于行为人出于何种动机而妨害公务，不影响本罪的成立。

（三）司法实务问题

1. 罪与非罪的界限。如前所述，刑法针对不同对象规定了不同的构成标准，因此应分别不同对象加以认定。具体讲，妨害国家机关工作人员、人大代表和红十字会工作人员以及人民警察依法执行职务或履行职责的，关键看是否使用了暴力或威胁方法，使用了的构成本罪，反之，则不构成本罪；阻碍国家安全机关、公安机关依法执行国家安全工作任务的，则比较特殊，使用了暴力、威胁方法的肯定构成，但未使用暴力、威胁方法的，只要造成严重后果，也同样可以构成本罪。

2. 如果行为人确实不知道对方正在执行公务，或者误认为对方的依法执行公务的行为是违法行为而进行阻碍的，均不能定本罪，应按对事实的认识错误的处理原则进行处理。具体讲，行为人具有其他犯罪故意的，定相应的故意犯罪，如不知对方正在执行公务而故意伤害对方的，可定故意伤害罪；不具有其他犯罪故意的，考察行为人是否应当预见对方正在执行公务，如果应当预见，应根据所造成的结果，定相应的过失犯罪，否则，只能按意外事件处理。

3. 本罪与抗税罪的界限。抗税罪其实也属于妨害公务的行为，其与妨害公务罪属于法条竞合关系，其中，抗税罪属于特别法条。因此，凡是以暴力、威胁方法阻碍税收征管人员执行税收职务的，都应定抗税罪，而不定妨害公务罪。

4. 本罪与聚众阻碍解救被收买的妇女、儿童罪的界限。二者属于部分内容竞合的法条竞合关系，其中聚众阻碍解救被收买的妇女、儿童罪为特别法条。需要特别注意的是，根据《刑法》第242条的规定，只有聚众阻碍国家机关工作人员解救被收买的妇女、儿童中的首要分子，才构成聚众阻碍解救被收买的妇女、儿童罪。其他参与者未使用暴力、威胁方法的，不构成犯罪；如果使用了暴力、威胁方法的，则定妨害公务罪。另外，未聚众但使用暴力、威胁方法阻碍国家机关工作人员解救被收买的妇女、儿童的，也定妨害公务罪。

5. 一罪与数罪的界限。妨害公务罪容易与其他罪发生想象竞合或者牵连关系，应注意区分一罪与数罪。当行为人使用暴力妨害公务，造成有关人员重伤、死亡，或者以抢劫、抢夺有关人员枪支的方式阻碍执行公务时，属于想象竞合犯，按从一重罪处罚的原则，应定故意伤害罪、故意杀人罪、抢劫枪支罪或抢夺枪支罪，而不定妨害公务罪；当本罪与其他罪发生牵连关系时，原则上应从一重罪处罚，但刑法有特别规定的应数罪并罚，如《刑法》第157条第2款明确规定，以暴力、威胁方法抗拒缉私的，以走私罪和妨害公务罪数罪并罚。

二、煽动暴力抗拒法律实施罪

（一）法律规定

《刑法》第278条规定："煽动群众暴力抗拒国家法律、行政法规实施的，处3年以下有期徒刑、拘役、管制或者剥夺政治权利；造成严重后果的，处3年以上7年以下有期徒刑。"

（二）构成特征

1. 行为人实施了煽动行为。所谓煽动，是指针对不特定的人或者多数人，以鼓动性的言词、文字或者图画等，诱导、激发其去实施某种行为。煽动的方式多种多样，如发表演讲、散发传单、张贴标语、发送书信或电子邮件等，无论采用哪种方式都可构成本罪。

2. 煽动的内容必须是鼓动群众以暴力方式抗拒国家法律、行政法规的实施。如果煽动的内容不是抗拒国家法律、行政法规的实施，或者虽然煽动的内容是抗拒国家法律、行政法规的实施，但是煽动群众以静坐、请愿等非暴力方式抗拒的，均不构成本罪。

（三）司法实务问题

在司法实务方面，要明确本罪是行为犯，其成立不以实际发生被煽动的群众实施了暴力抗拒国家法律、行政法规实施的后果为要件。另外还应注意，如果行为人是煽动颠覆国家政权、煽动分裂国家、煽动暴力阻碍国家机关工作人员执行具体职务，应当分别构成煽动颠覆国家政权罪、煽动分裂国家罪和妨害公务罪，而不构成本罪。

三、招摇撞骗罪

（一）法律规定

《刑法》第 279 条规定："冒充国家机关工作人员招摇撞骗的，处 3 年以下有期徒刑、拘役、管制或者剥夺政治权利；情节严重的，处 3 年以上 10 年以下有期徒刑。冒充人民警察招摇撞骗的，依照前款的规定从重处罚。"

（二）概念和构成特征

招摇撞骗罪，是指为了谋取非法利益，冒充国家机关工作人员到处行骗，损害国家机关威信、公共利益和公民合法利益的行为。本罪需要重点把握的特征有两方面：

1. 本罪在客观方面表现为冒充国家机关工作人员进行招摇撞骗的行为。所谓冒充国家机关工作人员，是指假冒国家机关工作人员的身份或者职务，具体包括三种情况：①非国家机关工作人员冒充国家机关工作人员；②此种国家机关工作人员冒充他种国家机关工作人员；③低职位的国家机关工作人员冒充高职位的国家机关工作人员。冒充高干子弟、劳动模范、港澳台商、华侨以及外国人等的，不能构成本罪。所谓招摇撞骗，是指行为人假冒国家机关工作人员到处炫耀，利用人们对国家机关工作人员的信任，骗取非法利益的行为。骗取的非法利益可以是钱财，也可以是地位、荣誉、待遇、资格、女色等。

2. 本罪的主观方面是故意，并且具有谋取非法利益的目的。

（三）司法实务问题

1. 罪与非罪的界限。下列情况不能定招摇撞骗罪，而只能按一般违法行为或错误行为处理：①招摇撞骗情节显著轻微危害不大的，如为了解决住宿、购买车票等问题而偶尔冒充国家机关工作人员的，或者为了达到与他人结婚的目的而谎称是国家机关工作人员的；②行为人只是出于爱慕虚荣而谎称自己是国家机关工作人员，并不具有骗取非法利益目的的；③冒充国家机关工作人员是为了谋求某种合法利益的；④不是冒充国家机关工作人员，而是冒充高干子弟、劳动模范、共产党员、港商、华侨、外商等，骗取财物以外的非法利益的。

2. 本罪与诈骗罪的界限。两罪都是一般主体，在虚构事实或者隐瞒真相骗取他人信任这一点上也是一致的。主要区别是：①犯罪客体不同。本罪侵犯的客体主要是国家机关的威信，而诈骗罪侵犯的客体则是公私财产所有权。②犯罪对象不同。本罪的犯罪对象是各种非法利益，既包括骗取财物，也包括骗取名誉、地位、资格、待遇和女色等其他物质性或非物质性利益；而诈骗罪的犯罪对象仅限于财物。③行为方式不同。本罪的行为方式仅限于冒充国家机关工作人员行骗；而诈骗罪则以虚构事实和隐瞒真相的各种各样的手段，如冒充高干子弟、港商、外商等，骗取财物。④构成犯罪的要求不同。本罪的成立没有数额上的要求；而诈骗罪必须是骗取数额较大的公私财物才能构成。应当注意，如果行为人冒充国家机关工作人员骗取财物，实际上属于招摇撞骗罪与诈骗罪的法条竞合，一般应当按照特别法条优于普通法条的原则定招摇撞骗罪。但是，当骗取财物的数额特别巨大或者有其他特别严重情节时，就应当按照重法条优于轻法条的原则，定诈骗罪。否则，有悖于罪责刑相适应的基本原则。

3. 本罪与敲诈勒索罪、抢劫罪的界限。这三种犯罪一般情况下不易混淆，主要问题在于行为人冒充公安人员或者其他行政执法人员，强行对他人"罚款"或"没收"其财物的，应如何定性？我们认为，应分别不同情况处理：①行为人取得财物主要靠其冒充的国家机关工作人员的身份起作用的，应定招摇撞骗罪；②行为人虽然冒充有关国家机关工作人员的身份，但取得财物主要是因为其实施了要挟行为的，应定敲诈勒索罪；③行为人虽然冒充有关国家机关工作人员的身份，但取得财物主要是因其当场使用了暴力或以暴力相威胁的，则应定抢劫罪。

4. 一罪与数罪的界限。行为人多次招摇撞骗的，不论次数多少，也不论冒充的是何种国家机关工作人员，都只能定一罪；如果行为人既有招摇撞骗的行为，又有普通诈骗行为，且各自都构成犯罪的，应以招摇撞骗罪和诈骗罪实行数罪并罚。

四、伪造、变造、买卖国家机关公文、证件、印章罪

（一）法律规定

《刑法》第280条规定："伪造、变造、买卖或者盗窃、抢夺、毁灭国家机关公文、证件、印章的，处3年以下有期徒刑、拘役、管制或者剥夺政治权利，并处罚金；情节严重的，处3年以上10年以下有期徒刑，并处罚金。伪造公司、企业、事业单位、人民团体的印章的，处3年以下有期徒刑、拘役、管制或者剥夺政治权利，并处罚金。伪造、变造、买卖居民身份证、护照、社会保障卡、驾驶证等依法可以用于证明身份的证件的，处3年以下有期徒刑、拘役、管制或者剥夺政治权利，并处罚金；情节严重的，处3年以上7年以下有期徒刑，并处罚金。"

（二）构成特征

1. 本罪的对象限于国家机关的公文、证件和印章。所谓国家机关的公文，是指以国家机关的名义制作的，代表本单位联系、指导、安排工作或者处理各种事务的书面文件，如命令、决定、通知、指示、介绍信等。所谓国家机关的证件，是指国家机关制作、颁发的具有证明特定身份、权利义务关系和有关事项作用的凭证，如工作证、结婚证、户口迁移证、营业执照等。所谓国家机关的印章，是指国家机关刻制的以文字、图记形式表明主体同一性的公章或其他专用章。

2. 必须实施了伪造、变造、买卖国家机关公文、证件、印章的行为。所谓"伪造"，是指冒用国家机关的名义，仿照真的国家机关的公文、证件、印章而制作虚假的公文、证件、印章，既包括无权制作国家机关公文、证件、印章的人冒用国家机关的名义制作所谓的国家机关公文、证件、印章，也包括有权制作国家机关公文、证件、印章的人擅自以国家机关的名义制作虚假的公文、证件、印章。模仿有权签发国家机关公文、证件的有关国家机关负责人的笔迹制作假公文、证件的，也属于伪造公文、证件。所谓"变造"，是指采用涂改、抹擦、拼接等方法，对真实的国家机关公文、证件、印章进行加工改制，以变更其内容的行为。所谓"买卖"，是指购买或者出售国家机关公文、证件、印章的行为，即买卖双方的行为都包括在内。

（三）司法实务问题

司法实务方面主要注意一罪与数罪的问题：①本罪属于选择性罪名，行为人只要实施上述三种行为之一，就可构成本罪，但同时实施三种行为的，也只定一罪，而不数罪并罚；②行为人为实施其他犯罪而伪造、变造、买卖国家机关公文、证件、印章的，属于本罪与其他犯罪的牵连犯，应按其中的一个重罪定罪处罚，而不定数罪。

五、盗窃、抢夺、毁灭国家机关公文、证件、印章罪

（一）法律规定

见前列《刑法》第280条第1款。

（二）构成特征

1. 本罪的犯罪对象与前罪完全相同，只是具体行为方式为盗窃、抢夺、毁灭。所谓"盗窃"，是指秘密窃取国家机关的公文、证件、印章的行为。所谓"抢夺"，是指乘人不备或者公然夺取国家机关公文、证件、印章的行为。所谓"毁灭"，是指使用焚烧、撕毁、涂抹、砸毁、弃入水中等各种破坏性方法，致使国家机关公文、证件、印章丧失使用功能或者灭失的行为。行为人只要针对上述对象实施了三种行为之一，即可构成本罪。

2. 主观方面，行为人须明知是国家机关的公文、证件、印章，而故意加以盗窃、抢夺、毁灭。至于行为人出于何种动机、目的而盗窃、抢夺、毁灭国家机关公文、证件、印章，一般不影响本罪的成立。

（三）司法实务问题

司法实务方面，主要注意本罪与盗窃、抢夺枪支、弹药、爆炸物罪，盗窃罪，抢夺罪，故意毁坏财物罪等的界限。区别的关键在于犯罪对象不同，只有盗窃、抢夺、毁灭国家机关公文、证件、印章的才能定本罪。此外，如果一个盗窃或者抢夺行为同时涉及几种对象的，应按想象竞合犯处理，只定其中的一个重罪；如果行为人先后实施的盗窃、抢夺行为分别涉及不同对象的，则应数罪并罚。

六、伪造公司、企业、事业单位、人民团体印章罪

（一）法律规定

见前列《刑法》第280条第2款。

（二）构成特征

1. 本罪的犯罪对象仅限于公司、企业、事业单位、人民团体的印章。这是本罪与前列两罪区别的关键。按照刑法的规定，这里的公司、企业、事业单位、人民团体没有所有制的限制，包括国有、集体性质的公司、企业、事业单位、人民团体的印章，以及私营、中外合资、中外合作的公司、企业和外商独资公司、企业的印章，都可成为本罪的对象。

2. 本罪的行为方式仅限于伪造，即无权制作者假冒公司、企业、事业单位、人民团体的名义，擅自刻制或者仿制其印章。变造或者毁灭公司、企业、事业单位、人民团体印章的行为不构成本罪。

（三）司法实务问题

司法实务方面应当注意，根据最高人民法院 2001 年 7 月 3 日公布的《关于办理伪造、贩卖伪造的高等院校学历、学位证明刑事案件如何适用法律问题的解释》，伪造高等院校印章制作学历、学位证明的，以伪造事业单位印章罪定罪处罚；明知是伪造高等院校印章制作的学历、学位证明而贩卖的，以伪造事业单位印章罪的共犯论处。

七、伪造、变造、买卖身份证件罪

（一）法律规定

见前列《刑法》第 280 条第 3 款。

（二）构成特征

1. 本罪的对象包括我国各级公安机关颁发的中华人民共和国居民身份证、护照、驾驶证，由国家有权机关颁发的社会保障卡，以及其他依法由国家有权机关颁发的可以用于有效证明身份的证件。其他任何证件都不能成为本罪的对象。

2. 本罪的行为方式包括伪造、变造和买卖身份证件。所谓伪造，是指无权制作者冒用国家有权机关的名义制作虚假的身份证明文件。所谓变造，是指用涂改、擦消、拼接等方法，对真实的身份证明文件进行改制，变更其原有真实的内容。所谓"买卖"，是指购买或者出售身份证明文件的行为，即买卖双方的行为都包括在内。

（三）司法实务问题

司法实务方面，主要注意一罪与数罪的界限。行为人既伪造、变造了身份证明文件，又伪造、变造了国家机关的证件的，如果系同一行为，按想象竞合犯处理，只定其中的重罪；如果系不同的行为，则应数罪并罚。

八、使用虚假身份证件、盗用身份证件罪

（一）法律规定

《刑法》第 280 条之一规定："在依照国家规定应当提供身份证明的活动中，使用伪造、变造的或者盗用他人的居民身份证、护照、社会保障卡、驾驶证等依法可以用于证明身份的证件，情节严重的，处拘役或者管制，并处或者单处罚金。有前款行为，同时构成其他犯罪的，依照处罚较重的规定定罪处罚。"

（二）构成特征

1. 本罪的对象为伪造、变造的身份证件，以及盗用的他人身份证件，包括居民身份证、护照、社会保障卡、驾驶证等依法可以用于证明身份的有效证件。其中伪造、变造的身份证件为虚假的身份证件，盗用的身份证件为经非法途径获取的或者未经他人许可使用的真实身份证件。其使用领域限于在依照国家法律、行政法规等国家明确强制性规定应当提供身份证明的活动中，不包括在其他活动中使用。

2. 本罪在客观方面必须实施了在国家规定应当提供身份证明的活动中使用伪造、变造的身份证件，或者盗用他人的身份证件的使用行为。

3. 本罪在主观方面表现为故意，即明知是伪造、变造的身份证件，明知是非法获取他人的或未经他人许可使用的身份证件而加以使用；如果行为人出于过失，即不知晓所使用的身份证件为伪造、变造的，则不构成本罪。

4. 非法使用伪造、变造的身份证件以及盗用他人的身份证件的行为必须达到情节严重方能成立本罪。所谓情节严重，是指：多次使用、盗用的；严重影响国家相关活动的正常秩序的；造成严重后果的；造成恶劣的社会影响的；等等。

九、非法生产、买卖警用装备罪

（一）法律规定

《刑法》第 281 条规定："非法生产、买卖人民警察制式服装、车辆号牌等专用标志、警械，情节严重的，处 3 年以下有期徒刑、拘役或者管制，并处或者单处罚金。单位犯前款罪的，对单位判处罚金，并对其直接负责的主管人员和其他直接责任人员，依照前款的规定处罚。"

（二）构成特征

1. 本罪的对象限于人民警察制式服装、车辆号牌等专用标志、警械。人民警察制式服装，是指人民警察专用的制服，具体包括警用大衣、春秋装、夏装、帽子、领带等；车辆号牌，是警用车辆专用的牌照。人民警察的专用标志，是指为了方便群众识别，而用以表明人民警察的身份或用于公安工作场所、车辆等的外形标记，如警徽、警衔标志、臂章、警灯、警笛等。所谓"警械"，是指人民警察按规定装备的，用于执行逮捕、拘留、押解人犯和值勤、巡逻、处置治安事件等公务的警棍、警绳、手铐、脚镣、催泪弹、高压水枪、特种防暴枪等。

2. 必须实施了非法生产、买卖上述警用装备的行为。所谓"非法生产"，是指无生产权的单位或个人擅自制造警用装备，或者虽有生产权但不按生产计划规定的品种、数量、规格、标号等制造警用装备的行为。所谓"非法买卖"，是指无经营权、使用权的单位或个人擅自购买、销售警用装备，或者有权销售的单位或个人向无权购买者销售警用装备的行为。

3. 非法生产、买卖警用装备必须达到情节严重的程度才能构成本罪。所谓情节严重，主要是指：大量非法生产、买卖警用装备的；多次非法生产、买卖警用装备的；非法生产、买卖警用装备导致严重后果的等。

十、非法获取国家秘密罪

（一）法律规定

《刑法》第282条规定："以窃取、刺探、收买方法，非法获取国家秘密的，处3年以下有期徒刑、拘役、管制或者剥夺政治权利；情节严重的，处3年以上7年以下有期徒刑。非法持有属于国家绝密、机密的文件、资料或者其他物品，拒不说明来源与用途的，处3年以下有期徒刑、拘役或者管制。"

（二）概念和构成特征

非法获取国家秘密罪，是指以窃取、刺探、收买的方法，非法取得国家秘密的行为。其主要构成特征是：

1. 本罪的对象是国家秘密。所谓"国家秘密"，是指涉及国家安全、国防建设、科学技术以及国家重大决策等，依法确定在一定时间内限于一定人员知悉的事项。具体包括绝密、机密、秘密三个密级。无论哪个密级的国家秘密都可成为本罪的对象。

2. 行为人实施了窃取、刺探、收买国家秘密的行为。所谓"窃取"，是指以盗窃方式获取国家秘密，既可直接盗窃涉及国家秘密的文件，也可通过计算机、电磁波、照相机、窃听器等工具窃取国家秘密；所谓"刺探"，是指通过打听、探问的方式或者利用一定的侦查技术手段获取国家秘密的行为；所谓"收买"，是指用金钱、物质或者其他利益换取国家秘密的行为。

（三）司法实务问题

应当注意，窃取、刺探、收买国家秘密的不一定都构成本罪。如果行为人是参加了间谍组织或者接受了间谍组织及其代理人的任务，而为间谍组织窃取、刺探、收买国家秘密的，应定《刑法》第110条规定的间谍罪；如果行为人是为境外机构、组织或个人窃取、刺探、收买国家秘密的，则应按《刑法》第111条规定的为境外窃取、刺探、收买国家秘密罪定罪处罚。

十一、非法持有国家绝密、机密文件、资料、物品罪

（一）法律规定

见前列《刑法》第282条第2款。

（二）构成特征

1. 本罪的对象仅限于属于国家绝密、机密两个密级的文件、资料或者其他物品。

2. 行为人实施了非法持有属于国家绝密、机密的文件、资料或其他物品的行为。所谓非法持有，是指不合法地拥有、藏有或携带上述物品。根据《国家安全法实施细则》第19条的规定，非法持有属于国家秘密的文件、资料或者其他物品，具体包括两种情况：①不应知悉某项国家秘密的人员携带、存放属于该项国家秘密的文件、资料或者其他物品；②可以知悉某项国家秘密的人员，未经办理手续，私自携带、留存属于该项国家秘密的文件、资料或者其他物品。凡合法持有的，不构成

本罪。

3. 行为人须拒不说明其非法持有的属于国家绝密、机密的文件、资料或者其他物品的来源与用途。所谓拒不说明其来源与用途，是指在有关机关责问其非法持有的属于国家绝密、机密的文件、资料或者其他物品的来源与用途时，行为人拒绝回答或者作虚假的回答，以致有关机关无法查明其真实来源与用途。虽然非法持有上述物品，但如实向有关机关说明其来源、用途的，不构成本罪。

4. 本罪主观方面是故意，即行为人明知是国家绝密、机密的文件、资料或者其他物品，而故意非法加以持有。确实不知属于国家绝密、机密的文件、资料或者其他物品而持有，或者虽然知道属于国家绝密、机密的文件、资料或者其他物品，但不知其持有属非法的，都不能构成本罪。

十二、非法生产、销售专用间谍器材、窃听、窃照专用器材罪

（一）法律规定

《刑法》第283条规定："非法生产、销售专用间谍器材或者窃听、窃照专用器材的，处3年以下有期徒刑、拘役或者管制，并处或者单处罚金；情节严重的，处3年以上7年以下有期徒刑，并处罚金。单位犯前款罪的，对单位判处罚金，并对其直接负责的主管人员和其他直接责任人员，依照前款的规定处罚。"

（二）构成特征

1. 生产、销售的对象是专用间谍器材和窃听、窃照专用器材。所谓"专用间谍器材"，主要包括暗藏式窃听、窃照器材；突发式收发报机、一次性密码本、密写工具；用于获取情报的电子监听、截收器材等。所谓"窃听、窃照专用器材"，是指除上述专用于间谍的窃听、窃照器材以外的其他窃听、窃照专用器材。

2. 生产、销售专用间谍器材和窃听、窃照专用器材的行为必须是非法的。所谓非法生产、销售，是指未经国家有关部门特许而擅自生产、销售，或者虽经国家有关部门特许，但却不按规定的数量、品种、规格生产、销售的行为。

十三、非法使用窃听、窃照专用器材罪

（一）法律规定

《刑法》第284条规定："非法使用窃听、窃照专用器材，造成严重后果的，处2年以下有期徒刑、拘役或者管制。"

（二）构成特征

1. 行为人必须有非法使用窃听、窃照专用器材的行为。所谓非法使用，是指违反国家有关规定，未经国家主管部门的特许而擅自使用，或者虽然有权使用，但违反有关规定而滥用。所谓窃听专用器材，是指用于偷听他人谈话或者通话的专门设备。所谓窃照专用器材，是指用于秘密摄录他人的形象或活动的专门设备。

2. 非法使用窃听、窃照专用器材必须造成严重后果。所谓严重后果，主要是指：①使被窃听、窃照企业的经济情报、信息泄露，造成重大经济损失的；②非法使用窃听、窃照专用器材，严重侵犯公民的隐私权以及其他合法权益，造成他人自

杀、精神失常的；③非法使用窃听、窃照专用器材，引起杀人、伤害等其他犯罪发生的等。

（三）司法实务问题

司法实务方面应当注意，行为人既有非法生产、销售专用间谍器材和窃听、窃照专用器材的行为，又有非法使用窃听、窃照专用器材的行为的，应分别不同情况处理：①行为人自己生产并加以使用的，或者是为自己使用而生产的，属于两罪的牵连犯，按从一重罪处罚的原则，应以非法生产、销售专用间谍器材、窃听、窃照专用器材罪定罪处罚；②行为人自己非法生产、销售了专用间谍器材，同时又使用了他人生产的窃听、窃照专用器材的，应实行数罪并罚。

十四、组织考试作弊罪

（一）法律规定

《刑法》第284条之一规定："在法律规定的国家考试中，组织作弊的，处3年以下有期徒刑或者拘役，并处或者单处罚金；情节严重的，处3年以上7年以下有期徒刑，并处罚金。为他人实施前款犯罪提供作弊器材或者其他帮助的，依照前款的规定处罚。为实施考试作弊行为，向他人非法出售或者提供第1款规定的考试的试题、答案的，依照第1款的规定处罚。代替他人或者让他人代替自己参加第1款规定的考试的，处拘役或者管制，并处或者单处罚金"。

（二）概念和构成特征

组织考试作弊罪，是指在法律规定的国家考试中，组织作弊的，或者为组织作弊提供器材或其他帮助的行为。其构成特征具体如下：

1. 行为人实施了在法律规定的国家考试中组织作弊的行为，或者为组织作弊提供器材或其他帮助的行为。只要实施了这两种行为方式其中之一的，即可构成本罪。其中第二种行为实际上属于组织考试作弊罪的帮助行为，故可以认定其为组织考试作弊行为的共犯。

2. 本罪主观上表现为故意，并具有考试作弊的目的。一是行为人自己实施作弊，即直接故意实施组织考试作弊的行为；二是帮助他人实施作弊，即明知他人欲行作弊或正在作弊而为其提供作弊器材或提供其他帮助。如果属于过失或者不明知而实施了上述行为，则无法构成本罪。此处作弊，是指违反国家相关规定和考场纪律，采取以夹带小抄、携带非法获取的与考试相关的信息和材料进入考场、使用窃听窃照器材等行为方式弄虚作假、隐瞒真相的行为。

十五、非法出售、提供试题、答案罪

（一）法律规定

见前列《刑法》第284条之一第3款。

（二）构成特征

1. 犯罪的对象仅限于法律规定的国家考试的试题和答案。具体包括法律、行政法规等有法律效力的规范性文件规定的各种考试的试题和答案，既包括国家级考试，也包括地方依据法律法规组织的地方级别考试，如高考、国家公务员考试、国家司法考试、国家注册会计师考试的试题和答案等均应包含在内。提供、出售除此之外的其他考试试题、答案，或其他材料的，不成立本罪。

2. 行为人主观上是为了实施考试作弊行为，在此故意心态支配之下实施了非法出售、提供试题、答案的行为的，才构成本罪。如果没有实施作弊之目的，而是出于合法或其他非法目的，不能构成本罪。

3. 客观方面，行为人必须实施了非法的出售、提供试题、答案的行为。行为必须发生在特定时间段内，即发生在国家规定的试题和答案的保密期限以内，才构成犯罪。如果是考试未开始或已经开始而依照法律和国家规定合法印发的，或者在相关考试结束后依照国家规定公布试题和答案后有出售、提供行为的，则不构成犯罪。

十六、代替考试罪

（一）法律规定

见前列《刑法》第284条之一第4款。

（二）构成特征

1. 必须是行为人实施了代替他人参加考试的行为，或者让他人代替自己参加考试的行为。两种行为只要实施了其中之一，即构成本罪。同时，如果行为人既实施了自己代替他人参加考试的行为，又有让他人代替自己参加考试的行为的，可以作为从重量刑情节。

2. 行为人主观上须出于故意，即明知为考试作弊而代替他人考试或让他人代替自己考试的，或者明知自己实施的替考行为或让他人替考的行为属于一般人能认识到的事实意义上的考试作弊行为而为之的，即构成本罪。

十七、非法侵入计算机信息系统罪

（一）法律规定

《刑法》第285条规定："违反国家规定，侵入国家事务、国防建设、尖端科学技术领域的计算机信息系统的，处3年以下有期徒刑或者拘役。违反国家规定，侵入前款规定以外的计算机信息系统或者采用其他技术手段，获取该计算机信息系统中存储、处理或者传输的数据，或者对该计算机信息系统实施非法控制，情节严重的，处3年以下有期徒刑或者拘役，并处或者单处罚金；情节特别严重的，处3年以上7年以下有期徒刑，并处罚金。提供专门用于侵入、非法控制计算机信息系统的程序、工具，或者明知他人实施侵入、非法控制计算机信息系统的违法犯罪行为而为其提供程序、工具，情节严重的，依照前款的规定处罚。单位犯前三款罪的，对单位判处罚金，并对其直接负责的主管人员和其他直接责任人员，依照各该款的规定处罚。"

（二）构成特征

1. 行为人实施了非法侵入计算机信息系统的行为。所谓计算机信息系统，是指由计算机及其相关配套设备、设施（含网络）构成的，按照一定应用目标和规则对信息进行采集、加工、存储、传输、检索等处理的人机系统。所谓非法侵入，具体是指未得到国家有关部门的合法授权或批准，通过计算机终端擅自访问计算机信息系统或者进行数据截收的行为。侵入的具体方式可以是各种各样的，如通过破译入网口令而侵入，通过窃取、骗取等非法手段获取入网口令而侵入等。

2. 非法侵入的必须是国家重要领域的计算机信息系统。计算机信息系统的范围很广，但并非所有的计算机信息系统都是本罪的对象。按照刑法和《计算机信息系统安全保护条例》的规定，只有国家事务、国防建设、尖端科学技术等重要领域的计算机信息系统，才能成为本罪的对象。

3. 必须明知是国家事务、国防建设、尖端科学技术领域的计算机信息系统，而故意非法侵入。至于行为人出于何种动机或目的而非法侵入国家重要领域的计算机信息系统，一般不影响本罪的成立。

（三）司法实务问题

1. 以下两种情况不构成本罪：①非法侵入非国家重要领域计算机信息系统的；②误入国家重要领域的计算机信息系统的。

2. 如果行为人是为窃取国家秘密而非法侵入国家重要领域的计算机信息系统，或者非法侵入国家重要计算机信息系统后又窃取其中的国家秘密的，是本罪与有关犯罪的牵连犯，按择一重罪的处理原则，不应定本罪，而应视具体情况分别定间谍罪，为境外窃取、刺探、收买、非法提供国家秘密、情报罪或者非法获取国家秘密罪。

十八、非法获取计算机信息系统数据、非法控制计算机信息系统罪

（一）法律规定

见前列《刑法》第285条第2款。

（二）构成特征

本罪的客观方面表现为：违反国家法律规定，侵入国家事务、国防建设、尖端科学技术领域的计算机信息之外的其他计算机信息系统或者采用其他技术手段，获取该计算机信息系统中存储、处理或者传输数据的行为，或者对该计算机信息系统实施非法控制，情节严重的行为。

本罪在主观方面是故意，过失不可能构成本罪。

十九、提供侵入、非法控制计算机信息系统程序、工具罪

（一）法律规定

见前列《刑法》第285条第3款。

（二）构成特征

本罪的客观方面表现为：提供专门用于非法控制计算机信息系统的程序、工具，或者明知他人实施非法控制计算机信息系统的违法犯罪行为而为其提供程序、工具，情节严重的行为。本罪在主观方面是故意，过失不可能构成本罪。

二十、破坏计算机信息系统罪

（一）法律规定

《刑法》第286条规定："违反国家规定，对计算机信息系统功能进行删除、修改、增加、干扰，造成计算机信息系统不能正常运行，后果严重的，处5年以下有期徒刑或者拘役；后果特别严重的，处5年以上有期徒刑。违反国家规定，对计算机信息系统中存储、处理或者传输的数据和应用程序进行删除、修改、增加的操作，后果严重的，依照前款的规定处罚。故意制作、传播计算机病毒等破坏性程序，影响计算机系统正常运行，后果严重的，依照第1款的规定处罚。单位犯前三款罪的，对单位判处罚金，并对其直接负责的主管人员和其他直接责任人员，依照第1款的规定处罚。"

（二）构成特征

1. 本罪的对象为计算机信息系统，具体包括计算机信息系统功能及计算机信息系统中存储、处理、传输的数据和应用程序。对于此处的"计算机信息系统"，刑法未作任何限制，应当理解为既包括国家重要领域的计算机信息系统，也包括其他一般的计算机信息系统。

2. 行为人实施了破坏计算机信息系统的行为。根据刑法的规定，本罪的行为具体表现为下列三种：

（1）破坏计算机信息系统功能，即违反国家规定，对计算机信息系统功能进行删除、修改、增加、干扰，使其不能正常运行。

（2）破坏计算机信息系统中的数据和应用程序，即违反国家规定，对计算机信息系统中存储、处理或者传输的数据和应用程序进行删除、修改或者增加。

（3）制作、传播计算机病毒等破坏性程序，即故意制作、传播计算机病毒等破坏性程序，影响计算机信息系统的正常运行。所谓"破坏性程序"，是指隐藏在计算机可执行程序或数据中，在计算机内部运行并影响计算机正常运行的干扰程序，其中以计算机病毒最为典型。

3. 行为人不论实施哪种破坏计算机信息系统的行为，都必须达到后果严重的程度，才构成本罪。所谓"后果严重"，主要是指：破坏重要领域计算机信息系统的；使计算机信息系统在较长时间内不能运行或不能正常运行的；导致国家重要信息丢失或者错误处理了重要信息的；破坏计算机信息系统给国家或者一定的部门造成重大经济损失以及造成其他严重后果的等。

（三）司法实务问题

司法实务方面应当注意，如果行为人在非法侵入国家事务、国防建设、尖端科学技术领域的计算机信息系统之后，又破坏其功能，或者破坏其数据、应用程序，或者故意制造病毒感染，且造成严重后果的，属于本罪与非法侵入计算机信息系统罪的牵连犯，按照牵连犯择一重罪从重处罚的处理原则，应定本罪，不实行数罪并罚。

二十一、拒不履行信息网络安全管理义务罪

（一）法律规定

《刑法》第286条之一规定："网络服务提供者不履行法律、行政法规规定的信息网络安全管理义务，经监管部门责令采取改正措施而拒不改正，有下列情形之一的，处3年以下有期徒刑、拘役或者管制，并处或者单处罚金：①致使违法信息大量传播的；②致使用户信息泄露，造成严重后果的；③致使刑事案件证据灭失，情节严重的；④有其他严重情节的。单位犯前款罪的，对单位判处罚金，并对其直接负责的主管人员和其他直接责任人员，依照前款的规定处罚。有前两款行为，同时构成其他犯罪的，依照处罚较重的规定定罪处罚。"

（二）概念和构成特征

拒不履行信息网络安全管理义务罪，是指网络服务提供者不履行法律、行政法规规定的信息网络安全管理义务，经监管部门责令采取改正措施而拒不改正，或造成违法信息大量传播的，或致使用户信息泄露造成严重后果的，或致使刑事案件证据灭失情节严重的，或者具有其他严重情节的行为。其构成特征如下：

1. 本罪的主体为特殊主体，即提供网络服务的自然人和单位。其中自然人为一般主体，即已年满16周岁、具备刑事责任能力的自然人和单位。网络服务提供者，是指网络的所有者、管理者以及利用他人所有或者管理的网络提供相关服务的网络服务提供者，包括基础电信运营者、网络信息服务提供者、重要信息系统运营者等具有提供网络资源作用的人。

2. 在客观方面，行为人必须实施了不履行法律、行政法规规定的信息网络安全管理义务，且经监管部门责令采取改正措施而拒不改正，从而造成严重后果或情节严重的行为。具体包括如下三个条件：①行为人以不作为的方式违背了依法负有的信息网络安全管理义务；②行为人经国家监管部门责令采取改正措施、履行网络安全监管义务之后，仍然拒不改正和履行补救义务；③必须是行为人的上述不作为造成了违法信息大量传播，或致使用户信息泄露造成严重后果的，或致使刑事案件证据灭失情节严重的，或者具有其他严重情节的。构成本罪，上述三个条件，缺一不可。

二十二、非法利用信息网络罪

（一）法律规定

《刑法》第287条之一规定："利用信息网络实施下列行为之一，情节严重的，处3年以下有期徒刑或者拘役，并处或者单处罚金：①设立用于实施诈骗、传授犯罪方法、制作或者销售违禁品、管制物品等违法犯罪活动的网站、通讯群组的；②发布有关制作或者销售毒品、枪支、淫秽物品等违禁品、管制物品或者其他违法犯罪信息的；③为实施诈骗等违法犯罪活动发布信息的。单位犯前款罪的，对单位判处罚金，并对其直接负责的主管人员和其他直接责任人员，依照第1款的规定处罚。有前两款行为，同时构成其他犯罪的，依照处罚较重的规定定罪处罚。"

（二）构成特征

1. 行为人必须利用信息网络实施了设立用于实施诈骗、传授犯罪方法、制作或者销售违禁物品、管制物品等违法犯罪活动的网站、通讯群组，或者发布有关制作或者销售毒品、枪支、淫秽物品等违禁物品、管制物品或者其他违法犯罪信息，或者为实施诈骗等违法犯罪活动发布信息的行为。故本罪表现为三种行为方式，只要实施了三种行为方式之一的，即构成本罪。

2. 行为人利用网络实施的犯罪行为必须达到情节严重，才能成立本罪。所谓情节严重，是指实施诈骗、传授犯罪方法、制作或者销售违禁物品、管制物品等违法犯罪活动的网站、通讯群组的犯罪数额较大的，或发布有关制作或者销售毒品、枪支、淫秽物品等违禁物品、管制物品或者实施诈骗等其他违法犯罪信息，造成恶劣社会影响的等。

3. 本罪的主体为一般主体，包括已满16周岁、具备刑事责任能力的自然人主体和单位主体。

二十三、帮助信息网络犯罪活动罪

（一）法律规定

《刑法》第287条之二规定："明知他人利用信息网络实施犯罪，为其犯罪提供互联网接入、服务器托管、网络存储、通讯传输等技术支持，或者提供广告推广、支付结算等帮助，情节严重的，处3年以下有期徒刑或者拘役，并处或者单处罚金。单位犯前款罪的，对单位判处罚金，并对其直接负责的主管人员和其他直接责任人员，依照第1款的规定处罚。有前两款行为，同时构成其他犯罪的，依照处罚较重的规定定罪处罚。"

（二）构成特征

1. 本罪客观方面必须实施了为帮助他人实施网络犯罪，提供互联网接入、服务器托管、网络存储、通讯传输等技术支持，或者提供广告推广、支付结算等帮助行为。应当注意的是，本罪中的帮助行为系网络犯罪活动的共同犯罪行为，故如果行为人只实施了帮助他人网络犯罪活动的帮助或辅助行为，成立本罪；如果行为人不仅帮助他人实施网络犯罪活动，而且自己也参与其中并积极活动，起主要或重要作用的，应当认定为相应网络犯罪的共同犯罪，不应以本罪论。

2. 本罪主观方面必须出于故意，即明知他人利用信息网络欲行或者正在实施犯罪，而为其犯罪提供相应的帮助行为。如果出于过失或者不知情被人利用而实施了帮助他人实施网络犯罪活动的行为的，则不能以犯罪论。

二十四、扰乱无线电通讯管理秩序罪

（一）法律规定

《刑法》第288条规定："违反国家规定，擅自设置、使用无线电台（站），或者擅自使用无线电频率，干扰无线电通讯秩序，情节严重的，处3年以下有期徒刑、拘役或者管制，并处或者单处罚金；情节特别严重的，处3年以上7年以下有期徒刑，并处罚金。单位犯前款罪的，对单位判处罚金，并对其直接负责的主管人员和其他直接责任人员，依照前款的规定处罚。"

（二）构成特征

1. 本罪客观方面必须实施了违反国家规定，擅自设置、使用无线电台（站），或者擅自使用无线电频率，干扰无线电通讯秩序，情节严重的行为。所谓擅自设置、使用无线电台（站），是指未经主管部门批准，而私自设置和使用广播电台、电视台、寻呼、步话机台等。所谓擅自使用无线电频率，是指未经国家主管部门批准，私自使用无线电频率，或者无线电频率使用期满后未办续用手续而擅自继续使用该频率。擅自设置、使用无线电台（站），或者擅自使用无线电频率的行为，必须干扰了无线电通讯的正常进行，达到情节严重或者情节特别严重。如果上述行为尚未影响无线电通讯的正常进行，或者虽有影响但没有达到情节严重或者情节特别严重的，都不构成本罪。

2. 本罪主观方面表现为直接故意，即明知其擅自设置、使用无线电站（台），或者擅自使用无线电频率，会干扰无线电通讯的正常进行，而决意为之。

二十五、聚众扰乱社会秩序罪

（一）法律规定

《刑法》第290条规定："聚众扰乱社会秩序，情节严重，致使工作、生产、营业和教学、科研、医疗无法进行，造成严重损失的，对首要分子，处3年以上7年以下有期徒刑；对其他积极参加的，处3年以下有期徒刑、拘役、管制或者剥夺政治权利。聚众冲击国家机关，致使国家机关工作无法进行，造成严重损失的，对首要分子，处5年以上10年以下有期徒刑；对其他积极参加的，处5年以下有期徒刑、拘役、管制或者剥夺政治权利。多次扰乱国家机关工作秩序，经行政处罚后仍不改正，造成严重后果的，处3年以下有期徒刑、拘役或者管制。多次组织、资助他人非法聚集，扰乱社会秩序，情节严重的，依照前款的规定处罚。"

（二）概念和构成特征

聚众扰乱社会秩序罪，是指聚众扰乱社会秩序，情节严重，致使工作、生产、营业和教学、科研、医疗无法进行，造成严重损失的行为。其主要构成特征是：

1. 行为人必须实施了聚众扰乱社会秩序的行为。所谓"聚众扰乱社会秩序"，就本罪而言，是指纠集多人干扰和破坏党政机关、企事业单位或人民团体正常的工作、生产、营业、教学和科研、医疗秩序的行为。扰乱的方式可以是暴力性的，也可以是非暴力性的。具体表现如聚众在机关、单位门前、院内纠缠哄闹、辱骂，强占办公室、会议室、教室、实验室、营业场所、生产车间或其他工作场所，封闭其出入通道，围攻、侮辱甚至殴打有关部门的负责人或其工作人员等。

2. 聚众扰乱社会秩序必须情节严重，致使工作、生产、营业和教学、科研、医疗无法进行，造成严重损失的，才构成本罪。所谓"情节严重"，一般是指：长时间聚众扰乱的；纠集较多的人扰乱的；扰乱中具有人身侵害行为的；造成恶劣影响的等。

（三）司法实务问题

1. 罪与非罪的界限。主要应从以下几个方面把握：①聚众扰乱社会秩序，未达到情节严重，致使工作、生产、营业和教学、科研无法进行，造成严重损失程度的，只能按一般违法行为处理，不能定本罪；②只有聚众扰乱社会秩序的首要分子和积极参加者才构成本罪，一般参与者不能以犯罪论，而只能予以批评教育或行政处罚；③由于领导的官僚主义、工作失误，或者因合理要求未得到满足而引起群众不满闹事的，一般不宜以本罪论处，主要靠说服教育解决。

2. 本罪与故意杀人罪、故意伤害罪、故意毁坏财物罪的界限。当聚众以暴力方式扰乱社会秩序时，往往会导致人员的伤亡、财物毁坏等结果。该种情况下如何定性，应分别不同情况而定：如果仅造成有关人员轻伤或者财物毁坏数额较小的，应定本罪；造成有关人员重伤、死亡或者毁坏财物数额较大的，应分别定故意杀人罪、故意伤害罪或故意毁坏财物罪。

3. 本罪与妨害公务罪的界限。两罪的主要区别是：①犯罪客体不同。本罪侵犯的是除国家机关、企事业单位或者人民团体以外的其他组织、单位和团体的正常工作秩序；后者侵犯的是国家机关工作人员、人大代表、红十字会工作人员以及人民警察执行公务的正常秩序及其人身权利。②客观行为不同。本罪要求以聚众的方式实施，而且扰乱行为可以是暴力性的，也可以是非暴力性的；后者不要求聚众，且除故意阻碍国家安全机关、公安机关依法执行国家安全工作任务外，均要求使用暴力、威胁的方法。③犯罪主体不同。本罪虽是一般主体，但只有首要分子和积极参加者才能构成；后者是一般主体，且没有限制。

二十六、聚众冲击国家机关罪

（一）法律规定

见前列《刑法》第 290 条第 2 款。

（二）构成特征

1. 行为人实施了聚众冲击国家机关的行为。所谓聚众冲击国家机关，是指纠集多人冲入、围攻国家机关，强占国家机关的工作场所，堵塞国家机关通道的行为。

2. 聚众冲击国家机关的行为必须致使国家机关的工作无法正常进行，造成严重损失。所谓"致使国家机关工作无法进行，造成严重损失"，是指国家机关及其工作人员行使管理职权、执行职务的活动，因受到聚众冲击而被迫中断或停止，给国家在经济上带来了较大损失。

3. 只有其中的首要分子和其他积极参加者才构成本罪。

二十七、扰乱国家机关工作秩序罪

（一）法律规定

见前列《刑法》第 290 条第 3 款。

（二）概念和构成特征

扰乱国家机关工作秩序罪，是指多次扰乱国家机关工作秩序，且经行政处罚后仍不改正，造成严重后果的行为。其主要构成特征如下：

1. 在客观方面，行为人必须实施了多次扰乱国家机关工作秩序，经行政处罚后仍不改正的行为。在此应同时满足以下两个条件，才成立本罪：①行为人实施了多次扰乱国家机关工作秩序的行为；②行为人经行政处罚后仍不改正，继续实施扰乱国家机关工作秩序的行为。此处"多次"，是指自第一次实施起1年以内实施了3次以上的扰乱国家机关工作秩序的行为。

2. 扰乱国家机关工作秩序的行为必须达到造成严重后果的程度，才能构成本罪。所谓严重后果，是指：造成国家机关正常工作秩序无法正常进行，引起较大经济损失的；严重影响和阻碍抢险、救灾、疫情防治等紧急公务活动的；或者造成多人轻伤以上后果的；致人重伤、死亡的；等等。

二十八、组织、资助非法聚集罪

（一）法律规定

见前列《刑法》第290条第4款。

（二）概念和构成特征

组织、资助非法聚集罪，是指多次组织、资助他人非法聚集，扰乱社会秩序，且情节严重的行为。其主要构成特征如下：

1. 行为人必须实施了多次组织、资助他人非法聚集，扰乱社会秩序的行为。此处"多次"，是指自第一次实施起1年以内实施了3次以上的组织、资助他人非法聚集，扰乱社会秩序的行为。

2. 必须是达到了情节严重的程度，才能以本罪论。所谓情节严重，是指严重扰乱社会秩序，如长时间聚众扰乱的，纠集较多的人扰乱的，扰乱中具有人身侵害行为的，造成恶劣社会影响的等。

二十九、聚众扰乱公共场所秩序、交通秩序罪

（一）法律规定

《刑法》第291条规定："聚众扰乱车站、码头、民用航空站、商场、公园、影剧院、展览会、运动场或者其他公共场所秩序，聚众堵塞交通或者破坏交通秩序，抗拒、阻碍国家治安管理工作人员依法执行职务，情节严重的，对首要分子，处5年以下有期徒刑、拘役或者管制。"

（二）构成特征

1. 必须有聚众扰乱公共场所秩序、交通秩序，抗拒、阻碍国家治安管理工作人员依法执行职务的行为。所谓"聚众扰乱公共场所秩序"，是指纠集多人在车站、码头、民用航空站、商场、公园、影剧院、展览会、运动场或者其他公共场所起哄闹事、进行煽动性演说等破坏公共场所秩序的行为。所谓"聚众堵塞交通或者破坏交通秩序"，是指纠集多人以在交通要道上聚众停留、堆积物品等方式妨害车辆、行人通行或者故意违反交通规则，影响顺利通行或者通行安全的行为。此处的抗拒、阻碍国家治安管理工作人员依法执行职务，特指抗拒、阻碍治安民警、交通民警以及其他治安管理工作人员依法维护公共场所秩序或交通秩序的行为。

2. 聚众扰乱公共场所秩序、交通秩序的行为须达到情节严重的程度。所谓"情节严重"，通常指：纠集多人扰乱公共场所秩序、交通秩序的；造成人员伤亡或公私财物重大损失的；社会影响很恶劣的等。

3. 本罪的主体只限于聚众扰乱公共场所秩序、交通秩序的首要分子，其他人员，包括积极参加和一般参加的，都不构成犯罪。

（三）司法实务问题

本罪在司法实务方面主要注意两点：

1. 本罪与妨害公务罪的界限。本罪在客观方面具有抗拒、阻碍国家治安管理工作人员依法执行职务的行为，就其实质而言，也属于妨害公务的行为。其与妨害公务罪的不同之处主要是：①阻碍的公务的内容不同。本罪仅限于抗拒、阻碍国家治安管理工作人员依法维护公共场所秩序、交通秩序的公务活动；而妨害公务罪阻碍的可以是各种各样的公务活动。②行为方式不同。本罪要求以聚众方式实施，且暴力和非暴力形式均可；而妨害公务罪虽然不要求聚众，但一般限于使用暴力、威胁的方法。应当明确，当行为人聚众以暴力、威胁的方法抗拒、阻碍国家治安管理工作人员维护公共场所秩序、交通秩序时，属于两罪的法条竞合，应按聚众扰乱公共场所秩序、交通秩序罪定罪处罚。

2. 本罪与聚众扰乱社会秩序罪的界限。二者都以聚众的方式实施，都破坏了社会秩序。主要区别是：①发生的场所不同。本罪发生于公共场所或交通要道及人员集结、车辆通行的交通场所，而聚众扰乱社会秩序罪一般发生于机关、企事业单位或人民团体的所在地。②犯罪客体不同。本罪侵害的客体是公共场所秩序和交通秩序，而聚众扰乱社会秩序罪侵害的客体是机关、企事业单位或人民团体的生产、工作、营业或教学、科研秩序。③犯罪主体有一定差异。本罪只有首要分子才能构成，而聚众扰乱社会秩序罪，首要分子和其他积极参加者都可构成。

三十、投放虚假危险物质罪

（一）法律规定

《刑法》第 291 条之一规定："投放虚假的爆炸性、毒害性、放射性、传染病病原体等物质，或者编造爆炸威胁、生化威胁、放射威胁等恐怖信息，或者明知是编造的恐怖信息而故意传播，严重扰乱社会秩序的，处 5 年以下有期徒刑、拘役或者管制；造成严重后果的，处 5 年以上有期徒刑。编造虚假的险情、疫情、灾情、警情，在信息网络或者其他媒体上传播，或者明知是上述虚假信息，故意在信息网络或者其他媒体上传播，严重扰乱社会秩序的，处 3 年以下有期徒刑、拘役或者管制；造成严重后果的，处 3 年以上 7 年以下有期徒刑。"

（二）概念和构成特征

投放虚假危险物质罪，是指故意向机关、团体、企业、事业单位或者个人以及向公共场所或公共交通工具投放虚假的毒害性、放射性、传染病病原体等物质，扰乱社会秩序的行为。

本罪侵犯的客体是社会秩序的安定。客观方面表现为投放虚假的毒害性、放射性、传染病病原体等物质的行为。所谓"虚假的"，是指行为人实施了投放行为，但投放的并不是真正的毒害性、放射性、传染病病原体物质，而是虚假的上述危险物质。本罪属行为犯。

三十一、编造、故意传播虚假恐怖信息罪

（一）法律规定

见前列《刑法》第291条之一第1款。

（二）概念和构成特征

编造、故意传播虚假恐怖信息罪，是指编造爆炸威胁、生化威胁、放射威胁等恐怖信息，或明知是编造的恐怖信息而故意传播，扰乱社会秩序的行为。

本罪侵犯的客体是社会秩序的安定。本罪在客观方面表现为行为人实施了编造爆炸威胁、生化威胁、放射威胁等恐怖信息，或明知是编造的恐怖信息而故意进行传播，扰乱社会秩序的行为。

三十二、编造、故意传播虚假信息罪

（一）法律规定

见前列《刑法》第291条之一第2款。

（二）概念和构成特征

编造、故意传播虚假信息罪，是指故意编造虚假的险情、疫情、灾情、警情在信息网络或者其他媒体上传播，或者明知是上述虚假信息，故意在信息网络或者其他媒体上传播，严重扰乱社会秩序的行为。

本罪在客观方面表现为行为人实施了故意编造虚假的险情、疫情、灾情、警情在信息网络或者其他媒体上传播的行为，或者明知是上述虚假信息，故意在信息网络或者其他媒体上传播，严重扰乱社会秩序的行为。行为人主观上须出于故意或明知，出于过失或确实不知情的，不以犯罪论。

三十三、聚众斗殴罪

（一）法律规定

《刑法》第292条规定："聚众斗殴的，对首要分子和其他积极参加的，处3年以下有期徒刑、拘役或者管制；有下列情形之一的，对首要分子和其他积极参加的，处3年以上10年以下有期徒刑：①多次聚众斗殴的；②聚众斗殴人数多，规模大，社会影响恶劣的；③在公共场所或者交通要道聚众斗殴，造成社会秩序严重混乱的；④持械聚众斗殴的。聚众斗殴，致人重伤、死亡的，依照本法第234条、第232条的规定定罪处罚。"

（二）构成特征

1. 行为人实施了聚众斗殴的行为。所谓"聚众斗殴"，是指出于私仇、争霸或者其他不正当目的，成帮结伙打架斗殴的行为，即所谓"打群架"。如果仅仅是两三个人打架斗殴，不能定本罪。符合其他犯罪构成的，可按刑法的有关条款处理。

2. 只有其中的首要分子和其他积极参加者这两种人才构成本罪。一般参与者应以说服教育或行政的方法处理。应注意的是，聚众斗殴双方的首要分子和积极参加者均构成本罪。

3. 根据《刑法》第292条第2款的规定，本罪的斗殴限于对人身造成轻伤结果，如果致人重伤、死亡的，应分别定故意伤害罪、故意杀人罪，而不定本罪，也不实行数罪并罚。

三十四、寻衅滋事罪

（一）法律规定

《刑法》第293条规定："有下列寻衅滋事行为之一，破坏社会秩序的，处5年以下有期徒刑、拘役或者管制：①随意殴打他人，情节恶劣的；②追逐、拦截、辱骂、恐吓他人，情节恶劣的；③强拿硬要或者任意损毁、占用公私财物，情节严重的；④在公共场所起哄闹事，造成公共场所秩序严重混乱的。纠集他人多次实施前款行为，严重破坏社会秩序的，处5年以上10年以下有期徒刑，可以并处罚金。"

（二）概念和构成特征

寻衅滋事罪，是指肆意挑衅，滋事生非，无理取闹，破坏社会秩序，情节严重的行为。本罪的主要构成特征是：

1. 本罪客观方面表现为寻衅滋事，破坏社会秩序，情节严重的行为。根据《刑法》第293条的规定，具体表现为下列四种情形：①随意殴打他人，情节恶劣的。随意殴打他人，是指出于耍威风、取乐等不健康的动机，无故、无理殴打他人。所谓情节恶劣的，主要是指：经常随意殴打他人的；随意殴打他人手段残忍的；随意殴打他人造成一定后果的；打人取乐，引起公愤的；等等。②追逐、拦截、辱骂、恐吓他人，情节恶劣的。追逐、拦截、辱骂、恐吓他人，是指出于取乐、寻求刺激等不健康的动机，无故、无理追赶、拦挡、侮辱、谩骂、恐吓他人。所谓情节恶劣的，主要是指：经常追逐、拦截、辱骂、恐吓他人的；追逐、拦截、辱骂、恐吓他人，造成一定后果的；追逐、拦截、辱骂、恐吓他人造成恶劣影响或者引起公愤的；等等。③强拿硬要或者任意损毁、占用公私财物，情节严重的。强拿硬要或者任意损毁、占用公私财物，是指以蛮不讲理的手段，强行索要他人财物，或者随心所欲地损坏、毁灭、占用公私财物。所谓情节严重的，主要是指：强拿硬要，或者任意损毁、占用公私财物数量大的；多次强拿硬要或者多次任意损毁、占用公私财物的；强拿硬要或者任意损毁、占用公私财物，引起公愤或者造成恶劣社会影响的；等等。④在公共场所起哄闹事，造成公共场所秩序严重混乱的。在公共场所起哄闹事，是指出于取乐、寻求刺激等不良动机，在公共场所无事生非，制造事端，扰乱公共场所秩序。所谓造成公共场所秩序严重混乱的，主要是指因起哄闹事引起群众惊慌，导致公共场所秩序大乱的，等等。

根据 2003 年 5 月 14 日最高人民法院、最高人民检察院发布的《关于办理妨害、预防、控制突发传染病疫情等灾害的刑事案件应用法律若干问题的解释》第 11 条的规定，在预防、控制突发传染病疫情等灾害期间，强拿硬要或者任意损毁、占用公私财物情节严重，或者在公共场所起哄闹事，造成公共场所秩序严重混乱的，依照该法第 293 条的规定，以寻衅滋事罪定罪，依法从重处罚。

2. 本罪主观方面是故意。行为人的犯罪动机多种多样，有的是为了逞强、耍威风；有的是为了发泄不满情绪，报复社会；有的是为了寻求刺激，开心取乐；等等。

（三）司法实务问题

主要应注意处理本罪与其他犯罪形成想象竞合犯的情况。如随意殴打他人致人重伤、死亡的，使用暴力或者胁迫方法强拿硬要他人财物的等。这些情况下均应按从一重罪的原则处理，即按故意伤害罪、故意杀人罪、抢劫罪等重罪定罪处罚，而不定本罪。

三十五、组织、领导、参加黑社会性质组织罪

（一）法律规定

《刑法》第 294 条规定："组织、领导黑社会性质的组织的，处 7 年以上有期徒刑，并处没收财产；积极参加的，处 3 年以上 7 年以下有期徒刑，可以并处罚金或者没收财产；其他参加的，处 3 年以下有期徒刑、拘役、管制或者剥夺政治权利，可以并处罚金。境外的黑社会组织的人员到中华人民共和国境内发展组织成员的，处 3 年以上 10 年以下有期徒刑。国家机关工作人员包庇黑社会性质的组织，或者纵容黑社会性质的组织进行违法犯罪活动的，处 5 年以下有期徒刑；情节严重的，处 5 年以上有期徒刑。犯前 3 款罪又有其他犯罪行为的，依照数罪并罚的规定处罚。"

（二）概念和构成特征

组织、领导、参加黑社会性质组织罪，是指组织、领导或者参加以暴力、威胁或者其他手段，有组织地进行违法犯罪活动，称霸一方，为非作恶，欺压、残害群众，严重破坏经济、社会生活秩序的，类似黑社会的犯罪组织的行为。本罪的主要构成特征是：

1. 本罪所涉及的是黑社会性质的组织，这是构成本罪的关键。所谓黑社会性质组织，是指以暴力、威胁或者其他手段，有组织地进行违法犯罪活动，称霸一方，为非作恶，欺压、残害群众，严重破坏经济秩序和社会生活秩序的，类似黑社会的犯罪组织。黑社会性质组织是犯罪集团的一种形式。根据刑法规定，黑社会性质组织应具备如下特征：①形成较稳定的犯罪组织，人数较多，有明确的组织者、领导者，骨干成员基本固定；②有组织地通过违法犯罪活动或者其他手段获取经济利益，具有一定的经济实力，以支持该组织的活动；③以暴力、威胁或者其他手段，有组织地多次进行违法犯罪活动，为非作恶，欺压、残害群众；④通过实施违法犯罪活

动，或者利用国家工作人员的包庇或者纵容，称霸一方，在一定区域或者行业内，形成非法控制或者重大影响，严重破坏经济、社会生活秩序。

2. 构成本罪的具体行为方式有三种：①组织黑社会性质组织，即倡导、发起、组建黑社会性质组织的行为，包括劝说、引诱、介绍、胁迫他人参加黑社会性质组织；②领导黑社会性质组织，即在黑社会性质组织中居于领导地位，对该组织的活动进行策划、决策、指挥、协调的行为；③参加黑社会性质组织，即加入黑社会性质组织的行为，不论是否积极参加，均不影响本罪的成立。

3. 本罪主观方面是故意，即明知是黑社会性质组织而决意组织、领导或参加。

（三）司法实务问题

1. 罪与非罪的界限。行为人在不明真相的情况下误入黑社会性质组织，只要知情后及时退出的，因不具有犯本罪的故意，不构成本罪。但事后知道真相而不退出的，则应视为具有犯本罪的故意，应构成本罪。另外，按照上述最高人民法院的司法解释，对于参加黑社会性质的组织，没有实施其他违法犯罪活动的，或者受蒙蔽、胁迫参加黑社会性质的组织，情节轻微的，可以不作为犯罪处理。

2. 本罪与组织、领导、参加恐怖组织罪的界限。两罪的主体、主观罪过及行为方式均相同，区别主要有两方面：①组织、领导、参加的组织的性质不同，这是两罪区别之关键所在。本罪组织、领导、参加的是黑社会性质组织，该种组织最突出的特点在于为了贪图经济利益或者社会利益，为非作歹，称霸一方，欺压群众；而组织、领导、参加恐怖组织罪中，组织、领导、参加的是恐怖组织，这种组织以通过各种恐怖活动制造恐怖气氛为主要特点。②犯罪客体不完全相同。本罪主要侵犯的是社会生活秩序；组织、领导、参加恐怖组织罪侵犯的则主要是社会公共安全。

3. 一罪与数罪的界限。根据《刑法》第 294 条第 4 款的规定，本罪属行为犯，行为人只要实施了上述三种行为之一，即构成本罪。如果行为人在实施了上述三种行为的前提下，又实施了其他犯罪行为的，则应以本罪和相应的罪实行数罪并罚。

三十六、入境发展黑社会组织罪

（一）法律规定

见前列《刑法》第 294 条第 2 款。

（二）构成特征

1. 本罪的主体限于境外黑社会组织的成员。所谓"境外的黑社会组织"，是指被境外国家或地区确定为黑社会的组织，具体包括外国的黑社会组织和我国台湾、香港、澳门地区的黑社会组织。境内已被发展为境外黑社会组织成员的人，也能构成本罪。

2. 行为人实施了入境发展黑社会组织成员的行为。所谓入境发展黑社会组织成员，是指境外黑社会组织通过引诱、拉拢、腐蚀、胁迫、贿赂等手段，在我国境内将境内外人员吸收为该黑社会组织成员的行为。此外，对黑社会组织成员进行内部调整等行为，也可视为发展组织成员。既可以是境外黑社会组织的人员直接进入我国境内发展其组织成员，也可以是境外黑社会组织在境内发展的人员受委托在我国境内发展新的组织成员。行为人只要实施了入境发展黑社会组织成员的行为，无论是否成功均不影响本罪的成立。

3. 本罪也是行为犯，如果行为人在实施入境发展黑社会组织成员行为的同时，又实施了其他犯罪行为的，应数罪并罚。

三十七、包庇、纵容黑社会性质组织罪

（一）法律规定

见前列《刑法》第 294 条第 3 款。

（二）构成特征

1. 本罪在客观方面表现为两种行为：①包庇黑社会性质组织。根据上述最高人民法院的司法解释，这里的包庇，是指国家机关工作人员为使黑社会性质组织及其成员逃避查禁，而通风报信，隐匿、毁灭、伪造证据，阻止他人作证、检举揭发，指使他人作伪证，帮助逃逸，或者阻挠其他国家机关工作人员依法查禁等行为。②纵容黑社会性质组织进行违法犯罪活动。所谓纵容，是指国家机关工作人员不依法履行职责，放纵黑社会性质组织进行违法犯罪活动的行为。行为人只要实施了上述两种行为之一，即可构成本罪。

2. 本罪的主体是特殊主体，只有国家机关工作人员才能构成本罪。

3. 本罪的主观方面是故意，即行为人明知是黑社会性质组织或者黑社会性质组织实施的违法犯罪活动，而仍然予以包庇或者纵容。至于行为人出于何种动机、目的而包庇、纵容黑社会性质组织，不影响本罪的成立。

（三）司法实务问题

在司法实务方面应注意两点：①本罪不以国家机关工作人员利用职务为必要条件，即不论其是否利用职务，均不影响本罪成立；②如果行为人事前与黑社会性质组织有通谋，而事后予以包庇的，不构成本罪，应以相关犯罪的共犯论处。

三十八、传授犯罪方法罪

（一）法律规定

《刑法》第 295 条规定："传授犯罪方法的，处 5 年以下有期徒刑、拘役或者管制；情节严重的，处 5 年以上 10 年以下有期徒刑；情节特别严重的，处 10 年以上有期徒刑或者无期徒刑。"

（二）构成特征

1. 本罪的客观方面表现为行为人实施了向他人传授犯罪方法的行为。所谓犯罪方法，主要是指犯罪的经验、技能，既包括预备犯罪的方法，也包括具体实施犯罪的方法，还可以是犯罪完成以后隐匿、毁灭证据，逃避侦查、审判的方法等。所谓传授犯罪方法，是指使用语言、文字、动作、图像或者其他方式，将犯罪的经验、技能向他人传授的行为。传授的具体形式多种多样，可以口头传授，也可以书面传授；可以秘密传授，也可以公开传授；可以直接传授，也可以间接传授；可以通过

亲自示范传授，也可以运用图片资料进行传授；可以是一对一地传授，也可以是向多人传授；可以传授一种犯罪方法，也可以传授多种犯罪方法。

2. 本罪的主观方面是故意，并且只能是直接故意。即行为人为了使他人接受自己所传授的犯罪方法去实施犯罪而故意向其传授。至于实践中那些因说话不检点，随意散布一些道听途说的犯罪方法，或者在工作中如传授武术、讲解如何修配钥匙、讲授化学知识、讲课以及司法人员在职务范围内剖析犯罪方法等，即使有失误，甚至被人利用来犯罪，因其没有传授犯罪方法的故意，不应以犯罪论处。行为人实施传授犯罪方法行为的动机是多种多样的，有的是为了报复社会，有的是为了网罗犯罪成员，有的是为了牟取非法利益等，但不论行为人出自何种动机，只要其具有传授犯罪方法的故意，即可构成本罪。

（三）司法实务问题

1. 本罪属于行为犯，且没有情节严重的限制，行为人只要实施了向他人传授犯罪方法的行为，不论被传授者是否学会或者提高了犯罪技能，也不论被传授者是否用行为人传授的方法实施了犯罪，均不影响本罪的成立。

2. 本罪与教唆犯罪的界限。二者的区别主要是：①客观行为不同。本罪是把犯罪的方法传授给他人；教唆犯罪则是通过一定的方式使他人产生犯罪意图。这是二者最主要的区别。②实施行为的时间不同。本罪不论在他人本来是否具有犯罪意图的情况下都可实施；教唆犯罪则只能在他人没有犯罪意图的情况下才能成立。③犯罪对象的要求不同。本罪不论被传授者是否符合犯罪主体的条件均可成立；教唆犯罪则只有在被教唆者符合犯罪主体的条件下才能成立，否则应属于间接正犯。④侵犯的客体不同。本罪侵犯的是社会治安管理秩序；教唆犯罪不是独立的罪名，其所侵犯的客体取决于所教唆的犯罪。⑤定罪量刑的依据不同。本罪是独立的罪名，且有其自身的法定刑；教唆犯罪则只能按照所教唆的犯罪定罪处罚。

三十九、非法集会、游行、示威罪

（一）法律规定

《刑法》第296条规定："举行集会、游行、示威，未依照法律规定申请或者申请未获许可，或者未按照主管机关许可的起止时间、地点、路线进行，又拒不服从解散命令，严重破坏社会秩序的，对集会、游行、示威的负责人和直接责任人员，处5年以下有期徒刑、拘役、管制或者剥夺政治权利。"

（二）构成特征

1. 行为人实施了非法集会、游行、示威的行为。所谓"非法集会、游行、示威"，是指违反《集会游行示威法》及其相关规定而进行的集会、游行、示威。其具体表现有三种情况：①未依照法律规定向主管机关提出申请，而擅自举行集会、游行、示威；②虽然向主管机关提出了申请，但在未获许可的情况下而举行集会、游行、示威；③虽然获得了主管机关的许可，但未按照指定的起止时间、地点、路线进行集会、游行、示威。

2. 行为人必须拒不服从解散命令，即主管机关及其工作人员依法发出解散非法集会、游行、示威的命令，而行为人拒不服从，仍然坚持非法集会、游行、示威。这是构成本罪的必要条件。

3. 非法集会、游行、示威的行为必须严重破坏了社会秩序，通常包括严重阻塞交通，造成公共场所秩序严重混乱等。

4. 本罪的主体只能是非法集会、游行、示威的负责人或者直接责任人员。

（三）司法实务问题

1. 罪与非罪的界限。按照刑法的规定，并非只要进行了非法集会、游行、示威，就构成本罪，必须是在此基础上，拒不服从解散命令，且严重破坏了社会秩序的，才能构成本罪。另外，非法集会、游行、示威的一般参加者，也不构成本罪。

2. 一罪与数罪的界限。当非法集会、游行、示威发生于国家机关、企事业单位、人民团体的门前或者院内，或者发生于公共场所、交通要道，并且行为人拒不服从解散命令，致使有关单位的工作无法正常进行，或者严重破坏公共场所秩序、交通秩序的，属于本罪与聚众扰乱社会秩序罪、聚众扰乱公共场所秩序、交通秩序罪的想象竞合犯，应按从一重罪处罚的原则处理，不实行数罪并罚。

四十、非法携带武器、管制刀具、爆炸物参加集会、游行、示威罪

（一）法律规定

《刑法》第297条规定："违反法律规定，携带武器、管制刀具或者爆炸物参加集会、游行、示威的，处3年以下有期徒刑、拘役、管制或者剥夺政治权利。"

（二）构成特征

1. 本罪在客观方面表现为非法携带武器、管制刀具或者爆炸物参加集会、游行、示威的行为。所谓"武器"，主要指各种枪支、弹药，包括军用的、民用的以及非法制造的火药枪、钢珠枪等。所谓"管制刀具"，主要指匕首、三棱刀、带有自锁装置的弹簧刀以及其他相类似的单刃刀、双刃刀等。爆炸物包括各种军用、民用的爆炸物品。非法携带上述物品参加集会、游行、示威，是指违反《集会游行示威法》的规定，随身带有，或者用各种容器、运输工具夹带武器、管制刀具、爆炸物，参加集会、游行、示威。

2. 本罪的主观方面是故意，即行为人明知不得携带武器、管制刀具、爆炸物参加集会、游行、示威而故意加以携带。

（三）司法实务问题

司法实务方面主要注意：如果行为人携带武器、管制刀具、爆炸物进入公共场所不是参加集会、游行、示威的，不能定本罪，而应以《刑法》第130条规定的非法携带枪支、弹药、管制刀具、危险物品危及公共安全罪定罪处罚。

四十一、破坏集会、游行、示威罪

（一）法律规定

《刑法》第298条规定："扰乱、冲击或者以其他方法破坏依法举行的集会、游行、示威，造成公共秩序混乱的，处5年以下有期徒刑、拘役、管制或者剥夺政治权利。"

（二）构成特征

1. 行为人实施了破坏依法举行的集会、游行、示威的行为。这里破坏的必须是依法举行的集会、游行、示威，即依照《集会游行示威法》的规定，获主管机关许可并按照许可的起止时间、地点、路线进行的集会、游行、示威。破坏的方法包括扰乱、冲击和其他方法。所谓扰乱，主要指针对依法集会、游行、示威实施的起哄闹事等非暴力性干扰活动。所谓冲击，是指强行冲散、冲入依法举行的集会、游行、示威的队伍的暴力性干扰行为。其他方法包括堵塞、毁坏集会、游行、示威队伍行进、停留的通道、场所等。

2. 必须造成公共秩序混乱。这是成立本罪的必要条件。所谓"造成公共秩序混乱"，主要指破坏集会、游行、示威的行为导致相关公共场所、交通道路秩序的混乱，如造成交通严重堵塞等。

3. 本罪的主观方面是故意。

四十二、侮辱国旗、国徽罪

（一）法律规定

《刑法》第299条规定："在公众场合故意以焚烧、毁损、涂划、玷污、践踏等方式侮辱中华人民共和国国旗、国徽的，处3年以下有期徒刑、拘役、管制或者剥夺政治权利。"

（二）构成特征

1. 本罪侮辱的对象仅限于中华人民共和国的国旗、国徽。侮辱其他任何国家的国旗、国徽，以及我国香港、澳门特别行政区的区旗、区徽等，均不能构成本罪。

2. 行为人须实施了侮辱中华人民共和国国旗、国徽的行为。侮辱的具体行为方式包括：①焚烧，即以放火或者其他手段烧毁国旗、国徽；②毁损，即用破坏性的工具或方法将国旗、国徽加以损坏，如撕碎、剪碎、砸毁等；③涂划，即用各种笔墨在国旗、国徽上乱涂乱划；④玷污，即以唾沫、粪便以及其他脏物污染国旗、国徽；⑤践踏，即用脚踩、踢踏、车碾等方式侮辱国旗、国徽；⑥其他侮辱方式，如以国旗、国徽为枪靶、箭靶，在淫秽物品上使用国旗、国徽等。

3. 必须是在公众场合侮辱国旗、国徽。具体包括两种情况：①在公共场所，如车站、码头、机场、广场、影剧院、商场、学校、医院等侮辱国旗、国徽；②虽然不在公共场所但当着众多人侮辱国旗、国徽。在非公众场合侮辱国旗、国徽的，只能予以行政处罚。

4. 本罪的主观方面是故意。如果是因疏忽而造成国旗、国徽损坏、污染的，不构成本罪。

四十三、组织、利用会道门、邪教组织、利用迷信破坏法律实施罪

（一）法律规定

《刑法》第300条规定："组织、利用会道门、邪教组织或者利用迷信破坏国家法律、行政法规实施的，处3年以上7年以下有期徒刑，并处罚金；情节特别严重的，处7年以上有期徒刑或者无期徒刑，并处罚金或者没收财产；情节较轻的，处3年以下有期徒刑、拘役、管制或者剥夺政治权利，并处或者单处罚金。组织、利用会道门、邪教组织或者利用迷信蒙骗他人，致人重伤、死亡的，依照前款的规定处罚。犯第1款罪又有奸淫妇女、诈骗财物等犯罪行为的，依照数罪并罚的规定处罚。"

（二）概念和构成特征

组织、利用会道门、邪教组织、利用迷信破坏法律实施罪，是指组织、利用会道门、邪教组织或者利用迷信破坏国家法律、行政法规实施的行为。本罪的主要构成特征是：

1. 本罪在客观方面表现为组织、利用会道门、邪教组织或者利用迷信破坏国家法律、行政法规实施的行为。具体包括两种情况：①组织、利用会道门、邪教组织破坏国家法律、行政法规的实施。所谓会道门，是封建迷信活动组织的总称，如一贯道、九宫道、先天道、后天道等。根据1999年10月9日公布的最高人民法院、最高人民检察院《关于办理组织和利用邪教组织犯罪案件具体应用法律问题的若干解释》第1条的规定，所谓邪教组织，是指冒用宗教、气功或者其他名义建立，神化首要分子，利用制造、散布迷信邪说等手段蛊惑、蒙骗他人，发展、控制成员，危害社会的非法组织，如"法轮功""主神教"等。②利用迷信破坏国家法律、行政法规的实施，即利用占卦算命、看星相、看阴阳风水等封建迷信活动，蛊惑、煽动、欺骗群众抗拒国家法律、行政法规的实施。另外，根据上述两高的有关司法解释的规定，组织、利用邪教组织并具有下列情形之一的，也以本罪定罪处罚：①聚众围攻、冲击国家机关、企事业单位，扰乱国家机关、企事业单位的工作、生产、经营、教学和科研秩序的；②非法举行集会、游行、示威，煽动、欺骗、组织其成员或者其他人聚众围攻、冲击、强占、哄闹公共场所及宗教活动场所，扰乱社会秩序的；③抗拒有关部门取缔或者已经被有关部门取缔，又恢复或者另行建立邪教组织，或者继续进行邪教活动的；④煽动、组织、欺骗其成员或者其他人不履行法定义务，情节严重的；⑤出版、印刷、复制、发行宣扬邪教内容的出版物，以及印刷邪教组织标识的；⑥其他破坏国家法律、行政法规实施的行为。

2. 本罪的主观方面是故意，而且具有煽动他人抗拒国家法律、行政法规实施的目的。

（三）司法实务问题

1. 罪与非罪的界限。根据上述司法解释第9条的规定，一般只对组织和利用邪教组织进行犯罪活动的组织策划、指挥者和屡教不改的积极参加者，以本罪定罪处罚。对于被蒙蔽、胁迫参加邪教组织并已退出和不再参加邪教组织活动的人员，不作为犯罪处理。

2. 本罪与强奸罪、诈骗罪的界限。根据《刑法》第300条第3款和上述司法解释第 5、6 条的规定，组织和利用会道门、邪教组织或者利用迷信，以迷信邪说引诱、胁迫、欺骗或者其他手段，奸淫妇女、幼女的，依照《刑法》第 236 条的规定，以强奸罪处罚；组织和利用会道门、邪教组织或者利用迷信，以各种欺骗手段，收取他人财物的，依照《刑法》第 266 条的规定，以诈骗罪定罪处罚。

四十四、组织、利用会道门、邪教组织、利用迷信致人重伤、死亡罪

（一）法律规定

见前列《刑法》第 300 条第 2 款。

（二）构成特征

1. 本罪客观方面表现为组织、利用会道门、邪教组织或者利用迷信蒙骗他人、致人重伤、死亡的行为。根据上述两高司法解释第 3 条的规定，组织和利用邪教组织蒙骗他人，致人重伤、死亡，是指组织、利用邪教组织制造、散布迷信邪说，蒙骗其成员或者其他人实施绝食、自残、自虐等行为，或者阻止病人进行正常治疗，致人重伤、死亡的情形。对于组织、利用会道门或者利用迷信蒙骗他人，致人重伤、死亡的，目前尚无正式的司法解释，理论上一般认为，其包括组织、利用会道门或者利用迷信欺骗、蛊惑他人"升天"、"寻主"、殉道等，致使被害人绝食、自焚，或者用所谓的圣水、巫术"治病救人"，导致被害人病情恶化重伤、死亡等情形。应当注意，致被害人重伤、死亡的，是构成本罪的必要条件，没有发生这一结果，不能构成本罪。

2. 本罪的主观方面是故意，即行为人故意组织和利用邪教组织，或者利用迷信蒙骗他人。但是，对致他人重伤、死亡的结果，行为人主观上应是过失的，否则，应当定故意杀人罪。

（三）司法实务问题

司法实务方面主要应注意本罪与故意杀人罪和故意伤害罪的界限。根据上述两高司法解释第 4 条的规定，组织和利用邪教组织制造、散布迷信邪说，指使、胁迫其成员或者其他人自杀、自伤的，分别依照《刑法》第 232、234 条的规定，以故意杀人罪或者故意伤害罪定罪处罚。

四十五、聚众淫乱罪

（一）法律规定

《刑法》第 301 条规定："聚众进行淫乱活动的，对首要分子或者多次参加的，处 5 年以下有期徒刑、拘役或者管制。引诱未成年人参加聚众淫乱活动的，依照前款的规定从重处罚。"

（二）构成特征

1. 本罪客观方面表现为聚众进行淫乱活动或者多次参加聚众淫乱活动的行为。所谓聚众进行淫乱活动，是指纠集多人群奸群宿、跳脱衣舞、贴面舞或者进行其他变态性行为。多次参加聚众淫乱活动，是指参加聚众淫乱活动 3 次以上。

2. 本罪的主体是自然人一般主体，但只有聚众淫乱活动的首要分子或者多次参

加者才构成本罪。一般参加者，不构成本罪。

四十六、引诱未成年人聚众淫乱罪

（一）法律规定

见前列《刑法》第 301 条第 2 款。

（二）构成特征

1. 本罪客观方面表现为引诱未成年人参加聚众淫乱活动的行为。这里引诱的必须是未满 18 周岁的未成年人，否则，不构成本罪。所谓引诱，是指通过语言、示范、组织观看淫秽音像制品等手段，诱惑未成年人参加群奸群宿等聚众淫乱活动。

2. 本罪的主观方面是故意。

四十七、盗窃、侮辱、故意毁坏尸体、尸骨、骨灰罪

（一）法律规定

《刑法》第 302 条规定："盗窃、侮辱、故意毁坏尸体、尸骨、骨灰的，处 3 年以下有期徒刑、拘役或者管制。"

（二）构成特征

1. 本罪的客观方面表现为盗窃、侮辱、故意毁坏尸体、尸骨、骨灰的行为。此处的尸体、尸骨、骨灰限于人的尸体、尸骨、骨灰，既包括整尸，也包括尸体的某一部分以及尸骨及其火化后的骨灰。所谓盗窃尸体、尸骨、骨灰，是指以非法占有为目的，秘密窃取他人尸体、尸骨、骨灰的行为。所谓侮辱尸体、尸骨、骨灰，是指以各种方法公然凌辱他人尸体、尸骨、骨灰的行为，如悬尸示众、向尸体泼洒污物、奸污女尸等。所谓故意毁坏尸体、尸骨、骨灰，是指故意毁灭、损坏他人尸体、尸骨、骨灰，毁灭是指故意使他人的尸体、尸骨、骨灰全部丧失或灭失，损坏是指故意使他人的尸体、尸骨、骨灰部分丧失、破坏其原有完整性。

2. 本罪的主观方面是故意。行为人盗窃、侮辱、故意毁坏尸体、尸骨、骨灰的动机、目的多种多样，但无论动机、目的如何，均不影响本罪的成立。

四十八、赌博罪

（一）法律规定

《刑法》第 303 条规定："以营利为目的，聚众赌博或者以赌博为业的，处 3 年以下有期徒刑、拘役或者管制，并处罚金。开设赌场的，处 3 年以下有期徒刑、拘役或者管制，并处罚金；情节严重的，处 3 年以上 10 年以下有期徒刑，并处罚金。"

（二）概念和构成特征

赌博罪，是指以营利为目的，聚众赌博或者以赌博为业的行为。

1. 本罪在客观方面表现为聚众赌博或者以赌博为业的行为。赌博是指利用斗牌、掷骰子等形式，通过偶然性胜负取得财物的行为。"聚众赌博"是指以公开或秘密的方式，组织、招引多人聚集一起参加赌博，而本人从中抽头获利。"以赌博为业"，是指嗜赌成性，以赌博为常业或以赌博所得为生活或挥霍的主要来源，包括长期受雇于赌场，代表赌场一方与他人赌博的行为。行为人只要具备聚众赌博或者以

赌博为业这两种行为之一的，即可构成赌博罪。非上述特定行为的一般赌博行为，不构成本罪。

2. 本罪在主观方面是故意，并且必须具有营利的目的。不具有营利目的，只是为了消遣、娱乐而偶尔进行小额赌博或提供场所的，可以按《治安管理处罚法》处罚，但不能以犯罪论处。

（三）司法实务问题

在司法实务方面，主要注意赌博罪与诈骗罪的界限。两者一般情况下不易混淆，主要问题是对于行为人设置圈套骗人参赌以获取钱财的行为应如何定性。我们认为，设置圈套诱骗他人参赌的，表面上看似聚众赌博，但实际上根本不具有赌博的性质，而是以隐瞒事实真相的方法骗取参"赌"人的钱财，故构成犯罪的应定诈骗罪，而不能定赌博罪。

四十九、开设赌场罪

（一）法律规定

见前列《刑法》第303条第2款。

（二）概念和构成特征

开设赌场罪，是指以营利为目的，开设赌场的行为。

本罪是《刑法修正案（六）》第18条把原《刑法》第303条赌博罪中开设赌场的行为分解出来而增加的一个新罪名。其法定最高刑由3年提高到了10年。本罪在客观方面表现为赌博人员开设赌场的行为。所谓开设赌场，是指以公开或秘密的方式建立赌场，提供赌具，从中营利的行为。本罪主体为一般主体。主观方面具有营利的目的。

五十、故意延误投递邮件罪

（一）法律规定

《刑法》第304条规定："邮政工作人员严重不负责任，故意延误投递邮件，致使公共财产、国家和人民利益遭受重大损失的，处2年以下有期徒刑或者拘役。"

（二）构成特征

1. 本罪在客观方面表现为严重不负责任，延误投递邮件，致使公共财产、国家和人民利益遭受重大损失的行为。首先，行为人实施了严重不负责任，延误投递邮件的行为，即行为人不履行或者不正确地履行应尽的邮政工作职责，对能在规定时限内按期分发、递送的邮件不及时投递或者拖延投递。所谓邮件，是指通过邮政企业及其分支机构寄送、递交的信件、电报、传真、印刷品、邮包、汇款通知、报纸杂志等。其次，必须发生了致使公共财产、国家和人民利益遭受重大损失的结果。所谓公共财产、国家和人民利益遭受重大损失，主要指：因延误邮件投递，影响国家重大事务或单位重要事项的处理的；造成重大经济损失的；造成其他严重后果的等。

2. 本罪的主体是自然人特殊主体，即只能由邮政工作人员构成。所谓邮政工作人员，是指邮政企业及其分支机构的营业员、投递员、押运员以及其他从事邮政工作的人员。

3. 本罪的主观方面是故意，既包括直接故意，也包括间接故意。如果是因为过失而延误投递，或者是因为遇到不可抗力而延误投递的，都不构成本罪。

■ 第三节　妨害司法罪

一、伪证罪

（一）法律规定

《刑法》第 305 条规定："在刑事诉讼中，证人、鉴定人、记录人、翻译人对与案件有重要关系的情节，故意作虚假证明、鉴定、记录、翻译，意图陷害他人或者隐匿罪证的，处 3 年以下有期徒刑或者拘役；情节严重的，处 3 年以上 7 年以下有期徒刑。"

（二）概念和构成特征

伪证罪，是指在刑事诉讼中，证人、鉴定人、记录人、翻译人对与案件有重要关系的情节，故意作虚假证明、鉴定、记录、翻译，意图陷害他人或者隐匿罪证的行为。其构成特征是：

1. 本罪在客观方面表现为在刑事诉讼中，对于与案件有重要关系的情节，作虚假证明、鉴定、记录、翻译的行为。首先，本罪只能发生在刑事诉讼中。这是本罪成立的时间条件。所谓在刑事诉讼中，是指从刑事案件的立案侦查到起诉、审判（包括一审、二审和再审）的全过程中。其次，行为人实施了对与案件有重要关系的情节作虚假证明、鉴定、记录、翻译的行为。所谓与案件有重要关系的情节，是指足以影响犯罪嫌疑人、被告人的行为是否构成犯罪、构成何种犯罪、罪行轻重、量刑轻重的重要事实，即能够直接影响案件结论的情节。所谓虚假证明，是指证人违背事实，提供不真实的证言；所谓虚假鉴定，是指鉴定人不按照客观事实，作出错误的鉴定结论；所谓虚假记录和翻译，是指记录人、翻译人不按照诉讼参与人表述的原意，而进行不真实的记录和翻译。

2. 本罪的主体是自然人特殊主体，即只有刑事诉讼中的证人、鉴定人、记录人、翻译人，才能构成本罪。

3. 本罪的主观方面是直接故意，并且具有陷害他人或者包庇犯罪的人的目的。所谓陷害他人，是指采用虚构、夸大事实的方法使无罪的人受到刑事追究，或者使罪轻的人受到较重的处罚；所谓包庇犯罪的人，是指通过隐匿罪证，使犯罪的人不受刑事追究，或者使罪重者受到较轻的处罚。行为人的犯罪动机多种多样，但动机如何，不影响本罪的成立。

（三）司法实务问题

1. 罪与非罪的界限。主要应从三个方面把握：①看是否在刑事诉讼中作伪证。

在民事诉讼、行政诉讼中作伪证，都不存在构成本罪的问题。②看是否就与案件有重要关系的情节作伪证。即使是在刑事诉讼中，如果只是就对案件的定罪量刑没有影响或影响不大的情节作伪证，也不构成本罪。③看主观上是否故意。如果证人由于记忆不清或未看清楚而提供了不真实的证言，鉴定人、记录人、翻译人由于业务能力、工作疏忽等原因作出了错误的鉴定结论、记录或者翻译，均不构成本罪。

2. 本罪与诬告陷害罪的界限。二者的主要区别是：①犯罪客体不同。前者侵犯的主要是司法机关正常的刑事诉讼秩序；后者侵犯的主要是被害人的人身权利。②犯罪主体不同。前者是特殊主体，仅限于刑事诉讼中的证人、鉴定人、记录人、翻译人；后者是一般主体。③客观行为不同。前者表现为对与案件有重要关系的情节，作虚假的证明、鉴定、记录、翻译；后者表现为捏造他人犯罪的事实，作虚假的告发。④发生的时间不同。前者发生于刑事诉讼过程中；后者发生于刑事诉讼开始之前。⑤犯罪目的不同。前者的目的是双向的，既可能是陷害他人，也可能是包庇犯罪的人；后者的目的是单向的，只能是陷害他人。

二、辩护人、诉讼代理人毁灭证据、伪造证据、妨害作证罪

（一）法律规定

《刑法》第306条规定："在刑事诉讼中，辩护人、诉讼代理人毁灭、伪造证据，帮助当事人毁灭、伪造证据，威胁、引诱证人违背事实改变证言或者作伪证的，处3年以下有期徒刑或者拘役；情节严重的，处3年以上7年以下有期徒刑。辩护人、诉讼代理人提供、出示、引用的证人证言或者其他证据失实，不是有意伪造的，不属于伪造证据。"

（二）构成特征

1. 本罪在客观方面表现为在刑事诉讼中实施了妨害证据的行为。首先，本罪与伪证罪一样，也只能发生在刑事诉讼中。其次，行为人实施了妨害证据的行为，具体包括三种形式：①行为人直接毁灭、伪造证据。所谓毁灭证据，是指将证据烧毁、丢弃、撕毁等，使其不能起到证明案件真实情况的作用；所谓伪造证据，是指制造假的证据，以隐瞒案件的真实情况。②行为人帮助当事人毁灭、伪造证据，即行为人在共谋之下直接为当事人毁灭、伪造证据，或者为当事人毁灭、伪造证据出主意、想办法、提供方便条件，以及唆使其他人帮助当事人毁灭、伪造证据。③行为人威胁、引诱证人违背事实改变证言或者作伪证，即行为人以实施暴力、揭露隐私等进行恐吓或者以金钱、物质利益等好处相诱惑，使证人改变过去按照案件事实提供的证言或者提供虚假的证言。

2. 本罪的主体是自然人特殊主体，即只有刑事案件的辩护人、诉讼代理人才能构成本罪。所谓"辩护人"，是指犯罪嫌疑人、被告人委托的或者由人民法院指定的为犯罪嫌疑人、被告人提供法律帮助的人，其可以是律师，也可以是犯罪嫌疑人、被告人的监护人、亲友，还可以是人民团体或犯罪嫌疑人、被告人所在单位推荐的人；所谓"诉讼代理人"，是指受公诉案件的被害人及其法定代理人、近亲属或者自诉案件的自诉人及其法定代理人，以及刑事附带民事诉讼的当事人及其法定代理人的委托，而代为参加诉讼的人，其可以是律师，也可以是其他人。

3. 本罪的主观方面是故意。如果辩护人、诉讼代理人因为对案件情况了解不全面或者工作疏忽，提供、出示、引用的证人证言或者其他证据失实，不是有意伪造的，不构成本罪。

（三）司法实务问题

司法实务方面主要注意本罪与伪证罪的界限。两罪一般从主体和行为方式不难区分，关键的问题是辩护人、诉讼代理人教唆、帮助证人作伪证的，如何定罪？我们认为，这种情况下实际上形成了本罪与伪证罪（共犯）的法条竞合犯，应按照特别法条优于普通法条的原则处理，而其中本罪属于特别法条，故应定本罪，而不定伪证罪，也不数罪并罚。

三、妨害作证罪

（一）法律规定

《刑法》第 307 条规定："以暴力、威胁、贿买等方法阻止证人作证或者指使他人作伪证的，处 3 年以下有期徒刑或者拘役；情节严重的，处 3 年以上 7 年以下有期徒刑。帮助当事人毁灭、伪造证据，情节严重的，处 3 年以下有期徒刑或者拘役。司法工作人员犯前两款罪的，从重处罚。"

（二）构成特征

1. 刑法对本罪发生的场合没有限制，应理解为既可以发生在刑事诉讼中，也可以发生在民事诉讼、行政诉讼中。

2. 行为人实施了以暴力、威胁、贿买等方法阻止证人作证或者指使他人作伪证的行为。所谓阻止证人作证，是指通过暴力、威胁、贿买等方法使证人不能作证、不敢作证或者不愿作证。其实质是不让证人作证。所谓指使他人作伪证，是指通过暴力、威胁、贿买等方法促使他人对案件事实作虚假证明，其实质是让他人作伪证。

3. 本罪的主观方面是故意。

（三）司法实务问题

司法实务方面主要注意三点：

1. 本罪与伪证罪的界限。两者的主要区别是：①发生的场合不同。前者可以发生在一切诉讼中；后者则只能发生在刑事诉讼中。②犯罪主体不同。前者是一般主体；后者是特殊主体，只能由证人、鉴定人、记录人、翻译人构成。③客观行为不同。前者表现为以暴力、威胁、贿买等方法阻止证人作证或者指使他人作伪证；后者表现为对直接影响定罪量刑的重要情节作虚假的证明、鉴定、记录、翻译。

2. 本罪与辩护人、诉讼代理人毁灭证据、伪造证据、妨害作证罪的界限。二者的主要区别是：①发生的场合不同。前者既可发生在刑事诉讼中，也可发生在民事诉讼和行政诉讼中；而后者只能发生在刑事诉讼中。②犯罪主体不同。前者是一般主体；而后者为特殊主体，只能由刑事案件的辩护人、诉讼代理人构成。③客观行为不同。前者表现为以暴力、威胁、贿买等方法阻止证人作证或者指使他人作伪证；而后者表现为行为人直接毁灭、伪造证据，帮助当事人毁灭、伪造证据，或者威胁、引诱证人违背事实改变证言或者作伪证。需要注意的是，辩护人、诉讼代理人在刑事诉讼中威胁、引诱证人作伪证，实际上形成了两罪的法条竞合关系，应按特别法条优于普通法条的原则处理。

3. 一罪与数罪的界限。当行为人以暴力方法妨害作证时，往往会直接造成被害人的人身自由被剥夺、身体被伤害，甚至死亡的结果。这些情况下定一罪还是数罪？我们认为，这属于妨害作证罪与其他罪的想象竞合犯，不能定数罪，只能按其中的一个重罪定罪处罚。

四、帮助毁灭、伪造证据罪

（一）法律规定

见前列《刑法》第307条第2、3款。

（二）构成特征

1. 本罪发生的范围与妨害作证罪相同，即可以发生在所有诉讼活动中。

2. 行为人实施了帮助当事人毁灭、伪造证据，情节严重的行为。所谓帮助当事人毁灭、伪造证据，是指为当事人毁灭、伪造有关案件的证据提供各种帮助，具体可表现为直接为当事人毁灭、伪造证据，或者为当事人毁灭、伪造证据出主意、想办法以及提供其他方便条件，以及唆使他人帮助当事人毁灭、伪造证据。上述行为须达到情节严重的程度，才能构成本罪。

3. 本罪的主观方面是故意。

（三）司法实务问题

司法实务方面主要注意：刑事案件的辩护人、诉讼代理人帮助其当事人毁灭、伪造证据的，应当以辩护人、诉讼代理人毁灭证据、伪造证据、妨害作证罪定罪处罚，而不定本罪。

五、虚假诉讼罪

（一）法律规定

《刑法》第307条之一规定："以捏造的事实提起民事诉讼，妨害司法秩序或者严重侵害他人合法权益的，处3年以下有期徒刑、拘役或者管制，并处或者单处罚金；情节严重的，处3年以上7年以下有期徒刑，并处罚金。单位犯前款罪的，对单位判处罚金，并对其直接负责的主管人员和其他直接责任人员，依照前款的规定处罚。有第1款行为，非法占有他人财产或者逃避合法债务，又构成其他犯罪的，依照处罚较重的规定定罪从重处罚。司法工作人员利用职权，与他人共同实施前三款行为的，从重处罚；同时构成其他犯罪的，依照处罚较重的规定定罪从重处罚。"

（一）概念和构成特征

虚假诉讼罪，是指以捏造的事实提起民事诉讼，妨害司法秩序或者严重侵害他人合法权益的行为。主要构成特征如下：

1. 行为人必须实施了以捏造的事实提起民事诉讼的行为。捏造的事实，是指全部虚构的或部分虚构的与案件有关联的，足以引起民事诉讼活动进行的事实。如果行为人只是实施了对案件影响不大的隐瞒、撒谎行为，或者与案件无关的等不能引起民事诉讼活动的事实，则不以犯罪论，只能认为是不具有证据效力的当事人陈述。

2. 本罪的客体为国家正常的司法秩序和他人的合法财产权益，即提起虚假诉讼的行为引起了妨害司法秩序，或者严重侵害他人合法权益的危害结果。故本罪也是结果犯，没有前述危害结果则不构成犯罪。

3. 本罪主体为一般主体，包括年满16周岁、具备刑事责任能力的自然人主体和单位主体。

六、打击报复证人罪

（一）法律规定

《刑法》第308条规定："对证人进行打击报复的，处3年以下有期徒刑或者拘役；情节严重的，处3年以上7年以下有期徒刑。"

（二）构成特征

1. 本罪客观方面表现为打击报复证人的行为。这里打击报复的对象必须是刑事诉讼、民事诉讼或者行政诉讼中的证人。其他人不能成为本罪的对象。所谓打击报复，是指对在诉讼中如实提供证言的证人事后进行报复陷害的行为。具体表现包括：伤害证人的身体、限制证人的人身自由、败坏证人的名誉、无故对证人降职、降薪或者将其辞退、对证人或者其亲属进行骚扰等。

2. 本罪主观方面是故意。

（三）司法实务问题

司法实务方面主要注意：如果行为人打击报复证人的行为又符合故意杀人罪、故意伤害罪、非法拘禁罪、侮辱罪、故意毁坏财物罪的构成要件的，属于想象竞合犯，应按照择一重罪处罚的原则定罪处罚。

七、泄露不应公开的案件信息罪

（一）法律规定

《刑法》第308条之一规定："司法工作人员、辩护人、诉讼代理人或者其他诉讼参与人，泄露依法不公开审理的案件中不应当公开的信息，造成信息公开传播或者其他严重后果的，处3年以下有期徒刑、拘役或者管制，并处或者单处罚金。有前款行为，泄露国家秘密的，依照本法第398条的规定定罪处罚。公开披露、报道第1款规定的案件信息，情节严重的，依照第1款的规定处罚。单位犯前款罪的，对单位判处罚金，并对其直接负责的主管人员和其他直接责任人员，依照第1款的规定处罚。"

（二）构成特征

1. 本罪的客观方面表现为司法工作人员、辩护人、诉讼代理人或者其他诉讼参与人，泄露依法不公开审理的案件中不应当公开的信息，造成信息公开传播或者其他严重后果的行为。本罪属于结果犯，如果没有造成信息公开传播或其他严重后果，则无法以犯罪论。其行为对象限于依法不公开审理的案件中不应当公开的信息，凡属于此类依法保密的案件信息与材料都包括在内。

2. 本罪的主体属于特殊主体，为司法工作人员、辩护人、诉讼代理人或者其他诉讼参与人员。应当注意的是，这里的上述人员是指依法参与依法不公开审理的案件的自然人。如果是没有参与或无权参与该案件审理的其他人员泄露依法不公开审理的案件中不应当公开的信息，造成信息公开传播或者其他严重后果的，不能以本罪论。

3. 本罪主观方面为故意，且出于直接故意。

八、披露、报道不应公开的案件信息罪

（一）法律规定

见前列《刑法》第308条之一第3款。

（一）构成特征

1. 客观方面，行为人必须实施了公开披露、报道依法不公开审理的案件中不应当公开信息的行为。本罪的对象限于依法不公开审理的案件中不应当公开的信息，即与案件有重要关联的保密信息与材料。此处所谓公开披露、报道，是指将依法不公开审理案件的保密信息与材料，以发表、电视台播报、广播频道等公开方式公布于众，让其为不特定人或多数人所知晓。构成本罪，还必须达到情节严重的程度。所谓情节严重，是指造成依法不公开案件的保密信息公开传播，严重损害案件当事人的隐私权，引起当事人遭到严重侮辱、诽谤和自杀等严重后果的，或者形成恶劣的社会影响的等。

2. 本罪的主体为一般主体，既包括自然人，也包括单位。

九、扰乱法庭秩序罪

（一）法律规定

《刑法》第309条规定："有下列扰乱法庭秩序情形之一的，处3年以下有期徒刑、拘役、管制或者罚金：①聚众哄闹、冲击法庭的；②殴打司法工作人员或者诉讼参与人的；③侮辱、诽谤、威胁司法工作人员或者诉讼参与人，不听法庭制止，严重扰乱法庭秩序的；④有毁坏法庭设施，抢夺、损毁诉讼文书、证据等扰乱法庭秩序行为，情节严重的。"

（二）构成特征

1. 本罪发生的场所限于正在开庭审理案件的法庭。所谓"法庭"，是指人民法院开庭审理案件的场所。这里的"法庭"应作广义理解，既包括专门用于审理案件的正规的、固定的审判庭，也包括非正规的、临时用于审理案件的礼堂、会议室等；既可以是室内的，也可以是室外的；既可以是刑事法庭，也可以是民事、行政法庭。开庭审理包括法庭调查、辩论、调解、评议、宣判等各个阶段。在其中任何一个阶段都可构成本罪。

第二十三章

2. 行为人实施了聚众哄闹、冲击法庭，或者殴打司法工作人员或诉讼参与人，或者侮辱、诽谤、威胁司法工作人员或者诉讼参与人，不听法庭制止，严重扰乱法庭秩序，或者毁坏法庭设施，抢夺、损毁诉讼文书、证据等扰乱法庭秩序，情节严重的行为。所谓"聚众哄闹法庭"，是指纠集多人在法庭上喧哗、吵闹、吹口哨或释放噪音等。在法庭外哄闹，严重干扰法庭秩序的，亦属于聚众哄闹法庭。所谓"聚众冲击法庭"，是指纠集多人在未经许可的情况下，强行进入法庭。需要强调的是，这里的哄闹、冲击法庭，均以聚众为必要条件。所谓殴打司法工作人员或者诉讼参与人，是指在法庭上对正在执行司法职务的审判员、陪审员、书记员、法警、公诉人或者其他诉讼参与人的身体进行打击。在法庭外对正准备参加开庭审理的司法工作人员或者其他诉讼参与人进行殴打的，也应视为这里的殴打司法工作人员或者其他诉讼参与人。殴打司法工作人员或者其他诉讼参与人既可以聚众实施，也可以单独实施。在法庭上殴打其他与诉讼活动无关人员的，不构成本罪。

3. 本罪四种行为方式之中，构成犯罪的标准各不相同：①行为人实施聚众哄闹、冲击法庭，或者殴打司法工作人员或诉讼参与人的行为的，这两种行为方式均为行为犯，只要实施了此二种行为即构成本罪。②行为人实施侮辱、诽谤、威胁司法工作人员或者诉讼参与人，不听法庭制止的行为，必须达到严重扰乱法庭秩序的程度。所谓"严重扰乱法庭秩序"，主要是指导致案件审理中断的，或者扰乱法庭秩序不听劝阻影响极为恶劣的等。如果行为人的行为未达到严重扰乱法庭秩序的程度，不构成本罪。③行为人实施毁坏法庭设施，抢夺、损毁诉讼文书、证据等扰乱法庭秩序的行为，这种行为方式系情节犯，达到情节严重的才构成本罪。此处情节严重，是指：毁坏法庭设施，造成较大的经济损失的；抢夺、损毁诉讼文书、证据等，造成证据、诉讼文书等重要案件材料灭失的；以及造成案件延期审理或无法结案的等。

十、窝藏、包庇罪

（一）法律规定

《刑法》第310条规定："明知是犯罪的人而为其提供隐藏处所、财物，帮助其逃匿或者作假证明包庇的，处3年以下有期徒刑、拘役或者管制；情节严重的，处3年以上10年以下有期徒刑。犯前款罪，事前通谋的，以共同犯罪论处。"

（二）概念和构成特征

窝藏、包庇罪，是指明知是犯罪的人而为其提供隐藏处所、财物，帮助其逃匿或者作假证明帮助其逃避法律制裁的行为。其主要构成特征是：

1. 本罪在客观方面表现为窝藏、包庇犯罪人的行为。首先，窝藏、包庇的对象只能是犯罪的人。这里犯罪的人不是严格意义上的已经被法院定罪的罪犯，而应广义地理解为犯罪嫌疑人、被告人和罪犯，具体既包括实施了犯罪行为后潜逃未归案的人，也包括已被司法机关依法拘留、逮捕、关押而又脱逃的未决犯和已决犯。其次，必须实施了窝藏、包庇犯罪人的行为。所谓窝藏，是指为犯罪的人提供隐藏处所和财物，帮助其逃匿的行为，通常表现为将犯罪的人藏匿于家中、山洞、地窖等隐蔽处，以使其不被司法机关发现或者为其提供钱财、衣物、食物、交通工具或者其他物品，以便于其逃匿等；所谓包庇，是指为犯罪的人作假证明，以使其逃避法律制裁的行为，通常表现为伪造、变造、隐匿和毁灭证据，隐瞒犯罪人的身份，伪造犯罪现场，谎报犯罪人的逃跑路线或方向，等等。

2. 本罪的主观方面只能是故意，即明知是犯罪的人而故意加以窝藏或包庇。如果确实不知是犯罪的人而给予帮助的，或者虽然知道是犯罪的人，但并无任何窝藏、包庇行为，只是基于某种原因而未检举揭发的，都不构成本罪。

（三）司法实务问题

1. 本罪与共同犯罪的界限。按照《刑法》第310条第2款的规定以及共同犯罪的理论，本罪中的窝藏、包庇行为限于在犯罪人犯罪之后实施，而且与犯罪分子事前没有通谋。如果行为人与犯罪人事前有通谋，由其在犯罪人实施犯罪后加以窝藏、包庇的，应以犯罪人所实施的犯罪的共同犯罪论处。

2. 本罪与伪证罪的界限。二者的主要区别是：①犯罪主体不同。本罪是一般主体；而伪证罪的主体是特殊主体。②犯罪目的不同。本罪的目的是帮助犯罪分子逃避法律制裁；而伪证罪的目的除帮助犯罪分子逃避法律制裁外，还可以是陷害他人。③客观行为不同。本罪表现为窝藏、包庇犯罪分子；而伪证罪表现为对与案件有重要关系的情节，作虚假的证明、鉴定、记录、翻译。④对象不同。本罪的对象既可以是未决犯，也可以是已决犯；而伪证罪的对象只能是未决犯。⑤发生的时间不同。本罪可以发生在犯罪分子实施犯罪以后的任何时间；而伪证罪只能发生于立案侦查、起诉或者审判阶段，即只能发生于判决确定之前。

3. 本罪与帮助毁灭、伪造证据罪的界限。行为人以帮助伪造、毁灭证据的方式包庇犯罪分子的，实际上形成了两罪的法条竞合关系，按照特别法条优于普通法条的原则，应定窝藏、包庇罪。

十一、拒绝提供间谍犯罪、恐怖主义犯罪、极端主义犯罪证据罪

（一）法律规定

《刑法》第311条规定："明知他人有间谍犯罪或者恐怖主义、极端主义犯罪行为，在司法机关向其调查有关情况、收集有关证据时，拒绝提供，情节严重的，处3年以下有期徒刑、拘役或者管制。"

（二）构成特征

1. 行为人必须有拒绝向司法机关提供有关间谍犯罪或者恐怖主义犯罪、极端主义犯罪的情况、证据的行为，即行为人在司法机关向其调查间谍犯罪的有关情况，收集有关的证据时，不提供其所了解的间谍犯罪或者恐怖主义犯罪、极端主义犯罪的情况，或者不交出有关的证据。如果行为人并非不提交有关情况或交出有关证据，而是以作为的方式作虚假证明或帮助伪造、毁灭证据的，则应构成包庇罪。此外，必须是情节严重的才构成本罪。所谓"情节严重"，主要是指：因拒绝提供有关情况、证据而延误重大间谍犯罪或者恐怖主义犯罪、极端主义犯罪案件侦破的；导致间谍犯罪或者恐怖主义犯罪、极端主义犯罪分子漏网逃逸的；致使间谍犯罪或者恐怖主义犯罪、极端主义犯罪分子得手，损害了国家安全利益的；等等。

2. 本罪的主观方面是故意，而且行为人必须明知他人有间谍犯罪或者恐怖主义犯罪、极端主义犯罪行为。这里的间谍犯罪行为的范围，从刑法本身的规定看，应当是指《刑法》第 110 条规定的参加间谍组织、接受间谍组织及其代理人的任务或者为敌人指示轰击目标的行为。此处所谓恐怖主义犯罪、极端主义犯罪，是指《刑法》第 120 条与第 120 条之一、之二、之三、之四、之五、之六所规定的恐怖主义、极端主义性质的犯罪。

十二、掩饰、隐瞒犯罪所得、犯罪所得收益罪

（一）法律规定

《刑法》第 312 条规定："明知是犯罪所得及其产生的收益而予以窝藏、转移、收购、代为销售或者以其他方法掩饰、隐瞒的，处 3 年以下有期徒刑、拘役或者管制，并处或者单处罚金；情节严重的，处 3 年以上 7 年以下有期徒刑，并处罚金。单位犯前款罪的，对单位判处罚金，并对其直接负责的主管人员和其他直接责任人员，依照前款的规定处罚。"

（二）概念和构成特征

掩饰、隐瞒犯罪所得、犯罪所得收益罪，是指明知是犯罪所得及其产生的收益而予以窝藏、转移、收购、代为销售、掩饰、隐瞒的行为。其主要构成特征是：

1. 本罪在客观方面表现为窝藏、转移、收购、代为销售、掩饰、隐瞒他人犯罪所得及其收益的行为。所谓他人犯罪所得及其收益，是指他人通过实施各种犯罪所获得的各种形式的财物及其产生的收益。行为人自己单独犯罪或参与共同犯罪的所得及其收益，不能成为本罪的对象。

2. 本罪的主体是一般主体，包括具有刑事责任能力的自然人和单位。

3. 本罪的主观方面是故意，即行为人明知是他人犯罪所得及其收益而予以窝藏、转移、收购、代为销售、掩饰、隐瞒。"明知"包括明知肯定是他人犯罪所得及其收益和明知可能是他人犯罪所得及其收益。

（三）司法实务问题

1. 罪与非罪的界限。主要看行为人是否明知是他人犯罪所得及其收益，如果明知而予以窝藏、转移、收购、代为销售、掩饰、隐瞒的，构成本罪；反之，则不构成。

2. 本罪限于行为人事前没有与犯罪分子通谋的情形，如果事前有通谋，事后按约定为犯罪的人窝藏、转移、收购、代为销售、掩饰、隐瞒赃物的，应以相关犯罪的共同犯罪论处。

3. 如果窝藏、转移的不是他人犯罪所得及其收益，而是他人用以实施犯罪的工具的，应构成包庇罪，而非本罪。

十三、拒不执行判决、裁定罪

（一）法律规定

《刑法》第313条规定："对人民法院的判决、裁定有能力执行而拒不执行，情节严重的，处3年以下有期徒刑、拘役或者罚金；情节特别严重的，处3年以上7年以下有期徒刑，并处罚金。单位犯前款罪的，对单位判处罚金，并对其直接负责的主管人员和其他直接责任人员，依照前款的规定处罚。"

（二）概念和构成特征

拒不执行判决、裁定罪，是指对人民法院已经发生法律效力的判决、裁定有能力执行而拒不执行，情节严重的行为。其主要构成特征是：

1. 行为人实施了拒不执行人民法院判决、裁定的行为。这里的判决、裁定，是指人民法院依法作出的，具有执行内容并已经发生法律效力的判决、裁定。所谓拒不执行，是指行为人有能力执行，但采用各种手段逃避、抗拒执行判决、裁定，或者使判决、裁定无法执行的行为。所谓有能力执行，是指根据查实的证据证明，负有执行人民法院判决、裁定义务的人有可供执行的财产或者具有履行特定行为义务的能力。至于拒不执行的手段是暴力形式还是非暴力形式，是公开的还是隐蔽的，均不影响本罪的成立。

2. 必须达到情节严重的程度。根据最高人民法院1998年4月17日公布的《关于审理拒不执行判决、裁定案件具体应用法律若干问题的解释》第3条的规定，所谓情节严重包括下列六种情形：①在人民法院发出执行通知以后，隐藏、转移、变卖、毁损已被依法查封、扣押或者已被清点并责令其保管的财产，以及转移已被冻结的财产，致使判决、裁定无法执行的；②隐藏、转移、变卖、毁损在执行中向人民法院提供担保的财产，致使判决、裁定无法执行的；③以暴力、威胁方法妨害或者抗拒执行，致使执行工作无法进行的；④聚众哄闹、冲击执行现场，围困、扣押、殴打执行人员，致使执行工作无法进行的；⑤毁损、抢夺执行案件材料、执行公务车辆和其他执行器械、执行人员服装以及执行公务证件，造成严重后果的；⑥其他妨害或者抗拒执行造成严重后果的。

3. 本罪的主体为特殊主体，既包括自然人也包括单位。即只有负有执行人民法院判决、裁定义务的自然人和单位或者负有协助执行人民法院判决、裁定义务的自然人和单位，才能构成本罪。其他人不能单独构成本罪，但可能与负有执行义务的人构成本罪的共同犯罪。

（三）司法实务问题

1. 罪与非罪的界限。主要应从两个方面把握：①看行为人是否有能力执行而拒不执行。如果行为人确实没有能力执行，不构成本罪。②看是否属于情节严重。如果行为人虽然有能力执行而拒不执行，但情节轻微的，也不构成本罪。

2. 本罪与妨害公务罪的界限。拒不执行人民法院的判决、裁定，实际上也是一种妨害公务的行为，但鉴于其特殊性，刑法将其单独列罪。可见，二者是特别法条与普通法条的关系，其中拒不执行判决、裁定罪属于特别法条。因此，凡是妨害执行人民法院判决、裁定构成犯罪的，都应定拒不执行判决、裁定罪。此外，还有一点需要注意，就是本罪不以使用暴力、威胁方法为必要要件；而妨害公务罪除故意阻碍国家安全机关、公安机关依法执行国家安全工作任务的以外，都要求必须使用暴力、威胁手段。

3. 本罪与故意杀人罪、故意伤害罪的界限。根据上述最高人民法院的解释，本罪以暴力方式抗拒人民法院执行判决、裁定的，以造成执行人员轻伤为限。如果造成执行人员重伤或者死亡的，则应分别以故意伤害罪、故意杀人罪定罪处罚。

十四、非法处置查封、扣押、冻结的财产罪

（一）法律规定

《刑法》第 314 条规定："隐藏、转移、变卖、故意毁损已被司法机关查封、扣押、冻结的财产，情节严重的，处 3 年以下有期徒刑、拘役或者罚金。"

（二）构成特征

1. 行为人实施了非法处置已被司法机关查封、扣押、冻结的财产的行为。这是构成本罪的关键。非法处置的行为具体包括隐藏、转移、变卖、毁损被司法机关查封、扣押、冻结的财产。

2. 必须达到情节严重的程度。所谓情节严重，主要是指：非法处置已被司法机关查封、扣押、冻结的财产，严重妨害诉讼活动的正常进行的；非法处置已被司法机关查封、扣押、冻结的财产，使国家、集体、公民的利益遭受重大损失的；非法处置已被司法机关查封、扣押、冻结的财产数额大或次数多的；非法处置已被司法机关查封、扣押、冻结的财产，造成其他严重后果的等情形。

3. 本罪的主体是自然人一般主体，但不包括判决、裁定的被执行人。如果被执行人实施上列行为，致使判决、裁定无法执行的，应定拒不执行判决、裁定罪。

十五、破坏监管秩序罪

（一）法律规定

《刑法》第 315 条规定："依法被关押的罪犯，有下列破坏监管秩序行为之一，情节严重的，处 3 年以下有期徒刑：①殴打监管人员的；②组织其他被监管人破坏监管秩序的；③聚众闹事，扰乱正常监管秩序的；④殴打、体罚或者指使他人殴打、体罚其他被监管人的。"

（二）构成特征

1. 行为人实施了破坏监管秩序的行为。按照刑法的规定，破坏监管秩序的行为，具体表现为四种：①殴打监管人员；②组织其他被监管人破坏监管秩序；③聚众闹事，扰乱正常监管秩序；④殴打、体罚或者指使他人殴打、体罚其他被监管人。

2. 必须达到情节严重的程度。所谓情节严重，主要指：当众殴打监管人员，造成恶劣影响的；多次殴打或者殴打多个监管人员的；有预谋、有计划地组织众多被监管人或者多次组织其他被监管人抗拒改造，破坏监管秩序的；建立了具有一定组

织形式的扰乱监管秩序、抗拒改造的团伙的；聚众冲击监管人员办公场所，毁坏财物的；经常殴打、体罚或指使他人殴打、体罚其他被监管人的；等等。需要注意的是，殴打监管人员或殴打、体罚其他被监管人员，如果造成重伤、死亡结果的，应分别定故意伤害罪、故意杀人罪，而不定本罪。

3. 本罪的主体是自然人特殊主体，即只能由依法被关押的罪犯构成。所谓依法被关押的罪犯，是指依照法定程序，被人民法院判决有罪并处以剥夺人身自由权利的刑罚，正在监狱、少年犯管教所、看守所等执行场所服刑的犯人。依法被拘留、逮捕而羁押于看守所的犯罪嫌疑人、被告人，不属于正在服刑的罪犯，不能成为本罪的主体。虽然被定罪判刑但未被关押的罪犯，也不能构成本罪。另外，监管人员殴打、体罚被监管人或者指使被监管人殴打、体罚其他被监管人的，应以《刑法》第248条规定的虐待被监管人罪定罪处罚。

十六、脱逃罪

（一）法律规定

《刑法》第316条规定："依法被关押的罪犯、被告人、犯罪嫌疑人脱逃的，处5年以下有期徒刑或者拘役。劫夺押解途中的罪犯、被告人、犯罪嫌疑人的，处3年以上7年以下有期徒刑；情节严重的，处7年以上有期徒刑。"

（二）概念和构成特征

脱逃罪，是指依法被关押的罪犯、被告人、犯罪嫌疑人逃离羁押场所及其他摆脱司法机关监管的行为。其主要构成特征是：

1. 行为人实施了脱逃的行为。所谓脱逃，是指逃离监狱、少年犯管教所、看守所等羁押场所以及在押解途中逃跑的行为。关于脱逃的具体方式，刑法并没有限制，可以是暴力性脱逃，也可以是非暴力性脱逃；可以是秘密脱逃，也可以是公开脱逃；可以是单独脱逃，也可以是合伙脱逃。对脱逃行为的情节，刑法也未作要求。行为人只要实施了脱逃行为，一般都构成本罪。

2. 本罪的主体是自然人特殊主体，即只能由依法被关押的罪犯、被告人、犯罪嫌疑人构成。此处"依法被关押的罪犯"与破坏监管秩序罪中"依法被关押的罪犯"完全相同。所谓"依法被关押的被告人"，是指依照法定程序被司法机关逮捕，人民检察院已起诉，正在接受人民法院审判的人；所谓"被依法关押的犯罪嫌疑人"，是指依照法定程序，被司法机关拘留、逮捕的正在接受侦查、审查起诉的人。

（三）司法实务问题

1. 罪与非罪的界限。下列几种情形不构成本罪：①没有被关押的罪犯、被告人、犯罪嫌疑人逃跑，或者被行政拘留的人逃离羁押场所的；②确实被错关的所谓罪犯、被告人、犯罪嫌疑人逃离羁押场所的；③不是基于摆脱羁押的目的而暂时逃离羁押场所，事后又返回的。

2. 使用暴力方式脱逃构成本罪的，以致人轻伤为限，致人重伤、死亡的，应分别以故意伤害罪、故意杀人罪定罪处罚。

十七、劫夺被押解人员罪

（一）法律规定

见前列《刑法》第316条第2款。

（二）构成特征

1. 行为人实施了劫夺押解途中的罪犯、被告人、犯罪嫌疑人的行为。所谓押解途中，是指将前述三种人从甲地押送到乙地的过程中。被关押于监狱、看守所等场所的罪犯、被告人、犯罪嫌疑人，不能成为本罪的对象。所谓劫夺，是指以暴力、胁迫或者其他方法，将押解途中的罪犯、被告人、犯罪嫌疑人从押解人员的控制中夺走的行为。劫夺行为通常表现为袭击押解人员、设置路障等。

2. 本罪的主观方面是故意，即行为人明知是押解途中的罪犯、被告人、犯罪嫌疑人而予以劫夺。至于动机如何，不影响本罪的成立。

十八、组织越狱罪

（一）法律规定

《刑法》第317条规定："组织越狱的首要分子和积极参加的，处5年以上有期徒刑；其他参加的，处5年以下有期徒刑或者拘役。暴动越狱或者聚众持械劫狱的首要分子和积极参加的，处10年以上有期徒刑或者无期徒刑；情节特别严重的，处死刑；其他参加的处3年以上10年以下有期徒刑。"

（二）构成特征

1. 本罪在客观方面表现为有组织地从羁押场所逃跑的行为。这是成立本罪的实质性条件，也是本罪与脱逃罪区别的关键。所谓有组织地逃跑，是指在首要分子的组织、策划、指挥下，一定数量的在押人员经过周密地计划、分工、准备，以非暴力的方式，集体从羁押场所逃跑。几个在押人员临时纠合在一起逃跑的，定脱逃罪的共犯，而不定本罪。

2. 本罪的主体是自然人特殊主体，即只能由依法被关押的罪犯、被告人、犯罪嫌疑人构成。应注意的是，不只是组织者构成本罪，被组织者只要参与越狱的，同样构成本罪。

十九、暴动越狱罪

（一）法律规定

见前列《刑法》第317条第2款。

（二）构成特征

1. 本罪在客观方面表现为暴动越狱的行为。所谓"暴动越狱"，是指首要分子纠集一定数量的在押人员，有组织、有计划地采用暴力手段从羁押场所逃跑的行为。此处的暴力手段，通常表现为殴打、杀害监管人员或警卫人员，或者抢夺其枪支弹药；捣毁监舍门窗、围墙、拦阻网等监狱设施，等等。是否使用暴力手段，是区别本罪与组织越狱罪的关键。

2. 本罪的主体是自然人特殊主体，具体与组织越狱罪相同。

二十、聚众持械劫狱罪

（一）法律规定

见前列《刑法》第 317 条第 2 款。

（二）构成特征

1. 本罪在客观方面表现为聚众持械劫狱的行为。所谓聚众持械劫狱，是指首要分子纠集一定数量的人，采取使用枪械、刀具、棍棒等凶器的暴力手段，从监狱等羁押场所抢走被关押的罪犯、被告人、犯罪嫌疑人，以及劫刑场的行为。行为人劫夺的是被关押的还是押解途中的罪犯、被告人、犯罪嫌疑人，是区别本罪与劫夺被押解人员罪的关键。

2. 本罪的主体是自然人一般主体，不论是首要分子、积极参加的人员，还是其他参加者，均可构成本罪。

■ 第四节　妨害国（边）境管理罪

一、组织他人偷越国（边）境罪

（一）法律规定

《刑法》第 318 条规定："组织他人偷越国（边）境的，处 2 年以上 7 年以下有期徒刑，并处罚金；有下列情形之一的，处 7 年以上有期徒刑或者无期徒刑，并处罚金或者没收财产：①组织他人偷越国（边）境集团的首要分子；②多次组织他人偷越国（边）境或者组织他人偷越国（边）境人数众多的；③造成被组织人重伤、死亡的；④剥夺或者限制被组织人人身自由的；⑤以暴力、威胁方法抗拒检查的；⑥违法所得数额巨大的；⑦有其他特别严重情节的。犯前款罪，对被组织人有杀害、伤害、强奸、拐卖等犯罪行为，或者对检查人员有杀害、伤害等犯罪行为的，依照数罪并罚的规定处罚。"

（二）概念和构成特征

组织他人偷越国（边）境罪，是指非法策划、指挥、串联、拉拢、安排他人偷越国（边）境的行为。其主要构成特征是：

1. 本罪在客观方面表现为非法组织他人偷越国（边）境的行为。所谓非法组织他人偷越国（边）境，是指采用策划、指挥、串联、拉拢、欺骗等方式，使他人在未按规定办理有关出国、出境证件和手续的情况下，非法出入我国国（边）境的行为。所谓国（边）境，是指我国与外国的国界以及我国大陆与港、澳、台地区的交界。不论组织者本身是否偷越国（边）境，组织者与被组织者的人数的多少，被组织者是中国人还是外国人，都不影响本罪的成立。

2. 本罪的主体是自然人一般主体，既可以是中国人，也可以是外国人。应当注意，这里刑法所要处罚的是组织他人偷越国（边）境的组织者即所谓"蛇头"的组织行为，而非他人偷越国（边）境的行为。因此，只有其中的组织者构成本罪。

（三）司法实务问题

1. 按照《刑法》第 318 条第 2 款的规定，在组织他人偷越国（边）境的过程中，如果对被组织人有杀害、伤害、强奸、拐卖等行为，或者对检查人员有杀害、伤害等犯罪行为的，对行为人应以本罪和相应的犯罪实行数罪并罚。

2. 为帮助他人逃避法律制裁，而组织犯罪的人偷越国（边）境的，属于本罪与窝藏罪的牵连犯，不实行数罪并罚，应按从一重罪的原则处罚。

二、骗取出境证件罪

（一）法律规定

《刑法》第 319 条规定："以劳务输出、经贸往来或者其他名义，弄虚作假，骗取护照、签证等出境证件，为组织他人偷越国（边）境使用的，处 3 年以下有期徒刑，并处罚金；情节严重的，处 3 年以上 10 年以下有期徒刑，并处罚金。单位犯前款罪的，对单位判处罚金，并对其直接负责的主管人员和其他直接责任人员，依照前款的规定处罚。"

（二）构成特征

1. 本罪在客观方面表现为以劳务输出、经贸往来或者其他名义，弄虚作假，骗取护照、签证等出境证件的行为。首先，骗取的对象仅限于护照、签证等出境证件。所谓护照，是指一个主权国家发给本国公民出入国境、在国外居留、旅行的合法身份证明及国籍证明；所谓签证，是指一个主权国家同意外国人进入或者经过其国境的一种许可证明。其次，行为人是以劳务输出、经贸往来或者其他名义，弄虚作假，骗取护照、签证等出境证件的，具体表现为虚构劳务输出、经贸往来、出国访问、考察、留学、探亲访友、定居等事由或伪造有关证明向签发、管理机关骗取出境证件。

2. 本罪的主体是一般主体，自然人和单位均可构成。

3. 本罪的主观方面是故意，并且具有为组织他人偷越国（边）境使用的目的。

（三）司法实务问题

司法实务方面主要应注意，按照刑法的规定，只要行为人出于组织他人偷越国（边）境使用的目的，实施了骗取出境证件的行为的即构成本罪。如果将骗取的出境证件实际用于组织他人偷越国（边）境的，不定本罪，而应定组织他人偷越国（边）境罪。

三、提供伪造、变造的出入境证件罪

（一）法律规定

《刑法》第 320 条规定："为他人提供伪造、变造的护照、签证等出入境证件，或者出售护照、签证等出入境证件的，处 5 年以下有期徒刑，并处罚金；情节严重的，处 5 年以上有期徒刑，并处罚金。"

（二）构成特征

1. 本罪在客观方面表现为为他人提供伪造、变造的护照、签证等出入境证件的行为。这里提供的必须是伪造、变造的护照、签证等出入境证件，即完全虚假的或部分虚假的出入境证件。提供真实的出入境证件的，不能构成本罪。至于提供的伪造、变造的出入境证件是否为行为人自己伪造、变造的，是有偿提供还是无偿提供，以及提供给他人到底用于何种目的，均不影响本罪的成立。如果只有伪造、变造出入境证件的行为，而未向他人提供的，应当以《刑法》第 280 条规定的伪造、变造国家机关证件罪定罪处罚。

2. 本罪的主观方面是故意，即行为人明知是伪造、变造的出入境证件而向他人提供。

四、出售出入境证件罪

（一）法律规定

见前列《刑法》第 320 条。

（二）构成特征

1. 本罪在客观方面表现为出售护照、签证等出入境证件的行为。所谓出售出入境证件，是指以牟利为目的，向他人有偿地提供有权制作机关制发的真实的出入境证件。只要出入境证件本身真实，不论是否在有效期内，都不影响本罪的成立。出售伪造、变造的出入境证件的行为，应按提供伪造、变造的出入境证件罪定罪处罚。

2. 本罪的主观方面是故意，且行为人一般具有牟利的目的。

五、运送他人偷越国（边）境罪

（一）法律规定

《刑法》第 321 条规定："运送他人偷越国（边）境的，处 5 年以下有期徒刑、拘役或者管制，并处罚金；有下列情形之一的，处 5 年以上 10 年以下有期徒刑，并处罚金：①多次实施运送行为或者运送人数众多的；②所使用的船只、车辆等交通工具不具备必要的安全条件，足以造成严重后果的；③违法所得数额巨大的；④有其他特别严重情节的。在运送他人偷越国（边）境中造成被运送人重伤、死亡，或者以暴力、威胁方法抗拒检查的，处 7 年以上有期徒刑，并处罚金。犯前两款罪，对被运送人有杀害、伤害、强奸、拐卖等犯罪行为，或者对检查人员有杀害、伤害等犯罪行为的，依照数罪并罚的规定处罚。"

（二）构成特征

1. 本罪在客观方面表现为运送他人偷越国（边）境的行为。所谓运送他人偷越国（边）境，主要是指使用车辆、船只等交通工具将偷越国（边）境的人运出或者运进我国国（边）境的行为，同时也包括徒步带领、护送他人偷越国（边）境的行为。至于运送者本身是否偷越国（边）境，被运送人数的多少，都不影响本罪的成立。

2. 构成本罪只要求行为人具有运送他人偷越国（边）境的行为。行为人既有组织他人偷越国（边）境的行为，又有运送他人偷越国（边）境的行为的，如果组织和运送的对象相同，定组织他人偷越国（边）境罪；如果组织和运送的对象不同，则应以组织他人偷越国（边）境罪和运送他人偷越国（边）境罪实行数罪并罚。

3. 根据《刑法》第321条第3款的规定，在实施运送他人偷越国（边）境罪的过程中，对被运送人有杀害、伤害、强奸、拐卖等犯罪行为，或者对检查人员有杀害、伤害等犯罪行为的，应以本罪与相应的犯罪实行数罪并罚。

六、偷越国（边）境罪

（一）法律规定

《刑法》第322条规定："违反国（边）境管理法规，偷越国（边）境，情节严重的，处1年以下有期徒刑、拘役或者管制，并处罚金；为参加恐怖活动组织、接受恐怖活动培训或者实施恐怖活动，偷越国（边）境的，处1年以上3年以下有期徒刑，并处罚金。"

（二）概念和构成特征

偷越国（边）境罪，是指违反国（边）境管理法规，非法出入我国国（边）境，情节严重的，或者为参加恐怖活动组织、接受恐怖活动培训或者实施恐怖活动，偷越国（边）境的行为。其主要构成特征是：

1. 行为人实施了偷越国（边）境的行为。所谓偷越国（边）境，是指违反国（边）境管理法规，非法出入我国国（边）境的行为。既包括不在规定的地点秘密地出入国（边）境，也包括以伪造、涂改的假出入境证件或冒用他人的出入境证件等欺骗手段，从规定的地点蒙混出入国（边）境。

2. 本罪有以下两种行为方式，实施其中之一的即构成本罪：①行为人出于参加恐怖活动组织、接受恐怖活动培训或者实施恐怖活动之目的，而实施了偷越国（边）境行为。故只要有此行为的，即构成本罪。②除前述行为以外的其他偷越国（边）境行为必须达到情节严重，才能构成本罪。所谓情节严重，主要是指：多次偷越国（边）境，屡教不改的；为了逃避法律制裁而偷越国（边）境的；使用伪造、变造的出入境证件偷越国（边）境的；在偷越国（边）境过程中造成严重后果的；等等。

3. 本罪的主观方面是故意。如果行为人不知是国（边）境而误出误入的，不构成本罪。

（三）司法实务问题

1. 本罪与叛逃罪的界限。当叛逃罪表现为叛逃境外时，往往也涉及偷越国（边）境的问题。区分二者，关键看主体和客观方面。本罪是一般主体，而叛逃罪的主体则只能是国家机关工作人员和掌握国家秘密的国家工作人员；本罪客观上表现为违反国（边）境管理法规，非法出入我国国（边）境的行为，而叛逃罪则表现为在履行公务期间，擅离岗位，叛逃境外或者在境外叛逃，危害中华人民共和国国家安全的行为。

2. 本罪与组织他人偷越国（边）境罪的界限。组织他人偷越国（边）境中的组织者构成组织他人偷越国（边）境罪，被组织偷越国（边）境的人则构成本罪。

七、破坏界碑、界桩罪

（一）法律规定

《刑法》第 323 条规定："故意破坏国家边境的界碑、界桩或者永久性测量标志的，处 3 年以下有期徒刑或者拘役。"

（二）构成特征

1. 本罪在客观方面表现为破坏国家边境界碑、界桩的行为。首先，犯罪对象是国家边境的界碑、界桩，具体指我国政府与邻国按照条约规定或者历史上实际形成的领土范围，在陆地接壤地区埋设的指示边境分界及走向的标志物。其次，必须实施了破坏界碑、界桩的行为。破坏的方法不限，可以是盗走、拆除、砸毁、挖掉、掩埋、移动位置、改变其原样等。总之，不论采取什么方法，只要使界碑、界桩丧失其原有的意义和作用，就应视为破坏。

2. 本罪的主观方面是故意，即明知是界碑、界桩而有意加以破坏。

八、破坏永久性测量标志罪

（一）法律规定

见前列《刑法》第 323 条。

（二）构成特征

1. 本罪在客观方面表现为破坏永久性测量标志的行为。这里的破坏行为与破坏界碑、界桩罪相同，不同之处是本罪破坏的对象是永久性测量标志。所谓永久性测量标志，是指国家有关测绘单位在全国各地测量过程中所设置在地上、地下、水上的各种永久性测量标志物，具体包括各等级的三角点、天文点、导线点、重力点、水准点、军用控制点，以及地形测图等各种质地的固定标志。如果破坏的不是永久性测量标志，而是为开挖水库、河道或者修建道路而埋设的临时性测量标志，不构成本罪。

2. 本罪的主观方面是故意，即明知是永久性测量标志而加以破坏。

■ 第五节 妨害文物管理罪

一、故意损毁文物罪

（一）法律规定

《刑法》第 324 条规定："故意损毁国家保护的珍贵文物或者被确定为全国重点文物保护单位、省级文物保护单位的文物的，处 3 年以下有期徒刑或者拘役，并处或者单处罚金；情节严重的，处 3 年以上 10 年以下有期徒刑，并处罚金。故意损毁国家保护的名胜古迹，情节严重的，处 5 年以下有期徒刑或者拘役，并处或者单处罚金。过失损毁国家保护的珍贵文物或者被确定为全国重点文物保护单位、省级文物保护单位的文物，造成严重后果的，处 3 年以下有期徒刑或者拘役。"

（二）构成特征

1. 作为本罪对象的文物有三类：①国家保护的珍贵文物，即具有重大历史、科学、艺术价值的可移动的文物。珍贵文物的主要范围是：历史上各时代珍贵的艺术品、工艺美术品；重要的革命文献资料以及具有历史、艺术、科学价值的手稿；古旧图书资料；反映历史上各时代、各民族社会制度、社会生产、社会生活的代表性实物等。②全国重点文物保护单位的文物，即由国务院核定公布的重点保护的具有重要历史、艺术、科学价值的革命遗址、纪念建筑物、古文化遗迹、古墓葬、古建筑、石窟寺庙、石刻等不可移动的文物。③省级文物保护单位的文物，即由各省、自治区、直辖市人民政府核定公布的重点保护的不可移动的文物。

2. 行为人实施了损毁上述文物的行为。所谓"损毁"，是指实施损坏、毁灭、破坏等使上述文物的原有价值丧失或减少的行为，具体表现为捣毁、拆除、焚烧、污损、打碎、撕毁等。

3. 本罪的主观方面是故意，即行为人明知是国家保护的珍贵文物或者被确定为全国重点文物保护单位、省级文物保护单位的文物而有意加以损毁。

二、故意损毁名胜古迹罪

（一）法律规定

见前列《刑法》第 324 条第 2 款。

（二）构成特征

1. 须有损毁国家保护的名胜古迹的行为。这里的损毁与故意损毁文物罪相同。所谓"国家保护的名胜古迹"，是指可供人们游览的著名风景区和不在全国重点文物保护单位或省级文物保护单位文物之列但又具有一定价值的历史遗迹。这是本罪与故意损毁文物罪区别的关键。

2. 应达到情节严重的程度。所谓"情节严重"，主要是指：损毁被联合国认定为世界历史文化遗产的名胜古迹的；造成被损毁的名胜古迹无法恢复原状的；多次损毁名胜古迹的；造成其他严重后果的；等等。在国家名胜风景区、文物古迹区随意刻画等一般损毁行为，不构成本罪。

3. 本罪的主观方面是故意。

三、过失损毁文物罪

（一）法律规定

见前列《刑法》第 324 条第 3 款。

（二）构成特征

1. 本罪在客观方面表现为损毁国家珍贵文物或者国家级、省级文物保护单位的文物，造成了严重后果的行为。这里的损毁对象、损毁行为与故意损毁文物罪相同。但本罪以造成严重后果为必要条件。所谓"造成严重后果"，主要是指：损毁的珍贵文物数量较大的；给国家珍贵文物或者国家级、省级文物保护单位的文物造成无法弥补的严重损失的；等等。

2. 本罪的主观方面是过失。这是本罪与故意损毁文物罪区别的关键。

四、非法向外国人出售、赠送珍贵文物罪

（一）法律规定

《刑法》第 325 条规定："违反文物保护法规，将收藏的国家禁止出口的珍贵文物私自出售或者私自赠送给外国人的，处 5 年以下有期徒刑或者拘役，可以并处罚金。单位犯前款罪的，对单位判处罚金，并对其直接负责的主管人员和其他直接责任人员，依照前款的规定处罚。"

（二）构成特征

1. 本罪在客观方面表现为违反文物保护法规，将收藏的国家禁止出口的珍贵文物私自出售或者私自赠送给外国人的行为。首先，必须实施了违反文物保护法规，将收藏的禁止出口的珍贵文物私自出售或者私自赠送的行为。收藏的禁止出口的珍贵文物，是指单位或个人收藏的，根据国家有关法律、法规明确规定不得出口的珍贵文物。所谓私自出售、私自赠送，是指收藏珍贵文物的个人、国有单位、非国有单位，未经文物管理部门批准，擅自将珍贵文物出卖或赠与的行为。其次，必须向外国人（包括无国籍人）私自出售、赠送珍贵文物。

2. 本罪的主体是一般主体，既包括自然人，也包括单位。

（三）司法实务问题

司法实务方面主要注意一点，即如果行为人是在我国的内海、领海将收藏的禁止出口的珍贵文物出售给外国人的，则属于本罪与走私文物罪的法条竞合，按照从一重罪处罚的原则，应以走私文物罪定罪处罚。

五、倒卖文物罪

（一）法律规定

《刑法》第 326 条规定："以牟利为目的，倒卖国家禁止经营的文物，情节严重的，处 5 年以下有期徒刑或者拘役，并处罚金；情节特别严重的，处 5 年以上 10 年以下有期徒刑，并处罚金。单位犯前款罪的，对单位判处罚金，并对其直接负责的主管人员和其他直接责任人员，依照前款的规定处罚。"

（二）概念和构成特征

倒卖文物罪，是指以牟利为目的，非法买卖国家禁止经营的文物，情节严重的行为。其主要构成特征是：

1. 行为人实施了倒卖文物，情节严重的行为。所谓"倒卖文物"，是指违反国家文物管理法规，倒手买卖国家禁止经营的文物的行为，具体包括两种情况：①无权经营文物的单位或个人擅自收购或者销售文物；②经国家批准的文物经营单位，超越经营范围，经营国家禁止经营的文物。所谓"国家禁止经营的文物"，是指根据文物保护法的规定，不允许个人和未经批准的单位非法经营的文物，既包括珍贵文物，也包括禁止经营的一般文物。所谓"情节严重"，主要是指：倒卖珍贵文物的；倒卖文物非法获利数额较大的；倒卖文物数量较大或者次数较多的；造成文物流失难以返回的；造成其他严重后果的；等等。

2. 本罪的主体是一般主体，既包括自然人，也包括单位。其中单位可以是无文物经营权的单位，也可以是有文物经营权的单位。

3. 本罪的主观方面是故意，并且以具有牟利的目的为必要条件。

（三）司法实务问题

1. 本罪与走私文物罪的界限。二者一般情况下不易混淆。需要注意的问题是，如果行为人在我国的内海、领海倒卖禁止出口的珍贵文物，属于本罪与走私文物罪的法条竞合，应以走私文物罪定罪处罚。

2. 本罪与非法向外国人出售、赠送珍贵文物罪的界限。包括：①犯罪对象不同。前者的对象是禁止经营的文物，既包括收藏的，也包括非收藏的；既包括珍贵文物，也包括一般文物；后者的对象只能是收藏的禁止出口的珍贵文物。②客观行为不同。前者表现为倒手买卖；后者表现为出售、赠送。③买方不同。当倒卖或者出售的文物是禁止出口的珍贵文物时，前者的买方只能是中国人；后者的买方只能是外国人。如果倒卖文物者把收藏的国家禁止出口的珍贵文物倒卖给外国人，属于两罪的法条竞合，一般应定非法向外国人出售、赠送珍贵文物罪，但情节特别严重的，应定倒卖文物罪。④主观方面不完全相同。前者须有牟利的目的；后者则无此限制。

3. 盗窃、抢夺、抢劫文物后加以倒卖的，属于前列犯罪的后续行为，不单独定罪。

六、非法出售、私赠文物藏品罪

（一）法律规定

《刑法》第 327 条规定："违反文物保护法规，国有博物馆、图书馆等单位将国家保护的文物藏品出售或者私自送给非国有单位或者个人的，对单位判处罚金，并对其直接负责的主管人员和其他直接责任人员，处 3 年以下有期徒刑或者拘役。"

（二）构成特征

1. 本罪在客观方面表现为违反文物保护法规，将国家保护的文物藏品出售或私自送给非国有单位或个人的行为。所谓"国家保护的文物藏品"，是指国家所有的博物馆、图书馆、纪念馆等收藏保护的文物。这里的非国有单位或个人，是指中国的非国有单位和中国公民。如果将馆藏文物出售或者赠送给国有单位的，不构成本罪；如果将馆藏珍贵文物出售或赠送给外国机构或外国人的，应定非法向外国人出售、赠送珍贵文物罪。

2. 本罪的主体是单位特殊主体，即只有国有博物馆、图书馆、纪念馆、文物考古机构等单位才能构成本罪。

七、盗掘古文化遗址、古墓葬罪

（一）法律规定

《刑法》第 328 条规定："盗掘具有历史、艺术、科学价值的古文化遗址、古墓葬的，处 3 年以上 10 年以下有期徒刑，并处罚金；情节较轻的，处 3 年以下有期徒刑、拘役或者管制，并处罚金；有下列情形之一的，处 10 年以上有期徒刑或者无期徒刑，并处罚金或者没收财产：①盗掘确定为全国重点文物保护单位和省级文物保护单位的古文化遗址、古墓葬的；②盗掘古文化遗址、古墓葬集团的首要分子；③多次盗掘古文化遗址、古墓葬的；④盗掘古文化遗址、古墓葬，并盗窃珍贵文物或者造成珍贵文物严重破坏的。盗掘国家保护的具有科学价值的古人类化石和古脊椎动物化石的，依照前款的规定处罚。"

（二）构成特征

1. 本罪客观方面表现为盗掘具有历史、艺术、科学价值的古文化遗址、古墓葬的行为。所谓古文化遗址，是指清代和清代以前我国古代人类创造并留下的表明其文化发展水平的具有历史、艺术、科学价值的遗迹，包括石窟、地下城、古建筑等。所谓古墓葬，是指清代和清代以前我国古代人类建造并留下的具有历史、艺术、科学价值的墓穴及其有关设施。根据有关规定，辛亥革命后与著名的历史事件有关的名人墓葬、遗址和纪念地，也视为古文化遗址、古墓葬。所谓盗掘，是指未经国家文化主管部门的批准而私自挖掘的行为。至于是秘密挖掘还是公开挖掘，是否挖掘到文物，都不影响本罪的成立。

2. 本罪的主观方面是故意，且一般具有非法占有古文化遗址、古墓葬中文物的目的。

（三）司法实务问题

司法实务方面注意两点：①盗掘不具有任何历史、艺术和科学价值的古文化遗址、古墓葬的，不构成本罪；②盗掘古文化遗址、古墓葬，并盗窃珍贵文物或者造成珍贵文物严重破坏的，属于本罪的结果加重犯，不实行数罪并罚。

八、盗掘古人类化石、古脊椎动物化石罪

（一）法律规定

见前列《刑法》第 328 条第 2 款。

（二）构成特征

1. 本罪与盗掘古文化遗址、古墓葬罪在主体、罪过形式及行为方式等方面均相同，区别在于本罪盗掘的是国家保护的具有科学价值的古人类化石、古脊椎动物化石，即距今一万年前的已经石化的古人类和古脊椎动物的遗骸或遗迹。

2. 盗掘古人类化石、古脊椎动物化石，并盗窃或者损毁古人类化石、古脊椎动物化石的，属于本罪的结果加重犯，不实行数罪并罚。

九、抢夺、窃取国有档案罪

（一）法律规定

《刑法》第 329 条规定："抢夺、窃取国家所有的档案的，处 5 年以下有期徒刑

或者拘役。违反档案法的规定，擅自出卖、转让国家所有的档案，情节严重的，处3年以下有期徒刑或者拘役。有前两款行为，同时又构成本法规定的其他犯罪的，依照处罚较重的规定定罪处罚。"

（二）构成特征

1. 本罪在客观方面表现为抢夺、窃取国家所有的档案的行为。所谓"档案"，是指过去和现在的国家机构、社会组织及个人，从事政治、军事、经济、科学、技术、文化、宗教等方面活动，而直接形成的对国家和社会有保存价值的各种文字、图表、声像等不同形式的历史记录。其中只有属国家所有的档案，即具有重要保存价值，由国家各级档案部门保管且所有权属于国家的档案以及其他归国家所有的档案，才能成为本罪的对象。所谓"抢夺"，是指以非法占有为目的，公然夺取国家所有的档案。所谓"窃取"，是指以非法占有为目的，秘密窃取国家所有的档案。应当注意，如果行为人抢夺、窃取的国家所有的档案属于国家秘密，就形成了本罪与涉及国家秘密的一些犯罪的竞合关系。按照《刑法》第329条第3款的规定，应以其中处罚较重的罪定罪处罚。

2. 本罪的主观方面是故意，且具有将国家所有的档案非法据为己有的目的。

十、擅自出卖、转让国有档案罪

（一）法律规定

见前列《刑法》第329条第2、3款。

（二）构成特征

1. 本罪在客观方面表现为违反档案法的规定，擅自出卖、转让国家所有的档案，情节严重的行为。本罪的对象与前罪相同。所谓"擅自出卖、转让国有档案"，是指违反上述规定，未经国家档案行政管理部门批准，而出卖、转让国有档案的行为。所谓"情节严重"，主要是指：多次擅自出卖、转让国有档案的；擅自出卖、转让国有档案数量大的；擅自出卖、转让国家重要档案的；擅自出卖、转让国有档案造成严重后果的；等等。应当注意，如果行为人出卖、转让的国有档案属于国家秘密，也会形成本罪与涉及国家秘密的一些犯罪的竞合关系。根据《刑法》第329条第3款的规定，其处理原则也是按其中的重罪定罪处罚。

2. 本罪的主观方面是故意，即行为人明知国有档案不得随意出卖、转让，而仍然擅自出卖、转让。

第六节　危害公共卫生罪

一、妨害传染病防治罪

（一）法律规定

《刑法》第330条规定："违反传染病防治法的规定，有下列情形之一，引起甲类传染病传播或者有传播严重危险的，处3年以下有期徒刑或者拘役；后果特别严重的，处3年以上7年以下有期徒刑：①供水单位供应的饮用水不符合国家规定的卫生标准的；②拒绝按照卫生防疫机构提出的卫生要求，对传染病病原体污染的污水、污物、粪便进行消毒处理的；③准许或者纵容传染病病人、病原携带者和疑似传染病病人从事国务院卫生行政部门规定禁止从事的易使该传染病扩散的工作的；④拒绝执行卫生防疫机构依照传染病防治法提出的预防、控制措施的。单位犯前款罪的，对单位判处罚金，并对其直接负责的主管人员和其他直接责任人员，依照前款的规定处罚。甲类传染病的范围，依照《中华人民共和国传染病防治法》和国务院有关规定确定。"

（二）构成特征

1. 本罪在客观方面表现为违反传染病防治法规，引起鼠疫、霍乱等甲类传染病传播或者有传播严重危险的行为。首先，行为人违反传染病防治法，实施了下列四种行为之一：①供水单位供应的饮用水不符合国家规定的卫生标准的；②拒绝按照卫生防疫机构提出的卫生要求，对传染病病原体污染的污水、污物、粪便进行消毒处理的；③准许或者纵容传染病病人、病原携带者和疑似传染病病人从事国务院卫生行政部门规定禁止从事的易使该传染病扩散的工作的；④拒绝执行卫生防疫机构依照传染病防治法提出的预防、控制措施的。其次，行为人的行为引起甲类传染病传播或者有传播的严重危险。如果行为人仅有上述行为，但未引起甲类传染病传播，也没有传播的严重危险的，不构成本罪。根据《中华人民共和国传染病防治法》的规定，甲类传染病是指鼠疫、霍乱。引起甲类传染病传播，是指事实上导致了鼠疫、霍乱的传播。有传播的严重危险，是指尚未导致鼠疫、霍乱在事实上的传播，但已经具有引起传播的相当危险性。

2. 本罪的主体是一般主体，自然人和单位均可构成。

3. 本罪的主观方面是过失。应当注意，这里的过失是就行为人对引起甲类传染病传播或者有传播的严重危险的心理态度而言的。对违反传染病防治法的规定的行为，行为人往往都是明知故犯。

二、传染病菌种、毒种扩散罪

（一）法律规定

《刑法》第331条规定："从事实验、保藏、携带、运输传染病菌种、毒种的人员，违反国务院卫生行政部门的有关规定，造成传染病菌种、毒种扩散，后果严重的，处3年以下有期徒刑或者拘役；后果特别严重的，处3年以上7年以下有期徒刑。"

（二）构成特征

1. 本罪在客观方面表现为违反国务院卫生行政部门的有关规定，造成传染病菌种、毒种扩散，后果严重的行为。"违反国务院卫生行政部门的有关规定"，主要是指违反卫生部有关传染病菌种、毒种的保藏、携带、运输、使用的具体规定。所谓"造成传染病菌种、毒种扩散，后果严重"，是指由于行为人的违规行为，致使传染病菌种、毒种在较大范围内传播，引起多人传染或者致病人死亡的，等等。

2. 本罪的主体是自然人特殊主体，即从事实验、保藏、携带、运输传染病菌种、毒种的人员。

3. 本罪的主观方面是过失。但违反有关规定的行为一般是故意的。

三、妨害国境卫生检疫罪

（一）法律规定

《刑法》第332条规定："违反国境卫生检疫规定，引起检疫传染病传播或者有传播严重危险的，处3年以下有期徒刑或者拘役，并处或者单处罚金。单位犯前款罪的，对单位判处罚金，并对其直接负责的主管人员和其他直接责任人员，依照前款的规定处罚。"

（二）构成特征

1. 本罪在客观方面表现为违反国境卫生检疫规定，引起检疫传染病传播或者有传播严重危险的行为。所谓"违反国境卫生检疫规定"，主要是指行为人不遵守《中华人民共和国国境卫生检疫法》有关检疫的规定，逃避检疫人员对其人身或者物品的卫生检疫。"引起检疫传染病传播或者有传播的严重危险"包括两种情况：①已经引起鼠疫、霍乱、黄热病、天花、艾滋病等检疫传染病在事实上的传播；②尚未引起检疫传染病在事实上的传播，但已具有引起传播的相当危险性。

2. 本罪的主体是一般主体，自然人和单位均可构成。

3. 本罪的主观方面是过失，但对于违反国境卫生检疫规定则是有意而为。

四、非法组织卖血罪

（一）法律规定

《刑法》第333条规定："非法组织他人出卖血液的，处5年以下有期徒刑，并处罚金；以暴力、威胁方法强迫他人出卖血液的，处5年以上10年以下有期徒刑，并处罚金。有前款行为，对他人造成伤害的，依照本法第234条的规定定罪处罚。"

（二）构成特征

1. 本罪在客观方面表现为非法组织他人出卖血液的行为，即没得到国家卫生行政部门主管机关的批准或委托，而擅自通过招募、欺骗、劝说、引诱等方式，动员、策划、指挥、安排他人向血站、红十字会或者其他采集血液的医疗机构出卖血液。应当注意，按照《刑法》第333条第2款的规定，非法组织他人出卖血液，造成他人伤害的，应以故意伤害罪定罪处罚。

2. 本罪的主观方面是故意，而且一般具有牟利的目的。

五、强迫卖血罪

（一）法律规定

见前列《刑法》第333条。

（二）构成特征

1. 本罪在客观方面表现为以暴力、威胁方法强迫他人出卖血液的行为，即行为人采取暴力、威胁的强制手段，迫使不愿出卖血液的人出卖自己的血液。违背卖血者的意志是该罪的本质特征，也是本罪与非法组织卖血罪区别的关键。这里的暴力主要包括殴打、捆绑、禁闭、折磨等；威胁主要指以杀害、伤害进行恐吓，或者利用教养、从属关系等逼迫他人卖血。应当注意，根据《刑法》第333条第2款的规定，强迫他人卖血对他人造成伤害的，依照故意伤害罪的规定定罪处罚。

2. 本罪的主观方面是故意，并且一般具有牟利的目的。

六、非法采集、供应血液、制作、供应血液制品罪

（一）法律规定

《刑法》第334条规定："非法采集、供应血液或者制作、供应血液制品，不符合国家规定的标准，足以危害人体健康的，处5年以下有期徒刑或者拘役，并处罚金；对人体健康造成严重危害的，处5年以上10年以下有期徒刑，并处罚金；造成特别严重后果的，处10年以上有期徒刑或者无期徒刑，并处罚金或者没收财产。经国家主管部门批准采集、供应血液或者制作、供应血液制品的部门，不依照规定进行检测或者违背其他操作规定，造成危害他人身体健康后果的，对单位判处罚金，并对其直接负责的主管人员和其他直接责任人员，处5年以下有期徒刑或者拘役。"

（二）构成特征

1. 行为人实施了非法采集、供应血液或者制作、供应血液制品，不符合国家规定的标准的行为，即未经卫生行政主管部门批准而擅自采集、供应血液或制作、供应血液制品。

2. 本罪属危险犯，行为人非法采集、供应的血液或制作、供应的不符合国家规定标准的血液制品，只要足以危害人体健康，就构成本罪。所谓"足以危害人体健康"，是指虽然尚未对人体健康造成实际的危害，但已具有危害人体健康的现实危险。

3. 本罪的主观方面是故意。

七、采集、供应血液、制作、供应血液制品事故罪

（一）法律规定

见前列《刑法》第334条第2款。

（二）构成特征

1. 本罪在客观方面表现为在采集、供应血液或制作、供应血液制品的过程中，不依照规定进行检测或者违背其他操作规定，造成危害他人身体健康后果的行为。这里行为人采集、供应血液或制作、供应血液制品的行为本身是合法的，只是未依照规定进行有关检测或者违背了其他有关操作规定。这是本罪与非法采集、供应血液、制作、供应血液制品罪区别的关键。已经造成危害他人身体健康的后果，也是构成本罪的必要条件。

2. 本罪的主体是单位特殊主体，即只能由经国家主管部门批准采集、供应血液或者制作、供应血液制品的部门构成。

3. 本罪的主观方面是过失，即行为人因疏忽大意没有预见到可能发生危害他人身体健康的结果，或者已经预见但轻信能够避免。

八、医疗事故罪

（一）法律规定

《刑法》第335条规定："医务人员由于严重不负责任，造成就诊人死亡或者严重损害就诊人身体健康的，处3年以下有期徒刑或者拘役。"

（二）概念和构成特征

医疗事故罪，是指医务人员由于严重不负责任，造成就诊人死亡或者严重损害就诊人身体健康的行为。其主要构成特征是：

1. 本罪在客观方面表现为行为人严重不负责任，造成就诊人死亡或者严重损害就诊人身体健康的行为。首先，行为人严重不负责任是构成本罪的前提。所谓"严重不负责任"，是指医务人员在诊断、处方、用药、麻醉、手术、输血、护理、化验、消毒、查房等诊疗护理工作的各个环节中，违反规章制度或诊疗护理常规，不履行或者不正确履行诊疗护理职责，粗心大意，草率行事。其次，造成就诊人死亡或者严重损害就诊人身体健康是成立本罪的必要条件。所谓"造成就诊人死亡"，是指导致到医疗机构治疗疾患、进行健康检查或者为计划生育而进行医疗的人死亡；所谓"严重损害就诊人的身体健康"，主要是指造成上列人员残疾、组织器官严重损伤、丧失劳动能力等严重后果。此外，造成就诊人死亡或者严重损害就诊人身体健康的结果与行为人严重不负责任之间必须具有因果关系。如果是由于技术或其他原因导致的医疗事故，不构成本罪。

2. 本罪的主体是自然人特殊主体，即医务人员。所谓"医务人员"，是指经过考核和卫生行政机关的批准或承认，取得相应资格的，直接从事诊疗护理工作的人员，具体包括四类人员：①医疗防疫人员，包括从事中医、西医、卫生防疫、寄生虫防治、地方病防治、职业病防治及妇幼保健等工作的人员；②药剂人员，包括从事中药、西药配剂、发放等工作的人员；③护理人员，包括从事护理的护师、护士、护理员；④其他技术人员，如从事检验、理疗、病理、口腔、同位素、放射、营养技术等工作的人员。不论是在国家、集体医疗卫生机构中的医务人员，还是经主管部门批准开业的个体行医人员，均可成为本罪的主体。但医疗卫生机构中从事与诊疗护理无直接关系的工作人员和非医疗机构的人员，均不能构成本罪。

3. 本罪的主观方面是过失，即行为人应当预见到严重不负责任的行为可能造成严重后果，但因疏忽大意没有预见，或者已经预见但轻信能够避免，以致发生了严重后果。至于是否有意违反规章制度，不影响本罪的成立。

（三）司法实务问题

1. 罪与非罪的界限。主要应分清以下界线：①医疗事故罪与医疗差错的界限。医疗差错，是指虽有诊疗护理差错，但未造成就诊人员死亡、残疾、功能障碍等严重后果。二者区别的关键在于是否发生了严重后果。②医疗事故罪与医疗意外的界限。医疗意外，是指在诊疗护理工作中，由于病情或病员体质特殊而发生了医务人员难以预料和防范的后果。二者区别的关键在于医务人员是否有严重不负责任的行为。③医疗事故罪与医疗技术事故的界限。医疗技术事故，是指由于医务人员医疗技术水平不高、缺乏经验等造成的医疗事故。其与本罪的区别主要是造成医疗事故的原因不同。

2. 本罪与重大责任事故罪的界限。二者客观上都造成了严重后果，主观上都是过失。其主要区别是：①犯罪客体不同。本罪侵犯的主要是医疗卫生管理制度；重大责任事故罪侵犯的是公共安全。②犯罪主体不同。本罪的主体是医务人员；重大责任事故罪的主体是一般主体，包括对矿山生产作业负有组织、指挥或者管理职责的负责人、管理人员、实际控制人、投资人等人员，以及直接从事矿山生产作业的人员；生产单位直接从事生产经营工作和管理工作的人员。③违反的规章制度的范围不同。本罪违反的是有关诊疗护理的规章制度；重大责任事故罪违反的是有关生产的规章制度和操作规程。

3. 本罪与过失致人重伤罪、过失致人死亡罪的界限。关键看是否在诊疗护理过程中，由于医务人员违反有关规章制度或者治疗护理常规的失职行为而导致被害人重伤、死亡。如果结论是肯定的，就构成本罪，反之，如果是在日常生活中因过失导致他人重伤、死亡的，则构成过失致人重伤罪、过失致人死亡罪。

九、非法行医罪

（一）法律规定

《刑法》第 336 条规定："未取得医生执业资格的人非法行医，情节严重的，处 3 年以下有期徒刑、拘役或者管制，并处或者单处罚金；严重损害就诊人身体健康的，处 3 年以上 10 年以下有期徒刑，并处罚金；造成就诊人死亡的，处 10 年以上有期徒刑，并处罚金。未取得医生执业资格的人擅自为他人进行节育复通手术、假节育手术、终止妊娠手术或者摘取宫内节育器，情节严重的，处 3 年以下有期徒刑、拘役或者管制，并处或者单处罚金；严重损害就诊人身体健康的，处 3 年以上 10 年以下有期徒刑，并处罚金；造成就诊人死亡的，处 10 年以上有期徒刑，并处罚金。"

（二）构成特征

1. 本罪在客观方面表现为未取得医生执业资格而非法行医，情节严重的行为。首先，必须是未取得医生执业资格而非法行医。其次，非法行医必须达到情节严重的程度。所谓情节严重，主要是指：非法行医屡教不改的；非法行医误诊而延误治疗，致使患者病情加重的；非法行医损害多人身体健康的；非法行医骗取钱财数额较大的；非法行医使用伪劣药品蒙骗就诊人的；等等。

2. 本罪的主体是自然人一般主体。既可以是无医疗技术的一般公民，也可以是有一定医疗技术，但尚未取得医生执业资格的人。

3. 本罪的主观方面是故意，即行为人明知没有医生执业资格不得从事医疗业务，而故意擅自行医。

（三）司法实务问题

1. 罪与非罪的界限。主要从两方面把握：①看行医行为本身是否合法，如果是取得医生执业资格而合法行医，不构成本罪；②看情节是否严重，虽属于非法行医，但未达到情节严重程度的，只能通过行政处罚的方式处理。

2. 本罪与医疗事故罪的界限。两罪的区别主要是：①犯罪主体不同。本罪的主体是未取得医生执业资格的人；医疗事故罪的主体则限于已取得医生执业资格的医务人员。②客观方面不同。本罪表现为未取得医生执业资格而非法行医，情节严重的行为；医疗事故罪则表现为合法行医过程中，严重不负责任，造成就诊人死亡或者严重损害就诊人身体健康的行为。③主观方面不同。本罪主观罪过形式为故意；医疗事故罪的主观方面则是过失。

十、非法进行节育手术罪

（一）法律规定

见前列《刑法》第336条第2款。

（二）构成特征

1. 本罪在客观方面表现为未取得医生执业资格而擅自为他人进行节育复通手术、假节育手术、终止妊娠手术或者摘取宫内节育器，情节严重的行为。在这里，"擅自为他人进行上述手术"和"情节严重"两个条件必须同时符合，才能构成本罪。所谓情节严重，主要是指：擅自多次或者为多人进行上列手术的；擅自进行上列手术非法获利数额较大的；造成恶劣社会影响的，等等。

2. 本罪的主体是自然人一般主体，但必须是未取得医生执业资格的人。已取得医生执业资格的人非法进行上述节育手术的，不构成本罪。

3. 本罪的主观方面是故意。

十一、妨害动植物防疫、检疫罪

（一）法律规定

《刑法》第337条规定："违反有关动植物防疫、检疫的国家规定，引起重大动植物疫情的，或者有引起重大动植物疫情危险，情节严重的，处3年以下有期徒刑或者拘役，并处或者单处罚金。单位犯前款罪的，对单位判处罚金，并对其直接负责的主管人员和其他直接责任人员，依照前款的规定处罚。"

（二）构成特征

1. 本罪在客观方面表现为违反有关动植物防疫、检疫的国家规定，引起重大动植物疫情的，或者有引起重大动植物疫情危险，情节严重的行为。所谓引起重大动植物疫情，是指由于行为人逃避动植物检疫，引起动物一、二类传染病及寄生虫病的爆发或流行，或者引起植物危险性病、虫、杂草的传播、滋生和蔓延的情况。动物一类疫病包括炭疽病、口蹄疫等；二类疫病包括焦虫病、猪丹毒等。"引起重大动植物疫情危险"是一种具体的危险，这种危险有几个特征：①这种危险是现实的、迫近的，而不是远离的甚至虚构的；②这种危险是严重的，威胁到的法益重大，一旦发生实害结果，就会对公共安全造成巨大的侵害；③这种危险之所以没有发生实害结果，是因为第三者的及时介入或者其他意外的原因。

2. 本罪的主体是一般主体，可以是自然人，也可以是单位。

3. 本罪的主观方面是过失。

■ 第七节　破坏环境资源保护罪

一、污染环境罪

（一）法律规定

《刑法》第 338 条规定："违反国家规定，排放、倾倒或者处置有放射性的废物、含传染病病原体的废物、有毒物质或者其他有害物质，严重污染环境的，处 3 年以下有期徒刑或者拘役，并处或者单处罚金；后果特别严重的，处 3 年以上 7 年以下有期徒刑，并处罚金。"

（二）概念和构成特征

污染环境罪，是指违反国家规定，排放、倾倒或者处置有放射性的废物、含传染病病原体的废物、有毒物质或者其他有害物质，严重污染环境的行为。其主要构成特征是：

1. 本罪客观方面表现为违反国家规定，排放、倾倒或者处置有放射性的废物、含传染病病原体的废物、有毒物质或者其他有害物质，严重污染环境的行为。具体把握三点：①违反国家规定是构成本罪的前提。所谓违反国家规定，这里主要是指违反我国《环境保护法》《大气污染防治法》《水污染防治法》《海洋环境保护法》和《固体废物污染环境防治法》等环境保护法律、法规中有关危险废物的排放、倾倒、处置的规定。②必须实施了排放、倾倒或者处置有害物质的行为。③必须造成了严重的环境污染。

（1）必须有排放、倾倒或者处置的行为。所谓"排放"，是指将危险废物泵出、溢出、泄出、喷出等行为；所谓"倾倒"，是指使用船舶、航空器、平台或者其他载运工具倾卸危险废物的行为；所谓"处置"，是指将危险废物焚烧或者用其他改变危险废物物理、化学、生物特性的方法处理危险废物，或者将危险废物置于一定场所或者设施并不再取回的行为。

（2）排放、倾倒、处置的必须是有害物质。根据《固体废物污染环境防治法》第 88 条第 4 项的规定，所谓"危险废物"，是指列入国家危险废物名录或根据国家规定的危险废物鉴别标准和鉴别方法认定的具有危险特性的固体废物。作为本罪对象的危险废物包括有放射性的废物、含传染病病原体的废物、有毒物质或者其他危险废物。"有放射性的废物"，是指天然或者人工放射性核素超过国家规定限值的固体、液体和气体废弃物;"含传染病病原体的废物",是指含有传染病病菌、病毒等病原体的污水、粪便等废物;"有毒物质",是指对人体有毒害,可能对人体健康和环境造成严重危害的有机或者无机毒物;"其他危险废物",是指上述废物之外的列入国家危险废物名录或根据国家规定的危险废物鉴别标准和鉴别方法认定的具有危险性的废物。

(3) 必须造成了严重的环境污染。"后果特别严重"是指:①致使公私财产损失 100 万元以上的;②致使水源污染、人员疏散转移达到《国家突发环境事件应急预案》中突发环境事件分级 Ⅱ 级以上情形的;③致使基本农田、防护林地、特种用途林地 15 亩以上,其他农用地 30 亩以上,其他土地 60 亩以上基本功能丧失或者遭受永久性破坏的;④致使森林或者其他林木死亡 150 立方米以上,或者幼树死亡 7500 株以上的;⑤致使 3 人以上死亡、10 人以上重伤、30 人以上轻伤,或者 3 人以上重伤并 10 人以上轻伤的;⑥致使传染病发生、流行达到《国家突发公共卫生事件应急预案》中突发公共卫生事件分级 Ⅱ 级以上情形的;⑦其他后果特别严重的情形。

2. 本罪的主体是一般主体,自然人和单位均可。

3. 本罪的主观方面是故意,即行为人违反国家规定,故意非法排放、倾倒、处置有害物质,造成重大环境污染。

二、非法处置进口的固体废物罪

(一) 法律规定

《刑法》第 339 条规定:"违反国家规定,将境外的固体废物进境倾倒、堆放、处置,处 5 年以下有期徒刑或者拘役,并处罚金;造成重大环境污染事故,致使公私财产遭受重大损失或者严重危害人体健康的,处 5 年以上 10 年以下有期徒刑,并处罚金;后果特别严重的,处 10 年以上有期徒刑,并处罚金。未经国务院有关主管部门许可,擅自进口固体废物用作原料,造成重大环境污染事故,致使公私财产遭受重大损失或者严重危害人体健康的,处 5 年以下有期徒刑或者拘役,并处罚金;后果特别严重的,处 5 年以上 10 年以下有期徒刑,并处罚金。以原料利用为名,进口不能用作原料的固体废物、液态废物和气态废物的,依照本法第 152 条第 2 款、第 3 款的规定定罪处罚。"

(二) 构成特征

1. 本罪在客观方面表现为违反国家规定,将境外的固体废物进境倾倒、堆放、处置的行为。违反国家规定是构成本罪的前提,在此主要指违反我国《固体废物污染环境防治法》关于"禁止中华人民共和国境外的固体废物进境倾倒、堆放、处置"的规定。所谓固体废物,是指人们在生产建设、日常生活及其他活动中产生的污染环境的固态、半固态的废弃物质。应特别注意的是,这里倾倒、堆放、处置的必须是境外的固体废物,即所谓"洋垃圾"。中国境内的固体废物不能成为本罪的对象。

2. 本罪的主体是一般主体,自然人和单位均可。

3. 本罪的主观方面是故意，即行为人明知国家禁止将境外的固体废物进境倾倒、堆放、处置，而故意将其进境倾倒、堆放、处置。至于行为人出于何种动机，不影响本罪的成立。

（三）司法实务问题

1. 本罪与走私固体废物罪的界限。二者都有将境外的固体废物运输进境的行为，区别主要在于：①犯罪客体不同。本罪侵犯的是国家对固体废物污染环境的防治制度；后者侵犯的主要是国家的对外贸易管制。②客观行为不同。本罪表现为违反国家规定，将境外的固体废物进境倾倒、堆放、处置的行为；后者表现为违反海关法规，逃避海关监管，将境外的固体废物运输进境的行为。

2. 本罪与污染环境罪的界限。二者的主要区别是：①犯罪对象不同。前者倾倒、堆放、处置的必须是境外的固体废物；后者排放、倾倒、处置的限于我国境内的各种形态的危险废物。②主观方面不同。前者为故意；后者为过失。③构成犯罪的要求不同。前者只要实施了将境外的固体废物进境倾倒、堆放、处置的行为，不论是否发生重大环境污染事故均可构成；后者必须严重污染环境，才能构成。

三、擅自进口固体废物罪

（一）法律规定

见前列《刑法》第339条第2款。

（二）构成特征

1. 行为人实施了未经国务院有关主管部门许可，擅自进口固体废物用作原料的行为。此处进口的固体废物，必须是可以用作原料的。根据《刑法》第339条第3款的规定，如果是以原料利用为名，进口不能用作原料的固体废物，则应以走私固体废物罪定罪处罚。

2. 必须造成重大环境污染事故，致使公私财产遭受重大损失或者严重危害人体健康。否则，不构成本罪。

3. 本罪的主观方面是故意，且是为了用作原料而进口固体废物。如果是出于其他动机、目的而进口固体废物，不构成本罪。

四、非法捕捞水产品罪

（一）法律规定

《刑法》第340条规定："违反保护水产资源法规，在禁渔区、禁渔期或者使用禁用的工具、方法捕捞水产品，情节严重的，处3年以下有期徒刑、拘役、管制或者罚金。"

（二）构成特征

1. 本罪以特定的时间、地点、方法为必要要件，即必须在禁渔区、禁渔期或者使用禁用的工具、方法捕捞水产品方能构成本罪。

2. 必须达到情节严重的程度。所谓情节严重，主要是指：聚众非法捕捞水产品或者捕捞数量很大的；多次非法捕捞水产品，屡教不改的；采用毁灭性方法捕捞水产品，严重破坏水产资源的；在非法捕捞中采用暴力手段抗拒渔政管理的；等等。

3. 本罪的主观方面是故意，即行为人明知是禁渔区、禁渔期而捕捞水产品，或者明知是禁用的工具、方法而用以捕捞水产品。

五、非法猎捕、杀害珍贵、濒危野生动物罪

（一）法律规定

《刑法》第 341 条规定："非法猎捕、杀害国家重点保护的珍贵、濒危野生动物的，或者非法收购、运输、出售国家重点保护的珍贵、濒危野生动物及其制品的，处 5 年以下有期徒刑或者拘役，并处罚金；情节严重的，处 5 年以上 10 年以下有期徒刑，并处罚金；情节特别严重的，处 10 年以上有期徒刑，并处罚金或者没收财产。违反狩猎法规，在禁猎区、禁猎期或者使用禁用的工具、方法进行狩猎，破坏野生动物资源，情节严重的，处 3 年以下有期徒刑、拘役、管制或者罚金。"

（二）构成特征

1. 本罪以特定的对象为构成要件，即行为人猎捕、杀害的必须是国家重点保护的珍贵、濒危野生动物。根据我国《野生动物保护法》的规定，所谓珍贵野生动物，是指在生态平衡、科学研究、发展经济、文化艺术以及国际交往等方面具有重要价值的陆生、水生野生动物；所谓濒危野生动物，是指品种和数量稀少且濒于灭绝的陆生、水生野生动物。

2. 必须是违反国家野生动物保护法规，非法猎捕、杀害珍贵、濒危野生动物。根据我国《野生动物保护法》第 46 条的规定，凡是未取得有关主管部门颁发的特许猎捕证，或者虽取得特许猎捕证但未按猎捕证规定的种类、数量、地点、期限实施猎捕的，均属于非法猎捕、杀害。应当注意，珍贵、濒危野生动物本身的特殊性，决定了只要实施猎捕、杀害珍贵、濒危野生动物的行为，其危害性就很大。因此，刑法对构成本罪没有时间、地点、方法和数量的限制。

3. 本罪的主观方面是故意，即行为人明知是国家重点保护的珍贵、濒危野生动物，而故意加以猎捕、杀害。犯罪动机多为牟取暴利，也有的是为了自己食用。

（三）司法实务问题

1. 根据最高人民法院公布的《关于审理破坏野生动物资源刑事案件具体应用法律若干问题的解释》第 7 条的规定，使用爆炸、投毒、设置电网等危险方法破坏野生动物资源，构成本罪同时又构成《刑法》第 114 条或者第 115 条规定之罪的，依照处罚较重的规定定罪处罚。

2. 同样根据上述司法解释，实施本罪，又以暴力、威胁方法抗拒查处，构成其他犯罪的，依照数罪并罚的规定处罚。

六、非法收购、运输、出售珍贵、濒危野生动物、珍贵、濒危野生动物制品罪

（一）法律规定

见前列《刑法》第 341 条第 1 款。

（二）构成特征

1. 行为人实施了收购、运输、出售国家重点保护的珍贵、濒危野生动物及其制品的行为。这里的对象既包括珍贵、濒危野生动物本身，也包括珍贵、濒危野生动物的制品，如珍贵、濒危野生动物的皮、毛、骨骼、脏器、标本等。根据上述最高人民法院的司法解释的规定，所谓"收购"，包括以营利、自用等为目的的购买行为。所谓"运输"，包括采用携带、邮寄、利用他人、使用交通工具等方法进行运送的行为。所谓"出售"，包括出卖和以营利为目的的加工利用行为。

2. 收购、运输、出售珍贵、濒危野生动物及其制品的行为必须是非法的。如果是经有关主管部门或其授权单位批准的，不构成本罪。应当注意，根据《刑法》第155条第2项的规定，行为人如果是在我国的内海、领海收购、运输、出售珍贵野生动物及其制品的，应定走私珍贵动物、珍贵动物制品罪，而不定本罪。

3. 本罪的主观方面是故意。

七、非法狩猎罪

（一）法律规定

见前列《刑法》第341条第2款。

（二）构成特征

1. 行为人实施了在禁猎区、禁猎期或者使用禁用的工具、方法猎杀野生动物的行为。这里的对象限于非国家重点保护的陆生野生动物。且必须达到情节严重的程度。根据最高人民法院《关于审理破坏野生动物资源刑事案件具体应用法律若干问题的解释》的规定，属于本罪情节严重的情形包括：①非法狩猎野生动物20只以上的；②违反狩猎法规，在禁猎区或者禁猎期使用禁用的工具、方法狩猎的；③具有其他严重情节的。根据司法实践，其他严重情节，主要是指：一贯进行非法狩猎，屡教不改的；非法狩猎造成野生动物资源严重破坏的；非法狩猎抗拒林政部门管理，威胁、殴打管理人员的；等等。

2. 本罪的主观方面是故意。只要行为人是故意非法狩猎，不论出于何种动机、目的，均不影响本罪的成立。

（三）司法实务问题

1. 本罪与非法捕捞水产品罪的界限。二者的主要区别是犯罪对象不同。前者的对象是非国家重点保护的陆生野生动物，而后者的对象是非国家重点保护的水生野生动物以及海藻类等水生野生植物。由此决定二者的行为方式和客体也有所不同。

2. 非法狩猎罪与非法猎捕、杀害珍贵、濒危野生动物罪的界限。二者的主要区别是：①犯罪客体不同。本罪侵犯的客体是国家对非国家重点保护的野生动物资源的保护制度；后者侵犯的客体是国家对珍贵、濒危野生动物资源的重点保护制度。②犯罪对象不同。本罪的对象仅限于非国家重点保护的陆生野生动物；后者的对象则是国家重点保护的珍贵、濒危野生动物，且既包括陆生野生动物，也包括水生野

第二十三章

生动物。③行为表现不同。本罪表现为在禁猎区、禁猎期或者使用禁用的工具、方法捕杀野生动物；后者表现为未经合法许可，擅自捕杀珍贵、濒危野生动物，即没有时间、地点和方法的限制。

3. 根据上述最高人民法院的司法解释的规定，使用爆炸、投毒、设置电网等危险方法破坏野生动物资源，构成本罪同时又构成《刑法》第114条或者第115条规定之罪的，依照处罚较重的规定定罪处罚；实施本罪，又以暴力、威胁方法抗拒查处，构成其他犯罪的，依照数罪并罚的规定处罚。

八、非法占用农用地罪

（一）法律规定

《刑法》第342条规定："违反土地管理法规，非法占用耕地、林地等农用地，改变被占用土地用途，数量较大，造成耕地、林地等农用地大量毁坏的，处5年以下有期徒刑或者拘役，并处或者单处罚金。"

（二）概念和构成特征

非法占用农用地罪，是指违反土地管理法、森林法、草原法等法律以及有关行政法规中关于土地管理的规定，非法占用耕地、林地等农用地，改变被占用土地用途，数量较大，造成耕地、林地等农用地大量毁坏的行为。本罪的构成特征如下：

1. 本罪的客体是国家对耕地、林地等农用地的管理制度。犯罪对象是耕地、林地、草地等农用地。土地管理法将土地分为农用地、建设用地和未利用地三类，所谓农用地，是指直接用于农业生产的土地，包括耕地、林地、草地、农田水利用地、养殖水面等。

2. 本罪的客观方面表现为违反土地管理法、森林法、草原法等法律以及有关行政法规中关于土地管理的规定，非法占用耕地、林地等农用地，改变被占用土地用途，造成耕地、林地等农用地大量毁坏的行为。

（1）行为必须违反了土地管理法、森林法、草原法等法律以及有关行政法规中关于农用土地管理的规定。在土地管理法、森林法、草原法、水法、水土保持法、渔业法等法律以及有关行政法规中都有关于保护农用地的规定。如土地管理法中专门设立了"耕地保护"一章，保护耕地的主要措施有耕地的占用补偿制度、耕地总量不减少的措施、基本农田保护制度、节约使用土地以及禁止闲置、荒芜耕地的制度等；在森林法中建立了林业基金制度、群众护林制度、封山育林制度等；在草原法中设立了关于合理利用草原、保护草原植被，防止采矿等活动造成草原破坏等规定；在水法中设立了关于水道、水域保护的制度；在水土保持法中规定了保护和改善植被、限制坡地垦荒、加强林业管理和工程建设项目管理等措施；在渔业法中规定了禁止围湖造田、禁止或限制围垦滩涂的制度等。本罪的行为必须是违反了这些规定的行为。

（2）必须有非法占用耕地、林地等农用地，改变被占土地用途的行为。所谓"非法占用耕地、林地等农用地，改变被占土地用途"，是指违反土地管理法规，未经批准擅自占用耕地、林地等农用地，或者采取欺骗手段占用耕地、林地等农用地，或者超过批准的数量超额占用耕地、林地等农用地，进行非法的种植、养殖或者建设的行为。如在耕地、林地等农用地上非法挖土、挖沙、采石、采矿，在农用地上非法进行基建或其他建设如建房、建窑、建坟，进行合法建设时在耕地、林地等农用地上堆放废弃的沙、石、废料、废渣，非法开垦林地、草地、荒地或者非法在耕地、林地、草地、荒地上挖塘养鱼，非法占有封山育林的地区并在其中放牧，非法围湖造田或者围垦滩涂等。

行为人非法占用的耕地、林地等农用地一般是他人所有或者经营管理的农用地，但由于本罪的设立是为了保护农用地资源和环境，因此擅自改变自己所有或者经营管理的农用地的用途的行为，也可以构成本罪。

（3）必须达到数量较大的程度并造成了耕地、林地被大量毁坏的结果。本罪是结果犯，只有发生了耕地、林地被大量毁坏的结果，行为才能构成犯罪。

九、非法采矿罪

（一）法律规定

《刑法》第343条规定："违反矿产资源法的规定，未取得采矿许可证擅自采矿，擅自进入国家规划矿区、对国民经济具有重要价值的矿区和他人矿区范围采矿，或者擅自开采国家规定实行保护性开采的特定矿种，情节严重的，处3年以下有期徒刑、拘役或者管制，并处或者单处罚金；情节特别严重的，处3年以上7年以下有期徒刑，并处罚金。违反矿产资源法的规定，采取破坏性的开采方法开采矿产资源，造成矿产资源严重破坏的，处5年以下有期徒刑或者拘役，并处罚金。"

（二）构成特征

1. 行为人必须实施了违反《矿产资源法》的规定非法采矿的行为。根据《刑法》第343条第1款的规定，非法采矿的行为具体包括三种：①未按法定程序向有关主管部门提出申请并取得采矿许可证而擅自采矿，即所谓无证采矿；②擅自进入国家规划矿区，对国民经济具有重要价值的矿区和他人矿区范围采矿；③擅自开采国家规定实行保护性开采的特定矿种。后两种情况中，行为人往往已取得采矿许可证，只是未按许可证规定的矿区或矿种采矿，因而可称之为违章采矿。构成本罪，还必须是情节严重的行为。如果经责令停止开采后即停止开采的，不构成本罪。

2. 造成矿产资源破坏也是本罪的必要条件。所谓造成矿产资源破坏，是指由于行为人的非法采矿行为致使矿产资源的开采回采率下降，或者使本来可以利用的共生矿、伴生矿和尾矿遭到破坏等情形。

十、破坏性采矿罪

（一）法律规定

见前列《刑法》第343条第2款。

（二）构成特征

1. 行为人实施了违反矿产资源法规，采取破坏性的开采方法开采矿产资源的行为，即在开采矿产资源的过程中，严重违反矿产资源法和其他有关法规规定的开采顺序、开采方法和选矿工艺，以及开采回采率、采矿贫化率和选矿回收率的指标而进行的开采活动，如采富弃贫、采厚弃薄、采易弃难、乱挖滥采等。

2. 破坏性开采的行为必须造成矿产资源的严重破坏。所谓造成矿产资源严重破坏，是指由于行为人的破坏性开采，使矿区内尚未开采的矿产资源无法继续开采，或者对以后的开采工作造成了严重障碍，以及严重影响以后开采的矿产品的产量、质量等。

（三）司法实务问题

司法实务方面主要注意本罪与非法采矿罪的界限。两罪区别的关键在于行为方式，本罪是采用破坏性的方法采矿，非法采矿罪则是无证采矿或者违章采矿。此外，本罪必须造成矿产资源被严重破坏才能构成，非法采矿罪则只要求情节严重即可构成。

十一、非法采伐、毁坏国家重点保护植物罪

（一）法律规定

《刑法》第 344 条规定："违反国家规定，非法采伐、毁坏珍贵树木或者国家重点保护的其他植物的，或者非法收购、运输、加工、出售珍贵树木或者国家重点保护的其他植物及其制品的，处 3 年以下有期徒刑、拘役或者管制，并处罚金；情节严重的，处 3 年以上 7 年以下有期徒刑，并处罚金。"

（二）构成特征

1. 本罪在客观方面表现为必须实施了非法采伐、毁坏珍贵树木或者国家重点保护的其他植物的行为。所谓非法采伐，是指未经省、自治区、直辖市林业主管部门批准，而擅自采伐珍贵树木；所谓毁坏，是指以撞击、火烧、剥皮、砍枝等方式损坏珍贵树木或者使之灭失。本罪的对象为珍贵树木或者国家重点保护的其他植物。其中珍贵树木是指具有较高的科学研究、经济利用和观赏价值的，以及稀有的或濒临绝迹的木本植物，具体包括由省级以上林业主管部门或者其他部门确定的具有重大历史纪念意义、科学研究价值或者年代久远的古树名木，国家禁止、限制出口的珍贵树木，以及列入国家重点保护野生植物名录的树木。

2. 本罪的主观方面是故意，即行为人明知是珍贵树木或者国家重点保护的其他珍贵植物而故意加以采伐、毁坏。

十二、非法收购、运输、加工、出售国家重点保护植物、国家重点保护植物制品罪

（一）法律规定

见前列《刑法》第 344 条。

（二）概念

非法收购、运输、加工、出售国家重点保护植物、国家重点保护植物制品罪，是指违反国家规定，非法收购、运输、加工、出售珍贵树木或者国家重点保护的其他植物及其制品的行为。

十三、盗伐林木罪

（一）法律规定

《刑法》第 345 条规定："盗伐森林或者其他林木，数量较大的，处 3 年以下有期徒刑、拘役或者管制，并处或者单处罚金；数量巨大的，处 3 年以上 7 年以下有期徒刑，并处罚金；数量特别巨大的，处 7 年以上有期徒刑，并处罚金。违反森林法的规定，滥伐森林或者其他林木，数量较大的，处 3 年以下有期徒刑、拘役或者管制，并处或者单处罚金；数量巨大的，处 3 年以上 7 年以下有期徒刑，并处罚金。非法收购、运输明知是盗伐、滥伐的林木，情节严重的，处 3 年以下有期徒刑、拘役或者管制，并处或者单处罚金；情节特别严重的，处 3 年以上 7 年以下有期徒刑，并处罚金。盗伐、滥伐国家级自然保护区内的森林或者其他林木的，从重处罚。"

（二）概念和构成特征

盗伐林木罪，是指违反国家森林保护法规，以非法占有为目的，擅自砍伐国家、集体所有的森林，或者擅自砍伐他人自留山上的成片林木，情节严重的行为。本罪的构成特征如下：

1. 本罪的客体是国家对森林资源的保护、管理活动和林木的所有权。森林具有重要的环保价值。从生态与环境的角度看，森林是地球之肺，是生态平衡的支柱，森林维持了空气中二氧化碳和氧气的平衡。森林能涵养水源、防止水土流失，调节气候，防风固沙，消除污染，净化环境。森林还是庞大的基因库。在环境破坏和环境污染日趋严重的现代社会，保护森林资源是保护环境的首要任务。本罪对我国对森林资源的保护、管理活动造成了严重侵犯。由于本罪是行为人以非法占有为目的实施的盗伐林木的行为，因此还侵犯了林木的所有权。

本罪的犯罪对象是森林法上规定的森林和其他林木，包括原始林和人工林。从效益上看，森林包括防护林、用材林、经济林、薪炭林、特种用途林等，以及小片林木。房前屋后零星种植的树木不属于森林法调整的对象，自然也不是本罪的犯罪对象，盗伐这些树木的，构成盗窃罪。从所有权性质上看，本罪中的林木是他人或他单位所有或经营的林木，非法砍伐自己所有或经营的林木的，不能构成本罪。

2. 本罪的客观方面表现为违反国家森林保护法规，以非法占有为目的，擅自砍伐国家、集体所有的森林，或者擅自砍伐他人自留山上的成片林木，数量较大的行为。所谓盗伐，是指未经林业主管部门和林木所有人的同意，秘密采伐的行为。盗伐林木具体包括以下情形：①以非法占有为目的，擅自砍伐国家、集体、他人所有的林木的；②擅自砍伐他人依法承包经营管理的国家、集体所有的林木的；③擅自砍伐本单位或本人承包经营管理的国家、集体所有的林木的；④违反有关机关核发的森林采伐许可证的规定，采伐国家、集体、他人自留山上或他人经营管理的森林或其他林木的；⑤国有单位擅自砍伐他单位经营管理的或所有的森林、林木的；⑥集体组织擅自砍伐国家所有或其他组织所有的森林、林木的。

决定行为人是否盗伐，既要看是否属于未经批准而秘密采伐，也要看行为人的盗伐行为是否侵犯了林木所有权。盗伐林木的行为只有达到数量较大的程度才能构成犯罪。

（三）司法实务问题

1. 盗伐林木罪与盗窃罪的界限。盗伐林木罪与盗窃罪是特别法和一般法的关系，盗伐林木罪的犯罪构成包含在盗窃罪之中。对于这种情况，应当以特别法优于一般法的原则处理。

2. 盗伐林木罪与滥伐林木罪的界限。区分这两种犯罪应以林木的归属为准。盗伐林木罪采伐的是国家、集体或他人所有的森林或林木，因此既侵犯了国家的森林保护、管理制度，又侵犯了林木的所有权；滥伐林木罪采伐的是归本单位所有、管理或本人所有的林木，只侵犯了国家对森林的保护、管理制度。林木归属不清，在争议未解决之前擅自采伐，情节严重的，应在确定林木归属之后视其具体情况分别按盗伐林木罪或滥伐林木罪论处；林木所有权无法确定的，根据疑罪从轻原则，以滥伐林木罪定罪。

十四、滥伐林木罪

（一）法律规定

见前列《刑法》第 345 条第 2 款。

（二）构成特征

1. 行为人必须实施了滥伐森林或者其他林木的行为。所谓滥伐，是指未经林业行政管理部门或法律规定的其他主管部门的批准并核发采伐许可证，或者虽持有采伐许可证，但违背采伐许可证所规定的时间、数量、树种或方式，任意采伐本单位所有或本人所有的森林或者其他林木，或者超过林木采伐许可证规定的数量采伐他人所有的森林或者其他林木的行为。另外，林木权属争议一方在林木权属确权之前，擅自砍伐森林或者其他林木的，也以滥伐林木罪论处。

2. 滥伐林木必须数量较大。根据最高人民法院《关于审理破坏森林资源刑事案件具体应用法律若干问题的解释》，本罪数量较大的起点为 10 立方米～20 立方米或幼树 500 株～1000 株。对于一年内多次滥伐少量林木未经处罚的，应累计其滥伐林木的数量，达到上述标准的，依法追究刑事责任。

（三）司法实务问题

司法实务方面，主要划清本罪与盗伐林木罪的界限。两罪的区别主要有三点：①犯罪客体存在差异。本罪只侵犯了国家对林业资源的管理制度；盗伐林木罪则在侵犯国家对林业资源管理制度的同时，还侵犯了林木的所有权。②犯罪对象不同。本罪的对象是行为人具有所有权或者采伐权的森林或其他林木；盗伐林木罪的对象则是行为人既不具有所有权，又不具有采伐权的森林或其他林木。③行为方式不同。本罪表现为无证采伐或者违证采伐本人、本单位所有的森林或其他林木，且通常是公开进行的；盗伐林木罪则主要是无证采伐，且往往是秘密进行的。另外，滥伐珍贵树木，同时触犯滥伐林木罪和非法采伐、毁坏珍贵树木罪的，依照处罚较重的规定定罪处罚。

十五、非法收购、运输盗伐、滥伐的林木罪

（一）法律规定

见前列《刑法》第 345 条第 3 款。

（二）构成特征

1. 行为人实施了非法收购、运输盗伐、滥伐的林木行为。所谓非法收购，是指没有合法的木材经营许可证，或者虽有合法的木材经营许可证但未得到有关部门允许而收购盗伐、滥伐的林木。

2. 必须达到情节严重的程度。根据最高人民法院《关于审理破坏森林资源刑事案件具体应用法律若干问题的解释》第 11 条的规定，本罪的情节严重包括下列情形：①非法收购盗伐、滥伐的林木 20 立方米以上或者幼树 1000 株以上的；②非法收购盗伐、滥伐的珍贵树木 2 立方米以上或者 5 株以上的；③其他情节严重的情形。根据司法实践，其他情节严重情形，主要是指：多次非法收购盗伐、滥伐的林木，屡教不改的；对执法管理人员进行阻挠的；造成恶劣社会影响的；等等。"情节特别严重"是指：①非法收购盗伐、滥伐的林木 100 立方米以上或者幼树 5000 株以上的；②非法收购盗伐、滥伐的珍贵树木 5 立方米以上或者 10 株以上的；③其他情节特别严重的情形。

3. 本罪的主观方面是故意，即行为人必须明知是盗伐、滥伐的林木而故意加以收购、运输。根据前述最高人民法院的司法解释，本罪的"明知"，是指知道或者应当知道。具有下列情形之一的，可以视为应当知道，但是有证据证明确属被蒙骗的除外：①在非法的木材交易场所或者销售单位收购木材的；②收购以明显低于市场价格出售的木材的；③收购违反规定出售的木材的。

■ 第八节　走私、贩卖、运输、制造毒品罪

一、走私、贩卖、运输、制造毒品罪

（一）法律规定

《刑法》第 347 条规定："走私、贩卖、运输、制造毒品，无论数量多少，都应当追究刑事责任，予以刑事处罚。走私、贩卖、运输、制造毒品，有下列情形之一的，处 15 年有期徒刑、无期徒刑或者死刑，并处没收财产：①走私、贩卖、运输、制造鸦片 1000 克以上、海洛因或者甲基苯丙胺 50 克以上或者其他毒品数量大的；②走私、贩卖、运输、制造毒品集团的首要分子；③武装掩护走私、贩卖、运输、制造毒品的；④以暴力抗拒检查、拘留、逮捕，情节严重的；⑤参与有组织的国际贩毒活动的。走私、贩卖、运输、制造鸦片 200 克以上不满 1000 克、海洛因或者甲基苯丙胺 10 克以上不满 50 克或者其他毒品数量较大的，处 7 年以上有期徒刑，并处罚金。走私、贩卖、运输、制造鸦片不满 200 克、海洛因或者甲基苯丙胺不满 10

克或者其他少量毒品的，处 3 年以下有期徒刑、拘役或者管制，并处罚金；情节严重的，处 3 年以上 7 年以下有期徒刑，并处罚金。单位犯第 2 款、第 3 款、第 4 款罪的，对单位判处罚金，并对其直接负责的主管人员和其他直接责任人员，依照各该款的规定处罚。利用、教唆未成年人走私、贩卖、运输、制造毒品，或者向未成年人出售毒品的，从重处罚。对多次走私、贩卖、运输、制造毒品，未经处理的，毒品数量累计计算。"

（二）概念和构成特征

走私、贩卖、运输、制造毒品罪，是指违反国家毒品管制法规，走私、贩卖、运输、制造鸦片、海洛因、甲基苯丙胺（冰毒）、吗啡、大麻、可卡因以及其他毒品的行为。其主要构成特征是：

1. 本罪在客观方面表现为走私、贩卖、运输、制造毒品的行为。首先，本罪的对象限于毒品。根据《刑法》第 357 条第 1 款的规定，所谓"毒品"，是指鸦片、海洛因、甲基苯丙胺（冰毒）、吗啡、大麻、可卡因以及国家规定管制的其他能够使人形成瘾癖的麻醉药品和精神药品。根据我国《麻醉药品管理办法》的规定，所谓"麻醉药品"，是指连续使用后易产生身体依赖性、能成瘾癖的药品。根据我国《精神药品管理办法》的规定，所谓"精神药品"，是指直接作用于中枢神经系统，使之兴奋或抑制，连续使用能产生依赖性的药品。其次，行为人实施了走私、贩卖、运输、制造毒品的行为。所谓"走私毒品"，是指违反海关法规及毒品进出口的管理法规，逃避海关监管，非法将毒品运输、携带、邮寄进出国（边）境的行为。主要表现为两种情况：①绕关走私毒品，即不通过海关、边卡检查站，非法运输、携带毒品进出国（边）境；②通关走私毒品，即通过海关、边卡检查站，但用藏匿、伪装、伪报等方法逃避海关的监督、检查，运输、携带、邮寄毒品进出国（边）境。此外，根据《刑法》第 155 条的规定，直接向走私人非法收购走私进口的毒品的，或者在我国的内海、领海、界河、界湖非法运输、收购、贩卖毒品的，也应以走私毒品罪论处。所谓"贩卖毒品"，是指非法销售毒品或者以贩卖为目的而非法购买毒品的行为。贩卖毒品的形式多种多样，可以是零售，也可以是批发；可以是转手倒卖，也可以是自产自销；可以是直接交货，也可以是由他人转交。非法购买毒品的行为，只有在以贩卖为目的的情况下，才属于贩卖毒品。居间介绍买卖毒品的，应以贩卖毒品的共犯论。贩卖毒品不论盈利还是亏本，都不影响犯罪的成立。所谓"运输毒品"，是指使用交通工具或者采用随身携带、邮寄以及利用他人等方式，非法将毒品从一地运往另一地的行为。应当注意，从地域范围上讲，这里的运输仅限于在我国境内除内海、领海以外的其他区域进行的，否则便是走私毒品。所谓"制造毒品"，是指非法用毒品原植物直接提炼毒品或者用化学方法加工、配制毒品的行为。例如，直接从罂粟果中提炼鸦片，从大麻树叶中提炼大麻，用吗啡合成海洛因，用麻黄素合成甲基苯丙胺（冰毒），等等。对于制造毒品的具体方式，刑法没有限制，可以是手工制造，也可以是利用机械制造；可以是粗加工，也可以是精加工；可以用土法制造，也可以用现代化方法制造。另外，不论是为自己吸食而制造，还是为出售而制造，也不论制造是否成功，都不影响本罪的成立。

2. 本罪的主体是一般主体，既可以是自然人，也可以是单位。根据《刑法》第17 条第 2 款的规定，贩卖毒品的刑事责任年龄为 14 周岁，走私、运输、制造毒品的刑事责任年龄为 16 周岁。

3. 本罪的主观方面是故意，即行为人明知是毒品而有意走私、贩卖、运输、制造。至于行为人出于何种动机、目的，不影响本罪的成立。行为人对毒品的具体名称、确切数量、纯度等是否了解也不影响本罪的成立。

（三）司法实务问题

1. 罪与非罪的界限。由于走私、贩卖、运输、制造毒品的危害性很大，《刑法》第 347 条第 1 款明确规定，走私、贩卖、运输、制造毒品，无论数量多少，都应当追究刑事责任，予以刑事处罚。

2. 走私毒品罪与其他走私罪的界限。二者的主要区别是：①犯罪对象不同。走私毒品罪的对象只能是鸦片、海洛因等毒品；其他走私罪的对象是毒品以外的其他物品。②犯罪客体不同。走私毒品罪侵犯的主要是国家对毒品的管制；其他走私罪侵犯的主要是国家对外贸易管制。

3. 走私、贩卖、运输、制造假毒品行为的定性问题。此类案件不能一概而论，应分不同情况处理：①行为人故意制造假毒品出售，或者明知是假毒品而冒充真毒品贩卖的，符合诈骗罪的特征，应以诈骗罪定罪处罚；②行为人误以为假毒品是真毒品而加以走私、贩卖、运输的，由于行为人有走私、贩卖、运输毒品的故意，只是由于事实上的认识错误而不能完成，应以走私、贩卖、运输毒品罪的未遂论处；③行为人故意在真毒品中掺假，或者将精制毒品稀释后贩卖，以及贩卖因土法加工而含有较多杂质的毒品的，不论其中非毒品的成分有多少，都应定贩卖毒品罪。

4. 一罪与数罪的界限。首先，本罪属选择性罪名，行为人实施四种行为之一即构成犯罪，但四种行为同时实施也只能定一罪，而不能实行数罪并罚；其次，行为人走私毒品的同时，又走私其他物品并构成犯罪的，应分别定走私毒品罪和相应的其他走私罪，实行数罪并罚。但同一走私行为中既包括毒品又包括其他走私罪的对象的，因其只实施了一个走私行为，属于想象竞合犯，应以其中的重罪定罪处罚，不宜实行数罪并罚。

5. 适用刑罚时应当注意两个问题：①犯本罪有两种情况要从重处罚：一是根据《刑法》第 347 条第 6 款的规定，利用、教唆未成年人走私、贩卖、运输、制造毒品，或者向未成年人出售毒品的，从重处罚；二是根据《刑法》第 356 条的规定，因走私、贩卖、运输、制造、非法持有毒品罪被判过刑，又犯走私、贩卖、运输、制造毒品罪的，从重处罚。②根据《刑法》第 347 条第 7 款的规定，对多次走私、贩卖、运输、制造毒品，未经处理的，毒品数量累计计算。此外，《刑法》第 357 条第 2 款还规定，毒品的数量以查证属实的走私、贩卖、运输、制造的数量计算，不以纯度折算。

二、非法持有毒品罪

（一）法律规定

《刑法》第 348 条规定："非法持有鸦片 1000 克以上、海洛因或者甲基苯丙胺 50 克以上或者其他毒品数量大的，处 7 年以上有期徒刑或者无期徒刑，并处罚金；非法持有鸦片 200 克以上不满 1000 克、海洛因或者甲基苯丙胺 10 克以上不满 50 克或者其他毒品数量较大的，处 3 年以下有期徒刑、拘役或者管制，并处罚金；情节严重的，处 3 年以上 7 年以下有期徒刑，并处罚金。"

（二）概念和构成特征

非法持有毒品罪，是指明知是鸦片、海洛因等毒品而非法持有，数量较大的行为。其主要构成特征是：

1. 行为人必须实施了非法持有毒品的行为。这里的毒品与走私、贩卖、运输、制造毒品罪相同。所谓非法持有毒品，是指违反国家有关毒品管理法规，未经有关主管部门批准或许可，而擅自占有、携带、藏有、保存或者以其他方式持有鸦片、海洛因等毒品。需强调的是，持有是以实际占有或者能够支配为条件的，因此，这里的毒品必须是行为人可实际支配的。至于毒品的来源，则没有限制，可以是祖辈遗留的、朋友赠送的、拾捡的，也可以是因自己吸食而购买的，还可以是通过盗窃、诈骗等方式非法取得的。因为医疗、科研、教学等需要，经有关主管部门批准或许可而合法持有毒品的，不构成本罪。

2. 非法持有毒品必须数量较大。具体标准是非法持有鸦片 200 克以上、海洛因或者甲基苯丙胺 10 克以上或者其他毒品数量较大的，才能构成本罪。

3. 本罪的主观方面是故意，即行为人明知是毒品而故意非法持有。如果行为人确实不知是毒品而持有的，不构成犯罪。至于行为人基于何种动机、目的而持有毒品，一般不影响本罪的成立。

（三）司法实务问题

1. 罪与非罪的界限。主要从两方面把握：①看是否明知是毒品。只有明知是毒品而非法持有的方构成本罪，反之则不构成。②看非法持有毒品的数量是否达到了较大的标准。未达到数量较大标准的，也不构成本罪。

2. 本罪与走私、贩卖、运输、制造毒品罪的界限。如果行为人是因为走私、贩卖、运输、制造毒品而非法持有毒品的，不论数量多少，均以走私、贩卖、运输、制造毒品罪定罪处罚；由于其他原因而非法持有毒品，且达到数量较大标准的，以本罪定罪处罚。

三、包庇毒品犯罪分子罪

（一）法律规定

《刑法》第 349 条规定："包庇走私、贩卖、运输、制造毒品的犯罪分子的，为犯罪分子窝藏、转移、隐瞒毒品或者犯罪所得的财物的，处 3 年以下有期徒刑、拘役或者管制；情节严重的，处 3 年以上 10 年以下有期徒刑。缉毒人员或者其他国家机关工作人员掩护、包庇走私、贩卖、运输、制造毒品的犯罪分子的，依照前款的规定从重处罚。犯前两款罪，事先通谋的，以走私、贩卖、运输、制造毒品罪的共犯论处。"

（二）构成特征

1. 行为人必须实施了包庇行为。所谓"包庇"，是指通过一定的方式帮助犯罪分子掩盖罪行，以使其逃避法律制裁的行为。其通常表现为向司法机关作假证明、帮助毁灭罪证以及为犯罪分子提供隐藏处所、财物、交通工具以帮助其藏匿或逃跑等。

2. 包庇的对象必须是走私、贩卖、运输、制造毒品的犯罪分子。这里的"走私、贩卖、运输、制造毒品的犯罪分子"，特指犯《刑法》第 347 条规定的走私、贩卖、运输、制造毒品罪的人，而非泛指实施刑法分则第六章第七节所有涉及毒品犯罪的犯罪分子。因此，如果包庇的是非毒品犯罪或者除走私、贩卖、运输、制造毒品罪以外的其他毒品犯罪的犯罪分子，都不构成本罪，而应按照《刑法》第 310 条的规定，以窝藏、包庇罪定罪处罚。

3. 本罪的主观方面是故意，即行为人明知是走私、贩卖、运输、制造毒品的犯罪分子，而故意加以包庇。应当注意，根据《刑法》第 349 条第 3 款的规定，行为人如果事先与走私、贩卖、运输、制造毒品的犯罪分子通谋，事后对其进行包庇的，应以走私、贩卖、运输、制造毒品罪的共犯论处。

四、窝藏、转移、隐瞒毒品、毒赃罪

（一）法律规定

见前列《刑法》第 349 条第 1、3 款。

（二）构成特征

1. 本罪的对象限于走私、贩卖、运输、制造毒品的犯罪分子的毒品及其犯罪所得的财物。其他物品以及其他犯罪的赃物不能成为本罪的对象。

2. 必须有窝藏、转移、隐瞒上述毒品或毒赃的行为。所谓"窝藏"，是指将毒品、毒赃加以藏匿；所谓"转移"，是指将毒品、毒赃从一地移到另一地，使之不被查获；所谓"隐瞒"，是指以一定方式掩盖毒品、毒赃的性质及其来源。

3. 本罪的主观方面是故意，即行为人明知是走私、贩卖、运输、制造毒品犯罪分子的毒品或毒赃而故意予以窝藏、转移或者隐瞒。同时应当注意，根据《刑法》第 349 条第 3 款的规定，如果行为人事先与走私、贩卖、运输、制造毒品的犯罪分子通谋的，不能定本罪，而应以走私、贩卖、运输、制造毒品罪的共犯论处。

五、非法生产、买卖、运输制毒物品、走私制毒物品罪

（一）法律规定

《刑法》第 350 条规定："违反国家规定，非法生产、买卖、运输醋酸酐、乙醚、三氯甲烷或者其他用于制造毒品的原料、配剂，或者携带上述物品进出境，情节较重的，处3年以下有期徒刑、拘役或者管制，并处罚金；情节严重的，处3年以上7年以下有期徒刑，并处罚金；情节特别严重的，处7年以上有期徒刑，并处罚金或者没收财产。明知他人制造毒品而为其生产、买卖、运输前款规定的物品的，以制造毒品罪的共犯论处。单位犯前两款罪的，对单位判处罚金，并对其直接负责的主管人员和其他直接责任人员，依照前两款的规定处罚。"

（二）构成特征

1. 客观方面，行为人实施了在境内非法生产、买卖、运输制毒物品及走私制毒物品的行为。此处的走私行为与走私毒品罪的走私行为完全一样。所谓"非法买卖"，是指未经有关主管部门批准而擅自出售或者购买制毒物品，以及虽经有关主管部门批准但违规或超量买卖制毒物品的行为。依据2009年6月23日最高人民法院、最高人民检察院、公安部《关于办理制毒物品犯罪案件适用法律若干问题的意见》（简称《制毒物品意见》）第1条第2款的规定，"非法买卖"包括如下行为：①未经许可或者备案，擅自购买、销售易制毒化学品的；②超出许可证明或者备案证明的品种、数量范围购买、销售易制毒化学品的；③使用他人的或者伪造、变造、失效的许可证明或者备案证明购买、销售易制毒化学品的；④经营单位违反规定，向无购买许可证明、备案证明的单位、个人销售易制毒化学品的，或者明知购买者使用他人的或者伪造、变造、失效的购买许可证明、备案证明，向其销售易制毒化学品的；⑤以其他方式非法买卖易制毒化学品的。应当注意，按照《刑法》第155条的规定，这里的在境内，应限于除我国内海、领海以外的境内其他区域，如果在我国内海、领海、界河、界湖非法买卖制毒物品，应以走私制毒物品罪定罪处罚。另外，直接向走私制毒物品的人非法收购制毒物品的，也应以走私制毒物品罪定罪处罚。非法生产、买卖、运输、走私的对象是制毒物品。所谓"制毒物品"，是指醋酸酐、乙醚、三氯甲烷、丙酮、麻黄碱、麦角胺、苯乙醚、哌啶等用于制造毒品的原料、配剂。如果行为人非法生产、买卖、运输、走私的不是上述用于制造毒品的原料、配剂，而是鸦片、海洛因等毒品本身，应以走私、贩卖、运输、制造毒品罪定罪处罚。

2. 本罪的主观方面是故意。出于何种动机、目的走私、贩卖、运输、制造制毒物品，一般不影响本罪的成立。关于制毒物品犯罪嫌疑人、被告人主观明知的认定，可以依据《制毒物品意见》的规定判断，即有下列情形之一，且查获了易制毒化学品，结合犯罪嫌疑人、被告人的供述和其他证据，经综合审查判断，可以认定其"明知"是制毒物品而走私或者非法买卖，但有证据证明确属被蒙骗的除外：①改变产品形状、包装或者使用虚假标签、商标等产品标志的；②以藏匿、夹带或者其他隐蔽方式运输、携带易制毒化学品逃避检查的；③抗拒检查或者在检查时丢弃货物逃跑的；④以伪报、藏匿、伪装等蒙蔽手段逃避海关、边防等检查的；⑤选择不设海关或者边防检查站的路段绕行出入境的；⑥以虚假身份、地址办理托运、邮寄手续的；⑦以其他方法隐瞒真相，逃避对易制毒化学品依法监管的。

但应当注意，如果行为人是为自己制造毒品而非法生产、买卖、运输、走私制毒物品的，属于本罪与制造毒品罪的牵连犯，应以其中的重罪即制造毒品罪定罪处罚。另外，根据《刑法》第 350 条第 2 款的规定，如果行为人明知他人制造毒品而为其非法生产、买卖、运输、走私制毒物品的，以制造毒品罪的共犯论处。

六、非法种植毒品原植物罪

（一）法律规定

《刑法》第 351 条规定："非法种植罂粟、大麻等毒品原植物的，一律强制铲除。有下列情形之一的，处 5 年以下有期徒刑、拘役或者管制，并处罚金：①种植罂粟 500 株以上不满 3000 株或者其他毒品原植物数量较大的；②经公安机关处理后又种植的；③抗拒铲除的。非法种植罂粟 3000 株以上或者其他毒品原植物数量大的，处 5 年以上有期徒刑，并处罚金或者没收财产。非法种植罂粟或者其他毒品原植物，在收获前自动铲除的，可以免除处罚。"

（二）构成特征

1. 行为人实施了违反国家有关规定，非法种植毒品原植物的行为。所谓"毒品原植物"，是指罂粟、大麻、古柯树等可以加工、提炼、制成鸦片、吗啡、海洛因、可卡因等毒品的植物。所谓"非法种植毒品原植物"，是指未经国家有关主管部门批准，而擅自种植或者虽经批准但超量种植毒品原植物。种植包括播种、插栽、灌溉、割取浆液和收获种子等一系列行为。行为人只要有其中任何一个环节的行为即可。至于行为人是自己种植，还是雇他人种植，是种植在耕地里，还是种植在荒山野地，以及最后是否获得收成，均不影响本罪的成立。

2. 必须达到情节严重的程度。根据《刑法》第 351 条第 1 款的规定，非法种植毒品原植物情节严重的共有上述三种情形：①非法种植罂粟 500 株以上不满 3000 株或者其他毒品原植物数量较大的；②经公安机关处理后又种植的；③抗拒铲除的。具备上述三种情形之一，即可成立本罪。应当注意，行为人如果利用自己种植的毒品原植物制造毒品的，属于牵连犯，应以制造毒品罪定罪处罚；如果非法种植一种毒品原植物已构成犯罪，又以其他毒品原植物制造毒品的，则应数罪并罚。

3. 本罪的主观方面是故意，即行为人明知是国家禁止种植的罂粟、大麻等毒品原植物而故意非法种植。如果是在确实不知的情况下而误种毒品原植物的，不构成本罪。

七、非法买卖、运输、携带、持有毒品原植物种子、幼苗罪

（一）法律规定

《刑法》第 352 条规定："非法买卖、运输、携带、持有未经灭活的罂粟等毒品原植物种子或者幼苗，数量较大的，处 3 年以下有期徒刑、拘役或者管制，并处或者单处罚金。"

（二）构成特征

1. 本罪的对象为未经灭活的毒品原植物种子、幼苗，即没有经过物理、化学等方法杀灭植物生长细胞，还能继续繁殖、发芽或生长的罂粟等毒品原植物的种子或

幼苗。

2. 行为人实施了非法买卖、运输、携带、持有未经灭活的毒品原植物种子、幼苗的行为。

3. 非法买卖、运输、携带、持有的未经灭活的毒品原植物种子、幼苗须达到数量较大的标准。

八、引诱、教唆、欺骗他人吸毒罪

（一）法律规定

《刑法》第 353 条规定："引诱、教唆、欺骗他人吸食、注射毒品的，处 3 年以下有期徒刑、拘役或者管制，并处罚金；情节严重的，处 3 年以上 7 年以下有期徒刑，并处罚金。强迫他人吸食、注射毒品的，处 3 年以上 10 年以下有期徒刑，并处罚金。引诱、教唆、欺骗或者强迫未成年人吸食、注射毒品的，从重处罚。"

（二）构成特征

1. 本罪客观方面表现为引诱、教唆、欺骗他人吸食、注射毒品的行为。所谓"引诱"，是指以金钱、物质利益为诱饵，或者通过渲染吸食毒品的快感，诱使他人吸食、注射毒品。所谓"教唆"，是指采用劝说、怂恿、授意、激将、传授、示范等方法唆使他人吸食、注射毒品。所谓"欺骗"，是指采用隐瞒、掩盖真相或者制造假象等方法，使他人在不知道是毒品的情况下吸食、注射毒品，如在食品、香烟、饮料中掺入毒品，骗他人食用等。

2. 作为本罪对象的"他人"，应当是没有吸食、注射毒品经历或者曾经吸过毒但已戒除的人。对本来就在吸毒的人，不存在引诱、教唆、欺骗其吸毒的问题。

3. 本罪的主观方面是故意，即明知自己的行为会引起被害人吸食、注射毒品的结果，而希望或者放任其发生。本罪的动机多种多样，有的是为了牟利，有的是为了报复他人，有的是为拉吸毒伙伴，等等。但不论出于何种动机，均不影响本罪的成立。由于自己的过失行为引起他人吸毒的，不构成本罪。

九、强迫他人吸毒罪

（一）法律规定

见前列《刑法》第 353 条第 2、3 款。

（二）构成特征

1. 行为人实施了强迫他人吸毒的行为。所谓"强迫他人吸毒"，是指违背他人意志，强行迫使他人吸食、注射海洛因、吗啡等毒品。这是构成本罪的关键，也是本罪与引诱、教唆、欺骗他人吸毒罪的主要区别。

2. 强迫他人吸毒的具体行为方式可以是暴力、胁迫或者其他手段。所谓"暴力"，是指对不愿吸毒的人实施殴打、捆绑、杀伤、禁闭等行为，迫使其不得不吸毒，或者行为人强行对其注射、灌食毒品；所谓"威胁"，是指行为人以实施暴力相威胁，或者利用他人对自己的依附关系等，对他人实行精神上的强制，使其不敢反抗而被迫吸毒；所谓"其他手段"，主要指将他人灌醉或麻醉后对其注射毒品，或者利用他人处于醉酒、被麻醉状态或熟睡之机，对其注射毒品等使他人在不知反抗的情况下被动吸毒。至于被强迫吸毒的人是否成瘾，不影响本罪的成立。

3. 本罪的主观方面是故意，即明知是毒品而强迫他人吸食、注射。

十、容留他人吸毒罪

（一）法律规定

《刑法》第354条规定："容留他人吸食、注射毒品的，处3年以下有期徒刑、拘役或者管制，并处罚金。"

（二）构成特征

1. 本罪在客观方面表现为容留他人吸毒的行为。所谓"容留他人吸毒"，是指向吸毒者提供吸食、注射毒品的场所，一般是房屋，同时也包括汽车、轮船等交通工具以及其他可供吸食、注射毒品的场所。提供吸毒场所可以是主动提供，也可以是应吸毒者的要求而提供；可以是长期提供，也可以是短期提供；可以是有偿提供，也可以是免费提供；可以是提供属自己所有的房屋，也可以是提供租借的房屋等。

应当注意，如果行为人容留他人吸毒并向其出售毒品的，属于本罪与贩卖毒品罪的牵连犯，应以贩卖毒品罪定罪处罚。

2. 本罪的主观方面是故意，即明知他人是用于吸食、注射毒品而故意向其提供场所。容留他人吸毒，大多具有牟取非法利益的目的。

十一、非法提供麻醉药品、精神药品罪

（一）法律规定

《刑法》第355条规定："依法从事生产、运输、管理、使用国家管制的麻醉药品、精神药品的人员，违反国家规定，向吸食、注射毒品的人提供国家规定管制的能够使人形成瘾癖的麻醉药品、精神药品的，处3年以下有期徒刑或者拘役，并处罚金；情节严重的，处3年以上7年以下有期徒刑，并处罚金。向走私、贩卖毒品的犯罪分子或者以牟利为目的，向吸食、注射毒品的人提供国家规定管制的能够使人形成瘾癖的麻醉药品、精神药品的，依照本法第347条的规定定罪处罚。单位犯前款罪的，对单位判处罚金，并对其直接负责的主管人员和其他直接责任人员，依照前款的规定处罚。"

（二）构成特征

1. 本罪在客观方面表现为违反国家规定，向吸食、注射毒品的人提供国家规定管制的能够使人形成瘾癖的麻醉药品、精神药品的行为。根据《刑法》第355条第1款的规定，向走私、贩卖毒品的犯罪分子提供上述麻醉药品、精神药品的，以走私、贩卖毒品罪定罪处罚。

2. 本罪的主体是特殊主体，即只有依法从事生产、运输、管理、使用国家管制的麻醉药品、精神药品的人员和单位才能构成本罪。

3. 本罪的主观方面为故意，即行为人明知对方是吸食、注射毒品的人而故意向其提供国家规定管制的麻醉药品、精神药品。应当注意，根据《刑法》第355条第

1 款的规定，以牟利为目的，向吸食、注射毒品的人提供上述麻醉药品、精神药品的，应以贩卖毒品罪定罪处罚。这一规定表明，本罪的非法提供应限于不以牟利为目的。

■ 第九节 组织、强迫、引诱、容留、介绍卖淫罪

一、组织卖淫罪

（一）法律规定

《刑法》第 358 条规定："组织、强迫他人卖淫的，处 5 年以上 10 年以下有期徒刑，并处罚金；情节严重的，处 10 年以上有期徒刑或者无期徒刑，并处罚金或者没收财产。组织、强迫未成年人卖淫的，依照前款的规定从重处罚。犯前两款罪，并有杀害、伤害、强奸、绑架等犯罪行为的，依照数罪并罚的规定处罚。为组织卖淫的人招募、运送人员或者有其他协助组织他人卖淫行为的，处 5 年以下有期徒刑，并处罚金；情节严重的，处 5 年以上 10 年以下有期徒刑，并处罚金。"

（二）概念和构成特征

组织卖淫罪，是指以招募、雇佣、引诱、容留等手段，纠集、控制、策划、指挥多人从事卖淫的行为。其主要构成特征是：

1. 本罪在客观方面表现为组织他人卖淫的行为。首先，作为本罪对象的"他人"既可以是女性，也可以是男性。其次，行为人实施了组织他人卖淫的行为。所谓组织他人卖淫，是指通过招募、雇佣、引诱、容留等各种手段，纠集、控制、策划、指挥多人有组织地进行卖淫活动。通常表现为两种形式：一是设置卖淫或者变相卖淫的场所，引诱、招募、容留多个卖淫者进行卖淫活动，组织者从中渔利。实践中常见的是以开办饭店、旅店、发廊、美容院、出租房屋等为名，在这些场所中从事组织他人卖淫的活动。二是没有固定的卖淫或变相卖淫场所，但操纵卖淫团伙或者其所控制的卖淫人员从事卖淫活动。

2. 本罪的主体是自然人一般主体，但必须是卖淫活动的组织者。

3. 本罪的主观方面是故意。从司法实践看，行为人一般都有牟利的目的，但构成本罪不以此为必要条件。

（三）司法实务问题

1. 罪与非罪的界限。主要注意两点：①本罪要处罚的是组织他人卖淫的组织行为本身，因此，组织者是否参与卖淫或嫖娼，不影响本罪的成立；②被组织卖淫者的卖淫行为，不构成本罪。

2. 本罪与聚众淫乱罪的界限。主要区别在于客观方面不同。本罪表现为行为人通过设置卖淫场所或者变相卖淫场所，以及以其他方式组织多人从事卖淫活动；聚众淫乱罪则表现为多个男女在一起群奸群宿、跳脱衣舞、贴面舞等。

3. 根据《刑法》第 361 条第 1、2 款的规定，旅馆业、饮食服务业、文化娱乐

业、出租汽车业等单位的人员，利用本单位的条件，组织他人卖淫的，也构成本罪。如果上述单位的主要负责人，利用本单位的条件组织他人卖淫的，还要从重处罚。

二、强迫卖淫罪

（一）法律规定

见前列《刑法》第 358 条第 1～3 款。

（二）构成特征

1. 本罪在客观方面表现为强迫他人卖淫的行为。强迫他人卖淫的实质是违背他人意志，逼迫本不愿卖淫的人从事卖淫。这是构成本罪的关键。强迫的具体方式可以是直接使用暴力打击或强制他人的身体，迫使其屈从而卖淫；也可以是以使用暴力、揭发其隐私或利用从属关系相威胁、恐吓，对他人实行精神强制，逼迫他人违心地卖淫；还可以是通过某种行为，使他人陷入绝境而不得不卖淫。总之，无论采取何种方式，只要迫使不愿卖淫的人从事卖淫的，就属于强迫他人卖淫。被强迫的对象可以是女性，也可以是男性；可以是良家妇女，也可以是本就在从事卖淫的人。

2. 本罪的主体是自然人一般主体。根据《刑法》第 361 条第 1 款的规定，旅馆业、饮食服务业、文化娱乐业、出租汽车业等单位的人员，利用本单位的条件，强迫他人卖淫的，按照本罪定罪处罚。

3. 本罪的主观方面是故意，并且具有迫使他人卖淫的目的。至于动机如何，不影响本罪的成立。

（三）司法实务问题

1. 本罪与组织卖淫罪的界限。首先，犯罪客体不同。前者既侵犯了社会治安管理秩序，又侵犯了他人性的自主权；而后者侵犯的主要是社会治安管理秩序。其次，犯罪对象不同。前者的对象是本不愿卖淫的人，且可以是一个人，也可以是多人；而后者的对象则是愿意卖淫的人，且限于多人。最后，客观行为不同。前者表现为使用暴力、胁迫或其他强制方法，迫使他人违心地卖淫；而后者则表现为使用招募、雇佣、引诱、容留等方法，使卖淫者在其控制、策划、指挥下有组织地从事卖淫。

2. 本罪与强奸罪的界限。首先，犯罪客体不同。前者侵犯的主要是社会治安管理秩序；而后者侵犯的是妇女性的自主权。其次，犯罪对象不同。前者的对象既有女性也有男性；而后者的对象限于女性。最后，主观目的不同。前者的目的是逼迫他人卖淫；而后者的目的则是强行和妇女发生性关系，即使是帮助犯，其目的也是帮助他人强行和妇女发生性关系。

3. 一罪与数罪的界限。首先，行为人既实施了组织他人卖淫的行为，又实施了强迫他人卖淫行为的，如果对象同一，我们倾向于定强迫卖淫罪。但是，如果分别组织和强迫不同对象卖淫的，则应分别定罪，实行数罪并罚。其次，根据《刑法》第 358 条第 3 款的规定，行为人实施了组织卖淫罪、强迫卖淫罪，并有杀害、伤害、强奸、绑架等犯罪行为的，依照数罪并罚的规定处罚。

三、协助组织卖淫罪

（一）法律规定

见前列《刑法》第 358 条第 4 款。

（二）构成特征

1. 本罪在客观方面表现为组织卖淫的人招募、运送人员等协助组织他人卖淫的行为。所谓"协助组织他人卖淫"，是指卖淫活动组织者以外的人，为卖淫活动的组织者招募、运送人员或者充当保镖、皮条客、管账人，以及为他人组织卖淫看门望哨、提供场所、指示目标、排除障碍等。严格地讲，这种行为实际上是组织卖淫罪的共犯，但刑法考虑到这种行为的严重危害性，将其从组织卖淫罪中独立出来作为一个独立的罪名。因此对协助组织他人卖淫的和组织他人卖淫的两种行为，不以共同犯罪论，而应分别定罪处罚。

2. 本罪的主体是自然人一般主体，但不能是卖淫活动的组织者。

3. 本罪的主观方面是故意，即行为人明知他人从事组织卖淫活动而故意加以协助。

四、引诱、容留、介绍卖淫罪

（一）法律规定

《刑法》第 359 条规定："引诱、容留、介绍他人卖淫的，处 5 年以下有期徒刑、拘役或者管制，并处罚金；情节严重的，处 5 年以上有期徒刑，并处罚金。引诱不满 14 周岁的幼女卖淫的，处 5 年以上有期徒刑，并处罚金。"

（二）构成特征

1. 本罪在客观方面表现为引诱、容留、介绍他人卖淫的行为。所谓引诱，是指以金钱、物质或者其他利益为诱饵，勾引、诱使他人从事卖淫活动；所谓容留，是指为他人从事卖淫活动提供场所；所谓介绍，是指在卖淫者与嫖娼者之间进行引见、撮合、牵线搭桥、居间介绍的行为。这里被引诱、容留、介绍卖淫的人，就卖淫行为本身而言，是不违背其意志的。否则，就是强迫卖淫罪，而非本罪。

2. 本罪的主体是自然人一般主体。根据《刑法》第 361 条第 1 款的规定，旅馆业、饮食服务业、文化娱乐业、出租汽车业等单位的人员，利用本单位的条件，引诱、容留、介绍他人卖淫的，构成本罪。

3. 本罪的主观方面是故意，且大多具有营利目的。

五、引诱幼女卖淫罪

（一）法律规定

见前列《刑法》第 359 条第 2 款。

（二）构成特征

1. 本罪在客观方面表现为引诱幼女卖淫的行为。首先，行为人实施了引诱他人卖淫的行为。其次，引诱卖淫的对象必须是未满 14 周岁的幼女。引诱男性或者 14 周岁以上的女性卖淫的，构成引诱卖淫罪，而不构成本罪。另外，容留、介绍幼女卖淫的，也不构成本罪，而构成容留、介绍卖淫罪。应当注意，如果行为人不是引诱幼女从事卖淫，而是引诱幼女与自己或者他人发生性关系的，应以强奸罪或者强奸罪的共犯论处。

2. 本罪的主观方面是故意，即行为人明知是或可能是幼女而故意引诱其卖淫。

六、传播性病罪

（一）法律规定

《刑法》第 360 条规定："明知自己患有梅毒、淋病等严重性病卖淫、嫖娼的，处 5 年以下有期徒刑、拘役或者管制，并处罚金。"

（二）构成特征

1. 本罪在客观方面表现为在患有严重性病的情况下实施卖淫或者嫖娼的行为。①行为人必须患有梅毒、淋病等严重性病。这是构成本罪的前提。梅毒和淋病是两种最严重的性病。其他严重性病，是指与梅毒、淋病的危害相当且容易通过卖淫、嫖娼传染的性病。②必须实施了卖淫、嫖娼的行为。本罪是行为犯，只要是患有严重性病而实施卖淫、嫖娼行为，不论是否实际将性病传染给他人，均不影响本罪的成立。应当注意，如果严重性病患者不是卖淫、嫖娼，而是在与他人通奸、姘居或者恋爱中发生性关系，以及进行其他淫乱活动的，即使将性病传染给他人，也不构成本罪。患有严重性病的人因强奸而将其性病传染给被害妇女的，应定强奸罪，也不定本罪。

2. 本罪的主观方面是故意，即行为人明知自己患有梅毒、淋病等严重性病而仍然进行卖淫、嫖娼活动。这里只要求行为人明知自己患有严重性病，至于是否知道具体是哪种性病，在卖淫、嫖娼时是否向对方隐瞒了病情，以及出于何种动机、目的，均不影响本罪的成立。但确实不知自己患有严重性病而卖淫、嫖娼的，不构成本罪。

第十节　制作、贩卖、传播淫秽物品罪

一、制作、复制、出版、贩卖、传播淫秽物品牟利罪

（一）法律规定

《刑法》第 363 条规定："以牟利为目的，制作、复制、出版、贩卖、传播淫秽物品的，处 3 年以下有期徒刑、拘役或者管制，并处罚金；情节严重的，处 3 年以上 10 年以下有期徒刑，并处罚金；情节特别严重的，处 10 年以上有期徒刑或者无期徒刑，并处罚金或者没收财产。为他人提供书号，出版淫秽书刊的，处 3 年以下有期徒刑、拘役或者管制，并处或者单处罚金；明知他人用于出版淫秽书刊而提供书号的，依照前款的规定处罚。"

（二）概念和构成特征

制作、复制、出版、贩卖、传播淫秽物品牟利罪，是指自然人或单位以牟利为

目的，制作、复制、出版、贩卖、传播淫秽物品的行为。本罪的主要构成特征是：

1. 本罪在客观方面表现为制作、复制、出版、贩卖、传播淫秽物品的行为。首先，本罪的对象限于淫秽物品。根据《刑法》第 367 条的规定，所谓"淫秽物品"，是指具体描绘性行为或者露骨宣扬色情的诲淫性的书刊、影片、录像带、录音带、图片以及其他淫秽物品。有关人体生理、医学知识的科学著作不是淫秽物品。包含色情内容的有艺术价值的文学、艺术作品不视为淫秽物品。其次，行为人必须实施了制作、复制、出版、贩卖、传播淫秽物品的行为。

2. 本罪的主观方面是故意，即明知是淫秽物品而故意制作、复制、出版、贩卖、传播。需特别注意，刑法明确规定本罪以具有牟利的目的为必要条件。另外，根据《关于审理非法出版物刑事案件具体应用法律若干问题的解释》第 16 条的规定，出版单位与制作、复制、出版、贩卖、传播淫秽物品者事前通谋，向其出售、出租或者以其他形式转让该出版单位的名称、书号、刊号、版号的，以本罪的共犯论处。

（三）司法实务问题

1. 罪与非罪的界限。主要注意两点：①只有制作、复制、出版、贩卖、传播的确实属于淫秽物品的才能定本罪，反之则不能；②虽然《刑法》第 363 条本身并未要求制作、复制、出版、贩卖、传播淫秽物品要达到何种程度才构成犯罪，但也不能只要有制作、复制、出版、贩卖、传播淫秽物品的行为都一律定罪。最高人民法院 1998 年 12 月 11 日通过的《关于审理非法出版物刑事案件具体应用法律若干问题的解释》对本罪的定罪起点作出了原则性规定。

2. 本罪与走私淫秽物品罪的界限。两罪一般不难区分，主要应注意的是，行为人直接从走私分子手上购买淫秽物品加以贩卖，或者在我国的内海、领海、界河、界湖贩卖淫秽物品的，均应定走私淫秽物品罪，而不定本罪。

3. 一罪与数罪的界限。首先，行为人为走私而制作、复制、出版淫秽物品，或者走私淫秽物品就是为了贩卖、传播的，属于本罪与走私淫秽物品罪的牵连犯，只定其中的重罪，即走私淫秽物品罪；其次，行为人出版的作品中既有淫秽内容，又有歧视、侮辱少数民族内容的，属于本罪与出版歧视、侮辱少数民族作品罪的想象竞合犯，其中本罪法定刑较重，故应按本罪定罪处罚。

二、为他人提供书号出版淫秽书刊罪

（一）法律规定

见前列《刑法》第 363 条第 2 款。

（二）构成特征

1. 本罪在客观方面表现为违反国家出版法规，向他人提供书号，出版淫秽书刊的行为。首先，必须有向他人提供书号的行为。这里的书号应作广义理解，即包括一般所说的书号和刊号。所谓提供，是指以合作出版、协作出版、自费出版等名义，将书号、刊号有偿或者无偿地供他人（包括个人和单位）使用。其次，所提供的书号、刊号必须被他人用于出版淫秽书刊。如果他人将行为人提供的书号、刊号用于出版非淫秽书刊的，不构成本罪。最后，根据《关于审理非法出版物刑事案件具体应用法律若干问题的解释》第9条第2款的规定，为他人提供版号，出版淫秽音像制品的，也以本罪定罪处罚。

2. 本罪的主体是一般主体，自然人和单位均可。司法实践中，构成本罪的多为出版单位及其工作人员，但也有从出版社得到书号后又将书号转手提供给他人出版淫秽书刊的人。

3. 本罪的主观方面是过失，即行为人应当预见他人可能将所提供的书号、刊号、版号用于出版淫秽物品，因为疏忽大意而没有预见，或者已经预见但轻信能够避免。如果是明知他人用于出版淫秽物品而提供书号、刊号、版号的，应定出版淫秽物品牟利罪。另外，根据《关于审理非法出版物刑事案件具体应用法律若干问题的解释》第16条的规定，出版单位与为他人提供书号出版淫秽物品者事前通谋，向其出售、出租或者以其他形式转让该出版单位的名称、书号、刊号、版号的，对该出版单位，以本罪的共犯论处。

三、传播淫秽物品罪

（一）法律规定

《刑法》第364条规定："传播淫秽的书刊、影片、音像、图片或者其他淫秽物品，情节严重的，处2年以下有期徒刑、拘役或者管制。组织播放淫秽的电影、录像等音像制品的，处3年以下有期徒刑、拘役或者管制，并处罚金；情节严重的，处3年以上10年以下有期徒刑，并处罚金。制作、复制淫秽的电影、录像等音像制品组织播放的，依照第2款的规定从重处罚。向不满18周岁的未成年人传播淫秽物品的，从重处罚。"

（二）构成特征

1. 本罪在客观方面表现为传播淫秽物品，情节严重的行为。首先，必须有传播淫秽物品的行为。所谓"传播淫秽物品"，是指通过出租、出借、赠送、展示、讲解等方式，使淫秽书刊、影片、音像制品、图片等在社会上散布、流传。其次，必须达到情节严重的程度，才能构成本罪。根据《关于审理非法出版物刑事案件具体应用法律若干问题的解释》第10条第1款的规定，向他人传播淫秽的书刊、影片、音像、图片的出版物达300~600人次以上或者造成恶劣社会影响的，属于情节严重，应以本罪定罪处罚。传播淫秽物品情节一般的，不构成犯罪，可视具体情况，分别予以批评教育或者治安处罚。

2. 本罪的主体是一般主体，包括自然人和单位。

3. 本罪的主观方面是故意，但不得以牟利为目的。以牟利为目的而传播淫秽物品的，应以《刑法》第363条第1款规定的传播淫秽物品牟利罪定罪处罚。根据《关于审理非法出版物刑事案件具体应用法律若干问题的解释》第16条的规定，出版单位与传播淫秽物品者事前通谋，向其出售、出租或者以其他形式转让该出版单位的名称、书号、刊号、版号的，对该出版单位应当以本罪的共犯论处。

四、组织播放淫秽音像制品罪

（一）法律规定

见前列《刑法》第 364 条第 2、3 款。

（二）构成特征

1. 本罪在客观方面表现为组织播放淫秽音像制品的行为。首先，必须实施了组织播放的行为。所谓组织播放，是指策划、指挥、召集、安排、联络他人通过一定的设备，将音像制品的声、像展现出来，供多人收听、观看的行为。至于在什么场所播放，使用的设备如何等，不影响本罪的成立。其次，组织播放的必须是淫秽的音像制品，具体包括淫秽电影片、录像带、影碟、音碟、录音带、幻灯片等。根据《关于审理非法出版物刑事案件具体应用法律若干问题的解释》第 10 条第 2 款的规定，组织播放淫秽的电影、录像等音像制品达 15～30 场次以上或者造成恶劣社会影响的，以本罪定罪处罚。如果未达此程度，则予以批评教育或行政处罚。③根据《刑法》第 364 条第 3 款的规定，制作、复制淫秽的电影、录像等音像制品组织播放的，只要不以牟利为目的，也以本罪定罪处罚。

2. 本罪的主体是一般主体，包括自然人和单位。需注意的是，本罪要处罚的是组织播放的组织者，对于只参与收听、观看的人不能定本罪。

3. 本罪的主观方面是故意，即行为人明知是淫秽音像制品而故意组织播放。应当注意，这里以不具有牟利的目的为限。如果以牟利为目的，则应以第 363 条第 1 款规定的传播淫秽物品牟利罪定罪处罚。

五、组织淫秽表演罪

（一）法律规定

《刑法》第 365 条规定："组织进行淫秽表演的，处 3 年以下有期徒刑、拘役或者管制，并处罚金；情节严重的，处 3 年以上 10 年以下有期徒刑，并处罚金。"

（二）构成特征

1. 本罪在客观方面表现为组织淫秽表演的行为。首先，行为人必须实施了组织表演的行为。所谓组织表演，是指纠集、策划、指挥、安排一定的人员在一定场所对公众进行演出。行为人本人是否参加表演，不影响本罪的成立。其次，组织的必须是淫秽表演，即具有诲淫性的演出，如脱衣舞、裸体舞、性交表演等。聚集多人进行跳脱衣舞、贴面舞等淫乱活动，而非对公众进行淫秽表演的，应以《刑法》第 301 条规定的聚众淫乱罪定罪处罚。

2. 本罪的主体是一般主体，包括自然人和单位。需注意的是，这里构成犯罪的，只限于组织淫秽表演中的组织者，而不包括无组织行为的表演者和观众。对后者只能批评教育或予以行政处罚。

3. 本罪的主观方面是故意。犯罪动机是各种各样的，如为了牟利、招揽生意、作商品广告等，但不论动机如何，不影响本罪的成立。

【思考题】

1. 对职务违法行为能否实行正当防卫？

2. 简述聚众斗殴致人重伤死亡中的共同犯罪问题。

3. 简述招摇撞骗罪与诈骗罪的界限。

4. 如何把握寻衅滋事罪中的客观行为？

5. "法不责众"辨析。

6. 黑社会性质组织的成立条件是否必须具备"保护伞"？为什么？

7. 如何理解伪证罪中的"虚假"？作伪证后又提供真实证言的能否成立犯罪中止？为什么？

8. 如何界定赃物犯罪中的"赃物"？

9. 如何认定污染环境罪中的因果关系？

10. 如何认定非法持有毒品罪中的"持有"？该罪的立法意义是什么？

11. 如何理解赃物犯罪和洗钱犯罪的关系？

12. 如何理解窝藏罪和包庇罪的关系？

13. 如何理解本章中的"聚众犯罪"？

第二十四章

危害国防利益罪

学习目的与要求 掌握危害国防利益罪的概念、特征和种类，掌握阻碍军人执行职务罪、冒充军人招摇撞骗罪的概念、特征及认定，掌握其他犯罪的概念及构成特征。

■ 第一节 危害国防利益罪概述

一、危害国防利益罪的概念与特征

危害国防利益罪，是指违反国防法规，危害国防利益，依法应受刑罚处罚的行为。

危害国防利益罪具有以下特征：

1. 本类犯罪侵犯的客体是国家的国防利益。国防利益是指国家的国防安全、国防建设、武装力量建设、国防秩序、军事斗争等涉及国家国防方面的利益。国防利益是国家利益的一个重要方面，直接关系到国家的稳定与安危，任何危害国防利益的行为，都必然使国家的国防力量遭到削弱，危及国家安全。因此，对情节严重的危害国防利益的行为，必须依法追究刑事责任。

2. 本类犯罪的客观方面表现为违反国防法规，危害国防利益，情节严重的行为。国防法规是指调整国防领域社会关系的法律与法规。如我国目前已颁布施行的《国防法》《兵役法》和《军事设施保护法》，以及《国防交通条例》《民兵武器装备管理条例》等法律与法规。具体危害国防利益构成犯罪的行为包括刑法第7章规定的23种犯罪。这些犯罪多以作为的形式实施，也有少数为不作为犯罪，如战时拒绝军事征用罪；还有的既可以以作为的方式，也可以以不作为的方式实施，如战时拒绝、故意延误军事订货罪。本章规定的各种犯罪中，有相当一部分将"战时""军事禁区""军事管理区"等时间、地点作为构成犯罪的客观必要条件，不具备所要求的条件，则不能构成犯罪。在另外一些犯罪中，特定的时间、地点虽然不是犯罪构成所要求的条件，但却是重要的量刑情节，在学习时要注意掌握。

3. 本类犯罪的犯罪主体多为一般主体，少数为特殊主体，如战时拒绝、逃避服役罪，拒绝、逃避征召、军事训练罪，接送不合格兵员罪。多数犯罪由自然人构成，有的犯罪也可以由单位构成，如故意提供不合格武器装备、军事设施罪，非法生产、买卖军用标志罪。还有的犯罪只能由单位构成，如战时拒绝、故意延误军事订货罪。

4. 本类犯罪的主观方面一般表现为故意，但过失提供不合格武器装备、军事设施罪等除外。

二、危害国防利益罪的种类

根据《刑法》第 368 ~ 381 条的规定，危害国防利益罪总共包括 23 个罪名，分别为：阻碍军人执行职务罪；阻碍军事行动罪；破坏武器装备、军事设施、军事通信罪；过失损坏武器装备、军事设施、军事通信罪；故意提供不合格武器装备、军事设施罪；过失提供不合格武器装备、军事设施罪；聚众冲击军事禁区罪；聚众扰乱军事管理区秩序罪；冒充军人招摇撞骗罪；煽动军人逃离部队罪；雇用逃离部队军人罪；接送不合格兵员罪；伪造、变造、买卖武装部队公文、证件、印章罪；盗窃、抢夺武装部队公文、证件、印章罪；非法生产、买卖武装部队制式服装罪；伪造、盗窃、买卖、非法提供、非法使用武装部队专用标志罪；战时拒绝、逃避征召、军事训练罪；战时拒绝、逃避服役罪；战时故意提供虚假敌情罪；战时造谣扰乱军心罪；战时窝藏逃离部队军人罪；战时拒绝、故意延误军事订货罪；战时拒绝军事征收、征用罪。

■ 第二节　危害国防利益罪分述

一、阻碍军人执行职务罪

（一）法律规定

《刑法》第 368 条第 1 款规定："以暴力、威胁方法阻碍军人依法执行职务的，处 3 年以下有期徒刑、拘役、管制或者罚金。"

（二）构成特征

本罪在客观方面表现为行为人故意以暴力、威胁方法阻碍军人执行职务的行为。所谓"暴力"，是指采取殴打、拘禁、捆绑、伤害等强制性手段对军人执行职务加以阻挠。"威胁"是指以杀害、伤害、殴打、拘禁或者毁损财产、加害亲属、宣扬军人不愿公开的事项等相要挟。军人包括中国人民解放军和中国人民武装警察部队的现役军官、警官、文职干部、士兵及具有军籍或武警籍的学员。执行军事任务的预备役人员和其他人员，以军人论。本罪发生在军人依法执行职务的活动过程中，不是针对军人，或者军人不是正在执行职务，或者军人未依法执行职务的，均不构成本罪。所谓依法执行职务，是指依照国家或者军队的法律、法规、条文、条例、规定等而执行的值勤、巡逻、守卫、押运、训练、科研、抢险救灾、救治伤病员等职务。

（三）司法实务问题

认定本罪时，要注意将其与妨害公务罪区分开来。两罪的不同点表现在：①侵害的对象不同。本罪侵害的对象是正在执行公务的军人；妨害公务罪侵害的对象是正在执行公务的国家机关工作人员。②犯罪主体有差异。构成本罪的行为主体为非军职人员；构成妨害公务罪的主体一般为非军人，也包括军人。③侵犯的客体不同。本罪侵犯的客体是军人依法执行职务的正常活动；妨害公务罪侵犯的客体是国家机关工作人员依法执行公务的正常活动。

二、阻碍军事行动罪

（一）法律规定

《刑法》第368条第2款规定："故意阻碍武装部队军事行动，造成严重后果的，处5年以下有期徒刑或者拘役。"

（二）构成特征

本罪在客观方面表现为故意阻碍武装部队军事行动，造成严重后果的行为。根据法律规定，我国武装部队包括中国人民解放军的现役部队和预备役部队、中国人民武装警察部队、民兵组织。所谓军事行动，是指国家为达到一定的政治目的而有组织地使用武装力量的行动。如和平时期为保卫国家、防御侵略进行的战争准备活动；战争时期则为实施战争、战役和战斗活动。此外，部队执行戒严任务或处置突发性暴力事件等活动也可视为军事行动。阻碍军事行动的具体行为包括以各种方式故意拖延、阻挠、妨碍、破坏武装部队执行军事命令、实施军事行动。如设置路障、破坏道路、聚众围阻、断电停水、实施通信干扰和计算机干扰等。阻碍军事行动，须造成严重后果才以犯罪论处。严重后果指阻碍军事行动导致战役、战斗失利，战机贻误，或者造成武器装备严重损坏，大量的非战斗减员或者其他严重后果。

（三）司法实务问题

1. 注意掌握罪与非罪的界限。首先，本罪属故意犯罪，如果行为人主观上没有故意，虽然客观上发生了妨碍部队军事行动的行为，也不应以犯罪论处；其次，故意阻碍部队军事行动，但尚未造成严重后果的，不得以犯罪论处；再次，部队在军事训练、演习中侵犯了地方群众的合法利益引起不满，进而因要求妥善处理而导致军事行动的延误的，不宜按犯罪处理；最后，本罪往往由少数人领头煽动而起，对于那些不明真相、盲目跟从的一般人员，应与带头煽动、积极参与的人区分开来，而不能一概以犯罪论处。

2. 注意掌握本罪与阻碍军人执行职务罪的界限。两罪的主要区别在于：①客体不同。前罪侵犯的客体是武装部队的军事行动；后罪侵犯的客体是军人依法执行职务的活动。②对象不同。前罪指向的对象是作为一个整体的武装部队；后罪指向的对象是正在依法执行职务的军人。③客观构成条件不同。前罪对于阻碍的具体方式未作限定，但却要求必须造成严重后果才构成犯罪；后罪要求必须采用暴力、威胁的方法才构成犯罪，但并不要求将严重后果作为犯罪的构成条件。

三、破坏武器装备、军事设施、军事通信罪

（一）法律规定

《刑法》第369条规定："破坏武器装备、军事设施、军事通信的，处3年以下有期徒刑、拘役或者管制；破坏重要武器装备、军事设施、军事通信的，处3年以上10年以下有期徒刑；情节特别严重的，处10年以上有期徒刑、无期徒刑或者死刑。过失犯前款罪，造成严重后果的，处3年以下有期徒刑或者拘役；造成特别严重后果的，处3年以上7年以下有期徒刑。战时犯前两款罪的，从重处罚。"

（二）构成特征

本罪侵害的对象是武器装备、军事设施、军事通信。所谓武器装备，是指武装部队用于实施和保障作战行动的武器、武器系统和军事技术器材。军事设施，是指国家直接用于军事目的的各种建筑、场地和设备。军事通信，是指军队运用各种通信手段，为实施指挥和武器控制而进行的信息传递。客观上，破坏武器装备、军事设施、军事通信的方法是多种多样的，如爆炸、放火、淹没、盗窃、毁坏、拆卸、信号干扰等。其方式既可以是作为，也可以是不作为。

（三）司法实务问题

1. 注意将本罪与危害公共安全罪中的有关犯罪区别开来。①与以爆炸、放火、决水等危险方法危害公共安全的犯罪相区别。其主要不同点在于前者针对武器装备、军事设施和军事通信；后者针对不特定多数人的生命健康和重大公私财产。如果采用爆炸、放火、决水等方法破坏武器装备、军事设施、军事通信而又同时危害了公共安全的，根据特别条款优先原则，应以本罪定罪处罚。②与破坏交通工具、交通设施、电力设备、易燃易爆设备、广播电视设施、公用电信设施等危害公共安全方面的犯罪相区别。其主要区别仍在于前者针对的对象是用于军事目的的武器装备、军事设施和军事通信；后者针对的对象则是用于非军事目的的有关设施、设备。

2. 注意将本罪与盗窃罪区别开来。实践中如果是以破坏为目的采用盗窃的方法窃取武器装备、军事设施、军事通信设施上的零部件的，应以本罪定罪。如果以非法占有为目的窃取有关装备、设备或零部件的，则应分别不同情况处理。其中，没有危害到装备、设施功能的，或者盗窃的是非使用中的物资的，应以盗窃罪论处。但盗窃枪支、弹药、爆炸物的，应构成盗窃枪支、弹药、爆炸物罪。危害到了使用功能的，则应根据处理想象竞合犯的原则，择一重罪处断。

四、过失损坏武器装备、军事设施、军事通信罪

（一）法律规定

见前列《刑法》第369条第2、3款。

（二）概念和构成特征

过失损坏武器装备、军事设施、军事通信罪，是指过失损坏武器装备、军事设施、军事通信，造成严重后果的行为。

1. 本罪的客体是国防建设秩序。

2. 本罪的客观方面表现为过失损坏武装力量的武器装备、军事设施、军事通信的行为。

3. 本罪的主体是一般主体。

4. 本罪的主观方面为过失，即行为人应当预见自己的行为会发生损坏武器装备、军事设施、军事通信的危害后果，因为疏忽大意而没有预见或者已经预见而轻信能够避免，导致这种结果的发生。

五、故意提供不合格武器装备、军事设施罪

（一）法律规定

《刑法》第370条规定："明知是不合格的武器装备、军事设施而提供给武装部队的，处5年以下有期徒刑或者拘役；情节严重的，处5年以上10年以下有期徒刑；情节特别严重的，处10年以上有期徒刑、无期徒刑或者死刑。过失犯前款罪，造成严重后果的，处3年以下有期徒刑或者拘役；造成特别严重后果的，处3年以上7年以下有期徒刑。单位犯第1款罪的，对单位判处罚金，并对其直接负责的主管人员和其他直接责任人员，依照第1款的规定处罚。"

（二）构成特征

1. 本罪在客观方面表现为明知是不合格的武器装备、军事设施而故意提供给武装部队。其犯罪对象为不合格的武器装备、军事设施。所谓"不合格"，是指不符合规定的质量标准。"提供"是指从设计、制造、生产、修建、修配直到交付使用的全过程。本罪以提供不合格产品为构成犯罪的必要条件，属于行为犯，只要行为发生，即为犯罪既遂。造成严重后果的，从重处罚。

2. 本罪犯罪主体可以是自然人，也可以是单位。

六、过失提供不合格武器装备、军事设施罪

（一）法律规定

见前列《刑法》第370条第2款。

（二）构成特征

本罪在客观上表现为过失向武装部队提供不合格的武器装备或者军事设施，并且造成了严重后果。

（三）司法实务问题

本罪与故意提供不合格武器装备、军事设施罪有共同之处，其区别在于：①前罪在主观上出于过失；后罪则出于故意。②前罪的犯罪主体为具有刑事责任能力、达到刑事责任年龄的自然人；后罪的犯罪主体除自然人外，还包括单位。③前罪需"造成严重后果"才以犯罪论处；后罪则只要提供了不合格的武器装备、军事设施即构成犯罪，是否造成严重后果，不影响犯罪成立。

七、聚众冲击军事禁区罪

（一）法律规定

《刑法》第371条第1款规定："聚众冲击军事禁区，严重扰乱军事禁区秩序的，

对首要分子，处 5 年以上 10 年以下有期徒刑；对其他积极参加的，处 5 年以下有期徒刑、拘役、管制或者剥夺政治权利。"

（二）构成特征

本罪在客观方面表现为聚众冲击军事禁区，严重扰乱军事禁区秩序的行为。所谓"聚众冲击"，是指在为首分子的纠集下，聚集多人强行闯入或者试图强行闯入军事禁区。所谓"军事禁区"，是指国家根据军事设施的性质、作用、安全保密的需要和使用效能的特殊要求，在依法划定的一定范围内，采取特殊措施重点保护的区域。包括陆域、水域和空域。严重扰乱军事禁区秩序，是指因聚众冲击而导致军事禁区的各项工作无法正常开展，正常秩序受到破坏。如指挥机关无法正常指挥，训练、教学、科研、抢救、戒严等工作无法正常开展，军用车辆无法正常行驶，飞机不能正常起飞、降落，部队无法正常通过等。

（三）司法实务问题

司法实务中，要注意把握罪与非罪的界限：①从主体来看，法律规定只处罚首要分子和其他积极参与者，对于其余一般参加者应着重教育，而不能一概按犯罪论处。②从主观方面来看，要确定行为人是否明知冲击的是军事禁区，如果主观上确实不知道冲击的区域为军事禁区，不构成本罪。此外，还要注意在客观后果上是否达到了严重扰乱军事禁区秩序的程度，达不到这一程度，也不构成本罪。

八、聚众扰乱军事管理区秩序罪

（一）法律规定

《刑法》第 371 条第 2 款规定："聚众扰乱军事管理区秩序，情节严重，致使军事管理区工作无法进行，造成严重损失的，对首要分子，处 3 年以上 7 年以下有期徒刑；对其他积极参加的，处 3 年以下有期徒刑、拘役、管制或者剥夺政治权利。"

（二）构成特征

1. 本罪在客观方面表现为聚众扰乱军事管理区秩序、情节严重，致使军事管理区工作无法进行，造成严重损失的行为。军事管理区是根据军事需要，在依法划定的一定陆域、水域的一定范围内，采取比较严格措施保护的区域。根据法律规定，构成本罪，需同时具备情节严重、致使军事管理区工作无法进行、造成严重损失几个条件。

2. 本罪的主体为聚众扰乱军事管理区的首要分子和其他积极参加者。

（三）司法实务问题

1. 注意掌握罪与非罪的界限。首先，从主体上看，法律规定只处罚首要分子和其他积极参加者，对于这两类人之外的其他参加者，不得依照本罪处理。其次，从结果上看，如果扰乱的行为没有达到"致使军事管理区工作无法进行，造成严重损失"的程度，对行为人也不得依照本罪处理。

2. 本罪与聚众冲击军事禁区罪、聚众冲击国家机关罪、聚众扰乱社会秩序罪均有相同之处，其不同点主要表现在犯罪对象不同：本罪指向的对象是军事管理区，聚众冲击军事禁区罪针对的是军事禁区，聚众冲击国家机关罪、聚众扰乱社会秩序罪侵害的对象是机关团体、企事业单位。

九、冒充军人招摇撞骗罪

（一）法律规定

《刑法》第 372 条规定：“冒充军人招摇撞骗的，处 3 年以下有期徒刑、拘役、管制或者剥夺政治权利；情节严重的，处 3 年以上 10 年以下有期徒刑。”

（二）构成特征

本罪在客观方面表现为冒充军人招摇撞骗的行为。冒充军人招摇撞骗，所冒充的系现役军人，不包括预备役人员，也不包括无军籍的军内在编职工。行为主体一般为非军人，但也可以是现役军人，如士兵冒充军官、军衔低的军人冒充军衔高的军人、下级军官冒充上级军官等。所谓“招摇撞骗”，是指假冒现役军人的身份或职务，借以骗取各种非法利益。行为人所欲骗取的非法利益，既包括物质利益，也包括非物质利益，如骗取政治待遇、某种荣誉或者玩弄女性等。

（三）司法实务问题

1. 注意区分本罪与招摇撞骗罪的界限。两罪的主要不同点在于冒充的对象不同：本罪冒充的是现役军人；招摇撞骗罪冒充的是国家机关工作人员。此外两罪侵犯的客体也不同：本罪侵犯的是军队的声誉和正常管理活动；招摇撞骗罪侵犯的是国家机关的威信及其正常活动。

2. 注意区分本罪与诈骗罪的界限。两罪的主要不同在于：①手段不同。本罪行为人只能采用冒充军人的方法进行招摇撞骗；诈骗罪行为人则是采用虚构事实、隐瞒真相的方法实施诈骗。②目的不同。本罪行为人实施犯罪的目的在于获取非法利益，内容广泛；诈骗罪行为人则是以非法占有为目的，所欲得到的仅限于物质利益，不包括其他利益。③客体不同。本罪侵犯的是军队的声誉和正常管理活动；诈骗罪侵犯的是公私财产所有权。刑事司法实务中，有时会发生行为人以非法占有为目的、冒充军人骗取数额较大的公私财物的行为。此时该行为既触犯了冒充军人招摇撞骗罪，又触犯了诈骗罪，出现了法条竞合。对此，应根据特别条款优先的原则，按冒充军人招摇撞骗罪论处；但如果诈骗的数额特别巨大，则应以诈骗罪定罪处罚。

十、煽动军人逃离部队罪

（一）法律规定

《刑法》第 373 条规定：“煽动军人逃离部队或者明知是逃离部队的军人而雇用，情节严重的，处 3 年以下有期徒刑、拘役或者管制。”

（二）构成特征

本罪在客观方面表现为煽动军人逃离部队，情节严重的行为。所谓“煽动军人逃离部队”，是指采用演讲、劝说、广播、宣传、散发传单、邮寄材料等方式鼓动正在服役的军人擅离部队，逃避服役。煽动的内容包括编造谣言、许诺条件、资助钱财、挑拨离间等。构成本罪必须达到情节严重的程度。情节严重一般如多次实施煽动行为，煽动多名军人逃离部队，煽动在重要岗位值勤、值班和正在执行重要任务的军人逃离部队，以及大规模宣传煽动，影响恶劣的等。本罪属于行为犯，只要实施煽动行为且情节严重即构成犯罪，至于被煽动军人是否接受煽动逃离部队，不影响犯罪成立。

十一、雇用逃离部队军人罪

（一）法律规定

见前列《刑法》第373条。

（二）构成特征

1. 本罪在客观方面表现为明知是逃离部队的军人而雇用，情节严重的行为。所谓雇用，是指对逃离部队的军人予以接收、安置、提供工作条件，从而使其获得稳定的经济来源和生活环境，故该行为实质上是对逃离部队行为的一种事后的支持与帮助。如果事前先煽动军人逃离部队，事后又雇用该逃兵的，应以煽动军人逃离部队罪论处。

2. 本罪在主观方面表现为故意。即雇用逃离部队军人，在主观上必须是明知的，如果主观上不知道所雇用的是逃离部队的军人，则不能构成本罪。

3. 本罪主体为非军职人员。

十二、接送不合格兵员罪

（一）法律规定

《刑法》第374条规定："在征兵工作中徇私舞弊，接送不合格兵员，情节严重的，处3年以下有期徒刑或者拘役；造成特别严重后果的，处3年以上7年以下有期徒刑。"

（二）构成特征

本罪在客观方面表现为在征兵工作中徇私舞弊，接送不合格兵员，情节严重的行为。构成本罪，在客观上应具有以下三个方面的特征：①必须有徇私舞弊的行为。即为了牟取私利或者徇私情，弄虚作假、玩弄手段、违法乱纪。通常表现为隐瞒真实年龄和文化程度，不按真实情况填写体格检查表或者更改体检表，提供虚假的政审材料，伪造、变造、涂改入伍登记表等。②必须有接送不合格兵员的行为。所谓不合格兵员，是指不符合法律规定条件的兵员。如年龄不合格、文化程度不合格、身体不合格、政治条件不合格等。③必须达到情节严重的程度。即因输送和接受不合格兵员严重影响部队建设或者造成严重后果，以及由于徇私舞弊接送不合格兵员造成恶劣影响，严重影响征兵工作正常进行等情况。

十三、伪造、变造、买卖武装部队公文、证件、印章罪

（一）法律规定

《刑法》第375条第1款规定："伪造、变造、买卖或者盗窃、抢夺武装部队公

文、证件、印章的，处3年以下有期徒刑、拘役、管制或者剥夺政治权利；情节严重的，处3年以上10年以下有期徒刑。"

（二）构成特征

本罪的犯罪对象为武装部队的公文、证件、印章。犯罪手段表现为伪造、变造、买卖三种方式。所谓"伪造"，是指无权制作的人仿真制作假的部队公文、证件、印章。所谓"变造"，是指采用涂改、拼接、挖补等手段对部队公文、证件、印章进行非法改制，从而改变其真实内容。所谓"买卖"，是指非法购买和出售部队公文、证件、印章。

（三）司法实务问题

1. 正确确定罪名。伪造、变造、买卖武装部队公文、证件、印章罪是一个选择性罪名，行为人只要实施了伪造、变造、买卖三种行为中的一项行为，即构成本罪。如果同时实施了两种或三种行为的，仍以本罪一罪定罪，不进行数罪并罚。确定罪名时，应根据其具体行为方式确定。

2. 处理本罪时，要注意弄清行为人将伪造、变造、购买的部队公文、证件、印章作何用途。如果是将其作为实施其他犯罪的手段并进一步利用有关公文、证件、印章从事其他犯罪活动的，应按照处理牵连犯的原则择一重罪从重定罪处罚。例如，用于冒充军人招摇撞骗或者用于诈骗犯罪的，就应分别按冒充军人招摇撞骗罪或者诈骗罪论处。

3. 注意区分本罪与伪造、变造、买卖国家机关公文、证件、印章罪的界限。这两个罪的一般特征都是相同的，不同点仅在于前者针对的是武装部队的公文、证件、印章，后者针对的是国家机关的公文、证件、印章。

十四、盗窃、抢夺武装部队公文、证件、印章罪

（一）法律规定

见前列《刑法》第375条第1款。

（二）构成特征

本罪的犯罪对象为武装部队的公文、证件、印章。犯罪手段表现为秘密窃取或者乘人不备，公然夺取部队公文、证件、印章。

（三）司法实务问题

认定本罪时，同样要注意正确确定罪名，以及将盗窃、抢夺的部队公文、证件、印章作何用途。此外还应注意其与盗窃、抢夺、毁灭国家机关公文、证件、印章罪的区别。

十五、非法生产、买卖武装部队制式服装罪

（一）法律规定

《刑法》第375条第2款规定："非法生产、买卖武装部队制式服装，情节严重的，处3年以下有期徒刑、拘役或者管制，并处或者单处罚金。"

《刑法》第375条第4款规定："单位犯第2款、第3款罪的，对单位判处罚金，并对其直接负责的主管人员和其他直接责任人员，依照各该款的规定处罚。"

（二）构成特征

1. 本罪在客观方面表现为非法生产、买卖武装部队制式服装，情节严重的行为。

2. 本罪在主观方面为故意，行为人一般具有非法营利的目的，但犯罪目的如何，并不影响犯罪的成立。

3. 本罪主体为一般主体，包括自然人和单位。

十六、伪造、盗窃、买卖、非法提供、非法使用武装部队专用标志罪

（一）法律规定

《刑法》第375条第3、4款规定："伪造、盗窃、买卖或者非法提供、使用武装部队车辆号牌等专用标志，情节严重的，处3年以下有期徒刑、拘役或者管制，并处或者单处罚金；情节特别严重的，处3年以上7年以下有期徒刑，并处罚金。单位犯第2款、第3款罪的，对单位判处罚金，并对其直接负责的主管人员和其他直接责任人员，依照各该款的规定处罚。"

（二）构成特征

1. 本罪在客观方面表现为伪造、盗窃、买卖、非法提供、非法使用武装部队车辆号码牌等专用标志，情节严重的行为。

2. 本罪在主观方面表现为故意。

3. 本罪主体为一般主体，包括自然人和单位。

十七、战时拒绝、逃避征召、军事训练罪

（一）法律规定

《刑法》第376条第1款规定："预备役人员战时拒绝、逃避征召或者军事训练，情节严重的，处3年以下有期徒刑或者拘役。"

（二）构成特征

根据法律规定，构成本罪，应同时具备以下几个主要特征：①犯罪主体为特殊主体，即只有预备役人员才能构成本罪。所谓预备役人员，根据《兵役法》第1条的规定，凡编入民兵组织或者经过登记服预备役的为预备役人员。②本罪发生在战时。所谓"战时"，是指国家宣布进入战争状态、部队受领作战任务或者遭敌突然袭击之时。故特定的时间，即"战时"为犯罪构成的必要条件。③本罪在客观方面表现为不作为犯罪。④须达到"情节严重"才以犯罪论处。如煽动多人一起拒绝、逃避征召、军事训练的；因拒绝、逃避征召、军事训练影响部队军事任务的完成或者造成恶劣影响的；暴力抗拒的；经教育规劝又无正当理由仍不改正的等。

十八、战时拒绝、逃避服役罪

（一）法律规定

《刑法》第376条第2款规定："公民战时拒绝、逃避服役，情节严重的，处2

年以下有期徒刑或者拘役。"

（二）构成特征

本罪具有以下主要特征：①犯罪主体为中国公民，不包括外国人和无国籍人。②必须发生在"战时"。故非战争时期拒绝、逃避服役的不构成本罪。③客观方面表现为不作为的行为方式。即应当履行服役义务而拒绝、逃避履行该义务。④须达到"情节严重"才以犯罪论处。所谓情节严重，一般指：煽动、纠集多人抗拒服役的；以暴力、威胁方法拒绝服役的；因逃避服役影响部队军事任务的实施和完成或者造成恶劣影响的；经反复教育仍然拒绝、逃避服役的等情形。

十九、战时故意提供虚假敌情罪

（一）法律规定

《刑法》第377条规定："战时故意向武装部队提供虚假敌情，造成严重后果的，处3年以上10年以下有期徒刑；造成特别严重后果的，处10年以上有期徒刑或者无期徒刑。"

（二）构成特征

本罪在客观方面表现为战时故意向武装部队提供虚假敌情，造成严重后果的行为。所谓虚假敌情，是指不符合客观真实情况的敌情。既包括无中生有编造出来的根本不存在的敌情，也包括歪曲事实，故意扩大或缩小的敌情。敌情包括敌方军事、政治、经济、科学技术、地理等方面的情况。

（三）司法实务问题

认定本罪时要注意掌握罪与非罪的界限。重点把握以下几点：①从主观方面看，本罪为故意犯罪，即行为人明知是虚假的敌情而故意向武装部队提供，过失提供虚假情报不构成本罪。②从时间上看，本罪发生在战时，如果在非战时提供虚假敌情，也不构成本罪。③从后果上看，构成本罪，必须造成严重后果，如造成部队人员伤亡，造成一定数量的武器装备失去作战能力和保障能力，导致战斗、战役失利，贻误战机等。如果未造成上述后果，不构成本罪。

二十、战时造谣扰乱军心罪

（一）法律规定

《刑法》第378条规定："战时造谣惑众，扰乱军心的，处3年以下有期徒刑、拘役或者管制；情节严重的，处3年以上10年以下有期徒刑。"

（二）构成特征

本罪在客观方面表现为战时造谣惑众，扰乱军心的行为。所谓"造谣惑众，扰乱军心"，是指行为人以扰乱军心为目的，故意编造谣言，煽动怯战、厌战或恐怖情绪，动摇士气，搞乱军心。如故意极力夸大敌军的战斗力和敌方武器的杀伤力，故意极力贬低我军的战斗力和武器威力，编造并散布我军各部队间不支援、不配合、不协同作战的谣言，编造我军师出不义的谎言等。本罪只能发生在战时，并且应达到足以扰乱军心的程度。如果不是发生在战时，或者其行为根本不足以达到扰乱军心的程度，则不构成本罪。

二十一、战时窝藏逃离部队军人罪

（一）法律规定

《刑法》第379条规定：“战时明知是逃离部队的军人而为其提供隐蔽处所、财物，情节严重的，处3年以下有期徒刑或者拘役。”

（二）构成特征

本罪在客观方面表现为战时明知是逃离部队的军人而为其提供隐蔽处所、财物，情节严重的行为。犯罪对象为战时逃离部队的军人。行为方式为为逃兵提供隐蔽处所或财物，亦即为逃兵逃离部队提供帮助。所谓窝藏，既指提供一定的处所将逃兵隐蔽下来，也包括为其提供财物助其逃走他方。

（三）司法实务问题

1. 注意掌握罪与非罪的界限。首先，本罪发生在战时，非战时窝藏逃离部队军人不构成本罪。其次，主观上必须明知窝藏的是逃离部队的军人，如果主观上并不知道其帮助的对象是逃兵，也不构成本罪。最后，构成本罪必须达到“情节严重”的程度。情节严重一般表现为：窝藏多名逃兵；以暴力、威胁方式阻挠有关方面的检查；因窝藏逃兵造成恶劣影响或者导致部队军事任务受阻等情形。

2. 注意区分本罪与窝藏罪的界限。其不同点表现在：①前罪只能发生在战时；后罪则无论平时还是战时都可发生。②前罪窝藏的是逃离部队的军人；后罪窝藏的是犯罪的人，既可以是军人，也可以是非军人。③前罪以“情节严重”为犯罪构成的必要条件；后罪无此要求。

二十二、战时拒绝、故意延误军事订货罪

（一）法律规定

《刑法》第380条规定：“战时拒绝或者故意延误军事订货，情节严重的，对单位判处罚金，并对其直接负责的主管人员和其他直接责任人员，处5年以下有期徒刑或者拘役；造成严重后果的，处5年以上有期徒刑。”

（二）构成特征

本罪在客观上表现为战时拒绝或者故意延误军事订货、情节严重的行为。军事订货，是指采购、订制用于部队作战行动的武器装备、用于军事目的的军事设施以及其他保障战争所需的物质。拒绝军事订货，即有能力接受军事订货而拒不接受。也包括故意不履行军事订货合同，延误交付合同标的物。战时拒绝、故意延误军事订货，须情节严重才以犯罪论处。这里所说的“情节严重”，主要是指：造成部队战斗失利或未达到预期目的；影响部队军事行动和计划的实施完成；造成部队供给困难；以及给部队造成其他严重损失等情形。本罪的犯罪主体为单位。

二十三、战时拒绝军事征收、征用罪

（一）法律规定

《刑法》第381条规定：“战时拒绝军事征收、征用，情节严重的，处3年以下

有期徒刑或者拘役。"

（二）构成特征

本罪在客观上表现为战时拒绝军事征收、征用，情节严重的行为。根据国防法的规定，国家根据动员需要，可以依法征用组织和个人的设备设施、交通工具和其他物资，以保证战争所需。战时拒绝军事征收、征用，即行为人应当也有条件提供被征收、征用的设备设施、交通工具或其他物资而拒不提供，属于不作为犯罪。构成本罪须达到情节严重的程度。这里的"情节严重"，包括以暴力、威胁方法抗拒征用，故意毁坏、转移被征收、征用的设备物资、交通工具，因拒绝军事征收、征用造成恶劣影响或者给部队造成严重损失等情形。

【思考题】

1. 危害国防利益罪的概念与特征是什么？它和军事利益的关系是什么？
2. 如何处理阻碍军人执行职务罪的法条竞合问题？
3. 如何处理冒充军人招摇撞骗罪的法条竞合问题？

第二十四章

第二十五章

贪污贿赂罪

学习目的与要求　掌握贪污贿赂罪的概念、特征、种类，重点掌握贪污罪、挪用公款罪、受贿罪、行贿罪、私分国有资产罪、巨额财产来源不明罪的概念、构成特征及认定，掌握本章其他犯罪的概念和特征。

■　第一节　贪污贿赂罪概述

一、贪污贿赂罪的概念与基本特征

贪污贿赂罪，是指国家工作人员利用职务上的便利，贪污、受贿、挪用公款、隐瞒境外存款、私分国有资产或罚没财物，或者拥有来源不明的巨额财产，以及单位和其他个人行贿受贿、介绍贿赂的行为。

贪污贿赂罪具有以下构成特征：

1. 本类犯罪的客体主要是国家的廉政制度。廉政制度是国家政治制度的一个重要方面，其核心是要求国家工作人员忠于职守、秉公尽责，正确履行国家赋予的职责义务，不以权谋私，不贪赃枉法。而贪污贿赂行为正好与此背道而驰，它不仅扰乱了国家机关的正常活动和秩序，更重要的是严重损害了国家工作人员职务行为的廉洁性，使政府的威信受到严重损害，并严重挫伤了人民群众建设社会主义的积极性，因此必须给予法律制裁。此外，贪污贿赂犯罪一般还侵犯了公私财产所有权和社会主义市场经济的正常秩序，如贪污、私分国有资产和罚没财物便同时侵犯了公共财产所有权，发生在经济领域的贿赂犯罪还会侵犯社会主义的市场经济秩序，故本章涉及的犯罪多数侵犯的是复杂客体。

2. 本类犯罪在客观方面表现为行为人利用职务上的便利贪污、受贿、挪用公款、私分国有资产和罚没财物，国家工作人员隐瞒境外存款或者拥有来源不明的巨额财产，以及其他人员行贿、介绍贿赂的行为。"利用职务上的便利"是本章多数犯罪在客观方面的一个重要表现，也是构成这些犯罪的一个重要条件，同时也是这些犯罪的本质特征，学习时要注意掌握。

3. 本类犯罪的主体，绝大部分是特殊主体，即只有具有国家工作人员身份的人或者特定的机关、单位、团体才能构成。如贪污罪、挪用公款罪、受贿罪、巨额财产来源不明罪、隐瞒境外存款罪、私分国有资产罪、私分罚没财物罪。少数犯罪为一般主体，如行贿罪、对单位行贿罪、介绍贿赂罪。此外，有的犯罪只能由单位构成，如单位受贿罪、单位行贿罪。有的犯罪则既可由自然人构成，也可由单位构成，如对单位行贿罪。需要指出的是，本章规定的私分国有资产罪、私分罚没财物罪均为单位犯罪，但法律规定只处罚单位中直接负责的主管人员和其他直接责任人员，不直接处罚单位。

4. 本类犯罪在主观方面只能由故意构成，并且都是出于直接故意。行为人在主观上均有明确的犯罪目的，同时具有不同的犯罪动机，掌握不同的犯罪目的与动机，对于准确定罪量刑十分重要。

二、贪污贿赂罪的种类

贪污贿赂罪一章从《刑法》第 382~396 条共计 15 个条文，共规定了 14 种具体的罪名，分别为：贪污罪；挪用公款罪；受贿罪；单位受贿罪；利用影响力受贿罪；行贿罪；对单位行贿罪；介绍贿赂罪；单位行贿罪；巨额财产来源不明罪；隐瞒境外存款罪；私分国有资产罪；私分罚没财物罪。其中，贪污罪、挪用公款罪、受贿罪、行贿罪为本章重点论述的犯罪。

■ 第二节 贪污贿赂罪分述

一、贪污罪

（一）法律规定

《刑法》第 382 条规定："国家工作人员利用职务上的便利，侵吞、窃取、骗取或者以其他手段非法占有公共财物的，是贪污罪。受国家机关、国有公司、企业、事业单位、人民团体委托管理、经营国有财产的人员，利用职务上的便利，侵吞、窃取、骗取或者以其他手段非法占有国有财物的，以贪污论。与前两款所列人员勾结，伙同贪污的，以共犯论处。"

《刑法》第 383 条规定："对犯贪污罪的，根据情节轻重，分别依照下列规定处罚：①贪污数额较大或者有其他较重情节的，处 3 年以下有期徒刑或者拘役，并处罚金。②贪污数额巨大或者有其他严重情节的，处 3 年以上 10 年以下有期徒刑，并处罚金或者没收财产。③贪污数额特别巨大或者有其他特别严重情节的，处 10 年以上有期徒刑或者无期徒刑，并处罚金或者没收财产；数额特别巨大，并使国家和人民利益遭受特别重大损失的，处无期徒刑或者死刑，并处没收财产。对多次贪污未经处理的，按照累计贪污数额处罚。犯第 1 款罪，在提起公诉前如实供述自己罪行、真诚悔罪、积极退赃，避免、减少损害结果的发生，有第 1 项规定情形的，可以从轻、减轻或者免除处罚；有第 2 项、第 3 项规定情形的，可以从轻处罚。犯第 1 款罪，有第 3 项规定情形被判处死刑缓期执行的，人民法院根据犯罪情节等情况可以同时决定在其死刑缓期执行二年期满依法减为无期徒刑后，终身监禁，不得减刑、假释。"

《刑法》第 394 条规定："国家工作人员在国内公务活动或者对外交往中接受礼物，依照国家规定应当交公而不交公，数额较大的，依照本法第 382 条、第 383 条的规定定罪处罚。"

（二）概念和构成特征

贪污罪，是指国家工作人员利用职务上的便利，侵吞、窃取、骗取或者以其他手段非法占有公共财物的行为。贪污罪具有以下构成特征：

1. 本罪客体是复杂客体，既侵害了国家工作人员职务行为的廉洁性，又侵害了公共财物的所有权。其中，国家工作人员职务行为的廉洁性是本罪的主要客体。贪污罪就其本质而言，是国家工作人员在其职务活动中贪财图利而违背职责。国家工作人员的职权是国家机关和人民大众赋予的，恪尽职守、廉洁奉公是其职务行为的根本性准则。因此，贪污犯罪行为对于国家的廉政建设制度和国家机关的正常活动及威信都是有危害的。但是，这些方面的危害性，都是通过侵犯国家工作人员职务行为的廉洁性体现出来的。所以，我们认为，贪污罪的客体是复杂客体，即国家工作人员职务行为的廉洁性和公共财产的所有权。

本罪的犯罪对象是国家工作人员的廉洁形象和公共财物。前者是无形的，而后者是有形的。根据《刑法》第 91 条的规定，公共财产可分为三类：①当然的公共财产。具体包括三种：一是国有财产，即国家机关、国有公司、企业、事业单位和人民团体所拥有的财产；二是集体财产，即劳动群众集体所有的财产，指集体经济组织所拥有的、所有权属于其组织全体成员共同所有的财产；三是募集财产，即扶贫或其他公益事业的社会捐助或者专项基金的财产，指通过捐助或者基金手段募集的，用于扶贫或其他公益事业的慈善性质的款物。②拟制的公共财产，即"以公共财产论"的特定私人财产，指国有公司、企业、事业单位、人民团体管理、使用或运输中的私人财产。根据《刑法》第 92 条的规定，私人财产包括：公民的合法收入、储蓄、房屋和其他生活资料；依法归个人、家庭所有的生产资料；个体户和私营企业的合法财产；依法归个人所有的股份、股票、债券和其他财产。③推定的公共财产，即混合所有制经济中的财产。《刑法》第 271 条第 2 款规定，国有公司、企业或者其他国有单位中从事公务的人员和国有公司、企业或者其他国有单位委派到非国有公司、企业以及其他单位从事公务的人员，利用职务上的便利，非法占有本单位财物，数额较大的，依照贪污罪的规定定罪处罚。据此，无论是股份制企业还是中外合资经营企业，只要其单位财产中包含公共财产的成分，就将被国家工作人员贪污的那一部分财产推定为公共财产。

2. 本罪客观方面表现为行为人利用职务上的便利，采用侵吞、窃取、骗取或者以其他手段非法占有公共财物的行为。

（1）利用职务上的便利。所谓"利用职务上的便利"，是指行为人利用职务范围内主管、管理、经手公共财物或者受国有单位委托管理、经营国有财产所形成的便利条件。利用职务上的便利因行为人身份不同而表现为两种情况：①国家工作人员利用自己职务范围内主管、管理、经手公共财物所形成的便利条件；②受国有单位委托管理、经营国有财产的人员利用自己受托管理、经营国有财产的职务而形成的便利条件。

所谓"主管"，是指审批、调拨、转移、使用或者以其他方式支配公共财产的职权。例如，国有企业单位的厂长、经理等具有的一定范围内支配企业内部公共财产的权利。所谓"管理"，是指监守或保护公共财物的职权。例如，会计、出纳、保管员等具有的职权。所谓"经手"，是指领取、支出等经办公共财物流转事务的职权。所谓"管理、经营"，是指以承包、租赁等方式取得监守或看护或者运用国有资产进行经营活动的职权。利用职务上的便利非法攫取公共财物，既是侵犯国家工作人员职务行为的廉洁性和公共财产所有权的重要表征，也是贪污罪与侵占、盗窃、诈骗等罪的重要区别。

（2）采用侵吞、窃取、骗取或者其他手段。在我国目前的社会生活中，贪污行为的手段和方式是多种多样的，立法上以列举式和概括式两种方式将其规定为侵吞、窃取、骗取或其他手段。其中，侵吞、窃取、骗取是常见的贪污手段，法律上对其采取了列举式；此外的其他贪污手段，由于多种多样，无法一一列举，因而立法上对其采取了概括式。这些手段与盗窃、诈骗、侵占等罪的具体手段具有相似性。

"侵吞"，是指行为人利用职务之便，将自己管理或经手的公共财物非法转归自己或他人所有的行为。侵吞方式的贪污行为，其特点是：①其对象即公共财产的来源是合法的，即它是行为人职权范围内合法管理、经手的，而不是通过盗窃、诈骗、抢夺等手段得来的。②其行为的实施是直接的，即行为人将其暂时合法主管、管理或经手的公共财物直接非法攫取占有。③其表现方式是多样的。如将自己管理、经手的公共财物直接加以隐瞒、扣留，应上交的不上交，应支付的不支付，应入账的不入账；将自己管理、经手的公共财物加以非法处置，如转卖或擅自赠送他人；将没收追缴的赃款、赃物或罚没款物私自用掉或非法占为己有。

"窃取"，是指行为人利用职务之便，采取秘密窃取的方式，将自己管理、经手的公共财物非法占有的行为，此即通常所谓的"监守自盗"。如银行出纳员利用经营存款的便利条件，窃取钱款；公有单位保管员利用看管之便利，将公共财物秘密拿回家中据为己有等。

"骗取"，是指行为人利用职务之便，采取虚构事实或者隐瞒真相的方法，非法占有公共财物的行为。如工程项目负责人以多报工时或伪造工资的方法，冒领工资；公务出差人员用涂改或伪造单据的方法，虚报或谎报支出，冒领公款等。

"其他手段"，是指行为人利用职务之便，采取侵吞、窃取、骗取之外的手段，非法占有公共财物的行为。现行刑法中的"其他手段"包括三类：①《刑法》第394条规定的"违规"不交的不作为手段。②由挪用转化为贪污的挪用公款后潜逃的手段。如最高人民法院1998年《关于审理挪用公款案件具体应用法律若干问题的解释》第6条规定："携带挪用的公款潜逃的"，依照贪污罪定罪处罚。③司法实践中常见的其他手段，如利用职权，巧立名目，在少数领导人员中私分大量公款、公物等。

（3）非法占有公共财物。贪污罪是结果犯。"非法占有"即表明只有行为人利用职务之便，采取侵吞、窃取、骗取或者其他手段非法攫取了公共财物，才能成立贪污罪的既遂，否则，就是未遂。"非法占有"既包括将公共财物非法据为己有，也包括将公共财物转归第三者非法占有。

3. 本罪的主体是特殊主体，具体包括两类人员：一类是国家工作人员；另一类是受国有单位委托管理、经营国有财产的人员。"国家工作人员"是指依照法律从事公务的人员。"从事公务"是国家工作人员的基本特征和本质属性。所谓"从事公务"，是指在国家机关、国有公司、企业、事业单位、人民团体中，履行组织、领导、监督、管理性职责的活动。"从事公务"不同于"从事劳务"。"从事劳务"是指在上述单位中直接从事生产劳动或者勤杂服务性活动。如国家机关中的工勤人员及商店的售货员、购销员等所从事的工作。至于"从事公务"是从事国家事务，还是从事集体事务，理论界是有争议的。

根据《刑法》第93条的规定，国家工作人员包括当然的国家工作人员和拟制的国家工作人员。当然的国家工作人员，有的称为严格意义上的国家工作人员，就是国家机关工作人员，即在国家机关中从事公务的人员。国家机关，包括各级国家权力机关、行政机关、审判机关、检察机关以及军队。根据我国的实际情况，中国共产党的各级机关、中国人民政治协商会议的各级机关亦应属于国家机关。在上述机关从事公务的人员，属当然的国家工作人员。拟制的国家工作人员，理论上也叫准国家工作人员，其虽不是当然的国家工作人员，但由于其实质上也是依法从事公务的人员，刑法规定其"以国家工作人员论"，因而亦属国家工作人员。这类国家工作人员具体包括三种：①国有公司、企业、事业单位、人民团体中从事公务的人员。"国有公司"指公司财产完全属于国家所有的公司，包括国有独资公司、两个以上国有企业组成的有限责任公司、股份制公司。至于国家控股的公司是否均应视为国有公司，如某些国家相对控股的公司，国家股在全部股份中所占比例较小，应否以国有公司论，理论界对此有不同认识，如何执行尚有待最高司法机关的司法解释。"国有企业"，指财产属于国家所有的从事生产、经营活动的企业。"国有事业单位"，指属于国家兴办管理的科研、教育、文化、卫生、体育、新闻、广播、出版等单位，如国家兴办的学校、医院、科研机构等。"人民团体"，指各民主党派、各级工会、共青团、妇联等群众性组织。②国家机关、国有公司、企业、事业单位委派到非国有公司、企业、事业单位、社会团体中从事公务的人员。"非国有公司、企业、事业单位"，指国有公司、企业、事业单位以外的各种公司、企业、事业单位。如中外合资、中外合作企业、非国有股份制企业和国有经济联合体等。社会团体指非国家兴办的各种学会、协会、基金会等社团组织。"国家机关、国有公司、企业、事业单位委派到非国有公司、企业、事业单位、社会团体中从事公务的人员"，是指在非国家机关、国有公司、企业、事业单位、社会团体中从事公务的人员。至于被委派的人员原来是否具有国家工作人员的身份可以不问。即使被委派前是工人、农民、待业人员，只要被上述国有单位委派到非国有单位从事公务，即应"以国家工作人员论"。③其他依照法律从事公务的人员。这是指依照法律规定选举或者任命产生，从事某项公共事务管理的人员。如被依法选出在人民法院履行职务的人民陪审员，履行特定程序被人民检察院聘任的特邀检察员等。

农村村民委员会、城镇居民委员会等基层组织的负责人员是否属于"其他依法从事公务的人员"？以往理论界是有争议的。根据 2009 年全国人大常委会修正的《关于〈中华人民共和国刑法〉第九十三条第二款的解释》的规定，"村民委员会等村基层组织人员协助人民政府从事下列行政管理工作"之一的，属于"其他依照法律从事公务的人员"：①救灾、抢险、防汛、优抚、扶贫、移民、救济款物的管理；②社会捐助公益事业款物的管理；③土地征收、征用补偿费用的管理；④代征、代缴税款；⑤有关计划生育、户籍、征兵工作；⑥协助人民政府从事的其他行政管理工作。

受国有单位委托管理、经营国有财产的人员，即受国家机关、国有公司、企业、事业单位、人民团体委托管理、经营国有资产的人员，主要是指以承包、租赁等方式，管理、经营其承包、租赁的国有单位或者其中的一个部门的国有财产的人员。上述受委托人员的特点是：①委托方须是国有单位，即国家机关、国有公司、企业、事业单位和人民团体。由于受托人员主要是以承包、租赁等方式取得特定身份的，因此，委托方即是发包方。只有委托方即发包方为国有单位的，受托人即承包人才可能成为贪污罪的主体。②受托人即承包人承包的对象，须为国有财产。非国有财产不能成立受托人贪污的对象。③因受委托管理、经营国有财产而在委托关系中有管理、经营国有资产的职务之便。受委托管理、经营国有财产的人员不属于国家工作人员，其在受托之前，可以不是从事公务的国家工作人员，如工人、农民、从事其他职业的人员、待业人员；即使在受托之后，他们也仍然不是国家工作人员。所以，这类人员不具有"从事公务"的基本特征。但是，由于这类人员受托之后的身份具有特殊性，即与国有单位存在委托关系，而且管理、经营的是国有财产，因此，这类人员利用其从事管理、经营国有财产的职务之便，侵吞、窃取、骗取或者以其他手段非法占有国有财产的，以贪污论。

此外，根据《刑法》第 382 条第 3 款的规定，与国家工作人员和受国有单位委托的人员勾结，伙同贪污的，以贪污共犯论处。

4. 本罪主观方面是出于犯罪的故意，而且具有非法占有公共财物的目的，过失不构成本罪。贪污罪的动机可以是多种多样的，但无论什么动机，都不影响定罪。我国理论界有一种观点认为，对受委托管理、经营国有财产的人员来说，其利用职务之便以各种手段非法占有单位财物，不要求必须是"明知"国有财物而占有才构成犯罪，只要行为人知道其非法占有的是其管理、经营的单位的公物，而不是自己的或者他人的财产，便构成犯罪。我们认为，上述观点是值得商榷的。

（三）司法实务问题

1. 贪污罪与非罪的界限。

（1）贪污罪与错账、短款的界限。一般的错账、短款，是行为人业务不熟或工作疏忽所致，因行为人不具有贪污的故意，也没有非法占有公共财物的目的，不能认定为贪污。反之，如果错账、短款是行为人故意非法占有公共财产导致的，则可以认定为贪污。

（2）贪污罪与违反财经纪律行为的界限。在实践中，有些公有单位以各种名义滥发奖金、福利补贴费，集体私分数量较少的公款公物，这属于违反财经纪律的行为，不宜以犯罪论处。如果个别领导人员属于国家工作人员或受国有单位委托的人员，乘机大肆侵吞，中饱私囊，情节严重的，应以贪污罪定罪处罚。

（3）贪污罪与一般贪污行为的界限。实践中，区分二者应根据《刑法》第383条的规定，从两个方面予以把握：①看数额。即个人贪污数额3万元以上的构成犯罪。②看情节。如果个人贪污数额不满3万元，则要看其情节轻重。情节较重的，构成犯罪；反之，情节较轻的，不构成犯罪，由其所在单位或者上级主管机关酌情给予行政处分。

（4）经济承包活动中贪污罪与非罪的界限。这里主要涉及《刑法》第382条第2款的适用问题。经济承包活动中贪污罪与非罪的区分，应主要考察和把握两点：①承包人员身份的确定。承包人员受国有单位委托，实际从事国有财物管理、经营活动的，才能成为"受委托管理、经营国有财物的人员"。②承包方式的认定。理论界有一种观点认为，承包方式主要有经营型承包和劳务型承包。在经营型承包的场合，发包方是国有单位，并且为承包方提供了国有资金、生产资料等，由承包人管理、经营，如果承包人在生产经营过程中将该财产占为己有，就构成贪污罪。而在劳务型承包的场合，即使有不合法的行为，也不应以贪污罪论处。我们同意上述观点。

（5）公务活动中接受礼物的贪污罪与非罪的界限。《刑法》第394条规定："国家工作人员在国内公务活动或者对外交往中接受礼物，依照国家规定应当交公而不交公，数额较大的"，以贪污罪的规定定罪处罚。

2. 贪污罪与相关犯罪的界限。

（1）贪污罪与侵占罪、盗窃罪、诈骗罪的界限。贪污罪与侵占罪、盗窃罪、诈骗罪主观上都是出于犯罪的故意，且都以非法占有为目的。在客观方面，贪污罪也可以采用侵占、窃取、诈骗等手段，因此，其与侵占罪、盗窃罪、诈骗罪有时容易发生混淆。其主要区别是：①犯罪客体和对象不同。贪污罪的客体是复杂客体，即国家工作人员职务行为的廉洁性和公共财物的所有权，其对象限于公共财物；侵占罪、盗窃罪、诈骗罪的犯罪客体是简单客体，即公私财产的所有权，其对象既可以是公共财物，也可以是私人财产。②客观方面不尽相同。贪污罪与侵占罪、盗窃罪、诈骗罪尽管都可以分别采取侵占、盗窃、诈骗的手段，但贪污罪是行为人利用其职务上的便利进行的，即与行为人的职务密不可分；侵占罪、盗窃罪、诈骗罪的手段则不存在利用职务之便的问题。这是它们的重要区别所在。③犯罪主体不同。贪污罪的主体是特殊主体，即国家工作人员和受委托管理、经营国有财物的人员；侵占罪、盗窃罪、诈骗罪的主体是一般主体。这是它们区分的关键所在。此外，贪污罪无"告诉才处理"的规定，而侵占罪则有该诉讼程序上的特殊要求。

　　（2）贪污罪与职务侵占罪的界限。二者的主观方面和客观方面在形式上基本相同。其主要区别在于两点：①犯罪主体不同。贪污罪的主体是国家工作人员和受委托管理、经营国有财物的人员；职务侵占罪的主体是公司、企业或其他单位中不具有国家工作人员身份的人员。②犯罪客体和对象不同。贪污罪的客体是双重客体，即国家工作人员职务行为的廉洁性和公共财物的所有权，其对象是包括国有财产在内的公共财物；职务侵占罪的客体是单一客体，即单位财物的所有权，其对象可以是公共财产，也可以是私营企业、合资企业、合作企业或其他单位中的非公有财产。

　　（3）贪污罪与挪用公款罪的界限。此部分内容将在后面相关部分予以阐述。

　　3. 贪污罪既遂与未遂的界限。关于贪污罪既遂与未遂区分的标准，理论界从不同角度出发，主要有以下几种不同的主张：①"失控说"。即以受害人是否失去对公共财物的控制即实际支配为区分二者的标准。②"控制说"。即以行为人对公共财物是否达到实际的控制为区分二者的标准。③"占有说"。即以行为人是否实际占有了公共财物为区分二者的标准。④"主客观统一说"。即以客观上实际控制和主观上实现非法占有目的为区分二者的标准。我们认为，上述各种主张的出发点角度不同，表述方式各异，但无本质上的分歧。贪污罪属于结果犯。"非法占有"既是行为人主观上的犯罪目的，也是行为人客观上的行为结果。因此，贪污罪既遂与未遂的区分，应以行为人是否已经实际非法占有公共财物为其标准。也就是说，行为人已经实际非法占有公共财物的，是贪污罪的既遂，否则，为贪污罪的未遂。值得注意的问题是，行为人已经实际非法占有公共财物，如已将钱款取出，置于自己的实际控制之下，即使在未被发现之前，又予以入账或归还的，仍属犯罪的既遂，只不过是犯罪既遂之后的悔罪表现而已，而非犯罪的中止。

　　4. 贪污罪共犯的认定问题。贪污罪共犯的认定包括两个问题：①对《刑法》第382条第3款的理解；②最高人民法院相关司法解释的适用。

　　（1）《刑法》第382条第3款规定："与前两款所列人员勾结，伙同贪污的，以共犯论处。"在这里，伙同上述两类人员贪污的人员，其本身是否为国家工作人员，或者为受国有单位委托管理、经营国有财产的人员，及其在共同犯罪中处于何种地位，起了何种作用，法律上均未加以限定。我们认为，根据上述规定，贪污共犯可以包括以下几种形式：①国家工作人员与国家工作人员相勾结，均利用其主管、管理或经手公共财物的职务之便，伙同贪污；②国家工作人员与国家工作人员相勾结，利用其中一人的职务之便，伙同贪污；③受国有单位委托人员与受国有单位委托人员相勾结，均利用其管理、经营国有财产之便，伙同贪污；④受国有单位委托人员同受国有单位委托人员相勾结，利用其中一人管理、经营国有财产之便，伙同贪污；⑤国家工作人员与受国有单位委托人员相勾结，利用国家工作人员职务之便，伙同贪污；⑥国家工作人员与受国有单位委托人员相勾结，利用受委托人员管理、经营国有财产之便，伙同贪污；⑦国家工作人员与非贪污主体相勾结，利用国家工作人员的职务之便，伙同贪污；⑧受国有单位委托人员与非贪污罪主体相勾结，伙同贪污，等等。无论上述哪种表现形式，参与共同贪污的人，都必须利用符合贪污罪主体的人员的职务之便非法占有公共财物，才能构成贪污共犯。

（2）最高人民法院 2000 年 6 月《关于审理贪污、职务侵占案件如何认定共同犯罪几个问题的解释》第 1 条规定：“行为人与国家工作人员勾结，利用国家工作人员的职务便利，共同侵吞、窃取、骗取或者以其他手段非法占有公共财物的，以贪污罪共犯论处。”第 2 条规定：“行为人与公司、企业或者其他单位的人员勾结，利用公司、企业或者其他单位人员的职务便利，共同将该单位财物非法占为己有，数额较大的，以职务侵占罪共犯论处。”第 3 条规定：“公司、企业或者其他单位中，不具有国家工作人员身份的人与国家工作人员勾结，分别利用各自的职务便利，共同将本单位财物非法占为己有的，按照主犯的犯罪性质定罪。”上述三条规定中，第 1、2 条清楚明确，适用中一般不会发生问题。但是，第 3 条“从随主定”的认定原则，在适用时可能存在问题，例如：共犯中无主、从之分时如何定性？有数个主犯而身份不同时，依哪个主犯的犯罪性质定性？是否会出现量刑上的不平衡？如此等等，值得研究。

二、挪用公款罪

（一）法律规定

《刑法》第 384 条规定：“国家工作人员利用职务上的便利，挪用公款归个人使用，进行非法活动的，或者挪用公款数额较大、进行营利活动的，或者挪用公款数额较大、超过 3 个月未还的，是挪用公款罪，处 5 年以下有期徒刑或者拘役；情节严重的，处 5 年以上有期徒刑。挪用公款数额巨大不退还的，处 10 年以上有期徒刑或者无期徒刑。挪用用于救灾、抢险、防汛、优抚、扶贫、移民、救济款物归个人使用的，从重处罚。”

（二）概念和构成特征

挪用公款罪，是指国家工作人员利用职务上的便利，挪用公款归个人使用，进行非法活动的，或者挪用公款数额较大，进行营利活动的，或者挪用公款数额较大，超过 3 个月未还的行为。本罪的特征是：

1. 本罪客体是复杂客体。本罪既侵犯了国家工作人员职务行为的廉洁性，又侵犯了公共财产的所有权，同时还侵犯了国家的财经管理制度。其主要客体是国家工作人员职务行为的廉洁性。

本罪的对象，根据《刑法》第384条的规定，包括公款和特定公物。公款是本罪的主要对象。何谓公款？一般认为，公款是指国家或集体所有及国家或集体管理、使用、汇兑、储蓄的私人所有的货币资金和有价证券。公款包括国有公款、集体所有的公款、用于扶贫或者其他公益事业的社会捐款或者专项基金的款项、以公款论的特定私人款项。其中，"以公款论的特定私人款项"即在国家机关、国有公司、企业、集体企业和人民团体管理、使用、运输、储蓄中的私人财产中的货币及混合所有制公司、企业中与公款相关的私有资金。

实践中，行为人挪用单位公款的存折用于抵押个人贷款的情况时有发生。那么，挪用公款存折，是否属于挪用公款？易言之，公款存折能否视为公款？我们认为，单位公款的存折并不等于公款本身。至于公款存折能否以公款认定，不宜一概而论，而应具体分析：如果国家工作人员利用职务之便，挪用公款存折抵押个人贷款，贷款人到期按时归还贷款的，因公款存折上的公款没有被划拨，应得到的利息亦未受影响，在这种情况下，公款存折不应视为公款本身，不能成为挪用公款罪的犯罪对象；反之，如果贷款人没能按期归还贷款，存折上的公款及其应得利息被信贷单位划拨，公款的所有权就受到了挪用人的实际侵害，在这种情况下，公款存折无异于公款本身，故公款存折可以成为挪用公款罪的犯罪对象。

所谓"特定公物"，是指《刑法》第384条第2款所规定的7种特定公用款物中的"公物"，即用于救灾、抢险、防汛、优抚、扶贫、移民、救济的公物。除此之外，有学者认为，全国人大常委会《关于〈中华人民共和国刑法〉第九十三条第二款的解释》中所规定的"社会捐助公益事业款物"，亦可成为挪用公款罪的对象。我们同意该种观点。

一般公物能否成为挪用公款罪的犯罪对象？对此，理论界有不同的看法。我们认为，无论是公款，还是公物，都是社会财富的表现形式。二者在价值上具有共通性，在性质上都是公共财产，都应受到法律的同等保护。但现行刑法没有对挪用一般公物的行为作出明确规定，根据罪刑法定原则，除法律明文规定的救灾、抢险、防汛、优抚、扶贫、移民、救济款物以及"社会捐助公益事业的款物"外，对挪用其他公物的行为，尚没有以挪用公款罪定罪处罚的依据。

2. 本罪客观方面表现为利用职务之便，挪用公款归个人使用，进行非法活动，或者挪用公款数额较大进行营利活动，或者挪用公款数额较大，超过3个月未还的行为。

（1）行为人利用职务之便，是构成本罪必备的客观要件。所谓利用职务之便，是指行为人利用其本人职务所形成的主管、管理、经手公款的便利条件。其中，既包括利用本人直接管理、经手公款的便利条件，也包括行为人因其职务关系而具有的调拨、支配、使用公款的便利条件。

（2）挪用公款归个人使用，这是本罪客观方面的基本特征。所谓"挪用公款"，是指未经领导批准或未经合法程序，擅自动用公款的行为。所谓"归个人使用"，其本来意义是公款私用，因此，它既包括归挪用者本人使用，也包括给他人使用。关于"归个人使用"，根据全国人大常委会于2002年4月28日作出的《关于〈中华人民共和国刑法〉第三百八十四条第一款的解释》，包括三种情形：①将公款供本人、亲友或者其他自然人使用的；②以个人名义将公款供其他单位使用的；③个人决定以单位名义将公款供其他单位使用，谋取个人利益的。

（3）挪用公款的三种用途。根据《刑法》第384条第1款的规定，挪用公款归个人使用的形式或用途具体包括三种：

第一，挪用公款进行非法活动。这里所说的"非法活动"，是指国家法律、法规所禁止的活动，包括犯罪活动和一般违法活动，如走私、赌博、嫖娼等活动和其他非法经营活动。挪用公款进行非法活动，由于其危害性比较严重，因而立法上没有对其作数额及时间上的限制性规定，体现了刑事法律对这类挪用公款犯罪从严惩处的立法精神。但是，挪用公款罪是以财产为对象的犯罪，其社会危害性主要还是体现在公款的数额方面。如果只要进行非法活动，不论挪用公款数额大小，均予以定罪的话，似不符合《刑法》第13条"但书"的规定精神和第384条本身的立法意图。同时，贪污罪也有其定罪处刑的数额标准，因此，挪用公款进行非法活动，以犯罪论处亦应有一定的数额标准。鉴此，最高人民法院、最高人民检察院在相关司法解释中明确规定，以挪用3万元为其追究刑事责任的数额起点。

第二，挪用公款数额较大，进行营利活动。一般而言，营利是指牟取利润。而营利活动，就是指为牟取利润而进行的经营性活动。这里的营利活动具有合法性、牟利性、多样性等特点。由于挪用公款进行营利活动的社会危害性也比较大，因此，立法上也没有对其作时间上和是否归还的限制性规定。但是，它与第一种方式即"进行非法活动"相比，其社会危害性则相对要小一些，故为了区别对待，立法上对其有"数额较大"的限制性规定，其数额较大的起点，根据最高人民法院、最高人民检察院有关司法解释的规定，为5万元。在此数额幅度之间，由各省、市、自治区司法机关，结合当地的情况，确定其执行的数额标准。

第三，挪用公款数额较大，超过3个月未还。这是指行为人挪用公款归个人使用，但既非进行"非法活动"，亦非进行"营利活动"，而是进行上述两种方式之外的日常生活消费或非经营性开支，如置买家具、修缮房屋、看病吃药、偿还债务（因经营活动而欠的债务除外），甚或因生活困难以解燃眉之急等。为与前述"非法活动""营利活动"相区别，理论上一般将这种方式称作"其他活动"。由于"其他活动"与"非法活动"和"营利活动"相比，其社会危害性相对较小，故立法上对这种用途、方式的挪用公款行为，既有额数较大的限定，又有超过3个月未还的要求。这里的"数额较大"，与前述"营利活动"的数额较大相同，也是5万元。所

体除国家工作人员外，还包括受国有单位委托管理、经营国有财物的人员。

对于挪用公款后不退还的，过去是按照贪污论处，但根据现行《刑法》第384条后段的规定，挪用公款数额巨大不退还的，仍属挪用公款罪，不退还只不过是从重处罚的一个情节。如果行为人形式上是挪用公款，但有确凿充分的证据证明其主观上根本不想退还，且案发后实际上也未予退还的，也应当以贪污罪定罪处罚。

此外，根据最高人民法院前述司法解释的规定，"携带挪用的公款潜逃的，以贪污罪定罪处罚"。

（2）挪用公款罪与挪用特定款物罪的界限。二罪既有相同之处，又有区别。相同之处表现在，二者的行为方式都是挪用、罪过形式都是故意。在二罪的对象发生重合，即其挪用的对象均为救灾、抢险、防汛、优抚、扶贫、移民、救济等特定款物时，二罪的主要区别是：①犯罪客体不同。二罪的客体虽然都是复杂客体，但前罪属于贪污贿赂罪，其主要客体是国家工作人员职务行为的廉洁性；后罪属于侵犯财产罪，其主要客体是公共财物的所有权。②犯罪主体不同。二罪的主体虽然都是特殊主体，但前罪的主体为国家工作人员；后罪的主体是管理、支配、经手特定公用款物的直接责任人员。③挪用的用途不同。前罪是"公款私用"，即挪用公款归个人使用；后罪是"公款公用"，即挪用公款归单位公用。④特定构成要件不同。前罪挪用公款达到规定数额标准即构成犯罪；后罪需情节严重，致使国家和人民利益遭受重大损害的，才构成犯罪。

（3）挪用公款罪与挪用资金罪的界限。二者在主观方面和客观方面有诸多共同之处，如主观上都出于犯罪故意，客观上都利用了职务上的便利。其主要区别在于：①犯罪客体和对象不同。前罪的客体是复杂客体，其属贪污贿赂罪，主要客体是国家工作人员职务行为的廉洁性；后罪的客体是简单客体，即本单位资金的所有权。前罪的对象是公款；而后罪的对象是非国有单位的资金。②犯罪主体不同。前罪的主体是特殊主体，即国家工作人员；后罪的主体虽也是特殊主体，但一般是公司、企业或其他单位中不具有国家工作人员身份的人员。受国有单位委派在非国有公司、企业或其他单位从事公务的人员挪用本单位资金的，应以挪用公款罪论处。犯罪主体不同是两罪区分的关键所在。③客观方面不尽相同。同样在挪用本单位资金的情况下，两罪客观上虽然都可以既包括挪用行为，也包括借贷行为，但在此外的其他情况下，前罪在客观上一般表现为挪用公款归个人使用；后罪则一般表现为挪用和借贷单位资金给他人使用。

3. 挪用公款罪共犯的认定。最高人民法院于1998年发布的《关于审理挪用公款案件具体应用法律若干问题的解释》第8条规定："挪用公款给他人使用，使用人与挪用人共谋，指使或者参与策划取得挪用款的，以挪用公款罪的共犯定罪处罚。"给他人使用，是指自己挪、给他人用，即挪用人与使用人并非1人，而为2人以上。根据全国人大常委会关于"归个人使用"的立法解释规定，归他人使用，包括归其他自然人使用和其他单位使用。挪用人与使用人（其他自然人或单位）能否构成共同犯罪，关键要看二者之间有无共同挪用公款的故意和行为，即是否"共谋""指使"或者"参与策划"。

所谓"共谋"，是指使用人与挪用人共同谋议。故其共谋一经实施，共犯即告成立。但是，如果使用人只是言明向挪用人"借款"，而挪用人自作主张地将公款挪用出来，交给使用人使用，使用人并不知道该公款是挪用人"挪用"来的，在这种情况下，由于二者之间并无"共谋"，因而不能成立共同犯罪，挪用公款的罪责应由挪用人自己承担。

所谓"参与策划"，实际上也是一种共同谋议。"参与"只表明使用人"策划"挪用公款故意产生的时间及在共同谋议中的身份、作用。在实践中，"参与策划"的人，除挪用人和使用人外，还可以有其他人员。

所谓"指使"，一般是指使用人与挪用人在职务上有上下级关系，只有当使用人作为上级，才可能有职务之便"指使"挪用人"挪用公款"。至于"指使"的方法，可以是明示的，也可以是暗示的。但如果是传授挪用公款犯罪方法的，则可对使用人即指使人以传授犯罪方法罪论处；如果使用人以教唆的方法，"指使"挪用人挪用公款的，则二者构成挪用公款罪的共犯。由此可见，这里的"指使"与"教唆"并不完全相同。除"共谋""参与策划""指使"外，"教唆"也可以成立挪用公款罪的共犯。

4. 最新司法解释中关于挪用公款罪的若干规定。最高人民法院关于《全国法院审理经济犯罪案件工作座谈会纪要》就挪用公款的认定问题做了如下规定：

（1）单位决定将公款给个人使用行为的认定。经单位领导集体研究决定将公款给个人使用，或者单位负责人为了单位的利益，决定将公款给个人使用的，不以挪用公款罪定罪处罚。上述行为致使单位遭受重大损失，构成其他犯罪的，依照刑法的有关规定对责任人员定罪处罚。

（2）挪用公款供其他单位使用行为的认定。根据全国人大常委会《关于〈中华人民共和国刑法〉第三百八十四条第一款的解释》的规定，"以个人名义将公款供其他单位使用的""个人决定以单位名义将公款供其他单位使用，谋取个人利益的"，属于挪用公款"归个人使用"。在司法实践中，将公款供其他单位使用的，是否属于"以个人名义"，不能只看形式，而要从实质上把握。对于行为人逃避财务监管，或者与使用人约定以个人名义进行，或者借款、还款都以个人名义进行，将公款给其他单位使用的，应认定为"以个人名义"。"个人决定"既包括行为人在职权范围内决定，也包括超越职权范围决定。"谋取个人利益"，既包括行为人与使用人事先约定谋取个人利益实际尚未获取的情况，也包括虽未事先约定但实际已获取了个人利益的情况。其中的"个人利益"，既包括不正当利益，也包括正当利益；既包括财产性利益，也包括非财产性利益，但这种非财产性利益应当是具体的实际利益，如升学、就业等。

（3）国有单位领导向其主管的具有法人资格的下级单位借公款归个人使用的认

定。国有单位领导利用职务上的便利指令具有法人资格的下级单位将公款供个人使用的，属于挪用公款行为，构成犯罪的，应以挪用公款罪定罪处罚。

（4）挪用有价证券、金融凭证用于质押行为性质的认定。挪用金融凭证、有价证券用于质押，使公款处于风险之中，与挪用公款为他人提供担保没有实质的区别，符合刑法关于挪用公款罪规定的，以挪用公款罪定罪处罚，挪用公款数额以实际或者可能承担的风险数额认定。

（5）挪用公款归还个人欠款行为性质的认定。挪用公款归还个人欠款的，应当根据产生欠款的原因，分别认定属于挪用公款的何种情形。归还个人进行非法活动或者进行营利活动产生的欠款的，应当认定为挪用公款进行非法活动或者进行营利活动。

（6）挪用公款用于注册公司、企业行为性质的认定。申报注册资本是为进行生产经营活动作准备，属于成立公司、企业进行营利活动的组成部分。因此，挪用公款归个人用于公司、企业注册资本验资证明的，应当认定为挪用公款进行营利活动。

（7）挪用公款后尚未投入实际使用的行为性质的认定。挪用公款后尚未投入实际使用的，只要同时具备"数额较大"和"超过3个月未还"的构成要件，应当认定为挪用公款罪，但可以酌情从轻处罚。

（8）挪用公款转化为贪污的认定。挪用公款罪与贪污罪的主要区别在于行为人主观上是否具有非法占有公款的目的。挪用公款是否转化为贪污，应当按照主客观相一致的原则，具体判断和认定行为人主观上是否具有非法占有公款的目的。在司法实践中，具有以下情形之一的，可以认定行为人具有非法占有公款的目的：①根据最高人民法院《关于审理挪用公款案件具体应用法律若干问题的解释》第6条的规定，行为人"携带挪用的公款潜逃的"，对其携带挪用的公款部分，以贪污罪定罪处罚。②行为人挪用公款后采取虚假发票平账、销毁有关账目等手段，使所挪用的公款已难以在单位财务账目上反映出来，且没有归还行为的，应当以贪污罪定罪处罚。③行为人截取单位收入不入账，非法占有，使所占有的公款难以在单位财务账目上反映出来，且没有归还行为的，应当以贪污罪定罪处罚。

5. 有证据证明行为人有能力归还所挪用的公款但拒不归还，并隐瞒挪用的公款去向的，应当以贪污罪定罪处罚。

三、受贿罪

（一）法律规定

《刑法》第385条规定："国家工作人员利用职务上的便利，索取他人财物的，或者非法收受他人财物，为他人谋取利益的，是受贿罪。国家工作人员在经济往来中，违反国家规定，收受各种名义的回扣、手续费，归个人所有的，以受贿论处。"

《刑法》第386条规定："对犯受贿罪的，根据受贿所得数额及情节，依照本法第383条的规定处罚。索贿的从重处罚。"

《刑法》第388条规定："国家工作人员利用本人职权或者地位形成的便利条

件，通过其他国家工作人员职务上的行为，为请托人谋取不正当利益，索取请托人财物或者收受请托人财物的，以受贿论处。"

（二）概念和构成特征

受贿罪，是指国家工作人员利用职务上的便利，索取他人财物的，或者非法收受他人财物，为他人谋取利益的行为。受贿罪具有以下构成特征：

1. 本罪的客体是国家工作人员职务行为的廉洁性和国家机关的正常活动和声誉。受贿是公职人员腐败的典型表现，是以权谋私、权钱交易走向犯罪的一种主要形式。这种行为的发生既是对国家工作人员职务行为廉洁性的亵渎，同时也扰乱了国家机关的正常秩序，并对国家机关的声誉造成损害，因此必须依法惩处。

2. 本罪的客观方面表现为利用职务上的便利，索取他人财物，或者非法收受他人财物，为他人谋取利益的行为。首先，构成受贿罪，行为人必须利用职务上的便利。利用职务上的便利，具体讲就是行为人利用其职权（主管、负责或承办公共事务的职权）及其所形成的便利条件。如招生人员利用招收录取学生的权力；税务人员利用征收税款的权力；海关人员利用验关缉私的权力；人事干部利用人事任免权；村基层组织人员利用协助政府代为管理救灾、扶贫等特定款物的权力等。不是利用这些职权所形成的便利条件，而是出于礼尚往来等接受他人财物的，不构成受贿罪。其次，构成受贿罪，行为人必须索取他人财物，或者非法收受他人财物，为他人谋取利益。"索取"或者"收受"他人财物，是受贿罪在客观方面的两种表现形式。所谓"索取"，是指行为人采用公开或者暗示的方式主动向对方索要财物。在这种情况下，索贿人是主动的一方，行贿人是被动的一方，索贿行为是贿赂犯罪发生的主要原因，其社会危害性大于一般的收受贿赂行为，行为人的主观恶性也更为严重。因此，刑法规定只要具备索取他人财物的行为便构成受贿罪，并不要求同时具备"为他人谋取利益"这一条件，即索贿人无论是否为他人谋取利益，均可构成受贿罪。所谓"收受"，是指行为人在行贿人的主动拉拢腐蚀和个人物欲支配下接受他人财物。在这种情况下，行贿人是主动方，受贿人是相对被动一方，同索贿比较，其社会危害性和主观恶性相对较小，故刑法规定必须同时具备为他人谋取利益这一条件才构成犯罪。这里所说的"利益"，包括物质利益和非物质利益。至于所谋取的利益是否正当，该利益是否最终实现，并不影响受贿罪的成立。需要指出的是，受贿罪的既遂不能以是否为他人谋取了利益为标准：在索贿的情况下，法律并不要求将为他人谋取利益作为构成犯罪的条件，即只要索取了财物即为既遂；在收受贿赂的情况下，虽然为他人谋取财物是构成犯罪的必要条件，但并不要求实际为他人谋取到利益，只要主观上具有为他人谋取利益的意愿即可，因此，仍应以是否收取了贿赂为判断既遂与否的标准。

3. 本罪主体是特殊主体，只能由国家工作人员构成。

4. 本罪主观方面是直接故意，间接故意和过失不能构成本罪。

（三）司法实务问题

1. 受贿罪与一般受贿违法行为的界限。一般受贿违法行为是指受贿数额较小，情节较轻，不以犯罪论处的受贿行为。根据刑法的规定，个人受贿数额在3万元以上的或者个人受贿虽不满3万元，其他情节严重的，构成受贿罪；个人受贿数额不满3万元，其他情节较轻的，由其所在单位或者上级主管机关酌情给予行政处分，不以犯罪论处。对多次受贿未经处理的，按照累计受贿数额处罚。

2. 受贿罪与非国家工作人员受贿罪的界限。两罪在客观上都表现为收受贿赂的行为，但由于犯罪主体不同，前者必须是国家工作人员，后者是公司、企业中不具有国家工作人员身份的人员，因此其犯罪的性质，即侵犯的客体也不同。基于此，刑法对两罪在客观方面的要求也不同，表现在两点：①对于以索取方式构成的受贿罪，不要求同时具备"为他人谋取利益"这一条件；而在非国家工作人员受贿罪中，即使是行为人主动索取贿赂，也必须同时具备"为他人谋取利益"这一条件，否则不能构成该罪。②构成受贿罪，就立法而言，并不单纯强调涉案数额的大小，受贿数额较小（达不到3万元），其他情节较重的，仍要以受贿罪论处；而对于非国家工作人员受贿罪，刑法明确规定，必须受贿"数额较大"，才以犯罪论处。

3. 关于《刑法》第385条第2款的掌握。该款规定"国家工作人员在经济往来中，违反国家规定，收受各种名义的回扣、手续费，归个人所有的，以受贿论处"。这是一种特殊形式的"以受贿论"的行为。其中，"违反国家规定"是指违反最高立法机关制定的各种法律、国务院制定的各种行政法规中的有关规定。"回扣"，是指在商品交易过程中，卖方在收取的价款中扣出一定比例部分返还给买方或者买方经办人的现金。"手续费"，是指各种名目费用的统称，如介绍费、信息费、辛苦费、酬劳费、活动费、好处费等。如果国家工作人员在经济往来中，违反有关规定，账外暗中收取回扣或者各种名目的手续费，归个人所有的，即应以受贿论处。

4. 关于《刑法》第388条的掌握。该条规定"国家工作人员利用本人职权或者地位形成的便利条件，通过其他国家工作人员职务上的行为，为请托人谋取不正当利益，索取请托人财物或者收受请托人财物的，以受贿论处"。这是关于间接受贿的规定，其构成条件与直接受贿有所不同，表现在：①行为人利用的是本人职权或者地位所形成的便利条件，通过其他国家工作人员职务上的行为，为请托人谋取不正当利益。所谓"职权或者地位所形成的便利条件"，是指行为人利用自己职权或者地位所形成的对其他国家工作人员的制约关系。这种制约关系可以表现为单位内部上级领导人员对下级工作人员的制约，也可以表现为上级单位领导人员对下级单位国家工作人员的制约，还可以表现为平行的部门、单位间由于职责范围不同，其中一方凭借自己的职权或者地位对另一方形成的制约。由于这种制约关系的存在，处于强势一方即可以利用自己职权或者地位所形成的便利条件，通过其他国家工作人员职务上的行为，为他人谋取不正当利益。需要注意的是，如果行为人不是利用上述便利条件，而是单纯利用自己与其他国家工作人员的私人关系，如战友、同学、同事、亲戚关系等，为请托人谋利而收受财物的，不能以受贿论。②行为人为请托人谋取的是不正当利益。在这种情况下，无论行为人是索取还是收受请托人的财物，其为请托人谋取的都只能是不正当利益，如果所谋取的是正当利益，不能构成受贿罪。所谓"不正当利益"，是指根据法律、法规、国家政策和国务院各部门规章规定不应得到的利益。

5. 关于离退休人员能否构成受贿罪的问题。国家工作人员离退休后，由于已经卸下公职，不可能再利用职务上的便利为他人谋取利益并从中收取财物，故不能构成受贿罪。至于离退休的国家工作人员利用本人原有职权或者地位所形成的便利条件，通过在职的国家工作人员职务上的行为，为请托人谋取利益，而本人从中向请托人收取财物的，由于《刑法》第388条对这种情况的规定中并不包含离退休的国家工作人员，故不能构成受贿罪。但根据最高人民法院2000年6月30日发布的《关于国家工作人员利用职务上的便利为他人谋取利益离退休后收受财物行为如何处理问题的批复》，国家工作人员利用职务上的便利为请托人谋取利益，并与请托人事先约定，在其离退休后收受请托人财物，构成犯罪的，以受贿罪定罪处罚。

6. 关于村民委员会等村基层组织人员能否构成受贿罪的问题。根据全国人大常委会2000年4月29日的立法解释，村民委员会等村基层组织人员协助人民政府从事七个方面的行政管理工作（见贪污罪的第三个构成特征），利用职务上的便利，索取他人财物或者非法收受他人财物，构成犯罪的，适用受贿罪的规定定罪处罚。

7. 关于司法解释中关于受贿罪的若干规定。在2007年7月8日由最高人民法院、最高人民检察院发布的《关于办理受贿刑事案件适用法律若干问题的意见》中，就新形势下的受贿行为进行了系统规定。主要有：

（1）关于以交易形式收受贿赂的问题。国家工作人员利用职务上的便利为请托人谋取利益，以下列交易形式收受请托人财物的，以受贿论处：①以明显低于市场的价格向请托人购买房屋、汽车等物品的；②以明显高于市场的价格向请托人出售房屋、汽车等物品的；③以其他交易形式非法收受请托人财物的。受贿数额按照交易时当地市场价格与实际支付价格的差额计算。上述所列市场价格包括商品经营者事先设定的不针对特定人的最低优惠价格。根据商品经营者事先设定的各种优惠交易条件，以优惠价格购买商品的，不属于受贿。

（2）关于收受干股的问题。干股是指未出资而获得的股份。国家工作人员利用职务上的便利为请托人谋取利益，收受请托人提供的干股的，以受贿论处。进行了股权转让登记，或者相关证据证明股份发生了实际转让的，受贿数额按转让行为时的股份价值计算，所分红利按受贿孳息处理。股份未实际转让，以股份分红名义获取利益的，实际获利数额应当认定为受贿数额。

（3）关于以开办公司等合作投资名义收受贿赂的问题。国家工作人员利用职务上的便利为请托人谋取利益，由请托人出资，"合作"开办公司或者进行其他"合作"投资的，以受贿论处。受贿数额为请托人给国家工作人员的出资额。国家工作人员利用职务上的便利为请托人谋取利益，以合作开办公司或者其他合作投资的名义获取"利润"，没有实际出资和参与管理、经营的，以受贿论处。

（4）关于以委托请托人投资证券、期货或者其他委托理财的名义收受贿赂的问题。国家工作人员利用职务上的便利为请托人谋取利益，以委托请托人投资证券、期货或者其他委托理财的名义，未实际出资而获取"收益"；或者虽然实际出资，但获取"收益"明显高于出资应得收益的，以受贿论处。对于受贿数额，前一情形，以"收益"额计算；后一情形，以"收益"额与出资应得收益额的差额计算。

（5）关于以赌博形式收受贿赂的认定问题。根据《最高人民法院、最高人民检察院关于办理赌博刑事案件具体应用法律若干问题的解释》第7条规定，国家工作人员利用职务上的便利为请托人谋取利益，通过赌博方式收受请托人财物的，构成受贿。实践中应注意区分贿赂与赌博活动、娱乐活动的界限。具体认定时，主要应当结合以下因素进行判断：赌博的背景、场合、时间、次数；赌资来源；其他赌博参与者有无事先通谋；输赢钱物的具体情况和金额大小。

（6）关于特定关系人"挂名"领取薪酬的问题。国家工作人员利用职务上的便利为请托人谋取利益，要求或者接受请托人以给特定关系人安排工作为名，使特定关系人不实际工作却获取所谓薪酬的，以受贿论处。

（7）关于由特定关系人收受贿赂的问题。根据最高人民法院、最高人民检察院《关于办理受贿刑事案件适用法律若干问题的意见》第7条的规定，国家工作人员利用职务上的便利为请托人谋取利益，授意请托人以本意见所列形式，将有关财物给予特定关系人的，以受贿论处。特定关系人与国家工作人员通谋，共同实施前款行为的，对特定关系人以受贿罪的共犯论处。特定关系人以外的其他人与国家工作人员通谋，由国家工作人员利用职务上的便利为请托人谋取利益，收受请托人财物后双方共同占有的，以受贿罪的共犯论处。

（8）关于收受贿赂物品未办理权属变更的问题。国家工作人员利用职务上的便利为请托人谋取利益，收受请托人房屋、汽车等物品，未变更权属登记或者借用他人名义办理权属变更登记的，不影响受贿的认定。认定以房屋、汽车等物品为对象的受贿，应注意其与借用的区分。具体认定时，除双方交代或者书面协议之外，主要应当结合以下因素进行判断：有无借用的合理事由；是否实际使用；借用时间的长短；有无归还的条件；有无归还的意思表示及行为。

（9）关于收受财物后退还或者上交的问题。国家工作人员收受请托人财物后及时退还或者上交的，不是受贿。国家工作人员受贿后，因自身或者与其受贿有关联的人、事被查处，为掩饰犯罪而退还或者上交的，不影响认定受贿罪。

四、单位受贿罪

（一）法律规定

《刑法》第387条规定："国家机关、国有公司、企业、事业单位、人民团体，索取、非法收受他人财物，为他人谋取利益，情节严重的，对单位判处罚金，并对其直接负责的主管人员和其他直接责任人员，处 5 年以下有期徒刑或者拘役。前款所列单位，在经济往来中，在账外暗中收受各种名义的回扣、手续费的，以受贿论，依照前款的规定处罚。"

（二）构成特征

1. 本罪在客观方面表现为单位索取、非法收受他人财物，为他人谋取利益，情节严重的行为。构成本罪，无论是索取，还是非法收受财物，都必须以"为他人谋取利益"为构成要件。至于谋取的是合法利益还是非法利益，谋取的利益是否实现，不影响犯罪的成立。构成本罪，还必须具备"情节严重"这一条件。所谓"情节严重"，主要包括索取、收受大量财物，因索取、收受贿赂造成恶劣影响，给国家机关的声誉造成严重损害，以及使国家和社会利益遭受重大损害等。此外，根据刑法规定，单位在经济往来中，在账外暗中收受各种名义的回扣、手续费的，以单位受贿罪论处。

2. 本罪主体是特殊主体，即必须是国家机关、国有公司、企业、事业单位、人民团体，其他单位和个人不能构成本罪。

（三）司法实务问题

处理单位受贿罪，要严格把握罪与非罪的界限。根据刑法的规定，首先，并非所有的单位都能成为本罪的主体，凡不属国家机关、国有公司、企业、事业单位、人民团体的其他单位、团体，均不能构成本罪。其次，构成本罪在客观上必须达到"情节严重"的程度。如前所述，所谓情节包括受贿数额和其他情节，依照最高人民检察院《关于人民检察院直接受理立案侦查案件立案标准的规定》，单位受贿数额在 10 万元以上的，或者虽不满 10 万元，但具有"故意刁难、要挟有关单位、个人，造成恶劣影响的；强行索贿的；致使国家或者社会利益遭受重大损失的"三种情形之一的，应当立案查处。

此外，单位受贿与个人受贿构成犯罪的条件有所不同，必须加以分清。两罪除了主体上的差异外，在客观方面，刑法规定单位索取贿赂必须同时为他人谋取利益才以犯罪论处，而个人索贿构成犯罪无须同时具备这一条件。另外，单位受贿要达到情节严重的程度才构成犯罪，对于个人受贿，刑法则未作此限定性规定。实践中，有时会发生假借单位名义索取、收受他人财物，而后私分，中饱私囊的情况，对此不能适用对单位受贿的规定，而应按照个人犯受贿罪的规定处理。

五、利用影响力受贿罪

（一）法律规定

《刑法》第 388 条之一规定："国家工作人员的近亲属或者其他与该国家工作人员关系密切的人，通过该国家工作人员职务上的行为，或者利用该国家工作人员职权或者地位形成的便利条件，通过其他国家工作人员职务上的行为，为请托人谋取不正当利益，索取请托人财物或者收受请托人财物，数额较大或者有其他较重情节的，处 3 年以下有期徒刑或者拘役，并处罚金；数额巨大或者有其他严重情节的，处 3 年以上 7 年以下有期徒刑，并处罚金；数额特别巨大或者有其他特别严重情节的，处 7 年以上有期徒刑，并处罚金或者没收财产。离职的国家工作人员或者其近亲属以及其他与其关系密切的人，利用该离职的国家工作人员原职权或者地位形成的便利条件实施前款行为的，依照前款的规定定罪处罚。"

（二）概念和构成特征

利用影响力受贿罪，是国家工作人员的近亲属或者其他与该国家工作人员关系密切的人，通过该国家工作人员职务上的行为，或者利用该国家工作人员职权或者地位形成的便利条件，通过其他国家工作人员职务上的行为，或离职的国家工作人员或者其近亲属以及其他与其关系密切的人，利用该离职的国家工作人员原职权或者地位形成的便利条件，通过其他国家工作人员职务上的行为，为请托人谋取不正当利益，索取请托人财物或者接受请托人财物的行为。利用影响力受贿罪具有以下构成特征：

1. 本罪侵犯的客体是国家工作人员职务行为的廉洁性和正当性。

2. 本罪客观方面表现为利用影响力，通过国家工作人员职务上的行为，为请托人谋取不正当利益，索取请托人财物或者收受请托人财物的行为。具体而言，是指国家工作人员的近亲属或者其他与该国家工作人员关系密切的人，通过该国家工作人员职务上的行为，或者利用该国家工作人员职权或者地位形成的便利条件，通过其他国家工作人员职务上的行为，或离职的国家工作人员或者其近亲属以及其他与其关系密切的人，利用该离职的国家工作人员原职权或者地位形成的便利条件，通过其他国家工作人员职务上的行为，为请托人谋取不正当利益，索取请托人财物或者收受请托人财物的行为。

3. 本罪主体是特殊主体，包括年满 16 周岁且具有刑事责任能力的国家工作人员的近亲属或者其他与该国家工作人员关系密切的人，以及离职的国家工作人员或者其近亲属以及其他与其关系密切的人，但不包括单位。

4. 本罪在主观方面是故意。

六、行贿罪

（一）法律规定

《刑法》第 389 条规定："为谋取不正当利益，给予国家工作人员以财物的，是行贿罪。在经济往来中，违反国家规定，给予国家工作人员以财物，数额较大的，或者违反国家规定，给予国家工作人员以各种名义的回扣、手续费的，以行贿论处。因被勒索给予国家工作人员以财物，没有获得不正当利益的，不是行贿。"

《刑法》第 390 条规定："对犯行贿罪的，处 5 年以下有期徒刑或者拘役，并处罚金；因行贿谋取不正当利益，情节严重的，或者使国家利益遭受重大损失的，处 5 年以上 10 年以下有期徒刑，并处罚金；情节特别严重的，或者使国家利益遭受特别重大损失的，处 10 年以上有期徒刑或者无期徒刑，并处罚金或者没收财产。行贿人在被追诉前主动交待行贿行为的，可以从轻或者减轻处罚。其中，犯罪较轻的，对侦破重大案件起关键作用的，或者有重大立功表现的，可以减轻或者免除处罚。"

（二）概念和构成特征

行贿罪，是指为谋取不正当利益，给予国家工作人员以财物的行为。行贿罪具有以下构成特征：

1. 本罪侵犯的客体是国家的廉政制度。具体指国家工作人员职务行为的不可收买性和国家机关的正常活动。行贿对象是国家工作人员。

2. 本罪客观方面表现为给予国家工作人员以财物的行为。至于给予的财物是否被国家工作人员接受，不影响犯罪的成立，但却是判断行为是否既遂的标准。根据《刑法》第 389 条第 2 款的规定，在经济往来中，违反国家规定，给予国家工作人员以财物，数额较大的，或者违反国家规定，给予国家工作人员以各种名义的回扣、手续费的，以行贿论处。同条第 3 款还规定，因被勒索给予国家工作人员以财物，没有获得不正当利益的，不是行贿。

3. 本罪主体是一般主体。

4. 本罪主观方面是故意，并且具有谋取不正当利益的目的。如果为了获取正当利益而给予国家工作人员财物的，不能构成本罪。

（三）司法实务问题

1. 注意分清行贿与馈赠的界限。行贿是一种以钱买权的不法行为，馈赠是一种友情行为，二者间具有质的区别。行贿的目的是谋取不正当利益，因此在给予财物时都是采取一些隐蔽的、掩人耳目的方式进行。馈赠的目的一般在于增进感情，加深友谊，或出于礼尚往来，故一般都是公开进行的，且不附加其他条件。

2. 注意分清行贿罪与一般行贿行为的界限。一般行贿行为指行贿数额不大、情节不严重的行贿行为。判断行贿行为是否构成行贿罪，根据有关司法解释，以下列情形为标准：

（1）行贿数额在 3 万元以上的；

（2）行贿数额 1 万元以上不满 3 万元，但具有下列情形之一的：①向三人以上行贿的；②将违法所得用于行贿的；③通过行贿谋取职务提拔、调整的；④向负有食品、药品、安全生产、环境保护等监督管理职责的国家工作人员行贿，实施非法活动的；⑤向司法工作人员行贿，影响司法公正的；⑥造成经济损失数额在 50 万元以上不满 100 万元的。

3. 需要明确的两个问题。

（1）行贿罪在主观上以谋取不正当利益为目的。所谓"不正当利益"，根据最高人民检察院《关于在办理受贿犯罪大要案的同时要严肃查处严重行贿犯罪分子的通知》，是指谋取违反法律、法规、国家政策和国务院各部门规章规定的利益，以及要求国家工作人员或者有关单位提供违反法律、法规、国家政策和国务院各部门规章规定的帮助或者方便条件。

（2）刑法规定行贿罪以谋取不正当利益为构成条件，同时又规定因被勒索给予国家工作人员以财物，没有获得不正当利益的，不是行贿。理解此规定，可以认为，如果因被勒索给予国家工作人员以财物，已获得不正当利益的，应构成行贿罪。对此，最高人民检察院也在前引关于立案标准的规定中予以了明确。因此，在处理行贿案件时要区分两种不同情况分别掌握：一是行贿人为谋取不正当利益而给予国家工作人员财物的，无论其谋取的不正当利益是否实现，均不影响犯罪的成立。二是行贿人因被勒索而给予国家工作人员财物，没有获得不正当利益的，不以行贿罪论处；获得了不正当利益的，以行贿罪追究刑事责任。

4. 行贿罪与对非国家工作人员行贿罪的界限。两罪的主要区别在于行贿的对象不同：本罪是向国家工作人员行贿；对非国家工作人员行贿罪是向公司、企业、其他单位中不具有国家工作人员身份的人员行贿。此外，刑法本身未对构成行贿罪作数额上的规定，但对公司、企业、其他单位人员行贿罪则明确规定须达到"数额较大"，才以犯罪论处。

七、对有影响力的人行贿罪

（一）法律规定

《刑法》第 390 条之一规定："为谋取不正当利益，向国家工作人员的近亲属或者其他与该国家工作人员关系密切的人，或者向离职的国家工作人员或者其近亲属以及其他与其关系密切的人行贿的，处 3 年以下有期徒刑或者拘役，并处罚金；情节严重的，或者使国家利益遭受重大损失的，处 3 年以上 7 年以下有期徒刑，并处罚金；情节特别严重的，或者使国家利益遭受特别重大损失的，处 7 年以上 10 年以下有期徒刑，并处罚金。单位犯前款罪的，对单位判处罚金，并对其直接负责的主管人员和其他直接责任人员，处 3 年以下有期徒刑或者拘役，并处罚金。"

（二）构成特征

本罪与利用影响力受贿罪属于对合犯，行贿对象限于国家工作人员的近亲属或者其他与该国家工作人员关系密切的人，或者离职的国家工作人员或其近亲属以及其他与其关系密切的人。行为人实施了向上述人员行贿的行为，且主观上出于直接故意，并具有谋取不正当利益的目的。

本罪主体既包括年满 16 周岁且具备刑事责任能力的自然人，也包括单位。

八、对单位行贿罪

（一）法律规定

《刑法》第 391 条规定："为谋取不正当利益，给予国家机关、国有公司、企业、事业单位、人民团体以财物的，或者在经济往来中，违反国家规定，给予各种名义的回扣、手续费的，处 3 年以下有期徒刑或者拘役，并处罚金。单位犯前款罪的，对单位判处罚金，并对其直接负责的主管人员和其他直接责任人员，依照前款的规定处罚。"

第二十五章

（二）构成特征

1. 本罪在客观方面表现为给予国家机关、国有公司、企业、事业单位、人民团体以财物，或者在经济往来中，违反国家规定，给予各种名义回扣、手续费的行为。

2. 本罪主体是一般主体，包括个人和单位。

3. 本罪主观方面是故意，并且具有谋取不正当利益的目的。

4. 本罪行贿的对象是单位，而且只能是国家机关、国有公司、企业、事业单位、人民团体。这是本罪与其他行贿犯罪的主要区别之一。

九、介绍贿赂罪

（一）法律规定

《刑法》第 392 条规定："向国家工作人员介绍贿赂，情节严重的，处 3 年以下有期徒刑或者拘役，并处罚金。介绍贿赂人在被追诉前主动交待介绍贿赂行为的，可以减轻处罚或者免除处罚。"

（二）构成特征

本罪在客观方面表现为向国家工作人员介绍贿赂，情节严重的行为。所谓"介绍贿赂"，是指在行贿人与受贿人之间沟通关系，撮合条件，使贿赂行为得以实现的行为。如代表行贿人向国家工作人员转述贿赂的意愿、条件，帮助双方转交贿赂财物等。"情节严重"是构成本罪的必要条件。这里所说的"情节"，包括介绍贿赂的数额和其他情节。所说的"情节严重"，可参照最高人民检察院对介绍贿赂罪所规定的立案标准，即符合下列条件的介绍贿赂行为，应当立案查处：首先，介绍个人向国家工作人员行贿，数额在 2 万元以上的；介绍单位向国家工作人员行贿，数额在 20 万元以上的。其次，介绍贿赂数额不满上述标准，但具有下列情形之一的：①为使行贿人获取非法利益而介绍贿赂的；②3 次以上或者为 3 人以上介绍贿赂的；③向党政领导、司法工作人员、行政执法人员介绍贿赂的；④致使国家或者社会利益遭受重大损失的。

十、单位行贿罪

（一）法律规定

《刑法》第 393 条规定："单位为谋取不正当利益而行贿，或者违反国家规定，给予国家工作人员以回扣、手续费，情节严重的，对单位判处罚金，并对其直接负责的主管人员和其他直接责任人员，处 5 年以下有期徒刑或者拘役，并处罚金。因行贿取得的违法所得归个人所有的，依照本法第 389 条、第 390 条的规定定罪处罚。"

（二）构成特征

1. 本罪在客观方面表现为单位为谋取不正当利益行贿或者违反国家规定，给予国家工作人员以回扣、手续费，情节严重的行为。

2. 本罪主体是单位，既包括国有公司、企业、事业单位、机关、团体，也包括非国有性质的其他单位。

3. 本罪主观方面是故意，目的是谋取不正当利益。

（三）司法实务问题

1. 注意掌握本罪与一般单位行贿行为的界限。根据刑法规定，单位行贿必须达到"情节严重"才以犯罪论处，情节严重既指行贿数额大，也指其他情节严重，参照最高人民检察院关于单位行贿罪的立案标准，单位行贿，涉嫌下列两类情形之一的，应当立案查处：首先，单位行贿数额在 20 万元以上的；其次，单位为谋取不正当利益而行贿，数额在 10 万元以上不满 20 万元，但具有下列情形之一的：①为谋取非法利益而行贿的；②向 3 人以上行贿的；③向党政领导、司法工作人员、行政执法人员行贿的；④致使国家或者社会利益遭受重大损失的。

2. 单位行贿的目的是为本单位谋取不正当利益，如果单位行贿的行为人（直接负责的主管人员和其他直接责任人员）将因行贿所取得的非法利益归个人所有，按照法律规定，即应以行贿罪追究行为人的刑事责任，而不再定为单位行贿罪。

十一、巨额财产来源不明罪

（一）法律规定

《刑法》第 395 条第 1 款规定："国家工作人员的财产、支出明显超过合法收入，差额巨大的，可以责令该国家工作人员说明来源，不能说明来源的，差额部分以非法所得论，处 5 年以下有期徒刑或者拘役；差额特别巨大的，处 5 年以上 10 年以下有期徒刑。财产的差额部分予以追缴。"

（二）构成特征

本罪在客观方面表现为国家工作人员的财产、支出明显超出合法收入，差额巨大，在有关机关责令行为人说明来源时，不能说明其来源是合法的行为。包含两个条件：①国家工作人员的财产、支出明显超出合法收入，差额巨大。所谓差额巨大，是指其合法收入与其拥有的财产或者支出之间明显不相吻合，形成巨大差额，其差额部分，即为本罪所称"来源不明"的财产。②本人不能说明来源合法。即本人不能说明其来源不明财产的合法性，亦即该部分财产为非法所得。2003 年 11 月 13 日《全国法院审理经济犯罪案件工作座谈会纪要》规定，《刑法》第 395 条第 1 款规定的"不能说明"，包括以下情况：①行为人拒不说明财产来源；②行为人无法说明财产的具体来源；③行为人所说的财产来源经司法机关查证并不属实；④行为人所说的财产来源因线索不具体等原因，司法机关无法查实，但能排除存在来源合法的可能性和合理性的。

《刑法》第 395 条规定的"非法所得"，一般是指行为人的全部财产与能够认定的所有支出的总和减去能够证实的有真实来源的所得。在具体计算时，应注意以下问题：①应把国家工作人员个人财产和与其共同生活的家庭成员的财产、支出等一并计算，而且一并减去他们所有的合法收入以及确属与其共同生活的家庭成员个人的非法收入。②行为人所有的财产包括房产、家具、生活用品、学习用品及股票、债券、存款等动产和不动产；行为人的支出包括合法支出和不合法的支出，包括日常生活、工作、学习费用、罚款及向他人行贿的财物等；行为人的合法收入包括工资、奖金、稿酬、继承等法律和政策允许的各种收入。③为了便于计算犯罪数额，对于行为人的财产和合法收入，一般可以从行为人有比较确定的收入和财产时开始计算。本罪只能由国家工作人员构成。

（三）司法实务问题

处理本罪要注意尽量查清本人不能说明来源合法部分财产的性质，经查若确系合法所得，应当予以承认和保护，本人要求保密的，应为其保密。如果经过调查证实为其他犯罪所得（如贪污、受贿、赌博、走私等所得），则应直接按有关犯罪处理。只有在确实无法查清的情况下，才能认定为非法所得，以巨额财产来源不明罪论处。关于非法所得构成犯罪的数额，根据最高人民检察院颁布的立案标准，应当以 30 万元作为立案查处的数额起点。

十二、隐瞒境外存款罪

（一）法律规定

《刑法》第 395 条第 2 款规定："国家工作人员在境外的存款，应当依照国家规定申报。数额较大、隐瞒不报的，处 2 年以下有期徒刑或者拘役；情节较轻的，由其所在单位或者上级主管机关酌情给予行政处分。"

（二）构成特征

本罪在客观方面表现为国家工作人员违反国家规定，故意隐瞒不报其在境外的存款，数额较大的行为。国家工作人员在境外存款，应当按照国家规定申报，故意隐瞒不报，数额较大的（根据最高人民检察院颁布的立案标准，涉嫌隐瞒境外存款，折合人民币数额在 30 万元以上的应予立案），即构成本罪。但如果情节较轻的，由其所在单位或者上级主管机关酌情予以行政处分，不以犯罪论处。

十三、私分国有资产罪

（一）法律规定

《刑法》第 396 条第 1 款规定："国家机关、国有公司、企业、事业单位、人民团体，违反国家规定，以单位名义将国有资产集体私分给个人，数额较大的，对其直接负责的主管人员和其他直接责任人员，处 3 年以下有期徒刑或者拘役，并处或者单处罚金；数额巨大的，处 3 年以上 7 年以下有期徒刑，并处罚金。"

（二）构成特征

1. 本罪在客观方面表现为违反国家规定，以单位名义将国有资产集体私分给个人，数额较大的行为。

2. 本罪的犯罪对象是国有资产。

3. 本罪主体是国家单位，即国家机关、国有公司、企业、事业单位、人民团体，其他单位不能构成本罪。

4. 私分国有资产，必须达到数额较大，才以犯罪论处。根据最高人民检察院颁布的立案标准，涉嫌私分国有资产，累计数额在 10 万元以上的，应予立案查处。

第二十五章

（三）司法实务问题

司法实务中要注意掌握本罪与贪污罪的界限。两罪的区别：①主体不同。前者由有关单位构成；后者由个人构成。②行为方式不同。前者为集体私分国有资产；后者采用侵吞、窃取、骗取等手段非法占有公共财物。③获取非法利益的人员范围不同。前者一般是单位全体职工；后者则是特定的个人。如果单位负责人借单位名义擅自将国有资产私分给个人或有关人员，而不是按比例分配给全体职工的，其行为应构成贪污罪。

十四、私分罚没财物罪

（一）法律规定

《刑法》第396条第2款规定："司法机关、行政执法机关违反国家规定，将应当上缴国家的罚没财物，以单位名义集体私分给个人的，依照前款的规定处罚。"

（二）构成特征

1. 本罪在客观方面表现为违反国家规定，以单位名义将应当上缴国家的罚没财物集体私分给个人的行为。

2. 本罪的犯罪对象是司法机关、行政执法机关在查处相关案件时依照法律和行政法规罚没并应当上缴国家的财物。

3. 本罪主体是司法机关和行政执法机关。

【思考题】

1. 如何理解贪污罪、挪用公款罪、受贿罪的"利用职务上的便利"？

2. 如何界定国家工作人员的范围？

3. 辨析"挪用公款不退还"。

4. 贿赂的范围应包括哪些？

5. 如何理解受贿罪中的"为他人谋取利益"？

6. 简述巨额财产来源不明罪的立法价值。

7. 如何理解本章中的"不正当利益"？

8. 如何界定贪污罪、受贿罪、挪用公款罪和职务侵占罪？

9. 如何理解介绍贿赂罪？

10. 如何界定挪用公款罪、挪用特定款物罪和挪用资金罪？

渎　职　罪

> **学习目的与要求**　重点掌握渎职罪的概念、特征，重点掌握滥用职权罪、玩忽职守罪、故意泄露国家秘密罪、徇私枉法罪及民事、行政枉法裁判罪的概念、构成特征及认定，掌握本章其他犯罪的概念和构成特征。

■　第一节　渎职罪概述

一、渎职罪的概念与特征

渎职罪，是指国家机关工作人员滥用职权、玩忽职守或者徇私舞弊，妨害国家机关的正常管理活动，致使国家和人民利益遭受严重损失的行为。

渎职罪的特征是：

1. 本类罪侵犯的客体是国家机关的正常管理活动。所谓国家机关的正常管理活动，是指国家机关实现其基本职能的正常工作活动。在我国，国家机关的一切权力来源于人民，一切国家机关工作人员都是人民的公仆。国家机关工作人员在从事公务、履行管理职能的过程中，都必须恪尽职守，遵纪守法，廉洁奉公，切实维护国家和人民的利益，全心全意为人民服务，这样才能使国家机关的管理合法、公正和高效地进行。而如果国家机关工作人员滥用人民赋予的权力，徇私舞弊，贪赃枉法，玩忽职守，则必然干扰国家机关的正常管理秩序，阻碍党和国家各项路线、方针、政策和法律、法规的正确实施，妨害国家机关实现其基本职能，有的还会给国家和人民利益直接造成重大损失，从而大大降低国家机关的威信，严重损害人民群众对国家机关管理活动的合法性、公正性和有效性的信赖。因此，为了保证国家机关的管理活动合法、公正、高效地进行，促进依法治国，实现社会公正，必须与各种形式的渎职犯罪进行坚决斗争。

2. 本类罪在客观方面表现为国家机关工作人员滥用职权、玩忽职守或者徇私舞弊，不履行或者不正确履行应当履行的职责，严重妨害国家机关的正常管理活动，致使国家和人民利益遭受重大损失的行为。重大损失，通常指渎职行为已经造成的重大经济损失。在司法实践中，有下列情形之一，虽然公共财产作为债权存在，但已无法实现债权的，可以认定为行为人的行为造成了经济损失：①债务人已经法定程序被宣告破产；②债务人潜逃，去向不明；③因行为人责任，致使超过诉讼时效；④有证据证明债权无法实现的其他情况。

3. 1997年刑法规定，本罪的犯罪主体是特殊主体，即国家机关工作人员。但是，在现行刑法实施之后，渎职罪在司法认定工作中遇到不少颇为棘手的问题。例如，一些不具有正式编制的非国家机关工作人员，实际却行使了国家机关工作人员的职权。如果上述人员在代表国家行使职权时，有本章规定之行为的，应否构成渎职罪？能否视为具备国家机关工作人员的身份？为了解决此类问题，2002年12月28日九届人大常委会第三十一次会议作出了《关于〈中华人民共和国刑法〉第九章渎职罪主体适用问题的解释》，该解释明确规定："在依照法律、法规规定行使国家行政管理职权的组织中从事公务的人员，或者在受国家机关委托代表国家机关行使职权的组织中从事公务的人员，或者虽未列入国家机关人员编制但在国家机关中从事公务的人员，在代表国家机关行使职权时，有渎职行为，构成犯罪的，依照刑法关于渎职罪的规定追究刑事责任。"

根据上述立法解释，渎职罪主体认定的标准，就由原来的身份论（即以主体是否为国家机关工作人员为评判其能否构成渎职罪最主要的依据）转而成为职责论了（以主体从事的活动是否为公务活动、是否在履行国家机关的管理职能作为评判其能否构成渎职罪的决定性因素）。[1]

需要注意的是，第398条故意、过失泄露国家秘密罪是一个例外，本罪的主体为一般主体，非国家机关工作人员也可以构成泄露国家秘密罪。

4. 本类罪在主观方面一般出于故意，如滥用职权罪、徇私枉法罪、枉法裁判罪、私放在押人员罪等；少数犯罪也可以出于过失，如玩忽职守罪，国家机关工作人员签订、履行合同失职被骗罪等。

二、渎职罪的种类

根据刑法分则第九章的规定，渎职罪的具体犯罪大致分为以下三种类型：

1. 一般国家机关工作人员的渎职罪。具体包括：第397条滥用职权罪、玩忽职守罪，第398条故意泄露国家秘密罪、过失泄露国家秘密罪，第406条国家机关工作人员签订、履行合同失职被骗罪，第410条非法批准征用、占用土地罪，非法低价出让国有土地使用权罪，第418条招收公务员、学生徇私舞弊罪，第419条失职

---

〔1〕 立法解释对渎职罪的主体进行了扩大，具体包括：①法律授权规定某些非国家机关的组织，在某些领域行使国家行政机关管理职权；②在机构改革中，有的地方将原来的一些国家机关调整为事业单位，但仍然保留其行使某些行政管理的职能；③有些国家机关将自行行使的职权依法委托给一些组织行使；④实践中，有的国家机关根据工作需要聘用了一部分国家机关以外的人员从事公务。

造成珍贵文物损毁、流失罪。

2. 司法工作人员的渎职罪。具体包括：第 399 条第 1 款徇私枉法罪，第 399 条第 2 款民事、行政枉法裁判罪，第 399 条第 3 款执行判决、裁定失职罪和执行判决、裁定滥用职权罪，第 399 条之一枉法仲裁罪，第 400 条第 1 款私放在押人员，第 400 条第 2 款失职致使在押人员脱逃罪，第 401 条徇私舞弊减刑、假释、暂予监外执行罪。

3. 特定部门工作人员的渎职罪。具体包括：第 402 条徇私舞弊不移交刑事案件罪，第 403 条滥用管理公司、证券职权罪，第 404 条徇私舞弊不征、少征税款罪，第 405 条第 1 款徇私舞弊发售发票、抵扣税款、出口退税罪，第 405 条第 2 款违法提供出口退税凭证罪，第 407 条违法发放林木采伐许可证罪，第 408 条环境监管失职罪，第 409 条传染病防治失职罪，第 411 条放纵走私罪，第 412 条第 1 款商检徇私舞弊罪，第 412 条第 2 款商检失职罪，第 413 条第 1 款动植物检疫徇私舞弊罪，第 413 条第 2 款动植物检疫失职罪，第 414 条放纵制售伪劣商品犯罪行为罪，第 415 条办理偷越国（边）境人员出入境证件罪、放行偷越国（边）境人员罪，第 416 条第 1 款不解救被拐卖、绑架妇女、儿童罪，第 416 条第 2 款阻碍解救被拐卖、绑架妇女、儿童罪，第 417 条帮助犯罪分子逃避处罚罪。

■ 第二节　渎职罪分述

一、滥用职权罪

（一）法律规定

《刑法》第 397 条规定："国家机关工作人员滥用职权或者玩忽职守，致使公共财产、国家和人民利益遭受重大损失的，处 3 年以下有期徒刑或者拘役；情节特别严重的，处 3 年以上 7 年以下有期徒刑。本法另有规定的，依照规定。国家机关工作人员徇私舞弊，犯前款罪的，处 5 年以下有期徒刑或者拘役；情节特别严重的，处 5 年以上 10 年以下有期徒刑。本法另有规定的，依照规定。"

（二）概念和构成特征

滥用职权罪，是指国家机关工作人员滥用职权，致使公共财产、国家和人民的利益遭受重大损失的行为。

1. 本罪侵犯的客体是国家机关的正常管理活动。本罪是由一般国家机关工作人员构成的犯罪，而不是由某种特定国家机关工作人员构成的。因此，本罪所述的国家机关包括国家各级权力机关、各级行政机关、各级司法机关等。

2. 本罪的客观方面表现为滥用职权，致使公共财产、国家和人民的利益遭受重大损失的行为。本罪的客观方面由两部分组成：①滥用职权，即国家机关工作人员超越法律、法规赋予的职权，擅自处理其无权处理、决定的事项，或者在行使职权时，以权谋私，假公济私，不正确地履行职责，或者随心所欲地作出处理决定，对不同的事项作同样的处理和对同样的事项作不同的处理等。滥用职权实际包含了无权擅用和有权滥用两个方面。②致使国家和人民的利益、公共财产遭受重大损失。这是构成本罪的结果要求。如果公共财产、国家和人民的利益没有遭受重大的损失，或者虽然遭受重大损失，但不是由滥用职权所引起的，即与滥用职权没有因果联系，则不能以本罪论。

3. 本罪主体是国家机关工作人员。其范围包括在各级权力机关、行政机关、司法机关中从事公务的人员。

4. 本罪的主观方面表现为故意，过失不构成本罪。至于行为人的主观动机，可能是为己谋利，也可能是为他人办事，甚至也可能是不满意领导安排的工作等，均不影响本罪的成立。

（三）司法实务问题

1. 滥用职权罪与非罪的界限。刑法规定构成滥用职权罪，必须致使公共财产、国家和人民利益遭受重大损失。这一重大损失的标准，参照有关司法解释对玩忽职守罪（与本罪处同一条文中，且起刑度一样）的规定，是指死亡1人以上，或者重伤3人以上，直接经济损失5万元以上或者虽然人身伤亡、经济损失不足上述标准，但情节恶劣，致使工作、生产受到重大损害或者在国内外造成恶劣政治影响的。不具备上述标准，情节也不恶劣的，不能构成犯罪。

2. 滥用职权罪与受贿罪的界限。国家机关工作人员滥用职权可能是为了他人的利益，为他人谋取私利，这同受贿罪中利用职务上的便利为他人谋取不正当利益有相似之处。可以说，国家工作人员利用职权便利为他人谋取不正当利益，也是一种滥用职权的表现。两者的主要区别在于是否收受他人贿赂。如果索取或者收受他人财物，应以受贿罪论；反之，则以滥用职权罪论。

3. 滥用职权罪与报复陷害罪的界限。两罪的主体都是国家机关工作人员，客观方面都有滥用职权的特征，主观方面都是故意。但两罪的区别在于：①对象不同。报复陷害罪有特定对象；滥用职权罪没有特定对象。②客观方面不同。报复陷害罪的客观方面是滥用职权、假公济私，对控告人、申诉人、批评人、举报人实行报复陷害；滥用职权罪则是滥用职权，致使公共财产、国家和人民利益遭受重大损失。

二、玩忽职守罪

（一）法律规定

见前列《刑法》第397条。

（二）概念和构成特征

玩忽职守罪，是指国家机关工作人员严重不负责任，不履行或不正确履行职责，致使公共财产、国家和人民利益遭受重大损失的行为。

1. 本罪侵犯的客体是国家机关的正常管理活动。

2. 本罪的客观方面表现为玩忽职守，致使公共财产、国家和人民利益遭受重大损失的行为。本罪的客观方面由以下两部分组成：①玩忽职守，即国家机关工作人员严重不负责任，不履行或不正确履行职责。玩忽职守实际包含了有职责不履行和履行职责不正确两个方面。其通常的表现有，严重官僚主义，擅离职守，或者虽在职守，但不履行职责，或者瞎指挥，马虎草率，不正确履行职责。②因玩忽职守，致使公共财产、国家和人民利益遭受重大损失。这是构成玩忽职守罪所应具备的结果要求。重大损失同玩忽职守之间存在着刑法上的因果关系，如果不具有这种因果关系，则不应以本罪论。

3. 本罪主体是国家机关工作人员。原刑法中的玩忽职守罪的主体为国家工作人员，其范围远大于现在的国家机关工作人员，两者不能混同。同时，本罪的主体范围又大于本章渎职罪中的其他特定玩忽职守犯罪的主体范围。本罪主体包括各级权力机关、行政机关和司法机关的人员，而其他特定玩忽职守罪的主体限于某一国家机关的人员，这也是应当区分的。

4. 本罪的主观方面表现为过失。

（三）司法实务问题

1. 玩忽职守罪与非罪的界限。根据刑法规定，构成玩忽职守罪，必须具备使公共财产、国家和人民利益遭受重大损失的特征，这是罪与非罪的标准。根据最高人民检察院有关司法解释的规定，重大损失是指死亡 1 人以上，重伤 3 人以上；直接经济损失 5 万元以上；或者虽然人身伤亡、经济损失不足上述标准，但情节恶劣，使工作、生产受到重大损害或者在国内外造成恶劣政治影响的。

2. 玩忽职守罪与滥用职权罪的界限。两罪的主体都是国家机关工作人员，客观方面都是致使公共财产、国家和人民利益遭受重大损失。两罪的主要区别是：滥用职权罪的主观方面是故意，玩忽职守罪的主观方面则是过失；滥用职权罪的客观方面是无权擅自越权或者有权滥用，而玩忽职守罪则是有职责不履行或者不正确履行职责。由于这一客观方面的差别，导致了滥用职权罪的行为表现是积极的作为，而玩忽职守罪则是消极的不作为。

3. 玩忽职守罪与重大责任事故罪的界限。两罪主观上都是过失，客观上都有造成人员伤亡或重大经济损失的后果，而且造成严重后果都与没有遵守规章或不按规章履行职责有关。两罪的区别是：①客体不同。玩忽职守罪侵犯的是国家机关的正常活动；重大责任事故罪侵犯的是社会公共安全。②客观方面不同。玩忽职守罪发生在国家机关工作人员履行国家管理职能的过程中，通常是行政管理过程中；重大责任事故罪则发生在生产、作业中，以及直接指挥生产、作业过程中。③主体不同。玩忽职守罪的主体是国家机关工作人员；重大责任事故罪的主体既可由主管、指挥生产的领导人员构成，也可以由直接从事生产操作的职工构成。

三、故意泄露国家秘密罪

（一）法律规定

《刑法》第 398 条规定："国家机关工作人员违反保守国家秘密法的规定，故意或者过失泄露国家秘密，情节严重的，处 3 年以下有期徒刑或者拘役；情节特别严重的，处 3 年以上 7 年以下有期徒刑。非国家机关工作人员犯前款罪的，依照前款的规定酌情处罚。"

（二）概念和构成特征

故意泄露国家秘密罪，是指违反保守国家秘密法的规定，故意泄露国家秘密，情节严重的行为。

1. 本罪侵犯的客体是国家保密制度。犯罪对象是国家秘密。国家秘密是关系国家安全和利益，依照法定程序确定，在一定时间内只限一定范围的人员知悉的事项。根据我国保守国家秘密法的规定，国家秘密包括下列秘密事项：①国家事务的重大决策中的秘密事项；②国防建设和武装力量活动中的秘密事项；③外交和外事活动中的秘密事项以及对外承担保密义务的事项；④国民经济和社会发展中的秘密事项；⑤科学技术中的秘密事项；⑥维护国家安全活动和追查犯罪中的秘密事项；⑦其他经国家保密工作部门确定应当保守的国家秘密事项。国家秘密的密级分为绝密、机密和秘密三级。所谓"绝密"，是最重要的国家秘密，泄露会使国家的安全和利益遭受特别严重的损害；所谓"机密"，是重要的国家秘密，泄露会使国家的安全和利益遭受严重的损害；所谓"秘密"，是一般的国家秘密，泄露会使国家的安全和利益遭受损害。无论是泄露哪一方面事项的国家秘密，也无论泄露的国家秘密的密级如何，凡是故意泄露国家秘密的行为，都直接侵犯了国家的保密制度，从而损害或者足以损害国家的安全和利益。

2. 本罪的客观方面表现为违反保守国家秘密法的规定，故意泄露国家秘密，情节严重的行为。所谓违反保守国家秘密法的规定，具体是指违反《中华人民共和国保守国家秘密法》的规定。"故意泄露国家秘密"，是指故意违反保守国家秘密法的规定，使国家秘密被不应知悉者知悉，或者使国家秘密超出限定的接触范围，而不能证明未被不应知悉者知悉。故意泄露的方式一般是作为，如通过书面或口头向他人透露国家秘密的内容，为他人提供阅览、复制、摘抄国家秘密载体原件的机会，向他人直接提供秘密的原件或复制件，在书刊、音像制品中向公众披露国家秘密的内容等，但个别情况下也可以是不作为，如在收发、保管、传递或外出携带国家秘密时，不按保密法的规定采取保密措施，故意让不应知悉者知悉。根据《刑法》第398条的规定，故意泄露国家秘密，情节严重的，才构成本罪。所谓"情节严重"，一般应当从泄露的国家秘密的密级、种类、数量，泄露的动机、目的、方法以及造成或者可能造成的后果等方面加以判断。

3. 本罪主体主要是国家机关工作人员，但掌握国家秘密的非国家机关工作人员故意泄露国家秘密的，也可以成为本罪主体。

4. 本罪的主观方面必须出于故意，即明知自己的行为可能造成国家秘密被不应知悉者知悉或者使国家秘密超出限定的接触范围而可能被不应知悉者知悉，而希望或者有意识地放任这种结果发生。

（三）司法实务问题

1. 故意泄露国家秘密罪与为境外窃取、刺探、收买、非法提供国家秘密、情报罪的界限。两罪的主要区别在于：①犯罪主体不同。前罪的主体主要是国家机关工作人员，而后罪的主体则是一般主体。②犯罪故意的内容不同。前罪只要求泄露国家秘密的行为出于故意，而后罪则要求行为人必须具有为境外的机构、组织、人员窃取、刺探、收买或者非法提供国家秘密或者情报的故意。③犯罪客观方面不同。前罪要求有泄露国家秘密的行为，而后罪则可以是为境外的机构、组织、人员窃取、刺探、收买或者非法提供国家秘密或者情报的行为之一；前罪必须情节严重的，才构成犯罪，而后罪的构成则不要求情节严重。④犯罪对象不同。前罪的犯罪对象限于国家秘密，而后罪的犯罪对象除国家秘密外，还包括关系国家安全和利益但没有依照法定程序确定为国家秘密的情报。

2. 故意泄露国家秘密罪与非法获取国家秘密罪的界限。两者的主要区别在于，前罪表现为行为人将合法知悉的国家秘密泄露给不应知悉者，后罪则表现为行为人不应知悉国家秘密，而以窃取、刺探、收买的方法非法获取国家秘密。如果行为人非法获取国家秘密后又予以泄露的，则同时触犯非法获取国家秘密罪与故意泄露国家秘密罪两个罪名，应当按数罪进行并罚。

3. 故意泄露国家秘密罪与侵犯商业秘密罪的界限。区别的关键在于正确地界定国家秘密和商业秘密的关系。本罪侵犯的对象是国家秘密，即关系国家安全和利益，依照法定程序确定的，在一定时间内只限一定范围内人员知悉的事项；而侵犯商业秘密罪的对象则是商业秘密，即不为公众所知悉，能为权利人带来经济利益，具有实用性并经权利人采取保密措施的技术信息和经营信息。国家秘密与商业秘密是两种不同法律性质的秘密，通常情况下其界限是明确的。但是，在我国社会主义公有制这一特定体制条件下，有些商业秘密同时也可能是国家秘密。如果行为人故意泄露了同时被确定为国家秘密的商业秘密的，其行为则同时触犯故意泄露国家秘密罪与侵犯商业秘密罪，应当按想象竞合犯从一重处罚的原则，以故意泄露国家秘密罪论处，而不再定侵犯商业秘密罪。

四、过失泄露国家秘密罪

（一）法律规定

见前列《刑法》第398条。

（二）构成特征

本罪的构成特征除了行为人主观方面是过失外，其他均与故意泄露国家秘密罪相同。本罪中行为人的过失，是指知悉国家秘密的国家机关工作人员或者非国家机关工作人员应当预见自己的行为可能导致国家秘密被泄露的结果，却因疏忽大意而没有预见，或者已经预见自己的行为可能导致国家秘密被泄露的结果而轻信能够避免的主观心理状态。

五、徇私枉法罪

（一）法律规定

《刑法》第399条规定："司法工作人员徇私枉法、徇情枉法，对明知是无罪的人而使他受追诉、对明知是有罪的人而故意包庇不使他受追诉，或者在刑事审判活动中故意违背事实和法律作枉法裁判的，处 5 年以下有期徒刑或者拘役；情节严重的，处 5 年以上 10 年以下有期徒刑；情节特别严重的，处 10 年以上有期徒刑。在民事、行政审判活动中故意违背事实和法律作枉法裁判，情节严重的，处 5 年以下有期徒刑或者拘役；情节特别严重的，处 5 年以上 10 年以下有期徒刑。在执行判决、裁定活动中，严重不负责任或者滥用职权，不依法采取诉讼保全措施、不履行法定执行职责，或者违法采取诉讼保全措施、强制执行措施，致使当事人或者其他人的利益遭受重大损失的，处 5 年以下有期徒刑或者拘役；致使当事人或者其他人的利益遭受特别重大损失的，处 5 年以上 10 年以下有期徒刑。司法工作人员收受贿赂，有前 3 款行为的，同时又构成本法第 385 条规定之罪的，依照处罚较重的规定定罪处罚。"

（二）概念和构成特征

徇私枉法罪，是指司法工作人员徇私枉法、徇情枉法，对明知是无罪的人而使他受追诉、对明知是有罪的人而故意包庇不使他受追诉，或者在刑事审判活动中故意违背事实和法律作枉法裁判的行为。

1. 本罪侵犯的客体是司法工作人员公务行为的廉洁性、客观性、公正性和合法性，同时也可能侵犯受害人的合法权益。

2. 本罪的客观方面表现为徇私枉法、徇情枉法，对明知是无罪的人而使他受追诉、对明知是有罪的人而故意包庇不使他受追诉，或者在刑事审判活动中故意违背事实和法律作枉法裁判的行为。所谓徇私枉法、徇情枉法，是指司法工作人员出于个人私利（如贪图钱财、美色、名利、权力）或者私人感情（如与案件当事人有亲戚朋友关系或者其他利害关系），在处理刑事案件时利用职权实施违背法律规定的行为。徇私枉法、徇情枉法的前提是利用职权，如果司法工作人员没有利用自己负责处理案件的职权之便，而实施包庇罪犯、提供伪证、诬告陷害等行为的，则不能以本罪论处，需要追究刑事责任的，可以分别按包庇罪、伪证罪或诬告陷害罪处理。徇私、徇情是行为人实施本罪的动因，而枉法则是本罪的本质。根据《刑法》第399 条的规定，枉法具有三种表现形式：①对明知是无罪的人而使他受追诉。具体是指，在刑事诉讼的立案、侦查、起诉过程中，司法工作人员出于私利或者私情，对明知没有实施危害社会行为的人，或者虽然实施了危害社会的行为，但是情节显著轻微、危害不大，根据《刑法》第 13 条的规定，不认为是犯罪的人，以及其他依照刑法规定不负刑事责任的人，不该立案而立案，不该采取强制措施而采取强制措施，不该起诉而起诉，从而使其受到错误的刑事追究。②对明知是有罪的人而故意包庇不使他受追诉。具体是指，在刑事诉讼的立案、侦查、起诉过程中，司法工作人员对有确实充分的证据证明其行为构成犯罪的人，出于个人私利或私人感情，该立案侦查而不立案侦查，该采取强制措施而不采取强制措施，该起诉而不起诉，从而使其逃避刑事追究。③在刑事审判活动中违背事实和法律作枉法裁判。具体是指，在法院的刑事审判过程中，故意歪曲事实真相、曲解法律，作出违背事实和法律规定的判决或裁定，包括故意将无罪判为有罪或轻罪判为重罪，也包括故意将有罪判为无罪或重罪判为轻罪。行为人只要徇私或者徇情而实施了上述三种枉法行为之一的，即构成本罪。

3. 本罪主体是特殊主体，即司法工作人员。根据《刑法》第94条的规定，司法工作人员是指有侦查、检察、审判、监管职责的工作人员。

4. 本罪的主观方面必须出于故意，即明知是无罪的人而故意使他受追诉、对明知是有罪的人而故意包庇不使他受追诉，或者在刑事审判活动中故意违背事实和法律枉法裁判。

（三）司法实务问题

1. 徇私枉法罪与因工作失误而造成错案的界限。区分的关键在于考察行为人主观上是否具有徇私枉法的故意。如果是由于刑事案件本身的复杂性、行为人的业务能力限制或者工作责任心不强等原因，造成对案件事实没有查清、案件性质认定错误、适用法律不当，致使该被追诉的没有被追诉，该定罪判刑的没有被定罪判刑，或者相反的情况的，不能以本罪论处，而只能以工作失误论处，对个别情节严重、造成严重危害后果的，可以按玩忽职守罪论处。

2. 徇私枉法罪与诬告陷害罪的界限。两罪都是假借或者利用司法机关的刑事诉讼活动实施的犯罪，都可能造成无罪的人被错误地追诉甚至被错误地定罪判刑的结果。两罪的主要区别在于：①犯罪主体不同。前罪的主体只能是司法工作人员；而后罪的主体则可以是任何有刑事责任能力的公民。②犯罪故意的内容不同。前罪的故意既可能使无罪者受到不应有的追究，也可以使有罪者逃避刑事追究；而后罪的故意仅限于使无罪的人受到错误的刑事追究。③犯罪客观方面不同。前罪表现为利用职权，徇私枉法、徇情枉法，使无罪的人受到追诉，使有罪者不受追诉，或者故意违背事实和法律作枉法裁判；而后罪则表现为捏造他人犯罪的事实作虚假的告发。④犯罪客体不同。前罪侵犯的客体主要是司法工作人员公务行为的廉洁性、客观性、公正性和合法性；而后罪侵犯的客体主要是受害人的合法权益。

3. 徇私枉法罪与包庇罪的界限。两罪都发生在刑事诉讼活动过程中，犯罪的结果都可以导致有罪的人不受追诉或者逃避刑事惩罚。两罪的主要区别在于：①犯罪主体不同。前罪的主体只能是司法工作人员；而后罪的主体则可以是任何有刑事责任能力的公民。②犯罪主观方面不同。前罪的故意包括使无罪、罪轻的人受到不应有的追究，也包括使有罪、罪重的人逃避应得的惩罚；而后罪的犯罪故意的内容仅限于使有罪、罪重的人逃避应得的惩罚。③犯罪客观方面不同。前罪表现为利用自己直接经办或主管案件的职权之便作枉法追诉或枉法裁判；而后罪则是为犯罪的人提供隐藏处所、财物，帮助其逃匿或者作假证明包庇。④犯罪客体不同。前罪侵犯的客体主要是司法工作人员公务行为的廉洁性、客观性、公正性和合法性；而后罪侵犯的客体则主要是国家司法机关的正常工作秩序。

4. 正确处理徇私枉法罪与受贿罪的关系。如果司法工作人员在刑事诉讼过程中，利用自己经办或者主管刑事案件的职务之便，非法收受或者索取他人财物，作枉法追诉或者枉法裁判的，其行为同时构成受贿罪与徇私枉法罪，两罪之间具有牵连关系，应当按照处理牵连犯的原则从一重罪从重处断。因此，《刑法》第399条第3款规定，司法工作人员贪赃枉法，有徇私枉法行为，同时又构成《刑法》第385条规定的受贿罪的，依照处罚较重的规定定罪处罚。受贿罪的法定刑最高为死刑，而徇私枉法罪的最高法定刑为15年有期徒刑。因此，一般而言，受贿罪的处罚应当重于徇私枉法罪。但是，刑法典根据受贿的数额大小和情节轻重对受贿罪规定了若干量刑档次，对徇私枉法罪也根据情节轻重规定了三个量刑档次。因而在确定受贿罪与徇私枉法罪的法定刑孰轻孰重时，应当根据与行为人所犯罪行相符合的具体量刑档次予以确定。如果根据行为人实际受贿的数额或者情节和徇私枉法的具体情况，其所构成的受贿罪的法定刑标准低于其所犯徇私枉法罪的，则应当按法定刑较重的徇私枉法罪定罪处罚。

六、民事、行政枉法裁判罪

（一）法律规定

见前列《刑法》第399条第2款。

（二）概念和构成特征

民事、行政枉法裁判罪，是指司法工作人员在民事、行政审判活动中故意违背事实和法律作枉法裁判，情节严重的行为。

1. 本罪侵犯的客体与徇私枉法罪的客体相同。

2. 本罪的客观方面表现为在民事、行政审判活动中违背事实和法律作枉法裁判，情节严重的行为。本罪的客观方面有以下三方面的内容：①必须是在民事、行政审判中。这是对本罪发生场合的限定。这里的民事审判，依据我国司法实践中经济诉讼以民事诉讼法为根据的现状，应当包括民事审判和经济审判两方面。②违背事实和法律作枉法裁判。也就是在明知事实的真相和法律相应规定的前提下，作出背离事实或者曲解法律的判决和裁定，如把依据事实和法律应当胜诉的判成败诉，或者把应判败诉的判成胜诉等。③必须具有情节严重的特征。这里的"情节严重"，一般是指：多次枉法裁判；枉法裁判给国家和人民利益造成重大损失；给有关当事人的人身、财产等方面的合法权益造成重大损失等。

3. 本罪主体是司法工作人员，其中主要是民事（包括经济）、行政审判工作人员。本罪是刑法新增设的一个罪名，它与徇私枉法罪相对应、协调。徇私枉法罪是刑事司法中（包括刑事审判中）的枉法裁判，而本罪是在民事、行政审判中的枉法裁判。所以，本罪的主体是民事、行政审判工作人员。

4. 本罪的主观方面表现为故意。过失不能构成本罪。

（三）司法实务问题

1. 民事、行政枉法裁判罪与非罪的界限。对于因认识水平、工作能力的原因而造成错判的，不能以枉法裁判罪论。对于由于过失而导致错判，或者由于隶属关系，不得不执行上级错误指令造成错案的，只要不具有枉法裁判的共同故意，也不能以枉法裁判罪论。对于虽有枉法裁判行为和故意，但情节不严重的，也不应以枉法裁判罪追究刑事责任。

2. 民事、行政枉法裁判罪与徇私枉法罪的界限。两罪在主观上都是故意，主体上都是司法工作人员，客观上都有违背事实和法律的枉法行为。在新刑法设枉法裁判罪以前，有关的司法解释把枉法裁判行为以徇私枉法罪处理。枉法裁判罪与徇私枉法罪的区别有：①发生的场合不同。枉法裁判罪发生在民事、行政审判中；徇私枉法罪则发生在刑事司法过程中。②枉法的内容不同。民事、行政枉法裁判罪是对民事、经济、行政案件作错误判决、裁定；徇私枉法罪则是对有罪无罪、是否追究刑事责任作错误判决和决定。③主体不同。枉法裁判罪的主体实际上是民事、经济、行政案件的审判人员；徇私枉法罪的主体则是包括公安、检察、刑事审判、监管人员在内的司法工作人员。④构成犯罪的情节要求不同。枉法裁判罪的构成要求是情节严重；徇私枉法罪则无此情节的要求。

3. 民事、行政枉法裁判罪与受贿罪的界限。司法工作人员在实施枉法裁判行为的过程中，可能收受他人给予的财物，因此在构成枉法裁判罪的同时，又构成受贿罪。对此，依照法律的规定，应当以两罪中处罚较重的罪名定罪处罚，不实行数罪并罚。

七、执行判决、裁定失职罪

（一）法律规定

见前列《刑法》第 399 条第 3 款。

（二）概念和构成特征

执行判决、裁定失职罪是指在执行判决、裁定活动中，严重不负责任，不依法采取诉讼保全措施、不履行法定执行职责，致使当事人或者其他人的利益遭受重大损失的行为。本罪侵犯的客体是司法活动的公正性和司法机关的威信。客观方面表现为在执行判决、裁定活动中，严重不负责任，不依法采取诉讼保全措施，不履行法定执行职责，致使当事人或者其他人的利益遭受重大损失的行为。本罪的主体为特殊主体，即仅限于司法工作人员。

八、执行判决、裁定滥用职权罪

（一）法律规定

见前列《刑法》第 399 条第 3 款。

（二）概念和构成特征

执行判决、裁定滥用职权罪，是指在执行判决、裁定活动中，滥用职权，违法采取诉讼保全措施、强制执行措施，致使当事人或者其他人的利益遭受重大损失的行为。本罪侵犯的客体是司法活动的公正性和司法机关的威信。执行判决、裁定滥用职权罪的客观方面表现为在执行判决、裁定活动中，滥用职权，违法采取诉讼保全措施、强制执行措施，致使当事人或者其他人的利益遭受重大损失的行为。本罪的主体为特殊主体，即仅限于司法工作人员。

九、枉法仲裁罪

（一）法律规定

《刑法》第399条之一规定："依法承担仲裁职责的人员，在仲裁活动中故意违背事实和法律作枉法裁决，情节严重的，处3年以下有期徒刑或者拘役；情节特别严重的，处3年以上7年以下有期徒刑。"

（二）概念和构成特征

枉法仲裁罪，是指依法承担仲裁职责的人员，在仲裁活动中故意违背事实和法律作枉法裁决，情节严重的行为。

本罪是《刑法修正案（六）》第20条新增设的一个罪名。本罪的客体是仲裁机关的正常活动与仲裁的公正性。本罪客观方面表现为仲裁人员在仲裁活动中违背事实和法律作枉法裁决，情节严重的行为。本罪的主体是特殊主体，即依法承担仲裁职责的人员。本罪主观方面只能是故意。

十、私放在押人员罪

（一）法律规定

《刑法》第400条规定："司法工作人员私放在押的犯罪嫌疑人、被告人或者罪犯的，处5年以下有期徒刑或者拘役；情节严重的，处5年以上10年以下有期徒刑；情节特别严重的，处10年以上有期徒刑。司法工作人员由于严重不负责任，致使在押的犯罪嫌疑人、被告人或者罪犯脱逃，造成严重后果的，处3年以下有期徒刑或者拘役；造成特别严重后果的，处3年以上10年以下有期徒刑。"

（二）概念和构成特征

私放在押人员罪，是指司法工作人员私放在押的犯罪嫌疑人、被告人或者罪犯的行为。

1. 本罪侵犯的客体是司法机关的正常活动。非法私自放走在押的犯罪嫌疑人、被告人或者罪犯，必然妨害司法机关对刑事案件的立案、侦查、起诉和审判，妨害对生效裁判的执行。被私放的在押人员只要是经过合法程序依法被关押的，即使其行为不构成犯罪，也应当经过合法程序解除关押，而不能非法私自予以释放。因此，司法工作人员私放其认为无罪的在押人员，即使经过事后查证确定该在押人员为无罪的，仍然可能按本罪论处。

2. 本罪的客观方面表现为司法工作人员利用职务上的便利，私放在押的犯罪嫌疑人、被告人或者罪犯的行为。具体表现为利用监管、提审的职务之便，在关押场所、押解途中或者狱外作业地点将在押的犯罪嫌疑人、被告人或者罪犯私自释放；或者利用职务之便，伪造、篡改法律文书，公然将在押的犯罪嫌疑人、被告人或者罪犯放走；或者利用职务之便，为在押的犯罪嫌疑人、被告人或者罪犯提供种种脱逃的便利条件，帮助其脱逃，如提供监管设施和警戒人员的分布情况，提供越狱脱逃的工具、服装、通行证明等。本罪一般表现为作为，但在个别情况下也可以是不作为，如明知在押人员逃跑，负有阻止和追捕职责而故意放弃职守，任由其逃跑。

3. 本罪主体是特殊主体，只能是司法工作人员。

4. 本罪的主观方面必须出于故意，即明知自己的行为会导致在押的犯罪嫌疑人、被告人或者罪犯脱逃的结果，而希望或者放任这种结果的发生。其动机可能是贪图钱财，也可能是徇个人私情。如果是因疏忽大意、严重不负责任而导致在押犯罪嫌疑人、被告人脱逃的，不构成本罪。

（三）司法实务问题

1. 注意区分私放在押人员罪与司法工作人员帮助被依法关押的罪犯、被告人、犯罪嫌疑人脱逃的行为。私放在押人员罪的成立，要求行为人利用了职务便利或职权，如果行为人没有利用职务便利或职权，而是利用自己熟悉监所地理环境等条件，帮助前述在押人员脱逃的，应以脱逃罪的共犯论处，而不应定私放在押人员罪。

2. 划清本罪与徇私枉法罪的界限。两罪的犯罪主体都是司法工作人员，主观上可能都具有使在押人员逃避制裁的犯罪故意，并且客观上都可能产生在押人员脱离关押的后果，其区别主要在于犯罪的客观方面：私放在押人员罪是利用职务上的便利，不经合法程序，私自释放在押的犯罪嫌疑人、被告人或者罪犯；而徇私枉法罪则是假借和利用合法的刑事诉讼程序，对有罪或无罪的人，作枉法的追诉或不追诉，或者作枉法的裁判，使无罪的人受到不应有的刑事追究，或者使有罪的人逃避刑事追究。如果司法工作人员利用职务上的便利，对明知有罪的人故意包庇不使其受追诉，或者故意宣告其无罪或者免除处罚，致使有罪的人被放走的，只能以徇私枉法罪论处，而不能定私放在押人员罪。

十一、失职致使在押人员脱逃罪

（一）法律规定

见前列《刑法》第 400 条第 2 款。

（二）构成特征

1. 本罪侵犯的客体是司法机关的正常工作秩序。

2. 本罪的客观方面表现为玩忽职守，严重不负责任，因而致使在押犯罪嫌疑人、被告人或者罪犯脱逃，造成严重后果的行为。所谓"玩忽职守，严重不负责任"，在实践中通常表现为：在羁押场所、押解途中未按规定采取有关看守、监管措施；擅离看守、监管岗位；发现在押的犯罪嫌疑人、被告人或者罪犯有脱逃迹象，不及时采取有效的防范措施；在犯罪嫌疑人、被告人或者罪犯脱逃时，不及时进行追捕等。玩忽职守、不负责任的行为必须造成严重后果，才能构成犯罪。所谓造成严重后果，是指：致使重要的犯罪嫌疑人、被告人或者罪犯脱逃；致使多名犯罪嫌疑人、被告人或者罪犯脱逃；由于犯罪嫌疑人、被告人的脱逃致使案件的侦查、起诉、审判受到严重影响；犯罪嫌疑人、被告人或者罪犯脱逃后打击报复控告人、举报人、证人和司法工作人员，继续犯罪，危害社会；等等。

3. 本罪主体是司法工作人员。

4. 本罪的主观方面是过失。

（三）司法实务问题

1. 失职致使在押人员脱逃罪与非罪的界限。"造成严重后果"，是本罪的必要要件，缺少此要件则不构成本罪。"造成严重后果"，司法实践中主要是指：致使在押人员多人、多次脱逃的；在押人员脱逃后行凶报复或者犯罪的；因在押人员脱逃使刑事诉讼活动受到严重干扰的；在押人员脱逃中杀伤军警人员、司法工作人员或者群众的；造成恶劣社会影响的；等等。

2. 本罪与私放在押人员罪的界限。两者在犯罪主体、犯罪后果和犯罪客体等方面基本相同，区别主要在于主观方面和客观方面。本罪主观方面必须出于过失，即由于严重不负责任致使在押的犯罪嫌疑人、被告人或者罪犯脱逃；而私放在押人员罪则必须出于故意。本罪的脱逃结果是由司法工作人员的严重不负责任行为间接造成的，行为的表现形式一般为不作为；而私放在押人员罪的脱逃结果则是由司法工作人员的私放行为直接造成的，私放行为的表现形式一般为作为。本罪在构成上除要求发生在押人员脱逃的结果外，还要求造成严重后果。虽然发生脱逃行为，但没有造成严重后果的，不能以本罪论处。

十二、徇私舞弊减刑、假释、暂予监外执行罪

（一）法律规定

《刑法》第 401 条规定："司法工作人员徇私舞弊，对不符合减刑、假释、暂予监外执行条件的罪犯，予以减刑、假释或者暂予监外执行的，处 3 年以下有期徒刑或者拘役；情节严重的，处 3 年以上 7 年以下有期徒刑。"

（二）构成特征

1. 本罪侵犯的客体是司法机关的正常工作秩序。

2. 本罪的客观方面表现为徇私舞弊，违反国家法律中有关减刑、假释、暂予监外执行的规定，对不符合减刑、假释或者暂予监外执行条件的罪犯，予以减刑、假释和监外执行。我国法律对减刑、假释、暂予监外执行的条件和程序等都作了明确而严格的规定，对不符合条件的罪犯予以减刑、假释或者予以监外执行，必然损害法制的尊严和权威，放纵犯罪，并造成不良社会影响。从实践看，非法实施减刑、假释或者暂予监外执行，一般包括两方面：①监狱等刑罚执行机关的工作人员明知罪犯不符合减刑、假释或暂予监外执行的条件，却捏造事实，伪造证据，如伪造悔改或立功表现、伪造病历诊断证明等，制作虚假的报请减刑、假释、暂予监外执行的材料；②有权决定减刑、假释、暂予监外执行的机关的工作人员，明知罪犯不符合减刑、假释、暂予监外执行的条件，却非法地作出减刑、假释的裁定或者暂予监外执行的决定。

3. 本罪主体是司法工作人员。具体说来，是指具有报请或者决定减刑、假释、暂予监外执行职权的司法机关的工作人员。

4. 本罪的主观方面是故意，犯罪动机是徇私，即为了贪图钱财、袒护亲友或者其他私情私利。

（三）司法实务问题

1. 本罪与非罪的界限。行为人只要徇私舞弊，实施了对不符合减刑、假释或者暂予监外执行的罪犯予以减刑、假释或者暂予监外执行其中一种行为的，就构成本罪；实施了两种以上行为的，仍为一罪，不实行并罚。如果行为的情节显著轻微、危害不大的，不以犯罪论处。实践中对于因失误或者法律业务素质不高而错误作出减刑、假释、暂予监外执行的裁定或决定的，也不以本罪论处。

2. 本罪既遂与未遂的界限。区别本罪既遂与未遂的标准是不符合法定条件的减刑、假释、暂予监外执行的裁定或者决定的作出与否。对于有关直接作出裁定或者决定的司法工作人员，该裁定或决定一经作出，即为既遂。如果司法工作人员只有权建议作出裁定或决定的，则在该裁定或决定被批准作出后，即构成既遂；尚未批准的，构成未遂。

十三、徇私舞弊不移交刑事案件罪

（一）法律规定

《刑法》第 402 条规定："行政执法人员徇私舞弊，对依法应当移交司法机关追究刑事责任的不移交，情节严重的，处 3 年以下有期徒刑或者拘役；造成严重后果的，处 3 年以上 7 年以下有期徒刑。"

（二）构成特征

1. 本罪侵犯的客体是国家行政执法机关的正常活动和法律的权威与尊严。

2. 本罪的客观方面表现为徇私舞弊，对依法应当移交司法机关追究刑事责任的不移交，情节严重的行为。这里的"依法应当移交司法机关追究刑事责任的不移交"，是指行政执法人员在行政执法过程中，明知违法行为已构成犯罪，依法应当移交司法机关查办，追究行为人的刑事责任而不移送，以行政处罚代替刑事责任追究，或者予以隐瞒、掩饰等。这里的"情节严重"，是指：依法应当移交司法机关追究刑事责任而不移交，经上级或有关部门多次责令或指出仍拒不移交的；多次或对多名犯罪分子不移交的；对严重犯罪不移交的；不移交造成严重后果（如犯罪分子继续犯罪）或者造成恶劣社会影响的；等等。本罪的行为表现形式一般是不作为。

3. 本罪主体是行政执法人员。这里的行政执法人员，是指依法具有行政执法职能，行使行政处罚权的人员，包括公安、工商、税务、海关、检疫、环保等人员。在这些行政执法人员中，公安人员履行刑事司法职能时，则属于司法工作人员，不属于本罪主体范围；但如果履行行政职能，如处理妨害治安管理行为时，则属于行政执法人员。

4. 本罪的主观方面是故意，过失不能构成。行为人主观上应当具有徇私的动机，包括个人私情、他人说情或者为小单位谋私利等。

（三）司法实务问题

1. 徇私舞弊不移交刑事案件罪与非罪的界限。徇私舞弊不移交刑事案件罪是刑法针对行政执法中比较严重的以罚代刑现象新增设的罪名，这一罪名的设立，对于加强惩治犯罪的力度，严肃法制，具有重要的作用。但是在认定本罪时应当严格掌握罪与非罪的界限。如果由于认识能力、业务能力等原因而没有移送刑事查办的，或者因疏忽了案件的某项重要情节而没有移送的，不构成本罪。同样，如果不移送的情节尚不严重的，也不能以犯罪论。

2. 本罪与徇私枉法罪的界限。两罪的客观方面都有明知是有罪的人而不使他受追诉的特点，主观上都是故意，都有徇私的动机。两者的主要区别是：徇私舞弊不移送刑事案件罪由行政执法人员构成，犯罪产生在行政执法过程中；而徇私枉法罪则由刑事司法工作人员构成，发生在刑事案件的侦查、起诉、审判等过程中。

3. 本罪与受贿罪的界限。不移送刑事案件可能是在贪图钱财、收受他人财物的情况下实施的，因此在构成本罪时也可能同时又构成受贿罪。虽然法律没有明文规定具体的处理方法，但由于两者之间存在着牵连关系，应参照刑法关于徇私枉法罪的规定，从一重罪论处。

十四、滥用管理公司、证券职权罪

（一）法律规定

《刑法》第403条规定："国家有关主管部门的国家机关工作人员，徇私舞弊，滥用职权，对不符合法律规定条件的公司设立、登记申请或者股票、债券发行、上市申请，予以批准或者登记，致使公共财产、国家和人民利益遭受重大损失的，处5年以下有期徒刑或者拘役。上级部门强令登记机关及其工作人员实施前款行为的，对其直接负责的主管人员，依照前款的规定处罚。"

（二）构成特征

1. 本罪侵犯的客体是国家对公司的设立、登记申请和股票、债券的发行、上市的管理活动。"公司的设立"，是指依照有关规定，在公司成立之前，为取得公司法人资格而进行的活动。"公司的登记"，则是指公司登记机关在审查申请人报送的文件后，依法对符合公司成立条件的，记录在案，发给其营业执照，同意公司成立的行为。"股票发行"，是指公司的股票经有关主管部门审批，向社会筹集、招募股份的行为。"债券的发行"，是指公司以债券的形式向社会筹集资金的行为。无论是公司的设立、登记，还是股票、债券的发行，都是在法定条件下按照一定程序，由国家主管机关审查批准的，这不仅是为了管理公司、债券市场，也是为了保护国家、公共财产和公民的利益不受侵害的一种监督措施。特别是在我国公司制度、股票、债券市场还不完善的时候，严格管理、规范这种审批制度更加必要。如果国家有关主管部门的工作人员严重不负责任、滥用职权，对不符合法律规定条件的公司设立、登记申请或者股票、债券发行、上市申请，予以批准或者登记，势必造成股票、债券市场的混乱局面，从而直接破坏国家经济的正常运转，同时还会使国家、公共财产和公民的利益直接蒙受经济损失。

2. 本罪的客观方面表现为行为人徇私舞弊，滥用职权，对不符合法律规定条件的公司设立、登记申请或者股票、债券发行、上市申请，予以批准或者登记，致使公共财产、国家和人民利益遭受重大损失的行为。这其中包含三层含义：①行为人实施的行为方式总体上讲表现为徇私舞弊，滥用职权。滥用职权，是指负有主管责任、审批责任的国家有关主管人员在审批过程中，明知是不符合条件的申请而予以批准或者登记。②具体行为表现为：对不符合法律规定条件的公司设立、登记申请或者股票、债券发行、上市申请，予以批准或者登记。③法律上规定只有使公共财产、国家和人民利益遭受重大损失的结果才构成本罪。

3. 本罪主体是特殊主体，即有关主管公司、股票、债券方面的国家机关工作人员。

4. 本罪的主观方面为故意。

（三）司法实务问题

注意本罪与欺诈发行股票、债券罪的界限。两者的主要区别在于犯罪主体不同：前者必须由有关主管股票公司、企业债券方面的国家机关工作人员构成；而后者是一般主体，即任何人都可成为该罪的主体。

十五、徇私舞弊不征、少征税款罪

（一）法律规定

《刑法》第 404 条规定："税务机关的工作人员徇私舞弊，不征或者少征应征税款，致使国家税收遭受重大损失的，处 5 年以下有期徒刑或者拘役；造成特别重大损失的，处 5 年以上有期徒刑。"

（二）构成特征

1. 本罪侵犯的客体是国家税务机关的正常活动，破坏了税收制度。税收是国家财政的主要收入来源，应开征哪些税、税率多少、怎样征收、如何减免，都要依法执行。国家行政机关工作人员私自为纳税人减免税款，是一种破坏国家税收制度的违法行为。

2. 本罪的客观方面表现为税务机关工作人员利用职务之便，违反法律和行政法规规定，徇私舞弊，对于应征税款的纳税人不征税或少征税，损害国家的税收利益的行为。构成本罪时，客观上要满足以下要素：①依据法律、法规规定，被违法减免税款的纳税义务人应当纳税，负有明确、肯定的纳税义务。②纳税义务人不符合减免税款的条件，依法不应当减税或免税。③税收机关的工作人员违反法律规定为纳税义务人减免了税款。减免的事实已经确立，而不是正在商议之中。④减免税事宜是由有关工作人员违法私自决定的，没有经过正常的工作程序讨论和申报。⑤该减免税对象与有关工作人员存在某种私人利益关系，有关工作人员出于私人关系才实施减免税行为，有时甚至因减免税获得某种好处。

3. 本罪主体是特殊主体，即依法履行税收征管职责，行使征税、减税、免税权力的税务机关工作人员。

4. 本罪的主观方面是故意，即明知纳税义务人依照法律规定不应减税或免税而又有意不征或少征税款，造成国家税款损失。

（三）司法实务问题

1. 本罪与征税玩忽职守行为的界限。在征税过程中，税务工作人员如果明知纳税人依法应当缴纳税款而故意不予征收或少征收，致使国家税收遭受重大损失的，应当以徇私舞弊不征、少征税款罪论处。如果税务工作人员在税收征管中玩忽职守，严重不负责任，不征或少征应征税款，致使国家税收遭受重大损失的，则应以《刑法》第397条的玩忽职守罪论处。

2. 本罪与逃税罪、逃避追缴欠税罪共犯竞合的认定。税务工作人员如果与逃税、逃避追缴欠税罪的犯罪分子相勾结，故意不征或少征应征税款的，也是逃税、逃避追缴欠税罪的共犯。因此在构成徇私舞弊不征、少征税款罪的同时又是逃税罪的共犯或者是逃避追缴欠税罪的共犯，对此应当按照想象竞合犯的原则论处。

3. 本罪中受贿问题的认定与处理。税务工作人员在征税工作中，利用税收征管的职务便利，索取或者收受纳税人的财物，不征或少征应征税款，致使国家税收遭受重大损失的，既符合徇私舞弊不征、少征税款罪的构成特征，又符合受贿罪的构成特征，可参照刑法有关徇私枉法与受贿竞合时以较重之罪定罪处罚的规定论处。

十六、徇私舞弊发售发票、抵扣税款、出口退税罪

（一）法律规定

《刑法》第405条规定："税务机关的工作人员违反法律、行政法规的规定，在办理发售发票、抵扣税款、出口退税工作中，徇私舞弊，致使国家利益遭受重大损失的，处5年以下有期徒刑或者拘役；致使国家利益遭受特别重大损失的，处5年以上有期徒刑。其他国家机关工作人员违反国家规定，在提供出口货物报关单、出口收汇核销单等出口退税凭证的工作中，徇私舞弊，致使国家利益遭受重大损失的，依照前款的规定处罚。"

（二）构成特征

1. 本罪侵犯的客体是税务机关的税收征管秩序。

2. 本罪的客观方面表现为行为人具有违反法律、行政法规的规定，在办理发售发票、抵扣税款、出口退税工作中徇私舞弊，致使国家利益遭受重大损失的行为。①必须具有违反法律、行政法规规定的行为。这是成立本罪的前提条件。这里的法律、行政法规，主要是指《税收征收管理法》《发票管理办法》以及《增值税暂行条例》等。②必须具有在发售发票、抵扣税款、出口退税工作中徇私舞弊的行为，即为牟取私利，故意违背事实和法律、行政法规的规定，对明知不符合条件的单位或者个人发售发票、抵扣税款、办理出口退税。行为人只要具备上述三种行为之一，即可构成本罪。③行为人的违法行为致使国家利益遭受重大损失。

3. 犯罪主体是税务机关的工作人员。

4. 本罪的主观方面是故意，过失不构成本罪。

第二十六章

（三）司法实务问题

1. 本罪与非罪的界限。"致使国家利益遭受重大损失"是区分罪与非罪的要件之一。所谓"重大损失"，在司法实践中，主要是指给国家税收造成重大损失，但又不限于此，具体内容有待最高司法机关作出解释。虽有徇私舞弊发售发票、抵扣税款或者出口退税等行为，但没有使国家利益遭受重大损失的，不以犯罪论处。

2. 徇私舞弊发售发票、抵扣税款、出口退税罪与玩忽职守罪的界限。行为人由于严重不负责任，在办理发售发票、抵扣税款、出口退税工作中过失地致使国家利益遭受重大损失的构成玩忽职守罪。

3. 徇私舞弊发售发票、抵扣税款、出口退税罪与诈骗罪、骗取出口退税罪共犯的界限。行为人如果与其他犯罪分子有诈骗的共同故意，在办理抵扣税款、出口退税工作中帮助骗取抵扣税款或者出口退税的，可构成诈骗罪或者骗取出口退税罪的共犯。

4. 一罪与数罪的界限。税收工作人员在办理发售发票、抵扣税款、出口退税工作中接受贿赂而实施本罪的，如果受贿行为构成犯罪的，应当按照处理牵连犯的原则从一重罪处罚。

十七、违法提供出口退税凭证罪

（一）法律规定

见前列《刑法》第405条第2款。

（二）构成特征

1. 本罪侵犯的客体是国家的出口退税制度。实施出口退税是为了提高本国产品在国际市场上的竞争能力，促进和扩大产品出口，保护出口企业生产、经营出口产品的积极性。如果国家机关的工作人员滥用提供出口货物报关单、出口收汇核销单等出口退税凭证的权力，势必破坏正常的出口退税秩序，造成税收管理的混乱和国家税收的损失。

2. 本罪的客观方面是违反法律、行政法规的规定，在提供出口货物报关单、出口收汇核销单等出口退税凭证的工作中，徇私舞弊，为不该获得出口货物报关单、出口收汇核销单等出口退税凭证的企业进行出口退税。这些行为的实施，势必直接把国家的税款变成了企业的款项，既损害了国家的税收制度，也侵犯了国家的财产权。

3. 本罪主体是税务机关以外的其他国家机关的工作人员，是特殊主体。

4. 本罪的主观方面是故意，即行为人明知相关企业或其产品不符合出口退税条件仍为其提供出口货物报关单、出口收汇核销单等出口退税凭证。

十八、国家机关工作人员签订、履行合同失职被骗罪

（一）法律规定

《刑法》第406条规定："国家机关工作人员在签订、履行合同过程中，因严重不负责任被诈骗，致使国家利益遭受重大损失的，处3年以下有期徒刑或者拘役；

致使国家利益遭受特别重大损失的，处3年以上7年以下有期徒刑。"

（二）构成特征

1. 本罪侵犯的客体是国家机关正常的合同管理秩序和国有财产的安全。

2. 本罪的客观方面表现为在签订、履行合同的过程中，因严重不负责任被诈骗，致使国家利益遭受重大损失。所谓严重不负责任，在实践中表现为各种各样的行为，如粗枝大叶，盲目轻信，不认真审查对方当事人的合同主体资格及资信情况；不认真审查对方当事人的履约能力和货源情况；合同应当公证或鉴证却不予公证或鉴证；贪图个人私利，关心的不是产品的质量和价格，而是个人能否得到回扣；无视规章制度和工作纪律，擅自越权签订合同；违反规定，为他人签订合同提供担保，导致发生纠纷时承担保证责任；等等。值得注意的是，构成本罪须以致使国家利益遭受重大损失为条件。所谓重大损失，是指大量财物被骗，致使国家遭受大量经济损失；国家机关的正常工作秩序受到严重影响等。

3. 本罪主体是国家机关工作人员，主要是指直接参与经济往来活动的国家机关工作人员。

4. 本罪的主观方面由过失构成。这里的过失是指行为人对因被诈骗致使国家利益遭受重大损失的结果所持有的心理态度。

（三）司法实务问题

1. 罪与非罪的界限。在司法实践中，利用合同诈骗十分突出，有骗企业的，也有骗国家机关的。每一个诈骗都有一个被骗者，但不是每个被骗者都能按本罪论处。只有那些国家机关中严重不负责任的被骗者，并有导致重大损失的事实的，才能构成本罪。因此在确定罪与非罪的问题上，应当严格掌握"严重不负责任"的法定要件。

2. 本罪与签订、履行合同失职被骗罪的界限。二者侵犯的客体、客观方面、主观方面的表现都相同，区别是主体不同，本罪的主体是国家机关工作人员；而后罪的主体是国有公司、企业、事业单位直接负责的主管人员。

十九、违法发放林木采伐许可证罪

（一）法律规定

《刑法》第407条规定："林业主管部门的工作人员违反森林法的规定，超过批准的年采伐限额发放林木采伐许可证或者违反规定滥发林木采伐许可证，情节严重，致使森林遭受严重破坏的，处3年以下有期徒刑或者拘役。"

（二）构成特征

1. 本罪侵犯的客体是林木采伐管理制度。

2. 本罪的客观方面表现为行为人违反森林法的规定，超过批准的年采伐限额发放林木采伐许可证或者违反规定滥发林木采伐许可证，且情节严重，致使森林遭受了严重破坏。本罪在客观方面有如下特征：①违反森林法规；②超过限额发放或者违反规定发放林木采伐许可证；③必须情节严重，即使森林遭受了严重破坏。《关于审理破坏森林资源刑事案件具体应用法律若干问题的解释》第12条规定，情节严重是指：①发放林木采伐许可证允许采伐数量累计超过批准的年采伐限额，导致林木被采伐数量在10立方米以上的；②滥发林木采伐许可证，导致林木被滥伐20立方米以上的；③滥发林木采伐许可证，导致珍贵树木被滥伐的；④批准采伐国家禁止采伐的林木，情节恶劣的；⑤其他情节严重的情形。以上三个特征必须同时具备，才能成立本罪。

3. 本罪主体为特殊主体，即只能是林业主管部门的工作人员。

4. 本罪的犯罪主观方面为故意，过失不构成犯罪。

（三）司法实务问题

1. 本罪与非罪的界限。情节严重，致使森林遭受严重破坏是构成本罪的必要条件。所谓致使森林遭受严重破坏，是指造成森林面积大幅度减少，特有林种灭绝，其他森林资源和生态环境遭到严重破坏等。

2. 本罪与受贿罪的界限。司法实践中，林业主管部门工作人员，搞钱权交易，收受贿赂发放林木采伐许可证的，应以受贿罪定罪处罚。

二十、环境监管失职罪

（一）法律规定

《刑法》第408条规定："负有环境保护监督管理职责的国家机关工作人员严重不负责任，导致发生重大环境污染事故，致使公私财产遭受重大损失或者造成人身伤亡的严重后果的，处3年以下有期徒刑或者拘役。"

（二）构成特征

1. 本罪侵犯的客体是环境保护监督管理机关的正常工作秩序。

2. 本罪的客观方面表现为行为人严重不负责任，导致发生重大环境污染事故，致使公私财产遭受重大损失或者造成人身伤亡的严重后果的行为。所谓"严重不负责任"，是指负有环境保护监督管理职责的工作人员不履行法律和其职务要求的环境保护监督管理职责，或者在职务活动中敷衍塞责、工作马虎、极端不负责任。所谓"重大环境污染事故"，就是致使公私财产遭受重大损失或者造成人身伤亡的严重后果的情况。所谓"公私财产遭受重大损失"，是指：①致使公私财产损失30万元以上的；②致使基本农田、防护林地、特种用途林地5亩以上，其他农用地10亩以上，其他土地20亩以上基本功能丧失或者遭受永久性破坏的；③致使森林或者其他林木死亡50立方米以上，或者幼树死亡2500株以上的。所谓"人身伤亡的严重后果"或者"严重危害人体健康"，是指：①致使1人以上死亡、3人以上重伤、10人以上轻伤，或者1人以上重伤并且5人以上轻伤的；②致使传染病发生、流行或者人员中毒达到《国家突发公共卫生事件应急预案》中突发公共卫生事件分级Ⅲ级情形，严重危害人体健康的；③其他致使"人身伤亡的严重后果"或者"严重危害人体健康"的情形。

3. 本罪主体是负有环境保护监督管理职责的国家机关工作人员。具体讲，既包括对环境保护工作实行统一监督管理工作的各级环境保护行政主管部门的工作人员，也包括环境保护的协管部门，即依照有关法律的规定对环境污染防治实施监督管理的其他部门的工作人员。

4. 本罪的主观方面只能由过失构成。

二十一、食品监管渎职罪

（一）法律规定

《刑法》第408条之一规定："负有食品安全监督管理职责的国家机关工作人员，滥用职权或者玩忽职守，导致发生重大食品安全事故或者造成其他严重后果的，处5年以下有期徒刑或者拘役；造成特别严重后果的，处5年以上10年以下有期徒刑。徇私舞弊犯前款罪的，从重处罚。"

（二）构成特征

1. 本罪的客观方面表现为玩忽职守或者滥用职权，导致发生重大食品安全事故或者造成其他严重后果。在危害行为上包括两种行为方式：一为玩忽职守，即消极的不作为，明明负有食品安全监管责而不履行监管义务；二为滥用职权，即积极的作为，超越职权范围或者违背法律授权的宗旨，违反职权行使程序行使职权。在危害结果上要求导致发生重大食品安全事故或者造成其他严重后果。

2. 本罪主体是特殊主体，即负有食品安全监督管理职责的国家机关工作人员。

二十二、传染病防治失职罪

（一）法律规定

《刑法》第409条规定："从事传染病防治的政府卫生行政部门的工作人员严重不负责任，导致传染病传播或者流行，情节严重的，处3年以下有期徒刑或者拘役。"

（二）构成特征

1. 本罪侵犯的客体是从事传染病防治的政府卫生行政部门的工作制度和不特定多数人的健康和生命安全。由于传染病有极大的传染性、危害性，因此，一旦被人体感染，极易引起广泛流传。传染病对人类生命和健康都构成极大的威胁，而且有时因医疗条件、设施、水平等因素的制约，很难迅速控制和消灭。作为从事传染病防治的政府卫生行政部门工作人员，对传染病的预防、监测、治理负有专门的职责。如果不认真负责，对传染病不加以认真防范和积极治疗，造成传染病流行或传播，将会严重损害政府卫生行政部门的管理活动，危害人民的健康和生命安全。

2. 本罪的客观方面表现为行为人严重不负责任，不履行或者不认真履行卫生防疫、监测和传染病防治等职责，对可能造成传染病传播或者流行的险情没有发现或者虽然发现但不采取有效防治措施，导致发生传染病传播或者流行，情节严重的行为。根据有关解释，"情节严重"是指：①对发生突发传染病疫情等灾害的地区或者突发传染病病人、病原携带者、疑似突发传染病病人，未按照预防、控制突发传染病疫情等灾害工作规范的要求做好防疫、检疫、隔离、防护、救治等工作，或者采取的预防、控制措施不当，造成传染范围扩大或者疫情、灾情加重的；②隐瞒、缓报、谎报或者授意、指使、强令他人隐瞒、缓报、谎报疫情、灾情，造成传染范围扩大或者疫情、灾情加重的；③拒不执行突发传染病疫情等灾害应急处理指挥机构的决定、命令，造成传染范围扩大或者疫情、灾情加重的；④具有其他严重情节的。

3. 本罪主体是特殊主体，即从事传染病防治的政府卫生行政部门的工作人员，或者在受政府卫生行政部门委托代表政府卫生行政部门行使职权的组织中从事公务的人员，或者虽未列入政府卫生部门编制但在政府卫生行政部门从事公务的人员。

4. 本罪的主观方面只能由过失构成。尽管行为人主观上对于传染病的危害性、易传播性、危险性都是能够认识的，但是在工作中，仍然麻痹大意、不负责任、轻信可以避免或者存有侥幸心理。

（三）司法实务问题

1. 罪与非罪的界限。依照刑法的有关规定，构成本罪必须要达到导致发生传染病传播或者流行，情节严重的程度。这是构成本罪的必备要件之一。所谓情节严重，一般是指造成了传染病的广泛流行，严重危害众多人的身体健康，等等。

2. 本罪与妨害传染病防治罪的界限。妨害传染病防治罪，是指违反传染病防治法的规定，具有刑法上所规定的情形之一，引起甲类传染病传播或者有传播严重危险的行为。这两种罪虽然都会引起不特定多人的身体健康的损害结果，但是，它们的构成要件有所不同：①侵犯的客体不同。前罪侵犯的是从事传染病防治的政府卫生行政部门的工作制度和不特定多数人的生命健康安全；而后罪侵犯的是公共卫生安全。②行为表现方式不同。前罪在客观上表现为行为人严重不负责任，导致发生传染病传播或者流行，情节严重的行为；而后罪表现为有关单位和个人不按国家有关的规定、要求、标准从事本职工作，引起甲类传染病传播或者有传播严重危险的行为。③犯罪主体不同。前罪必须由从事传染病防治的政府卫生行政部门的工作人员构成；而后罪则要求由负有专门职责的人或单位构成。④犯罪的主观方面不同。前罪在主观上表现为过失；而后罪既可以由故意构成，也可以由过失构成。

二十三、非法批准征收、征用、占用土地罪

（一）法律规定

《刑法》第410条规定："国家机关工作人员徇私舞弊，违反土地管理法规，滥用职权，非法批准征收、征用、占用土地，或者非法低价出让国有土地使用权，情节严重的，处3年以下有期徒刑或者拘役；致使国家或者集体利益遭受特别重大损失的，处3年以上7年以下有期徒刑。"

（二）构成特征

1. 本罪侵犯的客体是国家的土地管理制度。根据《土地管理法》的规定，国家为了公共利益的需要，可以依法对集体所有的土地实行征收、征用、占用；国有土地和集体所有的土地使用权可以依法转让。而非法批准征收、征用、占用土地的行为，直接侵犯了国家对土地的征用权、占用权。

2. 本罪的客观方面表现为行为人徇私舞弊，违反土地管理规定，滥用职权，非法批准征收、征用、占用土地，情节严重的行为。这里具体包含几层含义：①行为人必须具有利用职权徇私舞弊或者滥用职权的行为。所谓徇私舞弊，是指徇私情，利用手中的权力弄虚作假。例如，明知不符合条件而采用欺骗的手段批准。所谓滥用职权，是指行为人不按有关规定使用手中的权力，而是为所欲为，胡乱使用国家赋予的权力。例如，故意非法降低土地使用权的价格，将土地卖给自己的关系人。②行为人必须有违反土地管理规定的行为。违反土地管理规定就是指违反《土地管理法》及其实施条例等。③构成本罪必须达到情节严重的程度。

3. 本罪主体是国家机关工作人员。这里的国家机关工作人员不仅是掌握土地管理权的工作人员，也包括与土地管理工作有关的工作人员，甚至利用自己手中的其他性质的国家权力采取欺骗手法，非法批准征收、征用、占有土地的人员，也可构成本罪的犯罪主体。

4. 本罪的主观方面是故意。即行为人明知自己非法批准征收、征用、占用土地会给国家造成重大经济损失，但仍然积极追求或者放任这种危害结果的发生。

（三）司法实务问题

注意罪与非罪的区别。依照刑法的规定，构成此罪必须达到情节严重或者致使国家或者集体利益遭受特别重大损失的程度。所谓"情节严重"，是指：①非法批准征用、占用基本农田 10 亩以上的；②非法批准征用、占用基本农田以外的耕地 30 亩以上的；③非法批准征用、占用其他土地 50 亩以上的；④虽未达到上述数量标准，但非法批准征用、占用土地造成直接经济损失 30 万元以上的；⑤具有造成耕地大量毁坏等恶劣情节的。所谓"致使国家或者集体利益遭受特别重大损失"，是指：①非法批准征用、占用基本农田 20 亩以上的；②非法批准征用、占用基本农田以外的耕地 60 亩以上的；③非法批准征用、占用其他土地 100 亩以上的；④非法批准征用、占用土地，造成基本农田 5 亩以上，其他耕地 10 亩以上严重毁坏的；⑤非法批准征用、占用土地造成直接经济损失 50 万元以上的等。

二十四、非法低价出让国有土地使用权罪

（一）法律规定

见前列《刑法》第 410 条。

（二）构成特征

本罪在客体、主体、主观方面与非法批准征用、占用土地罪相同，只是客观方面表现有所不同。非法低价出让国有土地使用权罪的客观方面表现为，行为人违反土地管理法规，滥用职权，非法低价出让国有土地使用权，且情节严重。所谓情节严重，一般是指以远低于当地同等土地的使用权价格将国有土地使用权出让给他人；将大片国有土地使用权低价出让给他人；多次将国有土地使用权以低价出让给他人；等等。

二十五、放纵走私罪

（一）法律规定

《刑法》第411条规定："海关工作人员徇私舞弊，放纵走私，情节严重的，处5年以下有期徒刑或者拘役；情节特别严重的，处5年以上有期徒刑。"

（二）概念和构成特征

放纵走私罪，是指海关工作人员徇私舞弊，放纵走私，情节严重的行为。

1. 本罪侵犯的客体为国家海关对进出口业务的监管制度。海关是我国对进出口业务进行监管的主要机构，对于其监管制度，海关法作了明确规定。如果海关工作人员徇私舞弊，放纵走私，将严重侵害海关对进出口业务的监管职能。

2. 本罪的客观方面表现为，行为人徇私舞弊，放纵走私，且情节严重。所谓徇私舞弊，是指行为人为了私情而做不合法的事情和以欺骗的方式做违法乱纪的事情；放纵走私，就是指行为人明知是走私行为而放任不管。徇私舞弊、放纵走私的表现多种多样，可以是作为，也可以是不作为，如海关工作人员在过关检查中发现走私物品而佯装不知，或者放弃职守，对过关人员与物品不作验关检查，致使走私物品出入境，等等。所谓情节严重，是指行为人多次放纵走私、放纵重大走私、放纵走私造成严重社会影响等。

3. 本罪主体为特殊主体，即只有海关工作人员才能成为本罪的主体。

4. 本罪的主观方面为故意。因此，行为人因工作上的过失致使走私物品进出境的，不构成本罪。

（三）司法实务问题

1. 放纵走私罪与滥用职权罪。放纵走私罪也是一种滥用职权的行为，其犯罪构成特征与滥用职权罪是一致的，但由于《刑法》第397条明文规定"本法另有规定的，依照规定"，因此，对海关工作人员放纵走私的滥用职权行为，应按《刑法》第411条规定的放纵走私罪定罪处罚，而不能按《刑法》第397条规定的滥用职权罪定罪处罚。

2. 放纵走私罪与走私罪共犯。如果海关工作人员事前与走私犯罪分子共谋走私，而在海关监管工作中放纵走私的，对行为人应按走私罪共犯论处；行为人与走私犯罪分子没有共同犯罪故意，只是利用职权放纵走私的，应按放纵走私罪定罪处罚。

3. 放纵走私罪与徇私舞弊不移交刑事案件罪。海关工作人员在海关监管工作中，如果明知有走私行为，且可能构成走私罪，而加以放纵或者不移交刑事司法机关处理而自行按海关法处理，对此应如何认定？我们认为，如果行为人明知有走私行为，且可能构成走私罪，而加以放纵，不作任何处理的，应定放纵走私罪；如果行为人明知有走私行为，且可能构成走私罪，但不移交刑事司法机关处理而自行按海关法处理的，应按徇私舞弊不移交刑事案件罪论处。

4. 放纵走私罪与受贿罪竞合的认定与处理。放纵走私罪是徇私放纵，其中可能是收受他人财物而予以放纵。因此，当出现放纵走私犯罪这种状况时，即当发生放纵走私罪与受贿罪竞合时，理应参照刑法关于徇私枉法与贪赃适用较重法条论处的规定。

二十六、商检徇私舞弊罪

（一）法律规定

《刑法》第412条规定："国家商检部门、商检机构的工作人员徇私舞弊，伪造检验结果的，处5年以下有期徒刑或者拘役；造成严重后果的，处5年以上10年以下有期徒刑。前款所列人员严重不负责任，对应当检验的物品不检验，或者延误检验出证、错误出证，致使国家利益遭受重大损失的，处3年以下有期徒刑或者拘役。"

（二）构成特征

1. 本罪侵犯的客体是国家的商品检验制度。商品检验工作，是国家对商品的质量、数量、规格、包装、卫生、安全等条件进行的检验、鉴定和管理。它对促进我国经济的发展，满足人民群众的生活需要有着非常重要的作用。因此，商检人员徇私舞弊，伪造检验结果的行为，必然侵犯国家对商品检验的管理活动，同时也会给国家经济造成重大的损失。

2. 本罪的客观方面表现为徇私舞弊，伪造检验结果的行为。即行为人在商品检验工作中，利用职权，对明知是不符合标准的商品而鉴定为合格，或者对明知是符合标准的商品而鉴定为不合格的行为。

3. 本罪主体是特殊主体，只能是国家商检部门、商检机构的工作人员。

4. 本罪的主观方面为故意。

（三）司法实务问题

司法实践中，应注意《刑法》第412条第1款在本罪的犯罪构成上，没有规定必须以造成重大损失或情节严重为条件。因此，只要行为人实施了徇私舞弊，伪造检验结果的行为，即构成本罪。如果造成严重后果的，则应选择较重的法定刑。

二十七、商检失职罪

（一）法律规定

见前列《刑法》第412条第2款。

（二）构成特征

1. 本罪侵犯的客体是国家的商品检验制度。

2. 本罪的客观方面表现为行为人严重不负责任，对应当检验的商品不检验，或者延误检验出证、错误出证，致使国家利益遭受重大损失的行为。延误检验出证、错误出证，是指行为人在法律规定的日期内未完成检验并出具检验证明，或者出具与检验事实不相符合的检验证明的行为。

3. 本罪主体为特殊主体，只能是国家商检部门、商检机构的工作人员。

4. 本罪的主观方面只能是过失。

（三）司法实务问题

1. 注意划清罪与非罪的界限。构成本罪，还须具备"致使国家利益遭受重大损失"的条件。根据1999年9月16日最高人民检察院《关于人民检察院直接受理立案侦查案件立案标准的规定（试行）》的规定，其立案标准是：①因不检验或者延误检验出证、错误出证，致使依法进出口商品不能进口或者出口，导致合同、订单被取消，或者外商向我方索赔或影响我方向外商索赔，直接经济损失达30万元以上的；②因不检验或者延误检验出证、错误出证，致使不合格商品进口或者出口，严重损害国家和人民利益的；③3次以上不检验或者延误检验出证、错误出证，严重影响国家对外经贸关系或者国家声誉的。如果未达到上述标准，一般不以犯罪论处，但可给予政纪处分。

2. 本罪与商检徇私舞弊罪的界限。两罪都是国家商检部门、商检机构的工作人员利用职务所实施的犯罪，犯罪主体和客体都相同。区别在于：①犯罪的主观方面不同。本罪行为人在主观方面是出于过失；后罪行为人在主观方面是出于故意。②客观要件不同。本罪既包括作为，即出具错误的商检证明；也包括不作为，即对应当检验的商品不检验，或者延误检验出证，致国家利益遭受重大损失的；后罪的行为方式是作为，即故意伪造商检结果，不要求造成危害后果。

二十八、动植物检疫徇私舞弊罪

（一）法律规定

《刑法》第413条规定："动植物检疫机关的检疫人员徇私舞弊，伪造检疫结果的，处5年以下有期徒刑或者拘役；造成严重后果的，处5年以上10年以下有期徒刑。前款所列人员严重不负责任，对应当检疫的检疫物不检疫，或者延误检疫出证、错误出证，致使国家利益遭受重大损失的，处3年以下有期徒刑或者拘役。"

（二）构成特征

1. 本罪侵犯的客体是国家对动植物的检疫制度。动植物检疫工作，是国家对动植物及其包装物所携带的病菌、病毒、害虫及其他有害生物进行的检验、鉴定和管理。它对于促进我国农林牧渔业的发展，保障人民群众的身体健康有着十分重要的作用。动植物检疫人员徇私舞弊，伪造检疫结果的行为，不仅侵犯了国家对动植物检疫的管理活动，还会给国家经济和人民群众的健康造成重大的损害。

2. 本罪的客观方面表现为徇私舞弊，伪造检疫结果的行为。徇私舞弊，伪造检疫结果，是指行为人在动植物检疫检验工作中，利用职权，对明知是不符合标准的动植物而鉴定为合格，或者对明知是符合标准的动植物而鉴定为不合格的行为。

3. 本罪主体为特殊主体，只能是动植物检疫机关的检疫人员。

4. 本罪的主观方面表现为故意。

（三）司法实务问题

司法实践中，应注意《刑法》第413条第1款在本罪的犯罪构成上，没有规定必须以造成重大损失或情节严重为条件。因此，只要行为人实施了徇私舞弊伪造检疫结果的行为，无论是否造成严重后果，都不影响本罪的成立。如果造成严重后果的，则应选择较重的法定刑。

二十九、动植物检疫失职罪

（一）法律规定

见前列《刑法》第413条第2款。

（二）构成特征

1. 本罪侵犯的客体是国家对动植物的检疫制度。

2. 本罪的客观方面表现为行为人严重不负责任，对应当检疫的检疫物不检验，或者延误检疫出证、错误出证，致使国家利益遭受重大损失的行为。延误检疫出证、错误出证，是指行为人在法律规定的日期内未完成检疫并出具检疫证明的，出具与检疫事实不相符合的检疫证明的行为。

3. 本罪主体为特殊主体，只能是动植物检疫机关的检疫人员。

4. 本罪的主观方面只能是过失。

（三）司法实务问题

1. 罪与非罪的界限。构成本罪，必须具备"致使国家利益遭受重大损失"的条件。关于"致使国家利益遭受重大损失"的立案标准，参见前条商检失职罪。如果未达到上述标准，可给予政纪处分。

2. 逃避动植物检疫罪与本罪的界限。两罪虽然都与动植物检疫有关，但在犯罪构成上有较大的区别：①犯罪主体不同。前者的犯罪主体为一般主体，而后者的犯罪主体为国家动植物检疫机关的检疫人员。②犯罪的客观方面不同。前者属于非职务犯罪，而后者属于职务犯罪，即行为人是利用其所从事的职务实施犯罪。

3. 动植物检疫徇私舞弊罪与本罪的界限。两罪都是国家动植物检疫机关的检疫人员利用职务所实施的犯罪，犯罪主体和客体都相同。最主要的区别是：犯罪的主观方面不同。前者在主观方面出于故意；而后者在主观方面出于过失。

三十、放纵制售伪劣商品犯罪行为罪

（一）法律规定

《刑法》第414条规定："对生产、销售伪劣商品犯罪行为负有追究责任的国家机关工作人员，徇私舞弊，不履行法律规定的追究职责，情节严重的，处5年以下有期徒刑或者拘役。"

（二）构成特征

1. 本罪侵犯的客体是国家机关对生产、销售伪劣商品犯罪依法追究责任的公务活动。作为负有追究责任的国家机关工作人员，本应积极追究那些生产、销售伪劣商品的犯罪活动，以维护社会主义市场经济秩序，保障人民群众身心健康。但在实践中，确有一些负有追究责任的国家机关工作人员徇私舞弊，对有生产、销售伪劣商品犯罪行为的单位或者个人放任不管，从而侵犯了国家机关对生产、销售伪劣商品犯罪依法追究责任的公务活动。

2. 本罪的客观方面表现为徇私舞弊，不履行法律规定的追究责任。徇私舞弊，不履行法律规定的追究责任，是指负有追究责任的国家机关工作人员利用职务，对明知有生产、销售伪劣商品犯罪行为的企事业单位或者个人，采取放任的态度使其不受追究。

3. 本罪主体为特殊主体，即对生产、销售伪劣商品犯罪行为负有追究责任的国家机关工作人员。从司法实践中看，负有追究责任的国家机关工作人员，主要是指：各级人民政府下设的"打假"办公室的工作人员；生产、销售伪劣商品犯罪行为的企业事业单位的主管部门的主要领导人员；其他负有追究责任的国家机关工作人员。

4. 本罪的主观方面是故意，包括直接故意和间接故意。

（三）司法实务问题

1. 罪与非罪的界限。根据《刑法》第414条的规定，构成本罪还必须具备情节严重这一条件。"情节严重"是指：多次包庇或者包庇多个生产、销售伪劣商品犯罪行为的企业事业单位或者个人的；收受贿赂而不履行职责的，等等。如果情节一般，也没有造成严重后果的，可由所在单位酌情给予行政处分。

2. 包庇罪与本罪的界限。虽然两罪都是对犯罪分子予以包庇，但犯罪构成有较大区别：①犯罪对象不同。前者的犯罪对象是一般犯罪分子；后者的犯罪对象仅限于生产、销售伪劣商品犯罪的单位和个人。②犯罪主体不同。前者的犯罪主体为一般主体；后者的犯罪主体为特殊主体，即国家机关工作人员。

3. 放纵制售伪劣商品犯罪行为罪与徇私枉法罪的界限。二者的区别在于：①客观方面的表现形式不同。前者表现为不作为，即应当履行追究责任而故意不履行；后者表现为作为，即对明知有罪的人故意包庇使之不受追诉。②犯罪主体不同。前者的主体范围除司法工作人员以外，还包括国家行政工作人员；后者的主体则只能由司法工作人员构成。③犯罪对象不同。前者的犯罪对象仅限于制售伪劣商品犯罪行为；后者可以是任何犯罪行为。

4. 放纵制售伪劣商品犯罪行为罪与徇私舞弊不移交刑事案件罪的界限。二者的区别在于：①犯罪主体不同。前者的主体是对生产、销售伪劣商品犯罪行为负有追究责任的国家机关工作人员；后者的主体只能是行政执法人员。②客观方面的表现不同。前者表现为不履行法律规定的追究职责；后者则表现为对依法应当移交司法机关追究刑事责任的不移交，只作行政处罚。

三十一、办理偷越国（边）境人员出入境证件罪

（一）法律规定

《刑法》第415条规定："负责办理护照、签证以及其他出入境证件的国家机关工作人员，对明知是企图偷越国（边）境的人员，予以办理出入境证件的，或者边防、海关等国家机关工作人员，对明知是偷越国（边）境的人员，予以放行的，处3年以下有期徒刑或者拘役；情节严重的，处3年以上7年以下有期徒刑。"

（二）构成特征

1. 本罪侵犯的客体是复杂客体，即国家的国（边）境管理制度、国家机关的正常管理活动和声誉。

2. 本罪的客观方面表现为违反国家规定，为企图偷越国（边）境的人员办理护照、签证以及其他出入境证件的行为。这一行为只能由作为的形式构成。行为人只要为企图偷越国（边）境的人员发放出入境证件，即构成本罪。至于企图偷越国（边）境的人员是否使用了该证件来偷越国（边）境，不影响本罪的成立。

3. 本罪主体是特殊主体，即负责办理护照、签证以及其他出入境证件的国家机关工作人员。

4. 本罪的主观方面只能是故意，即明知是企图偷越国（边）境的人员而给其办理出入境证件。

（三）司法实务问题

1. 行为人不是出于故意，而是因工作不负责任或疏忽大意，为企图偷越国（边）境的人员办理了出入境证件的，不构成本罪，但应根据不同情况，分别作出处理：对于严重不负责任，草率从事，造成严重后果的，可按玩忽职守罪论处；对于不负责任，但未造成严重后果的，可由所在单位酌情给予行政处分。

2. 与组织他人偷越国（边）境的犯罪分子相勾结，为企图偷越国（边）境的人员办理出入境证件的，则构成组织他人偷越国（边）境罪的共犯，应按照《刑法》第318条的规定处罚。

三十二、放行偷越国（边）境人员罪

（一）法律规定

见前列《刑法》第415条。

（二）构成特征

1. 本罪侵犯的客体是复杂客体。即不仅妨害了国家对国（边）境的管理秩序，而且破坏了边防、海关等国家机关的正常管理活动，并损害了这些国家机关的威信和声誉。

2. 本罪的客观方面为对明知是偷越国（边）境的人员而予以放行的行为。所谓放行，是指行为人让偷越国（边）境的人员通过自己所管理的边卡、口岸，进出国（边）境。在放行的对象上，只能是偷越国（边）境的人员。

3. 本罪主体是特殊主体，即边防、海关等国家机关的工作人员。

4. 本罪的主观方面是故意，既包括直接故意，也包括间接故意。即行为人明知自己放行偷越国（边）境的人员会发生危害社会的结果，却希望或者放任这种危害结果的发生。

（三）司法实务问题

1. 行为人由于过失，放行偷越国（边）境的人员的，不构成本罪，但可以根据不同情况分别处理：如果是工作严重不负责任，并且造成严重后果的，可按玩忽职守罪论处；如果情节一般，也没有造成严重后果的，可由所在单位酌情给予行政处分。

2. 关于对是否"明知"的认定。必须明知是偷越国（边）境的人员予以放行的才构成犯罪。在实践中，只要能够证明被告人知道或者应当知道是偷越国（边）境的人员而予以放行的，就可以认定其明知。

3. 与组织他人偷越国（边）境的犯罪分子相勾结，放行偷越国（边）境人员的，则构成组织他人偷越国（边）境罪的共犯，应按照《刑法》第318条的规定处罚。

三十三、不解救被拐卖、绑架妇女、儿童罪

（一）法律规定

《刑法》第416条规定："对被拐卖、绑架的妇女、儿童负有解救职责的国家机关工作人员，接到被拐卖、绑架的妇女、儿童及其家属的解救要求或者接到其他人的举报，而对被拐卖、绑架的妇女、儿童不进行解救，造成严重后果的，处5年以下有期徒刑或者拘役。负有解救职责的国家机关工作人员利用职务阻碍解救的，处2年以上7年以下有期徒刑；情节较轻的，处2年以下有期徒刑或者拘役。"

（二）构成特征

1. 本罪侵犯的客体是国家机关对社会秩序的管理活动。作为各级人民政府下设的专门机构的管理人员，负有解救被拐卖、绑架的妇女、儿童的责任，如果他们接到被拐卖、绑架的妇女、儿童及其家属的解救要求或者其他人的举报而不进行解救的，必然侵犯了国家机关对社会秩序的管理活动以及国家机关工作人员的威信。

2. 本罪的客观方面表现为行为人对被拐卖、绑架的妇女、儿童负有解救的责任，在接到被拐卖、绑架的妇女、儿童及其家属的解救要求或者其他人的举报后，而对被拐卖、绑架的妇女、儿童不进行解救的行为。"不进行解救"既包括明确拒绝解救，也包括不立即进行解救一直拖着不办。从行为方式上看，本罪表现为不作为。

3. 本罪主体为特殊主体，必须是负有解救被拐卖、绑架的妇女、儿童职责的国家机关工作人员。即负有解救职责的各级人民政府和负责执行解救工作的公安机关和其他职能部门中抽调出来专门从事该项工作的人员。

4. 本罪的主观方面表现为间接故意。即明知自己的行为有可能会发生危害社会的结果，却放任这一结果的发生。

（三）司法实务问题

注意划清罪与非罪的界限。首先，本罪的主体必须是负有解救被拐卖、绑架的妇女、儿童职责的国家机关工作人员，其他国家机关，如检察机关、审判机关、司法行政机关、民政机关和妇联的工作人员，如果没有具体分工参与解救工作的，不

能认为负有解救职责。其次，构成本罪，还必须具有"造成严重后果"的条件。所谓"造成严重后果"，是指由于负有解救职责的国家机关工作人员不进行解救，致使被拐卖、绑架的妇女、儿童及其家属发生重伤、死亡等结果的。如果没有发生严重后果的，不构成本罪，但应给予政纪处分。

三十四、阻碍解救被拐卖、绑架妇女、儿童罪

（一）法律规定

见前列《刑法》第 416 条第 2 款。

（二）构成特征

1. 本罪侵犯的客体是有关国家机关的正常工作秩序。

2. 本罪的客观方面表现为利用职务阻碍解救被拐卖、绑架的妇女、儿童的行为。"利用职务阻碍解救"是指负责或参与解救工作的国家机关工作人员，利用其负有解救被拐卖、绑架妇女、儿童的职务或者其职权范围内的便利条件，对解救工作人为设置障碍、干扰解救工作的顺利进行。这是本罪的根本特征。如果所实施的阻碍解救工作的行为不是利用职务之便实施的，则不构成本罪。

利用职务阻碍解救的具体表现形式是多种多样的，如利用职务煽动村民聚众阻碍解救，怂恿收买人向负责解救人员索要收买妇女、儿童的费用和生活费用；制造种种借口，拒不派人解救；对解救工作拒不提供便利条件；故意设置障碍，不让其他国家工作人员前往解救；对前往解救的国家机关工作人员进行阻挠、刁难；暗中指使他人说情、威胁等。无论采取何种手段，均不影响本罪的成立。

3. 本罪主体是负有解救被拐卖、绑架的妇女、儿童职责的国家机关工作人员。

4. 本罪的主观方面表现为故意。

（三）司法实务问题

1. 本罪是行为犯，只要负有解救职责的国家机关工作人员利用其职务实施了阻碍解救的行为，便具备了本罪的全部要件，构成本罪的既遂，但情节显著轻微的除外。

2. 要划清本罪与妨害公务罪的界限。虽然二者都有妨害公务的性质，但仍有以下区别：①犯罪主体不同。本罪是特殊主体；后罪是一般主体。②客观方面不同。本罪是行为人利用职务阻碍解救，关于阻碍的方式法律未作限制；后罪则表现为采用暴力、威胁方法阻碍国家工作人员的一切公务活动，而不以利用职务为前提。

3. 聚众阻碍解救被收买的妇女、儿童罪与本罪的区别。两罪都是从妨碍公务罪中分离出来的妨碍特定公务的独立犯罪，但两罪在犯罪构成上仍有不同，主要表现在：①犯罪主体不同。前者的犯罪主体为一般主体；后者的犯罪主体是特殊主体，而且必须是负有解救职责的国家机关工作人员。②客观方面不同。前者表现为聚众阻碍解救被收买的妇女、儿童，并且阻碍解救的对象是被收买的妇女、儿童；后者表现为利用职务阻碍解救，而且阻碍解救的对象不仅包括被拐卖、绑架的妇女、儿

童，也包括被收买的妇女、儿童。

三十五、帮助犯罪分子逃避处罚罪

（一）法律规定

《刑法》第 417 条规定："有查禁犯罪活动职责的国家机关工作人员，向犯罪分子通风报信、提供便利，帮助犯罪分子逃避处罚的，处 3 年以下有期徒刑或者拘役；情节严重的，处 3 年以上 10 年以下有期徒刑。"

（二）构成特征

1. 本罪侵犯的客体是国家司法机关的正常管理活动和威信。

2. 本罪的客观方面表现为向犯罪分子通风报信、提供便利，帮助犯罪分子逃避处罚的行为。这里的通风报信，是指故意向犯罪分子透露或者直接通报有关部门查禁犯罪活动的部署、安排、方案、措施、时间、地点、规模等情况。这里的提供便利，是指故意为犯罪分子提供藏身之处、交通工具，资助在外藏身费用，或者向犯罪分子提供案中要点，使其串供、隐匿、毁灭、伪造证据等。行为人只要实施了向犯罪分子通风报信、提供便利等帮助犯罪分子逃避处罚的行为，即可构成犯罪，至于帮助犯罪分子逃避处罚是否得逞，于定罪没有影响。

3. 本罪主体是负有查禁犯罪活动职责的国家机关工作人员。负有查禁犯罪活动职责的国家机关工作人员是打击惩处犯罪的主要人员，他们如果为犯罪分子通风报信、提供方便，这不仅纵容了犯罪，使犯罪分子更加有恃无恐，犯罪更为猖獗，而且严重破坏国家法律秩序，破坏国家机关的声誉。对此，刑法专门设立由负有查禁犯罪活动职责的国家机关工作人员构成的帮助犯罪分子逃避处罚罪。这里的有查禁犯罪活动职责的国家机关工作人员，包括各级党委、政府机关中主管查禁犯罪活动职责部门的人员。不具有查禁犯罪活动职责的人员，不能构成本罪。

4. 本罪的主观方面表现为故意。行为人向犯罪分子通风报信、提供便利是为了帮助犯罪分子逃避处罚，因此其主观上还应具有帮助犯罪分子逃避处罚的目的。

（三）司法实务问题

1. 罪与非罪的界限。帮助犯罪分子逃避处罚罪的帮助对象是犯罪分子，如果所帮助的对象是一般违法者，则不能构成本罪。同样，因帮助犯罪分子逃避处罚罪是故意犯罪，行为人如果不是故意，而是无意中或者过失地泄露了有关查禁犯罪的情况，或者在不知是犯罪分子的情况下提供了便利，也不能构成本罪。

2. 本罪与窝藏、包庇罪的界限。两罪在主观上都是故意，对帮助对象是犯罪分子都是明知，客观上都有帮助犯罪分子逃避法律制裁的行为特征。两罪的主要区别是：帮助犯罪分子逃避处罚罪的主体是特殊主体，即有查禁犯罪活动职责的国家机关工作人员，窝藏、包庇罪的主体则是一般主体；帮助犯罪分子逃避处罚罪的客观行为表现是为犯罪分子通风报信、提供方便，窝藏、包庇罪的客观行为则是为犯罪分子提供隐藏处所、财物，或者作假证明包庇。

三十六、招收公务员、学生徇私舞弊罪

（一）法律规定

《刑法》第 418 条规定：＂国家机关工作人员在招收公务员、学生工作中徇私舞弊，情节严重的，处 3 年以下有期徒刑或者拘役。＂

（二）构成特征

1. 本罪侵犯的客体是复杂客体。既侵犯了国家对公务员、学生招收工作的正常管理活动，又侵犯了国家机关工作人员的公正廉洁。作为国家机关工作人员，本应具备遵守法律和按照法律的规定行使职权以及公正廉洁的品质。任何徇私舞弊招收公务员、学生的行为，都必然损害国家对公务员、学生招收工作的正常管理活动，以及国家机关工作人员的公正廉洁形象。

2. 本罪的客观方面表现为行为人在公务员、学生招收工作中利用职权，徇私舞弊。所谓＂利用职权，徇私舞弊＂，是指行为人利用职务上的便利，对明知是不合格的人而予以招收；或者对明知是合格的人拒绝招收。

3. 本罪主体是特殊主体，只能是具有招收公务员、学生职权的国家机关工作人员。

4. 本罪的主观方面表现为故意，过失不能构成本罪。

（三）司法实务问题

注意划清罪与非罪的界限：①如果是出于过失、工作失误而招收了不符合条件的人或者是将符合条件的人拒绝招收，不能按本罪论处，但可给予行政处分。②构成本罪，还必须具有情节严重的情况。＂情节严重＂是指：多次违法招收的；一次违法招收多人的；在社会上造成恶劣影响的；等等。

三十七、失职造成珍贵文物损毁、流失罪

（一）法律规定

《刑法》第 419 条规定：＂国家机关工作人员严重不负责任，造成珍贵文物损毁或者流失，后果严重的，处 3 年以下有期徒刑或者拘役。＂

（二）构成特征

1. 本罪侵犯的客体是国家对文物的管理制度。本罪侵害的对象，只限于国家的珍贵文物，主要是馆藏一、二级文物。毁损一般文物的，不构成本罪。

2. 本罪的客观方面表现为严重不负责任，造成珍贵文物损毁或者流失的行为。所谓严重不负责任，是指国家机关工作人员在对珍贵文物的收藏、保管、管理等工作中，违反国家文物保护法规，不认真履行文物收藏、保管、管理的职责，以致造成珍贵文物损毁或者流失的严重后果。例如，擅自允许在国家重点保护的古建筑内架设照明设施拍摄影视片，以致引起火灾，造成珍贵文物损毁的；擅自将珍贵文物出租或出借，致使珍贵文物流失的；等等。虽有严重不负责任的行为，但尚未造成严重后果的，不构成犯罪，可以按违反政纪处理。

3. 本罪主体是国家机关工作人员，而且只能是具有收藏、保管和管理珍贵文物

职责的国家机关工作人员。

4. 本罪的主观方面出于过失。即行为人虽然对违反国家规定是明知的，但是对于造成珍贵文物毁损或者流失的后果则是过失。如果故意造成珍贵文物损毁或者流失的，则应按照《刑法》第324条故意损毁文物罪论处。

（三）司法实务问题

1. 罪与非罪的界限。首先，应注意查清损毁的文物是否为珍贵文物。其次，应注意查清造成珍贵文物损毁或者流失的原因是否与国家机关工作人员的严重不负责任有关。如果是由于某种不可抗力所致，例如洪水、地震等自然原因，则不能追究国家机关工作人员的刑事责任。最后，构成本罪还必须是造成珍贵文物损毁或者流失，后果严重的，如果未造成严重后果的，也不能构成本罪。

2. 故意损毁文物罪与本罪的区别。故意损毁文物罪，是指故意对国家保护的珍贵文物加以破坏的行为。它们的主要区别是：①犯罪主体不同。前者的犯罪主体为一般主体；而后者的犯罪主体是特殊主体，是指具有收藏、保管和管理珍贵文物职责的国家机关工作人员。②犯罪的主观方面不同。前者在主观方面出于故意，而后者在主观方面则出于过失。

3. 本罪与过失损毁文物罪的界限。二者的相同点在于：二者侵害的直接客体相同，都是国家的文物管理制度；主观方面相同，都是过失；行为对象相同，都是文物。但二者的区别也是明显的：①主体不同。前者为特殊主体；后者为一般主体。②客观方面表现不同。前者通常发生在对文物的管理过程中，行为人一般并不自己毁坏文物，而是由于其管理不善致使文物被他人所损毁；后者则往往是因行为人自己不慎而致使文物直接遭到毁坏。

【思考题】

1. 什么是滥用职权？滥用职权类犯罪包括哪些具体犯罪？

2. 什么是玩忽职守？玩忽职守类犯罪包括哪些具体犯罪？

3. 什么是徇私舞弊？徇私舞弊类犯罪包括哪些具体犯罪？

4. 比较徇私枉法罪与民事、行政枉法裁判罪的异同。

5. 比较故意泄露国家秘密罪，间谍罪，为境外窃取、刺探、收买、非法提供国家秘密、情报罪，侵犯商业秘密罪的异同。

6. 如何理解徇私情和徇私利的区别？

7. 如何理解本章中"国家机关工作人员"的范围？

8. 如何理解玩忽职守罪中的主观罪过？

第二十六章

第二十七章

军人违反职责罪

学习目的与要求 重点掌握军人违反职责罪的概念、特征及种类，重点掌握投降罪，盗窃、抢夺武器装备、军用物资罪，阻碍执行军事职务罪，以及逃离部队罪的概念、特征和认定，掌握本章其他犯罪的概念和特征。

■ 第一节 军人违反职责罪概述

一、军人违反职责罪的概念与特征

军人违反职责罪，是指军人违反职责，危害国家军事利益，依照法律应当受刑罚处罚的行为。

军人违反职责罪具有以下特征：

1. 本类犯罪侵犯的客体是国家的军事利益。军事利益是指国家在国防建设、国防科研、军事技术、军事机密、军需保障、作战行动等方面的利益。军事利益是国家利益的一个重要方面，是国家其他利益存在与发展的前提，侵犯军事利益，就是侵犯了国家最基本的利益，其后果是直接危及国家的安危。因此，对于国家的军事利益，必须严格保护，对危害国家军事利益程度严重的行为，必须依法给予刑事制裁。

2. 本类犯罪在客观方面表现为违反军人职责，危害国家军事利益的行为。军人职责包括一般职责和具体职责。一般职责指全体军人都必须遵从的行为准则，具体职责指不同军人在具体执行各种不同任务时所应遵守的职责。所有这些职责分别规定在中央军委、解放军各总部、各军兵种发布的各种条例、条令和命令当中。

军人违反职责罪，多数表现为作为的形式；也有的表现为不作为，如遗弃伤病军人罪；还有个别犯罪既可以以作为的形式构成，也可以以不作为的形式构成，如战时违抗命令罪。

特定的时间、地点对于军人违反职责罪的定罪和量刑具有十分重要的意义。本章规定的相当一部分犯罪只能发生在战时，根据《刑法》第 451 条的规定，所谓

"战时"，是指国家宣布进入战争状态、部队受领作战任务或者遭敌突然袭击时。部队执行戒严任务或者处置突发性暴力事件时，以战时论。另有部分犯罪，则只能发生在所规定的区域内，如"在战场上""在军事行动地区"。不具备上述特定的时间和地点条件，就不能构成有关的军职罪。另外，对于不以特定的时间和地点为犯罪构成要件的军职犯罪来说，其所发生的时间或地点往往也是影响量刑的重要情节。

3. 犯罪主体是特殊主体，即必须是军人才能构成军人违反职责罪。根据《刑法》第450条的规定，这里所说的军人是指中国人民解放军的现役军官、文职干部、士兵及具有军籍的学员和中国人民武装警察部队的现役警官、文职干部、士兵及具有军籍的学员以及执行军事任务的预备役人员和其他人员。

4. 本类犯罪在主观方面多数为故意犯罪，只有过失泄露军事秘密罪、武器装备肇事罪等少数几种犯罪为过失犯罪。

二、军人违反职责罪的种类

军人违反职责罪一章共计32个条文，其中属于总则性的条文有4条，分别规定了军人违反职责罪的概念、戴罪立功、军人的范围和战时的含义。属于分则的条文有28条，总共规定了31种具体的军人违反职责罪。这些罪名分别为：战时违抗命令罪；隐瞒、谎报军情罪；拒传、假传军令罪；投降罪；战时临阵脱逃罪；擅离、玩忽军事职守罪；阻碍执行军事职务罪；指使部属违反职责罪；违令作战消极罪；拒不救援友邻部队罪；军人叛逃罪；非法获取军事秘密罪；为境外窃取、刺探、收买、非法提供军事秘密罪；故意泄露军事秘密罪；过失泄露军事秘密罪；战时造谣惑众罪；战时自伤罪；逃离部队罪；武器装备肇事罪；擅自改变武器装备编配用途罪；盗窃、抢夺武器装备、军用物资罪；非法出卖、转让武器装备罪；遗弃武器装备罪；遗失武器装备罪；擅自出卖、转让军队房地产罪；虐待部属罪；遗弃伤病军人罪；战时拒不救治伤病军人罪；战时残害居民、掠夺居民财物罪；私放俘虏罪；虐待俘虏罪。

第二节　军人违反职责罪分述

一、战时违抗命令罪

（一）法律规定

《刑法》第421条规定："战时违抗命令，对作战造成危害的，处3年以上10年以下有期徒刑；致使战斗、战役遭受重大损失的，处10年以上有期徒刑、无期徒刑或者死刑。"

（二）构成特征

本罪在客观方面表现为战时违抗命令，对作战造成危害的行为。"命令"指上级首长对下级部属依职权下达的必须执行的指示。"违抗命令"指故意抗拒执行上级下达的指令。违抗命令可以以作为的方式实施，如拒不完全执行命令，故意拖延执行命令，故意执行与命令相反的内容；也可以以不作为的方式实施，如拒不执行命令。无论采取什么方式，必须是"对作战造成危害"才以犯罪论处。所谓"对作战造成危害"，主要有因违抗命令影响作战任务的完成，扰乱了部队的作战部署，贻误了战机，给敌方造成可乘之机，给部队造成损失等情形。

二、隐瞒、谎报军情罪

（一）法律规定

《刑法》第422条规定："故意隐瞒、谎报军情或者拒传、假传军令，对作战造成危害的，处3年以上10年以下有期徒刑；致使战斗、战役遭受重大损失的，处10年以上有期徒刑、无期徒刑或者死刑。"

（二）构成特征

本罪在客观方面表现为故意隐瞒、谎报军情，对作战造成危害的行为。军情包括我军和外军（含敌军）的各种有关情报。故意隐瞒军情，是指故意将真实的情况予以掩盖，应该报告而不报告。故意谎报军情，是指故意捏造并谎报不真实的军情。对作战造成的危害一般表现为由于隐瞒真实情况或捏造虚假的军情，致使领导机关和指挥员判断失误，不能作出正确的决策，从而导致作战失利、部队受损等情况。

三、拒传、假传军令罪

（一）法律规定

见前列《刑法》第422条。

（二）构成特征

本罪在客观方面表现为拒传、假传军令，对作战造成危害的行为。拒传军令是指故意将需要传送的军令拒不传送。假传军令是指故意编造假命令或者篡改命令本意并加以传送或发布。拒传、假传军令，须对部队作战造成危害，才以犯罪论处。

四、投降罪

（一）法律规定

《刑法》第423条规定："在战场上贪生怕死，自动放下武器投降敌人的，处3年以上10年以下有期徒刑；情节严重的，处10年以上有期徒刑或者无期徒刑。投降后为敌人效劳的，处10年以上有期徒刑、无期徒刑或者死刑。"

（二）构成特征

本罪在客观方面表现为军人在战场上贪生怕死，自动放下武器投降敌人的行为。①本罪只能发生在"战场上"；②行为人主观上是由于"贪生怕死"而非投敌叛变；③行为人是"自动放下武器"，即可以抵抗却不抵抗，而投降敌人。

（三）司法实务问题

认定本罪时，要把握投降与被俘的界限。投降敌人是出于贪生怕死，有能力抵抗而不抵抗，自动放下武器而归顺敌方。被俘主要是指因弹尽粮绝、身体伤病、武器损毁以及阵地被突破、遭受突然袭击等情况丧失抵抗能力或不能够进行抵抗，从而遭敌所俘。被俘不构成犯罪。

另外，我国刑法分则第一章中规定了背叛国家罪，其主体范围没有限制，主观上则都具有危害国家安全的故意。投降属于军人违反职责罪，必须由军人才能构成，主观上是由于贪生怕死而非故意危害国家安全，并且只能发生在战场上。

五、战时临阵脱逃罪

（一）法律规定

《刑法》第424条规定："战时临阵脱逃的，处3年以下有期徒刑；情节严重的，处3年以上10年以下有期徒刑；致使战斗、战役遭受重大损失的，处10年以上有期徒刑、无期徒刑或者死刑。"

（二）构成特征

本罪在客观上表现为战时临阵脱逃的行为。所谓"临阵"，是指部队受领作战任务、进入军事行动区待命以及遭敌突然袭击时。"脱逃"即擅自脱离岗位、逃离部队、躲避战斗。"临阵脱逃"是一个行为的两个方面，如果脱逃的行为不是发生在临阵时期，不能构成本罪。

六、擅离、玩忽军事职守罪

（一）法律规定

《刑法》第425条规定："指挥人员和值班、值勤人员擅离职守或者玩忽职守，造成严重后果的，处3年以下有期徒刑或者拘役；造成特别严重后果的，处3年以上7年以下有期徒刑。战时犯前款罪的，处5年以上有期徒刑。"

（二）构成特征

1. 本罪客观方面表现为指挥人员和值班、值勤人员擅离职守或者玩忽职守，造成严重后果的行为。"擅离职守"，即擅自离开正在履行职责的岗位。"玩忽职守"指马虎草率，疏忽大意，不履行或不正确履行职责。无论擅离职守还是玩忽职守，均须造成严重后果才能构成犯罪。所谓"严重后果"，主要指：不履行或不正确履行职责，造成武器装备损毁或者人员伤亡的；严重影响部队任务完成的；以及给国家财产造成较大损失的等。

2. 本罪的主体为部队的指挥人员和值班、值勤人员。

3. 本罪主观方面出于过失。

（三）司法实务问题

本罪与玩忽职守罪较为相似，实践中要注意加以区别。两罪除侵犯的客体不同外，其主要的区别在于犯罪主体不同。本罪的主体限定在部队的指挥人员和值班、值勤人员范围内，如果不属于这类人员，而是一般国家机关工作人员或未在值班、值勤岗位上的军职人员玩忽职守并造成重大损失的，应按渎职罪一章中的玩忽职守罪处理。

七、阻碍执行军事职务罪

（一）法律规定

《刑法》第426条规定："以暴力、威胁方法，阻碍指挥人员或者值班、值勤人员执行职务的，处 5 年以下有期徒刑或者拘役；情节严重的，处 5 年以上 10 年以下有期徒刑；情节特别严重的，处 10 年以上有期徒刑或者无期徒刑。战时从重处罚。"

（二）构成特征

本罪在客观方面表现为以暴力、威胁方法，阻碍指挥人员或者值班、值勤人员执行职务的行为，犯罪对象为部队指挥人员和值班、值勤人员。

（三）司法实务问题

本罪与阻碍军人执行职务罪很相似，两罪阻碍的都是军事职务的履行，犯罪对象均系军人，客观方面都采用的是暴力、威胁方法。不同点主要在于：①犯罪对象的范围不同。阻碍执行军事职务罪的犯罪对象是指挥人员和值班、值勤人员；阻碍军人执行职务罪的犯罪对象是正在依法执行职务的军人。后者的范围大于前者。②犯罪主体不同。阻碍执行军事职务罪的主体限于军人；阻碍军人执行职务罪的主体一般为非军人。军人阻碍指挥人员或者值班、值勤人员以外的军人依法履行职责的，也应以阻碍军人执行职务罪论处。

八、指使部属违反职责罪

（一）法律规定

《刑法》第 427 条规定："滥用职权，指使部属进行违反职责的活动，造成严重后果的，处 5 年以下有期徒刑或者拘役；情节特别严重的，处 5 年以上 10 年以下有期徒刑。"

（二）构成特征

本罪在客观方面表现为指挥人员滥用职权，指使部属进行违反职责的活动，造成严重后果的行为。"滥用职权"是指超越职权范围滥用手中的权力，指使部属进行违反职责的活动。"职责"指军人按其职务应负的责任，包括士兵职责、军官职责、首长职责和主管人员职责。"违反职责、造成严重后果"一般指：影响行动和其他军事任务完成；引起严重的军地、军警纠纷；造成巨大的经济损失；以及严重影响军队声誉等。

九、违令作战消极罪

（一）法律规定

《刑法》第 428 条规定："指挥人员违抗命令，临阵畏缩，作战消极，造成严重后果的，处 5 年以下有期徒刑；致使战斗、战役遭受重大损失或者有其他特别严重情节的，处 5 年以上有期徒刑。"

（二）构成特征

本罪在客观方面表现为指挥人员故意违抗命令，"临阵畏缩"，作战消极，造成严重后果的行为。"临阵畏缩"，表现为已经进入临战状态而行动迟缓，畏缩不前。"作战消极"，表现为作战不积极、不主动、消极等待、敷衍应付。"消极作战"，须造成严重后果才能以犯罪论处。"严重后果"是指贻误战机、未完成作战任务、影响协同作战等。

十、拒不救援友邻部队罪

（一）法律规定

《刑法》第 429 条规定："在战场上明知友邻部队处境危急请求救援，能救援而不救援，致使友邻部队遭受重大损失的，对指挥人员，处 5 年以下有期徒刑。"

（二）构成特征

1. 本罪客观方面表现为在战场上明知友邻部队处境危急请求救援，能救援而不救援，致使友邻部队遭受重大损失的行为。所谓"战场"，是指两军作战范围以内的空间，包括陆地战场、空中战场和水域战场。"友邻部队"指己方邻近部队。"能救援而不救援"，是指客观上具备救援的条件而拒不救援。如果不知道友邻部队处于危急之中，或者无力救援而未救援，不构成犯罪。构成本罪，须造成因不救援致使友邻部队遭受重大损失的结果。

2. 本罪主体是部队的指挥人员。

3. 本罪主观方面是故意，即明知友邻部队处境危急却故意不予救援。其动机包括为了保存实力、畏敌惧战以及借机泄愤等。

十一、军人叛逃罪

（一）法律规定

《刑法》第 430 条规定："在履行公务期间，擅离岗位，叛逃境外或者在境外叛逃，危害国家军事利益的，处 5 年以下有期徒刑或者拘役；情节严重的，处 5 年以上有期徒刑。驾驶航空器、舰船叛逃的，或者有其他特别严重情节的，处 10 年以上有期徒刑、无期徒刑或者死刑。"

（二）构成特征

本罪在客观方面表现为军人在履行公务期间，擅离岗位，叛逃境外或者在境外叛逃，危害国家军事利益的行为。包括两种形式：①军人在境内履行公务时偷逃出境；②军人在境外履行公务期间擅离岗位，叛逃他国。这两种行为都发生在履行公务期间。若不是履行公务，例如休假、探亲时出走境外的，不能构成本罪。此外，如果军人只有叛逃行为，但未危害国家军事利益的，也不构成本罪。

（三）司法实务问题

本罪与《刑法》第 109 条规定的叛逃罪非常相似，其行为方式完全一致，不同点在于前者主体为军人，后者主体为国家机关工作人员。前者危害的是国家的军事利益，后者危害的是国家的安全。在实务中要注意把握，防止混淆。

十二、非法获取军事秘密罪

（一）法律规定

《刑法》第 431 条第 1 款规定："以窃取、刺探、收买方法，非法获取军事秘密的，处 5 年以下有期徒刑；情节严重的，处 5 年以上 10 年以下有期徒刑；情节特别严重的，处 10 年以上有期徒刑。"

第二十七章

（二）构成特征

本罪在客观方面表现为以窃取、刺探、收买方法，非法获取军事秘密的行为。军事秘密指在一定时间内只限一定范围的人员知悉的关系国防和军队安全利益的事项，分为秘密、机密、绝密。非法获取军事秘密的手段分为三种，分别为：窃取，即采用秘密方式获取；刺探，即暗中打听、窥探；收买，即以金钱购买。行为人非法获取军事秘密在主观上是出于故意，至于其动机如何，不影响犯罪成立。

十三、为境外窃取、刺探、收买、非法提供军事秘密罪

（一）法律规定

《刑法》第431条第2款规定："为境外的机构、组织、人员窃取、刺探、收买、非法提供军事秘密的，处10年以上有期徒刑、无期徒刑或者死刑。"

（二）构成特征

本罪在客观上表现为四种行为，即为境外机构、组织、人员窃取、刺探、收买、非法提供军事秘密。其中，前三种行为与非法获取军事秘密罪行为相同。第四种特指将自己合法持有、保管、知晓的军事秘密非法向境外的机构、组织、人员提供的情况。"境外"指我国境外的所有国家以及我国港澳台地区。境外的机构、组织、人员不要求是敌人或者敌对的机构、组织、人员。非法提供军事秘密，可以是主动提供，也可以是被收买策动而提供。动机如何，不影响犯罪成立。

十四、故意泄露军事秘密罪

（一）法律规定

《刑法》第432条规定："违反保守国家秘密法规，故意或者过失泄露军事秘密，情节严重的，处5年以下有期徒刑或者拘役；情节特别严重的，处5年以上10年以下有期徒刑。战时犯前款罪的，处5年以上10年以下有期徒刑；情节特别严重的，处10年以上有期徒刑或者无期徒刑。"

（二）构成特征

本罪在客观方面表现为违反保密法规，故意泄露军事秘密，情节严重的行为。这里所说的保密法规，系《中华人民共和国保守国家秘密法》等。所谓"泄露"，是指把自己掌握或知悉的军事秘密告知或透露给不应知悉该项秘密的人。泄露军事秘密必须达到情节严重的程度，如泄露重要秘密，大量泄露秘密，身负重要职责的人员或机要、保密人员泄露秘密，因泄密造成严重后果等。

（三）司法实务问题

本罪与故意泄露国家秘密罪有许多相似之处，其不同点在于犯罪主体不同、泄露秘密范围不同，实践中要注意区别把握。

十五、过失泄露军事秘密罪

（一）法律规定

见前列《刑法》第432条。

（二）构成特征

本罪在客观方面表现为违反保密法规，过失泄露军事秘密，情节严重的行为。

（三）司法实务问题

认定本罪时，要注意将其与故意泄露军事秘密罪和过失泄露国家秘密罪区别开来。

十六、战时造谣惑众罪

（一）法律规定

《刑法》第433条规定："战时造谣惑众，动摇军心的，处3年以下有期徒刑；情节严重的，处3年以上10年以下有期徒刑；情节特别严重的，处10年以上有期徒刑或者无期徒刑。"

（二）构成特征

本罪在客观方面表现为战时造谣惑众，动摇军心的行为。"造谣惑众，动摇军心"，指捏造谣言并加以煽动扩散，借以涣散斗志，动摇军心。如极力夸大敌军战斗力和敌方武器杀伤力，夸大我军伤亡和困难程度，编造我军失利消息等，从而达到动摇军心，瓦解部队斗志的目的。本罪属行为犯，只要实施了造谣惑众，动摇军心的行为，就构成犯罪，至于行为人的目的是否达到，不影响犯罪成立，但对量刑有影响。

（三）司法实务问题

1. 要注意划清罪与非罪的界限。对于一般思想落后、发牢骚、信口开河，但不具有动摇军心的目的，以及因判断失误、信息有误而夸大敌情或以讹传讹、对士气造成不利影响的，不能以本罪论处。

2. 注意划清本罪与战时造谣扰乱军心罪的界限。这两种犯罪都发生在战时，都是以造谣惑众、扰乱军心的方式实施的犯罪。其不同点主要在于前罪只能由军人构成，后罪则只能由非军人构成。

十七、战时自伤罪

（一）法律规定

《刑法》第434条规定："战时自伤身体，逃避军事义务的，处3年以下有期徒刑；情节严重的，处3年以上7年以下有期徒刑。"

（二）构成特征

本罪在客观方面表现为战时自伤身体，逃避军事义务的行为。首先，本罪必须发生在战时。其次，必须有自伤身体的行为。自伤身体，包括自己动手伤害自己和授意、请求别人伤害自己。最后，自伤身体的行为是为了逃避军事义务。如果出于别的目的而自伤身体的，不能构成本罪。

十八、逃离部队罪

（一）法律规定

《刑法》第435条规定："违反兵役法规，逃离部队，情节严重的，处3年以下有期徒刑或者拘役。战时犯前款罪的，处3年以上7年以下有期徒刑。"

（二）构成特征

本罪在客观方面表现为违反兵役法规，逃离部队，情节严重的行为。"逃离部队"指未经批准擅自离开部队或逾假不归。其目的平时在于逃避服兵役，战时一般是逃避作战。"情节严重"主要指：多次逃离部队，屡教不改的；煽动多人逃离部队的；指挥人员或者负有重要职责的人逃离部队的；携带武器逃离部队的；驾驶车、船逃离部队的；因逃离部队造成恶劣影响的等情况。

十九、武器装备肇事罪

（一）法律规定

《刑法》第 436 条规定："违反武器装备使用规定，情节严重，因而发生责任事故，致人重伤、死亡或者造成其他严重后果的，处 3 年以下有期徒刑或者拘役；后果特别严重的，处 3 年以上 7 年以下有期徒刑。"

（二）构成特征

构成本罪应具备以下条件：①违反武器装备使用规定。中央军委、各总部、各军兵种对于武器装备的操作使用、维护、保养等制定了大量条令、条例和规章制度，违背这些规定，是构成本罪的前提条件。②发生责任事故。即违反上述有关规定，导致事故发生，造成严重后果。如果事故的发生不是由于违反规章制度，而是由于不能预见或无法抗拒的原因引起的，不构成犯罪。③致人重伤、死亡或者造成其他严重后果。"其他严重后果"是指：造成武器装备严重毁损的；引发大面积污染的；以及造成公私财产重大损失的等。④主观方面只能是过失，但对于违反有关规定来讲，则可能是明知的。

二十、擅自改变武器装备编配用途罪

（一）法律规定

《刑法》第 437 条规定："违反武器装备管理规定，擅自改变武器装备的编配用途，造成严重后果的，处 3 年以下有期徒刑或者拘役；造成特别严重后果的，处 3 年以上 7 年以下有期徒刑。"

（二）构成特征

1. 本罪在客观方面表现为违反武器装备管理规定，擅自改变武器装备的编配用途，造成严重后果的行为。构成本罪必须同时具备下列特征：①违反武器装备管理制度。这里主要指《中国人民解放军武器装备管理工作条例》等规定。②擅自改变武器装备的编配用途。即未经批准，违反规定将武器装备编配用途加以改变，用于与其原编配无关的新用途。③造成严重后果。即因擅自改变武器装备编配用途，造成武器装备毁损、丢失的，影响部队任务完成的，以及造成人员伤亡或重大经济损失的等情况。

2. 行为人在主观方面对于违反有关规定是明知的，但对由此造成的严重后果则是出于过失。

二十一、盗窃、抢夺武器装备、军用物资罪

（一）法律规定

《刑法》第 438 条规定："盗窃、抢夺武器装备或者军用物资的，处 5 年以下有期徒刑或者拘役；情节严重的，处 5 年以上 10 年以下有期徒刑；情节特别严重的，处 10 年以上有期徒刑、无期徒刑或者死刑。盗窃、抢夺枪支、弹药、爆炸物的，依照本法第 127 条的规定处罚。"

（二）构成特征

1. 本罪在客观方面表现为盗窃、抢夺武器装备或者军用物资的行为，犯罪对象为武器装备和军用物资。这里所说的"武器装备"，是指除枪支、弹药、爆炸物以外的部队用于实施和保障作战行动的武器、武器系统和军事技术器材，以及备用的武器装备重要零部件。"军用物资"，是指除武器装备以外，供军事上使用的其他物资。如被装、粮秣、油料、建材、药材、医疗器械等。

2. 本罪在主观方面是故意，并且具有非法占有的目的。对于既可军用又可民用的物资，只要实际上已作军用，无论行为人主观上是否明知是军用物资，只要以非法占有为目的，实施了盗窃或抢夺行为的，即构成本罪。

二十二、非法出卖、转让武器装备罪

（一）法律规定

《刑法》第 439 条规定："非法出卖、转让军队武器装备的，处 3 年以上 10 年以下有期徒刑；出卖、转让大量武器装备或者有其他特别严重情节的，处 10 年以上有期徒刑、无期徒刑或者死刑。"

（二）构成特征

1. 本罪在客观方面表现为违反武器装备管理规定，非法出卖、转让武器装备的行为。所谓"非法"，是指没有法律依据，或者不遵守法律规定，或者超越法律规定的范围。"出卖"，即擅自将武器装备卖给他人。"转让"，是指将武器装备转送给他人或用于同他人作交换。

2. 出卖武器装备在主观方面是出于营利的目的，转让武器装备则既可以是为了营利，也可以是出于其他目的。

二十三、遗弃武器装备罪

（一）法律规定

《刑法》第 440 条规定："违抗命令，遗弃武器装备的，处 5 年以下有期徒刑或者拘役；遗弃重要或者大量武器装备的，或者有其他严重情节的，处 5 年以上有期徒刑。"

（二）构成特征

本罪在客观方面表现为违抗命令，遗弃武器装备的行为。这里所说的"遗弃"，是指将客观上能够携带、转移、隐蔽的武器装备丢弃不管。如果客观条件不允许，或者由于作战需要，命令要求丢弃一部分影响行动的武器装备的，不构

成本罪。

二十四、遗失武器装备罪

（一）法律规定

《刑法》第441条规定："遗失武器装备，不及时报告或者有其他严重情节的，处3年以下有期徒刑或者拘役。"

（二）构成特征

本罪在客观方面表现为遗失武器装备，不及时报告或者有其他严重情节的行为。分为两种情况：①遗失武器装备，虽无其他严重情节但不及时报告的；②遗失武器装备虽然及时报告但却出现其他严重情节的。"其他严重情节"，主要指：遗失重要的武器装备，遗失大量的武器装备，多次遗失武器装备，因遗失武器装备引起其他危害社会的后果等。

（三）司法实务问题

本罪与遗弃武器装备罪在犯罪客体、对象、犯罪主体等方面都相同，客观方面也都造成了武器装备的丢失。两罪的不同点在于：①主观罪过不同。前罪在主观上是出于过失；后罪在主观上为故意。②前罪在遗失武器装备的同时，还须具备不及时报告或者有其他严重情节才构成犯罪；后罪只要有违抗命令、遗弃武器装备的行为就构成犯罪。司法实务中要注意加以区别。

二十五、擅自出卖、转让军队房地产罪

（一）法律规定

《刑法》第442条规定："违反规定，擅自出卖、转让军队房地产，情节严重的，对直接责任人员，处3年以下有期徒刑或者拘役；情节特别严重的，处3年以上10年以下有期徒刑。"

（二）构成特征

本罪在客观方面表现为违反规定，擅自出卖、转让军队房地产，情节严重的行为。"违反规定"是指违反《中国人民解放军房地产管理条例》等规定。"情节严重"主要指：出卖、转让大面积的军队房地产；因出卖、转让房地产给军队造成重大损失；影响军队履行职责等。构成本罪，只处罚直接责任人员，即对出卖、转让军队房地产负有决定、批准权力的人员和明知违反规定仍积极参与出卖、转让的人员。

二十六、虐待部属罪

（一）法律规定

《刑法》第443条规定："滥用职权，虐待部属，情节恶劣，致人重伤或者造成其他严重后果的，处5年以下有期徒刑或者拘役；致人死亡的，处5年以上有期徒刑。"

（二）构成特征

本罪在客观方面表现为滥用职权，虐待部属，情节恶劣，致人重伤或者造成其他严重后果的行为。"情节恶劣"一般是指虐待的手段残忍，虐待行为持续时间长、次数多、对多人实施虐待，虐待成性，屡教不改等。其他严重后果指致人重伤、死亡以外的严重后果，如受虐待部属因不堪忍受而逃离部队，因虐待而引发骚乱等。注意将本罪与虐待被监管人罪、虐待罪区别开来。

二十七、遗弃伤病军人罪

（一）法律规定

《刑法》第444条规定："在战场上故意遗弃伤病军人，情节恶劣的，对直接责任人员，处5年以下有期徒刑。"

（二）构成特征

本罪在客观方面表现为在战场上故意遗弃伤病军人，情节恶劣的行为。这里所说的"伤病军人"是指我方的伤病军人。"遗弃"，即将伤病军人留在战场弃之不顾。"情节恶劣"一般指：遗弃多名伤病军人；导致被遗弃伤病军人遭敌俘获、残害；因遗弃伤病军人造成其未能得到及时救护而致残、死亡的等。本罪主体为对抢救伤病军人负有直接责任的人员。

二十八、战时拒不救治伤病军人罪

（一）法律规定

《刑法》第445条规定："战时在救护治疗职位上，有条件救治而拒不救治危重伤病军人的，处5年以下有期徒刑或者拘役；造成伤病军人重残、死亡或者有其他严重情节的，处5年以上10年以下有期徒刑。"

（二）构成特征

本罪在客观方面表现为战时有条件救治而拒不救治危重伤病军人的行为。首先，必须是"有条件救治"，如果在战时条件下，想尽办法尽了最大努力仍无力救治的，不构成犯罪。其次，犯罪对象为"危重伤病军人"，如果针对的是一般伤病军人，亦不能构成本罪。最后，本罪的犯罪主体只能是战时在救护治疗职位上的军人。

（三）司法实务问题

认定本罪时，应注意划清本罪与遗弃伤病军人罪的界限。两罪的区别在于：①犯罪主体不同。前罪主体为战时在救护治疗职位上的军人；后罪主体为遗弃伤病军人的直接责任人员。②犯罪对象不同。前罪对象为危重伤病军人；后罪对象为伤病军人。③客观行为不同。前罪是拒不救治危重伤病军人；后罪是将伤病军人遗弃在战场上。④发生的地点不同。前罪既可发生在战场上，也可发生在其他地方；后罪只能发生在战场上。

二十九、战时残害居民、掠夺居民财物罪

（一）法律规定

《刑法》第446条规定："战时在军事行动地区，残害无辜居民或者掠夺无辜居民财物的，处5年以下有期徒刑；情节严重的，处5年以上10年以下有期徒刑；情节特别严重的，处10年以上有期徒刑、无期徒刑或者死刑。"

（二）构成特征

本罪在客观方面表现为战时在军事行动地区，残害无辜居民或者掠夺无辜居民

财物的行为。①特定的时间和地点是构成本罪的一个重要特征，即本罪必须发生在"战时"和"军事行动地区"。②必须要有残害无辜居民或掠夺无辜居民财物的行为。"无辜居民"指对我军没有敌对行动的居民。"残害"是指采用暴力等手段对无辜居民实施捆绑、殴打、奸淫、伤害、杀害。"掠夺"是指强行拿走无辜居民财物。但出于军事行动需要而征用居民财产的除外。

三十、私放俘虏罪

（一）法律规定

《刑法》第447条规定："私放俘虏的，处5年以下有期徒刑；私放重要俘虏、私放俘虏多人或者有其他严重情节的，处5年以上有期徒刑。"

（二）构成特征

1. 本罪在客观方面表现为私放俘虏的行为。私放俘虏，即未经一定程序和批准，私下将俘虏放走。

2. 本罪在主观方面是故意，因过失而导致俘虏逃走的，不构成本罪。

三十一、虐待俘虏罪

（一）法律规定

《刑法》第448条规定："虐待俘虏，情节恶劣的，处3年以下有期徒刑。"

（二）构成特征

本罪在客观方面表现为虐待俘虏，情节恶劣的行为。虐待行为表现为捆绑、打骂、体罚、冻饿、暴晒等肉体和精神上的折磨。情节恶劣指：手段特别残忍的；虐待伤病俘虏、女性俘虏，影响恶劣的；多次虐待俘虏和造成严重后果的等。

【思考题】

1. 简述军人违反职责罪的概念和特征。
2. 比较战时临阵脱逃罪与逃离部队罪的异同。
3. 比较阻碍执行军事职务罪与妨害公务罪、阻碍军人执行职务罪的异同。
4. 比较擅离、玩忽军事职守罪与玩忽职守罪的异同。
5. 比较叛逃罪、军人叛逃罪、投敌叛变罪的异同。
6. 本章罪属于国事犯罪还是普通犯罪？试说明理由。

参考书目

参 考 书 目

1. 高铭暄、马克昌主编:《刑法学》,北京大学出版社、高等教育出版社 2011 年版。

2. 陈兴良:《刑法哲学》,中国政法大学出版社 2004 年版。

3. 马克昌主编:《犯罪通论》,武汉大学出版社 2010 年版。

4. 马克昌主编:《刑罚通论》,武汉大学出版社 2013 年版。

5. 赵秉志:《侵犯财产罪》,中国人民公安大学出版社 1999 年版。

6. 张明楷:《刑法学》,法律出版社 2015 年版。

7. 贾宇主编:《刑法学》,中国政法大学出版社 2011 年版。

图书在版编目（ＣＩＰ）数据

刑法原理与实务 / 贾宇主编. —4版. —北京：中国政法大学出版社，2017.11
ISBN 978-7-5620-7002-3

Ⅰ. ①刑… 　Ⅱ. ①贾… 　Ⅲ. ①刑法—中国 　Ⅳ. ①D924

中国版本图书馆CIP数据核字(2017)第183679号

出　版　者	中国政法大学出版社
地　　　址	北京市海淀区西土城路 25 号
邮　　　箱	fadapress@163.com
网　　　址	http://www.cuplpress.com（网络实名：中国政法大学出版社）
电　　　话	010-58908435(第一编辑部)　58908334(邮购部)
承　　　印	固安华明印业有限公司
开　　　本	720mm×960mm　1/16
印　　　张	37.25
字　　　数	772 千字
版　　　次	2017 年 11 月第 4 版
印　　　次	2017 年 11 月第 1 次印刷
印　　　数	1～4000 册
定　　　价	69.00 元